KB152857

국어 부사의 조어법과 분류

국어 부사의 조어법과 분류

김승곤 지음

글모아출판

일러두기

다음과 같은 기호들에 대한 설명을 잘 읽고 착오 없기를 바란다.

여: 여린 뜻의 부사임을 나타낸다.

작: 작은 뜻의 부사임을 나타낸다.

큰: 큰 뜻의 부사임을 나타낸다.

센: 센 뜻의 부사임을 나타낸다.

거: 거센 뜻의 부사임을 나타낸다.

비: 뜻이 비슷한 부사임을 나타낸다.

준: 줄인 뜻임을 나타낸다.

=: 뜻이 같은 부사임을 나타낸다.

:: 또는 그 낱말 풀이에서 첫째의 뜻 또는 둘째의 뜻을 나타낸다.

본: 본딧말임을 나타낸다.

반: 반대되는 뜻임을 나타낸다.

≒: 뜻이 비슷한 부사임을 나타낸다.

C: 옮아감표(어원의 변천을 보임)

머리말

우리말의 부사는 그 수가 아주 많다. 여기에서 다룬 부사는 한글학회 발행의 『우리말사전』에서 모두 찾아서 다루었고, 그 외의 어떤 부사들은 백문식 선생의 『우리말 부사사전』에서 찾아서 다루었는데 주된 자료는 『우리말사전』에 의거하였다.

국어의 부사는 여린 뜻의 부사, 작은 뜻의 부사, 큰 뜻의 부사, 센 뜻의 부사, 거센 뜻의 부사 등 유의어가 너무 많으나 표제어로는 주로 다루지 아니하고, 설명하는 데에서만 작, 여 … 등의 유의어가 있다는 것만 다루어 설명하였다. 여기에 실린 부사의 수는 대개 15,185 말이나 유의어는 8,127이니 도합 23,312 말이 된다. 뜻에 따라 부사를 나누다 보니까 하나의 부사가 두세 군데에 겹쳐 분류되는 일이 많은데, 오해 없기를 바란다. 다만 염려되는 것은 '부사의 분류'가 제대로 잘 되었느냐 하는 점이다. 앞으로의 연구가 더 있어야 할 것으로 생각된다. 특히, 여기서는 상징어는 따로 다루지 아니하고 모두 그 뜻에 따라서 다루었다. 그렇게 하는 것이 분류에도 편리할 뿐만 아니라, 독자들이 찾아보기에도 편리할 것으로 생각된 까닭이다. 『우리말사전』에 따르면 외래어로 된 부사가 몇 개 있으나 그것은 다루지 아니하기로 하였다. 뜻풀이에 있어서 표제어와 유의어의 풀이가 같은 데가 많은데 어찌할 도리가 없는 일로 보아진다. 우리말 자음에는 예사소리, 된소리, 거센소리 등이 있는데 유의어의 작은 뜻의 부사는 양성모음으로 된 것이고, 큰 뜻의 부사는 음성모음으로 된 것이며 센 뜻의 부사는 된소리로 된 것이다. 그리고 거센 뜻의 부사는 거센소리로 된 것이다. 이런 점으로 보면 우리말의 우수성은 물론 부사의 수가 많아질 수밖에 없음을 알 수 있다. 부사는 토박이말에 접사가 붙어서 된 것과 명사가 부사로 된 것, 한자말에 접사가 붙어서 된 것, 한자말이 그대로 부사가 된 것 등 다양하다. 특히, 우리말에 부사의 수가 많은 것은 유의어가 많은데도 그 일말의 까닭이 있다. 그리고 부사를 사전에서 일일이 찾는다고 찾았으나 빠진 것이 더러 있을 것으로 생각이 되는데, 전체적으로 보면 분류에는 별 문제가 없을 것으로 보인다. 만일 빠진 것이 발견되면 뜻에 따라 그에 해당되는 부사에 포함시키면 될 것이다. 그리고 부사의 배열에 있어 자모순이 제대로 안 된 것이 많은데 수많은 카드를 정리하다 보니까 그 뜻에 따라 그리 되었으니 이해하기 바란다.

끝으로 덧붙일 말은 부사를 분류하다 보니까, 어떤 부사는 그 뜻이 하나 또는 둘인 것도 있고 어떤 부사는 그 수가 아주 많은 것도 있는데 이런 것도 앞으로 더 연구하여 세분될 수 있으면 자세히 나누어야 하리라고 생각한다. 또 교정을 잘 본다고 애썼는데 그래도 혹 잘못된 데가 있을까 걱정된다.

이 책의 맨끝에 '추가분'이 있는데, 이것은 부사를 통계 낼 때 빠진 것을 덧붙였으니 이해하기 바란다.

여러 가지 어려움이 많은 데도 이 책의 출판을 맡아 주신 글모아출판의 이종엽 사장님을 비롯하여 관계하신 여러분께 깊이 감사하는 바이다.

2015년 8월

지은이 삼가 씀

차례

제1장 국어 부사의 조어법

제2장 국어 부사의 분류

제1장

국어 부사의 조어법

국어의 부사는 그 조어법이 아주 복잡하다. 무엇보다도 그 종류가 많을 뿐만 아니라, 토박이말 부사는 물론 한자말로 된 부사도 상당수를 차지하는 까닭이다. 더구나 파생어가 아주 많은 것도 하나의 특징이다. 즉 「센말·거센말·큰말·작은말·여린말」 등이 많은데 그 까닭이 있다. 여기서는 가급적 통계에 의하여 자세히 조어법을 다루고자 하나, 혹 누락된 것도 있을지 모르겠다.

1. 「한자말+히」로 된 것

각별히, 과대히, 궁벽히, 궁색히, 궁핍히, 급거히, 다행히, 만족히, 불결히, 불행히, 여전히, 요행히, 풍부히, …

2. 「명사+명사」나 「수사+수사」로 된 부사

가닥가닥, 가락가락, 가리가리, 가지가지, 갈래갈래, 갈피갈피, 고대고대, 고샅고샅, 고을고을, 구멍구멍, 그날그날, 무리무리, 송이송이, 오늘날, 이제저제, 오늘내일, 하나하나, 하루하루, …

3. 「명사」나 「대명사」가 부사로 된 것

그사이, 낱새('낱사이'의 준말), 언제, 얼마간, 여기(줄임 '예'), 오늘내일, 요기, 요모조모, 요사이, 요새('요사이'의 준말), 요즈막, 요즈음, 이사이, 이새('이사이'의 준말), 제각기(대명사+명사), 조리, …

4. 「명사+명사+이」로 된 부사

가락가락이, 간간이, 걸음걸음이, 결결이, 겹겹이, 골이, 깜냥깜냥이, 나날이, 낱낱이, 다달이=달달이, 말말이, 면면이, 목목이(요긴한 길목마다), 몫몫이, 물물이, 방방이, 번번이, 색색이, 쌍쌍이, 알알이, 올올이, 일일이, 줄줄이, 집집이, 철철이, 층층이, 칸칸이, 켜켜이, 틈틈이, …

5. 「명사(대명사)+여러 조사」로 된 부사

5.1. 「명사(대명사)+에/이다/은」으로 된 부사

기왕에, 대대로, 단번에, 만약에, 만일에, 요즈막에, 이왕에, 이왕이면, 제물로, 제물에, 한숨에, …

5.2. 「명사+(으)로/은」로 된 부사

그걸로, 그런-고로, 그리로=글로, 그야말로, 날로, 대체로, 때때로, 맛맛으로, 매나니로, 모개로, 무리로, 무시로, 요까지로, 요리조리로, 의외로, 제풀로, 조리로=졸로, 진짜로, 참말로, …

5.3. 「명사/수사/대명+기타 조사」로 된 부사

거기고저기고, 거기나여기나, 거기에다가, 게다=게다가, 그제야, 이제나저제나, 이제야, 하나같이, 혹시나, …

6. 「명사+부사(명사)/(대)명사+조사(명사, 부사)」로 된 부사

간데-족족, 그-나마, 이-나마, 저-마다, 제-각각, 제-각기, 제-대로, 제삿날-로, …

7. 형용사에서 된 부사

7.1. 「형용사 어근(명사)+히」로 된 부사

가각히, 가긍히, 가난히, 가뜬히, 가히, 각박히, 각별히, 고요히, 나른히, 다분히, 다행히, 당연히, 무능히(無能), 불행히, 유구히, 자세히, 자심히(滋甚), 장구히, 정숙히(貞淑), 조용히, 지극히, 차근차근히, 차근히, 착실히, 찬찬히, 쾌히, 탄탄히, 판판히, 팽팽히, 포근히, 풍요히(豊饒), 한아히(閒雅), 함함히(보드랍고 반지르르하게), 함함히(顑頷), 해박히,

혁혁히(奕奕), 혁혁히(赫赫), 호졸근히, 호한히(浩汗), 화급히, 화속히(火速), 환히, 황망히, 후더분히, 후히, 흉흉히(洶洶), 흡족히, …

7.2. 「명사+없다→명사+없이」로 된 부사

가없이, 가차없이, 갈피없이, 거짓없이, 난데없이, 덕없이, 분수없이, 소용없이, 손색없이, 쓸데없이, 쓸모없이, 아랑곳없이, 어이없이, 여부없이, 염치없이, 옴나위없이, 천하없어도, 틀림없이, 한량없이, 한없이, 형편없이, …

7.3. 「명사+스럽다→명사+스레」로 된 부사

가량스레, 가증스레, 간사스레, 간악스레, 거오스레(倨傲), 계염스레, 경망스레, 고생스레, 고약스레, 고집스레, 과감스레, 괴덕스레, 괴망스레, 괴벽스레, 괴팍스레, 교만스레, 교사스레, 냉정스레, 넉살스레, 대담스레, 독살스레, 매정스레, 미련스레, 변덕스레, 소란스레, 심악스레, 악독스레, 억지스레, 영악스레, 요악스레, 원만스레, 음흉스레, 의문스레, 인자스레, 인정스레, 잔인스레, 포악스레, 표독스레, 흉측스레, …

7.4. 위의 것 이외에 형용사 어간(명사)+이(러이/리/게)로 된 부사

가까이, 가뜩한데, 가벼이, 가삐, 가없이, 같이, 고마이, 고이, 고이고이, 과감하게, 그렇다고, 길이, 길이길이, 까다로이, 깐깐이, 나빠, 나직하니, 난안하게, 날카로이, 남부끄러이, 낯두꺼이, 낯부끄러이, 너그러이, 느닷없이, 다사로이, 단조로이, 달리, 따뜻이, 따사로이, 뜬금없이, 무거이, 바이없이, 부드러이, 사사로이, 상없이, 새로이, 섣불리, 손부끄러이, 슬피, 악착같이, 애처로이, 약빨리, 약삭빨리, 억척같이, 영예로이, 영화로이, 외람되이, 외로이, 유달리, 의외로이, 임의로이, 재빨리, 참따랗게, 참땋게, 팽패로이, 편벽되이, 평화로이, 하나같이, 하루같이, 한가로이, 한갓되이, 한결같이, …

8. 「동사」에서 되거나 변형하여 된 부사

가다가, 가다가다, 가다오다, 갈수록, 거들먹거들먹, 겁나게, 겯거니틀거니, 결단코, 권커니잣거니, 그랬다저랬다, 그리하여, 깍듯이, 날면들면, 남몰래, 덮어놓고, 드나나나, 듣다못해, 들면나면, 맹세코, 몰래, 보다 못해, 보아란 듯이, 붙임-붙임, 아울러, 앞서거니뒤서거니, 앞서서, 엎치락뒤치락, 오나가나, 오너라가너라, 오다가다, 오락가락, 오르락내리락, 오면가면, 울고불고, 울며불며, 자나깨나, 죽을락살락, 죽을뻔살뻔, 죽자구나하고, 죽자사자, 지나새나, 하느작하느작, 하다못해, 하루건너, 하루걸러, …

9. 「부사(명사)+동사/형용사」로 된 부사

가끔가다가, 가끔가다, 끄떡없이, 끄떽없이, 더없이, 마구대고, 막해야, 만날가야, 만만-다행히, 무턱대고, 바이없이, 어디라없이, 오갈데없이, 오늘따라, 적이나하면, 척하면, 한결같이, …

10. 명사·대명사 이외의 한자말이나 어근에 접사가 와서 된 부사 또는 국어나 한자어의 어근이 바로 부사가 된 것

가깜이, 가꾸로, 가론, 가만, 가삐, 가슴츠레, 가악중에, 가약=가령, 가일층, 가장, 각각(各各), 각기(各其), 각설(各設), 각자(各自), 간간(間間), 개개(箇箇), 갱히(更), 거의, 겨우, 결코(決), 경히(輕), 계계(悸悸), 계속, 고다지도, 고대, 고대도록, 고대로, 고로(故), 고루, 고만(그만한정도), 고양(제주 방언), 고작, 곧, 곧바로, 곧이, 곧잘, 곧장, 골고루, 과즉(過則), 곽연(霍然, 갑자기 사라져 없어짐), 그냥, 그러니까, 그러면, 그러므로, 그러자, 그저, 근근(近近), 기어코, 기역(其亦), 기역시(其亦是), 나마, 내내, 내지(乃至), 넙죽, 노량으로(느릿느릿), 노상, 누년(累年), 누누이(累累), 누차, 다소, 다시, 다시금, 다짜고짜(로), 단연, 단초, 담방, 대강, 대구루루, 대번(에), 대컨(헤아려보건대), 더욱, 더욱더, 덜컥, 도독, 도로, 도무지, 도통(都統), 만판, 먼저, 몹시, 못내, 몽땅, 몽탕, 무트로, 물씬, 바락, 바싹, 바짝, 바투, 반드시, 반듯이, 백날, 변시(便是), 분명, 불과, 사뭇, 사수(斯須), 사시(四時), 사시사철, 설령, 설마, 세칭, 스스로, 실상, 실컷, 아예, 아주, 애당초, 약간, 어서, 어째, 어찌, 억수로, 언뜻, 얼마, 얼마간, 얼마나, 얼마만큼, 연방, 영영, 오도카니, 오롯이, 와스스, 왈캉, 요까짓, 요나마, 우두커니, 워낙, 이따가, 이미, 이왕지사, 이윽고, 일절, 일차, 일체, 자별(自別), 잔뜩, 잘, 잠시, 절로, 점점, 점점이(點點), 조금, 조끔, 종일, 즉시, 지금, 차라리, 차차, 착, 참으로, 창창(倡倡), 천만(千萬), 천생(天生), 총총, 최대한도, 층층(이), 탐탐(耽耽), 통째, 통째로, 퍼뜩, 하마터면, 함부로, 함빡, 함씬, 항상, 항시, 허허실실로, 혹간(或間), 혹야(或也), 혹여(或如), 회회, 훨씬, …

11. 「동사+의존명사」로 된 것이 거듭하여 부사가 된 것

갈동말동, 갈지말지(경남 사투리), 먹을동말동, 본체만체, 올동말동, 올지말지(사투리), 죽을동살동, 죽을판살판, 줄동말동, …

12. 생소한 한자말로 된 부사

거공대매로(居空), 거공하무(居空何無), 거무하에(居無何), 무가내하(無歌柰何), 박부득이(迫不得已)=박어부득(迫於不得), 방가위지(方可謂之), 보무당당(히)(保無堂堂), 보무타려(히)(保無他慮), 사사모사(事事某事), 사사물물(事事物物), 솔연(率然), 솔이(率爾), 수상수하간(手上手下間), 애애절절(哀哀切切), 애애처처(哀哀悽悽), 어사지간(에)(於事之間), 어차어피(於此於彼), 어차피(於此彼), 어천만사(於千萬事), 어천만사(에)(於千萬事), 여사여사(히)(如斯如斯), 여시여시(히)(如是如是), 영령쇄쇄(히)(零零瑣瑣), 유무죄간(에)(有無罪間), 유시호(有時乎), 유절쾌절히(愉節快節), 이금이후(以今以後), 일일년년(日日年年), 일일시시(日日時時), 자고급금(에)(自古及今), 자고이래(로)(自古以來), 자금(自今), 장장(章章), 장장(長長), 정정방방(히)(正正方方), 정정백백(히)(正正白白), 종고이래(從古以來), 중중첩첩(重重疊疊), 지우금(至于今), 초초분분(抄抄分分), 하불하(下不下), 한생전(限生前), 한일모(限日暮), 한종신(限終身), …

13. 상징어의 조어법

13.1. 소리를 상징하여 된 부사

귀뜰귀뜰, 깔깔, 낄낄, 다르랑, 달가닥, 달가당, 달카당, 당그랑, 댕그랑, 덜커덩, 덜컹, 뎅그렁, 맴맴, 맹꽁맹꽁, 멍멍, 바각, 바드득, 바사삭, 바삭바삭, 사각사각, 사락사락, 색색, 식식, 싸그락, 아드득, 아싹아싹, 앙, 오도독, 오지끈, 와삭, 왈카당, 잘카당, 잘캉, 쨍강, 찰삭찰삭, 철렁, 탕, 탕탕, 털커덩, 퐁당퐁당, 퐁퐁, 하하, 호로록, 후닥닥, 휭휭, …

13.2. 모습에 의한 상징어

간들간들, 간들막간들막, 너울너울, 넘실넘실, 달랑달랑, 물렁물렁, 살랑살랑, 아롱아롱,

주렁주렁, 줄줄, 출렁출렁, 파릇파릇, 함실함실, 해반지르르, …

13.3. 웃음에 의한 상징어

깔깔, 방그레, 배시시, 빙그레, 빵긋, 빵시레, 생글뱅글, 생글생글, 싱글벙글, 캐드득캐드득, 캐들캐들, …

13.4. 걸음걸이에 의한 상징어

걸음걸음, 배치작배치작, 벌렁벌렁, 사분사분, 사뿐사뿐, 아기작아기작, 어기적어기적, 엉큼엉큼, 왜죽왜죽, 왜틀비틀, 웨죽웨죽, 줄레줄레, 지뻑지뻑, 촐싹촐싹, 탈래탈래, 해작해작, 헤죽헤죽, …

13.5. 일을 처리하는 방법에 의한 상징어

건둥건둥, 건성건성, 바로바로, 알랑뚱땅, 엄벙덤벙, 요리요리, 요만조만, 이렁저렁, 함부로덤부로, 호락호락, 흘여죽죽, …

13.6. 행위에 의한 상징어

꾸벅꾸벅, 꾸역꾸역, 끔질끔질, 답삭답삭, 더덜더덜, 더듬더듬, 들썩들썩, 배릿배릿, 벌떡, 수럭수럭, 오똘오똘, 우물쭈물, 주절주절, …

13.7. 상태에 의한 상징어

가물가물, 간동간동, 고분고분, 녹실녹실, 눅진눅진, 뉘엿뉘엿, 따닥따닥, 짜득짜득, 찐득찐득, 찔깃찔깃, 축축, 터부룩터부룩, 파근파근, 파릇파릇, 흐물흐물, 희끗희끗, …

13.8. 말하는 행위에 의한 상징어

가만가만, 구시렁구시렁, 나불나불, 너불너불, 도손도손, 서분서분, 소곤닥소곤닥, 소곤소곤, 속삭속삭, 속살속살, 수군덕수군덕, 수군수군, 오순도순, 자분덕자분덕, 자분자분, …

13.9. 색깔에 의한 상징어

가뭇가뭇, 감실감실, 누르락붉으락, 누르락푸르락, 누릇누릇, 발그레, 발긋발깃, 불긋불긋, 불그레, 뿔그레, 울긋불긋, 파릇파릇, 푸릇푸릇, …

13.10. 높낮이에 의한 상징어

나직나직, 높으락낮으락, 높이높이, 높직높직, …

13.11. 느낌에 의한 상징어

간질간질, 거분거분, 근질근질, 깔쭉깔쭉, 따끈따끈, 매슥매슥, 산뜻산뜻, 새록새록, 시근시긴, 시원시원, 오슬오슬, 자릿자릿, 철렁철렁, 헤실헤실, 화끈화끈, 후끈후끈, …

13.12. 식음(食飮)에 의한 상징어

깨작깨작, 깨죽깨죽, 께죽께죽, 꼴딱꼴딱, 꾸역꾸역, 꿀꺽꿀꺽, 꿀떡꿀떡, 꿀컥, 무뚝무뚝, 발딱발딱, 벌꺽벌꺽, 볼각볼각, 살강살강, 아귀아귀, 야금야금, 자밤자밤, 자분자분, 홀짝홀짝, 후물후물, 흐물흐물, 훌떡훌떡, …

13.13. 흔들림 동작에 의한 상징어

간닥간닥, 간댕간댕, 간드랑간드랑, 간들간들, 거불거불, 근뎅근뎅, 깐딱깐딱, 나근나근, 나달나달, 나붓나붓, 나슬나슬, 다팔다팔, 배뚝배뚝, 배뚤배뚤, 살레살레, 쌀래쌀래, 잘래잘래, 줄렁줄렁, 치렁치렁, 하늘하늘, 한댕한댕, 흐늑흐늑, 흔뎅흔뎅, …

13.14. 표정에 의한 상징어

상긋방긋, 상긋상긋, 생긋방긋, 쨍긋쨍긋, 쨍쨍, 찡긋찡긋, …

13.15. 피부모습에 의한 상징어

가슬가슬, 가창가창, 까슬까슬, 까칠까칠, 잔물잔물, 조글조글, 짜글짜글, 쪼록쪼록, 쭈글쭈글, …

13.16. 원망·불평에 의한 상징어

게두덜게두덜, 게정게정, 고시랑고시랑, 뚜덜뚜덜, 씨우적씨우적, 앙알앙알, 앙잘앙잘, 야기죽야기죽, 옹잘옹잘, 종달종달, 징얼징얼, 칭얼칭얼, 토달토달, 투덜투덜, …

13.17. 무성의함에 의한 상징어

건둥건둥, 건둥반둥, 건듯건듯, 건성건성, 그러구러, 그럭저럭, 그렁저렁, 반둥건둥, …

13.18. 합성명사에 의한 상징어

가닥가닥, 군데군데, 도막도막, 망울망울, 멍울멍울, 사리사리, …

13.19. 충만 상징어

가득, 가득가득, 가뜩가뜩, 꼴딱, 꼴딱꼴딱, 꽉, 꽉꽉, …

13.20. 춤추는 모습에 의한 상징어

겅싯덩싯, 다당실, 더덩실, 더덩실더덩실, 덩실, 덩실덩실, 둥기둥기, 얼싸절싸, 우줄우줄, 일쭉일쭉, 하늘하늘, …

상징어는 그 종류가 너무 많아 그것을 다 여기서 다룰 수가 없어 이 정도로 하여 두니 이해하고, 자세한 것은 부사의 분류편을 참조하기 바란다.

14. 한자말과 토막이말에 접사가 붙어 된 부사

상징어 이외에 한자말과 토막이말에 붙어 부사를 만드는 접사를 보면 대개 다음과 같다.

14.1. 한자말에 오는 접미사

「-껏」「-로」「-로이」「-스레」「-이」「-코」「-히」 등이 있다.

14.2. 토박이말에 오는 접사

몇 개만 예를 들어 보인다.

「-이」「-히」「-껏」「-스레」「-거니」「-금」「-이면」「-쿵」「-막」「-코」「-께」「-내」…

우리말 사전에 보면「-거니」「-이면」은 어미로 다루었고,「-금」「쿵」「-코」 등에 대하여는 설명이 없으나, 여기서는 접사를 다루었다. 사실 의존명사나 조사가 부사를 만드는 데 많이 쓰이는데, 글쓴이는 이들을 모두 접미사로 보고 싶으나 사전에서는 다루지 아니하였다.

사실 부사 접미사는 하나가 붙어서 많은 부사를 만들 때 올바른 접미사로 보아야 하는 제약이 있기 때문이기도 하다.

제2장

국어 부사의 분류

'머리말'에서도 말하였지마는 국어의 부사를 분류하다 보면 하나의 부사가 문맥에 따라서 두세 가지 뜻이 다르게 쓰이는 일이 있어 어떤 부사는 그 뜻에 따라 몇 가지 종류로 나누어진 것도 있고 어떤 부사는 문맥적 뜻이 여럿이 있어도 그 중 대표적인 뜻에 따라 분류하였다. 왜냐하면, 그 문맥적 뜻대로 분류하다 보면 복잡할 뿐만 아니라, 그 분량이 많아 걷잡을 수가 없는 까닭에서이다. 이하에서 나름대로의 분류를 서술해 가기로 하겠다.

1. ㄱ부의 부사

1.1. '가늘다'는 뜻의 부사

여기에는 사물의 가는 것과 소리의 가는 것을 나타내는 두 가지가 있다.

1.1.1. 사물의 가늘음을 나타내는 부사

가느다라니: 꽤 가늘게
가느스름히: 조금 가늘게
가느슥히: 꽤 가느스름하게 (예) 눈을 가느슥히 뜨다
간잔지런히: 졸리거나 술에 취하여 두 눈시울이 맞닿을 듯이 가느다랗다

1.1.2. 소리의 가늘음을 나타내는 부사

연연히(涓涓): 가늘게 (예) 노래 소리가 연연히 들린다

1.2. 가득한 모습 부사(충만 부사)

가득: 그릇이나 막힌 공간에 꽉 차게 (예) 동이에 물을 가득 채우다 큰그득 센가뜩
가득가득: 모두 가득하게. 더욱 가득하게 큰그득그득 센가뜩가뜩
가득가득히: 가득가득하게 큰그득그득히 센가뜩가뜩이
가득히: 가득하게 큰그득히 센가뜩히
가뜩: 아주 꽉 차게 큰그뜩 여가득
가뜩가뜩: 더 가뜩하게 큰그뜩그뜩 여가득가득
가뜩가뜩이: 분량이나 수량이 어떤 범위나 한도에 다 가득하게 여가득가득히 큰그뜩그뜩이
가뜩이: 가뜩하게 (예) 가뜩이 넣다 여가득이 큰그뜩이
가뜬히: 가뜬하게 (예) 가뜬히 꾸린 보따리 여그든히 큰거뜬히
골막골막: 골막골막한 꼴 (예) 통에 골막골막 물을 부었다 큰굴먹굴먹
골싹골싹: 골싹골싹한 꼴 (예) 장독들에는 장이 골싹골싹 들어 있었다 큰굴썩굴썩
그득=그득그득: 그득한 꼴 (예) 뒤주에 그득 들어 있는 쌀 센그뜩, 그뜩그뜩 작가득, 가득가득

그득그득히: 그득그득하게 센그뜩그뜩히 작가득가득히
그득히: 그득하게 센그뜩히 작가득히
그뜩=그뜩그뜩: 그뜩한 꼴 여그득, 그득그득 작가뜩, 가뜩가뜩
그뜩그뜩이: 그뜩그뜩하게 여그득그득이 작가뜩가뜩이
그뜩이: 그뜩하게 여그득이 작가뜩이
충만히: 한껏 차 가득하게
충분히: 모자람이 없이 넉넉하게
충족히: 넉넉하여 모자람이 없이
한가득: 빈 데 없이 가득 (예) 꽃바구니에 꽃이 한가득 담겼다

1.3. 가루의 여러 모습 부사

폭: 가루나 연기 따위가 작은 구멍으로 세게 쏟아져 나오는 꼴 큰푹
푹: 가루나 연기 따위가 세게 쏟아져 나오는 꼴 작폭

1.4. 가물거리는 모습 부사

가물가물: 작은 것이 먼데서 약하게 흔들리는 꼴 큰거물거물 센까물까물
까막까막: 까막거리는 꼴 큰끄먹끄먹
까물까물: 까물거리는 꼴 여가물가물 큰꺼물꺼물
끄먹끄먹: 희미한 불빛이 가볍게 자꾸 사라지려다가 살아났다가 하는 꼴 작까막까막

1.5. 가볍게 살그머니 하는 행위 부사

살근살근: 힘들이지 않고 살그머니 가볍게 행동하다 큰슬근슬근
살금살금: 남이 모르게 살그머니 자꾸 행동하다 큰슬금슬금
살짝=살짝살짝: 힘 안 들이고 자꾸 가볍게 큰슬쩍, 슬쩍슬쩍

1.6. 가슴이나 코, 기타 맥이 뛰는 모습 부사

도근도근: 놀랍거나 불안하여 작은 가슴이 자꾸 뛰다 큰두근두근
발딱발딱: 맥박이나 심장이 거칠고 빠르게 자꾸 뛰다 센빨딱빨딱 큰벌떡벌떡
벌떡벌떡: 심장이 벌떡벌떡 뛰다 작발딱발딱 센뻘떡뻘떡 거펄떡펄떡
벌렁벌렁: 가슴이 벌렁벌렁 뛰다 작발랑발랑

씰룩씰룩: 코를 씰룩거리는 꼴 작쌀룩쌀룩
올랑올랑: 올랑거리는 느낌. 작은 가슴이 설레어 흔들리다. 큰울렁울렁
올랑촐랑: 올랑거리며 촐랑거리는 꼴 큰울렁출렁
우둔우둔: 무서워서 가슴이 몹시 뛰는 꼴
울렁울렁: 울렁거리는 꼴 (예) 가슴이 울렁울렁 뛴다 작올랑올랑
팔딱-팔딱팔딱: 맥이 뛰는 모양 큰펄떡, 펄떡펄떡

1.7. 가정 부사

가령: 가정하여 말하면
가사: 가정하여 말하면
만약: 만일
만일: 아직 일어나지 않은 일이나 상황이 일어날 경우를 가정하여 혹 그러한 경우에는 =만일에
만혹: 만에 하나 어떤 일이 일어나는 경우에는. 만일
서령: 설령
설령: 가정해서 말하여
설사: 가정적으로 말해서
설혹: 가정하여 혹시
여혹(如或): 만일 혹시
혹시: 만일의 경우
혹시나: '혹시'의 힘줌말
혹야: 혹시
혹여: 어쩌다가 =혹시

1.8. 가지런한 모습 부사

간잔지런히: 매우 가지런하다
간조로니: 가지런히
간종간종: 어지럽거나 흐트러진 사물을 가리고 골라서 가든그려 가지런하게 하다
건중건중: 어지럽거나 흐트러진 사물을 가리고 골라서 가든그려 가지런하게 하다

1.9. 각기(各其) 부사

1.9.1. 사물의 각기 부사

가가: 집집마다
가닥가닥: 가닥마다. 따로따로 =가닥가닥이
가리가리: 여러 가닥으로 찢어진 꼴 준갈가리
가락가락: 한 가락 한 가락씩. 하는 일마다
가지가지: 나무의 가지마다
각각: 저마다 따로
각기: 저마다 각각으로
각자: 저마다 따로따로
갈기갈기: 여러 가닥으로 찢어진 꼴
갈피갈피: 갈피마다
건건사사: 사사건건
건건이: 건마다. 또는 일마다
격지격지(隔地隔地): 각 켜마다
구구이: 한 구 한 구마다
구멍구멍: 뚫린 구멍마다
구비구비: 구비마다
그릇그릇: 모든 그릇마다
끼리끼리: 동아리를 지어 따로따로 준낄끼리
낱낱이: 하나하나 빠짐없이 모두
단둘이: 다만 두 사람만으로
달리: 사정이나 조건 따위가 서로 다르게
도막도막: 여러 도막으로 끊어지거나 잘린 꼴
동강동강: 한 물건을 여러 동강으로 자르는 모양
따로: 각각 다르게
따로따로: 저마다 따로
따로이: 따로
땀땀이: 바느질할 때 바늘로 뜬 땀마다
마디마디: 낱낱의 모든 마디마다
매장: 장마다, 시장마다
매해: 한 해마다
매호: 신문·잡지 등의 한 호 한 호마다

매홉: 하나하나의 모든 홉
면면이: 제 각기 또는 앞앞이
모모: 이모 저모
모모이: 여러 모로 모두
모습모습: 여러 모습으로. 모습모습마다
목목이: 중요한 강목마다
무리무리: 어떤 일이 일어나는 시기들의 하나하나마디
물물이: 채소나 해산물 따위의 사물이 때를 따라 한 목 한 목 모개로 나오는 모양
방울방울: 하나하나의 방울 모두
사사(事事): 일마다
사사건건: 모든 일마다
사사건건이: 사사건건
사사모사: 여러 가지 부딪치는 일마다
사사물물: 사물마다
사이사이: 사이사이마다 준새
송이송이: 송이마다
알알샅샅이: 어느 구석이나 남김없이 하나하나 모두
알알이: 한 알 한 알마다
앞앞이: 저마다의 앞에
여러모로: 여러모마다
올올이: 올마다 (예) 내가 입을 옷에는 어머니의 정성이 올올이 어려 있다.
일일이(--): 하나하나
일일이: 하는 일마다
잎잎이: 각각의 잎마다 모두
장장이: ① 시장마다 ② 종이의 장장마다
절절이: 글의 한 마디 한 마디마다
점점이: 하나하나 떨어지거나 떼어 내는 꼴 (예) 물방울이 점점이 떨어진다
조목조목: 조목마다
조목조목이: 조목조목
조조이: 조목조목
줄줄이: 줄마다 모두
쪽쪽이: 여러 쪽마다
참참이: 참 때마다
철철이: 철마다
켜켜이: 여러 켜마다

타래타래: 실, 새끼, 노끈 따위가 여러 타래로 빵빵 틀어져 있다. 타래타래마다
토막토막: 토막마다 (예) 토막토막 잘린 고등어
틈틈이: 틈마다
파파이(派派): 파마다 모두
판판이: 판마다, 번번이
편편(便便): 편편이
편편이(片片): 낱낱의 조각마다
편편이(便便): 인편이 있을 때마다
포갬포갬: 여러 번 거듭 포개져 있는 모양
폭폭이: 채소 따위의 포기마다
푼푼이: 한 푼 한 푼마다
필필이(匹匹): 필마다
하나하나: 하나씩, 비 일일(一一)이

1.9.2. 장소의 각기 부사

가가호호=가가호호이: 집집마다
곳곳이: 여러 곳마다
마을마을이: 각 마을마다
매호(每戶): 집집이
방방곡곡: 방방곡곡마다
방방이: 방마다
집집이: 집마다
촌촌이(村村): 각 마을마다
층층이: 건물의 각 층마다
칸칸이: 집의 한 칸 한 칸마다
켜켜로: 층마다. 갈피마다
켜켜이: 여러 켜마다
호호: 집마다

1.9.3. 걸음의 각기 부사

걸음걸음: 걸음마다
걸음걸음이: 걸음걸음
보일보(步一步): 한 걸음 한 걸음

일보일보: 한 걸음 한 걸음마다

1.9.4. 각자(各者) 부사

각각: 저마다 따로
각기: 각자
각자: 저마다 따로
끼리끼리: 동아리를 지어 따로따로 준 낄끼리
매명: 한 사람 한 사람마다
쌍쌍이: 한 쌍 한 쌍마다
저마다: 각각의 사람하다
제각각: 저마다 각각
제각기: 저마다 다 따로따로

1.10. 간단한 상태 부사

간결히: 간단하고 깔끔하게
간단간단히: 매우 간단히
간단명료히: 간단명료하게
간단히: 아주 간단히
간략히: 간단하고 짤막하게
간명히: 간단하고 명료하게
간박히: 간소하고 소박하게
간소히: 간략하고 소박하게
간솔히: 단순하고 솔직하게
간약히: 간략히
간여히: 간단하고 쉽게
간요히: 간단하고 요령 있게
간편히: 간단하고 편리하게
약략스레: 매우 간략하게
약략이: 약략하게

1.11. 간사한 행위 부사

가살스레: 가살을 부리는 행위

간사스레 간사스럽게 아양을 부리는 모습 =간사히

간실간실: 남의 비위를 맞추면서 간사를 부리는 모양 센깐실깐실

깐실깐실: 살살 남의 비위를 맞추어가면서 몹시 간사를 부리다

꼽실: 아첨하는 뜻으로 머리와 허리를 숙이는 모양. 큰꿉실꿉실 여곱실곱실, 곱실

능활히: 재주와 능력이 있고 교활하다

아양스레: 아양을 부리는 태도가 있다

알짱알짱: 능청스럽게 굴며 알랑거리다 (예) 전에는 내 앞에서 알짱알짱 굽실거리던 사람이었다. 큰얼쩡얼쩡

알쫑알쫑: 그럴 듯한 말을 늘어놓으며 알찐거리다 (예) 보기가 민망할 정도로 알쫑알쫑 굽실거리다 큰얼쭝얼쭝

알찐알찐: 작은 것이 가까이 감돌며 알랑거리다 (예) 이 애가 내 앞을 알찐알찐 막아선다 큰얼찐얼찐

얼렁얼렁: 더럽게 자꾸 아첨을 부리다 작알랑알랑

요사스레: 요망하고 간사하게

음흉스레: 음흉하고 간사하게

1.12. 간섭 행위 부사

볼만장만: 보기만 하고 간섭을 아니 함

흥이야항이야: 남의 일에 쓸데없이 이래라저래라 함

1.13. 간절함 부사

간간히: 매우 간절하게 (예) 간간히 충고를 하여도 일을 듣지 않는다

간곡히: 간절하고 곡진하게

간독히: 간절하고 독실하게

간절히: 간절하게 즉 간곡하고 절실하게 (예) 간절히 부탁하다

1.14. 간편, 간결, 단순 부사

간동간동: 간동그리는 꼴 (예) 간동간동 짐을 꾸리다 센깐동깐동 큰건둥건둥

간첩히: 간편하고 빠르게
간편히: 간편하고 편리하게
거뜬거뜬: 쓰거나 다루기에 매우 거볍고 간편하다 [여]거든거든 [작]가뜬가뜬
거뜬거뜬히: 가뜬가뜬하게 [여]거든거든히 [작]가뜬가뜬히
거뜬히: 다루기에 매우 가볍고 편리하게 =거뜬거뜬히
건둥건둥: 건둥하게 거들거리다 [센]껀둥껀둥 [작]간동간동
건둥반둥: 반둥건둥
건둥히: 건둥하게 [센]껀둥이 [작]간동히
껀둥껀둥: 껀둥하게 거들거리다 [여]건둥건둥 [작]깐동깐동
껀둥히: 껀둥하게 [여]간둥히 [작]깐동히
단순히: 복잡하지 않고 간단히
단조로이: 색다른 점이 없이 한결같이
단출히: 식구나 구성원이 많지 않아
단침에: 중도에 쉬지 않게 단김에
단칼로: 단칼에
단칼에: 단 한번에
단통에: 단통
단판: 곧이어 바로
단편히: 올바르고 공경하게
단평히: 올바르게 공평하게
초초히: 몹시 간략하게
흘략히: 소홀하고 간략히, 홀가분하게

1.15. 갈근거리는 모습 부사

가랑가랑: 목구멍에 가래가 가랑거리다
갈강갈강: 목구멍에서 갈강갈강 가래가 끓는 꼴 또는 그 소리
갈그랑=갈그랑갈그랑: 가래 따위가 목구멍에 걸려 숨을 쉴 때마다 갈그랑거리는 꼴
갈근갈근: 목구멍에 가래 같은 것이 걸려 간지럽게 가지작거리는 꼴

1.16. 갉는 행위 부사

각작각작: 갉작갉작거리는 꼴
갉작갉작: 갉아먹는 꼴 [큰]긁적긁적

갉죽갉죽: 함부로 자꾸 갉다 큰긁죽긁죽
깔짝깔짝: 갉으며 깔짝거리는 꼴 큰끌쩍끌쩍
흠착흠착: 움켜잡듯이 하며 좀 거칠게 자꾸 갉작이다. (예) 쥐가 감자를 흠착흠착 갉아먹는다. 큰흠척흠척

1.17. 강요 부사

무리로: 억지로 무리하게
악치스레: 보기에 고집스러운 데가 있어
악패듯: 사정없이 강박하는 꼴
억지로: 이치나 조건에 맞지 아니하게 강제로
억지스레: '악지스레'보다 센말
우격으로: 억지로 무리하게

1.18. 감기는 모습 부사

쇄쇄: 가볍게 자꾸 휘감거나 휘감기는 꼴
휘휘: 여러 번 감기거나 휘감기는 꼴 작회회
휘휘친친: 휘휘 감고 친친 감거나 감긴 꼴 작회회찬찬

1.19. 갑작스런 뜻의 부사

갈급히: 목이 마른 듯이 몹시 조급히
갑자기: 뜻하지 아니하게
갑작스레: 미처 생각할 겨를이 없이 급히
갑작시리: '갑작스레'의 경남·평남방언
거연히: 갑자기. 문득
급거: 서둘러서 급작스럽게
급거히: 급거
급격히: 급격하게
급급히: 매우 급하다
급기야: 마침내
급박히: 급박하게
급속히: 급하고 빨리

급자기: 생각할 사이가 없이 매우 급하게
급작스레: 급작스럽게
급히: 급하게
느닷없이: 아무 징조도 없이 뜻밖에
다따가: 중도에 갑자기
돌연(突然): 생각지 못한 사이에 갑자기
돌연히: 갑자기
두연(斗然): 문득
뜻밖에: 생각이나 기대 또는 예상과 달리
문득=문득문득: 생각이나 느낌 따위가 갑자기 센문뜩=문뜩문뜩
별안간: 눈 깜짝할 사이에 갑자기
불시로: 뜻하지 아니하게
불시에: 뜻하지 아니한 때에
불쑥: 갑자기 쑥 내미는 모양
불쑥=불쑥불쑥: 갑자기 쑥 내밀거나 빠져나오는 꼴
불현듯이: 뜻하지 않게 준불현듯
시급히: 시간적으로 매우 급하게
언뜻: 잠깐 나타나거나 문득 생각나는 모양
언뜻언뜻: 갑자기 나타났다가 사라지는 모양
얼핏: 언뜻
얼핏얼핏: 언뜻언뜻
연득없이: 갑자기 행동하는 모양
의외로: 뜻밖에
의외로이: 뜻밖이라는 느낌이 들게
펴뜩: '펀듯'보다 센말
펀득: 펀뜻
펀뜻: 갑자기. 언뜻
홀연(忽然): 뜻하지 않는 사이에 갑자기
홀연히: 홀연 (예) 그는 홀연 나타났다가 홀연 사라졌다.
홀재: '홀지애'의 준말 (예) 이런 말 저런 말을 하는 중에 홀재 방문 밖에 신발 소리들이 나고…
홀홀히(忽忽): 문득 갑작스럽게 (예) 홀홀히 떠나다
화급히: 아주 급하게
황급히(遑急): 황황하고 급하게

1.20. 감각 부사

여기에는 촉각·시각·청각·후각·미각에 대한 부사를 다루게 될 것이다.

1.20.1. 촉각 부사

가닐가닐: 벌레가 기어가는 것처럼 살갗이 매우 가렵고 자릿한 느낌 큰그닐그닐
가칫가칫: 여러 뾰족한 것이 살갗에 자꾸 닿는 모양 큰거칫거칫 센까칫까칫
간질간질: 간지러운 느낌 큰근질근질
간질간질: 분명하지 않은 말이나 행동으로 남의 마음을 자리자리하게 하는 꼴 센깐질깐질
걸근걸근: 목구멍에 가래 같은 게 걸려 근지럽게 거치적거리는 꼴 작갈근갈근
군실군실: 벌레가 살갗에 붙어 기어가는 듯한 느낌
그닐그닐: 자꾸 가렵거나 짜릿짜릿한 느낌 작가닐가닐
근실근실: 가려운 느낌 큰글실근실
근질근질: '간질간질'보다 큰말
까끌까끌: 매우 깔끄러운 느낌 큰꺼끌꺼끌
깔깔히: 촉감이 보드랍지 못하고 까칠까칠하게
깔끔깔끔: 작은 까끄라기 따위가 살을 자극하는 모양
깔쭉깔쭉: 거칠고 깔끄럽게 따끔거리다 큰껄쭉껄쭉
껄끔껄끔: 껄끄럽게 뜨끔거리다 작깔끔깔끔
껄쭉: 거칠고 껄끄럽고 뜨끔한 모양
껄쭉껄쭉: 껄쭉거리는 느낌 작깔쭉깔쭉
따금: 따가울 정도로 매우 더운 느낌
따끈따끈: 따끈따끈한 느낌. =따끈따끈히 큰뜨끈뜨끈 =따끈히 큰뜨끈히
따끔히: 찔리거나 꼬집히는 듯한 아픈 느낌 큰뜨끔히
따뜻이: 알맞게 기분 좋을 정도로 덥게 큰뜨뜻이 여따듯이
뜨끈뜨끈: 어지간히 뜨거운 느낌이 있다 작따끈따끈
말랑말랑: 야들야들하게 보드랍고 무른 느낌 큰물렁물렁
말씬: 물러서 연하고 말랑한 느낌
말씬말씬: 물러서 연하고 말랑말랑한 느낌 큰물씬물씬
말카닥: 물크러질 정도로 말랑한 느낌
말캉말캉: 잘 익어서 물크러질 듯이 말랑하게 큰물컹물컹
말캉히: 잘 익어서 물크러질 듯이
말큰말큰: 연하고 부드러운 느낌이 날 정도로 말랑한 상태 =말캉말캉

망실망실: 살이 올라서 귀엽도록 보드랍고 연한 모양
매끄당매끄당: 몹시 매끄러워서 넘어질 듯 미끄러운 모양 큰미끄덩미끄덩
매끄러이: 매끄럽게
매끈둥매끈둥: 부드럽고 매끄러운 모양
매끈둥히: 보기에 매끈하게 큰미끈둥히
매끌매끌: 거죽이 매우 미끄러운 모양
매작지근히: 조금 더운 기운이 있는 듯 큰미적지근히
매지근히: 더운 기운이 조금 있는 듯하게 큰미지근히
맹근히: 약간 매지근하게
몰랑몰랑: 몰랑몰랑한 느낌 큰물렁물렁
몰씬히: 잘 익거나 물러서 몰랑하다 큰물씬히
몰카닥: 물크러질 정도로 무르고 부드러운 느낌
몰카닥몰카닥: '몰카닥'을 반복한 말
몰카당몰카당: 물크러질 정도로 무르고 연한 느낌
몰칵: '몰카닥'의 준말
몰칵몰칵: '몰카닥몰카닥'의 준말
몰캉몰캉: 매우 몰캉한 모양 큰물컹물컹
몰큰: 연하고 보드라운 느낌이 들 정도로 말랑한 모양
몽글: 먹은 음식이 삭지 않아 가슴속에 뭉쳐 있는 듯한 느낌
몽글몽글: '몽글'을 반복한 말
무지근히: 뒤가 잘 안 나와서 기분이 무겁게
무직이: 무직하게
물씬물씬: 물씬물씬한 느낌
물캉물캉: 매우 몰캉한 모양 큰물컹물컹
물컹물컹: 물컹물컹한 느낌
물큰물큰: '물큰'을 반복한 말. 연하고 보드라운 느낌이 들 정도로 말랑한 모양
미적지근히: 더운 기운이 약간 있어 =미지근히 작매직지근히
부드러이: 닿거나 스치는 느낌이 부드럽게 작보드라이
산득: 갑자기 몸에 찬 느낌을 느끼다
산득산득: '산득'을 반복한 말 큰선득선득 센산뜩산뜩
산들: 바람이 보드랍게 부는 느낌 큰선들
산들산들: '산들'을 반복한 말 큰선들선들
산산히: 공기가 좀 서늘한 느낌이 있게 큰선선히
살강살강: 설익은 곡식이나 열매 따위가 가볍게 씹히는 느낌 큰설겅설겅 센쌀강쌀강 거살캉살캉, 쌀캉쌀캉

살랑: 바람이 가볍게 부는 모양 큰설렁
살랑살랑: 사늘한 바람이 가볍게 부는 모양 큰설렁설렁 센쌀랑쌀랑
살랑살랑히: 매우 살랑히 큰설렁설렁이 센쌀랑쌀랑히
살살: ① 온돌방이 고루 더운 모양 큰설설 센쌀쌀 ② 작은 벌레가 가볍게 기어가는 모양 큰슬슬
살살: 배가 조금씩 아픈 느낌 큰슬슬 센쌀쌀
서물서물: 살갗에 작은 벌레가 기어가는 것처럼 간질간질한 느낌 작사물사물 큰스멀스멀 센싸물싸물
선뜩선뜩: '선득선득'보다 센말
선선히: 시원한 느낌이 들게
스멀스멀: 벌레가 살이 자꾸 기어가는 것처럼 못 견디게 근질근질하다
아스스: 차거나 싫은 것이 못에 닿았을 때 약간 춥다 큰오스스, 으스스, 어스스 (예) 몸살이 나는지 몸이 아스스하다
어슬어슬: 소름이 끼칠 듯이 추위를 느끼다 작오슬오슬 큰으슬으슬
오삭오삭: 몸이 자꾸 옴츠려지도록 추워지거나 소름이 끼치는 꼴 센오싹오싹
오슬오슬: 몸이 옴츠러지면서 소름이 끼치도록 춥다
오싹=오싹오싹: 몸이 옴츠러지도록 갑자기 추워지거나 소름이 끼치는 모양(예) 오싹오싹 소름이 끼쳤다 여오삭오삭
왈칵: 격한 감정이 갑자기 한꺼번에 치미는 꼴 (예) 성을 왈칵 내다 큰왈컥
유연히: 부드럽게
으스스: 으스스한 느낌 (예) 몸이 으스스 떨린다 작아스스
으슬으슬: 으슬으슬한 느낌 (예) 으슬으슬 오한이 난다 작아슬아슬
으쓱=으쓱으쓱: 으슥(으슥으슥)한 느낌 (예) 소름이 으쓱(으쓱으쓱) 느껴졌다
찬연이: 기운이 차고 쓸쓸하게
척척히: 젖은 것이 살에 닿아 차가운 느낌이 있다 큰축축히
파신파신: 보드랍게 튀기는 맛이 있어 닿으면 포근한 느낌이 있다 큰퍼신퍼신
포근포근: 자리가 보드랍고 따뜻하게 큰푸근푸근
포근포근히: 포근포근
포근히: 자리가 보드랍고 따뜻하게 큰푸근히
폭신폭신: 조금 포근하게 부드럽고 탄력이 있는 느낌 큰푹신푹신
폭신히: 폭신폭신하게
푹신: '폭신'보다 큰말
푹신푹신: '푹신'을 반복한 말
푹신히: 포근하고 부드럽고 탄력이 있는 느낌 작폭신히
활활: 불길이 세게 타오르는 꼴 큰훨훨

홧홧: 달듯이 뜨거운 기운이 이는 꼴
홧홧히: 홧홧 (예) 얼굴이 홧홧히 달아오른다
후끈후끈: 뜨거운 기운을 받아 갑자기 달아오르는 모양 =후끈 작화끈화끈=화끈, 호끈호끈
후더분히: 열기가 차서 조금 더운 느낌이 있어 =후더분
후덥지근: 좀 답답할 정도로 후더분하게 =후덥지근히
후덥터분히: 불쾌한 정도로 무더운 기운이 있다
후련히: 좋지 않던 속이 풀리거나 내려서 시원하게
후터분히: 후터분하게
후텁지근히: 좀 후터분하다 =후텁지근, 작호덥지근히
훈훈히(薰薰): 향내가 감돌아 흐뭇하게
훈훈히(醺醺): 술 취한 기운이 얼근하게
훈훈히: 날씨나 온도가 견디기 좋을 만큼 덥게
훗훗이: 훈훈하여 약간 갑갑할 정도로 덥다

1.20.2. 시각 부사

1.20.2.1. 어둡거나 밝거나 하는 부사

가물가물: 멀리 있는 물건이 작고 희미하게 자꾸 보일 듯 말 듯하다 센까물까물 큰거물거물
가뭇없이: ① 보이던 것이 갑자기 전혀 아니 보여 찾을 곳이 감감하다 ② 눈에 보이던 것이 감쪽같다 ③ 흔적이 없다
거물거물: 멀리 있는 물건이 작고 희미하게 자꾸 보일 듯 말 듯하다 센꺼물꺼물 작가물가물
깜깜: 몹시 어둡게
깜깜히: 깜깜하게
깜박: 불빛이 잠깐 어두웠다가 밝아지는 모양 큰껌벅, 끔벅, 꿈벅 센깜빡
깜박깜박: '깜박'을 반복한 말
깜빡깜빡: '깜박깜박'보다 센말
껌벅껌벅: 끔벅끔벅
껌뻑: '껌벅'보다 센말 작깜빡 큰끔뻑
껌뻑껌뻑: '껌뻑'을 반복한 말 큰끔뻑끔뻑
끔벅끔벅: '깜박깜박'보다 큰말 =끔벅 작깜박깜박 비껌벅껌벅

끔벅: 큰 빛이 갑자기 나타났다가 어두워지는 모양 작깜박 센끔뻑
끔뻑: '끔벅'보다 센말
끔뻑끔뻑: '끔벅끔벅'보다 센말
사물사물: 아리송한 것이 눈앞에 사물거리는 꼴 큰서물서물
아른아른: 무엇이 아리송하게 조금 보이다 말다 하다 (예) ① 비단 같은 연기가 아른아른 비껴 흐른다 ② 깨알 같은 편지글씨가 아른아른 춤을 춘다 큰어른어른
아릿아릿: 어렴풋하게 자꾸 눈앞에 어려오는 모양 큰어릿어릿
아물아물: 작은 것이 눈앞에서 보일 듯 말 듯 하게 자꾸 움직이다 (예) 아물아물 피어나는 아지랑이
암암히(黯黯): ① 몹시 어둡게 ② 깊숙하고 고요하게
암암히(暗暗): 잊어지지 아니하고 가물가물 보이는 듯하다 (예) 눈에는 암암히 노국공주의 빵긋 웃는 얼굴이 나타났다
암연히(黯然): 암연하게
어두침침: 어둡고 침침히
어두캄캄: 어둡고 캄캄한 모양
어두커니: 새벽 어둑어둑한 때에
어두컴컴: '어두캄캄'보다 큰말
어두컴컴히: 어둡고 컴컴하게
어둑어둑: 사물을 분간할 수 없을 만큼 어두운 모양
어둑충충: 밝거나 산뜻하지 아니하고 흐리고 어둑한 모양
어둑캄캄: 어둑하고 캄캄한 모양
어둑히: 조금 어둡게
어둠침침(히): 어둡고 침침하게
어둠컴컴: 조금 어둡고 컴컴한 모양
어른어른: 어른거리는 꼴 (예) 멀리 전광판의 글자가 어른어른 보이다 말다 한다
어스레: 어스레히
어스레히: 날이나 빛이 좀 어둑하게
어스름히: 조금 어둑하게
어스무레: 좀 어슴푸레하게
어슬히: 어스레하게
어슴푸레: 빛이 약하거나 멀리 있어 어둑하고 희미하게
얼른얼른: 무엇이 매우 어리숭하게 자꾸 보이다 말다하다 여어른어른
침침히: 빛이 약하여 어둠침침하게
캄캄: '깜깜'보다 거센말 =캄캄히

1.20.2.2. 시각 부사

말가니: 말갛게
말그스름히: 조금 말갛게
말긋말긋: 생기 있게 밝고 환한 모양
명명히: 아주 환하고 밝게
반히: 어두운 가운데 밝은 빛이 비치어 조금 환하게 큰번히 센빤히
밝히: 불빛 따위가 환하게. 밝게
번연히: 환하게 준번히
번히: 어두운 가운데 밝은 빛이 비치어 조금 훤하게 센뻔히 본번연히
해꾸무레히: 해끄무레 큰희끄무레히
해끄무레: 엷게 조금 하얀 모양
해끔: 산뜻하게 하얀 모양
해끔해끔: 군데군데 조금 하얗고 깨끗한 모양 큰희끔희끔
해끔히: 조금 하얗고 깨끗이 큰희끔히
환히: 빛이 비치어 맑고 밝게
황연: 환하게 밝은 모양
황연히: 황연
황황히(煌煌): 번쩍번쩍 빛나서 밝게
희끄무레: 엷고 조금 허연 모양 작해끄무레
희끄무레히: '해끄무레히'보다 큰말
희번하니: 동이 트며 밝은 기운이 비치어 번하게
희번히: 동이 트면서 허연 기운이 조금 비쳐 희미할 정도로 밝게
희벗이: 엷게 조금 허옇게 =희끄무레히
희벗하니: 희끄무레한 듯이 (예) 희벗하니 통터오는 하늘
희불: 날이 새고 밝은 기운이 어렴풋이 비쳐오는 모양
희불그스름: 흰빛을 띠며 불그스름한 모양 (예) 희불그스름 통터온다. =희불그스름히
희불긋: 흰빛을 띠며 불긋한 모양 (예) 방안이 희불긋 밝아온다
희붐히: 날이 새려고 흰빛이 비쳐 조금 밝게 준붐히
희슥이: 희슥 (예) 희슥이 지새어가는 통에
희슥희슥: 날이 훤히 갓 밝아오는 모양
희슥희슥이: 희슥희슥
희쓱: '희슥'보다 센말
희쓱이·희쓱 =희쓱희쓱이
희읍스름: 조금 흰 모양 (예) 희읍스름 동터오는 새벽

희읍스름히: 깨끗하지 않고 조금 희게 (예) 동녘이 희읍스름히 밝아오고 있었다 =희읍스레
희푸르슴히: 흰색을 띠면서 푸르스름한 모양 (예) 희푸르슴히 빛나는 가로등 =희푸르슴
희푸릇: 흰색을 띠면서 푸릇한 모양 (예) 가로등이 희푸릇 빛나는 밤거리 =희푸릅이

1.20.2.3. 가물거리는 부사

가물가물: 가물거리는 꼴 [센]까물까물 [큰]거물거물
가불가불: 자꾸 흐리거나 움직이는 꼴 [센]까불까불 [큰]거불거불

1.20.3. 청각 부사

'소리'에 관한 청각부사는 여기서 일부만 다루고 별도로 '소리부사'를 다룰 것이다.

개굴개굴: 개구리가 우는 소리
비거걱: 나무나 딱딱한 물건이 서로 닿으면서 쓸릴 때 나는 소리
비거덕비거덕: [작]배가닥 =비거덕
비걱: 크고 단단한 물건이 서로 거칠게 갈릴 때 나는 소리 [센]삐걱, 삐꺽 [본]비거걱
비걱비걱: 비걱거리며 삐걱거리는 소리 [센]삐꺽삐꺽
삐: 어린이가 듣기 싫게 높은 목소리로 우는 소리 [작]빼
삐거덕: 크고 단단한 물건이 서로 닿아 갈리다가 그칠 때 나는 소리 [작]빼가닥 =삐거덕삐거덕
삐걱: 크고 단단한 물건이 서로 닿아 가볍게 갈릴 때 나는 소리 [작]빼각 =삐걱삐걱 [작]빼각빼각
삐걱삐걱: 삐걱거리며 빼각거리는 소리
쟁쟁: 지나간 소리가 귀에 울리는 듯한 느낌
쟁쟁히: 옥이나 금속 따위의 울리는 소리가 맑고 또렷하게

1.20.4. 후각 부사

1.20.4.1. 좋지 못한 냄새 부사

고리타분히: 냄새가 고리고도 타분한 느낌 [큰]구리타분히 [준]고타분히, 골타분히

고리탑탑히: 몹시 고리타분한 느낌 큰구리텁텁히 준고탑탑히, 골탑탑히
고릿고릿: 음식이 몹시 쉬거나 고기 따위가 몹시 변해서 역한 냄새가 나는 느낌 큰구릿구릿
구리텁텁히: 몹시 구리터분하게 거쿠리텁텁히 작고리탑탑히
꼬리타분히: 몹시 고리타분히
꾸릿꾸릿: 몹시 구린내가 나게(경상방언)
노리착지근히: 노린내가 조금 나는 듯이 큰누리착지근히
노리치근히: '노리착지근히'의 준말
노릿노릿이: 노릿노릿
노릿이: 맛이나 냄새가 조금 역겹게 큰누릿이
매캐히: 연기나 곰팡냄새가 낫 목이 좀 칼칼하게 큰메케히
몰씬=몰씬몰씬: 코를 찌르도록 심한 냄새가 풍기는 모양 큰물씬, 물씬물씬
몰칵: 냄새가 코를 찌르듯이 심하게 풍겨나는 느낌 큰물컥
몰칵몰칵: 코를 찌를 듯이 심한 냄새가 자꾸 나는 느낌 큰물컥물컥
몰큰: 냄새가 갑자기 풍기는 모양 큰물큰
몰큰몰큰: '몰큰'을 반복한 말 큰물큰물큰
물씬=물씬물씬: 냄새가 심하여 풍기어 코를 찌르는 듯한 느낌 작몰씬=몰씬몰씬
물컥물컥=물컥: 냄새가 심하게 풍기어 코를 푹푹 찌르는 듯하다 작몰칵. 몰칵몰칵
물큰=물큰물큰: 냄새가 심하게 풍기어 코를 찌르는 듯하다 작몰큰=몰큰몰큰
배릿배릿: 냄새나 맛이 매우 배릿하다 큰비릿비릿
비릿비릿: 냄새나 맛이 매우 배릿하다 작배릿배릿
콜콜: 시척지근하거나 고리타분한 냄새를 풍기는 꼴 큰쿨쿨
쾌쾌히: 몹시 고리타분하게
쾨쾨: 냄새가 고리다 큰퀴퀴
쾨쾨히: 쾨쾨 큰퀴퀴히
타분히: 음식의 냄새가 맛이 신선하지 못하게 큰터분히
확확: 냄새가 세게 끼치는 꼴 큰훅훅
훅=훅훅 냄새가 끼치는 꼴 작확. 확확

1.20.4.2. 좋은 냄새 부사

고소히: 참깨 맛의 냄새가 나는 듯 큰구수히 센꼬소히
모락모락: 냄새 따위가 계속 조금씩 피어오르는 꼴 큰무럭무럭
향긋: 은근히 향기로운 느낌
향긋이: 향긋

향기로이: 향기가 있게
훈감히: 맛이 진하고 냄새가 좋게
훈훈히: 향기가 감돌아 흐뭇하게

1.20.4.3. 냄새의 모습 부사

소옴소옴: 김이나 냄새가 가늘게 피어오르는 모양

1.20.5. 미각 부사

1.20.5.1. 일반적인 맛 부사

고들고들: 밥알 따위가 잘 익었으나 물기가 없어 오들오들한 꼴
고슬고슬: 밥이 고슬고슬 잘 된 상태
구둑구둑: 구둑구둑 마른 상태
구들구들: 밥알 따위가 속은 잘 익었으나 물기가 걷혀서 우들우들하다 [센]꾸들꾸들 [작]고들고들
구슬구슬: 밥이 질지도 않고 되지도 않고 알맞게 부드럽다 [작]고슬고슬
달콤히: 감칠맛이 있게 꽤 달다
달큼히: 맛깔스럽게 꽤 달다
맛깔스레: 입에 감칠 만큼 음식의 맛이 있어
맛맛으로: 입맛을 새롭게 하기 위하여 여러 가지 음식을 조금씩 바꾸어가며 색다른 맛으로
맛스레: 맛이 있을 듯하게
맛없이: 음식 맛이 좋지 않게
먹음직스레: 먹음직스럽게
알근달근: 맛이 조금 알근하면서도 달짝지근하다
야금야금: 맛이 있는 듯이 조금씩 자꾸 씹다
얼근덜근: 맛이 들쩍지근하면서도 얼근하다 [작]알근달근 =알근히
얼큰히: 매워서 입안이 몹시 얼얼하다 [여]얼근히 [작]알큰히
엇구수히: 맛이나 냄새가 좀 구수하다

1.20.5.2. 고소하고 달콤한 뜻의 맛 부사

감미로이: 달거나 달콤하게
고소히: 볶은 참깨나 땅콩 등의 맛이나 냄새와 같이 큰구수히
구수히: 구수하게 작고소히
달곰히: 감칠맛이 있게 달게 큰달금히 거달콤히
달금히: 감칠맛이 있게 꽤 달게 작달곰히 거달큼히
달콤새콤히: 조금 달콤하면서 새콤한 맛이 있게
달콤쌉쌀: 맛이 달콤하고 쌉쌀하게
달콤히: 감칠맛이 있게 좀 달다
달큰쌉쌀: 맛이 달큰하고 쌉쌀하게
달큰히: 단맛이 있어 큰들큰히
달큼히: 감칠맛이 있게 꽤 달다
덜큼히: 산뜻한 맛이 없이 조금 달게 작달큼히
들큰히: 감칠맛이 없이 조금 달게 작달큰히
들큼히: 맛이 조금 달게 작달큼히
엇구수히: 맛이나 냄새가 좀 구수하게

1.20.5.3. 매운맛 부사

매캐히: 연기나 곰팡내가 나서 목이 좀 칼칼하게 큰메케히
매콤히: 가볍게 톡톡 쏘듯이 맵게
매큼히: 약간 매운 기가 있게
맵싸히: 맵고 아리게
알근달근: 매워서 입 안이 매우 알알한 느낌 큰얼근얼근
알근히: 매워서 입 안이 좀 아알하게 큰얼근히 거알큰히
알싹지근히: 맛이 좀 아린 듯하게 큰얼쩍지근히 준알찌근히

1.20.5.4. 짠맛 부사

간간히: 감칠맛이 나도록
건건히: 감칠맛이 없이 좀 짜게
짭조롬히: 조금 짠맛이 있게
짭짭히: 감칠맛이 있어 조금 짜게

1.20.5.5. 신맛을 뜻하는 부사

새곰새곰: 여럿이 다 조금 신맛이 있게 큰시굼시굼. 시금시금 거새콤새콤, 새큼새큼 큰·거시큼시큼
새곰히: 조금 시게 큰시굼히 거새콤히
새그러이: 맛이 조금 시게
새금새금: '새금'을 반복한 말 큰시금시금 거새큼새큼
새금히: 조금 신맛이 있게 큰시금히
새콤새콤: '새곰새곰'보다 거센말
새큰새큰: 새큰거리는 느낌
시굼시굼: 시굼시굼한 느낌 (예) 물김치가 시굼시굼 맛이 들었다
시그무레: 조금 새금한 느낌
시금시금: 시금시금한 느낌 (예) 물김치가 시금시금 맛이 들었다
시큼시큼: 시큼시큼한 느낌 (예) 시큼시큼 신맛이 들었다

1.20.5.6. 쓴맛 부사

소태같이: 맛의 쓰기가 소태같이
쌉쓰레: 쓴맛이 좀 있게
쌉쌀: 조금 신맛이 있는 듯
쌉싸래: 조금 쓴맛이 있는 느낌
쌉쌀히: 조금 쓴맛이 있게
쌉쓰레: 쓴맛이 약간 있는 듯이
쌉쓸: 쌀쌀하고 씁쓸한 느낌
쌉씨름: 쌉싸래
씁쓰름히: 씁쓸하게
씁쓰무레: 저금 씁쓸한 맛이 있게
씁쓸히: 제법 쓴맛이 있게

1.20.5.7. 싱거운 맛 부사

덤덤히: 맛이 잘 안 나고 몹시 싱겁게
밍밍히: 음식 따위가 제맛이 나지 않고 좀 싱겁다 작맹맹히
삼삼히: 좀 싱거운 듯 하면서 맛이 있게
심심히: 맛이 짜지 않고 좀 싱겁게
싱거부레: 맛없이 싱겁다(경상방언)

싱거이: 좀 싱겁다

1.20.5.8. 질긴 맛 부사

잘깃이: 조금 질긴 듯하게 [큰]질깃이
잘깃잘깃: 맹 질긴 듯하게 [큰]질깃질깃
존득존득: 존득존득한 맛 (예) 찰떡이 존득존득 맛있다
졸깃졸깃: 맛이 좀 질기다 [센]쫄깃쫄깃 [큰]줄깃줄깃
줄깃줄깃: 줄깃줄깃 씹히는 말 [센]쭐깃쭐깃
짤깃짤깃: 짤깃하게 매우 질긴 맛 [큰]찔깃찔깃 [여]잘깃잘깃
쫀득쫀득: '존득존득'의 센말
쫄깃쫄깃: 쫄깃쫄깃 질긴 맛 [큰]쭐깃쭐깃
쫄깃이: 쫄깃하게 [큰]찔깃이
쭌득쭌득: 쭌득쭌득한 맛 (예) 찰떡이 쭌득쭌득 맛있다 [여]준득준득 [작]쫀득쫀득
쭐깃쭐깃: 쭐깃쭐깃 질긴 맛 [작]쫄깃쫄깃
찔깃이: 찔깃하게 [작]짤깃이 쫄깃이
찔깃찔깃: 찔깃하게 질긴 맛 [작]짤깃짤깃, 쫄깃쫄깃

1.20.5.9. 떫거나 누리거나 단백한 맛 부사

뉘적지근히: 맛이나 냄새 따위가 누리게 [큰]뉘지근히
담담히: 담백하게(담박하게)
떠름히: 조금 떫다
떨떠름히: 몹시 떫게

1.20.5.10. 별로 맛없음의 부사

깨끗찮이: 깨끗하지 아니하게
떠름히: 마음에 썩 내키지 않거나 달갑지 않게 (예) 떠름히 느껴지는 땡감맛
맛갈잖히: 음식의 맛이 제대로 있는 것 같지 않게
맛없이: 음식 맛이 좋지 않게
맹탕: 음식이 덤덤하여 맛이 없게(경상방언)
맹탕으로: '맹창'과 같음
살강살강: 덜 삶아진 열매나 곡식이 가볍게 맛없이 씹히는 모양 [큰]실겅실겅 [센]쌀강쌀

강 거살캉살캉 쌀캉쌀캉

텁텁히: 음식 맛이 신선하거나 깨끗하지 못하게

1.20.5.11. 맛있는 뜻의 부사

감미로이: 맛이 달콤하게
걸쭉히: 맛 따위가 푸짐하고 외설스럽게
깨끔스레: 깨끗하고 아담스럽게
깨끔히: 깨끗하고 아담하게
깨끗이: 음식이 깨끗하게 큰끼끗이
끼끗이: 생기가 있고 깨끗이
끼끗하니: 생기가 있고 깨끗하게
나긋나긋: 꽤 보드랍고 연하다
나긋나긋이: 나긋나긋하게
나긋이: 나긋하게
맛깔스레: 입에 담길 만큼 음식의 맛이 있어
맛맛으로: 마음에 당기는 대로
맛스레: 보기에 맛이 있는 듯하게
먹음직스레: 보기에 맛이 있을 듯이
먹음직이: 보기에 맛이 있게
야금야금: 음식을 조금씩 먹어 들어가는 모양
엇구뜰히: 음식 맛이 조금 구수한 맛이 있게
엇구수히: 음식의 맛이 조금 구수하게
진진히(津津): 입에 착착 달라붙을 정도로 맛있게

1.21. 감정 부사

가증스레: 보기에 얄밉다
날카로이: 날카롭게
덤덤히: 특별한 감정의 동요 없이 그리 예사롭게
바락=바락바락: 성이 기를 쓰거나 소리를 지르는 꼴 큰버럭. 버럭버럭
사리사리: 어떤 감정이 복잡하게 겹겹이 얽힌 꼴 큰서리서리
샐쭉: ① 어떤 감정을 나타내면서 입이나 눈이 샐그러지게 움직이는 꼴 ② 마음에 시뻐서 좀 고까워하는 태도를 드러내는 꼴 센쌜쭉 큰실쭉

샐쭉샐쭉: 샐쭉거리는 꼴 센쌜쭉쌜쭉 큰실쭉실쭉
샐쭉이: 실쭉하게 센쌜쭉이 큰실쭉이
소홀히: 대수롭지 아니하고 예사롭게
시름없이: 근심 걱정 없이
시원스레: 막힘이나 걸림이 없이 확 트이게
시틋이: 어떤 일을 여러 번 겪어 싫증이 나듯이 센시뜻이
애꿎이: 아무 잘못 없이 억울하게
애매히: 잘못 없이 꾸중을 들어 억울하게
어리둥절: 얼떨떨하여 정신이 없이 =어리둥절히
어리마리: 어리마리한 꼴
어리벙벙: 어리벙벙 센어리뻥뻥
어리벙벙히: 어리벙벙하게 센어리뻥뻥히
올랑올랑: 놀라거나 두려워서 가슴이 자꾸 두근거리는 꼴 큰울렁울렁
울꺽울꺽: 격한 감정이 울꺽 자꾸 치미는 느낌 (예) 분노가 울꺽울꺽 치밀어 오른다 센울컥울컥
울컥울컥: 격한 감정이 울컥 자꾸 치미는 느낌 (예) 울분이 울컥울컥 치민다 센울꺽울꺽
월컥=월컥월컥: 격한 감정이 급자기 한꺼번에 몹시 치미는 꼴 작왈칵 왈칵왈칵
유감없이: 섭섭한 느낌이 없이 흡족하다
조마조마: 겁이 나서 마음이 초조한 느낌
한스레: 한스럽게
한심스레: 한심스럽게
후련히: 좋지 않던 속이 풀려 시원하게
흔연스레: 기쁘거나 반가워 기분이 좋은 듯하게 =흔연히
흔쾌히: 흐뭇하고 기쁜 마음으로

1.22. 강조 확인 부사

이야-말로: 바로 앞에서 이야기한 사실을 강조하여 이르는 말
이-야말로: 지정사 어간 '이'에 '야말로'가 붙어서 지정하고 강조하여 확인함을 나타낸다

1.23. 갖추어진 모습 부사

갖추=갖추갖추: 잘 갖추어 있는 모습
만유루없이: 여러 모로 갖추어져 빈틈없이

1.24. 갸륵함 부사

가상스레: 보기에 갸륵한 데가 있어
가상히(嘉尙): 가상하게 (예) 가상히 여기다
갸륵히: 갸륵하게 즉 착하고 장하다
거룩히: 성스럽고 위대하게. 성스럽고 훌륭하게

1.25. 개폐 부사

발쪽=발쪽발쪽: ① 속의 것이 드러나 보일 듯 말 듯하게 벌어진 꼴 ② 끝이 뾰족이 자꾸 내밀었다 들어갔다 하다 큰벌쭉, 벌쭉벌쭉 작발쪽, 발쪽발쪽
벌룩벌룩: 신축성이 있는 물체가 자꾸 벌어졌다 오므렸다 하는 꼴 작발록발록
벌룽벌룽: 신축성이 있는 물체가 자꾸 부드럽게 벌어졌다 오므렸다 하는 꼴 작발롱발롱
벌름벌름: 신축성이 있는 물체가 넓게 자꾸 벌어졌다 오므렸다 하다 작발름발름
벌름히: 틈이 넓적하게 벌어져 있는 작발름히
벌쭉이: 벌쭉하게 센뻘쭉이 작발쭉이
부스스: 미닫이나 장지문 따위를 슬그머니 여닫는 꼴 작바스스
팔짝=팔짝팔짝: 미닫이. 장지문이 갑작스레 자꾸 열리다 큰펄쩍, 펄쩍펄쩍
폴짝: 작은 문 따위 갑자기 열거나 닫는 꼴 큰풀쩍
폴짝폴짝: 폴짝거리는 꼴 큰풀쩍풀쩍
훨썩: 정도 이상으로 넓게 벌어지거나 열린 꼴 작활싹
훨쩍=훨쩍훨쩍: 문 따위가 한껏 매우 시원스럽게 열린 꼴 작활짝=활짝활짝

1.26. 거두는 모습 부사

거둠거둠: 손으로 여러 번 거두어 쥐는 모양 (예) 치맛자락을 거둠거둠 걷어쥐다
거듬거듬: 대강대강 거두는 모양 (예) 먹고 난 그릇을 거듬거듬 치우다

1.27. 거북한 모습 부사

거북살스레: 거북살스럽게
거북스레: 거북스럽게
거북히: 거북하게

1.28. 거칠거나 거침이 없는 부사

거칠거칠: 여러 군데가 모두 거칠다 센 꺼칠꺼칠 작 가칠가칠
거침없이: 걸리는 것이 없음
푸시시: ① 고르지 아니하고 거친 꼴 ② 매우 거칠하다.
황료히(荒蓼): 거칠고 쓸쓸하게
황잡히(荒雜): 거칠고 잡되게

1.29. 검소한 모습 부사

간박히: 간소하고 순박하게
간소히: 간략하고 검소하게. (예) 간소히 차린 음식상
검소히: 사치하지 아니하고 수수하다

1.30. 게우는 모습 부사

왈딱=왈딱왈딱: 갑자기 게우는 꼴 큰 월떡, 월떡월떡
월떡=월떡월떡: 급자기 게우는 꼴 작 왈딱, 왈딱왈딱

1.31. 결국 부사(기어이)

결국: 끝에 가서
그예: ① 마침내 그만 (예) 할머니는 그예 숨을 거두셨다. ② 기어이 (예) 그래도 그예 가야겠다는 말이냐?
급기야: 마침내
기어이: 어떤 어려움이 있더라도
기어코: 기어이
끝끝내: 끝까지 변함없이
끝내: 끝까지 내내
마침: 그때에 바로
마침내: 결국에는
종내: 끝가지
필경: 결국에는

1.32. 겸하는 모습 부사

겸두겸두: 겸사겸사
겸사겸사: 한 번에 이 일 저 일을 겸하여 하는 모양
겸지겸지: 겸사겸사

1.33. 경과 부사

거춤거춤: 대강대강 거쳐 가는 꼴 (예) 그 고장을 거춤거춤 둘러보고 왔다.
거충거충: 일을 정밀하지는 못하여도 쉽고 빨리

1.34. 경사의 뜻 부사

경사로이: 경사롭게
경사스레: 경사스럽게
경하스레: 경사로워 치하할 만한 데가 있어

1.35. 겉치레 부사

반들반들: 거죽이 아주 메마르고 윤이 나는 모양 큰뻔들뻔들
반주그레: 얼굴이나 겉모습이 매우 반반하고 아름다운 모양 큰반주그레
반지레: 조금 반지르르한 모습 큰번지레 센빤지레
반지르르: 실속은 없이 겉으로만 그럴듯한 모양 큰번지르르 센빤지르르
반질반질: 물체의 거죽이 몹시 매끄럽고 윤기가 도는 모양 큰번질번질 센빤질빤질
번지레: '반지레'보다 큰말
번지르르: 실속은 없이 겉으로만 차려서 그럴듯하다 (예) 번지르르한 이야기로 찬사를 아끼지 않았다 센뻔지르르
번질번질: '반질반질'보다 큰말
틀스레: 틀거지가 있어 보이게

1.36. 계층 부사

일층: 한층

층층이: ① 층마다 ② 여러 층으로 겹겹이 쌓인 모양
한층: 한 단계 더
한층한층: 한 층씩 한 층씩 점점

1.37. 감사 및 흥감의 뜻 부사

감사히: 고맙게
고마이: 남이 베풀어 준 호의나 도움 따위에 대하여 마음이 흐뭇하고 즐겁게
황감히: 황송하고 감격하게
황송스레: 분에 넘치고 고맙고도 송구한 느낌이 있게
황송히: 황송스레
흥감스레: 흥감부리는 태도가 있다

1.38. 거듭 부사

가뜩에: 어려운 데다가 그 위에 또
가뜩이=가뜩이나: 힘에 겹거나 어려운 형편에 그 위에 또
가뜩한데: 지금의 사정도 어려운데 그 위에 더
가일층: 정도 따위를 한층 더
갈수록: 점점 더
갈피갈피: 여러 갈피가 낱낱이 거듭되는 모양
거듭=거듭거듭: 여러 번 다시
거푸=거푸거푸: 잇달아 거듭되는 모양
거푼거푼: 자꾸 앉았다 섰다 하다 (예) 옷고름이 바람에 거푼거푼 날린다
거풀거풀: 물체의 한 부분이 바람에 불리어 자꾸 떠들렸다가 가라앉았다가 하다
겯거니틀거니: 서로 겨루느라고 이리저리 겯고 틀고 하는 꼴
겸두겸두: 겸사겸사
겸지겸지: 겸사겸사
겹겹=겹겹이: 여러 겹으로 거듭된 모양
겹쳐: 여러 겹으로 되어
곰비곰비=곰비임비: 물건이 거듭 모이거나 일이 거듭되는 모양
그랬다저랬다: 그리하였다가 저리하였다가 하는 모양
누누이: 겹겹이
누르락붉으락: 누르락붉으락 되풀이하다

누르락푸르락: 누르렀다가 푸르렀다가 하는 꼴
다시: 되풀이하여 또. 거듭하여 또
다시금: '다시'의 힘줌말
더: 주로 동사와 같이 쓰이어 '그 위에 보태어'의 뜻
더구나: 그 위에 또
더군다나: 이미 있는 사실에 대하여 또는 앞의 사실도 그런데 하물며
더금더금: 어떤 것에다 조금씩 자꾸 더하는 꼴 센더끔더끔
더더구나: '더구나'를 강조한 말
더더군다나: '더군다나'를 강조한 말
더아니: '더욱아니'의 준말
더없이: 더할 나위 없이
더욱: 정도나 수준이 한층 심하거나 높게
더욱더: 아주 더 많이
더욱더욱: 갈수록 더욱
더욱이: 그런데다가 더 =더욱이나('더욱이'의 힘준말)
더한층: 층 위에 층을 하나 더하는 것. 또 같은 일이나 물건이 거듭하여서
들낙날낙: 자꾸 들어가고 나오고 하기를 되풀이 하는 꼴
또다시: 거듭하여 다시
또한: 거기에다 더하여
밝으락푸르락: 붉었다가 푸르렀다 하는 꼴
앞서거니뒤서거니: 앞으로 나가기도 하고 뒤로 쳐지기도 하는 꼴
얼락녹을락: 얼었다가 녹았다가 하기를 되풀이하는 꼴
얼락배락: 성했다 망했다 하는 꼴
오락가락: 왔다가 갔다가 하기를 되풀이 하는 꼴
재차: 또 다시
접첨접첨: 여러 번 접어서 포개는 모양
접침접침: 질서 없이 여러 번 접힌 모양
펴락쥐락: 쥐락펴락
푸르락누르락: 푸르렀다 누르렀다 하는 꼴
푸르락붉으락: 푸르락붉으락하다
희뜩번뜩: 빛이 이리저리 반사되어 화려하게 빛나는 모양
희뜩희뜩: 희뜩희뜩 뒤를 돌아보다

1.39. 거리 부사: 거리의 멀고 가까움을 나타내는 부사

1.39.1. 원거리 부사

가마득히: 가마아득하게
가마아득히: 가마아득하게 [센]까마아득히
까마득히: 거리가 까맣게 멀어서 아득하게 [여]가마득히
까마아득히: 까마아득하게 [여]가마아득히
까막까막: 까막거리는 꼴 (예) 멀리 까막까막 보이는 불빛 [큰]끄먹끄먹
끝없이: 보이지 않을 정도로 멀리
뚝뚝이: 거리가 현저히 떨어져 있는 꼴
막막히: 넓고 아득하게
망망연히: 아득히 멀리 바라보는 듯하게
망망히: 넓고 멀리 아득하게
망연히: 아득하게=망연스레
멀리: 시간이나 공간의 사이가 몹시 떨어지게
멀리멀리: 아주 멀리
멀찌가니: 멀찍이
멀찌감치: 멀찍이
멀찌막이: 멀찌막하게
멀찍멀찍: 멀찍멀찍한 꼴
멀찍이: 멀찍하게
묘묘히: 멀어서 아득하게
묘연: 그윽하고 멀어서 눈에 아물아물하게
묘연히: 묘연하게
묘원히: 까마득하게 멀리
불원천리: 천리도 멀다 않고
아득아득: 몹시 아득하다
아득히: 아득하게 (예) 아득히 먼 옛날
아뜩아뜩: 아뜩아뜩한 느낌 [여]아득아득 [큰]어뜩어뜩
아뜩히: 아뜩하게
아스라이: 아스라하게 (예) 아스라이 멀어져 가는 항구
아슴푸레: 빛이 약하거나 멀어서 조금 어둑하고 희미한 모양
요요히(遙遙): 매우 멀고 아득히

유원히: 아득히 멀리
장원히: 끝없이 길고 멀리
창망히: 멀어서 아득하게
현격히: 썩 동떨어지다

1.39.2. 근거리 부사

가까이: 가깝게
가깜이: 좀 가까이(평북방언)
가적이: 거리가 조금 가깝게
바투: ① 물체의 사이가 썩 가깝게 ② 시간이나 길이가 아주 짧게
바툭이: 조금 바투
불원: 머지않아
빤히: 거리가 가깝게 또렷하다 여반히 큰뻔히
장근(將近): 거의(시간적 간격)

1.40. 거만한 행동 부사

가드락가드락: 거만스레 젠체하며 체신 없이 행동하다 센까뜨락까뜨락 큰거드럭거드럭
가들가들: 젠체하며 경망하게 행동하는 꼴 큰거들거들 센까들까들
가들막가들막: 함부로 젠체하며 체신 없이 행동하다 큰거들먹거들먹 센까들막까들막
거드럭거드럭: 거만스럽게 젠체하며 체신 없이 행동하다 센꺼드럭꺼드럭, 꺼뜨럭꺼뜨럭 준거들거들
거드럭스레: 잘난 체 거만하게 행동하는 데가 있다
거드럼스레: 보기에 거드름을 피우는 태도가 있다
거만스레: 거만스럽게
거만히: 거만하게
까닥까닥=까닥: 버릇없이 까닥거리는 모양 센까딱까딱 까딱 큰꺼덕꺼덕 꺼덕
까드락까드락: 거만스럽게 젠체하며 아주 경망스럽게 행동하다 큰꺼드럭꺼드럭
까들까들: 젠체하며 매우 경망스레 행동하다 여가들가들 큰꺼들꺼들
까들막까들막: 까들막까들막 건방을 피우다
까딱까딱: 버릇없이 까딱거리는 꼴 여까닥까닥 큰꺼떡꺼떡
까뜨락까뜨락: 까뜨락거리는 꼴 여가드락가드락 큰꺼뜨럭꺼뜨럭
까불까불: 매우 가량스럽게 자꾸 까불다 여가불가불 큰꺼불꺼불

깝작깝작: 방정맞고 가량스럽게 자꾸 까불다 큰껍적껍적
깝죽깝죽: 방정맞게 잇달아 자꾸 까불다 큰껍죽껍죽
꺼덕꺼덕: 분수없이 잘난 체하며 자꾸 처신없이 행동하다 센꺼떡꺼떡 작까닥까닥
꺼들꺼들: 젠체하며 매우 경솔하게 행동하다 여거들거들 작까들까들
꺼들먹꺼들먹: 함부로 젠체하며 매우 처신없이 자꾸 행동하다 여거들먹거들먹 작까들막까들막
꺼떡꺼떡: 분수없이 잘난 체하며 몹시 처신없이 행동하다 여꺼덕꺼덕 작까딱까딱
꺼뜨럭꺼뜨럭: 거만스레 젠체하며 몹시 처신없이 행동하다. 여거드럭거드럭 작까드락까드락
꺼불꺼불: ① 거볍게 흔들려 자꾸 움직이는 모양 ② 경솔하게 몹시 자꾸 꺼부는 모양 여거불거불 작까불까불
꺽죽꺽죽: 꺼드럭거리며 자꾸 떠들다
껍신껍신: 처신없이 매우 거령스레 자꾸 까불다 작깝신깝신
껍적껍적: 방정맞고 거령스럽게 자꾸 까불다 작깝작깝작
껍죽껍죽: 방정맞게 잇달아 자꾸 꺼불다 작깝죽깝죽
도도히: 잘난 체하며 주제넘게 거만하다
뒤넘스레: 어리석은 것이 주제넘게 행동하여 건방지게
방자스레: 언행 태도 따위가 어려워하거나 삼갈 줄 모르는 건방진 데가 있다
서슴없이: 말이나 행동을 머뭇거리지 않고 마구 하다
아기똥아기똥: 말이나 짓을 자꾸 거만스럽게 하다

1.41. 거칠고 사나운 행위 부사

강포히: 몹시 우악스럽고 사납게
난삽히: 어렵고 까다롭다
난안히: 마음 놓기가 어렵다
난잡스레: 행동이 막되고 난잡하게
난잡히: 행동이 막되고 분관하게
난폭히: 행동이 몹시 거칠고 사납게
악독스레: 보기에 악독한 데가 있게
악독히: 마음이 흉악하고 독살스럽게
악랄히: 악독하고 잔인하게
악물스레: 악독스레
우락부락: 난폭한 짓을 하다
지독스레: 마음이 매우 앙칼지고 모진 데가 있게

지독히: 매우 모질고 독하게
포달스레: 앙심이 나서 악을 쓰고 함부로 욕을 하며 대들듯이
포악스레: 사납고 악한 데가 있게

1.42. 거품의 여러 모습 부사

버그르르: 큰 거품이 넓은 범위로 한꺼번에 많이 일어나는 꼴 또는 그 소리 [센]뻐그르르 [작]바그르르
보각보각: 작은 거품이 솟아오르는 소리가 잇달아 나다
빠그르르: 작은 거품이 좀 넓은 범위로 한꺼번에 매우 많이 일어나는 꼴 [여]바그르르 [큰]뻐그르르
뽀그르르: 잔거품이 좀 좁은 범위로 한꺼번에 몹시 일어나는 꼴 [여]보그르르 [큰]뿌그르르
숭얼숭얼: 큰 거품 따위가 방울방울 많이 맺힌 꼴 [작]송알송알

1.43. 건강 부사: 건강의 뜻 부사

1.43.1. 건강의 뜻을 나타내는 부사

강강히(剛剛): 아주 단단하게
강강히(强剛): 의지가 강하고 굳세게
강건히(康健): 윗사람의 기력이 탈이 없고 튼튼하게
강건히(剛蹇): 의지가 굳세고 건전하게
강경히(强勁): 굽힘없이 굳세게
강고히(强固): 굳세고 튼튼하게
강과히: 굳세고 결단력이 있게
강녕히(康寧): 몸이 건강하고 마음이 편하게
강렬히: 강하고 세차게
강왕히(康旺): 몸이 건강하고 기력이 좋게
건강히(健康): 신체가 아주 탈이 없고 튼튼하게
건전히(健全): 병이나 탈이 없이 건강하고 온전히
공고히: 마음이나 태도가 굳고 튼튼하게
꼬장꼬장: 늙은이가 허리도 굽지 않고 몸이 튼튼하다 [큰]꾸정꾸정
꾸정꾸정: 늙은이의 몸이 곧고 튼튼하다
댕돌같이: 돌처럼 야무지고 단단하게

든든히: 야무지고 굳세게
아늑히: 아늑하게 [큰]으늑히
안녕히(安寧): 아무 탈 없이 편안하게 [비](편안해게)
안연히(晏然): ① 편안하고 태연스럽다 ② 평온하고 태평스럽다
안온히: 조용하고 편안하게
안전히: 안전하게
연연히(軟娟): 가냘프고 약하다
정정히(亭亭): 늙은 몸이 굳세고 튼튼하게
정한히: 날쌔고 용감히
철통같이: 튼튼하고 치밀하여 조금도 허점이 없이
충실히: 굳세고 튼튼하게
탄탄히: 몸이 탈이 없이 튼튼하게 [큰]튼튼히
튼실히: 튼튼하고 실하게
튼튼히: 몸이 탈이 없이 건강하게 [작]탄탄히
확고히: 튼튼하고 굳다
확호히: 아주 든든하고 굳세게

1.43.2. 건강에 지장이 있음을 뜻하는 부사

고달피: 몸이 매우 고단하다
기신없이: 기력이 약하고 정신이 흐리게
꼭=꼭꼭: 잇달아 매우 힘들어 참거나 견디는 꼴
나른히: 몸이 노곤하고 기운이 없이 [큰]느른히
느른히: 몸이 고단하여 힘이 없다
매시근히: 기운이 없고 나른히
맥맥히: 코가 막히어 숨쉬기가 갑갑하다
맥없이: 아무 기운도 없이
맹맹히: 코가 막혀서 말할 때 코의 울음소리가 나면서 갑갑하다
무지근히: 뒤가 잘 안 나와서 기분이 무겁다
무직이: 무직하게
비리비리: 몸이 비뚤어질 정도로 여위고 가냘프다 [작]배리배리
비실비실: 비실거리는 꼴
빠근히: 힘이 들어서 지친 몸이 거북스럽고 살이 빠개지는 듯하다 [큰]뻐근히
뻐근히: ① 매우 힘이 들어서 지친 몸이 매우 거북스럽고 살이 빠지는 듯하다 ② 무슨 일이 힘에 겨운 만큼 벅차다 ③ 어떤 느낌으로 꽉 차서 가슴이 빠개지는 듯하다

작빠근히
뻑적지근히: 조금 빠근한 느낌이 있다 작빡작지근히
살살: 배가 조금씩 아픈 꼴 센쌀쌀
새근새근: 관절이 새근거리는 느낌 거새큰새큰 큰시근시근
시난고난: 병이 심하지는 않으면서 점점 조금씩 더하여서
시름시름: 병세가 더 심해지거나 나아지지 아니하고 오래 끄는 꼴
아득아득: 정신이 자꾸 흐려지는 꼴
아르르: 몸이 약간 떨리는 꼴 큰으르르
애잔히: 몹시 가냘프고 약하게
연연히: 가냘프고 약하게
우환에: 병을 걱정하는 위에. 그렇게 언짢은 위에 또
초연히: 의가가 떨어져서 기운이 없이
탱탱: 탱탱하게 붙다 여댕댕 큰팅팅
파들파들: 몸이 파르르 자꾸 떨리는 꼴 큰퍼들퍼들 여바들바들
팩팩: 지쳐서 힘없이 가볍게 자꾸 쓰러지는 꼴 큰픽픽
할할히: 몹시 굶주려서 부황이 나서 누루퉁퉁하게
현연히(泫然): 눈이 캄캄하게

1.44. 건조하거나 축축한 상태 부사

가닥가닥: 물기나 풀기가 있는 물건이 거의 말라 빳빳하다 센까닥까닥 큰거덕거덕
거덕거덕: 풀기나 물기가 있는 물체의 거죽이 거의 말라서 뻣뻣하다 센꺼덕꺼덕 작가닥가닥
까닥까닥: 물기가 있는 물체의 거죽이 바싹 말라서 몹시 빳빳하다 여가닥가닥 큰꺼덕꺼덕
꺼덕꺼덕: 풀기나 물기가 있는 물체의 거죽이 바싹 말라서 몹시 뻣뻣하다
꼬독꼬독: 물기가 있는 물건이 바싹 말라서 딱딱하다 여고독고독 큰꾸둑꾸둑
꼬들꼬들: 밥알들이 잘 익었으나 물기가 걷혀서 몹시 오돌오돌하다 큰꾸들꾸들
꾸둑꾸둑: 물기가 있는 물건이 버썩 말라서 아주 딴딴한 꼴 여구둑구둑 작꼬독꼬독
꾸들꾸들: 밥알 따위가 잘 익었으나 물기가 걷혀서 몹시 우들우들하다 여구들구들
바짝=바짝바짝: 물기가 매우 마르거나 타 버리는 꼴 큰버쩍, 버쩍버쩍
버썩=버썩버썩: 물기가 많이 마르거나 타버리는 꼴 (예) 논에는 물이 버썩 말랐다 작바싹, 바싹바싹
버적버적: ① 물기가 아주 적은 물건들이 거볍게 씹히거나 짓이기어 빻는 소리가 잇달아 나다 ② 물기가 아주 적은 물건이 거볍게 타 들어가는 소리가 잇달아 나다 작바

작바작
버쩍=버쩍버쩍: 물기가 몹시 많이 마르거나 타 버리는 꼴 (예) 국이 버쩍 줄어 붙었다
보독보독: 보독보독한 꼴: (예) 생선이 보독보독 말랐다 센뽀독뽀독 큰부둑부둑
빡빡이: 물기가 적어서 보드라운 맛이 없다 큰뻑뻑이
뻑뻑이: 물기가 적어서 부드러운 맛이 없이
잘착잘착: 묽은 진흙 따위가 좀 차지고 진 느낌을 좀 주다
치근치근: 진득진득하게 끈기 있고 축축하다
하박하박: 과일 따위가 물기나 끈기가 없어 파삭파삭하다 (예) 쫄깃쫄깃 찹쌀엿, 하박하박 사탕엿 큰허벅허벅
하분하분: 물기가 있는 물건이 조금 연하고 무른 모양 큰허분허분
허벅허벅: 과일 따위가 물기나 끈기가 없이 푸석푸석하다 (예) 사과가 말라서 허벅허벅 맛이 없다

1.45. 검소하고 고상한 모습 부사

검소히: 사치하지 아니하고 꾸밈없이 순수하게
고상히: 고상하게
고아히: 고상하고 우아하게
소상히(素尙): 검소하고 고상하게

1.46. 겨우 부사

가까스로: 애를 써서 간신히
간신히: 겨우 또는 가까스로
겨우: 매우 힘들여. 넉넉하지 못하여 기껏해야
겨우겨우: '겨우'의 힘줌말
근근: 가까스로. 겨우
근근이: 힘들게
기껏: 정도나 힘이 미치는 데까지 겨우
기껏해야: 최대한으로 잡아도
바듯이: 바듯하게. 겨우. (예) 낙제를 바듯이 면했다

1.47. 격식에 관한 여로 모습 부사

가량스레: 격에 어울리지 않게 조촐하지 못하다 큰거령스레
가량없이: 격에 어울리지 않게 조촐하지 못하다
거령스레: 격에 어울리지 않게 조촐하지 못하다
구성없이: 격에 어울리지 않게
앙종스레: ① 모양이 제 격에 맞지 아니하게 작다 ② 작으면서도 갖출 것은 다 갖추어서 귀엽고 깜직하다
제대로: 제 규격이나 격식대로 (예) 건물이 제대로 잘 지어졌다

1.48. 경사 상태 부사(기운 상태 부사)

갸우듬: 조금 갸운 모양
갸우듬히: 조금 갸운 듯하게 큰기우듬히 센꺄우듬히
갸우뚱: 물건이 조금 기울어진 모양 센꺄우뚱
갸우뚱갸우뚱: 갸우뚱거리는 꼴. 갸우뚱갸우뚱한 꼴
갸웃이: 몸을 좀 기울이는 모양 =갸웃갸웃 큰기웃이 센꺄웃이
거우듬히: 저금 기울어진 듯하게 ≑갸우듬히 큰기우듬히
기우듬히: 조금 기운 듯이 작갸우듬히 센끼우듬히
기우뚱=기우뚱기우뚱: ① 기우뚱거리는 꼴 ② 기우뚱기우뚱한 꼴 센끼우뚱끼우뚱 작갸우뚱갸우뚱
기웃: 기웃한 꼴 센끼웃 작갸웃
기웃기웃: 기웃거리는 꼴 작갸웃=갸웃갸웃 센끼웃끼웃
기웃이: 조금 기울어 작갸웃이, 개웃이 센끼웃이
꺄우듬히: 조금 기운 모양 큰끼우듬히
꺄우뚱=꺄우뚱꺄우뚱: 한쪽이 갸울어져 낮아진 꼴 여갸우뚱, 갸우뚱갸우뚱
꺄웃=꺄웃꺄웃: 꺄우듬히 기울이는 꼴 여갸웃, 갸웃갸웃 큰끼웃, 끼웃끼웃
꺄웃이: '갸웃이'의 센말
꼬박: 몸을 앞으로 조금 숙였다가 드는 모양 큰꾸벅 센꼬빡
꼬부스름히: '끄부스름히'보다 작은말 큰꾸부스름히 여고부슴히
꼬붓이: '꾸붓이'의 작은말 작고붓이
꾸부스름히: '구부슴히
끼우듬히: 조금 기운 듯하게 여기우듬히 작꺄우듬히
끼우뚱=끼우뚱기우뚱: 물체가 한쪽이 기우듬히 낮아진 꼴 여기우뚱, 기우뚱기우뚱 작꺄우뚱, 꺄우뚱꺄우뚱
끼웃: 끼우듬히 기울이는 꼴 (예) 해가 서산에 끼웃 넘어가려는 때

끼웃이: 끼우듬히 기울어진 꼴 (예) 해가 서산에 끼웃이 넘어갈 때

되똑=되똑되똑: 작은 물체가 중심을 잃고 한 쪽으로 기울어지는 꼴 큰뒤뚝, 뒤뚝뒤뚝

되뚱=되뚱되뚱: 작고 묵직한 물체가 중심을 잃고 한 쪽으로 기울어지는 꼴 큰뒤뚱, 뒤뚱뒤뚱

민틋이: 울퉁불퉁한 곳이 없이 평평하고 비스듬하다

바드름히: 버듬한 듯하게 센빠드름히 큰버드름히

바드름히: 버듬한 듯하게 센빠드름히 큰버드름히

바듬히: 바듬하게 즉, 작은 물건의 짜임이 밖으로 조금 벋어 있다 센빠듯히 큰버듬히

배뚜로: 배뚜러지게 센빼뚜로 큰비뚜로

배뚜름히: 빼뚜름하게 큰비뚜름히 센빼뚜름히

배뚜적배뚜적: 물체가 한쪽으로 기울어지며 자꾸 흔들리다 큰비뚜적비뚜적

배뚝=배뚝배뚝: 물체가 비스듬히 한족으로 기울어져 넘어질 듯한 꼴 큰비뚝, 비뚝비뚝 센빼뚝, 빼뚝빼뚝

배뚤=배뚤배뚤: 한 쪽으로 기울어졌거나 좀 쏠려 있는 꼴 센빼뚤, 빼뚤빼뚤 큰비뚤비뚤비뚤

배뜰=배뜰배뜰: 배뜰거리는 꼴 센빼뜰, 빼뜰빼뜰 큰비뜰, 비뜰비뜰

배스듬히: 거의 비슷한 듯이 큰비스듬히 준비듬히

배슥이: 한쪽으로 조금 배스듬하게 큰베슥이 비슥이

배숫이: 세워진 모습이 조금 기울어지게 큰비숫이

배쓱배쓱: 이리저리 쓰러질 듯 하면서 배스듬히 비틀거리는 모양 큰비슥비슥

버드름히: 버듬한 듯하게 센뻐드름히 작바드름히

버듬히: '버드틋히'의 준말 작바듬히 센뻐듬히

비듬히: 약간 기울어지게 작배듬히

비딱비딱: 물체가 비스듬하게 이리저리 자꾸 기울어지다 센삐딱삐딱 작배딱배딱

비딱이: 비딱하게 센삐딱이 작배딱이

비뚜로: 비뚤어지게 센삐뚜로 작배뚜로

비뚜름히: 비뚜름하게 센삐뚜름히 작배뚜름히

비뚜적비뚜적: 물체가 이쪽저쪽으로 느리게 비스듬히 기울어지며 흔들리다 작배뚜적, 배뚜적배뚜적 센삐뚜적삐뚜적, 삐뚜적

비뚝비뚝: 비뚝거리는 꼴 센삐뚝삐뚝 작배뚝배뚝

비뚤배뚤: 비뚤거리며 배뚤거리는 꼴 센삐뚤빼뚤

비뚤=비뚤비뚤: ① 물체가 이리저리 비뚜로 기우러지며 흔들리다 ② 물체가 곧지 못하고 이리저리 자꾸 구부러지다=비뚤 센삐뚤, 삐둘삐뚤 작배뚤배뚤, 배뚤

비스듬히: 비스듬하게 작배스듬히

비스름히: 비스름하게 작배스름히

비슥비슥: '배슥배슥'보다 큰말
비슥암치: 비슥이
비슥이: 한쪽으로 조금 비스듬하게 작배슥이
비슬: 힘없이 비틀거리는 모양
비슬비슬: '배슬배슬'보다 큰말
비슷이=비슷비슷이: 한쪽으로 좀 기울게 작배슷이=배슷배슷이
비쓱비쓱: 이리저리 쓰러질 듯 하면서 비스듬히 나아가다 작배쓱배쓱
비쓸비쓸: '비슬비슬'보다 센말
빼딱빼딱: 물체가 좀 비스듬히 요리조리 자꾸 기울어지다 여배딱배딱 큰삐딱삐딱
빼딱이: 빼딱하게 여배딱이 큰삐딱이
빼뚜로: 빼뜰어지게 여배뚜로 큰삐뚜로
빼뚜름히: 빼뚜름하게 여배뚜름히 큰삐뚜름히 작빼또롬히
빼뚝빼뚝: 물체가 좀 비스듬히 한쪽으로 기울어지며 자꾸 흔들리다 여배뚝배뚝 큰삐뚝삐뚝
빼뚤빼뚤=빼뚤: 물체가 요리조리 기울어지며 자꾸 흔들리다 여배뚤배뚤 배둘 큰삐뚤삐뚤, 삐뚤
삐딱삐딱=삐딱: 물체가 비스듬히 이리저리 자꾸 끼울어지다 여비딱비딱 작빼딱빼딱=빼딱
삐딱이: 빼딱하게 여비딱이 작빼딱이
삐뚜로: 빼뚤어지게 여비뚜로 작빼뚜로
살긋: 물체가 자꾸 약간 기울어지거나 배뚤어지는 꼴 =살긋이 큰실긋 센씰긋
샐긋=샐긋샐긋: 물체가 한쪽으로 조금 기울어지거나 배뚤어지는 꼴 센쌜긋 쌜긋쌜긋 큰실긋 실긋실긋
샐긋이: 샐긋하게 센쌜긋이 큰실긋이
샐기죽샐기죽: 물체가 자꾸 한쪽으로 찬찬히 기울어지거나 배뚤어지다 센쌜기죽쌜기죽 큰실기죽실기죽
샐기죽이: 물건이 한쪽으로 찬찬히 한번 기울어지거나 배뚤어지다 센쌜기죽이 큰실구죽이
수긋이: 수긋하게 작소곳이 (예) 고개가 수긋한 사람
수긋수긋: 조금 수군 듯한 꼴 작소곳소곳 (예) 이삭들이 소곳소곳 고개를 숙이기 시작한다
실긋=실긋실긋: 물건이 조금 한쪽으로 기울어지거나 비뚤어지는 꼴 센씰긋 씰긋씰긋 작샐긋
실긋실긋: 물체가 자꾸 한쪽으로 비뚤어지거나 쏠리는 모양 센씰긋씰긋
실기죽샐기죽: 물건이 자꾸 한쪽으로 기울어지거나 비뚤어지다 센씰기죽씰기죽 작샐기죽샐기죽

실기죽실기죽: 실기죽거리는 꼴 센씰기죽씰기죽 작샐기죽샐기죽
실기죽이: 실기죽하게 센씰기죽이 작샐기죽이
쌜긋=쌜긋쌜긋: 물건이 한쪽으로 조금 기울어지거나 삐뚤어지는 꼴 여샐긋 샐긋샐긋 큰씰긋 씰긋씰긋
쌜긋이: 쌜긋하게 여샐긋이 큰씰긋이
쌜기죽쌜기죽: 물건이 자꾸 한쪽으로 찬찬히 기울어지거나 빼뚤어지다 여샐기죽샐기죽 큰씰기죽씰기죽
쌜기죽이: 씰기죽하게 여샐기죽이 큰씰기죽이
씰긋=씰긋씰긋: 물건이 자꾸 기울어지거나 삐뚤어지다 여실긋 실긋실긋 작쌜긋, 쌜긋쌜긋
씰긋쌜긋: 씰긋거리며 쌜긋거리다 여실긋샐긋
씰긋이: 씰긋하게 여실긋이 작쌜긋이
씰기죽쌜기죽: 씰기죽거리며 쌜기죽거리는 꼴 (예) 몸을 씰기죽쌜기죽 움직이며 노를 젓는다. 여실기죽샐기죽 작쌜기죽쌜기죽
씰기죽이 씰기죽하게 여실기죽이 작쌜기죽이
엇비듬히: 조금 비뚤어지게 한쪽으로 기울게
엇비뚜름히: 조금 비뚜름히
엇비스듬히: 엇비스듬하게 =엇비듬
엇비슥이: 좀 비슥하게
엇비슷이: 어지간히 비슷하게 ≒엇비슥이
잦바듬히: 뒤로 넘어질 듯이 비스듬히 큰젖비듬히

1.49. 경중 부사(무게 부사)

1.49.1. 가벼운 뜻 부사

가든가든: 물건 등이 매우 가볍고 간편하게 큰거든거든 센가뜬가뜬
가든가든히: 가든가든 센가뜬가뜬히
가든히: 가든가든 큰거든히 센가뜬히
가뜬가뜬: 가뜬가뜬한 느낌 여가든가든 큰거뜬거뜬
가뜬가뜬히: 가뜬하게
가뜬히: 가뜬하게
가벼이: 무덥지 않게 큰거벼이 비경경히, 경홀히, 경히
가분가분=가분가분히: 가분가분한 느낌 센가뿐가뿐 큰거분거분=거분거분히=거분히

[센]거뿐히 거뿐거뿐히 [작]가분히 가분가분히
가분가분히: 가분하게 [센]가뿐히 [큰]거분히
가분히: 언행 따위가 가볍게 [큰]거분히 [센]가뿐히
가불가불: 가볍게 자꾸 흔들리거나 움직이다 [센]까불까불 [큰]거불거불
가붓가붓: 다 가벼운 듯한 느낌 [큰]거붓거붓 [센]가뿟가뿟
가붓가붓이: 가붓가붓하게 [센]까붓까붓이 [큰]거붓거붓이
가뿐가뿐: 가뿐가뿐한 느낌 [여]가분가분 [큰]거뿐거뿐
가뿐가뿐히: 가뿐가뿐하게 [여]가분가분히 [큰]거뿐거뿐히
가뿟가뿟이: 가뿟가뿟하게 [여]가붓가붓이 [큰]거뿟거뿟이
갑삭갑삭: 고개나 몸을 가볍게 조금 숙이는 꼴=갑삭
갭직갭직: 몹시 가벼운 모양
갭직갭직이: 좀 가벼운 듯하게
갭직이: 생각보다 좀 가벼운 듯하게
거든거든: '가든가든'보다 큰말
거든거든히: '가든가든히'보다 큰말
거든히: '가든히'보다 큰말
거뜬거뜬: '거든거든'보다 센말
거뜬거뜬히: '거든거든히'보다 센말
거분거분: 좀 가볍게 [센]거뿐거뿐 [작]가분가분
거붓거붓: 거붓거붓한 느낌 [센]거뿟거뿟 [작]가붓가붓
거붓거붓이: 거붓거붓하게 [센]거뿟거뿟이 [작]가붓가붓이
거붓이: 거붓하게 [센]거뿟이 [작]가붓이
거뿐거뿐: 거뿐거뿐한 느낌 [여]거분거분 [작]가뿐가뿐
거뿐거뿐히: 거뿐거뿐하게 [여]거분거분히 [작]가뿐가뿐히
거뿐히: 거뿐하게 [여]거분히 [작]가뿐히
거뿟거뿟: 거뿟거뿟한 느낌 [여]거붓거붓 [작]가뿟가뿟
거뿟이: 거뿟하게 [여]거붓이 [작]가뿟이
건둥건둥: 건둥거리는 꼴 [센]껀둥껀둥 [작]간동간동
건둥히: 건둥하게 [센]껀둥히 [작]간둥히
홀가분히: 거추장스럽지 아니하고 가뿐하게

1.49.2. 무거운 뜻 부사

가중히: 가중하게
과중히: 지나치게 무겁게

극중히: 몹시 무겁게
무거이: 무겁게
묵직묵직: 묵직묵직한 꼴
묵직묵직이: 묵직묵직하게
묵직이: 반'막직이, 목직이'보다 큰말
반짝: 짐을 가볍게 들어올리는 모양 큰번쩍 센빤짝=빤짝빤짝
부풋이: 물건이 크고 두텁게

1.50. 결과 부사: 일의 결과와 관계있는 부사

결국은: 결국에는
결단코: 마음먹은 대로 반드시
결사: 죽음을 걸고 반드시
결코: 어떤 일이 있어도 절대로
그러구러: 우연히 그러하게 되어
그예: 기어이. 마지막에 가서는 그만
급기야: 마지막에 가서는
기어이: 어떤 어려움이 있더라도 =틀림없이
기어코: 기어이. 반드시
기왕에: 이미 그렇게 된 바에
기필코: 꼭 되기를 기약함
꼭: 어떤 일이 있어도 반드시
꼭꼭: '꼭'을 반복한 말
끝끝내: 끝까지 반함 없이
끝내: 끝까지 내내
드디어: 무엇으로 말미암아 그 결과로 결국에는
마침내: 드디어 마지막까지 이르러
미상불: 아닌 게 아니라 =미상비
반드시: 어기지 않고 꼭
방귀위=방가위지(方可謂之): 과연 그렇다고 이를 만하게
빤히: 일의 결과가 어떻게 될 것이 또렷하다 여반히 큰뻔히
어김없이: 어기는 일 없이 ≒반드시
여축없이: 조금도 틀림이나 남김이 없이
이왕에: 이미 정하여진 사실로서 그렇게 된 바에
이왕이면: 이미 그렇게 된 바에는

종내: 끝까지
틀림없이: 다름이 없이. 어김없이
필경: 끝에 가서는
필시: 반드시
필연: 반드시
필연히: '필연'의 힘줌말
필히: 반드시

1.51. 경솔한 행위 부사

가벼이: 가볍게
거들거들: 젠체하며 경솔하게 행동하다 [센]꺼들꺼들
경망스레: 행동이나 말이 가볍고 방정맞은 데가 있게
경망히: 언행이 가볍고 방정맞게
경박히: 언행이 신중하지 못하고 가볍게
경반히: 교만한 마음으로 남을 하찮게 여기는 데가 있어
경부히: 경박히
경선히: 경솔하게 앞질러가는 성향이 있게
경솔히: 경솔하게
꺼들먹-꺼들먹: 꺼들먹거리는 꼴 [여]거들먹거들먹 [작]까들막까들막
꺼떡꺼떡: 꺼떡거리는 꼴 [여]거덕거덕 [작]까딱까딱
꺼뜨럭꺼뜨럭: 꺼뜨럭거리는 꼴 [여]거드럭거드럭 [작]까뜨락까뜨락
방정스레: 언행이 찬찬하지 못하고 가볍다 (예) 방정스레 까분다
슬쩍=슬쩍슬쩍: 힘 안 들이고 자꾸 가볍게 [작]살짝, 살짝살짝
오도갑스레: 경망스레 나서는 태도가 있다
자발머리없이: '자발없다'의 낮은 말. 즉 참을성이 없고 행동이 가볍다
자발없이: 자발없게
잴잴: 주책없이 가볍게 행동하는 꼴 [센]쨀쨀 [큰]질질
졸래졸래: 가불거리며 경망스레 행동하는 꼴 (예) 강아지처럼 졸래졸래 따라다닌다 [큰]줄레줄레
줄레줄레: 거불거리며 경망스럽게 행동하는 꼴 [센]쭐레쭐레 [작]졸래졸래
쫄망쫄망: 여러 개의 고르지 못한 것들이 뒤섞여 있어 매우 사랑스럽다
쭐레쭐레: 까불거리며 경망하게 행동하는 꼴 (예) 쭐레쭐레 행동했던 것 등을 한번 반성해 보았다 [여]줄레줄레 [작]쫄래쫄래
천방지방: 천방지축

천방지축: ① 못난 사람이 종없이 덤벙이는 꼴 ② 몹시 급하여 방향을 모르고 함부로 날뛰는 꼴
하롱하롱: 하롱거리는 꼴 (예) 경망스레 하롱하롱 까불다
할랑할랑: 행동이 경박하고 실답지 아니하다 큰 헐렁헐렁
화드득=화드득화드득: 경망하고 방정맞게 날뛰는 꼴

1.52. 경쾌한 행위 부사

걸쩍걸쩍: 활발하고 시원스럽게 자꾸 행동하다
경쾌히: 움직임이 가볍고 상쾌하게
상쾌히: 시원하고 산뜻하게
유쾌히: 즐겁고 상쾌하게
탈래탈래: 단출한 몸으로 몹시 간들간들 걸거나 행동하는 꼴 여 달래달래 큰 털레털레
포연히: 훌쩍 떠나는 모양이 거침없이
표표히: 나부끼거나 날아오는 꼴이 가볍게

1.53. 계속 부사

1.53.1. 계속 부사

간단없이: 그치거나 끊어짐이 없이 계속하여
거듭: 어떤 일을 되풀이하여 연거푸 잇달아. =거듭거듭
거푸=거푸거푸: 거듭하여 잇달아
계속: 끊이지 않고 잇달아
곧장: 그대로 계속하여
곰비임비: 물건이 거듭 쌓이거나 일이 거듭하여 일어나는 모양 =곰비곰비
곱다시: 꼼작하지 못하고 그대로 고스란히
그역시: 그것도 역시 준 그역
꼬박: 쉬지 못하고 끝끝내 그대로 =꼬박꼬박 =꼬박이
꾸준히: 한결같이 부지런하고 끈기가 있게
끊임없이: 잇대어 끊이지 않게
끝없이: 계속하여
내내: 처음부터 끝까지 계속하여
내리내리: 잇닿아 계속하여 =내리

내처: 줄곧 한결같이 계속해서 =내쳐서
노박이로: 줄곧 계속적으로
눌러: 계속 머물러
다시: 하던 일을 되풀이하여 =거듭, 겹쳐
다시금: 다시 한번
다시는: 두 번 다시
더: 그 이상으로 계속하여
더구나: 더군다나. 더더욱
더군다나: 이미 있는 사실에 대하여 또는 앞의 사실도 그런데 하물며 준더구나
더더구나: '더구나'를 한층 강조한 말
더더군다나: '더군다나'를 강조한 말
더더욱: 한층 더. '더욱'을 강조하여 이르는 말
뒤미처: 그 뒤에 잇달아 곧
마냥: ① 잇달아 실컷, ② 끊임없이 줄곧
만날: 매일같이 계속하여서
매매(每每): 번번이, 매번
매번: 번번이 무슨 일이 있을 때마다
맥맥이: 오래도록 이어서
맨날: '만날'의 경기 방안
면련히: 이어져 끊이지 않게
면면히: 끊이지 않고 잇달아
못내: 잊거나 그치지 못하고 계속하여
부단히: 꾸준하게 잇대어 끊임이 없이
부석부석: 갑자기 외곬으로 일정한 방향으로 조금씩 진행되는 꼴
뺑내기로=뺑들이로: 동안을 뜨이지 아니하고 연해 갈마들어서
새록새록: 새로운 물건이나 일이 잇달아 생기는 꼴
속속: 잇달아 계속하여
쉬엄쉬엄: 이따금씩 그쳤다가 계속하다 하는 꼴 (예) 소나기가 쉬엄쉬엄 내렸다
쉬엄없이: 멈추거나 쉬지 않고 그칠 줄 모르게
애걸복걸: 자꾸 간절히 비는 모양
연거퍼: 잇달아 여러 번 되풀이하여
연거푸: 잇달아 여러 번 거듭
연달아: 계속 이어서
연면히: 계속 잇달아 있어
연연히: 연달아 이어져

연해: 자꾸 계속하여
연해연방: 자꾸 잇달아서 곧
오다가다: 오고가고 하는 겨를에 우연히
오락가락: 왔다가 갔다가 하기를 자꾸 되풀이하는 꼴
오르락내리락: 오르고 내리는 일을 되풀이하는 꼴
왔다갔다: 자주 오가는 모양
이어: 계속하여
이어서: 계속하여서
이엄이엄: 끊이지 아니하고 연해 이어 가는 모양
이음달아: 잇달아
잇달아: 연달아
자꾸: 잇달아 여러 번 (예) 자꾸 머리를 쳤다
자꾸만: '자꾸'의 힘줌말
자꾸자꾸: 잇달아서 자꾸 (예) 골짜기의 불길을 따라 물이 흘러가듯 자꾸자꾸 걸었다
자주: 잇달아 계속
자주자주: 매우 자주
잦추: 자주
재차: 거듭하여
점점: 조금씩 더하거나 덜하여지는 꼴
점차: 차례를 따라 조금씩 더
점차로: '점차'의 강조한 말
주야장천: 주야로 쉬지 않고 연달아
죽: 끊이지 않고 한 줄로 이어져 있는 모양 또는 한곳에 계속 머무는 꼴 [센]쭉 [작]족
죽죽: '죽'을 반복한 말 [작]족족 [센]쭉쭉
줄곧: 잇달아
줄달아: 연이어
차차=차차로: 어떤 사물의 상태가 시간의 흐름에 따라 일정한 방향으로 조금씩 진행되는 꼴
차츰=차츰차츰: 점차 조금씩 진행되는 꼴
챔처: 어떤 일에 바로 뒤이어 거듭
하루같이: 오랜 세월을 내내 변함없이
하염없이: 그침이 없이 (예) 젊고 어진 얼굴에 눈물이 하염없이 쏟아져 흘렀다
한결같이: 처음부터 끝까지 꼭 같이

1.53.2. 중단 부사

고르다: '그렇게 하다'의 경남방언
그러다: '그러하다가'의 준말
그러하다가: 지금 하고 있는 것과 같이 행동을 하다가

1.54. 고기는 행위 부사

고기작고기작: 고김살이 생기게 자꾸 고기다 센꼬기작꼬기작 큰구기적구기적
고깃고깃: 종이나 천 따위가 구김살이 지게 고기는 모양 큰구깃구깃 센꼬깃꼬깃
구기적구기적: '고기작고기작'보다 큰말 센꾸기적꾸기적
구깃구깃: 구김살이 생기게 함부로 자꾸 구기다 센꾸깃꾸깃 작고깃고깃
꾸기적꾸기적: 구김살이 생기게 자꾸 구기다 여구기적구기적 작꼬기작꼬기작
꾸깃꾸깃: 꾸김살이 생기게 함부로 자꾸 구기다 여구깃구깃 작꼬깃꼬깃

1.55. 고개를 움직이는 모양 부사

꼿꼿이: 고개를 꼿꼿하게 드는 꼴 큰꿋꿋이
끄덕=끄덕끄덕: 고개를 앞뒤로 가볍게 자꾸 움직이는 꼴 센끄떡 끄떡끄떡 작까닥 까닥 까닥
끄덱=끄덱끄덱: 고개를 앞뒤로 좀 가볍게 움직이는 꼴 센끄떽, 끄떽끄떽
끄떡=끄떡끄떡: 고개를 앞뒤로 세게 움직이는 꼴 여끄덕, 끄덕끄덕 작까딱, 까딱까딱
끄떽=끄떽끄떽: 고개를 앞뒤로 좀 세게 움직이는 꼴
폭: 고개를 깊이 숙이는 꼴 (예) 그이는 얼굴을 붉히면서 고개를 푹 숙이고 말이 없다. 큰푹

1.56. 고대하는 모양 부사

고대고대: 몹시 고대하는 모양

1.57. 고단한 상태 부사

고단히: 몸이 지쳐서 느른히
고달피: 몸이 매우 고달프게
곤히: 피곤하게
나른히: 기운이 없이 나른하다
느른히: 기운이 없어 물이 가라앉는 꼴

늘쩍지근히: 매우 느른한 모습

1.58. 고름이 흐르는 모습 부사

지적지적: 지적지적한 꼴 (예) 고름이 지적지적 흐른다 [거]지척지척 [작]자작자작
지척지척: 물기가 있어서 거치적거리게 진 모양

1.59. 고불거리거나 아부 행위 부사

곱실=곱실곱실: 고개나 허리를 가볍게 한번 고푸리기 [큰]굽실, 굽실굽실 [센]꼽실 꼽실꼽실
곱작=곱작곱작: 몸을 자꾸 가볍게 곱히다 [센]꼽작 꼽작꼽작 [큰]굽적 굽적굽적
굽실=굽실굽실: 비위를 맞추느라고 비굴하게 행동하다 [센]꿉실 꿉실꿉실 [작]곱실 곱실곱실
굽적=굽적굽적: 몸을 자꾸 가볍게 굽히다 [센]꿉적 꿉적꿉적 [작]곱작 곱작곱작
꼽실=꼽실꼽실: 남의 비위를 맞추려고 매우 좀스럽게 비굴하게 행동하다 [여]곱실 곱실곱실 [큰]꿉실 꿉실꿉실
꼽작=꼽작꼽작: 작은 몸을 좀 세게 자꾸 곱히다 [여]곱작 곱작곱작 [큰]꿉적꿉적

1.60. 가난함 부사(빈곤 부사)

가난히: 생활이 넉넉하지 못하고 딱하게
가년스레: 몹시 궁상스럽게
간곤히: 몹시 가난하고 구차하게
고생고생: 여러 가지로 고생을 겪으면서
고생스레: 고생스럽게
곤곤히: 몹시 곤란하거나 빈곤하게
곤궁스레: 보기에 가난하고 구차하게
곤궁히: 가난하여 살림이 구차하게
곤혹스레: 어려운 일을 당하여 어찌할 바를 모르게
구차스레: 살림이 몹시 가난한 듯하게
구차히: 살림이 몹시 가난하게
군군히: 어렵고 구차하게
군박히: 몹시 구차하고 군색하게
군색스레: 모자라고 옹색한 데가 있게

군색히: 필요한 것이 없거나 모자라서 딱하고 옹색하게
궁폐히(窮弊): 곤궁하고 피폐하게
궁핍히: 몹시 가난하게
빈곤히: 가난하여 살기가 어렵게
빈궁히: 가난하고 궁색하게
빈한히: 살림이 가난하여 집안이 쓸쓸하게

1.61. 고의 부사

거짓: 사실이 아닌데 사실인 듯이
거짓스레: 보기에 거짓을 보이는 데가 있다
고의로: 어떤 목적을 가지고 의도적으로
구태여: 일부러 준구태
일부러: 고의로. 알면서도 굳이
일부러스레: 속마음을 감추고 거짓태도를 취하는 태도가 있다
짐짓: 마음으로는 그렇지 않으나 거짓으로 꾸며서

1.62. 고작 부사

고작: 기껏하여 (예) 고작 한다는 소리가
고작해야: 고작 한다고 해야 (예) 고작해야 한 달에 한두 번
끽: '고작'의 낮은말
끽해야: '고작해야'의 낮은말

1.63. 고저 부사: 높고 낮음의 뜻을 나타내는 부사

1.63.1. 높음 부사

높높이: 더욱 높게
높다라니: 꽤 높게
높으락낮으락: 높낮이가 고르지 않는 모양
높이: 높게
높이높이: 더 높이
높즉이: '높이'의 평안방언

높지거니: 매우 높직하게
높지막이: 위치가 꽤 높직하게
높직=높직높직: 위치가 꽤 높게 =높직높직이
높직이: 위치가 꽤 높게
높직하니: 좀 높게
도두: 위로 돋아서 높게
드높이: 매우 높이
암암히: 높고 험하게
외연히: 외외히
외외히: 산이 썩 높고 우뚝하다
우뚝: 우뚝 솟은 모양 =우뚝우뚝 우뚝이
웅긋웅긋: 산봉우리가 들쭉날쭉 솟아 있는 모양 =웅긋붕긋
정연히: 솟은 모양이 우뚝하게
창연히: 드높아 시원하게
표표히: 공중에 높이 떠 있는 모양

1.63.2. 낮음 부사

나분히: 나는 물체가 땅에 가깝게 나직하게 나는 모양
나지거니: 꽤 나직하게
나지막이: 나지막하게
나직나직: 위치가 꽤 낮은 모양
나직나직이: 꽤 나직하게
나직이: 조금 낮게
나직하니: 좀 낮게
낮추: 낮게
낮춤히: 좀 낮은 듯하게
야트막이: 조금 얕은 듯하게 큰여트막이
야틈히: 조금 얕게 큰여틈히
얕이: '낮게'의 경기 방언
얕추: 너무 깊지 않고 얕게

1.64. 고집 부사

고집스레: 고집을 부리는 태도가 있게

무리로: 억지로 무리하게
악지스레: 보기에 고집스러운 데가 있어
악착스레: 모질고 끈질기게
악착히: 일을 해나가는 태도가 매우 모질고 끈덕지게
억지로: 이치나 조건에 맞지 아니하게 강제로
억지스레: 억지스럽게
우격으로: 억지로 무리하게
으드등으드등: 좁은 소갈머리로 부득부득 우기며 다투다
한사코: 한결같이 고집을 세워

1.65. 고풍 부사

고풍스레: 보기에 예스러운 듯
예스레: 옛것을 대하는 것처럼 보이게

1.66. 고함이나 목소리 부사

고래고래: 화가 나서 목소리를 한껏 높여 지르는 모양
카랑카랑: 목소리가 쇳소리처럼 높고 맑은 꼴
팍: 세게 냅다 지르는 꼴 (예) 가슴을 팍 쳤다 큰퍽
팍팍: 세게 냅다 지르는 꼴 큰퍽퍽
퍽: 힘이 있게 냅다 지르는 꼴 작팍

1.67. 곡식을 볶는 모습 부사

달달: 곡식의 낟알 따위를 가볍게 휘저어 볶거나 맷돌에 넣어 타는 꼴 큰들들
들들: 곡식을 볶는 모습 (예) 깨를 들들 볶는다

1.68. 곧은 모습 부사

곧: 그대로 직접
곧바로: 틀리거나 어긋나지 아니하고 바르게
곧이: 바로 그대로

곧이곧대로: 아무 꾸밈이나 거짓이
곧장: 바로 이어서
꼬장꼬장: 가늘고 곳곳하다 큰꾸정꾸정
맷맷이: 거침새 없이 곧고 긴 모양 큰밋밋이

1.69. 공동 부사

같이: 둘 이상의 사람이나 사물이 함께
공히(共): 아울러 또는 다 함께
다: 모두
더불어: 함께
함께: 한꺼번에 같이. 동시에

1.70. 공정 부사

1.70.1. 공정 부사

공명정대히: 아주 공정하고 떳떳하다
공명히: 공정하고 명백하다
공연히(公然): 세상에서 다 알 만큼 뚜렷하고 떳떳하게
공의로이: 공평하고 의롭게
공정히: 개인의 이해에 얽매이지 않고 똑같게
공편무사히: 공평하여 사사로움이 없이
공편히(公便): 공평하고 편리하다
공평히(公平): 공평하게
무사히(無私): 사심이 없이 공정하게

1.70.2. 명확함 부사

공명정대히: 하는 일이나 태도가 사사로움이나 그릇됨이 없이
공명히: 공정하고 명백하게
극명히: 매우 분명하게
도렷도렷: 밝고 분명하게 센뚜렷뚜렷 큰두렷두렷 =또렷이
도렷이: 밝고 분명하게 큰두렷이 센또렷이

똑똑히: 분명하고 확실하게
뚜렷뚜렷: '두렷두렷'보다 센말 =뚜렷뚜렷이
명백히: 의심할 바 없이 아주 뚜렷이
명철히: 사리가 분명하고 투철하게
명쾌히: 명백하고 시원하게
명확히: 아주 뚜렷하고 틀림이 없이
반히: 분명하게 큰번히 센빤히
번연히: 분명하게
번히: 분명하게 센뻔히
분명: 틀림없이 확실하게 =분명코. 분명히
선명히: 분명하고 뚜렷하게
선연히: 선명하고 뚜렷하게
선히: 눈앞에 생생하게 보이는 듯이
소연히: 밝고 선명하게
어련히: 명백하고 뚜렷하게
역력히: 또렷하고 분명하게
역연히: 분명히 알 수 있도록 또렷이
완연히: 아주 뚜렷하게

1.71. 관계 부사

가까이: 서로 사귀는 사이가 친하게
구순히: 사귀거나 지내는 데에 의가 좋게
긴밀히: 서로의 관계가 아주 가까운 모양
너나없이: 너나 나나 가릴 것 없이 모두
너나할것없이: 너나없이
다같이: 모두 함께
더부러: 다 함께
도타이: 서로의 관계가 따뜻하고 깊다
돈독히: 도탑다
두터이: 두텁게 작도타이
막역히: 벗으로서 뜻이 맞아 허물없이 친하게
무간히: 무관하게
밀접히: 관계가 모두 가깝고 깊게
사사로이: 개인적인 관계에 있다

상호: 서로
상호간: 서로서로
서로: 양쪽이 둘러가면서 함께
서로서로: 여럿이 저마다 둘러가며 함께
성패간: 성공하거나 실패하거나 상관없이
스스럼없이: 스스럼없게 (예) 스스럼없이 지내는 사이
아랑곳없이: 관계없이 마냥 (예) 아무리 달래도 아기는 아랑곳없이 울고 있었다
자별히: 친분이 남보다 특별하다 (예) 자별한 사이
찰떡같이: 정이 깊이 들어서 떨어지지 않을 만큼 관계가 깊다
함께: 모두 다 같이
호상: 서로
혼자: 다만 저 혼자
홀가분히: 딸린 것이 없어 가뜬하다
홋홋이: 딸린 사람이 적어서 아주 홀가분하게
흉허물없이: 서로 흉허물을 가리지 않을 만큼 가깝고 친하다

1.72. 광선 관계 부사

가뭇없이: 보이던 것이 갑자기 보이지 않아 찾을 곳이 감감하다
깜박: 불빛이 잠깐 어두워졌다가 밝아지는 모양 큰껌벅, 끔벅, 꿈벅 센꿈뻑꿈뻑, 깜빡 =깜빡깜빡
반득: 작은 불빛이 한번 빛나는 모양 큰번득 센반뜩 빤득 =반득반득 센반뜩반뜩 큰번뜩번뜩
반듯: 작은 빛이 갑자기 약하게 나타났다가 없어지는 모양 =반듯반듯 센반뜻반뜻 큰번듯번듯
반뜻=반뜻반뜻: 작은 빛이 갑자기 잠깐 좀 세게 자꾸 나타나다 큰번뜻 번뜻번뜻
반짝: 작은 빛이 잠깐 나타났다가 사라지는 모양 =반짝반짝
번쩍: 작은 빛이 나타났다가 사라지는 모습 센번쩍 =번쩍번쩍
번히: 어두운 가운데 밝은 빛이 내치어 조금 훤하게 센뻔히 작반히 비번연히
빤히: 어두운 가운데 빛이 뚜렷이 환하게 큰뻔히
뿌유스럼히=뿌유스레: 빛이 눈부시게 밝은 데가 있다
아른아른: 무엇이 희미하게 보이다 큰어른어른
알른알른: 무엇이 조금 보이다 말다 하는 모양 큰얼른얼른 여어른어른
얼근히: '알근히'보다 큰말
얼른얼른: 빛이 잠깐 나타났다 사라지는 모양 작알른알른

연연히: 빛이 엷고 산뜻하며 곱게
영롱히: 광채가 눈부시게 찬란하다
오련히: 형태나 빛깔이 조금 나타나 보일 정도로 희미하고 엷다 큰우련히
왕연히: 빛이 아름답게
으슴프레: 달빛이나 불빛이 침침해 흐릿한 모양
쨍쨍: 햇빛이 몹시 내리는 모양 =쨍
찬란히: ① 광채가 번쩍여서 환하다 ② 빛나고 훌륭하다
찬연스레: 빛이 눈부시게 밝은 데가 있다
찬연히(粲然): 밝고 환하다
찬연히(燦然): 빛이 눈부시게 밝게
찬찬히: 번쩍번쩍 빛나고 아름답게
통연히: 막힘이 없이 트여 밝고 훤하게
형형히: 광선이 빤짝빤짝하며 빛나고 밝게
환히: 빛이 비치어 밝게
황홀히: 눈부시게 어릿어릿할 정도로 찬란하거나 화려하게
훤히: 조금 흐릿하면서 밝게
흐리터분히: 흐리고 터분하다 작하리타분히

1.73. 교묘한 모습 부사

공교히: 재치 있고 교묘하게
교묘히: 솜씨나 재주 따위가 재치 있고 묘하게
교밀히: 교묘하고 정밀하게
미묘히(微妙): 섬세하고 묘하게
미묘히(美妙): 아름답고 묘한 모습

1.74. 구기적구기적한 모습 부사

구기적구기적: 구김살이 생기어 자꾸 구기다 센꾸기적꾸기적 작고지작고지작 (예) 새 책을 이렇게 구기적구기적 구겨놓았다
구깃구깃: 구김살이 생기게 함부로 자꾸 구기다 (예) 종이를 구깃구깃 구겨서 쓰레기통에 던져 넣는다
꼬기꼬기: 종이 피륙 등 얇은 것이 아주 조금 비벼지거나 접히거나 하여 잔금이 생기다
꼬기작꼬기작: 꼬기작거리는 꼴 (예) 옷고름만 꼬기작꼬기작 만지고 있다 여고기작고기

작 큰꾸기적꾸기적
꼬깃꼬깃: 꼬깃거리는 꼴 여고깃고깃 큰꾸깃꾸깃
꾸기적꾸기적: 꾸기적거리는 꼴 여구기적구기적 작꼬기작꼬기작
꾸깃꾸깃: 꾸깃거리는 꼴 여구깃구깃 작꼬깃꼬깃

1.75. 구르는 모양 부사

다그르르: 작은 물건이 빠르게 구르는 모습 큰더그르르
다르르: 작은 물건이 단단한 바닥 위를 가볍게 구르는 모습 큰드르르
대구루루: 단단하고 작은 물건이 단단한 바닥에 구르는 모양 센때구루루 큰데구루루
대구르르: 작고 단단한 물건이 바닥에 떨어져 구르는 모양 큰데구르르 센때구르르
대굴: 작은 물건이 구르는 모양 큰데굴 센떼굴
대대그르르: 댁대구르르
댁대구르르: 작고 단단한 물건이 떨어져 구르는 모양
댁대굴: 단단하고 작은 물건이 바닥에 떨어져 구르는 꼴 큰덱데굴 센땍대굴
댁대굴댁대굴: 물건이 댁대굴 굴러가는 모양 큰덱대굴덱대굴 센땍대굴땍대굴
데구르르: 단단하고 큰 물건이 단단한 바닥에서 구르는 모습 센떼구르르 작대구르르
데굴데굴: 큰 물건이 자꾸 구르다
덱데구루루: 크고 단단한 물건이 다른 단단한 물건에 부딪치면서 구르는 모습 작댁대구루루
덱데굴덱데굴: 덱데굴거리는 꼴 작댁대굴댁대굴
도굴도굴: 작고 무거운 물건이 자꾸 구르는 꼴 센또굴또굴 큰두굴두굴
도그르르: 작고 무거운 물건이 가볍게 구르는 꼴 센또그르르 큰두그르르
도르르: 작고 동그스름한 물건이 가볍게 구르는 꼴 센또르르 큰두르르
돌돌: 작고 둥그스름한 물건이 가볍게 굴러가는 모습 센똘똘 큰둘둘
두굴두굴: 크고 무거운 물건이 자꾸 구르는 꼴 센뚜굴뚜굴 작도굴도굴
두그르르: 크고 무거운 물건이 거볍게 구르는 모습 작도그르르 센뚜그르르
둘둘: 크고 둥그스름한 물건이 가볍게 돌거나 굴러가는 꼴 센뚤뚤 작돌돌
뒹굴뒹굴: 눕거나 흩어져서 이리저리 구르는 꼴
따르르: 작은 물건이 단단한 바닥 위를 구르는 모습 여다르르 큰뜨르르
때구르르: 딴딴하고 작은 물건이 바닥에서 구르는 꼴 여대구르르 큰떼구르르
때굴때굴: 작은 물건이 자꾸 세게 구르다 여대굴대굴 큰떼굴떼굴
땍때구르르: 작고 단단한 물건이 딴딴한 물건에 부딪쳐서 굴러가는 모습 큰떽떼구르르 여댁대구르르
땍때굴땍때굴: 땍때굴거리는 꼴 여댁대굴댁대굴 큰떽떼굴떽떼굴

떼구루루: 튼튼하고 큰 물건이 단단한 바닥에서 구르는 꼴 [여]데구루루 [작]때구루루
떼굴떼굴: 떼굴거리는 꼴 [여]데굴데굴 [작]때굴때굴
떽데구루루: 크고 아주 딴딴한 물건이 다른 딴딴한 물건에 부딪치면서 굴러가는 꼴 [여]덱데구루루 [작]땍대구루루
떽떼굴떽떼굴: 떽떼굴거리는 꼴 [여]덱데굴덱데굴 [작]땍떼굴땍떼굴
또그르르: 무거운 물건이 세게 구르는 꼴 [여]도그르르 [큰]뚜그르르
또글또글: 작고 무거운 물건이 자꾸 세게 구르는 꼴 [여]도글도글 [큰]뚜글뚜글
또르르: 작고 똥그스름한 물건이 힘차게 구르는 모습 [여]도르르 [큰]뚜르르
뚜그르르: 크고 무거운 물건이 세게 구르는 꼴 [여]두그르르 [작]또그르르
뚜글뚜글: 크고 무거운 물건이 자꾸 세게 구르는 꼴 [여]두글두글 [작]떼구루루또글또글
뚤뚤: 작고 똥그스름한 물건이 힘차게 굴러가는 꼴 [여]돌돌 [작]똘똘

1.76. 구저분한 상태 부사

갈갈: 게걸스레 갈근거리다 [큰]걸걸
갈근갈근: 음식이나 남의 것을 얻어먹으려고 단작스럽게 구차스러운 짓을 자꾸 하는 꼴 [큰]걸근걸근
구저분히: 더럽고 지저분하게
구절구절: 하는 짓이 치들고 너절하게 구는 꼴
구접스레: 하는 짓이 지저분하게
구질구질: 어떤 상태나 하는 짓이 더럽고 구저분하다
지저분스레: 보기에 지저분한 듯하게

1.77. 굴렁·촐랑촐랑거리는 모습 부사

굴렁굴렁: 동이에 액체가 덜 차서 굴렁거리는 모양
굴먹굴먹: 조금 굶어 그득하지 아니한 꼴 [작]골막골막
꿀렁=꿀렁꿀렁: 큰 병이나 그릇에 굴먹한 액체가 흔들리는 모양 [거]쿨렁, 쿨렁쿨렁 [작]꼴랑 꼴랑꼴랑
졸랑졸랑: 그릇에 골막하게 찬 액체가 자꾸 흔들리다 [거]촐랑촐랑 [센]쫄랑쫄랑 [큰]줄렁줄렁
쫄랑쫄랑: 그릇에 골막하게 찬 액체가 자꾸 세게 흔들리다 [거]촐랑촐랑 [여]졸랑졸랑 [큰]쭐렁쭐렁
촐랑촐랑: 물 따위가 잔물결을 이루며 자꾸 거세게 흔들리다 [센]쫄랑쫄랑 [여]졸랑졸랑

큰출렁출렁

출렁출렁: 물이 큰 물결을 이루며 자꾸 거세게 흔들리다 센쫄렁쫄렁 여줄렁줄렁 작촐랑촐랑

1.78. 구멍 따위의 모습 부사

송송: 자디잔 구멍이나 자국 따위가 또렷또렷 많이 뚫린 꼴. 송송히=송송하게 큰숭숭, =숭숭히

송송히: 송송 큰숭숭히

팡팡: 구멍이 자꾸 환히 뚫리는 모습 센빵빵 큰펑펑

풍풍: 깊은 구멍이 훤히 뚫리는 꼴 작퐁퐁

1.79. 구험(口險) 부사

구험히: 입이 험하게

불명예스레: 명예스럽지 못하게

불미스레: 아름답지 못하고 추잡한 데가 있게

욕되이: 면목이 없거나 명예롭지 못하게

욕스레: 욕스러운 데가 있게

1.80. 국물의 상태 부사

가랑가랑: 건더기는 적고 국물이 많아서 걸맞지 아니한 꼴 거카랑카랑 큰그렁그렁

그렁그렁: 건더기도 적고 국물이 많아서 너무 걸맞지 아니한 꼴 거크렁크렁 작가랑가랑

말가니: 말갛게

말그스름히: 조금 말갛다

말긋말긋: 국물 따위에 덩어리가 섞여 있는 모양

바득이: 국물이 적어 툭툭하게

뻑뻑이: 물기가 적어서 부드러운 맛이 없다 (예) 국이 뻑뻑하다 작빡빡이

얼멍덜멍: 죽이나 풀 따위가 잘 풀어지지 않아 덩어리가 여기저기 있다

얼멍얼멍: 죽이나 풀 따위가 확 풀리지 않은 채 있다

자작자작: 자작자작한 꼴 (예) 국물이 적어 자작자작 잦아들었다 큰지적지적

카랑카랑: 건더기는 적고 국물이 너무 많아 걸맞지 아니한 꼴 큰쿠렁쿠렁

코렁코렁: 건더기는 적고 국물이 많아서 걸맞지 아니한 꼴 작카랑카랑

크렁크렁: 자루나 봉지 따위에 물건이 가득차지 아니하여 좀 빈 데가 있다 큰쿠렁쿠렁
톱톱히: 국물이 묽지 않고 바특하다 큰툽툽히
툽툽히: 국물이 묽지 아니하고 아주 바특하다 작톱톱히
흥덩흥덩: 국물은 많고 건더기는 드문드문하다

1.81. 굵거나 가는 모습 부사

1.81.1. 굵은 모습 부사

굵적굵적이: 굵적굵적하게
굵직굵직: 꽤 굵은 상태
굵직이: 굵직하게
다그르르: 가늘거나 작은 물건의 여러 개 가운데서 하나가 드러나게 굵다
디글디글: 가늘거나 작은 물건 가운데서 몇몇이 드러나게 굵다
때그르르: 가늘거나 작은 물건의 여러 개 가운데서 매우 드러나게 좀 굵다 여대그르르 큰띠그르르
때글때글: 가늘거나 작은 물건들 가운데 몇몇이 매우 굵다 여대글대글 큰띠글띠글
띠글띠글: 가늘거나 작은 물건들 가운데서 몇몇이 드러나게 매우 굵다 여디글디글 작때글때글

1.81.2. 가는 모습 부사

가느다라니: 꽤 가늘게
가느스름히: 조금 가늘게
가느슥히: 꽤 가느스름하게
가느직이: 꽤 가늘게

1.82. 굽은 모습 부사

1.82.1. 굽거나 고부랑한 모습 부사 1

고부스름히: 안으로 곱은 듯하게 센꼬부스름히 큰구부스름히
구부렁구부렁: 구부렁구부렁한 꼴 (예) 구부렁구부렁 굽은 철사 센꾸부렁꾸부렁 작고부

랑고부랑
구부스름히: 구부스름하게 센꾸부스름히 작고부스름히
구부습히: 구부습하게 센꾸부습히 작고부습히
구부정구부정: 꾸부정꾸부정하게 센꾸부정꾸부정 작고부장고부장
구부정히: 구부정하게 센꾸부정히 작고부정히
구불구불: 이리저리 구부러지다 (예) 구불구불 굽은 산길 센꾸불꾸불 작고불고불
구붓구붓: 구붓구붓한 꼴 (예) 구붓구붓 굽은 나뭇가지 센꾸붓꾸붓 작고붓고붓
구붓이: 구붓하게 센꾸붓이 작고붓이
굽슬굽슬: 털이나 실 등이 움츠러들어서 구불구불하다
꼬부랑꼬부랑: 꼬불꼬불한 꼴 여고부랑고부랑 큰꾸부렁꾸부렁
꼬부스름히: 꼬부스름하게 여고부스름히 큰꾸부스름히
꼬부습히: 꼬부습하게 여고부습히 큰꾸부습히
꼬부장꼬부장: 꼬부장꼬부장하게 여구부정구부정 큰꾸부정꾸부정
꼬부장히: 꼬부장하게 여고부장히 큰꾸부장히
꼬불꼬불: 꼬불꼬불한 꼴 여고불고불 큰꾸불꾸불
꼬불락꼬불락: 여럿이 다 심하게 꼬부라진 모양
꼬불탕꼬불탕: 꼬불탕꼬불탕한 꼴 여고불탕고불탕 큰꾸불텅꾸불텅
꼬불탕히: 꼬불탕하게 큰꾸불텅히
꼬붓꼬붓: 꼬붓꼬붓하게 여고붓고붓 큰꾸붓꾸붓
꼬붓이: 꼬붓하게 여고붓이 큰꾸붓이
꼽슬꼽슬: 꼽슬꼽슬한 꼴 여곱슬곱슬 큰꿉슬꿉
꾸물텅꾸불텅: 꾸불텅꾸불텅한 꼴 여구불텅구불텅 작꼬불탕꼬불탕
꾸부렁꾸부렁 꾸부렁꾸부렁한 꼴 여구부렁구부렁 작꼬부랑꼬부랑
꾸부스름히: 꾸부스름하게 여구부스름히 작꼬부스름히고부스름히
꾸부정꾸부정: 꾸부정꾸부정한 꼴 여구부정구부정 작꼬부장꼬부장
꾸붓꾸붓: 꾸붓꾸붓한 꼴 여구붓구붓 작꼬붓꼬붓
꾸붓이: 꾸붓하게 여구붓이 작꼬붓이

1.82.2. 굽거나 고부랑한 모습 부사 2

고부랑고부랑: 고부랑고부랑한 꼴 센꼬부랑꼬부랑 큰구부렁구부렁
고부랑고부랑: 여러 군데가 다 좀 곱은 모양 큰구부렁구부렁 센꼬부랑꼬부랑
고부스름히: 안으로 굽은 듯이 센꼬부스름히 큰꾸부스름히 준고부습히 큰구부습히
센꼬부습히=고붓이
고부습히: 고부습하게 센꼬부습히 큰구부습히

고부장고부장: 여러 군데가 다 조금 휘어져 고부장한 모양 큰구부정구부정 꼬부장꼬부장
고부장히: 조금 고부라지게 큰구부정히 센꼬부장히
곱슬곱슬: 털이나 실이 움츠러들어서 고불고불하다 센꼽슬꼽슬 큰굽슬굽슬
곱실: 고개나 허리를 가볍게 한번 고부리는 꼴 센꼽실, 꼽실꼽실 큰굽실, 굽실굽실
곱이곱이: 여러 굽이로 고불고불한 꼴 큰굽이굽이
곱작=곱작곱작: 몸을 한번 가볍게 곱히는 꼴 센꼽작 꼽작꼽작 큰굽적 굽적굽적
구벅구벅: 몸을 매우 가볍게 자꾸 숙였다 드는 모양 작고박고박 센꾸벅꾸벅
구부렁구부렁: '고부랑고부랑'보다 큰말 센꾸부렁꾸부렁
구부렁구부렁: 여러 군데가 다 구부정하다 센꾸부렁꾸부렁 작고부랑고부랑
구부렁히: 조금 구붓하게 작고부랑이 센꾸부렁히
구부스름히: 구부스름하게 센꾸부스름히 작고부스름히
구부스름히: 안으로 구분 듯이 작고부스름히 준구부슴히
구부슴히: '구부스름히'의 준말 작고부슴히 센꾸부슴히
구부정구부정: 여러 군데가 다 구부정하다 센꾸부정꾸부정 작고부장고부장
구부정히: 구부러진 상태로 센꾸부정히 작고부장히 작고부장히 센꾸부정히
구불: 굽으러진 모양
구불구불: 이리저리 여러 번 구부러진 모양 작고불고불 센꾸불꾸불
구불떡: 몸을 구부렸다 펴는 모양 =구불떡구불떡 작고불딱 고불딱고불딱
구불럭구불럭: 몸을 자꾸 세게 구부렸다 폈다 하는 모양 작고불락고불락 센꾸불럭꾸불럭
구불텅구불텅: 구불텅구불텅한 꼴 센꾸불텅꾸불텅 작고불탕고불탕
구붓구붓: 구붓구붓한 꼴 센꾸붓꾸붓 작고붓고붓
구붓구붓이: 여럿이 다 약간 굽은 듯하게 센꾸붓꾸붓이 작고붓고붓이
구붓이: 약간 굽은 듯하게 작고붓이 센꾸붓이
굽슬굽슬: 털이나 실 등이 움츠러들어서 구불구불하다 센꿉슬꿉슬 작곱슬곱슬
꼬부랑꼬부랑: '고부랑고부랑'보다 센말 큰꾸부렁꾸부렁
꼬부슴히: '고부슴히'보다 센말 큰꾸부슴히
꼬부장꼬부장: '고부장고부장'보다 센말 큰꾸부정꾸부정
꼬부장히: '고부장히'보다 센말 큰꾸부정히
꼬불꼬불: '고불고불'보다 센말 큰꾸불꾸불
꼬불닥: 몸을 세게 꼬부렸다 펴는 모양 =꼬불딱꼬불딱 큰꾸불떡 꾸불떡꾸불떡
꼬불락꼬불락: 여럿이 다 심하게 꼬부라진 모양 큰꾸불럭꾸불럭
꼬불탕히: '고불탕히'보다 센말 큰꾸불텅이
꼬붓꼬붓: 꼬붓꼬붓한 꼴 큰꾸붓꾸붓
꼬붓꼬붓이: '고붓고붓이'보다 센말
꾸벅꾸벅=꾸벅: 졸거나 절을 할 때 머리나 몸을 자꾸 앞으로 가볍게 숙였다 드는 꼴

[센]꾸뻑꾸뻑 꾸뻑 [작]꼬박꼬박 꼬박
꾸부렁: 안으로 휘어들어 조금 굽은 모양
꾸부렁꾸부렁: '꾸부렁'을 반복한 말 [작]꼬부랑꼬부랑 [여]구부렁구부렁
꾸부스름히: '구부스름히'보다 센말 [작]꼬부스름히, 꼬부슴히 [준]꾸부슴히
꾸부정히: '구부정히'보다 센말 [작]꼬부장히
꾸불꾸불: '꼬불꼬불'보다 큰말 [여]구불구불
꾸불떡: '꼬불딱'보다 큰말 =꾸불떡꾸불떡 [여]구불덕구불덕
꾸불럭꾸불럭: '꼬불락꼬불락'보다 큰말 [여]구불럭구불럭
꾸불텅꾸불텅: '꼬불탕꼬불탕'보다 큰말
꾸불텅히: '꼬불탕히'보다 큰말
꾸붓꾸붓: '고붓고붓'보다 큰말 [여]구붓구붓
꾸붓꾸붓이: '구붓구붓이'의 센말
꾸붓이: 약간 굽은 듯한 상태로 [작]꼬붓이 [여]구붓이
꾸뻑꾸뻑: '꾸벅'의 센말
젓버듬히: 자빠질 듯이 뒤로 조금 기운 듯이 [작]잣바듬히
휘우듬: 조금 휘어져 뒤로 자빠질 듯 비스듬한 모양 =휘우듬히
휘움히: 휘어진 상태로 있어

1.82.3. 빳빳한 모습 부사

낫낫이: 물건이 기름하고 곧으면서 빳빳하게(평북방언)
늣늣이: 길고 곧으면서 뻣뻣하다

1.83. 권세를 부리는 행위 부사

당당히: 버젓하고 정대하다 (예) 권세를 당당히 주장하다
위연히: 위엄이 있고 늠름하다
쥐락펴락: 권력이나 세력으로 마음대로 부리거나 휘두르는 꼴 =펴락쥐락
펴락쥐락: 자기 손아귀에 넣고 마음대로 휘두르는 모양

1.84. 규모 부사

거창스레: 거창스럽게
거창히: 일의 규모나 형태가 매우 크고 넓은 느낌이 있게

1.85. 균등·평등 부사

1.85.1. 균등 부사

가만: 그냥 그대로
가지런히: 모두 고르게
고루: 더함이나 덜함이 없이 고르게
고루고루: '고루'를 반복한 말
고르로이: 한결같이 고른 느낌이 있어
골고루: '고루고루'의 준말
공명정대히: 공명정대하게
공편히(公便): 공평하고 서로 편리하게
공평무사히: 공평하여 사사로움이 없이
공히: 다 같이
균등히: 고르고 가지런하여 차별 없이
균일히: 고루 공평하게
균평히: 고루 공평하게
그냥: 그 모양 그대로 작고녕 =그냥그냥
그냥저냥 그러저러한 모양으로
너나없이: 너나 나나 할 것 없이 모두
다름없이: 견주어 보아 같거나 비슷하게
동연히: 똑같이 그러하게
두루: 어느 하나에 치우치지 않고 여러 가지를 빠짐없이 골고루
두루두루: 빠짐없이 골고루
휘뚜루: 무엇에나 닥치는 대로 맞게 쓰일만하게 =두루두루

1.85.2. 평등 부사

평등히: 어느 한쪽으로 치우치지 않고 모두 차별 없이
평정히: 공평하고 올바르게

1.86. 굶는 모습 부사

꼴딱=꼴딱꼴딱: 아주 완전히 굶는 꼴

쫄쫄: 끼니를 굶어 아무것도 먹지 못한 꼴 (예) 쫄쫄 굶고 앉아 있다
출출히: 배가 약간 고픈 모양

1.87. 귀중(긴요) 부사

1.87.1. 귀중(긴요) 부사

귀염성스레: 꽤 귀여운 데가 있듯이
귀인상스레: 귀하게 될 얼굴 생김새가 있게
귀인성스레: 지위가 높고 귀하게 될 성질이 있게
귀중히: 귀하고 중요하게
귀현히: 존귀하고 지체가 높게
귀히: 소중하게
기특히: 생각이나 행동이 뛰어나고 특별하여 귀엽다
기히: 기하게 (예) 기히 여기다
긴실히: 긴요하고 절실하게
긴요히: 꼭 필요하고 중요하게
깜직스레: 아주 놀랄 만큼 귀엽다
대단스레: 보기에 대단한 데가 있게
대단히: 출중하고 뛰어나게
막중히: 더할 수 없이 귀중하다
보배로이: 보배로 삼을 만한 가치가 있게
보배스레: 귀하고 소중한 데가 있게
앙증스레: 작으면서 갖출 것은 다 갖추어서 귀엽고 깜찍하다 (예) 중학교복을 입고 서 있는 양이 귀엽고 한편 앙증해 보였다
애중히: 사랑하고 소중히 여김 (예) 옥희를 더욱 애중히 여기다
어여삐: 생김새나 하는 짓이 아름다워 보기에 귀엽다
요긴히: 매우 중요하게
종요로이: 몹시 긴요하게
중요히: 귀중하고 요긴하게
중히: 매우 소중히
지중지중(至重至重): 더없이 중하게 여김
지중히: 더할 수 없이 귀중하게
하늘같이: '아주 높고 크고 귀하게'를 비유하는 말

1.87.2. 천한 뜻의 부사

게걸스레: 게걸스럽게
게걸게걸: 게걸거리는 모양
상스레: 상스럽게 즉 말과 행동이 보기에 낮고 천하다
상없이: 성리에 어그러지거나 상스럽다
천격스레: 천격스럽게
천열히(賤劣): 천열하게
천히: 천하게

1.88. 귀찮게 하는 행위 부사

거추장스레: 성가시고 귀찮게
깐작깐작: 끈끈하여 자꾸 착착 달라붙다 큰끈적끈적
깐족깐족: 허튼소리를 검질기게 달라붙어 자꾸 재깔이다 큰깐죽깐죽
깐죽깐죽: 허튼소리를 검질기게 들러붙어 지껄이다 작깐족깐족
깐질깐질[1]: 귀찮게 깐질거리는 꼴 큰끈질끈질
깐질깐질[2]: 분명하지 않은 말이나 행동으로 남의 마음을 짜릿짜릿하게 하는 꼴 여간질간질
다락다락: 자꾸 대들어 좀 귀찮도록 떼를 쓰거나 졸라대는 꼴 큰더럭더럭
더럭더럭: 자꾸 대들어 귀찮도록 떼를 쓰거나 졸라대는 꼴 작다락다락
들먹들먹: 남을 귀찮게 들추어 자꾸 말하다 센뜰먹뜰먹 작달막달막
들큰들큰: 불쾌한 말로 자꾸 남의 비위를 거슬리게 건드리다
뿌글뿌글: 복잡하거나 언짢은 생각이 뒤섞여 몹시 들볶이는 꼴 여부글부글
사분사분: 살짝살짝 우스운 소리를 해가면서 성가시게 구는 모양 큰서분서분
서분히: 서분하게 작사분히
자드락자드락: 남이 귀찮아하도록 자꾸 깐깐하게 건드리다 센짜드락짜드락 큰지드럭지드럭
자락자락: 갈수록 더욱 거리낌 없이 구는 꼴
자부락자부락: 좀스럽게 실없이 남을 자꾸 건드려 괴롭게 굴다 큰지부락지부락
작신작신: 좀 검질기게 짓궂은 말이나 짓으로 자꾸 귀찮게 굴다
지근덕지근덕: 성가실 정도로 끈덕지게 잇따라 귀찮게 굴다 거치근덕치근덕 센찌근덕찌근덕 작자근덕자근덕
지근지근: 귀찮게 구는 꼴 거치근치근 센찌근찌근 작자근자근
지긋지긋: 자꾸 지그시 누르거나 당기거나 열거나 닫는 꼴 작자긋자긋

지드럭지드럭: 남이 귀찮게 끈끈하게 건드리다 센찌드럭찌드럭 작자드락자드락
지부럭지부럭: 지부럭거리는 꼴 (예) 공연히 사람을 지부락지부락 귀찮게 군다 작자부락자부락
지싯지싯: 싫도록 짓궂게 구는 꼴
집적집적: 귀찮게 남을 건드리는 꼴 센찝적찝적
짓궂이: 남을 괴롭히고 귀찮게 하여 달갑지 아니하다
짜근덕짜근덕: 짜근덕거리는 꼴 (예) 몹시 달라붙어 짜근덕짜근덕 귀찮게 굴었다 거차근덕차근덕 여자근덕자근덕 큰찌근덕찌근덕
짜근짜근: 조금씩 자꾸 짓궂게 귀찮게 굴다 여자근자근 큰찌근찌근
짜드락짜드락: 남을 짜드락짜드락 못살게 굴다 여자트락자드락 큰찌드럭찌드럭
찌근찌근: 찌근찌근 귀찮게 굴다 거치근치근 여지근지근 작짜근짜근
찌드럭찌드럭: 남을 몹시 귀찮게 하도록 끈끈하게 자꾸 건드리다 여지드럭지드럭 작짜드락짜드락
찝쩍찝쩍: 찝쩍거리는 꼴 (예) 여학생들을 찝쩍찝쩍 건드렸다 여집적집적
차근덕차근덕: 몹시 짓궂게도 귀찮게 굴다 여자근덕자근덕 큰치근덕치근덕
차근차근: 치근거리는 꼴 센찌근찌근 여지근지근
차근히: 차근하게
치근덕치근덕: 끈덕지게 치근거리다 여지근덕지근덕 작차근덕차근덕 센찌근덕찌근덕
치근치근: 치근치근 졸라대는 꼴
치근치근히: 치근치근하게
칭얼칭얼: 칭얼거리는 꼴 (예) 선잠을 깨었는지 아이는 칭얼칭얼 보채기만 한다 센찡얼찡얼 여징얼징얼
티적티적: 남의 흠이나 트집을 잡아 비위가 거슬리는 말로 자꾸 성가시게 굴다
해찰스레: 쓸데없는 짓을 하여 귀찮게 구는 태도

1.89. 그럴 듯한 모습 부사

영정스레: 보기에 그럴 듯하게
우연만히: 그냥 그대로 쓸 만하다

1.90. 극력 부사

강강히(强剛): 마음이나 의지가 강하고 굳세게 (예) 강강히 주장하다
강경히(强硬): 굽힘없이 굳세게 (예) 강경히 주장하다
강력히: 힘이나 영향이 강하게 (예) 강력히 대항하다

극력: 있는 힘을 다하여
기필코: 반드시

※ 이상의 것 이외에도 비슷한 뜻의 부사가 있으나 이 정도로 하여 둔다.

1.91. 터무니없음 부사

건으로: 터무니없이. 턱없이
공중대고: 무턱대고 (예) 그렇게 공중대고 나서면 아무 사업인들 성공할 줄 알았더냐?
덮어놓고: 옳고 그름. 좋고 나쁨 따위의 사정을 따지지 않고 그저
마음대로: 마음이 내키는 대로
무턱대고: 아무 요량도 없이 그냥
백판: 전혀 터무니없이
터무니없이: 전혀 근거가 없이
턱없이: 아무 근거가 전혀 없이

1.92. 근면 부사

각근히: 정성을 다하여 부지런히
곰바지런히: 꼼꼼하고 바지런하게
공근히: 공손하고 부지런히
그악히: 억척스럽고 부지런하다
근검히: 부지런하고 검소하게
근근간간히: 매우 부지런하고 정성스럽게
근면히: 꾸준하고 부지런히
근실히: 부지런하고 진실하게
꾸준히: 한결같이 부지런하고 끈기 있게
다망히: 매우 바삐
다사로이: 보기에 일이 좀 많은 듯이
다사분주히: 여러 가지 일로 몹시 바쁘게
다사스레: 보기에 바쁜 듯하게
바삐: 부지런히
바지런스레: 바지런 듯하게
바지런히: 놓지 아니하고 꾸준히 큰부지런히

부산히: 어수선하고 바쁘게
부지런스레: 높지 아니하고 하는 일이 매우 꾸준한 데가 있게
부지런히: 게으르지 않고 열심히 꾸준하게
분망히: 매우 바삐
분주살스레: 몹시 바쁘게
분주스레: 분주한 데가 있듯이
분주히: 이리저리 움직이는 것이 몹시 바삐
성실히: 게으르지 않고 정성스럽고 참되게
열성스레: 열렬한 정성이 있는 듯이
열심으로: 열심히
열심히: 어떤 일에 온 정성을 다하여
재까닥재까닥: 무슨 일을 시원스레 빨리 해치우는 꼴 큰재꺼덕재꺼덕

1.93. 근심·걱정 부사

걱정스레: 걱정스럽다
괜찮아: 걱정하거나 걸릴 것이 없다
근심스레: 근심이 되어 불안하게
다심스레: 근심 걱정이 많다
미울히: 안타깝고 답답하게
시름시름: 병세가 더 심해지거나 나아지거나 하지 않고 오래 끄는 꼴
시름없이: 근심 걱정으로 아주 맥이 없다 (예) 궂은비만 시름없이 내린다. 시름없이 창밖을 내다본다
심란히: 마음이 어수선하게
애달피: 속이 바싹 졸아드는 것처럼 마음이 아프게
애상히: 슬퍼하거나 가슴 아파하는 데가 있듯이
염려스레: 걱정이 되어 불안한 데가 있는 듯
우울히: 우울하게
우환에: 그렇게 언짢은 뒤에 또. 걱정이 되는 위에 또
음울히: 음침하고 답답하다
조릿조릿: 겁이 나거나 걱정이 되어 마음이 놓이지 아니하고 빠각빠각 졸아드는 듯하다
조마조마: 닥쳐올 일에 대하여 마음이 초조하고 불안하다
참담히: 괴롭고 슬프거나 근심 걱정이 가득해 보인다
척척히: 근심스럽고 걱정스럽게
천착스레: 심정이 뒤틀려서 어그러지고 난잡하다

침울히: 근심에 잠겨 마음이 우울하게

1.94. 근육이 움직이는 모습 부사

샐룩=샐룩샐룩: 한 부분의 근육이 샐그러지게 움직이는 꼴 센쌜룩 쌜룩쌜룩 큰실룩 실룩실룩
실기죽샐기죽: 실기죽거리며 생기죽거리다 센씰기죽쌜기죽
실기죽실기죽: 실기죽거리는 꼴 센씰기죽씰기죽 작샐기죽샐기죽
실기죽이: 실기죽거리게 센씰기죽이 작샐기죽이
실룩실룩: 실룩거리는 꼴 센씰룩씰룩 작샐록샐록
씰룩: 근육의 한 부분이 씰그러지게 움직이는 꼴 (예) 입술을 씰룩 움직인다 여실룩 작쌜룩
씰룩쌜룩: 씰룩거리며 쌜죽거리는 꼴 (예) 몸을 씰룩쌜룩 움직이며 걸어간다 여실룩샐룩
씰룩씰룩: 콧등을 씰룩씰룩 씰그러뜨린다 여실룩실룩 작쌜룩쌜룩
씰쭉=씰쭉씰쭉: 어떤 감정을 나타내면서 입이나 눈이 씰그러지게 움직이는 꼴 여실쭉 실쭉실쭉 작쌜쭉 쌜쭉쌜쭉
씰쭉쌜쭉: 씰죽거리며 쌜죽거리는 꼴 여실쭉샐쭉
씰쭉이: 씰죽하게 여실쭉이 작쌜쭉이

1.95. 글씨에 관한 부사

개발새발: 글씨를 서툰 솜씨로 아무렇게나 쓰는 꼴
개발쇠발: 글씨를 아무렇게나 쓰는 모양
깨작깨작: 자질구레한 글씨나 그림 등을 아무렇게나 자꾸 쓰거나 그렇다
끼적끼적: 글씨나 그림 등을 아무렇게나 자꾸 쓰거나 그리다 작깨작깨작

1.96. 기회 부사

공교로이: 뜻밖의 사실과 우연히 마주치듯이
공교롭게도: 공교로이
공칙스레: 잘못되는 조건의 일이 공교롭게 =공칙히
꾀꾀로: 기회 있는 대로
때마침: 그때에 바로 알맞게
때없이: 일정한 때가 없이 아무 때나 내키는 대로. 수시로

마침: 어떤 경우나 기회에 알맞게
마침내: 어떤 기회가 있은 끝에
마침몰라: 그때에 당하여 어떻게 될지 몰라서
막: 바로. 지금. 막상
막바로: 곧바로. 즉시
말바투: 기회를 놓치지 않고 재빠르게
알맞추: 일정한 기준 조건 등에 알맞게
어쩌다: 어쩌다가
어쩌다가: 뜻밖에 우연히
어차간에: 말하는 김에
어차어피: 어차피
어차에: 이때에 있어서
어차피: 어떻게 하더라도
오다가다: 어쩌다가 가끔
우연스레: 뜻하지 아니하게 일어난 듯이
우연히: 뜻밖에 어쩌다가
적연히: 틀림없이 그러하게
적이나하면: 형편이 다소나마 좀 나으면
하마하마: 어떤 기회가 계속 닥쳐오는 모양

1.97. 글 읽는 모습 부사

뜨덤뜨덤: 서투른 글을 겨우 뜯어 읽는 꼴
왱왱: 아이들이 맑고 높은 목소리로 막힌데 없이 글을 읽는 꼴 (예) 왱왱 글읽는 소리 큰웽웽
졸졸: 전혀 막힘이 없이 수월하게 글을 읽어가거나 외거나 말하거나 하는 꼴 (예) 졸졸 욀 때까지 여러 번 읽어라 큰줄줄
좍: 조금도 거침없이 시원스럽게 내리 읽거나 외거나 말하거나 하는 꼴 (예) 이 아이는 무슨 책이든지 좍 읽는다 센쫙
좍좍: 조금도 거침없이 시원스럽게 잇달아 내리 읽거나 외거나 말하거나 하는 꼴 (예) 소설을 좍좍 읽어 내린다 센쫙쫙
죽=죽죽: 거침없이 내리읽거나 외거나 말하거나 하는 일 작족 족족 센쭉 쭉쭉
쭉=쭉쭉: 전혀 거침없이 내리읽거나 외거나 말하거나 하는 꼴 (예) 영철이는 그 일의 자초지종을 쭉 말한다 여죽 죽죽 작쪽 쪽쪽
줄줄: 조금도 막힘이 없이 시원시원하게 읽어 외거나 말하거나 하는 꼴 (예) 제법 이야기

책도 줄줄 읽게 되었다

1.98. 긁는 행위 부사

긁적긁적: 잇달아 자꾸 긁다
긁죽긁죽: 함부로 자꾸 긁다
깔짝깔짝: 긁으며 깔짝거리는 꼴 큰끌쩍끌쩍
끌적끌적: 긁어 뜯적거리다 작깔짝깔짝
뜯적뜯적: 손톱이나 날카로운 것으로 자꾸 긁어 뜯거나 진집을 내다
박박: 야무지게 자꾸 긁거나 문대는 꼴 센빡빡 큰벅벅
벅벅: 야무지게 자꾸 긁거나 문대는 꼴 센뻑뻑 작박박
북북: 부드럽고 무른 물건의 겉면을 자꾸 긁거나 문대는 꼴 센뿍뿍 작복복
빡빡: ① 매우 야무지게 자꾸 긁거나 문대는 행위 ② 얇고 질긴 종이나 천 따위가 찢어지는 꼴 ③ 바닥이 빤빤해지도록 자꾸 깎거나 닦는 꼴 큰뻑뻑
뻑뻑: 매우 야무지게 자꾸 긁거나 문지르는 꼴 여벅벅 작빡빡
살살: 살그머니 문지르거나 긁는 꼴 큰슬슬
슬슬: 가만가만 긁거나 문지르는 꼴 (예) 뒤통수를 슬슬 긁었다 작살살
훔치적훔치적: 훔치적거리는 꼴

1.99. 금이나 줄을 긋는 행위 부사

닥: 금이나 줄을 좀 세게 긋는 꼴 큰득
닥닥: 짧은 줄이나 금을 좀 세게 자꾸 긋는 꼴 큰득득
득: 금이나 줄을 세차게 긋는 꼴 작닥
득득: 줄이나 금을 세게 자꾸 긋는 꼴 작닥닥
박박: 줄을 죽죽 긋는 꼴 센빡빡 큰벅벅
작작: 줄이나 획을 되는 대로 긋거나 종이 따위를 자꾸 찢는 꼴 센짝짝 큰직직
죽=죽죽: 금을 죽 긋는 모양 센쭉 쭉쭉
짝: 작은 줄이나 획을 좀 세게 긋는 꼴 여작 큰찍
짝짝: 줄이나 획을 세게 자꾸 긋거나 얇고 질긴 물건을 세게 자꾸 찢다
찍: 줄이나 획을 세게 긋는 꼴 여직 작짝

1.100. 급함 부사

갑자기: 뜻하지 아니하게. 느닷없이

건듯=건듯건듯: 일을 빠르게 대강 하는 모양
급거: 몹시 서둘러 급작스러운 모습
급거히: 몹시 서둘러 급작스럽게
급격히: 갑자기 빠른 속도로
급급히: ① 매우 급하게 ② 한 가지 일에만 정신을 쏟아 여유 없이
급박히: 바싹 닥쳐서 매우 급하다
급자기: 뜻밖에 급히
급히: 급하게
바삐=바삐바삐: 아주 바쁘게
발렁발렁: 서두는 모양 여발랑발랑 큰벌렁벌렁 센빨랑빨랑
번개같이: 동작이 몹시 빠르게
벼락같이: 소리가 크고 요란하거나 행동이 몹시 빠르게
별안간: 갑작스럽고 아주 짧은 동안
부랴부랴: 아주 급하게 서두르는 모양
부리나케: 서둘러서 아주 급하게
불현듯이: 갑자기 생각이 치밀어 걷잡을 수 없이. 느닷없이
빨리=빨리빨리: 걸리는 시간이 짧게
태급히: 아주 급히
한시바삐: 빨리 서둘러서

1.101. 긍정하는 말 부사

하기는: '실상은'의 뜻으로 이미 된 일을 긍정할 때 쓰는 말 (예) 하기는 그렇게 되어야 하지요 준하긴
하기야: '하기는'의 힘줌말 (예) 하기야 그렇기도 하지
하긴: '하기는'의 준말

1.102. 끈기 부사

끈끈히: 끈기가 많아서 끈적끈적하다 작깐깐히
끈적끈적: 끈끈하여 자꾸 척척 들러붙다 작깐작깐작
끈질끈질: 끈기 있게 검질기다
끈히: 끈질기게

1.103. 기원, 기대(期待), 소원 부사

간간히: 매우 간질하게
간극히: 간절하고 정성스럽게
간절히: 정성이나 마음 씀씀이가 정성스럽고 지극하게
구구절절: 구구절절이
구구절절이: 말 한 마디 한 마디마다
구구히(句句): 구절마다
마디마디: 낱낱의 모든 말마다
마음껏: 정성껏
말말이: 하는 말마다
모쪼록: 부디
바라건대: 제발 부탁하노니
부디: 바라건대
부디=부디부디: 기어이. 아무쪼록. 남에게 부탁하거나 간절할 때 쓴다
부디부디: 더욱 간절히 바라건대
아무쪼록: 간절히 바라건대
원컨대: 바라건대
절실히: 느낌이나 생각이 뼈저리게
절절히: 아주 바라건대
정성껏: 있는 정성을 다하여
정성스레: 온갖 힘을 다하여 참되고 성실한 마음이 있게

1.104. 고개를 끄떡이는 행위 부사

끄덕: 고개를 앞뒤로 가볍게 움직이는 꼴 [센]끄떡 [작]까닥
끄덕끄덕: 끄덕거리는 꼴 [센]끄떡끄떡 [작]까닥까닥
끄덱: 고개를 앞뒤로 좀 가볍게 움직이는 꼴 [센]끄떽
끄덱끄덱: 끄덱거리는 꼴 [센]끄떽끄떽
끄떡=끄떡끄떡: 고개를 앞뒤로 세게 움직이는 꼴 [여]끄덕 끄덕끄덕 [작]까딱 까딱까딱
끄떽: 고개를 앞뒤로 좀 세게 움직이는 꼴 [여]끄덱
끄떽끄떽: 끄떽거리는 꼴 [여]끄덱끄덱
폭: 고개를 깊이 숙이는 꼴 [큰]푹

1.105. 괴상 공연한 행위 부사

공연스레: 특별한 까닭이나 필요가 없이 준괜스레
괘꽝스레: 말이나 행동이 엉뚱하게 괴이하다
괘사스레: 변덕스럽게 이기죽거리며 엇가는 꼴
괜히: '공연히'의 준말 비쓸데없이. 일부러
괴망스레: 말이나 행동이 괴상하고 망측한 데가 있게
괴발개발: 글씨를 되는 대로 마구 써 놓은 모양
시망스레: 몹시 짓궂은 데가 있는 듯이
시멋없이: 별로 신통치 않게 멋없이
엄살스레: 일부러 꾸미거나 떠벌려 나타내는 것 같이
여들없이: 하는 짓이 멋없고 미련하게

1.106. 기는 모습 부사

기엄기엄: 가만가만 자꾸 기는 꼴
발발: 몸을 바닥에 대고 작은 동작으로 기는 꼴
벌벌: 몸을 바닥에 붙이고 좀 큰 몸짓으로 기는 꼴 작발발
앙금쌀쌀: 처음에 굼뜨게 기다가 재빠르게 앙금앙금 기는 꼴 큰엉금썰썰
앙금앙금: 작은 걸음으로 느리게 걷거나 기는 꼴 (예) 어린아이의 앙금앙금 기는 꼴 거앙큼앙큼 큰엉금엉금
엉금썰썰: 굼뜨게 기다가 재빠르게 기는 꼴 작앙금쌀쌀
엉금엉금: 큰 걸음으로 느리게 걷거나 기는 꼴 작앙금앙금

1.107. 기쁨 부사

간간히: 기쁘고 즐거이 비간간
기꺼이: 기껍게
유쾌히: 즐겁고 상쾌하게
즐거이: 즐겁게
희행히(喜幸): 기쁘고 다행스레

1.108. 기상, 기세 부사

가강히: 강력하고 완강하게
가공스레: 두려움을 주는 듯하게
갈걍갈걍: 강기가 있어 보이면서 기량가량하다
강대히: 나라나 조직의 역량이 강하고 크다
경건히: 굳세고 튼튼하게
경경히: 올바르고 용감하게
공고히: 마음이나 태도가 굳세고 튼튼하게
과감스레: 과단성이 있고 용감하게
과감히: 결심이 빠르고 용감하게
과격히: 정도가 지나칠 정도로 격렬하게
과민히: 감각이나 감정이 지나치게 예민하게
괄괄스레: 성질이 세고 급한 데가 있어
괄괄히: 성질이 호탕하면서도 드세고 급하게
광포히: 미쳐 날뛰듯이 매우 거칠고 사납게
난포히: 행동이 몹시 거칠고 사납게
날렵히: 재빠르고 날쌔게
날카로이: 기세가 매섭게
대단히: 매우 심하게
대담스레: 보기에 대단하게
대담히: 담력이 크고 용감하게
맹렬히: 기세가 몹시 사납고 세차게
비상히: 사태가 긴급하게
씨억씨억: 기질이 굳세고 활발하다
왕성히: 한창 성하니
용감스레: 용기가 있고 씩씩하고 기운찬 데가 있게
용감히: 용기가 있으며 씩씩하고 기운차게. 운차게
용맹스레: 용감하고 사납게
용명스레: 용감하고 명민하게
용명히: 용감하고 명연하게
용진용진: 용감하게 나아가는 모양
우격으로: 억지로 무리하게
우적우적: 거침없이 기세 좋게 나아가는 꼴 [센]우쩍우쩍
우쭐=우쭐우쭐: 의기양양하여 뽐내는 꼴 [여]우줄우줄 [작]오쫄오쫄

유연히: 왕성한 형태로
장렬히: 의기가 씩씩하고 장하게
장엄히: 씩씩하고 웅장하며 위엄 있고 엄숙하게
장중히: 장엄하고 무게가 있어
초연히: 의기가 떨어져서 기운이 없이
치열히: 기세나 세력이 맹렬하게
태과히: 매우 지나치게
험악스레: 생김새나 분위기가 아주 험하게
황공히: 위엄이나 직위 등에 눌려서 두렵게

1.109. 기억·의식·정신 부사

가만히: 정신을 가다듬어 곰곰이
가물가물: 기억 의식 따위가 자꾸 희미해져서 정신이 있는 둥 마는 둥 하다. 센까물까물 큰거물거물
거물거물: 기억 의식 따위가 희미해져서 자꾸 정신이 있는 둥 마는 둥 하다 센꺼물꺼물 작가물가물
까물까물: 기억 의식 따위가 몹시 어렴풋하여 자주 정신이 있는 둥 마는 둥 하게 되다 여가물가물 센·큰꺼물꺼물
아련히: 기억이 똑똑하게 분간하기 어렵게 어렴풋하게
아렴풋이: 생각이나 기억이 또렷하지 아니하고 흐릿하게 큰어렴풋이
아령칙이: 기억이나 형상들이 긴가민가하여 또렷하지 않게
어슴푸레: 기억에 분명히 떠오르지 아니하고 몹시 희미하고 흐릿한 상태 (예) 지나간 일들이 이제는 눈앞에 어슴프레하여 가물거릴 뿐이다
언뜻하면: 기억이 잠깐 떠오르기만 하면
팽: 갑자기 정신이 몹시 아찔해지는 느낌 여뱅 큰핑
팽그르르: 정신이 갑자기 한동안 아찔해지는 꼴 큰핑그르르
펄쩍=펄쩍펄쩍: 갑자기 정신이 들거나 놀라는 꼴 (예) 정신이 펄쩍 들다, 펄쩍 놀라서 방으로 뛰들면서 소리를 질렀다
핑그르르: 정신이 급자기 어찔해지는 꼴 (예) 정신이 핑그르르 돌아 어찌할 바를 몰랐다 작팽그르르
핑핑: 정신이 몹시 어찔어찔해지는 느낌 (예) 머리가 핑핑 돌아갈 것 같다 작팽팽
하리망당히: 정신이 아른아른하고 맑지 못하다 큰흐리멍덩히
하리타분히: 기억력 판단력 따위가 또렷하지 못하다 큰흐리터분히
흐리멍덩히: 정신이 맑지 못하고 흐리다 작하리망당히

흐리터분히: 흐리고 터분하다 작하리타분히
혼곤히: 정신이 흐릿하고 고달프다

1.110. 기우뚱거리는 행위 부사

기우듬히: 기우듬하게
기우뚱: 한 쪽이 기우듬히 낮아진 꼴
기우뚱기우뚱: 물체가 자꾸 이쪽저쪽으로 기우듬히 기울어지며 흔들리다

1.111. 기운에 관한 부사

바득바득: 온힘을 쏟으면서 매우 애쓰는 꼴 센빠득빠득
발깍=발깍발깍: 갑작스레 기운을 내는 꼴 거발칵 발칵발칵 큰벌꺽 벌꺽벌꺽
발딱: 힘이 날 만큼 자란 아이가 그 힘 부림을 못 찾아 안타까워하며 자꾸 애를 쓰다
발칵=발칵발칵: 매우 갑작스럽게 기운을 내는 꼴 센발깍 발깍발깍 큰벌컥 벌컥벌컥
벌꺽=벌꺽벌꺽: 급작스레 기운을 대는 꼴
벌떡=벌떡벌떡: 힘이 날 만큼 자란 사람이 그 힘 부림을 못 찾아 안타까워하며 자꾸 애를 쓰다 작발딱 발딱발딱
벌컥=벌컥벌컥: 매우 급작스럽게 기운을 내는 꼴 센벌꺽 벌꺽벌꺽 작발칵 발칵발박
빨깍: 갑작스럽게 기운을 좀 세게 내는 꼴 큰뻘꺽
뻘꺽: 급작스럽게 기운을 좀 세게 내는 꼴 작빨깍
뻘떡: 힘이 날 만큼 자란 아이가 그 힘 부림을 못 찾아 몹시 안타까워하며 자꾸 애를 쓰다 여벌떡 작빨딱
싱둥싱둥: 본디와 다름없이 싱싱하게
폭삭: 늙어서 기운이 빨리 줄고 맥이 빠진 꼴 (예) 맥이 폭삭 빠지다
힘없이: 기운이나 의욕 따위가 없이

1.112. 기웃거리는 행위 부사

기웃=기웃기웃: 무엇을 넘보려고 하는 행위 센끼웃 끼웃끼웃
기웃기웃이: 기웃거리는 모양
끼웃=끼웃끼웃: 방안을 들여다보려고 끼웃거리는 행위 작꺄웃 꺄웃꺄웃
끼웃이: 기웃 작꺄웃이 여기웃이
넌지시: 드러나지 않게 가만히

1.113. 기이한 모습 부사

괴상스레: 괴상스럽게
괴상히(怪常): 상리에 어그러지게
괴상히(乖常): 이상야릇이
괴이히: 괴이하게
괴히: 이상야릇하게
기묘히: 기이하고 묘하게
기이히: 기묘하고 이상하게
기히: '기이히'의 준말. 신기하게
신통스레: 신기할 정도로 묘하게
신통히: 신통하게
야릇스레: 매우 야릇한 듯하여
야릇이: 묘하고 이상하게
야릇하게도: 야릇이
영묘히: 신령스럽고 기묘하게
요괴스레: 요사스럽고 괴이한 데가 있게
요망스레: 요사스럽고 망령된 태도가 있게
요사스레: 요망하고 간사한 데가
우스꽝스레: 가소롭게
이상스레: 보통과 다르게
이상야릇이: 비정상적이고 별나며 괴상하게 =이상히. 이상하게도
이상하게도: 이상히
이상히: 정상적인 상태와 달리
해괴이: 기이하고 야릇하게
해괴히: 기이하고 야릇하게

1.114. 어그러진 뜻의 부사

아긋아긋: ① 아긋아긋한 꼴 즉 무게 부리 길이 따위가 어느 기준에 조금 어그러져 있다 ② 이가 맞지 아니하게 조금 바라져 있다 큰어긋어긋
아긋이: 물건의 각 조각이 이가 맞지 않아 끝이 조금씩 어긋나게
어긋어긋: 무게, 부리 길이 따위가 어느 기준에 어그러져 있다 작아긋아긋
아근바근: 사개나 짜임새 따위가 맞지 않고 고르지 않게 조금씩 바라져 있다 큰어근버근
아긋버긋: 물건이 조금씩 아주 묘하게 틈이 벌어진 모양 큰어긋버긋

어근버근: 목재 가구나 문틀 따위의 짝 맞춘 자리가 약간씩 벌어져 있는 모양
어금버금: 서로의 사이가 어그러지고 벌어져 있는 모양
어긋버긋: 여럿이 고르지 못하여 서로 어그러지고 버그러진 모양
어근버근: 사개나 짜임새 따위가 맞지 않고 고르지 않게 조금씩 벌어져 있다

1.115. 기침하는 모습 부사

콜록=콜록콜록: 기침이 좀 깊이 울려 나올 때 나는 소리 또는 그 꼴 큰쿨룩 쿨룩쿨룩
콜롱=콜롱콜롱: 병으로 가슴속 깊은 곳에서 작게 울라오는 기침소리 또는 그 꼴
쿨룩=쿨룩쿨룩: 깊이 좀 심하게 나올 때 소리 또는 그 꼴

1.116. 긴급, 긴요, 갑자기 부사

급거: 서둘러서 급작스럽게
급거히: 급거
급격히: 급하고 격렬하다
급급히(急急): 매우 급하게
급박히: 바싹 닥쳐서 매우 급하다
급자기: 생각할 사이가 없이 매우 급히
급작스레: 생각할 사이가 없이 매우 급하다
급조히: 성미가 매우 급하다(성격문제)
급촉히: 급박하다
급히: 급하게
긴급히: 긴급하게
긴밀히: 아주 긴하고 가깝다
긴실히: 긴요하고 절실하게
긴요히: 꼭 필요하고 중요하게 =요긴히
긴절히: 매우 필요하고 절실하게
다급스레: 보기에 다급하게
다급히: 다급하게
번연히: 깨달음이 갑작스럽다
요긴히: 긴요히
촉급히: 촉박하여 매우 급하다
총급히: 다급히
태급히: 다급히

황급히(遑急): 황황하고 급하게

1.117. 긴장하는 모습 부사

바싹=바싹바싹: 아주 긴장하는 꼴 (예) 정신을 바싹 차리다 [큰]버썩 버썩버썩

바작바작: ① 마음이 안타깝게 죄어드는 느낌 (예) 입술이 바작바작 타오를 정도로 애를 태우다 [센]빠작빠작 [큰]버적버적 ② 진땀이 나는 꼴 [센]빠작빠작

바짝=바짝바짝: 매우 긴장하는 꼴 [큰]버쩍 버쩍버쩍

버썩=버썩버썩: 몹시 긴장하는 꼴 (예) 마음이 버썩 죄다 [작]바싹 바싹바싹

버적버적: 마음이 몹시 조여드는 느낌 [센]뻐적뻐적 [작]바작바작

버쩍=버쩍버쩍: 몹시 긴장하는 꼴 [작]바짝 바짝바짝

빠작빠작: ① 마음이 매우 안타까워서 자꾸 죄어드는 느낌 ② 진땀이 아주 몹시 나는 꼴

뻐적뻐적: 마음이 몹시 안타깝게 죄어드는 느낌 [여]버적버적 [작]빠작빠작

1.118. 길과 유관한 뜻의 부사

길바로: 길을 옳게 잡아들어서 (예) 그냥 짐작으로 찾아 들어선 집이 길바로 선생님 댁이었다

볼똑=볼똑볼똑: 갑자기 볼똑 볼가진 꼴 (예) 길이 볼똑볼똑 험하다

순탄히: 길이 험하지 아니하고 평탄하다 (예) 그가 갈 길이 그리 순탄하지 않다

순화로이: 순탄하고 평화롭다

오돌토돌: 가죽이나 바닥이 고르지 않게 군데군데 도드라져 있다 [큰]우둘투둘

올록볼록: 올록볼록한 꼴 (예) 길바닥이 올록볼록 고르지 않다 [큰]울룩불룩

울뚝불뚝: 울뚝불뚝한 꼴 (예) 울뚝불뚝한 산길 [작]올똑볼똑

울룩불룩: 울룩불룩한 꼴 (예) 울룩불룩 고르지 아니한 산길 [작]올록볼록

울쑥불쑥: 산봉우리 따위가 고르지 않게 불쑥불쑥하다 [작]올쏙볼쏙

울툭불툭: 울툭불툭한 꼴 (예) 울툭불툭 솟은 돌덩이 [작]올톡볼톡 [센]울뚝불뚝

울퉁불퉁: 울퉁불퉁한 꼴 즉 바닥이나 거죽이 고르지 않게 울퉁불퉁하다 [작]올통볼통

울퉁울퉁: 울퉁울퉁 사나운 산길

탄탄히(坦坦): 길 같은 것이 편편하고 넓게 (예) 탄탄하게 뚫린 도로, 눈앞에 탄탄히 펼쳐진 길

회똘회똘: 길이 고불탕고불탕하게 고부라져 있다 [큰]휘뚤휘뚤

훨훨: 시원스럽게 날듯이 홀가분한 기분으로 길을 떠나는 꼴

1.119. 김, 연기, 먼지 따위의 모습 부사

모락모락: 김, 연기 따위가 조금씩 피어오르는 모습 큰무럭무럭
몰씬몰씬: 김이나 연기가 모락모락 나는 꼴
몽개몽개: 연기, 구름, 솜 따위가 잇대어 몽키어 나오는 모양
물씬물씬: 김이나 연기가 무럭무럭 나는 꼴 작몰씬몰씬
뭉게뭉게: 구름, 연기, 솜 따위가 잇달아 뭉키어 나오는 꼴 작몽개몽개
팔싹=팔싹팔싹: 연기 먼지 따위가 뭉치어 가볍게 일어나는 꼴 큰펄썩 펄썩펄썩
풀썩풀썩: 먼지나 연기 따위가 자꾸 조금씩 뭉키어 일어나다 작폴싹폴싹
풀풀: 먼지 따위가 세차게 날리는 꼴

1.120. 까닭 부사

공연스레: 보기에 아무 까닭이나 필요가 없다 준괜스레
공연히: 아무 까닭이나 필요가 없이 준괜히 (예) 공연히 고집만 부리지 말고 내 말을 들어라
괜스레: '공연스레'의 준말
괜히: '공연히'의 준말
괜시리: 괜스레
그냥: 아무 까닭 없이
그래: '그리하여'의 준말
그래서: 그렇게 해서
그러기에: '그렇게 하기 때문'의 준말
그러니: 그렇게 하니
그러니까: 그러한 이유로
그러므로: 그렇기 때문에. 그러한 까닭으로
그러한즉: 그러하니까
그런고로: 그러한 이유로
그저: 별다른 까닭이나 목적 없이 (예) 그저 한번 해본 말이다
무고히(無故): 아무런 까닭이 없이
어이: '어찌'의 예스러운 말 (예) 내 어찌 있던고
어째: '어찌하여'의 준말 (예) 어째 그리 되었느냐?
어째서: '어찌하여서'의 준말
어쩐지: 어찌된 까닭인지
어찌하여서: 어떤 이유로 인하여
연즉: 그러면. 그런즉

왜: 무슨 까닭으로 또는 어째서
왜냐하면: 왜 그러냐 하면 [준]왜냐면
턱없이: ① 이유에 닿지 아니하게 ② 신분에 맞지 아니하게 (예) 턱없이 기뻐하다, 턱없이 욕심을 부리다

1.121. 깜박거리는 모습 부사

깜박: 작은 등불. 불빛 따위가 갑작스레 순간적으로 비쳤다가 어두워지는 꼴 [센]깜빡 [큰]끔벅
깜박깜박: 깜박거리는 꼴 [센]깜빡깜빡 [큰]끔뻑끔뻑
끔벅=끔벅끔벅: 큰 등불 별빛 따위가 급작스레 순간적으로 비쳤다가 어두워지는 꼴 [센]끔뻑 끔뻑끔뻑 [작]깜박 깜박깜박
끔뻑=끔뻑끔뻑: 큰 등불 별빛 따위가 갑작스레 순간적으로 자꾸 비쳤다가 꺼지는 꼴 [여]끔벅 끔벅끔벅 [작]깜빡 깜빡깜빡

1.122. 깨끗함 상태 부사

가광스레: 격에 어울리지 않게 조촐하지 못하다
경건히: 깨끗하고 바르게 (예) 깨끔스레 장만한 음식
깨끔스레: 깨끔스럽게 (예) 깨끔스레 장만한 음식
깨끔찮이: 깨끗하지 아니하게
깨끔히: 깨끔하고 아담하게 (예) 깨끔히 정돈된 부엌
깨끗이: 깨끗하게 (예) 깨끗이 청소하다
깨끗찮이: 깨끗하지 아니하니
끼끗이: ① 깨끗하고 길차다 ② 생기가 있고 깨끗하다
순결히: 순수하고 깨끗하게
정갈스래(淨潔): 정결하다. 깨끗하고 깔끔하다
정갈히: 정갈하게
정결스레(淨潔): 보기에 순수하고 깨끗하게
정결히: 순수하고 깨끗하며 단아하게. 매우 깨끗하고 깨끗한 데가 있게 깨끗하고 시원하다
조촐히: 아주 아담하고 깨끗하다.
철철히: 주접이 들지 않고 깨끗하다
청량히: ① 소리가 맑고 깨끗하게 ② 맑고 서늘하게
청백히: 재물에 대한 욕심이 없이 곧고 깨끗하게

청빈히: 성품이 깨끗하고 패물에 욕심이 없어 가난하게
청정히; 맑고 깨끗이
훤칠히: 막힘이 없이 깨끗하고 시원하다

1.123. 깜찍스런 행위 부사

깜쭉이: '깜찍이'의 평북 방언
깜찍스레: 보기에 깜찍하다
깜찍이: 깜찍하게: ① 생각보다 너무 영악하거나 단작스럽거나 하여 놀랍다 ② 나이에 비해 영악하거나 놀랍다

1.124. 까부는 행위 부사

까드락까드락: 고만스레 젠체하며 아주 경망스럽게 행동하다 큰꺼드럭꺼드럭
까들까들: 젠체하며 매우 경망하게 행동하다 여가들가들 큰꺼들꺼들
까들막까들막: 함부로 젠체하며 매우 체신 없이 자주 행동하다 여가들막가들막 큰꺼들먹꺼들먹
까뜨락까뜨락: 까뜨락거리는 꼴: (예) 제 세상인 줄 알고 까뜨락까뜨락 돌아다닌다
까불까불: 까불거리는 꼴 여가불가불 큰꺼불꺼불
깝신깝신: 체신 없이 매우 가량스레 자꾸 까불다 (예) 방아깨비는 긴 두 다리로 깝신깝신 방아를 찧는다 큰껍신껍신
깝작깝작: 깝작거리는 꼴 (예) 버릇없이 어른 앞에서 깝작깝작 까불지 말라
깝죽깝죽: 방정맞게 잇달아 마구 까불거리다 큰껍죽껍죽
꺼덕꺼덕: ① 꺼떡거리는 꼴 센꺼떡꺼떡 작까닥까닥 ② 꺼덕꺼덕한 꼴 여거덕거덕 작까닥까닥
꺼불꺼불: 매우 거령스럽게 자꾸 꺼불다 여거불거불 작까불까불
껍신껍신: 체신 없이 매우 거령스레 자꾸 꺼불다 작깝신깝신
껍적껍적: 방정맞고 거령스럽게 자꾸 꺼불다 작깝작깝작
껍죽껍죽: 방정맞게 잇달아 자꾸 꺼불다 작깝죽깝죽
들까불들까불: 자꾸 들까불다
희렁해롱: 희롱거리고 해롱거리다
희롱희롱: 자꾸 실없이 까불다 (예) 어떤지 희롱희롱 까부는 꼴이 미덥지 않았다

1.125. 꼬이거나 꾸리는 뜻의 부사

꽁꽁: 아주 단단하게 죄어서 묶거나 꾸리는 꼴
배배: 여러 번 작게 꼬이거나 뒤틀린 꼴 큰비비
비비: 여러 번 꼬이거나 뒤틀린 꼴 작배배

1.126. 꾸물거리는 뜻의 부사

구무럭구무럭: 느리게 구물거리다
구물구물: 굼뜨게 움직거리다
꼬무락꼬무락: 느릿느릿 꼬물거리다
꼬물꼬물: 매우 좀스럽고 굼뜨게 움직거리다
꾸무럭꾸무럭: 느릿느릿 꾸물거리다 여구무럭구무럭
꾸물꾸물: 매우 굼뜨게 움직거리다 여구물구물 작꼬물꼬물
흘근흘근: 굼뜨게 느릿느릿 걷거나 꾸물거리는 꼴

1.127. 꾸벅거리는 모습 부사

꺼벅꺼벅: 멋적게 꾸벅거리다
꼬박=꼬박꼬박: 졸거나 절할 때 머리나 몸을 앞으로 가볍게 숙였다 드는 꼴 센꼬빡 꼬빡꼬빡
꼬박이: '꼬박'의 힘줌말
꼬빡=꼬빡꼬빡: 졸거나 절할 때 머리나 몸을 앞으로 매우 가볍게 숙였다가 드는 꼴 여꼬박 꼬박꼬박 큰꾸뻑 꾸뻑꾸뻑
꾸벅: 졸거나 절을 할 때 머리나 몸을 자꾸 앞으로 거볍게 숙였다 들었다 하다
꾸벅꾸벅: 꾸벅거리는 꼴 (예) 책을 읽다가 꾸벅 졸고 있다
꾸뻑=꾸뻑꾸뻑: 졸거나 절할 때에 머리나 몸을 앞으로 매우 거볍게 숙였다 드는 꼴 여꾸벅 꾸벅꾸벅 작꼬빡 꼬빡꼬빡

1.128. 꿰매는 모습 부사

찡검찡검: 띄엄띄엄 징거서 세게 꿰매는 꼴 여징검징검

조급히(早急): 조급하게

조조히(躁躁): 몹시 조급하게

천방지축: 너무 급하여 허둥지둥 함부로 날뛰는 꼴 =천방지방

화다닥: 갑작스럽게 뛰거나 몸을 일으키는 꼴 큰후닥닥

화다닥화다닥: 갑작스럽게 뛰거나 몸을 일으키다 큰후닥닥후닥닥

후닥닥: 급작스럽게 마구 뛰거나 몸을 일으키는 꼴

후딱: 일안 행동을 갑자기 힘차게 빠르게 하는 모양 =후딱후딱

후닥닥후닥닥: 후닥거리는 꼴

후딱후딱: 썩 빨리 날쌔게 자꾸 해내는 꼴

2. ㄴ부의 부사

2.1. 나는 모습 부사

편편히(翩翩): 나는 꼴이 가볍거나 열쌔게
홀홀: 작은 날짐승이 가볍게 나는 꼴 큰훌훌
활활: 날짐승이 높이 떠서 날개를 나릿나릿 치며 시원스럽게 나는 꼴 큰휠휠
후룩: 새 따위가 갑자기 날개를 가볍게 쳐 나는 꼴 =후룩후룩 작호록 호록호록
훌훌: 가볍게 날거나 날리는 꼴 (예) 새들이 훌훌 날아가고 있다 작홀홀
휠휠: 날짐승 따위가 높이 떠서 날개를 느릿느릿 치며 시원스럽게 나는 꼴 작활활

2.2. 나다분한 상태 부사

나다분히: 지질구레한 물건들이 갈피를 잡을 수 없이 어지럽게 널려 있다 큰너더분히
나닥나닥: 군데군데 자그마하고 지저분하게 깁거나 덧붙인 데가 많다 큰너덕너덕
나달나달: 여러 가닥이 어지러이 늘어져 한들거리다

2.3. 나무나 물건에 관한 여러 모습

무성히: 나무가 우거져 있는 모습
우수수: ① 물건이 수북하게 쏟아지는 꼴 (예) 내가 한번 꿈쩍하면 돈 삼십냥이 우수수 쏟아진다 ② 바람에 나뭇잎 따위가 어수선하게 떨어져 흩어지는 꼴 (예) 이슬이 비오듯 우수수 떨어진다. 우수수 쏟아지는 나뭇잎 작오소소 ③ 세간의 사개나 묶어 놓은 물건이 엉성하게 버성겨지거나 물러나는 꼴 ④ 와르르

2.4. 일을 처리하는 모습이나 나란한 부사

거춤거춤: 일을 대강대강 하는 모양
거충거충: 일을 대충 쉽고 빠르게 하는 모양
나란히: 줄지어 가지런히 큰느런히
느런히: 죽 벌여서 늘어 놓은 모양
줄느런히: 한 줄로 죽 벌여 있어

2.5. 나부끼거나(나불거리거나) 펄럭이는 모습 부사 1

거푼거푼: 물체의 한 부분이 바람에 불리어 떠들려 가볍게 자꾸 움직이다

거풀거풀: 한 부분이 바람에 불리어 자꾸 떠들렸다가 가라앉았다 하다 (예) 널어 놓은 이불이 바람에 거풀거풀 움직이다

거풋거풋: 물체의 한 부분이 바람에 불리어 가볍고 빠르게 거풀거리다 (예) 널어 놓은 빨래가 바람에 거풋거풋 나부낀다

나불나불[1]: 얇은 문채가 바람에 날려 가볍게 자꾸 움직이는 모양 [큰]너불너불 [거]나풀나풀

나붓나붓: 천이나 종이 따위가 자꾸 나부끼어 흔들리는 모양 [큰]너붓너붓 =나붓나붓이, [큰]너붓너붓이

나붓이: 나부죽하게 [큰]너붓이

팔락=팔락팔락: 바람에 날리어 가볍고 빨리 나부끼는 꼴 [큰]펄럭 펄럭펄럭 (예) 오색기가 바람에 팔락팔락 나부끼고 있다

팔랑=팔랑팔랑: 바람에 날리어 가볍고 세게 나부끼는 꼴 (예) 옷고름이 바람에 팔랑팔랑 나부낀다 [큰]펄렁펄렁

펄럭=펄럭펄럭: 바람에 날리어 가볍고 빨리 나부끼는 꼴 (예) 오색 깃발이 바람에 펄럭 나부낀다 [작]팔락

펄렁: 바람에 날리어 가볍고 세게 나부끼는 꼴 =펄렁펄렁 (예) 바람에 종이가 펄렁 날아온다 [작]팔랑 팔랑팔랑

폴락=폴락폴락 바람에 날리어 좀 가볍고 빠르게 나부끼는 꼴 [큰]풀럭 풀럭풀럭

폴랑=폴랑폴랑: 바람에 날리어 가볍고도 좀 세차게 자꾸 나부끼다 (예) 오색 댕기가 봄바람에 폴랑폴랑 날린다 [큰]풀렁 풀렁풀렁

표표히: 팔랑팔랑 나부끼거나 날아오르는 모양이 가볍게

풀럭=풀럭풀럭: 바람에 날리어 좀 거볍고 빠르게 나부끼는 꼴 [작]폴락 폴락폴락

풀렁=풀렁풀렁: 바람에 날리어 둔하고 세차게 나부끼는 꼴 [작]폴랑 폴랑폴랑

하느작하느작: 가늘고 긴 나뭇가지나 얇은 천 따위가 가볍고 멋있게 늘어져 자꾸 나부끼거나 흔들리다 [큰]흐느적흐느적

하늑하늑: 가늘고 긴 나뭇가지 따위가 힘없이 늘어져 보드랍게 자꾸 흔들리다

하늘하늘: 하늘거리는 꼴 (예) 냇가의 버들가지는 봄바람에 하늘하늘 춤을 춘다 [큰]흐늘흐늘

흥청흥청: 나뭇가지가 흔들리다 (예) 그네가 움직일 때마다 나뭇가지는 흥청흥청 흔들린다

2.6. 나부끼거나(나불거리거나) 펄럭이는 모습 부사 2

나불나불[2]: 경솔하게 혀를 나불거리는 꼴 [거]나풀나풀 [큰]너불너불

나울나울: 물결, 늘어진 천, 잎 따위가 보드랍고 느릿하게 잇달아 굽이쳐 움직이다

나팔나팔: 나팔거리는 꼴 즉 바람에 휘날리는 꼴 (예)태극기가 나팔나팔 휘날린다
나푼나푼: 가볍게 나붓거리다 큰너푼너푼
나풀나풀: 탄력 있게 나붓거리다 큰너풀너풀
너불너불: 가볍게 너붓거리는 꼴 거너풀너풀 작나불나불
너붓너붓: 엷은 천이나 종이 따위가 자꾸 나부끼다 작나붓나붓
너붓너붓이: 너붓너붓하게 작나붓나붓이
너붓이: 너붓하게 작나붓이
너울너울: 큰 물결 길게 늘어진 천 잎 따위가 부드럽고 느릿하게 잇달아 굽이쳐 움직이다 작나울나울
너절너절: 늘어져 흔들리는 물건이 너저분하다
너절히: 너절하게
너털너털: 여러 가닥이 어지러이 늘어져 몹시 흔들거리다 여너덜너덜 작나탈나탈
너펄너펄: 빠르고 무겁게 나붓거리다 작나팔나팔
너푼너푼: 가볍게 너붓거리다 작나푼나푼
너풀너풀: 너풀거리는 꼴 여너불너불 작나풀나풀
능청능청: 능청능청 흔들리다 작낭창낭창

2.7. 나슨한 상태 부사

나슨히: 잡아맨 끈이나 줄어 조금 늘어져 헐겁다
느슨히: 잡아맨 끈 따위가 늘어져 헐겁다
서부렁서부렁: 묶거나 쌓은 것이 든든하게 다 붙지 않고 느슨하다 작사부랑사부랑

2.8. 나아가는 모습 부사

나암나암: 어떤 일이 차차 나아가는 모양
부썩부썩: 갑자기 외곬으로 나아가거나 머무는 꼴
우적우적: 거침없이 기세 좋게 나아가는 꼴 센우쩍우쩍
우쩍우쩍: 거침없이 매우 기세 좋게 자꾸 나아가는 꼴 여우적우적

2.9. 나타나거나 내미는 행위 부사

볼쏙이: 볼쏙하게 큰불쑥이
불쑥불쑥=불쑥: 여럿이 또는 자꾸 쑥쑥 나오거나 내밀거나 나타나다 작볼쏙볼쏙 볼쏙

알씬: 작은 것이 언뜻 눈앞에 잠깐씩 나타나는 꼴 (예) 아이가 낯선 사람을 제 앞에 알씬도 못 하게 하는구나! 큰얼씬

알씬알씬: 알씬거리는 꼴 (예) 하루살이가 알씬알씬 떠돌아 성가시게 한다 큰얼씬얼씬

언뜻: 지나가는 결에 잠깐 나타나는 꼴 (예) 가다가 언뜻 생각나는 것이 있어 되돌아왔다

언뜻언뜻: 자꾸 잠깐잠깐 나타나는 꼴 (예) 언뜻언뜻 보이다

언뜻하면: 무슨 사물이나 생각이 언뜻 나타나거나 떠오르기만 하면 (예) 그는 총명하여 언뜻하면 알아본다

얼씬=얼씬얼씬: 눈앞에 잠깐 나타나는 모습 (예) 이 근처에서는 얼씬(얼씬얼씬)도 말아라 작알씬 알씬알씬

얼씬없이: 얼씬없게

얼쩡얼쩡: 능청스럽게 굴며 얼쩡거리다 작알짱알짱 (예) 전에는 그 사람 앞에서 얼쩡얼쩡 얼쩡거렸지만 지금은 그를 우습게 본다

얼쭝얼쭝: 그럴 듯한 말을 늘어 놓으며 얼찐거리는 꼴 (예) 묻는 말에 얼쭝얼쭝 대답한다 작알쫑알쫑

얼찐얼찐: 눈앞에 가까이 감돌며 얼쩡거리다 (예) 권세가들에게 얼찐얼찐 얼정거리던 무리 작알찐알찐

2.10. 난잡한 상태 부사

난삽히: 어렵고 까다롭다

난안히: 마음 놓기가 어렵다

난잡스레: 보기에 난잡하다

난잡히: 난잡하게

2.11. 날름거리거나 납작거리는 행위 부사

날름: 혀, 입술 따위를 빨리 내밀었다가 날쌔게 들이는 꼴 큰늘름

날름날름: 날름거리는 꼴 큰늘름늘름

납작: 받아먹거나 말대답할 때 입을 냉큼 벌렸다가 닫는 꼴 큰넙적

납작납작: 납작거리는 꼴 큰넙적넙적

납죽납죽: 입을 나부죽이 냉큼냉큼 벌렸다 닫았다 하다 큰넙죽넙죽

늘름늘름: 혀, 입술 따위를 내밀었다가 재빨리 들이는 꼴 작날름 날름날름

2.12. 날씨 부사

간강히: 날씨가 쌀쌀하다

건듯=건듯건듯: 음산하던 날씨가 시원하게 개는 모양 (예) 구질구질하던 날씨가 건듯 개다

고약스레: 날씨 바람 따위가 거칠고 사납다

교교히: 썩 맑고 밝다

그물그물: 날씨가 개었다 흐렸다 하다 센끄물끄물

깜깜: 아주 어둡게 =깜깜히 여감감히

꽁꽁: 아주 단단히 언 꼴

끄느름히: 날이 흐리어 침침하다

끄느스름히: 날이 흐리어 어두침침하게

끄물끄물: 날이 활짝 개이지 않고 자꾸 흐려지다 여그물그물

말가니: 말갛게

맑스그레: 조금 밝은 듯하게

백주에: 멀건 대낮에

부유스름히: 빛이 좀 보얀 듯하다

붐히: 희붐히

빤히: 장마때 해가 잠깐 내서 또렷이 밝다 여반히 큰뻔히

안온히(安穩): 날씨가 바람이 없고 따뜻함

애애히: ① 서리나 눈 따위가 내려서 흐릿하게 ② 안개나 아지랑이 구름 따위가 짙게 끼어 자욱하게 ③ 기운이 온화하고 부드럽게

어슬어슬: 밭이 조금씩 어두워지는 모양

잠포록이: 날이 흐리고 바람기가 없다

청량히: 맑고 서늘하다. 이 부사는 가을날씨를 형용할 때 쓰인다

청명히: 날씨가 밝고 맑다. 이 부사는 봄날씨를 형용할 때 쓰인다

쾌청히: 아주 맑은 상태

푸근푸근 겨울날이 바람이 없이 푹하다

푸근히: 푸근하게

흐리터분히: 흐리고 터분하다 작하리타분히

흐리흐리: 몹시 흐린 모양

흐리흐릿히: 흐릿흐릿하게

흐릿: 날씨가 흐린 기운이 있는 모양

흐릿흐릿: 매우 흐린 모양

흐릿히: 흐릿하게

2.13. 남김 없는 모습 부사

깡그리: 하나도 남김없이 (예) 깡그리 먹어치우다
다: 남김없이
도틀어: 도파니
도파니: 죄다 몰아서
도합: 모두 합해서
모개로: 모두 한데 몰아서
모두: 빠지거나 남기지 않고 모두 다 모아서
모조리: 하나도 빠짐없이
몽땅: 있는 대로 모두
몽탕: 전부
싹: 남김없이 몽땅
전부: 모두 다
죄다: 남김없이 모조리

2.14. 남을 두둔하는 행위 부사

다독다독: 남의 연약한 점을 어루만져 두둔해 주다 [센]따독따독
도닥도닥: 도닥이는 꼴
따독따독: 남의 약한 점을 따뜻이 어루만져 두둔해 주다 [여]다독다독

2.15. 날것이나 익힌 것을 나타내는 부사

날로: 익히지 않은 채로
생으로: 날로

2.16. 남아 있는 모습 부사

달랑: 하나만이 쓸쓸하게 남아 있는 꼴 [큰]덜렁
덜렁: 여럿 가운데서 단 하나만 남아 있는 꼴 [작]달랑

2.17. 남을 으르대는 모습 부사

땅땅: 위세를 부리며 남을 몹시 으르대는 꼴 (예) 땅땅 으르고 돌아갔다 큰떵떵
떵떵: 남을 함부로 으르대는 꼴 (예) 떵떵 으르대기만 한다 작땅땅

2.18. 납작한 모습 부사

납작=납작납작: 판판하고 얇으면서 좀 넓은 꼴 큰넙적 넙적넙적
납작스름히: 좀 납작하게 큰넙적스름히
너부렁넙적이: 평평하게 퍼진 듯이 납작하다 작나부랑납작이

2.19. 내밀거나 들어간 모습 부사

반미주룩이: 물건의 끝이 비어져 나올 듯이 조금 벌어져 있는 모양 큰번미주룩이
발쪽=발쪽발쪽: 속의 것이 드러나 보일 듯 말 듯 하게 약간 바라진 꼴 센빨쪽 빨쪽빨쪽 큰벌쭉 벌쭉벌쭉
벌쭉이: 벌쭉하게
빨쪽=빨쪽빨쪽: 속의 것이 드러나 보이게 약간 바라진 꼴 여발쪽 발쪽발쪽 큰뻘쭉 뻘쭉뻘쭉
쏙: ① 좀 내밀거나 들어간 꼴 (예) 강아지는 툇마루 밑으로 쏙 들어가는 것이었다 큰쑥 ② 좀 열어놓거나 뽑아내는 꼴 큰쑥 ③말을 거리낌 없이 꺼내는 꼴 큰쑥
쏙쏙: ① 여러 군데가 다 쏙 내밀거나 들어간 꼴 (예) 쑥 내밀었다. 모두 쏙쏙 숨어 버렸다 큰쑥쑥 ② 자꾸 쏙 밀어 넣거나 뽑아내는 꼴 큰쑥쑥
쑥: ① 몹시 내밀거나 들어간 꼴 (예) 쑥 들어갔다 작쏙 ② 깊이 밀어 넣거나 길게 뽑아내는 꼴
쑥쑥: ① 여러 군데가 다 쑥 내밀거나 들어간 꼴 작쏙쏙 ② 함부로 쑥 밀어 넣거나 뽑아내는 꼴 작쏙쏙

2.20. 너덕너덕한 모습 부사

너덕너덕: 군데군데 깁거나 덧붙인 데가 남은 모양 작나닥나닥 (예) 너덕너덕 기운 옷
누덕누덕: 해지거나 뚫어지어 깁거나 덧붙인 데가 많다
더덕더덕: 보기 흉할 정도로 여기저기 기운 모습

2.21. 넉넉한 모습 부사

가득: 그릇이나 어떤 공간에 꽉 차게 큰그득 센가뜩
가득가득: 여러 곳이 모두 가득 차게 큰그득그득 센가뜩가뜩
가득가득히: 가득가득하게 큰그득그득히
가득히: 한 공간에 꽉 차게 큰그득히 센까득히
가뜩=가뜩가뜩: 아주 꽉 차게 큰그뜩 그뜩그뜩 여가득 가득가득
가뜩이: 가뜩하게
가히: 어지간히 또는 넉넉하니
그득=그득그득: 그릇 따위에 넘칠 듯이 차 있는 모양 작가득 가득가득 센그뜩 그뜩그뜩
그득그득히: 분량이나 수효가 한도에 꽉 차게 센그뜩그뜩히
그득히: 분량이나 수량이 한도에 가득 차게 센그뜩히
그뜩=그뜩그뜩: 분량이나 수량이 한도에 꽉 차게
그뜩이=그뜩그뜩이: 분량이나 수량이 어떤 한도에 꽉 차게
낙낙히: 크기 수효 부피 무게 따위가 조금 크거나 남음이 있게
넉근히: '넉넉히'의 경기방언
넉넉히: 크기나 수량 따위가 기준에 차고도 남음이 있게
느긋이: 조급하거나 모자람이 없이 넉넉하게
느직하니: 여유가 넉넉하게
능준히: 표준에 차고도 남아서 넉넉하다
족족히: 아주 넉넉하게
족히: 수량이나 정도 따위가 넉넉하게
충만히: 한껏 가득 찬 꼴
충분히: 모자람이 없이 넉넉하게
충족히: 넉넉하여 모자람이 없이
한가득: 꽉 차도록 가득
함빡: 넉넉하게
함씬함씬: '함씬'의 반복한 말 큰흠씬흠씬
흔진만진: 흔진만진한 꼴
흔진흔진: 흔진하게 잘 쓰며 지내다
흠씬=흠씬흠씬: 한도에 한껏 차고도 남도록 아주 넉넉하다 작함씬
흥청흥청: 넉넉하여 무엇이나 아끼지 않고 잇달아 함부로 쓰다

2.22. 넓이 부사

2.22.1. 넓은 뜻의 부사

가없이: 끝이 보이지 않을 만큼 아주 크고 넓다
광대히: 크고 넓게
광막히: 아득하고 넓게
광범히: 대상으로 하는 범위가 넓게
광활히: 트이고 넓게. 드넓다
그지없이: 끝이나 한량이 없이
끝없이: 끝이 보이지 않게 아주 넓게
나부죽이: 나부죽하게 (예) 나부죽이 생긴 얼굴
나분히: 나분하게
납작=납작납작: 판판하고 얇으면서 좀 넓은 꼴 큰넙적 넙적넙적
납작스름히: 판판하고 얇으면서 좀 넓게 =납작이
납작이: 납작하게
납죽납죽: 납죽납죽한 꼴 큰넙죽 넙죽넙죽
납죽이: 납죽하게 큰넓죽이
너부죽이: 작은 것이 넓고 평평하게
너분히: 너분하게
널리: 너르게
널찌감치 널찍이
널찍널찍: 매우 너른 모양
널찍널찍이: 널찍널찍
널찍이: 매우 너르게
넓삐죽이: 넓고 삐죽하게
넓적넓적: 꽤 넓은 모양
넓적스름히: 꽤 넓게
넓적이: 제법 넓게
넓죽넓죽: 길쭉하고 넓은 모양 =넓죽넓죽이
넓죽스름히: 약간 길쭉하고 넓게
넓죽이: 길쭉하고 넓게
막막히(漠漠): 넓거나 멀어 아득하다
망망히(茫茫): 넓고 멀리

무연히: 아득히 넓게
아득=아득아득: 가물가물할 정도로 매우 멀다 센아뜩아뜩 큰어득어득
아득히: 보이지 않을 정도로 멀고 넓게 비요요히[2]
요요히(遙遙): 아득하게
잘판히: 좀 넓고 편편하다 큰질편히
장활히: 아득히 멀고 넓게
질편히: 땅이 넓고 평평하게
편편히: 높낮이가 없이 번듯하게 너르다
편히: 편하게
편평히: 넓고 평평하게
호연히: 넓고 크게
확연히: 넓어서 휑하게
훨찐: 너른 들 따위가 아주 시원스럽게 널리 벌어진 꼴

2.22.2. 좁은 뜻의 부사

옴나위없이: 꼼짝할 여유가 없이
좁다라니: 꽤 좁게 센쫍다라니
쫍직이: 아주 좁게
협소히: 매우 좁게

2.23. 넘어다보는 행위 부사

갸웃=갸웃겨웃: 갸웃거리는 꼴 센꺄웃 꺄웃꺄웃 큰기웃 기웃기웃
갸웃이: 고개를 조금 기울이고 엿보는 꼴 센꺄웃이 큰기웃이
기웃기웃: 남의 것을 탐내는 마음으로 자꾸 슬금슬금 넘기다보다 센끼웃끼웃 작갸웃갸웃
기웃이: 고개를 좀 기울이고 살피거나 엿보는 꼴 센끼웃이 작갸웃이
남상남상: 점잖지 못한 태도로 갸웃갸웃 넘어다보는 꼴
넘성넘성: 자꾸 넘어다보다 작남상남상

2.24. 넘어지는 행위 부사

회뜩회뜩: 자꾸 넘어질 듯 넘어질 듯 한들거리다
회창회창: 기다란 물건이 탄력이 있게 나릿나릿 흔들거리다 큰휘청휘청

휘뚝=휘뚝휘뚝: 갑자기 넘어질 듯이 한쪽으로 흔들리거나 쏠리는 행위 [작]휘똑 휘똑휘똑

2.25. 노력 부사: '노력하거나 애씀' 뜻의 부사

2.25.1. 노력 부사

가까스로: 애를 써서 간신히
가일층: 더한층 (예) 가일층 노력한다
간단없이: 그치거나 끊어짐이 없이
계속하여 =끊임없이
골똘히: 한 가지 일에만 정신을 쏟아 딴생각이 없이
골몰히: 어떤 일에 파묻혀 쉴 겨를이 없다
곰바지런히: 일을 잘 하지는 못하나 곰곰하고 바지런하게
굴침스레: 무엇을 하려고 애쓰는 모습
그토록: 그러한 정도까지
극구: 온갖 말을 다하여 (예) 극구 변명하다
극력: 있는 힘을 다하여
극렬히(極烈): 정도가 지나치게 맹렬히
극성스레: 성질이나 행동이 몹시 드세거나 지나치게 적극적인 데가 있다
극성히: 몹시 왕성하게
극심스레: 매우 심한 데가 있다
극심히: 매우 심하게
극진: 극진히
극히: 지극히. 대단히
근면히: 꾸준하고 부지런히
꾸준히: 한결같이 부지런하고 끈기가 있게
끈히: 끈질기게
다다: 아무쪼록 힘닿는 데까지
막해야: 아무리 하여도
무던히: 매우 애쓰는 모양
밤낮없이: 밤이나 낮이나 계속하여
부단히: 꾸준하게 잇대어 끊임이 없이
부지런히: 부지런하게 [작]바지런히
아둥바둥: 무엇을 이루려고 몹시 애를 쓰며 아드둥거리는 꼴 (예) 아등바등 싸우다 [큰]으

등부등
아무래도: 노력을 하여도 결국에는
악착같이: 아주 끈질기고 모질게
악착스레: 모질고 끈질기게
알뜰살뜰: 살림을 아끼며 정성껏 꾸려 나가는 규모가 꼼꼼하다 =알뜰살뜰히
알뜰히: 알뜰하게
애면글면: 약한 힘으로 몹시 힘에 겨운 일을 이루려고 애를 쓰는 모양
어지간히: 매우 애쓰는 듯하게
억척: 억척으로 힘이 부치도록
억척같이: 강하고 끈질기게
억척스레: '악착스레'보다 큰말
억척으로: 억척을 부려서
열성껏: 열렬한 정성을 다하여
열성스레: 열렬한 정성이 있는 듯이
열심으로: 열심히
열심히: 온갖 정성을 다하여
영영히: 명예, 세력을 얻기 위하여 분주하게
으등부등: 무엇을 이루려고 몹시 애를 쓰며 으드등거리는 꼴 작아둥바둥
으등으등: 아등아등보다 큰말
일껏: 모처럼 애써서
일로: 외곬으로 나가는 일. 한길로 곧바로
주야장천: 밤낮으로 쉬지 아니하고 연달아 밤낮없이
힘껏: 있는 힘을 다하여

2.25.2. 애쓰며 노력하거나 노력 없는 뜻의 부사

가까스로: 애를 써서 간신히
간신히: 매우 힘겹게 겨우
겨우: 매우 힘들여
겨우겨우: 힘들여서 겨우
공생스레: 힘들이지 않고 얻은 것 같은 데가 있게
공으로: 힘들이지 않고 대가를 치른 듯이
근근: 겨우 가까스로
근근이: 힘들게
기껏: 힘들여서 겨우

기껏해야: 최대한도로 하여도
어렵사리: 매우 힘들여서
이루: 암만하여도
일층: 한층
좀처럼: 여간하여서도. 좀체. 좀체로.
좀체: 좀처럼
좀해서: 어지간해서는
타울타울: 무슨 일을 해 내려고 애를 바득바득 쓰다 큰터울터울
터울터울: 무슨 일을 해내려고 애를 부득부득 쓰다 작타울타울
힘없이: 힘없게

2.26. 녹는 모습 부사

살살: 눈이나 설탕 따위가 사르르 녹아버리는 꼴 큰슬슬
슬슬: 눈, 얼음 따위가 스스로 녹아버리는 꼴
얼락녹을락: 얼었다가 녹았다가 하는 꼴

2.27. 놀라거나 뜻밖의 부사

깜짝=깜짝깜짝: 갑작스레 놀라는 꼴 큰끔쩍 끔쩍끔쩍
끔쩍=끔쩍끔쩍: 갑작스레 놀라는 꼴 작깜짝 깜짝깜짝
끔찍스레: 급작스레 한번 놀라다
끔찍이: 지나치게 크거나 많거나 하여 놀라는 꼴 (예) 끔찍이 사랑하는 아들
느닷없이: 아무 정도도 없이 뜻밖에
달랑: 갑자기 놀라거나 겁이 나는 때 가슴이 따끔하게 울리는 느낌
덜렁: 급자기 놀라거나 겁이 나는 때 가슴이 뜨끔하게 울리는 느낌 센떨렁 작달랑
두언: 문득
딸랑: 갑자기 놀라서 겁이 나는 때 가슴이 매우 따끔하게 울리는 꼴 여덜렁 큰떨렁
뜬금없이: 갑작스레
연득없이: 갑자기 행동하는 일이 있어
오르르: 사람이나 동물이 갑자기 몰리어 내닫는 꼴 큰우르르
옴씰=옴씰옴씰: 놀라서 몸을 좀 뒤로 옴츠리는 꼴 큰움씰 움씰움씰
찔끔: 갑자기 놀라거나 겁이 나서 몸을 뒤로 움츠리는 꼴 (예) 호통소리에 놀라 몸을 뒤로 움츠린다

찔끔=찔끔찔끔: 갑자기 놀라거나 겁이 나서 몸을 뒤로 움츠리는 꼴 (예) 호통소리에 놀라 찔끔 몸을 움츠리다
탁: 갑자기 아주 막히는 꼴 큰턱
화들짝: 별안간 호들갑스레 펄쩍 뛰며 놀라는 모양 (예) 화들짝 놀라다
흠칫=흠칫흠칫: 목이나 몸을 움츠리며 갑작스럽게 한번 놀라다

2.28. 누르거나 당기거나 조르는 행위 부사

꼭: 야무지게 힘을 주어 누르거나 당기거나 조르는 꼴 큰꾹
꼭꼭: 잇달아 또는 매우 야무지게 힘을 주어 누르거나 당기거나 조르는 꼴 큰꾹꾹
꽉=꽉꽉: 힘껏 누르거나 당기거나 조르는 모양
꾹=꾹꾹 여무지게 힘을 누르거나 당기거나 조르는 꼴 작꼭 꼭꼭
다독다독: 흩어지기 쉽거나 푸석푸석한 물건을 가볍게 자꾸 두드려 누르다 센따독따독
자그시: 살그머니 좀 가볍게 찬찬히 누르거나 당기거나 밀거나 닫는 꼴 (예) 팔을 자그시 당기다. 눈을 자그시 감다. 문을 자그시 닫다. 큰지긋이
자긋자긋: 자꾸 지그시 누르거나 당기거나 밀거나 달거나 하는 꼴

2.29. 함박눈이 내리는 모습 부사

팡팡: 함박눈이 많이 내리는 꼴 (예) 함박눈이 팡팡 내린다 큰펑펑
펑펑: 함박눈이 많이 쏟아져 내리는 꼴 (예) 함박눈이 펑펑 쏟아지고 있다

2.30. 눈(目)의 여러 모습 부사

가랑가랑: 눈물이 좀 갈쌍갈쌍한 꼴
가슴츠게: 졸리거나 술에 취하거나 하여 눈이 정기가 풀리고 감길 듯한 꼴
개슴치레: 졸 때 눈을 게슴츠레 감은 모습
거슴츠레: 눈이 졸리거나 하여 정기가 풀리고 감길 듯한 꼴
게슴츠레: 눈을 활짝 뜨지 않고 기운이 없이
깜빡=깜깜빡: 눈을 순간적으로 매우 살짝 감았다가 뜨는 꼴 여깜박 깜박깜박 큰끔뻑 끔뻑끔뻑
껌벅=껌벅껌벅: 눈을 슬쩍슬쩍 순간적으로 자꾸 감았다 떴다 하다 센끔뻑 끔뻑끔뻑 작깜박 깜박깜박 비껌벅 껌벅껌벅
끔벅=끔벅끔벅: 눈을 순간적으로 슬쩍 감았다가 뜨는 꼴 센끔뻑 끔뻑끔뻑 작깜박 깜박

깜박
끔적=끔적끔적: 눈을 슬쩍 한번 감았다가 뜨는 꼴 센끔쩍 끔쩍끔쩍 작깜작 깜작깜작
도리반도리반: 눈을 말똥말똥 뜨고 요리조리 휘둘러보다 큰두리번두리번
두리번두리번: 눈을 크게 뜨고 이리저리 자꾸 휘둘러 보다 작도리반도리반
둘레둘레: 두리번두리번 사방을 둘러보는 꼴
뒤룩뒤룩: 뚜렷뚜렷한 눈망울이 열기 있게 움직거리다
또랑또랑: 눈을 또랑또랑 뜨는 꼴
뙤록뙤록: 또렷또렷한 눈알이 매우 열기 있게 움직거리다 여되록되록 큰뛰룩뛰룩
뛰룩뛰룩: 또렷또렷한 눈알이 매우 열기 있게 움직거리다 여뒤룩뒤룩 작뙤록뙤록
말긋말긋: 맑고 환한 모양 (예) 말끗말끗 눈치를 보다 =말똥말똥
말똥말똥: 눈빛이나 정신 따위가 맑고 생기가 있는 모양 큰멀뚱멀뚱
말똥히: 말똥하게
멀뚱멀뚱: 멀뚱멀뚱한 꼴
멀뚱히: 멀뚱하게
메롱메롱: 눈을 크게 뜨고 쳐다보는 모양
반득=반득반득: 작은 눈빛이 잠깐 비치다 센빤득 빤득빤득 큰번득 번득번득
반짝=반짝반짝: 눈을 갑자기 뜨는 꼴 큰번쩍 번쩍번쩍
번쩍=번쩍번쩍: 눈을 갑자기 크게 뜨는 꼴 작반짝 반짝반짝
빠득빠득: 눈이 보드랍지 못하고 빡빡하다 큰뻐득뻐득
빤히: 바라보는 눈매가 또렷하다 여반히 큰뻔히
삥: 눈물이 갑자기 글썽해지는 꼴
삼박삼박: 눈을 감았다 떴다 하는 꼴 센쌈빡쌈빡 큰슴벅슴벅
수리수리: 눈에 보이는 것이 어렴풋하고 희미하다 (예) 눈물이 나고 수리수리 보이더니 이제 눈이 시기까지 하다
스르르: 졸음이 슬며시 오거나 눈이 슬며시 감기는 꼴 작사르르
슬슬: 거볍게 눈웃음을 치거나 눈치를 보는 꼴 (예) 슬슬 피하다 작살살
슴벅슴벅: 눈까풀이 잇달아 움직이며 감겼다 떠졌다 하다 센씀뻑씀뻑 작삼박삼박
실쭉샐쭉: 어떤 감정이 나타나면서 입이나 눈이 자꾸 실그러지게 움직이다 센씰쭉쌜쭉 작샐쭉샐쭉
실쭉실쭉: 실쭉거리는 꼴 센씰쭉실쭉 작샐쭉샐쭉
실쭉이: 실쭉하게 센씰쭉이 작샐쭉이
쌈박쌈박: 눈까풀이 잇달아 조금 움직이며 빨리 감겼다 떴다 하다 큰썸벅썸벅
쌈빡쌈빡: 눈을 쌈빡쌈빡 깜빡거린다 여삼박삼박 큰씀뻑씀뻑
씀벅=씀벅씀벅: 눈까풀을 움직이며 빨리 감았다 떠는 꼴 작쌈박 쌈박쌈박
씀뻑=씀뻑씀뻑: 눈꺼풀을 움직이며 빨리 힘 있게 감았다 뜨는 꼴 여슴벅슴벅 작쌈빡

쌈빡쌈빡

씰룩씰룩: 눈이 씰룩거리다 [작]쌜룩쌜룩

암암리: 잊히지 아니하고 기억에 남은 것이 눈앞에 아른거리게

왕연히: 눈물이 줄줄 흐르는 모양

죽=죽죽: 한눈에 모조리 훑어보다 [작]족 [센]쭉 쭉쭉

짜긋=짜긋짜긋: 눈치를 알아들을 수 있게 눈을 약간 찌그리는 모습

째긋=째긋째긋: ① 남에게 눈치를 채게 하려고 눈을 찡그리는 꼴 ② 남에게 주의시키느라고 남의 옷자락을 잡아당기는 꼴 [큰]찌긋 찌긋찌긋

쨍긋=쨍긋쨍긋: 눈이나 코를 좀 쨍그리는 꼴 [센]쨍끗 쨍끗쨍끗 [큰]찡긋 찡긋찡긋

찡끗=찡끗찡끗: 눈이나 코를 몹시 찡그리는 꼴 [여]찡긋 찡긋찡긋 [작]쨍끗 쨍끗쨍끗

쪽=쪽쪽: 한눈에 모조리 훑어보는 꼴 [여]족 족족 [센]쭉 쭉쭉

쭉=쭉쭉 한눈에 모조리 훑어보는 일 [여]죽 죽죽 [작]쪽 쪽쪽

찌긋이: 지긋하게 (예) 더러는 한 눈을 찌긋이 감고 더러는 실눈을 뜨면서… 즉 남에게 눈치를 채게 하느라고 눈을 좀 자꾸 찌그리다

찌긋찌긋: ① 남에게 눈치를 채게 하려고 자꾸 눈을 찌그리다 ② 남에게 주의시키느라고 남의 옷자락을 슬쩍슬쩍 잡아당기다 [작]째긋째긋

찔끔찔끔: 찔끔거리는 꼴 (예) 눈물을 찔끔찔끔 흘리다 [여]질금질금 [작]짤끔짤끔

찡긋찡긋: 눈이나 코 따위를 몹시 찡그리는 꼴 =찡긋 [센]찡끗찡끗 찡끗 [작]쨍긋쨍긋 쨍긋

찡끗=찡끗찡끗: 눈이나 코를 몹시 찡그리는 꼴 (예) 눈을 찡긋 감는다 [여]찡긋 찡긋찡긋 [작]쨍끗 쨍긋쨍긋

해반닥해반닥: 눈을 크게 뜨고 흰자위를 반득반득 자꾸 움직이다 (예) 승냥이처럼 두 눈을 해반닥해반닥 굴린다 [큰]희번덕희번덕

현연히: 눈이 캄캄하게

흘근번쩍: 눈을 흘기면 번쩍이는 꼴

흘금=흘금흘금: 가볍게 곁눈으로 슬그머니 흘겨보는 꼴

흘긋=흘긋흘긋: 가볍게 슬그머니 흘겨보는 꼴

흘기죽=흘기죽흘기죽: 눈을 흘겨 죽 훑어보는 꼴 [작]할기족 할기족할기족

흘깃=흘깃흘깃: ① 가볍게 흘겨보는 꼴 [작]할깃 할깃할깃 ② 할깃거리는 꼴

흘끔=흘끔흘끔: 매우 가볍게 곁눈으로 슬그머니 흘겨보는 꼴 [여]흘금 흘금흘금 [작]할끔 할끔할끔

흘끗=흘끗흘끗: ① 매우 가볍게 슬그머니 흘겨보는 꼴 ② 무엇이 얼씬 뜨이는 꼴 [여]흘긋 흘긋흘긋 [작]할끗 할끗할끗

흘낏=흘낏흘낏: 매우 가볍게 흘겨보는 꼴

희끗희끗: 눈을 희끗희끗 하면서 곁눈질 하는 꼴

희번덕희번덕: 눈을 크게 뜨고 흰자위를 번득번득 자꾸 움직이다

2.31. 눈물이 고인 뜻의 부사

가랑가랑: 눈에 눈물이 넘칠 듯이 가득 괸 모양 큰그렁그렁
잘금: 눈물을 조금 흘리며 우는 꼴 (예) 눈물이 잘금 비친다 센짤끔 큰질금
잴잴: 눈물이나 콧물이 자꾸 조금씩 흐르는 꼴 센쨀쨀 큰질질

2.32. 눈물이나 콧물을 흘리거나 고이는 모습 부사

그렁그렁: 눈물이 좀 글썽글썽한 꼴 작가랑가랑
글썽-글썽글썽: 눈물이 눈가에 넘칠 듯이 그득한 꼴
질질: 눈물이나 콧물이 자꾸 흐르는 꼴 (예) 눈물을 질질 흘린다 센찔찔 작잴잴
팽: 갑자기 눈물이 눈에 조금 괴는 꼴 큰핑
팽그르르: 눈물이 갑자기 조금 솟아 눈에 괴는 꼴 큰핑그르르
현연히: 흐르는 눈물이 그침 없이 비완연히
훌쩍=훌쩍훌쩍: 콧물을 들이마시는 꼴 큰홀짝 홀짝홀짝
훔척훔척: 훔척거리는 꼴 (예) 선생님께 꾸중을 듣고 눈물을 훔척훔척 씻으며 왔다 작홈착홈착
흠착흠착: 눈물 따위를 자꾸 요리조리 훔쳐 씻다

2.33. 눕는 행위 부사

발라당: 좀 굼뜨게 뒤로 발딱 자빠지거나 눕거나 하는 꼴 (예) 발라당 누워 있는 사고 차량 큰벌러덩
발랑=발랑발랑: 가볍게 뒤로 자빠지거나 눕거나 하는 꼴 (예) 꼬마는 발랑 누워 버렸다 큰벌렁 벌렁벌렁
벌러덩: 굼뜨게 뒤로 벌떡 자빠지거나 눕거나 하는 꼴
벌렁=벌렁벌렁: 가볍게 뒤로 벌떡 자빠지거나 눕거나 하는 꼴 (예) 아저씨는 풀밭에 벌렁 누워 낮잠을 잤다

2.34. 느근거리는 느낌 부사

느근느근: 먹은 것이 내리지 않아 속이 자꾸 느근하여지는 꼴 작나근자근

느글느글: 먹은 것이 내리지 않아 속이 자꾸 느글거리는 느낌 작니글니글
느긋느긋: 먹은 것이 내리지 않아 속이 자꾸 느긋거리는 느낌 작니긋니긋

2.35. 느린 동작 부사

개신개신: 게으르거나 기운이 없어 동작을 좀 나른하게 하다 작기신기신
고물고물: 좀 굼뜨게 움직이는 모양 큰구물구물 센꼬물꼬물 꾸물꾸물
곰실곰실: 벌레가 한데 어우러져서 좀스럽게 곰틀거리다 센꼼실꼼실 큰굼실굼실
곰작=곰작곰작: 둔하거나 더딘 몸으로 조심스럽게 움직이는 꼴 큰굼적 굼적굼적 센꼼작 꼼작꼼작
곰지락=곰지락곰지락: 약한 몸으로 천천히 움직이는 꼴 큰굼지럭 굼지럭굼지럭 센꼼지락 꼼지락꼼지락
곰질=곰질곰질: 여리고 느린 몸놀림으로 조금 움직이는 모양 큰굼질 굼질굼질 센꼼질 꼼질꼼질
곰틀=곰틀곰틀: 몸의 한 부분을 고부리거나 비틀며 좀스럽게 움직이는 꼴 큰굼틀 굼틀굼틀 센꼼틀 꼼틀꼼틀
곱실=곱실곱실: 남의 비위를 맞추려고 몸을 굽히는 모양 큰굽실 굽실굽실 센꼽실 꼽실꼽실
곱작=곱작곱작: 몸을 한번 굽히는 모양 큰굽적 굽적굽적 센꼽작 꼽작꼽작
구무럭구무럭: 구무럭거리는 꼴 센꾸무럭꾸무럭 작고무락고무락
구물구물: 구물거리는 꼴 센꾸물꾸물 작고물고물
굼실굼실=굼실: 벌레 같은 것들이 한데 어우러져 굼틀거리다 센꿈실꿈실 꿈실 작곰실곰실 곰실
굼적=굼적굼적: 몸이 둔하게 움직거리다 센꿈쩍 꿈쩍꿈쩍 작곰작 곰작곰작
굼지럭=굼지럭굼지럭: 느리게 굼뜬 몸짓으로 움직거리다 센꿈지럭 꿈지럭꿈지럭 작곰지락 곰지락곰지락
굼질=굼질굼질: 굼질거리는 꼴 센꿈질 꿈질꿈질 작곰질 곰질곰질
기신기신: 게으르거나 기운이 없어 동작을 자꾸 맥없이 느리게 하다
꼬무락: 몸을 좀스럽게 놀리며 느리게 움직이는 꼴 큰꾸무럭 여고무락
꼬무락꼬무락: 매우 꼬무락거리는 꼴 큰꾸무락꾸무락 여고무락고무락
꼬무작=꼬무작꼬무작: 매우 느린 몸으로 좀스럽게 움직이는 꼴 여고무작 고무작고무작 큰꾸무적 꾸무적꾸무적
꼼실꼼실: 작은 벌레 같은 것들이 한데 어우러져 좀스럽게 곰틀거리다 큰꿈실꿈실 여곰실곰실
꼼작꼼작: 몸이 매우 둔하고 좀스럽게 움직거리다 여곰작곰작 큰꿈적꿈적

꼼지락꼼지락: 매우 느리고 굼뜬 몸짓으로 작게 한번 움직거리다

꼼질=꼼질꼼질: 매우 굼뜬 몸짓으로 작게 한번 움직이는 꼴 여곰질 곰질곰질 큰꿈질 꿈질꿈길

꼼틀=꼼틀꼼틀: 몸의 일부를 매우 좀스럽게 뒤틀거나 꼬부리며 움직이는 꼴 여곰틀 곰틀곰틀 큰꿈틀 꿈틀꿈틀

꾸무럭꾸무럭: 느릿느릿 꾸물거리다 여구무럭구무럭 작꼬무락꼬무락

꾸물꾸물: 꾸물거리는 꼴 여구물구물 작꼬물꼬물

꿈적=꿈적꿈적: 매우 둔하게 몸을 움직이는 꼴 작꼼작 꼼작꼼작

꿈지럭=꿈지럭꿈지럭: 매우 느리고 꿈뜬 몸짓으로 한번 움직이는 꼴 여굼지락 굼지락 굼지락 작꼼지락 꼼지락꼼지락

꿈질=꿈질꿈질: 매우 굼뜬 몸짓으로 한번 움직이는 꼴 여굼질 굼질굼질 작꼼질 꼼질꼼질

날짱날짱: 나른한 태도로 쉬엄쉬엄 느리게 행동하다 큰늘쩡늘쩡

노량으로: 놀아가면서 느릿느릿

느럭느럭: 말이나 하는 짓이 퍽 느리다

느르적느르적: 몹시 굼뜨고 느리게

느리: 동작이 느린 듯하게

느릿느릿: 동작이 느리고 굼뜨다 작나릿나릿

느실느실: 느릿느릿 걷거나 움직이는 모습 작나실나실

늘쩍늘쩍: 느른한 동작으로 자꾸 느리게 걷거나 행동하는 모양

늘쩍지근히: 느린 태도로 쉬엄쉬엄 잇달아 느리게 행동하다 작날짝지근히

늘쩡늘쩡: 느른한 태도로 쉬엄쉬엄 느리게 행동하는 꼴

늘쩡히: 좀 느리고 굼뜨게

더디: 느리게

더디더디: 자꾸 느리게

마냥: 늦잡아 느릿느릿

만만디[중국어 man man tê(慢慢的)]: 느릿느릿한 모양

서서히: 느리게

시부적시부적: 힘을 들이지 아니하고 잇달아 슬쩍 행동하다 (예) 시부적시부적 일하는 체한다 작사부작사부작

완만히: 움직임이 느릿느릿하게

2.36. 늘거나 주는 모습 부사

바짝=바짝바짝: 매우 거침없이 늘거나 주는 꼴 큰버쩍 버쩍버쩍

버쩍=버쩍버쩍: 몹시 거침새 없이 늘거나 주는 꼴 작바짝 바짝바짝

2.37. 늘름거리는 모습 부사

늘름: ① 혀, 입술 따위를 빨리 내밀었다가 빨리 들이는 꼴 ② 혀나 입술을 내밀어 무엇을 재빨리 받아먹는 꼴 ③ 손을 빨리 내밀어 무엇을 재빨리 가지는 꼴 작날름
늘름늘름: 늘름거리는 꼴 작날름날름

2.38. 늘어지거나 끌리는 모습 부사

날캉날캉: 매우 물러서 자꾸 늘어져 처지게 되다
날큰날큰: 날큰거리는 꼴 (예) 날큰날큰 무르게 데치다
날큰히: 날큰하게
늘찐늘찐: 무르고 물기 있는 물건이 끈기 있게 늘어나는 꼴
늘컹늘컹: 늘컹늘컹 늘어나는 꼴
늘컹히: 늘컹하게
늘큰늘큰: 늘큰늘큰한 꼴
늘큰히: 늘큰하게
축축: 길게 아래로 자꾸 처지거나 늘어지는 꼴
축축이: 축축하게
치렁치렁: 어떤 일을 할 시일이 자꾸 늦어지다 작차랑차랑[1]
칠떡칠떡: 물건이 길게 늘어져 바닥에 닿았다 들렸다 하며 끌리다

2.39. 늘썽한 모습 부사

날쌍날쌍: 매우 날쌍하다 (예) 이 천은 올이 날쌍날쌍 성긴 것 같다
늘썽늘썽: 천 대그릇 따위의 짜임새나 엮음새가 퍽 설핀 꼴 작날쌍날쌍
늘썽늘썽히: 늘썽늘썽하게
늘썽히: 늘썽하게

2.40. 늙은 모습 부사

늙수그레: 보기에 꽤 늙다
늙숙이: 약간 늙고 점잖은 태도가 있게
짜갑스레: 젊은 사람이 늙은 체하여 끔찍하다
폭삭폭삭=폭삭: 늙어서 기력이 빨리 줄고 맥이 빠진 꼴 (예) 맥이 폭삭 빠지다 큰폭석폭석

푹석
폴싹=폴싹폴싹: 살이 빠지고 기력이 줄어 빨리 늙어버린 꼴 (예) 폴싹 늙다 큰풀썩 풀썩
풀썩

2.41. 능글맞은 태도 부사

느물느물: 능글맞은 태도로 자꾸 끈덕지게 구는 모습
능글능글: 능청스럽고 능갈치다 (예) 능글능글 웃고만 있는 그를 불쾌하게 생각한다
능청능청: 자꾸 능청맞게 행동하다
능청스레: 능청스럽게
시물시물: 슬슬 베돌며 자꾸 능청스럽게 굴다 센씨물씨물 작새물새물

2.42. 능력 부사: 능력, 재능, 지식 등의 뜻을 나타내는 부사

2.42.1. 능력과 재능이 있음을 뜻하는 부사

곧잘: 제법 잘 (예) 공부를 곧잘 한다
능당히: 능히 감당할 정도로
능란히: 익숙하고 솜씨가 있게
능력껏: 일을 감당해 낼 수 있는 데까지
능숙히: 능하고 익숙하게
능준히: 역량이나 수량 따위가 표준에 미치고도 남아서 넉넉하게
능히: 능력이 있게 (예) 그는 이 일을 능히 해낼 수 있다
돌돌히: 똑똑하고 영리하게
드레드레: 어떤 일에 익숙하여 전혀 막힘이 없다
똑똑히: 틀림없이 바르게. 분명하고 확실하게
똘똘히: 매우 똑똑하고 영리하게
요요히(了了): 눈치가 빠르고 똑똑히
익숙히: 익숙하게 준익히
익히: '이숙히'의 준말 (예) 익히 아는 사이
잘: 익숙하고 능란하게
잘도: '잘'을 힘주어 하는 말
재주껏: 있는 재주를 다하여
정숙히(精熟): 사물에 정통하고 능숙하게

탁탁: 일을 착착 익숙하게 처리하는 꼴 [큰]턱턱
현능히: 어질고 재간이 있게
현명히: 어질고 슬기로워 사리에 밝게

2.42.2. 불능 부사

도무지: 이러니저러니 할 것 없이 아주 [비]도시. 도통
도시: 도무지
도저히: 어찌해도 끝내
도통: 도무지
멍청스레: 멍청한 데가 있어
멍청하니: 바보처럼 얼이 빠져서
멍청히: 일을 제대로 판단하고 처리하는 능력이 없이
지각머리없이: '지각없이'의 속된 말
지각없이: 어리석고 철이 없거나 사물에 대한 분별력이 없이 =철없이
철없이: 지각없이

2.43. 늦거나 늦추지 않는 모습 부사

느지감치: 좀 늦게 또는 꽤 늦게
느지막이: 느지막하게
느직이 느직하게
느직하니: 일정한 때보다 좀 늦게
늦추: 때가 늦게
득달같이: 잠시도 늦추지 않다

2.44. 느낌 부사

2.44.1. 가긍한 느낌 부사

가긍스레: 불쌍하고 가엾은 데가 있어
가긍히: 불쌍하고 가엾게
가련히: 가엾고 불쌍하게
가엾이: 불쌍하게

고독히: 고독하게
긍련히: 불쌍하고 가엾게
긍민히: 긍련히
긍측히: 불쌍하고 가엾다
긍휼히: 불쌍하고 가엾게
민망스레: 딱하고 안타깝다
불쌍히: 가엾고 애처롭게
애련히: 애처롭고 가련히
애절히: 몹시 애처롭고 슬프게
애처로이: 가엾고 불쌍하여 마음이 슬프도록
자닝스레: 약한 자의 참혹한 꼴이 불쌍하여 차마 보기 어려운 꼴
자닝히: 자닝하게
처절히: 몹시 처량하게
측은히: 딱하게 가엾게

2.44.2. 여러 가지 느낌 부사

여기서는 감정(感情)적으로 느껴지는 여러 느낌부사를 한데 묶기로 하였다. 심지어는 통증에 관한 느낌, 매스거운 느낌 등도 다 포함시켰다.

2.44.2.1. 가슴이 설레는 느낌 부사

철렁=철렁철렁: 가슴이 몹시 설레는 느낌

2.44.2.2. 간절한 느낌 부사

간절히: 정성이나 마음 씀씀이가 더 없이 정성스럽고 지극하게
통절히: 뼈에 사무치게 간절하다

2.44.2.3. 감격스럽고 기쁜 느낌 부사

간간히(衎衎): 가쁘고 즐겁게
감격스레: 마음에 깊이 느끼어 크게 감동이 되는 듯하게
경사로이: 축하하여 기뻐할 만하게

기꺼이: 마음속으로 은근히 기쁘게
도도히(陶陶): 매우 화락하게
이연히: 기쁘고 즐겁다
장쾌히: 장쾌하게
즐거이: 마음에 흐뭇하고 기쁘게
흔연히: 흔연스레
흔득스레: 기쁘거나 반가와 기분이 좋다
흔연스레: 기쁘거나 반가와 기분이 좋다

2.44.2.4. 경쾌한 느낌 부사

경쾌히: 동작이나 기분 따위가 가볍고 상쾌하게
산뜻=산뜻산뜻: 가볍고 시원스럽도록 빨리 큰선뜻 선뜻선뜻
산뜻이: 산뜻하게 큰선뜻이

2.44.2.5. 깔끄러운 느낌 부사

깔쭉깔쭉: 거칠고 깔끄럽고 따끔거리다 (예) 깔끄라기가 몸에 들어갔는지 깔쭉깔쭉 까끄럽다 큰껄쭉껄쭉

2.44.2.6. 께끄름한 느낌 부사

께끄름히: 께적지근하고 꺼림한 꼴
께끔히: 께끔하게
께저분히: 께저분하게 여게저분히

2.44.2.7. 단조한 느낌 부사

단조로이: 단조한 느낌이 있다

2.44.2.8. 달아오르는 느낌 부사

화끈화끈: 화끈거리는 느낌 (예) 얼굴이 화끈화끈 달아오른다 큰후끈후끈

후끈--=후끈후끈: 뜨거운 기운을 받아 급자기 달아오르는 느낌 (예) 몸이 후끈 달았다
후더분히: 열기가 차서 좀 후더분하다
확확: 불에 달듯이 뜨거운 기운이 있는 느낌

2.44.2.9. 답답한 느낌 부사

갑갑히: 용색하고 답답하게
따분히: 싱겁고 재미가 없어 지루하게
음울히: 음침하고 답답하다
지루히: 진저리가 날 정도로 따분하게
침울히: 걱정과 근심에 잠겨서 마음이나 기분이 답답하다

2.44.2.10. 매스꺼운 느낌 부사

매슥매슥: 매스꺼운 느낌이 자꾸 나다 큰메슥메슥
메슥메슥: 메스꺼운 느낌이 자꾸 나다 작매슥매슥
미슥미슥: '매슥매슥'의 경남 방언

2.44.2.11. 맹랑한 느낌 부사

맹랑스레: 맹랑한 느낌이 있다
맹랑히: 맹랑하게

2.44.2.12. 불안한 느낌 부사

사위스레: 불길한 느낌으로 마음이 꺼림칙하게
자릿자릿: 심리적 자극을 받아 마음이 흥분되고 떨리는 듯한 느낌이 있어 큰저릿저릿 센짜릿짜릿
쩌릿쩌릿: 쩌릿쩌릿한 느낌 (예)다리가 쩌릿쩌릿 아프다 여저릿저릿 작짜릿짜릿
함함히: 확확
헤실헤실: 치밀하지 아니하여 허전한 느낌이 있어

2.44.2.13. 불쾌한 느낌 부사

괘씸히: 공손하지 못한 짓이나 모욕, 배신 등을 당하여 분하다
불쾌히: 불쾌하게
새무룩이: 마음에 못마땅하여 말이 없고 조금 언짢은 기색이 있다 [센]쌔무룩이 [큰]시무룩이

2.44.2.14. 울리는 느낌 부사

우렁우렁: 우렁우렁한 느낌 (예) 통방울 같은 원종의 목소리에 대명전 대들보가 우렁우렁 운다

2.44.2.15. 새로움을 느낌 부사

새록새록: 거듭 새로움을 느끼는 감각

2.44.2.16. 서운한 느낌 부사

서운히: 마음에 섭섭한 느낌이 있어
섭섭히: 생각했던 것에 못 미쳐 서운하고 아쉽게
유감스럽게도: 마음에 차지 아니하여 겁겁하거나 불만스러운 느낌이 있는 듯이 =유감스레
창연히: 몹시 서운하고 섭섭하게

2.44.2.17. 슬픈 느낌 부사

구슬피: 처량하게 아주 슬프게
비감스레: 슬픈 느낌이 있게
비감히: 슬프게
비참히: 더할 수 없이 슬프고 끔찍하게
슬피: 슬프게
암연히: 슬프고 침울하다 (예) 불우한 고루를 생각할 때마다 암연한 기분에 잠기곤 하였다
애달피: 마음이 아프게
애련히: 애처롭고 가엾게
애상스레: 보기에 슬퍼하거나 가슴 아파하는 데가 있게
애석히: 슬프고 아깝게. 서운하고 아깝게

애애절절: 몹시 애절한 모양
애애처처히: 몹시 구슬픈 모양
애애히: 매우 슬프게
애연히: 슬픈 듯이
애절히: 몹시 애처롭고 슬프게
애처로이: 가엾고 불쌍하여 마음이 슬프도록
애통스레: 애달프고 슬픈 느낌이 있게
애통히: 슬프고 가슴 아프게
애틋이: 애가 타는 듯이
찬연히: 애달프고 구슬프게
참연히: 슬프고 참혹하게
창연히(愴然): 몹시 서럽고 슬프게
처참히: 몸서리칠 정도로 슬프고 끔찍하게
처창히: 몹시 구슬프고 애달프게
초참히: 마음이 근심스럽고 슬프게
침통히: 슬픔이나 걱정 따위로 몹시 마음이 괴롭고 슬프게
콜콜히: 매우 슬퍼하는 꼴

2.44.2.18. 원통함과 기막힘 느낌 부사

분히: 분하게
애달피: 솔이 졸아드는 것처럼 마음이 아프게
어이없이: 기가 막히게
어처구니없이: 하도 기가 막혀서 어찌할 생각이 없다
억울히: 분하고 원통하게
원통히: 원통하게
절통히: 뼈에 사무치도록 몹시 원통히
한스레: 한이 되는 느낌이 있게

2.44.2.19. 외롭고 쓸쓸한 느낌 부사

고독히: 매우 외롭고 쓸쓸하게
소연히(蕭然): 쓸쓸하게
쓰정쓰정: 사귀던 정이 버성기어 서로 쓸쓸하다

쓸쓸스레: 매우 쓸쓸한 느낌이 있게
쓸쓸히: 쓸쓸하게
쓸연히: 외롭고 쓸쓸하게
영정스레: 영락하여 외롭고 의지할 곳이 없다
외따로: 오직 홀로
외따로이: 홀로 떨어져 있는 듯이
외로이: 외롭게
을씨년스레: 남이 보기에 쓸쓸하다
음산히: 날씨가 흐리고 쓸쓸함
적막히: 적막하게
홀로: 오로지 혼자서
홀로이: '홀로'의 힘줌말

2.44.2.20. 유쾌·불쾌한 느낌 부사

거분거분: 가벼운 느낌
경쾌히: 홀가분하고 시원하게
담연히: 밝고 깨끗한 느낌
불쾌히: 못마땅하여 기분이 좋지 않게
상쾌히: 느낌이 시원하고 산뜻하게
유쾌히: 즐겁고 상쾌하게
유절쾌절히(愉絕快絕): 더 없이 유쾌하게
쾌히: 유쾌하게
호쾌히: 호탕하고 쾌활하게
후련히: 안 좋던 속이 풀리어 시원하다
흥쾌히: 가쁘고 유쾌히

2.44.2.21. 은근한 느낌 부사

그윽이: 느낌이 꽤 은근하다
은근히: 어떤 정취가 그윽하다
은근살짝: 표 나지 않게 슬그머니
은근슬쩍: 드러나지 않게 은근히 큰은근슬쩍

2.44.2.22. 자릿한 느낌 부사

자릿자릿: 자릿자릿한 느낌 (예) 발이 자릿자릿하다 센짜릿짜릿 큰저릿저릿
저릿=저릿저릿: 매우 또는 자꾸 저린 듯한 느낌 작자릿 자릿자릿 센쩌릿 쩌릿쩌릿
짜릿=짜릿짜릿: 몹시 자린 듯한 느낌 큰쩌릿 쩌릿쩌릿 찌릿 찌릿찌릿
쩌릿=쩌릿쩌릿: 매우 저린 느낌 작짜릿 짜릿짜릿
찌릿이: 살이나 뼈마디에 갑자기 저린 느낌이 있게
찌릿찌릿: 뼈마디나 몸의 일부가 매우 저린 느낌

2.44.2.23. 재미있고 흥겨움 즐거운 느낌 부사

간간히: 마음이 간질간질할 정도로 재미있게
재미스레: 아기자기하게 즐겁고 유쾌한 데가 있게
재미없이: 재미가 없이
즐겨이: 마음에 거슬림이 없이 흐뭇하고 기쁘게
흥겨이: 크게 흥이 나서 마음이 들뜨고 재미있게
흥김에: 흥에 겨운 바람에

2.44.2.24. 지루한 느낌 부사

따분히: 싱겁고 재미가 없어 지루하게
만만히(漫漫): 끝없이 지루하게
지루히: 시간이 오래 걸리어 진저리가 날 지경으로 따분하게
지질히: 깔밋하지 못하여 싫증이 날 만큼 지루하게 (예) 무료한 시간이 지질히 흐르고…

2.44.2.25. 창피하거나 미안한 느낌 부사

겸연스레: 쑥스럽거나 미안하여 어색한 느낌이 있게
괴관쩍이: 얼굴이 붉어지도록 부끄러운 느낌
깨끄럼히: 꺼림하여 마음이 내키지 않게
난안히: 마음 놓기가 어렵게
난연히: 수줍어서 얼굴이 붉게
남부끄러이: 창피하게
낯간지러이: 간지럽거나 간교하여 면구스럽게

망신스레: 망신을 당한 듯하다
망측스레: 보기에 망측하다
망측히: 망측하게
맹망스레: 보기에 맹망하다
맹망히: 맹망하게
면괴스레: 면구스레
면구스레: 면구스럽게
무료히: ① 부끄럽고 열없다 ② 탐탁하게 어울리는 맛이 없음 ③ 하는 일이 없어 지루하고 재미가 없다
무안스레: 무안한 데가 있다
무안히: 무안하게
무참스레: 보기에 매우 부끄러운 듯하게
무참히: 매우 부끄럽게
미안쩍이: 남에 대하여 마음이 4편하지 못하고 부끄럽게
미안히: 미안하게
민망스레: 남을 대하기가 부끄럽고 거북하게
민망히: 매우 딱하다
바끄러이: 양심에 꺼리어 남을 대할 면목이 없게
부끄러이: 부끄럽게
손부끄러이: 손부끄럽게 (예) 악수하려고 내밀었으나 손부끄러이 외면을 당했다
송괴스레: 죄송스럽고 부끄러운 느낌이 있어
송괴히: 송구스럽고 부끄럽게
송구스레: 송구스럽다 (예) 송구스레 서서 머뭇거린다
송구히: 송구하게
수삼스레: 수줍고 부끄러운 데가 있는 듯이
창피스레: 아니꼬운 일을 당하여 부끄러운 느낌이 있다

2.44.2.26. 통증 느낌 부사

가삐: 숨이 몹시 차게
갈강갈강: 감기가 있어 보이면서 가랑가랑하다
갈근갈근: 목구멍에 가래 같은 것이 걸려 간지럽게 가치작거리는 꼴 큰걸근걸근
고단히: 지쳐서 느른하게
깔쭉깔쭉: 거칠고 깔끄럽게 따끔거리다 큰껄쭉껄쭉

껄끔껄끔: 껄끄럽게 따끔거리다

껄쭉껄쭉: 껄쭉거리는 느낌 작깔쭉깔쭉

나른히: 몸이 지쳐서 노근하고 기운이 없이 큰느르히

따끔=따끔따끔: 상처나 염증이 생긴 자리들에 마치거나 결리거나 찌르는 듯한 아픈 느낌이 있다 큰뜨끔 뜨끔뜨끔

따끔히: 따끔하게 큰뜨끔히

뜨끔뜨끔: 뜨끔뜨끔 한 느낌 작따끔따끔

뜨끔히: 뜨끔하게 작따끔히

맥맥히: 코가 막혀 숨쉬기가 어렵게

빡지근히: '빽적지근히'의 준말

빽적지근히: 몸의 한 부분이 뻐근히 아픈 기운이 있어 작빡작지근히

새큰새큰: 새큰한 느낌이 자꾸 나다

시근시근: 관절이 시근거리는 꼴 거시큰시큰 작새근새근

시난고난: 병이 심하지 않으면서 오래 끄는 모양

시큼시큼: 시큰거리는 느낌 (예) 팔다리가 시큰시큰 저린다

아릿아릿: 몹시 아린 느낌 큰어릿어릿

어질어질: 자꾸 또는 매우 정신이 아득하고 어지러운 느낌 작아질아질 센어찔어찔

오스스: 차고 싫은 기운이 몸에 들면서 소름이 끼치는 느낌

오슬오슬: '어슬어슬'보다 작은말. 큰으슬으슬 센오쓸오쓸 =오실오실

오싹: 몸이 옴츠러들도록 갑자기 오스스 추워지거나 소름이 끼치는 모양 여오삭

오싹오싹: '오싹'을 거듭한 말 여오삭오삭

옥신옥신: 머리나 상처 등이 조금씩 자꾸 쑤시는 듯이 아픈 느낌 큰욱신욱신

자르르: 관절 따위가 자르르한 느낌 (예) 다리가 자르르 저린다

지근지근: 지근거리는 느낌 (예) 머리가 지근지근 쑤시며 열이 올랐다 센지끈지끈 작자근자근

지끈지끈: 지끈거리는 느낌 즉 골치 따위가 몹시 지근거리다 작자끈자끈

지르르: 관절 따위가 지르르한 느낌 (예) 팔꿈치가 지르르 전기가 오는 듯하다 센찌르르 작자르르

짜르르: 관절 따위가 짜르르한 느낌 (예) 가슴에 짜르르 전기가 통하는 것 같았다 여자르르 큰찌르르

짜릿짜릿: 짜릿짜릿 다친 데가 몹시 짜릿짜릿한 느낌 큰찌릿찌릿

찌르르: 관절 따위가 찌르르한 느낌 (예) 가슴이 찌르르 저리고 고통스러웠다 여지르르 작짜르르

화끈화끈: 화끈거리는 느낌

화들짝: 별안간 호들갑스럽게 펄쩍 뛰며 놀라는 꼴

화들화들: 팔다리나 몸이 심하게 떨리다 큰후들후들
후련히: 안 좋던 속이 풀리거나 내리거나 하여 시원하다
희끈희끈: 어지럼증이 나서 자꾸 어뜩어뜩 하여지다
희끗희끗: 어지럼증이 몹시 나서 자꾸 어뜩어뜩해지는 꼴

2.44.2.27. 포근한 느낌 부사

퍽신퍽신: 부드럽고 튀기는 힘이 있어 닿으면 푸근한 느낌이 있다 작팍신팍신
포근포근: 포근포근한 느낌 큰푸근푸근
포근히: 포근하게
폭신폭신: 폭신폭신한 느낌 (예) 폭신폭신 부푼 이불 큰푹신푹신
폭신히: 폭신하게 큰푹신히
푸근푸근: 감정, 분위기, 자리 따위가 딱딱하지 않고 부드럽다. 작포근포근

2.44.2.28. 한스러운 느낌 부사

분히(憤): 억울하고 원통하게
원통히: 분하고 억울하게
한스레: 한스럽게
한심스레: 한심스럽게

2.44.2.29. 온도에 의한 느낌 부사

여기에서는 따뜻함, 더움, 시원함, 추움에 관한 느낌부사를 다루기로 한다.

다사로이: 다스한 기운이 있게
따끈따끈: 열이 따뜻하게 느껴질 만큼의 느낌 큰뜨끈뜨끈
따끈히=따끈따끈히: 조금 따끈한 느낌이 있게 큰뜨끈뜨끈히
따끔: 따가울 정도로 매우 더운 느낌 큰뜨끔
따따히: 기분이 좋은 만큼 온도가 있어
따땃이: 따뜻한 데가 있어
따뜻이: 따뜻하게 센따뜻이 큰뜨듯이
뜨근히: 그다지 심하지 않게 조금 덥게(따뜻하게)
뜨끈뜨끈: 뜨끈뜨끈한 느낌 작따끈따끈

뜨끈히: 뜨끈하게 [작]따끈히
뜨듯이: 뜨뜻하게 [센]뜨뜻이 [작]따듯이
뜨뜻이: 뜨뜻하게 [여]뜨듯이 [작]따뜻이
매지근히: 매지근하게
미근히: 조금 미지근하게
미적지근히: 미적지근하게 [작]매작지근히
미지근히: 미지근하게 [작]매지근히
염염히: 날씨가 몹시 뜨겁고 덥게
와락와락: 더운 기운이 아주 성하게
위력위력: 더운 기운이 몹시 심하게 일어나는 느낌이 있다 [작]와락와락
이글이글: 해가 뜨거운 볕을 쏟아 붓는 모양
찌는듯이: 찌는 듯하게 매우 덥게
팔팔: 몸이나 온돌방 따위가 높은 열로 따끈따끈 끓는 꼴 (예) 온 몸이 팔팔 끓는다 [큰]펄펄
푹푹: 날씨가 찌는 듯이 더운 모양 [작]폭폭
호답지근히: 약간 후더분하다 [큰]후덥지근히
화끈화끈: 갑자기 뜨거운 기운을 받아 날아오르는 모양 [큰]후끈후끈
후끈: 뜨거운 기운을 받아서 갑자기 달아오르는 모양 [작]화끈 호끈
후끈후끈: 매우 후끈하게 [작]화끈화끈 호끈호끈
후끈후끈히: 후끈후끈하게
후끈히: '호끈히 화끈히'보다 큰말
후더분히: 날씨가 후더분하게 덥다 =후더분
후덥지근히: 불쾌할 정도로 끈끈하고 무더운 느낌이 있어 =후덥지근
후터분히: 불쾌할 정도로 무더운 기운이 있다
훈훈히: 날씨가 온도가 견디기 좋을 만큼 덥게
훗훗이: 약간 갑갑할 정도로 훈훈하게 덥게

2.44.2.30. 시원한 느낌 부사

개운히: 기분이 몹시 상쾌하고 가뜬하게
산들=산들산들: 서늘한 바람이 가볍고 보드랍게 부는 모양 [큰]선들선들
산산히: 공기가 좀 사늘한 느낌이 있게 [큰]선선히
살랑살랑: 사늘한 바람이 가볍게 부는 모양 [큰]설렁설렁 [센]쌀랑쌀랑
살랑살랑히=살랑히: 매우 살랑히
선들=선들선들: 시원한 바람이 가볍고 보드랍게 잇달아 불다
선선히: 시원한 느낌이 들도록 시원하게

시원스레: 시원한 느낌이 있다
시원시원: 시원시원한 꼴 (예) 건들마가 시원시원 불어온다
시원히: 시원하게 (예) 나의 속사정까지 시원히 아신다
신기로이: 새롭고 기이한 느낌이 있어

2.44.2.31. 추운 느낌 부사

냉랭히: 온도가 낮아서 차게
사느라니: 좀 사늘한 느낌이 있어 [센]싸느라니
사늘히: 기온이 좀 찬 느낌이 있게 [큰]서늘히 [센]싸늘히
산득: 몸에 찬 느낌으로 서늘해지는 모양 =산득산득
산들: 사늘한 바람이 가볍고 보드랍게 부는 모양 =산들산들 [큰]선들 =선들선들
서느러이: 좀 서늘하고 찬 느낌이 있게
선득: 찬 기운을 느끼는 모양 =선득선득 [센]싼뜩 싼뜩싼뜩 [큰]선득선득
선들: 서늘한 바람이 거볍고 부드럽게 부는 모양 =선들선들 [작]산들
선뜩: 찬 기운을 느끼다 =선뜩선뜩 [작]산뜩 산뜩산뜩
싸느라니: 좀 싸늘한 느낌이 있다
싸늘히: '사늘'보다 센말 [큰]써늘히
싼득: 갑자기 몹시 싸늘한 느낌이 들게 =싼득싼득 [작]산득산득 [센]썬득썬득
싼득이: 싼득
쌀랑: 바람이 싸늘하게 불어오는 모양 =쌀랑쌀랑 [여]살랑 살랑살랑 [큰]썰렁 썰렁썰렁
쌀랑쌀랑히: '살랑살랑히'보다 센말 [센]썰렁썰렁히
쌀쌀히: 날씨가 싸늘한 느낌을 주도록 차게
썰렁썰렁=썰렁: 바람이 아주 춥게 [작]쌀랑쌀랑 쌀랑
썰렁썰렁히: 매우 썰렁히 [작]쌀랑쌀랑히
썰렁히: 싸늘한 바람이 불어 추운 듯하게 [작]쌀랑히 [여]설렁히
오삭오삭: 몸이 자꾸 움츠러들도록 추워지거나 소름이 끼치는 꼴 [센]오싹오싹
오슬오슬: 몸이 움츠러들면서 소름이 끼치도록 춥다
오싹오싹: 자꾸 오싹 추워지거나 소름이 끼치는 모양 =오싹
으슬으슬: 소름이 끼칠 듯이 춥게
음산스레: 음산 데가 있다
음산히: 날씨가 흐리고 으스스하게
음침히: 날씨가 스산히
잠포록이: 날씨가 흐리고 바람이 없이
차가이: 싸늘하게 차게

추워서: 춥게 느껴져
한랭히: 날씨가 춥고 차게
훗훗(이): 약간 갑갑할 정도로 덥게 [작]홋홋 홋홋이

2.44.3. 안타까운 느낌

애달피: ① 안타깝거나 쓰라리다 ② 애처롭고 딱하다
애잔히: ① 몹시 가난하고 약하게 ② 애처롭고 애틋하게
애처로이: 가엾고 불쌍하여 마음이 슬프도록

3. ㄷ부의 부사

여기서는 한 가지만 있는 부사도 모두 다루기로 하였다.

3.1. 다각도 부사

다각도로: 여러 방면으로. 여러모로
면면이: 제각기: 저마다
여러모로: 다각도로
요모조모: 사실이나 사물이 자질구레한 여러 면에서
이모저모: 이쪽저쪽의 여러 방면으로

3.2. 쏘다니는 모습 부사

발발: 몹시 바쁘게 여기저기 돌아다니다 큰벌벌 센빨빨
발밤발밤: 부질없이 발길이 닿는 대로 한 걸음씩 천천히 걷는 모양
발볌발볌: 한 걸음 한 걸음 천천히 더듬듯이 걸어가거나 걸어오는 모양
벌벌: 벌벌 싸돌아다니다 센뻘뻘
빨빨: 바쁜 듯이 요리조리 쏘다니는 꼴
뻘뻘: 쏘다니는 꼴

3.3. 다루기에 관한 부사

거추장스레: 주체하기가 어렵게 다루기가 거북하다
거치적거치적: 거추장스럽게 자꾸 걸리다 센꺼치적꺼치적
고분고분: 시키는 대로 순순히 잘 듣는 모양
고분고분히: 고분고분하게
순순히: 고분고분하고 순하게
호들갑스레: 언행이 야단스럽고 방정맞다
호락호락: 버틸 힘이 없고 만만하여 다루기가 쉽다 (예) 그 사람이 자네 말대로 그리 호락호락 넘어가지는 않을 걸세

3.4. 다만 부사

다만: 다른 것이 아니라 오로지
단: 다른 것이 아니라 바로 그것만
단지: 오직 하나의 조건이나 이유를 말하면
당연히: 틀림없이
애오라지: 마음에 부족하나마 겨우
오로지: 오직 한 곳으로
오직: 여러 가지 가운데서 다른 것은 있을 수 없고 다만

3.5. 다망 부사('바쁨'을 뜻하는 부사)

갈골히: 몹시 바쁘게 골몰하다
갈공히: 일에 파묻혀 몹시 바쁘게
경황없이: 몹시 바빠서 다른 일을 할 겨를이 없이
다망히: 아주 바쁘게
다사로이: 보기에 일이 좀 많은 듯이
다사분주히: 여러 가지 일로 매우 바쁘게
다사스레: 보기에 바쁜 듯하게
망망히(忙忙): 매우 바삐
바삐: 아주 바쁘게
분망히: 매우 바쁘게
분주살스레: 분주한 데가 있는 듯이
분주스레: 분주한 데가 있는 듯이
분주히: 이리저리 움직이는 것이 몹시 바쁘게
영영히(營營): 세력이나 이익을 얻기 위하여 몹시 분주하고 바삐

3.6. 다지는 행위 부사

다독다독: 무르거나 흐트러지기 쉬운 물건을 살살 두드려 뭉치는 꼴
도독도독: 흙을 다지는 행위 큰두둑두둑
두둑두둑: 흙을 두둑두둑 쌓아올리다 작도독도독
따독따독: 따독따독 눌러 놓는 꼴 여다독다독

3.7. 다툼 부사

걷거니틀거니: 서로 겨누느라고 버티고 맞선 모양

아드등아드등: 좁은 소갈머리로 바득바득 우기며 다투다 (예) 굶주린 승냥이처럼 아드등아드등 싸운다 큰으드등으드등

아등바등: 무엇을 이루려고 몹시 애를 쓰며 아드등거리는 꼴 (예) 아등바등 싸우다 큰으등부등

아옹아옹: 좁은 소견으로 자기 뜻에 맞지 않는다고 투덜거리는 모양

아웅다웅: 대수롭지 아니한 일로 트집을 잡아 다투는 모양

올근볼근: 서로 사이가 토라져서 섣부르게 잘 다투는 꼴

으드등으드등: 으드등거리다 (예) 기를 쓰며 으드등으드등 다투다 작아드등아드등

자그락자그락: 자그락거리는 꼴 (예) 조가마한 것을 가지고 자그락자그락 옥신각신 다툰다

자그락자그락: 자그마한 일로 불편스럽게 옥신각신 자꾸 다투는 꼴 센짜그락짜그락

짜그락짜그락: 자그마한 일로 불평스럽게 매우 옥신각신 자꾸 다투다. (예) 그런 하찮은 일로 짜그락짜그락 다투어서야 되겠느냐? 여자그락자그락 큰찌그럭찌그럭

3.8. 다행 부사

다행히: 운이 좋게

요행스레: 뜻밖에 잘 되어 다행한 느낌이 있어

요행히: 뜻밖에 다행히

하마터면: '조금만 잘못하였더라면'의 뜻으로 위태한 경우를 간신히 벗어난 것을 다행으로 생각함을 나타내는 말 (예) 하마터면 다칠 뻔하였다, 하마터면 차를 놓칠 뻔하였다

하마하더면: '하마터면'의 본디말

행복스레: 행복스럽게

행여: 운 좋게 다행히

행여나: '행여'의 힘줌말

3.9. 단단함 부사

굳게굳게: 매우 굳게

굳이: 단단한 마음으로 굳게

단단히: 느슨하지 않게 꽉

든든히: 무로지 않고 굳게

딴딴히: '단단히'의 센말
뜬뜬히: '든든히'보다 센말

3.10. 단독 부사

단둘이: 다만 두 사람만으로
달랑: 하나만이 쓸쓸하게 남아 있는 꼴 큰덜렁
댕강: 하나만이 외따로 남아 있는 꼴
덜렁: 여럿 가운데서 단 하나만 남아 있는 꼴 작달랑
덩그러니: 혼자 쓸쓸하게 있는 모습 (예) 방안에 혼자 덩그러니 앉아 있다
오로지: 오직 한 곳으로
홀로: 오로지 혼자서

3.11. 단계 부사

더욱: 정도나 수준 따위가 한층 심하거나 높게
더욱더: 더욱 더 많이
더욱더욱: 점점 더욱
더욱이: 그러한데다가 더
더욱이나: 가뜩이나 그러한데다가 또
더한층: 이전보다 상태나 정도가 더하게
점점더: 점점 더하여 가는 꼴
층층이: 층마다
한층: 한 단계 더 (예) 한층 낮다. 한층 더 아름답다
한층한층: 한 층씩 한 층씩 점점

3.12. 단순·복잡 상태 부사

간단스레: 간단한 듯하게
간단히: 간단하게
간편히: 간단하고 편리하게
단순히: 단순하게
단출히: ① 신구가 많지 않아 홀가분하거나 ② 일이나 차림차림이 간편하게
복잡스레: 복잡스럽게

홀략히: 소홀하고 간략하게

3.13. 단숨 부사

단걸음에: 내친걸음에 멈추지 않고 곧장
단결에: 열기가 아직 식지 아니하였을 때에
단김에: 단결에
단꺼번에: 단번에 몽땅
단바로: 단번에 바로
단박: 그 자리에서 이내
단박에: 한 번에 혹은 바로, 즉시
단방: 단박
단번에: 단 한 번에
단손에: 매우 빠르게
단숨에: 단걸음에
한숨에: 숨 한 번 쉴 동안과 같이 짧은 시간에 내쳐서

3.14. 단정 부사: 문맥적 뜻에 따라 다음 몇 가지로 나눈다

3.14.1. 강조 단정 부사

단결에: 열기가 아직 식지 아니하였을 적에. 좋은 기회를 놓치지 말고 바로 그 자리에서
단김에: 단결에 (예) 쇠뿔도 단김에 빼랬다
단꺼번에: 단번에 몽땅
단연: 확실히 단정할 만하게
단정코: 딱 잘라서 말하건대
단호히: 결심이나 태도, 입장 따위가 과단성 있고 엄격하게. 조금도 양보함이 없이
당연히: 마땅히
마땅찮이: 마뜩하지 아니하게
마땅히: 당연하게. 그렇게 하는 것이 이치로 보아 옳게
마뜩이: 마음에 마땅하게
마뜩찮이 마음에 들지 아니하게
세상없어도: 무슨 일이 있더라도
세상없이: 천하 없이. 아주. 도무지. 결코

이야말로: '이것이야말로'의 준말
일절: (금지하거나 부인하는 말과 어울려서) 아주, 도무지, 결코
일정: 반드시
절대: 어김없이 무조건
절대로: 어떤 경우에도 반드시
천하없어도: 세상없어도
천하없이: 이 세상에 그 유례가 없을 만큼 세상없이

3.14.2. 조건 단정 부사

기왕에: 이미 그렇게 된 바에
다만: 다른 것이 아니라 오로지. 오직. 단지
단: 다른 것이 아니라 바로 그것만
단지: 다만 하나의 조건이나 이유를 말하면
대체: 요컨대(이러고저러고 간에) 전혀
대체로: 요점만 말해서
또는: 그렇지 않으면
요컨대: 중요한 점을 말하자면
이왕에: 이미 그렇게 된 바에
이왕이면: 어차피 할 바에는
하필: 어째서 꼭 어찌하여 반드시
하필이면: 하필

3.14.3. 단정적 단정 부사

가차없이: 사정없이
거리낌없이: 기탄없이
결국: 끝에 가서. 드디어
결국은: 결국에는
결단코: 어떤 일이 있어도 절대로
결연: 결연히
결연히: 굳게 결심한 태도로
결코: 어떤 일이 있어도 절대로
급기야: 마지막에 가시는. 결국

기어이: 어떤 어려움이 있더라도
기어코: 기어이
기역시: 그것도 역시 준기역
기탄없이: 감추는 것이 없이
기필코: 어떤 일이 있더라도 반드시
꼭: 빈틈없이. 어떤 일이 있어도 반드시
꼭꼭: '꼭'을 반복한 말
단연: 단연코
단연코: 무슨 일이 있어도 반드시
단정코: 결단코

3.14.4. 부정적 단정 부사

도무지: 생각해 볼 바도 없이
도시: 도무지. 전혀
도통: 도무지. 전혀
별단: 별반
별달리: 특별히 다르게
별로: 그다지 다르게
별로이: 별로
별반: 그다지 별다르게. 별로
전혀: 아주. 완전히
조금도: 전혀
좀처럼: 여간하여서는. 좀체로
좀체: 좀체로
좀체로: 좀체. 좀처럼
좀해: 좀해서(어지간해서)
티끌만큼도: 조금도. 티와 먼지만큼도

3.14.5. 비교 단정 부사

똑: 조금도 틀림없이
똑같이: 조금도 다르지 않게
마치: (주로 '처럼, 듯, 듯이, 같다, 양'과 같이 쓰이어) 비유하자면

별양: 별다르게
차라리: 여러 가지 사실을 들어 말할 때 '앞의 사실보다 뒤의 사실이 나음'을 나타내는 말
천상: '천생'의 경기방언
천생: 아주 비슷하게
천성: '천생'의 경남방언
천연: 아주 비슷하게

3.14.6. 첨가 단정 부사

그역: '그역시'의 준말
그역시: 그것도 역시
또는: 그렇지 않으면 ('선택'의 뜻도 있음)
또다시: 거듭하여 다시
또한: 역시. 마찬가지로
또한번: 거기에다 한 번 더
역시: 또한
역시나: 역시
역여시: 이것도 역시
역연히: 역시 같게
제왈: 자기랍시고. 장담으로
차역: '차역시'의 준말
차역시: 이것도 또한
하물며: 그 위에 더군다나. 더욱이

3.15. 단정함 부사

가지런히: 여럿이 들쭉날쭉하지 않고 고르게
간정히(簡淨): 매우 깨끗하고 순수하게
단정히: 옷차림새나 몸가짐 따위가 흐트러짐이 없이 얌전하고 깔끔하게
단중히: 단정하고 무게가 있다
조촐히: ① 행동이 난잡하지 아니하고 단정하다 ② 외모가 추접하지 아니하고 해사하다

3.16. 닫거나 닫히는 모습 부사

발록이: 발록하게
발롱발롱: 신축성이 있는 물체가 좀 넓게 자꾸 바라졌다 오므려졌다 하다
발룩=발룩발룩: 탄력 있는 작은 물체의 틈이나 구멍이 조금 크게 벌어졌다 오므라든 모양
발름=발름발름: 탄력 있는 물체가 부드럽고 조금 넓게 바라졌다 오므렸다 하는 모양
발름히: 발름하게
발쪽=발쪽발쪽: 속에 든 것이 보일락 말락하게 바라졌다 닫히는 꼴 [센]빨쪽 빨쪽빨쪽 [큰]벌쭉 벌쭉벌쭉
발쪽발쪽이: 여럿이 다 발쪽이
발쪽이: 발쪽하게 [센]빨쪽이 [큰]벌쭉이
발쭉: '발쪽'보다 작은말
발쭉발쭉: '발쭉'의 힘줌말

3.17. 달라붙거나 부딪침 부사

깐작깐작: 깐작거리는 꼴 (예) 깐직깐직 여기저기 달라붙었다
끈끈히: 끈기가 많아서 끈적끈적하다 [작]깐깐히
끈적끈적: 끈끈하여 자꾸 척척 들러붙다 [작]깐작깐작
유착스레: 유착스럽게 (예) 금고문이 유착스럽게 열리자 덕기는 차근차근히 점검하기 시작했다
짝짝: 단단한 물건의 바닥에 끈기 있게 자꾸 달라붙은 꼴 [큰]쩍쩍
짠득짠득: 짠득짠득하게 자꾸 달라붙는 꼴 [여]잔득잔득 [큰]찐득찐득
째까닥째까닥=째까닥: 딴딴하고 작은 물건이 맞부딪치는 꼴 [여]재까닥재까닥 재까닥 [큰]쩨꺼덕쩨꺼덕 쩨꺼덕
째깍째깍=째깍: 딴딴하고 작은 물건이 세게 맞부딪치거나 부러지는 꼴 [여]재깍재깍 재깍 [큰]쩨꺽쩨꺽 쩨꺽
쩍쩍: 단단한 물건이 바닥에 끈기 있게 달라붙는 꼴=쩍 [작]짝짝 짝
쩔꺽=쩔꺽쩔꺽: 크고 단단한 물체가 끈기 있게 둘러붙는 꼴 (예) 지남철이 쩔꺽 붙는다 [여]절걱 절걱절걱 [작]짤깍 짤깍짤깍
찐득찐득: 찐득찐득하게 잇달아 들러붙다 [여]진득진득 [작]짠득짠득
차분차분: 사람이 끈질기게 자주 달라붙는 모양 =차분차분히 차분히
착착: 자꾸 바싹 닿거나 세게 달라붙는 꼴 [센]짝짝 [큰]척척

찰까닥찰까닥=찰까닥: 작고 단단한 물체가 가볍게 맞부딪치는 꼴 큰철꺼덕철꺼덕 철꺼덕

척척: 자꾸 바싹 다가붙거나 세게 들러붙는 꼴 (예) 도배지를 벽에 척척 붙였다 센쩍쩍 작착착

턱: 든든한 물건이 갑자기 부딪치거나 터지는 꼴 작탁

3.18. 달막거리거나 달싹거리는 모습 부사

달막달막: 갭직한 물건이 가볍게 자꾸 들렸다 내려앉았다 하다 센딸막딸막 큰들먹들먹

달싹=달싹달싹: 붙어 있던 것이 조금 떠들리는 꼴 큰들썩 들썩들썩

들먹들먹: 들먹거리는 꼴 센뜰먹뜰먹 작달막달막

들썩들썩: 들먹거리는 꼴 센뜰썩뜰썩 작달싹달싹

들썽들썽: 하고 싶은 일이나 안타까운 일이 있을 때 마음이 좀 어수선하게 자꾸 들떠서 움직이다

딸막딸막: 갭직한 물건이 좀 세게 자꾸 들렸다 내려앉았다 하다 여달막달막 큰뜰먹뜰먹

딸싹딸싹: 갭직한 것이 자꾸 좀 떠들렸다 가라앉았다 하다 여달싹달싹 큰뜰썩뜰썩

뜰먹뜰먹: 묵직한 물건이 세게 자꾸 들렸다 내려앉았다 하다 여들먹들먹 작딸막딸막

뜰썩뜰썩: 묵직한 물건이 자꾸 떠들렸다 가라앉았다 하다 여들썩들썩 작딸싹딸싹

3.19. 당당한 모습 부사

기걸스레: 보기에 기이할 정도로 뛰어나게

너볏이: 어연번듯하고 의젓하게

늠름히: 생김생김이나 태도가 씩씩하고 의젓하다

늠연히: 위엄과 기개가 있고 훌륭하다

당당히: ① 버젓하고 정대하다 ② 겉모습이 어연번듯하다 ③ 위세나 형세가 대단하다

버젓이: 흠 잡히거나 구길 만한 것이 없어 떳떳하고 의젓하다

뻐젓이: 남에게 책잡히거나 굽힐 만한 것이 없이 매우 떳떳하고 의젓하다

어연번듯이: 세상에 드러내 놓기에 아주 떳떳하고 번듯하게

어엿이: 행동이 당당하고 떳떳하다

헌철히: 키나 몸집 따위가 좋게 어울리도록 크다

헌헌히: 풍채가 당당하고 빼어나다

현연히: 의기가 높고 당당하다

3.20. 당연 부사

결단코: 결단한 대로 반드시
결연히: 결정적인 태도가 있다
기어이: 어김없이
기어코: 기어이
기필코: 반드시
꼭=꼭꼭 어김이나 빈틈없이
단연: 두말할 것도 없이 뚜렷하게
단연코: '단연'의 힘줌말
단연히: 단연
단호히: 꽉 단정하여 흔들림이 없이 엄격하다
당연: 마땅히
당연히: 마땅히
마땅히: 당연하게
반드시: 틀림없이 꼭
어김없이: 어기는 일이 없이
으레: 경험으로 보아 당연히
응당: 마땅히 (예) 우리 대장부로서 응당 해 볼만한 일이지요

3.21. 당황하는 모습 부사

가리산지리산: 갈팡질팡
갈팡질팡: 갈피를 잡지 못하여 이리저리 헤매는 모양
갈팡질팡하며: 다급하게 서두르는 꼴
당황히: 놀라거나 다급하여 어찌할 바를 모르게
지리산가리산: 가리산지리산
허둥지둥: 정신을 차릴 수 없을 만큼
허둥허둥: 어찌 할 줄을 몰라 갈팡질팡하며 다급히 서두는 꼴
황급히: 몹시 놀라서 다급히
황망히: 바빠서 어리둥절하게. 마음이 몹시 급하여 당황하고 허둥거리는 꼴 (예) 황망히 걸음을 재촉하다
황황급급히: 매우 황급하게
황황히: 갈팡질팡 어쩔 줄 모르게 급히

3.22. 급히 달려가는 행위 부사

뽀로로: 종종걸음으로 재게 움직이는 모양
뽀르르: 작은 사람이 부리나케 달려가거나 쫓아가는 꼴 큰뿌르르
뽀르르뽀르르: 여럿이 작은 동작으로 부리나케 달려가거나 쫓아가는 모양
뿌르르: 불이나케 달려가거나 쫓아가는 행위 작뽀르르
뿌르르뿌르르: 여럿이 부리나케 달려가거나 쫓아가는 모양

3.23. 닿을락말락한 상태 부사

갈씬갈씬: 가까스로 닿을락말락하다 큰걸씬걸씬
걸씬걸씬: 겨우 닿을락말락하다 작갈씬갈씬
닿을락말락: 닿을 듯 닿지 않을 듯한 모양
떡떡: 여럿이 다 아주 잘 들어맞거나 맞닿는 꼴 작딱딱

3.24. 대강 부사

대강: 간단하게
대강대강: 매우 간단하게
대체: 요컨대
대체로: 요점만 말해서
대충: '대충'의 원말
대충: 대강 헤아려서
대충대충: 아주 대충
대컨: 대체로 보아서
얼추: 대강으로 (예) 얼추 일이 다 되어 간다
요컨대: 중요한 점을 말하자면. 요점만 말하자면

3.25. 대견한 부사

공생스레: 공으로 얻은 것처럼 대견하다
굉장스레: 훌륭하거나 대단한 데가 있게
굉장히: 아주 크고 훌륭하게
대견스레: 보기에 척 흡족하거나 대단하다

대견히: 대견하게
대단히: 출중하고 뛰어나게

3.26. '대상에게'의 뜻 부사

하여금: 조사 '로'나 '으로'의 아래에 쓰이어 '대상에게'의 뜻을 힘주어 나타내는 말
(예) 학생으로 하여금 올바른 길로 나아가도록 가르치는 것이 교사의 태도이다

3.27. 대소(大小)의 뜻 부사

3.27.1. 작음의 뜻 부사

과소히(過小): 지나치게 작게 반과대히
앙증스레: 모양이 제 격에 맞지 않게 작다

3.27.2. 큰 뜻 부사

굉장히: 크고 으리으리하다 (예) 굉장한 건물
낙낙히: 크기, 수효, 부피, 무게 따위가 겨냥보다 조금 크게
너넘스레: 쓰기에 알맞은 정도 이상으로 크다
대글대글: 가늘거나 작은 물건들 가운데 몇몇이 좀 굵다 센때굴때굴 큰디굴디굴
큼직이: 꽤 크게
할랑할랑: 옷 신발 따위가 몸에 비하여 좀 크다 큰헐렁헐렁
헌칠히: 키나 몸 따위가 보기 좋게 어울리도록 크다
헐렁헐렁: 옷 신발 따위가 몸에 비하여 크다 작할랑할랑

3.28. 대수롭지 아니한 모습 부사

대수로이: 대단하게. 중요하게
자차분히: 모두가 잘고 시시하여 대수롭지 않게

3.29. 더듬는 행위 부사

다듬다듬: 무엇을 찾으려고 이리저리 자꾸 더듬다 [큰]더듬더듬 [센]따듬따듬
다듬작다듬작: 무엇을 찾으려고 이리저리 자꾸 더듬는 꼴 [큰]더듬적더듬적 [센]따듬작따듬작
더듬더듬: 자꾸 더듬는 꼴 [센]떠듬떠듬
더듬적더듬적: '다듬작다듬작'보다 큰말 [센]떠듬적떠듬적
홈치작홈치작: 보이지 않는 곳에 있는 것을 찾으려고 자꾸 굼뜨게 더듬자 [큰]훔치적훔치적
훔척훔척: 보이지 않는 곳에 있는 것을 찾으려고 자꾸 이리저리 더듬다 (예) 머리맡의 시계를 훔척훔척 더듬어 찾는다 [작]홈착홈착
훔치적훔치적: 훔치적거리다 (예) 보이지 않는 곳에 있는 것을 찾으려고 자꾸 훔치적훔치적 더듬는다 [작]홈치작홈치작
흠착흠착: 보이지 않는 곳에 있는 것을 찾으려고 자꾸 요리조리 더듬다 [큰]훔척훔척

3.30. 더러운 모습 부사

게걸스레: 욕심껏 음식을 먹어대는 꼴이 던적스럽다
게정게정: 게정스러운 꼴
게정스레: 게정을 부리는 태도가 있다
귀축축히: 하는 짓이 조촐한 맛이 없고 더럽다
착살스레: 언행이 잘고 다라운 데가 있다

3.31. 던지는 모습 부사

핵=핵핵: 갑자기 날쌔게 던지거나 뿌리치는 꼴
휙=휙휙: 급자기 세게 뿌리치거나 던지는 꼴 [작]획 획획

3.32. 덤비는 모습 부사

팩: 작은 몸집으로 지지 아니하려고 강팍하게 대드는 꼴
팩팩: 작은 몸집으로 지지 않으려고 자꾸 대드는 꼴 (예) 어린것이 어른에게 팩팩 대들다니…
퍅=퍅퍅: 강퍅하게 자꾸 대드는 꼴
헝겁: 좋아서 정신을 차리지 못하고 덤비는 꼴

헝겁지겁: 좋아서 정신을 차리지 못하고 덤비는 꼴
훅=훅훅: 매우 날쌔게 자꾸 덤비는 꼴 (예) 개가 훅훅 덤비다

3.33. 덮어 싸는 모습 부사

폭: 밖으로 드러나지 않게 빈틈없이 덮어 싸거나 가리는 꼴 [큰]푹
푹: 밖으로 드러나지 않게 빈틈없이 아주 덮어 싸거나 가리는 꼴

3.34. 덮쳐잡거나 무는 모습 부사

답삭=답삭답삭: 갑자기 냉큼 덮쳐잡거나 쥐거나 무는 꼴 (예) 손을 답삭 잡았다. [거]탑삭 탑삭탑삭
덥석=덥석덥석: 갑자기 달려들어 한 번에 꽉 잡는 모양 [거]텁석 텁석텁석 [작]답삭 답삭답삭
탑삭=탑삭탑삭: 갑자기 냉큼 덮쳐잡거나 무는 꼴 (예) 던져주는 먹이를 탑삭탑삭 잘 받아먹는다 [여]답삭 답삭답삭 [큰]텁석 텁석텁석
텁석=텁석텁석: 텁석거리는 꼴 (예) 개들이 말리는 고기를 텁석텁석 물고 달아난다 [여]덥석 덥석 [작]탑삭탑삭

3.35. 도는 모습 부사

뱅=뱅뱅: 자꾸 좁은 범위를 도는 꼴 [거]팽 팽팽 [센]뺑 뺑뺑
뱅글: 작은 것이 잇따라 도는 모양 [큰]빙글 [센]뺑글 [거]팽글
뱅글뱅글: '뱅글'의 거듭된 말 [큰]빙글빙글 [센]뺑글뺑글 [거]팽글팽글
빙: 둥글게 원을 그리며 도는 모양 [작]뱅 [센]뺑 [거]핑
빙그르: 한 바퀴 도는 모양 [작]뱅그르 [센]뺑그르 [거]핑그르
빙그르르 빙그르 [작]뱅그르르 [센]삥그르르 [거]핑그르르
빙글빙글: 큰 것이 잇달아 미끄럽게 삥 도는 꼴 [작]뱅글뱅글
삥: 큰 것이 좀 빠르게 한 바퀴 도는 모습 [거]핑 [여]빙 빙빙 [작]뺑 뺑뺑
외우: 외우 돌아서 (예) 험한 길로 외우 돌아가서 길이 훨씬 멀었다
팽: 작은 것이 빠르게 한 바퀴 도는 꼴 [여]뱅 [큰]핑
팽그르르: 작은 것이 빠르고 매끄럽게 한 바퀴 도는 꼴 [여]뱅그르르 [센]뺑그르르 [큰]핑그르르
팽글팽글: 작은 것이 잇달아 팽그르르 도는 꼴 [여]뱅글뱅글 [큰]핑글핑글
팽팽: 빠르게 자꾸 도는 꼴 [센]뺑뺑 [여]뱅뱅 [큰]핑핑

팽팽히: 작은 것이 빠르게 자꾸 돌다 큰핑핑히
핑그르르: 매우 빠르고 매끄럽게 한 바퀴 도는 꼴 (예) 갑자기 핑그르르 맴을 돌며 넘어졌다 센빵그르르 여빙그르르 작팽그르르
핑글핑글: 큰 것이 잇달아 핑그르르 도는 꼴 센뺑글뺑글 여빙글빙글 작팽글팽글
핑핑: 매우 빠르게 자꾸 도는 꼴 센뺑뺑 여빙빙 작팽팽
홱=홱홱: 갑자기 날쌔게 돌거나 돌리는 꼴 (예) 머리가 홱홱 돌다
휙=휙휙: 급자기 빨리 돌거나 돌리는 꼴 작획 획획

3.36. 도도록한 모습 부사

도도록도도록: 도도록도도록한 꼴 큰두두룩두두룩
도도룩이: 도도록하게 큰두두룩이
도두: 위로 돌아서 높게
두두룩두두룩: 두두룩두투룩한 꼴
두둑두둑: 두둑하게 쌓은 꼴 작도독도독
두둑이: 두둑하게 작도독이
두들두들: 물체의 곁에 두두룩한 것들이 내밀거나 붙어 있어 고르지 못하다
두투룩이: 두두룩하게 작도도록이
두툴두툴: 두툴두툴한 꼴 여두둘두둘 작도톨도톨

3.37. 도리 없을 부사

꼼작없이: 어찌할 수가 없이
두수없이: 다른 방도나 대책이 없이
여지없이: 더할 나위 없이

3.38. 돈이나 재산에 관한 부사

훌러덩=훌러덩훌러덩: 돈이나 재산 따위를 모조리 다 날려 버리는 꼴 작홀라당 홀라당홀라당
훌렁=훌렁훌렁: 가지고 있던 돈 따위를 남김없이 싹 날리는 꼴 작홀랑 홀랑홀랑

3.39. 돌돌한 모습(똑똑한 꼴) 부사

돌돌히: 똑똑하고 영리하다 [센]똘똘히
똑똑히: 사리에 밝고 분명하다 (예) 한 가지를 알아도 똑똑히 알아라
똘똘히: 매우 똑똑하고 영리하게
발랑: '발라당'의 준말 [큰]벌렁
발라당: 순박하거나 순진한 맛이 없이 약삭빠르고 똘똘한 꼴 =발라당발라당 [큰]벌러덩 벌러덩벌러덩 [준]발랑 발랑발랑

3.40. 동안 시간 부사

거무하에: 있은 지 얼마 아니 되어
고새: '고사이'의 준말 [큰]그새
그간: 그 동안에 (예) 그간 어떻게 지냈나?
그사이: 그 동안 [작]고사이 [준]그새
그새: 그 사이에
나간에: 그 동안에
날새: '날 사이'의 준말
눈결에: 몹시 빠른 사이에
단숨에: 숨 한번 쉴 만큼의 짧은 동안
뒤미처: 사이를 띄울 나위 없이
밤낮: 밤과 낮
밤도와: 밤새껏
밤새껏: 밤새도록까지
별안간: 갑작스럽고 아주 짧은 동안에 =별안간에
어느 틈에: 어느새
오늘내일: 오늘과 내일 사이에
오래: 때의 지나가는 동안이 길게
오래도록: 시간이 지난 뒤 오랫동안 되도록
오래오래: 때의 지나가는 동안이 아주 길게
요사이: 요전부터 이제까지의 동안에
이사이: 이새. 이제까지의 비교적 짧은 동안
이즘: '이즈음'의 준말. 이 사이
일간: 가까운 며칠 사이에
잠깐: 얼마 되지 않은 매우 짧은 동안에

잠깐잠깐: 잠깐씩 여러 차례 거듭하여
하루한시: 같은 날 같은 시간에

3.41. 동작 부사

3.41.1. 긴급 동작 부사

갑자기: 뜻하지 아니하게
갑작스레: 생각할 겨를이 없이 급하게
급거: 몹시 서둘러 급작스러운 모습
급거히: 몹시 서둘러 급작스럽게
급격히: 변화의 움직임 등이 급하고 격렬하게
급급히: 매우 서둘러서
급박히: 사태가 조금도 여유가 없이 매우 급하게
급속히: 몹시 빠르게
급스레: 보기에 급한 데가 있게
급자기: 생각할 사이도 없이 매우 급히
급작스레: 생각할 겨를이 없이 매우 급하게
급조히: 성미가 참을성 없이 매우 급하게
급촉히: 조금의 여유도 없이 촉박하게
급히: 갑자기
긴급히: 긴요하고 급하게
긴박히: 매우 다급하고 절박하게
긴불긴간에: 긴요하든 긴요하지 않든 관계없이
난데없이: 별안간 불쑥
느닷없이: 아무 징조도 없이 뜻밖에
다급스레: 몹시 급한 것처럼
다급히: 여유 없이 매우 급하게
다따가: 중도에 갑자기 =다따말고
다따로: 다짜고짜로
돌연: 예기치 못한 사이에 급히
돌연히: 갑작스럽게
돌흘: 돌연
득달같이: 잠시도 지체함이 없이 =독달같이
뜻밖에: 의외로

바삐: 몹시 급하게
약삭빨리: 꾀가 있고 민첩하여 매우 약빠르다
의외로: 뜻밖에
정작: 긴히 꼭
조급스레: 매우 급한 데가 있게
조급히(早急): 늦지 않고 매우 급하게
조급히(躁急): 매우 급한 데가 있게
조조히: 성질이 몹시 조급하게
졸시간에: 갑작스러운 짧은 동안에
졸지에: 갑작스럽게
초급히: 시간적 여유가 없이 매우 급하게
충급히: 성미가 날카롭고 몹시 급하게
총망히: 맹 급하고 바쁘게
총총: 몹시 급하고 바쁜 모양
총총히: 몹시 급하게
태급히: 아주 급히
하동지동: 다급하여 몹시 하동거리는 꼴
하동하동: 다급하여 몹시 하동거리다
하루 바삐: 하루라도 빨리
하루빨리: 하루라도 빠르게
하루속히: 하루빨리
하루아침에: 어느 날 갑자기
하루한시: '잠시'의 강조어
한숨에: 단숨에
홀연: 뜻하지 않은 사이에 갑자기
홀연히: 뜻하지 아니하게 갑자기
홀이히: 갑작스럽게 급히
홀저히: 갑작스럽고 소홀히 =홀저. 홀저에
홀제: '홀지에'의 준말
홀지: 홀지에
홀홀히: 문득 갑작스럽게
화급히: 불이 난 듯 몹시 급하게
황급히(遑汲): 몹시 급하며 한 가지 일에만 몰두하여 마음의 여유가 없이
황급히(遑急): 몹시 놀라서 다급히
황망히(慌忙): 마음이 몹시 급하여 당황하고 허둥지둥하는 면에 있어

황황급급히(遑遑急急): 매우 황급하게
황황히: 갈팡질팡 어쩔 줄 모르게 급히
후닥닥=후닥딱후닥딱: 급하게 마구 뛰거나 몸을 일으키는 꼴
휭하게: 중도에 지체하지 아니하고 곧장 빠르게

3.41.2. 느린 동작 부사

고무작고무작: 느린 모양으로 좀스럽게 자꾸 움직이는 꼴 큰구무적구무적 센꾸무작꾸무작
고물락고무락: 느리게 고물거리는 모양 큰구무럭구무럭 센꼬무락꼬무락
곰질: 매우 여리고 느린 몸놀림으로 한번 조금 움직이는 모양 =곰질곰질 큰굼질 센꼼질
구무작: 둔하고 느린 몸짓으로 한번 움직이는 모양 =구무적구무적 작고무작 고무작고무작 센꾸무적 꾸무적꾸무적
구물: 사람이나 짐승이 굼뜨게 움직이는 모양 작고물 센꾸물
굼적: 느린 몸으로 둔하게 움직이는 모양
굼지럭: '곰지락'보다 큰말 =굼지럭굼지럭 작곰지락곰지락 센꿈지럭꿈지럭
꼬물꼬물: 꼬물거리는 꼴 (예) 꼬물꼬물 동작이 느리다
꾸무럭꾸무럭: 꾸무럭거리는 꼴 여구무럭구무럭 작꼬무락꼬무락
꾸물꾸물: 꾸물거리는 꼴 여구불구불 작꼬물꼬물
느긋이 조급하게 굴지 않고 넉넉히
느리: 동작이 느리게
느릿느릿: 동작이 느리고 굼뜬 모양
만만히: 매우 느리게
얄긋얄긋: 짜인 물건의 사개가 맞지 아니하고 느슨하여 자꾸 비뚤어지는 모양 큰일긋일긋
염염히: 나아가는 꼴이 느릿느릿하게
완만히(緩慢): 일 따위가 되어 가는 속도가 느리게
차근차근: 말이나 행동이 조리 있고 찬찬하여 서두르지 않는 모양
차근차근히: 차근차근
차근히: 차근차근
찬찬히[1] : 편안하고 느리게
찬찬히[2] : 동작이 급하지 아니하고 느릿하게
창황히: 매우 급하게
천천히: 동작이 급하지 아니하고 느리게
추근스레: 추근한 느낌이 있게 추근추근 '천천히'의 남부지방의 사투리

3.42. 되풀이 부사

갑삭=갑삭갑삭: 고개나 몸을 잇달아 가볍게 조금 숙이는 꼴
달막=달막달막: 어깨나 엉덩이 따위가 가볍게 들렸다 놓였다 하는 꼴
들락날락: 자꾸 들어가고 나오고 활기를 되풀이하는 모양
엎치락뒤치락: 자꾸 엎치었다 뒤엎었다 하는 모습
오락가락: 왔다 갔다 반복하는 꼴
오르락내리락: 계속하여 올라갔다 내려갔다 하는 모양
오무락조무락: 손으로 물건을 만졌다 폈다하는 꼴
왔다갔다: 자주 오가는 모양
잘뚝잘뚝: 걸을 때 자꾸 되뚝되뚝 절다 센짤뚝짤뚝 큰절뚝절뚝
잘레잘레: 머리를 좌우로 좀 저으며 자꾸 흔드는 꼴 센짤레짤레 큰절레절레
잘록잘록: 걸을 때 자꾸 조금씩 절다 센짤록짤록 큰절룩절룩
잘름잘름: 다리를 잘름거리는 꼴 센짤름짤름 큰절름절름
짤룩짤룩: 걸을 때 잇달아 좀 절다 여잘룩잘룩 큰쩔룩쩔룩
짤름짤름: 한 쪽 다리가 짧거나 다치거나 하며 다리를 짤름거리는 꼴 여잘름잘름 큰쩔름쩔름
쩔뚝쩔뚝: 쩔뚝거리는 꼴 여절룩절룩 작짤독짤독
쩔레쩔레: 머리를 좌우로 저으며 여절레절레 작짤래짤래
쩔룩쩔룩: 쩔룩거리는 꼴 여절룩절룩 작짤룩짤룩
쩔쑥쩔쑥: 걸을 때 잇달아 몹시 거볍게 절다 여절숙절숙 작짤쑥짤쑥
한들한들: 가볍게 요리조리 자꾸 흔들리다

3.43. 두드리는 모습 부사

도닥도닥: 짧은 사이를 두면서 가볍게 두드리는 꼴
또락또락: 작고 굳은 물건으로 굳은 물건을 자꾸 가볍게 두드리다 거토막토막 큰뚜덕뚜덕
차닥차닥: 물기가 많거나 차진 물건을 가볍게 자꾸 두드리다 (예) 떡을 차닥차닥 치다. 도배종이에 풀을 차닥차닥 바르다 큰처덕처덕
탁탁: 자꾸 두드리거나 먼지를 터는 모양 큰턱턱
토닥토닥: 소리가 좀 둔하게 울릴 정도로 작은 물체를 가볍게 자꾸 두드리다 (예) 잔디를 심고 그 위를 토닥토닥 다져 준다
투덕투덕: 소리가 둔하게 울릴 정도로 물체를 가볍게 자꾸 뚜드리다 (예) 판자로 마른 흙을 투덕투덕 두드려 흙을 고르게 깔았다

팡팡: 탄력이 있는 것을 거세게 자꾸 두드리는 꼴 [센]빵빵 [큰]펑펑

3.44. 두려운 느낌 부사

가공스레: 보기에 두려움을 주는 듯하게
공구히: 몹시 두렵게
무섭게: 아주 무섭게 느껴지다
선득선득: 선득한 느낌이 자꾸 생기다 =선득 [센]선뜩선뜩 선뜩 [작]산득산득 산득
선뜩선뜩: 선뜩한 느낌이 자꾸 들다 =선뜩 [여]선득선득 선득 [작]산뜩산뜩 산뜩
송연히: 두려워서 옹송그리다
열없이: 겁이 많고 조금 부끄럽다
올랑올랑: 놀라거나 두려워서 가슴이 자꾸 설레며 뛰다 [큰]울렁울렁
옴실옴실: 놀라서 몸을 자꾸 뒤로 움츠리게 [큰]움씰움씰
와락: 갑자기 불쾌하거나 무서운 느낌 (예) 노인은 와락 무서운 생각이 들면서 머리끝이 곤두섰다
우둔우둔: 무서워서 가슴이 몹시 뛰다
흠칫=흠칫흠칫: 목이나 몸을 움츠리며 갑작스레 놀라다

3.45. 두터움 부시

두터이: 두텁게
두툼히: 좀 두껍게 [작]도톰히
유착스레: 매우 투박하고 크다
톡톡히: 피륙 따위의 바탕이 두껍거나 도톰하다
투박스레: 보기에 투박한 데가 있다
툽툽히: 툽툽하게 [작]톱톱히
툽상스레: 투박하고 상스럽다 [비]투상스레

3.46. 둘러싸는 모습 부사

뱅: 작은 둘레를 좁게 둘러싸는 꼴 [센]뺑 [큰]빙
빙: 큰 둘레를 둘러싸는 꼴 [센]삥 [작]뱅
뺑: 작은 둘레를 좀 빠르게 둘러싸는 꼴 [여]뱅 [큰]삥
삥: 좀 빠르게 둘러싸는 꼴 [여]빙 [작]뺑

3.47. 둥근 모양 부사

동그스름히: 동그스름하게 큰둥그스름히 센똥그스름히
동글납직이: 동글납작하게 큰둥글넓적이
동글동글: 동글동글한 꼴 큰둥글둥글
동긋이: 동긋하게 큰둥긋이
동실동실: 동그스름하고 토실토실한 꼴
둥굴넓적이: 둥글면서 넓적하다
둥그스름히: 둥그스름하게 작동그스름히
둥글둥글: 둥글둥글한 꼴 작동글동글
둥글번번히: 생김새가 둥글고 번번하다 작동글반반히
둥긋이: 둥긋하게 작동긋이
똥그스름히: 똥그스름하게 여동그스름히 큰뚱그스름히
똥글똥글: 똥글똥글한 꼴 여동글동글 큰뚱글뚱글
뚱그스름히: 뚱그스름하게 여둥그스름히 작똥그스름히
뚱글뚱글: 뚱글뚱글한 꼴 여둥글둥글 작똥글똥글
망울망울: 작고 둥근 망울들이 한데 엉기거나 뭉쳐서 동글동글하다
트레트레: 둥글게 빙빙 틀어진 모양

3.48. 뒤에 따라가는 모습 부사

바람만바람만: 바라보일 만한 정도로 뒤에 멀리 떨어져 따라가는 꼴
발암발암: 어떤 자국을 살펴가며 한 발씩 한 발씩 따라가는 꼴
졸졸: 어린아이나 강아지가 자주 뒤를 따라다니는 꼴 센쫄쫄 큰줄줄
줄줄: 사람이나 짐승 따위가 자꾸 뒤를 따라다니는 꼴 (예) 그는 뒤를 줄줄 따라다닌다 센쭐쭐 작졸졸
쫄쫄: 어린아이나 강아지 따위가 자꾸 남의 뒤를 급하게 따라다니는 꼴 (예) 개가 쫄쫄 따라온다 여졸졸 큰쭐쭐
쭐쭐: 사람이나 개 따위가 남의 뒤를 자꾸 빠르게 따라다니는 꼴 (예) 아이가 어머니의 뒤를 따라다닌다 여졸졸 작쫄쫄

3.49. 뒤지는 행위 부사

되작되작: 물건들을 요리조리 들추며 자꾸 뒤지다 거되착되착 큰뒤적뒤적

되착되착: 물건을 요리조리 들추며 함부로 자꾸 뒤지다 [여]되작되작 [큰]뒤척뒤척
뒤스럭뒤스럭: 부산하게 이리저리 뒤적거리다
뒤적뒤적: 뒤적거리는 꼴
뒤척뒤척: 물건들을 이리저리 들추며 함부로 자꾸 뒤지다 [여]뒤적뒤적 [작]되착되착
쏘삭쏘삭: 좀스럽게 함부로 자꾸 들추거나 뒤지거나 쑤시다 [큰]쑤석쑤석

3.50. 뒤집는 모습 부사

발깍=발깍발깍: 자꾸 갑작스럽게 뒤집히는 꼴 [거]발칵 발칵발칵 [큰]벌꺽 벌꺽벌꺽
발끈=발끈발끈: 급자기 어떤 일이 날듯이 시끄러운 꼴 [센]빨끈 빨끈빨끈 [큰]벌끈 벌끈벌끈
발칵=발칵발칵: 매우 갑작스럽게 온통 뒤집히는 꼴 [센]발깍발깍 발깍 [큰]벌컥 벌컥벌컥
벌끈=벌끈벌끈: 급자기 어떤 상태가 뒤집힐 듯이 시끄러운 양 [센]뻘끈 뻘끈뻘끈 [작]발끈 발끈
벌컥=벌컥벌컥: 매우 급작스럽게 자꾸 뒤집히는 꼴 [센]벌꺽 벌꺽벌꺽 [작]발칵 발칵발칵
빨깍=빨깍빨깍: 아주 갑작스럽게 어떤 상태가 뒤집히는 꼴 [큰]뻘꺽 뻘꺽뻘꺽
빨끈=빨끈빨끈: 갑자기 어떤 사태가 뒤집힐 듯이 아주 시끄러운 꼴 [여]발끈 발끈발끈 [큰]뻘끈 뻘끈뻘끈
뻘꺽: 아주 급작스럽게 온통 뒤집히는 꼴 =뻘꺽뻘꺽 [작]빨깍 빨깍빨깍
뻘끈: 급자기 어떤 상태가 뒤집힐 듯이 매우 시끄러운 꼴 [여]벌끈 [작]빨끈 =뻘끈뻘끈 [여]벌끈벌끈 [작]빨끈빨끈
왈딱=왈딱왈딱: 급자기 자꾸 뒤집히거나 젖혀지는 꼴 [큰]월떡 월떡월떡
월떡=월떡월떡: 급자기 자꾸 뒤집히거나 젖혀지는 꼴 [작]왈딱 왈딱왈딱
훌떡=훌떡훌떡: 속의 것이 다 드러나게 벗어지거나 뒤집히는 꼴 [작]홀딱 홀딱홀딱
훨떡=훨떡훨떡: 시원스럽게 뒤집거나 뒤집히는 꼴 [작]활딱 활딱활딱

3.51. 들먹이는 행위 부사

들먹들먹: 묵직한 물건이 자꾸 올렸다 내려앉았다 하다 [센]뜰먹뜰먹 [작]달막달막
들썩들썩: 묵직한 물건이 떠들렸다 가라앉았다 하다 [센]뜰썩뜰썩 [작]달싹달싹

3.52. 드문드문한 모습 부사

건숭드뭇이: ① 드문드문 흩어져 있다 ② 드문드문 이따금씩 있다
다문다문: ① 시간적으로 잦지 않고 좀 드문 모양 ② 공간적으로 배지 아니하고 사이가

좀 드문 모양 큰드문드문 센뜨문뜨문
드문드문: 시간이나 공간이 잦지 않게 작다문다문 센뜨문뜨문
듬성듬성: 촘촘하지 않고 성근 모양
듬성듬성히: 듬성듬성하게
뜨문뜨문: 배지 않고 사이사이가 매우 뜨다
띄엄띄엄: 거듭되는 일이나 물건들의 사이가 좁지 않고 벌어져 있는 모양 =드문드문

3.53. 든든한 상태 부사

단단히: 속이 차서 야무지고 실속이 있게 큰든든히 센딴딴히
당당히: 든든하고 힘이 세게
든든히: ① 여무지고 굳세다 ② 배부르게 ③ 추위를 견디기에 넉넉하게 ④ 마음이 허전하지 아니하고 미덥게 ⑤ 하는 일이 건실하게 작단단히 센뜬뜬히
딴딴히: '단단히'보다 센말
뜬뜬히: '든든히'보다 센말
배불리: 많이 먹어 더 먹고 싶은 마음이 없을 정도
촐촐히: 배가 고픈 느낌이 있어 큰출출히
탄탄히: 몸이 무르거나 느슨하지 않고 아주 야무지고 굳세게 큰튼튼히

3.54. 물건을 들거나 들리는 모습 부사

반짝=반짝반짝: 무엇을 가볍게 쳐들어올리는 꼴
번쩍=번쩍번쩍: ① 무엇을 한 번에 쳐들어올리는 꼴 작반짝 반짝반짝 ② 물건의 한 부분이 높이 들리는 꼴

3.55. 들뜨게 하는 행위 부사

흥글흥글: 들떠서 건들건들 지내는 모양
흥뚱항뚱: 일에 정신을 쓰지 않고 꾀를 부리거나 들뜨게 행동하는 꼴
흥뚱흥뚱: 들떠서 건들건들 행동하는 모양

3.56. 들쭉날쭉한 모습 부사

날쑥들쑥: 좀 들어가기도 하고 비쭉 나오기도 하여 가지런하지 아니하다

들쑥날쑥: 제멋대로 들어가기도 하고 나오기도 하여 고르지 못한 모양
들쏭날쏭: 들어가기도 하고 비쭉 나오기도 하여 고르지 않게 (예) 들쏭날쏭 솟은 산줄기
들쭉날쭉: 좀 들어가기도 하고 나오기도 하여 가지런하지 아니하다
들쭝날쭝: 들쭉날쭉 (예) 들쭝날쭝 솟은 산등성이가 지평을 이룬다

3.57. 들추어 헤치는 모습 부사

하작하작: 쌓인 물건을 자꾸 조금씩 들추어 헤치다 큰허적허적
해작해작: 탐탁하지 않은 태도로 무엇을 자꾸 조금씩 들추거나 발리며 헤치다 (예) 밥을 먹지 않고 해작해작 헤집어 놓았다 큰헤적헤적
허적허적: 쌓인 물건을 자꾸 들추어 마구 헤치다 작하작하작

3.58. 따로따로 부사

끼리끼리: 동아리를 지어 따로따로 (예) 끼리끼리 놓다
낄끼리: '끼리끼리'의 준말

3.59. 따지는 행위 부사

꼬치꼬치: ① 낱낱이 따지고 자세히 캐묻는 행위 ② 무엇을 꼼꼼하게 따져 생각하는 모양
미주알고주알: 숨은 일까지 속속들이 캐는 꼴 =고주알미주알
샅샅이: 틈이 있는 곳마다 모두 빈틈없이 철저하게
속속들이: 속 깊은 데까지
송두리째: 있는 바 전부를 모조리 다
시시콜콜 시답잖게: 미주알고주알 캐고 드는 모양
시시콜콜히: 시시콜콜하게 (예)시시콜콜히 따져 묻는다
옴니암니: 요리조리 좀스럽게 헤아려 따지는 꼴 (예) 옴니암니 따지다
지지콜콜히: 시시콜콜히
철저히: 속속들이 꿰뚫어 미치어 빈틈이나 부족함이 없이
하상(何嘗): '근본부터 따지고 보면', '처음부터 캐어본다면'의 뜻으로 물음이나 부정을 나타내는 말 위에 쓰이는 말 (예) 네가 무엇이기에 소리냐? 그것이 하상 얼마나 된다는 말이요

3.60. 딱한 모습 부사

갑갑히: 옹색하고 답답하게
답답히: 속이 막힌 듯이 갑갑하게
딱히: 가엾고 애처롭게
민민히(憫憫): 매우 딱하다
민울히: 안타깝고 답답하다

3.61. 땀을 흘리거나 땀방울이 매달린 모습 부사

바작바작: 진땀이 나는 꼴 센빠작빠작
빠작빠작: 진땀이 아주 몹시 나는 꼴 여바작바작
빨빨: 몸에서 땀을 심하게 흘리는 꼴 큰뻘뻘
뻘뻘: 몸에서 땀을 심하게 많이 흘리는 꼴 작빨빨
송골송골: 땀이나 소름 따위가 살갗에 자디잘게 많이 돋아나는 꼴 (예) 땀방울이 송송히 송골송골 맺혔다 큰숭숭히
송송: 자디잔 땀방울 소름 따위가 배게 돋는 꼴 큰숭숭
송송히: 송송하게
송알송알: 땀방울 따위가 잘게 방울방울 많이 맺히는 꼴 (예) 송알송알 맺힌 이슬방울 큰숭얼숭얼
숭숭: 큰 땀방울이나 소름 따위가 배게 많이 돋는 꼴 작송송
숭숭히: 숭숭하게 작송송히
쭉=쭉쭉: 땀 따위의 물기나 살이 한꺼번에 쭉 빠지는 꼴 여죽 죽죽 작쪽 쪽쪽
철철: 땀이 몹시 흐르는 꼴 (예) 선수들은 땀을 철철 흘리며 뛴다
호졸근히: 땀이 옷을 적실 정도로 많이 나서 반드르르하다 큰후줄근히
후줄근히: 땀이 옷을 몹시 적실 정도로 많이 나서 번드르르하다 작호졸근히

3.62. 때가 끼어 있는 모습 부사

닥작닥작: 때가 닥작닥작 붙어 있는 꼴 큰덕적덕적
닥지닥지: 때나 먼지 같은 것이 다랍게 많이 끼거나 올라 있다 큰덕지덕지

3.63. 땡땡하고 똥똥한 모습 부사

땡글땡글: 땡땡하고 동글동글하다
땡땡: 땡땡한 골 [거]탱탱 [여]댕댕 [큰]띵띵
똥똥: 실이 똥똥 쪘다 [큰]뚱뚱 [거]통통
똥똥히: 똥똥하게 [거]통통히 [큰]뚱뚱히
띵띵: 띵띵 부은 꼴 [여]딩딩
띵띵히: 띵띵하게
팅팅: 무르지 않고 튼튼하다 (예) 팅팅 부은 얼굴

3.64. 떠는 모양 부사

달달: 추워서 자꾸 떠는 모양 [큰]덜덜
덜덜: 춥거나 건강에 따라 떠는 모습 (예) 그는 떠는 손으로 글씨를 쓴다
바들바들: 몸이 잇달아 크게 바르르 떨리다 파들파들 [큰]버들버들
바르르: 가볍게 발발 떠는 꼴 [거]파르르 [큰]버르르
발발: 춥거나 무서워서 가늘게 자꾸 떠는 꼴 [큰]벌벌
버들버들: 몸이 잇달아 크게 바르르 떨리다
버르르: 거볍게 벌벌 떠는 꼴 [거]퍼르르 [작]바르르
오들오들: 춥거나 무서워서 몸이 심하게 떨리다
파들파들: 몸이 파르르 자꾸 떨리다 (예) 입술을 파들파들 떨다 [여]바들바들 [큰]퍼들퍼들
파르르: 작거나 가벼운 물체가 가냘프게 떨리거나 바람에 날리는 꼴 (예) 잎사귀가 파르르 떤다
푸들푸들: 푸들거리는 꼴 (예) 두 뺨이 푸들푸들 떨렸다 [여]부들부들
화들화들: 팔다리나 몸이 자꾸 심하게 떨리다 (예) 팔다리가 화들화들 떨린다 [큰]후들후들
후들후들: 후들거리는 꼴 (예) 손발이 후들후들 떨린다 [작]화들화들

3.65. 떠드는 행위 부사

게걸게걸: 꿱꿱 소리를 지르며 자꾸 떠들다
들썩들썩: 시끄럽고 부산하게 들썩거리는 꼴 [센]뜰썩뜰썩
떠벌떠벌: 지나치게 벌리어 떠들다
뜰썩뜰썩: 몹시 시끄럽고 부산하게 자꾸 떠들다 [여]들썩들썩
벅적=벅적벅적: 매우 어수선하게 큰소리로 떠드는 꼴 [작]박작박작 박작

소연히: 떠들썩하게
시끄러이: 듣기 싫게 큰 소리로 떠드는 모양
시끌벅적: 사람들이 어수선하게 시끄럽게 떠드는 모양
시끌시끌히: 주위가 매우 시끄럽게 떠드는데…
옹성옹성: 조금 소란하게 소근소근 자꾸 떠들다
와글와글: 한곳에 와그르르 모여서 자꾸 움직이거나 떠들다 큰와글와글
와락=와락와락: 자꾸 급하게 냅뜨거나 대들거나 잡아당기는 꼴 큰워럭 워럭워럭
와작와작: 와작거리는 꼴 (예) 운동회에서 사람들이 명절날처럼 와작와작 들끓었다
왁자그르르: 여럿이 한데 모여 웃거나 시끄럽게 웃고 떠드는 꼴 (예) 학생들이 왁자그르르 지껄이며 몰려나온다 큰웍저그르르
왁자지껄: 정신이 어지럽도록 떠들고 지껄이는 꼴
위그적위그적: 위그적거리는 꼴 (예) 무슨 사람들이 이렇게 많이 모여 위그적위그적
위글위글: 위글거리는 꼴 즉 한곳에 위그르르 모여서 자꾸 움직이거나 떠들다 (예) 위글위글 법석거리다 위글위글 끓어오르다. 위글위글 무너졌다
흥성흥성: 활기차게 자꾸 떠들다

3.66. 때리는 모습 부사

탁: 무엇을 세게 치거나 세게 부딪거나 하는 꼴 (예) 무릎을 탁 치다 큰턱
탁탁: 잇달아 세게 치거나 때리는 꼴 (예) 구둣발로 언 땅을 탁탁 구른다 큰턱턱

3.67. 붙은 것이 떠들리는 모습 부사

달막=달막달막: 붙어 잇선 것이 조금 떠들리는 꼴
달싹: 붙어 있던 물건이 쉽게 떠들리는 꼴 큰들썩 센딸싹

3.68. 떨어지는 모습 부사

탈싸닥=탈싸닥탈싸닥: 작고 도톰한 물건이 맥없이 바닥에 떨어지는 꼴
탈싹: 작고 두툼한 물건이 갑자기 바닥에 떨어지는 꼴 큰털썩
탈싹탈싹: 작고 두툼한 물건이 갑자기 잇달아 바닥에 떨어지는 꼴 큰털썩털썩
털썩: 크고 두툼한 물건이 갑자기 바닥에 떨어지는 꼴 작탈싹
털썩털썩: 잇달아 물건이 바닥에 떨어지는 꼴

3.69. 떠오르는 모습 부사

볼끈=볼끈볼끈: 작은 것이 도드라지게 치밀거나 치솟아 떠오르는 꼴 센뽈끈 뽈끈뽈끈 큰불끈 불끈불끈

휙=휙휙: 갑자기 빠르게 지나가거나 떠오르거나 하는 꼴 (예) 무엇인가 번개처럼 휙 지나간다

3.70. 떳떳하고 의젓한 모습 부사

떳떳스레: 보기에 떳떳하게

떳떳이: 숨기거나 굽힐 것 없이 어엿하게

버젓이: 흠 잡히거나 굽힐 만한 것이 없어 떳떳하고 의젓하다 센뻐젓이

뻐젓이: 남에게 책잡히거나 굽힐 만한 것이 없어 매우 떳떳하고 의젓하다

3.71. 뚜렷한 뜻의 부사

공연히(公然): 세상에서 다 알도록 뚜렷하고 떳떳하게

그윽이: 뜻이나 생각이 길게 (예) 그윽한 생각

도렷도렷이: 도렷도렷하게 큰두렷두렷이 센또렷또렷이

도렷이: 밝고 분명하게 큰두렷이 센또렷이

백일하에: 세상 사람들이 다 알도록 뚜렷하게

표표히(表表): 눈에 띄게 두드러지게

한만히: 뚜렷하지 아니하게

현저히: 두드러지게

3.72. 뛰는 행위 부사

강동=강동강동: 강동강동 뛰는 꼴 센깡똥 깡똥깡똥 큰겅둥 겅둥겅둥

강장강장: 다리를 모으고 자꾸 내뛰다 큰겅정겅정

겅둥=겅둥겅둥: 기름한 다리로 좀 가볍게 뛰는 꼴 센껑뚱 껑뚱껑뚱 작강동 강동강동

겅정겅정: 긴 다리를 모으고 가볍게 자꾸 내뛰다 작강장강장

겅중겅중=겅중겅중: 긴 다리를 모으고 솟구쳐 뛰는 꼴: 거껑충 껑충껑충 센껑쭝 껑쭝껑쭝 작강중 강중강중

깡둥껑둥: 기름한 다리로 거볍게 자꾸 내뛰다 작깡동깡동

깡똥=깡똥깡똥: 짜름한 다리로 가볍게 뛰는 꼴 여강둥 강둥강둥 큰껑뚱 껑뚱껑뚱
깡쫑=깡쫑깡쫑: 짧은 다리를 모으고 가볍게 솟구쳐 뛰는 꼴 여강중 강중강중 큰껑쭝 껑쭝껑쭝 =깡종 깡종깡종
깡충깡충=깡충: 짧은 다리를 모으고 아주 세게 솟구쳐 뛰는 꼴
깡통=깡통깡통: 짜름한 다리로 가볍게 뛰는 꼴 큰껑둥 껑둥껑둥
껑뚱껑뚱: 껑둥거리는 꼴 여겅둥겅둥 작깡똥깡똥
껑쭝껑쭝: 껑쭝거리는 꼴 여겅중겅중 작깡쫑깡쫑
껑충껑충: 껑충거리는 꼴 센껑쭝껑쭝 여겅중겅중 작깡충깡충
발랑발랑: 재빠른 짓으로 가분가분하게 뛰어다니거나 행동하는 모습
사부랑삽작: 거볍게 살짝 건너뛰거나 올라서는 꼴
서부적섭적: 가볍게 슬쩍 건너뛰거나 올라서는 모습 작사부랑삽작
일약: 별안간 높이 뛰어오르는 꼴
팔딱=팔딱팔딱: 작고 탄력 있게 뛰는 꼴 (예) 메뚜기가 발딱 뛰다 큰펄떡 펄떡펄떡
팔싹=팔싹팔싹: 가볍고 힘이 있게 뛰어오르는 꼴 (예) 아이들은 좋아서 팔싹팔싹 뛴다 큰펄쩍 펄쩍펄쩍
팔팔: 작은 것이 힘이 있게 몹시 날뛰거나 팔딱팔딱 뛰는 꼴 큰펄떡
퍼더퍼덕: 퍼덕거리는 꼴 (예) 고기들이 퍼덕퍼덕 뛴다
퍼떡퍼떡: 퍼떡거리는 꼴 (예) 숭어떼가 퍼떡퍼떡
펄떡=펄떡펄떡: 크고 탄력 있게 뛰는 꼴 작팔딱 팔딱팔딱
펄썩=펄썩펄썩: 연기나 먼지 따위가 뭉치어 한바탕 거볍게 일어나는 꼴 작팔싹 팔싹팔싹
펄쩍=펄쩍펄쩍: 거볍고 힘이 있게 뛰어 오르는 꼴 (예) 까치야 펄쩍 날아라 작팔짝 팔짝팔짝
펄펄: 힘이 있게 몹시 날뛰거나 펄떡펄떡 뛰는 꼴 (예) 갓 잡아올린 펄펄 뛰는 생선
폴딱폴딱: 폴딱거리는 꼴 (예) 어린 학생이 폴딱폴딱 뛰어온다
풀떡=풀떡풀떡: 힘을 모아 가볍게 뛰는 꼴 (예) 노루는 풀떡 뛰더니 달아났다 작폴딱 폴딱폴딱
풀쩍풀쩍: 둔하고 힘이 있게 자꾸 뛰어오르다 (예) 강아지는 낯선 사람을 보더니 풀쩍풀쩍 뛰며 짖어댄다
홀짝=홀짝홀짝: 갑자기 가볍게 뛰거나 날아오르는 꼴 큰훌쩍 훌쩍훌쩍
화닥닥: 갑작스럽게 뛰거나 몸을 일으키는 꼴 큰후닥닥
화닥닥화닥닥: 화닥닥거리는 꼴 큰후닥닥후닥닥
훅=훅훅: 높은 데를 잇달아 가볍게 뛰어넘는 꼴 (예) 훅훅 뛰어넘다
훌떡=훌떡훌떡: 힘차게 뛰거나 뛰어넘는 꼴 작홀딱 홀딱홀딱
훌쩍=훌쩍훌쩍: 급작스럽게 빨리 뛰거나 날아오르는 꼴 작홀짝 홀짝홀짝
훌훌: 가볍게 날듯이 뛰어넘거나 움직이는 꼴

3.73. 뛰어남(우수) 부사

기걸스레: 기이할 정도로 뛰어나다
월등히: 월등하게 (예) 실력이 월등히 향상되다 비 월등
월수히: 월수하게 (예) 월수히 다르다. 월수히 좋다
탁연히(卓然): 뛰어나 의젓하다

3.74. 뜻에 관한 부사

느닷없이: 퍽 뜻밖이고 갑작스럽게
뜻대로: 마음먹은 대로
뜻밖에: 생각이나 기대 또는 예상과 달리
마음껏: 마음에 흡족하도록
마음대로: 자기가 뜻하는 그대로
아근바근: 서로 뜻이 맞지 아니하여 사이가 바라져 있다
어근버근: 서로 뜻이 맞지 아니하여 사이가 벌어져 있다 작 아근바근
웅숭깊게: 생각이나 뜻이 크고 넓게
의외로: 뜻밖에
의외로이: 뜻밖이라고 생각되는 느낌이 들게

4. ㅁ부의 부사

4.1. 아주 마른(건조한) 모습 부사

바싹: ① 물기가 아주 마르거나 타버리는 꼴 큰버썩 ② 아주 가까이 달라붙는 꼴 큰버썩 ③ 아주 달라붙어 죄거나 우기는 꼴 큰버썩

바싹바싹: ① 물기가 아주 마르거나 다 타버리는 꼴 큰버썩버썩 ② 자꾸 아주 긴장하는 꼴

바짝=바짝바짝: 물기가 매우 마르거나 타버리는 꼴 큰버쩍 버쩍버쩍

버썩=버썩버썩: 물기가 다 마르거나 타버리는 꼴 작바싹 바싹바싹

보독보독: 물기가 거의 말라 보송보송한 듯하다 센뽀독뽀독 큰부둑부둑

부둑부둑: 물기가 거의 말아 부숭부숭한 듯하다 센뿌둑뿌둑 작보독보독

비쩍: 살가죽이 몹시 쭈그러질 정도로 여윈 꼴 작배짝

뽀득뽀득: 물기가 거의 말라 매우 보송보송한 듯하다 여보독보독 큰뿌둑뿌둑

뽀송뽀송: 물기가 다 말라서 보들보들하다 여보송보송 큰뿌숭뿌숭

뿌숭뿌숭: 물기가 다 말라서 부들부들하다 작뽀송뽀송

삐삐: 살갗이 배틀리도록 몹시 여윈 꼴 작빼빼

자질자질: 물이 마르거나 잦아드는 꼴

4.2. 마음의 여러 상태 부사

간간이: 마음가짐이나 행실이 꼿꼿하고 굳세다

거북살스레: 매우 자연스럽지 못한 데가 있어

거북상스레: 어쩐지 거북한 느낌이 있어

거북스레: 마음이나 몸이 자연스럽지 못한 느낌이 있게

거북히: 마음이나 가슴속이 답답하고 괴롭게

건듯=건듯건듯: 무겁던 마음이나 기분이 거뜬하게 되는 모양

경쾌히: 기분이 가볍고 상쾌하게

공공히: 마음이나 태도가 곧고 튼튼하게

귀살머리스리: '귀살스레'의 낮춤말

귀살스레: 물건이 자꾸 엉클어져 정신이 뒤숭숭하다

깔깔히: 마음이 맑고 바르고 깨끗하다 큰끌끌히

깔끔히: 깔끔하게 큰끌끔히

께끄름히: 께적지근하고 꺼림하여 마음이 내키지 않다

꿋꿋이: 마음이 곧고 굳세게

끌끌히: 마음이 맑고 바르고 깨끗하다 작깔깔히
난안히: 마음 놓기가 어렵게
느근느근: 먹은 것이 내려가지 않아 속이 매스껍고 느끼하여 게울 듯한 모습
느슨히: 마음이 풀려 죄어칠 힘이 없는 상태
담담히: 마음에 욕심이 없어 거리낌이 없이 차분하고 평온하게 큰덤덤히
대담히: 대담한 꼴
들썽들썽: 하고 싶은 일이나 안타까운 일이 있을 때 마음이 좀 어수선하게 자꾸 들떠서 움직이다
맘껏: 마음대로 실컷
맘대로: '마음대로'의 준말
바작바작: 마음이 안타깝게 죄어드는 느낌 센빠작빠작 큰버적버적
범흘히: 데면데면하여 탐탁하지 않다
복잡스레: 마음이나 생각 등이 뒤숭숭하고 어수선하다
불쑥=불쑥불쑥: 갑자기 어떤 생각이나 마음이 생기는 모양
빠작빠작: 마음이 매우 안타까워서 자꾸 죄어드는 꼴 큰빠적빠적
새통스레: 어처구니없이 새삼스럽다
소마소마: 무섭거나 두려워서 마음이 초조하다
소상히: 검소하고 고상하게
순화로이: 순탄하고 평화로이
숭굴숭굴: 마음 씀씀이가 다 수더분하고 너그럽다 (예) 큰 아이는 퍽 숭굴숭굴하고 털털했다
슬그머니: 남 몰래 마음속으로 은근히 (예) 슬그머니 화가 난다
슬며시: 속으로 천천히 은근하게
심드렁히: 마음에 탐탁하지 아니하다 (예) 밖에서 무슨 이야기를 그렇게 수군거리느냐 심드렁히 묻는다
심술스레: 심술이 있다
싱숭생숭: 마음이 갈팡질팡 들떠 있다
쌔무룩이: 마음에 몹시 못마땅하거나 불만스러워 좀 언짢은 기색이 있다 큰씨무룩이
씨무룩이: 마음에 몹시 못마땅하거나 불만스러워 아주 언짢은 기색이 있다 여시무룩이 작쌔무룩이
아낌없이: 아끼는 마음이 없이
아련히: 마음이 쓸쓸하고 어두운 모양
안절부절: 불안하고 초조하여 어쩔 바를 모르는 꼴 (예) 생각이 조급하여 안절부절 어찌할 바를 몰랐다
애꿎이: 아무런 잘못도 없이 억울하게 (예) 이때 동방은 이미 밝고 애꿎이 심신만 처참하였다
애매히: 억울하게 (예) 사람을 애매히 나무란다

애오라지: 마음에 부족하나마 겨우

애틋이: ① 애가 타는 듯하다 ② 몹시 아깝고 섭섭하다 ③ 정답고 알뜰한 맛이 있다 (예) ① 젊은 가슴이 애틋이 끓는다. ② 말할 수 없이 애틋한 심정 ③ 잠깐 사귀었지만 그는 애틋한 여운을 남기고 갔다

야심스레: 매우 심하게

어령치기: 긴가 민가 하여 마음에 꺼림칙하다 (예) 어령치기 짐작이 간다 [작]아령치기

어리광스레: 어른에게 귀염을 받거나 남의 환심을 사려고 짐짓 어린아이 같은 태도를 보이는 데가 있게

어리둥절: 어리둥절하게 =어리둥절히

어리마리: 어리마리한 꼴

어리벙벙히: 어리벙벙하게 [센]어리뻥뻥히

어리빙빙히: 어리빙빙하게 [센]어리삥삥히

어리뻥뻥히: 어리뻥뻥하게 [여]어리벙벙히

어이없이: 하도 기가 막혀 어찌할 생각이 없이

어질어질: 어질증이 나서 자꾸 정신이 어지럽다 [센]어찔어찔 [작]아질아질

어처구니없이: '어이없다'의 속된 말 (예) 너무나 어처구니없이 지고 말았다

엉성히: 탐탁하지 아니하다 (예) 엉성한 웃음소리

엉큼스레: 엉큼스럽게 [작]앙큼스럽게

여부없이: 의심할 여지가 없다

연연히(戀戀): 그립게 (예) 연연히 사모하다

염검히: 청렴하고 검소하다

염렬히: 청렴하고 결백하다

예의: 열심히 잘 하려고 단단히 차린 마음

오락가락: 정신이 들었다 나갔다 하다

옹용히: 마음이 넓고 침착하다

완고히: 완전하고 튼튼하게

울렁울렁: 크게 놀라거나 두려워서 가슴이 자꾸 설레며 뛰다 [작]올랑올랑

울연히: 답답하게

울컥=울컥울컥: 분한 생각이 한꺼번에 치미는 꼴 (예) 화가 울컥 치밀어 부들부들 떨었다

웅숭깊이: 도량이 크고 넓다 (예) 험악한 석벽 틈에 맑은 물이 웅숭깊이 괴어 있었다

원망스레: 못마땅하여 탐하거나 불평을 가지고 미워하는 마음이 있게

음흉스레: 음침하고 흉악한

정히: 바르게. 맑고 깨끗하게

제대로: 마음먹은 대로

조릿조릿: 겁이 나거나 걱정이 되어서 마음이 놓이지 아니하고 빠작빠작 졸아드는

듯하다 (예) 마음을 조릿조릿 졸이다
조마조마: 닥쳐올 일에 대하여 마음이 초조하고 불안하다 (예) 추첨으로 승부를 가리는 조마조마한 순간이다
짜글짜글: 몹시 안타깝거나 못마땅하거나 하여 마음을 자꾸 졸이다 [여]자글자글 [큰]찌글찌글
착: 마음이나 음성이 가라앉는 꼴 (예) 마음이 착 가라앉았다. 착 가라앉은 음성
철석같이: 마음 의지 약속 따위가 쇠나 돌처럼 매우 굳고 단단함을 비유하는 말 (예) 철석같이 믿었던 사람
초연히: ① 얼굴에 조심스러운 빛이 있게 ② 어떤 환경에서 벗어나 아랑곳하지 않고 의젓이
초조히: 근심과 걱정으로 시름없이
태연히: 마음이 안정되어 평온하게
턱=턱턱: 마음이 아주 풀리는 꼴 [작]탁 탁탁
하염없이: 그저 멍하게 아무 생각 없이
한심스레: 한심스럽게
함부로: 생각함이 없이 마구
함부로덤부로: '함부로'의 힘줌말
허심히: 마음에 딴 생각이나 거리낌이 없이
황급히: 마음의 여유가 없다
흔연스레: 기쁘거나 반가워 기분이 좋다
흔연히: 흔연하게
흔흔히: 마음이 아주 기쁘다

4.3. 막히거나 트이는 모습 부사

막연히: 범위나 내용이 갈피를 잡을 수 없이 어렴풋이
콱=콱콱: 자꾸 콱 막거나 막히는 꼴
탁: ① 갑자기 아주 막히는 꼴 ② 막힌 것이 한편 트이는 꼴 [큰]턱
탁탁: 자꾸 숨이 막히는 꼴

4.4. 만족 부사

그나마: 좋지 않거나 모자라기는 하나 그것이라도 (예) 다 찢어진 우산이지만 그나마 없었으면 다 젖을 뻔했다

너끈히: 모자람이 없이 넉넉하다
넉넉히: 수량이 기분에 차고도 남음이 있다
마음껏: 마음에 흡족하도록
만족스레: 매우 만족할 만하게
만족히: 마음에 흡족하게. 만족하게
불만스레: 불만스럽게
불만족스레: 불만하게
실컷: 마음에 원하는 대로 실컷. (예) 실컷 먹다
족히: 족하게
팽만히: 많이 먹어 배가 몹시 불룩하게
흐뭇이: 흐뭇하게
흔전만전: 흔전만전한 꼴
흔전흔전: 흔전하게 잘 쓰며 지내다
흠뻑: 흡족히
흠흠히: 얼굴에 흐뭇한 표정이 나타나 있어
흡연히: 매우 만족한 듯이 =흡연
흡족히: 조금도 모자람이 없을 정도로 넉넉하여 만족하게

4.5. 만지거나 주무르는 행위 부사

만작만작: 가볍게 주무르는 듯 자꾸 만지다 큰만적만적
만지작만지작: 찬찬히 만지작거리다 준만작만작
조몰락조몰락: 작은 동작으로 물건 따위를 자꾸 주무르는 모양 큰주물럭주물럭
조무락조무락: 조몰락조몰락 큰주무럭주무럭
조물조물: 작은 손놀림으로 자꾸 주물러 만지작거리는 꼴
주무럭주무럭: 주물럭주무럭
주물럭주물럭: 작은 동작으로 물건 따위를 자꾸 잇달아 주무르는 꼴

4.6. 여러 가지 말 부사

4.6.1. 가정하고 하는 말 부사

마기말로: 실제라고 가정하고 하는 말로
막상말로: 실상이라고 가정하는 말로

4.6.2. 그럴 듯하게 하는 말 부사

엇구수히: 말이나 이야기가 듣기에 그럴 듯한 맛이 있다
영절스레: 신기할 정도로 그럴 듯한 데가 있다 (예) 이 어린애가 영절스레 말을 잘해서 그냥 곧이들었습니다

4.6.3. 까불며 하는 말 부사

새롱새롱: 실없이 방정맞게 까불며 자꾸 재깔이다 큰시룽시룽

4.6.4. 꾸짖는 말 부사

톡=톡톡: 야멸차게 쏘아보거나 말을 불쑥 쏘아붙이는 꼴 (예) 대답이나 했으면 그만이지 톡 쏘는 거는 뭐냐? 큰툭 툭툭
툭=툭툭: 몹시 야멸차게 쏘아보거나 말을 불쑥 쏘아붙이는 꼴

4.6.5. 나불거리는 말 부사

재자재자: 잇달아 나불나불 지저귀다 큰지저지저
지저지저: 자꾸 나불나불 지저귀다 작재자재자

4.6.6. 낮은 목소리로 하는 말이나 지껄이는 말 부사

재잘재잘: 낮은 목소리로 자꾸 재깔이다 큰지절지절
조잘조잘: 낮은 소리로 빠르게 말을 계속하는 모양 큰주절주절 센쪼잘쪼잘
종알종알: 남이 잘 알아듣지 못할 정도의 작은 목소리로 혼자말로 자꾸 하는 모양 큰중얼중얼
중얼중얼: '종알종알'보다 큰말 센쭝얼쭝얼
중절중절: 낮은 목소리로 조잘거리다 센쭝절쭝절 작종잘종잘
지절지절: 낮은 목소리로 자꾸 지껄이다
쭈절쭈절: 낮은 목소리로 중얼거리다 여주절주절 작쪼잘쪼잘

4.6.7. 다투는 말 부사

가타부타: 옳다느니 그르다느니 함
아닥치듯: 몹시 떠들며 말다툼하는 꼴

4.6.8. 더듬는 말 부사

다달다달: 분명하지 않은 말소리로 자꾸 더듬다
다듬다듬: 말을 하거나 글을 읽을 때 자꾸 좀 더듬다 큰더듬더듬
다듬작다듬작: 말소리를 나릿나릿 자꾸 더듬다 큰더듬적더듬적
따듬따듬: 말을 하거나 글을 읽을 때 몹시 더듬거리다 여다듬다듬 큰떠듬떠듬
떠듬떠듬: 말을 하거나 글을 읽을 때 몹시 더듬거리다 여더듬더듬 작따듬따듬
떠듬적떠듬적: 떠듬적거리는 꼴 여더듬적더듬적 작따듬작따듬작

4.6.9. 따지는 말 부사

가타부타: 옳다느니 그르다느니 함
꼬치꼬치: 낱낱이 따지고 자세히 캐어묻는 말
덮어놓고: 옳고 그름. 좋고 나쁨 따위의 사정을 따지지 않고 그저
따따부따: 딱딱한 말씨로 시비하는 말
아무래도: '아무리 하여도'의 준말
왈가왈부: 옳다느니 아니라느니 함

4.6.10. 떠드는 말 부사

꺽죽꺽죽: 꺼드럭거리며 자꾸 떠들다
노닥노닥: 좀 수다스럽게 잔재미 있는 말들을 자꾸 늘어놓다
더덜더덜: 거친 말소리로 좀 빠르게 자꾸 떠들다 작다달다달
떠벌떠벌: 지나치게 벌리어 떠들다
야물야물: 무엇이라고 야물야물 지껄이더니 별안간 조용해졌다
야죽야죽: '야기죽야기죽'의 준말 (예) 남의 잘못된 것을 보면 야죽야죽 지껄이는 놀부 심사
재깔재깔: 나직한 목소리로 좀 떠들썩하게 자꾸 이야기하다
지껄지껄: 큰소리로 떠들썩하게 이야기하다 작재깔재깔

4.6.11. 똑똑하게 하는 말 부사

또박또박: 한 토막씩 똑똑하게 말을 하거나 읽거나 글씨를 쓰는 꼴
종작없이: 말이나 태도가 똑똑하지 못하여 종잡을 수 없이

4.6.12. 말이 튀어나오는 모습 부사

풀쑥: 말이나 물건 따위가 느닷없이 툭 튀어나오는 꼴 (예) 골난 김에 막말을 풀쑥 던져 버렸다

4.6.13. 말한 바와 같이 부사

그야말로: 말한 바와 같이 참으로 (예) 그야말로 보람 있는 일

4.6.14. 머뭇거리는 말 부사

여짓여짓: 무슨 말을 할 듯 말 듯 머뭇거리는 모습

4.6.15. 무게 있는 말 부사

땀직땀직: 말이나 행동이 한결같이 매우 속이 깊고 무게가 있다 [큰]뜸직뜸직
땀직이: 땀직하게 [큰]뜸직이
뜸직뜸직: 말이나 행동이 한결같이 매우 뜸직하다 [작]땀직땀직
뜸직이: 뜸직하게 [작]땀직이

4.6.16. 미끈한 말씨 부사

유창히: 거침없이 미끈하다 (예) 유창한 말솜씨로 대중을 사로잡았다

4.6.17. 바로 앞에 한 말을 강조하여 하는 말 부사

이야말로: 바로 앞에서 이야기한 사실을 강조하여 이르는 말
이야말로: 지정사 어간 '이'에 '야말로'가 붙어 지정하고 강조하여 확인함을 나타내는

말 (예) 금강산 이-야말로 우리나라의 자랑이다

4.6.18. 말이나 글의 번거로운 모습 부사

장황스레: 말이나 글이 번거롭고도 길다
장황히: 장황하게

4.6.19. 변명 말 부사

그러니저러니: 그러하다느니 저러하다느니 (예) 그러니저러니 말도 많다

4.6.20. 불쑥하는 말 부사

볼통볼통: 퉁명스럽고 야멸차게 마구 불쑥불쑥 말하다 큰불퉁불퉁
볼통히: 볼통하게 큰불퉁히
불퉁불퉁: 퉁명스럽고 무뚝뚝하게 마구 불쑥불쑥 말하다 작볼통볼통
불퉁히: 불퉁하게 작볼통히

4.6.21. 비꼬는 말 부사

쾌쾌: 말 따위를 자꾸 비꼬는 꼴

4.6.22. 비밀 말 부사

웩웩: 비밀로 하거나 꺼리는 사실을 마구 다 털어내어 말하는 꼴 작왝왝
으밀아밀: 남이 모르게 비밀히 이야기하는 꼴

4.6.23. 빈정거리는 말 부사

야기죽야기죽: 밉살스럽게 재깔이며 짓궂게 빈정거리다 (예) 야기죽야기죽 지껄이다가 들어 주는 사람이 조용해진다
이기죽이기죽: 밉살스럽게 지껄이며 짓궂게 빈정거리다 준이죽이죽 작야기죽야기죽

4.6.24. 빨리하는 말 부사

물퍼붓듯: 말을 막힘없이 덮치는 듯이 빨리 하는 꼴
물퍼쓰듯: 말을 막힘없이 술술 빨리하는 모양

4.6.25. 사이좋게 하는 말 부사

오손도손: 사이좋게 이야기를 나누는 모양

4.6.26. 소란스런 말 부사

웅성웅성: 여러 사람이 모여 소란스레 말하는 모양

4.6.27. 수다스러운 말과 지껄이는 말 부사

나더분히: 말이 듣기 싫을 만큼 수다스럽게 큰너더분히
어살버살: 이러니저러니 말이 많음
새실스레: 보기에 수다스럽고 새실맞다
씩둑씩둑: 쓸데없는 말로 수다스럽게 자꾸 지껄이다
재자재자: 재자거리는 꼴 (예) 재자재자 나불거리다
재잘재잘: 재잘거리는 꼴 (예) 학교에서 배운 것들을 재잘재잘 자랑하듯 이야기한다 큰지절지절
조잘조잘: 좀 낮은 목소리로 종알거리다 (예) 아이들이 모여서 조잘조잘 지껄이며 논다 센쪼잘쪼잘 큰주절주절
쭈절쭈절: 쭈절거리는 꼴 (예) 쭈절쭈절 중얼거리다
쫑잘쫑잘: 수다스럽게 쫑잘거리다 여종잘종잘 큰쭝절쭝절
쭝절쭝절: 매우 수다스럽게 쭝얼거리다 여중절중절 작쫑잘쫑잘
지지지지: 수다스럽게 지절거리다
콩팔찰팔: 갈피를 잡을 수 없게 마구 지껄이다

4.6.28. 시시콜콜한 말 부사

시시콜콜히: 말이나 내용이 잘고 시시하다

지지콜콜이: 시시콜콜히

4.6.29. 쓸데없는 말 부사

객설스레: 말이나 행동이 쓸데없고 실없다
객심스레: 보기에 몹시 객쩍다
객쩍이: 말이나 행동 및 생각이 쓸데없고 싱겁다

4.6.30. 혼잣말 부사

속닥속닥: 남이 알아듣지 못하도록 낮은 소리로 이야기하다
속달속달: 남이 알아듣지 못하도록 낮은 목소리로 조금 수선스럽게 이야기하는 모습
속삭속삭: 남이 알아듣지 못하도록 낮은 목소리로 가만가만 이야기하는 모습
속살속살: 남이 알아듣지 못하도록 작은 목소리로 자질구레하게 자꾸 이야기하는 모습
쫑알쫑알: 어린아이나 여자들이 남이 알아들을 수 없도록 혼자서 몹시 심하게 말하다
　　여종알종알 큰쭝얼쭝얼

4.6.31. 웃으며 하는 말과 재미있게 하는 말 부사

새살새살: 생글생글 웃으면서 재미있게 자꾸 재깔이다 큰시설시설
새살스레: 새살스럽게 큰시설스레
시설스레: 싱글싱글 웃으면서 재미있게 자꾸 지껄이기를 좋아하여 보기에 실없다
시설시설: 싱글싱글 웃으면서 재미있게 자꾸 지껄이다 작새살새살
아주: 잘난 체하는 짓을 비웃는 말

4.6.32. 보통 말 부사

가위: 그야말로. 한마디 말로 이르면
고사하고: 더 말할 나위도 없이
구구이: 한 구, 한 구마다
구구절절: 구구절절마다
구절구절이: 한 토막의 말이나 글마다
그야말로: 전달하고자 하는 사실을 강조할 때 쓰는 말 (예) 그것이야말로
대관절: 여러 말 할 것 없이 대체의 요점으로 말하건대

대체로: ① 대강의 요건만 말해서 ② 일반적으로
도대체: '대체'의 힘줌말
말결에: 무슨 말을 하는 김에
말말끝에: 이런 말 저런 말을 하던 끝에
말말이: 하는 말마다. 한 마디 한 마디
말밖에: 말에 나타난 뜻 밖에
말없이: 아무 말도 하지 않고
매부수수히: 말과 하는 짓이 어울리지 않고 시골티가 나다
무론: 물론
물론: 구태여 말할 것도 없이
속소위: 세간에서 이르는 말
어차간에; 말하는 김에
언필칭: 말을 할 때마다 반드시
언하에: 말이 떨어지자마자
언흘에(言訖): 언파에
완곡히: 말하는 투가 들은 사람의 감정이 상하지 않도록 모나지 않고 부드럽게
왈가왈부: 가타부타
언파에: 말을 마치고 =언필에
절절이: 말이나 글의 한 마디 한 마디마다

4.6.33. 입담 좋은 말 부사

야스락여스락: 입담 좋게 잇달아 말을 늘어놓는 꼴 준야슬여슬 (예) 돈을 내지 않으려고 야스락야스락 말을 늘어놓는다
야슬야슬: 좀 가볍게 말을 살살 늘어놓는 모습

4.6.34. 입속말(알 수 없는 말) 부사

옹알옹알: 입속말로 똑똑하지 않게 자꾸 지껄이다 (예) 편지를 받자 옹알옹알 읽는다 큰웅얼웅얼
옹잘옹잘: 불평이나 원망 따위를 입속말로 지껄이는 모양 큰웅절웅절
우물우물: 우물거리는 꼴 (예) 꾸지람을 듣고 있던 우물우물 입속말로 변명하다, 우물우물 입술을 깨물다
웅얼웅얼: 웅얼거리는 꼴 (예) 웅얼웅얼 알 수 없는 소리로 중얼거리다 작옹알옹알

웅절웅절: 웅절거리는 꼴 (예) 웅절웅절 지껄이다 작웅잘웅잘
쭝얼쭝얼: 남이 알아들을 수 없도록 혼자서 몹시 심하게 자꾸 말하다 여중얼중얼 작쫑알쫑알

4.6.35. 장담 부사

제왈: 제랍시고 장담으로

4.6.36. 짜증을 내는 말 부사

찡얼찡얼: 몸이 불편하거나 마음에 못마땅하여 짜증을 내며 쭝얼거리다 거칭얼칭얼 여징얼징얼
칭얼칭얼: 몸이 불편하거나 마음에 못마땅하여 짜증을 내며 몹시 쭝얼거리며 보채다 센찡얼찡얼 여징얼징얼

4.6.37. 칭찬 말 부사

쩍말없이: 썩 잘 되어 더 말할 나위 없다

4.6.38. 천천히 차근차근히 말하는 모습 부사

차근차근: 조리가 있고 찬찬히 말하는 꼴
차근차근히: 차근차근하게
차근히: 차근하게

4.6.39. 큰소리를 치는 모습 부사

땅땅: 실속 없이 큰소리만 잇달아 치는 꼴 거탕탕 큰떵떵
떵떵: 큰소리를 잇달아 치는 꼴
탕탕: 실속 없이 함부로 큰소리만 자꾸 치는 꼴 센땅땅 큰텅텅
텅텅: 헛된 장담으로 큰소리만 자꾸 치는 꼴 센떵떵 작탕탕

4.6.40. 핑계 말 부사

천산지산: 이런 말 저런 말로 많은 핑계를 늘어놓는 꼴

4.6.41. 할 말이 없음 부사

고사하고: '은(는)' 다음에 쓰이어 '더 말할 나위도 없고', 또는 '커녕'의 뜻을 나타냄
(예) 노루는 고사하고 토끼도 한 마리 못 잡았다

쩍말없이: 썩 잘 되어 더 말할 나위가 없다

4.6.42. 허튼소리를 함부로 하는 말 부사

가납사니같이: 된소리 안된소리를 하여 말수가 많다

개코쥐코: 쓸데없는 말로 이러쿵저러쿵 하는 모양

귀둥대둥: 말이나 짓을 함부로 아무렇게나 하는 꼴 (예) 그까짓 귀둥대둥 짓거리는 소리를 들어 무엇하겠다

그리저리: 말이나 행동을 아무렇게나 되는 대로

깐족깐족: 허튼소리를 짓궂고 밉살스럽게 자꾸 지껄이는 꼴 큰깐죽깐죽

깐죽깐죽: 깐죽거리는 꼴 작깐족깐족

깐질깐질: 분명하지 않은 말이나 행동으로 다른 사람의 마음을 짜릿짜릿하게 하는 꼴 여간질간질

닥치는대로: 아무렇게나. 이것저것 따지지 않고

되는대로: 아무렇게나. 함부로

마구: 앞뒤를 헤아리지 않고 한 곳으로 세차게 준막

마음대로: 마음이 내키는 대로

불쑥=불쑥불쑥: 앞뒤를 헤아림 없이 갑자기 말을 하는 모양

사부랑사부랑: 쓸데없는 말로 방정맞게 자꾸 씨부리다 센씨부랑씨부랑 큰시부렁시부렁

새롱새롱: 실없이 방정맞게 까불며 자꾸 재깔이다

새새덕새새덕: 좀 실없이 웃으며 가볍게 자꾸 재깔이다 큰시시덕시시덕

수다스레: 쓸데없이 말을 많이 하는 느낌이 있다

시롱새롱: 실없이 헛되게 까불며 자꾸 지껄이다 (예) 시롱새롱 지껄여서 믿을 수가 없다

시롱시롱: 시롱거리는 꼴 작새롱새롱

시부렁시부렁: 쓸데없는 말로 주책없이 함부로 자꾸 지껄이다 센씨부렁씨부렁 작시부랑시부랑

실떡실떡: 실없이 웃으며 쓸데없는 말로 자꾸 지껄이다
쑥: 말을 경솔하게 기탄없이 하는 꼴 작쏙
쑥쑥: 말을 자꾸 거침없이 내놓는 꼴 작쏙쏙
씨부랑씨부랑: 매우 경망스럽게 실없이 자꾸 지껄이다 여시부랑시부랑 큰씨부렁씨부렁
아무렇게: '아무리하게'의 준말
아무려면: 되는 대로 어떠하게
엉정벙정: 쓸데없는 것들을 너절하게 늘어놓거나 쓸데없는 말을 늘어놓으면서 허풍을 치다
이죽이죽: '이기죽이기죽'의 준말 (예) 밉살스럽게 이죽이죽 지껄인다 작야죽야죽
익죽익죽: 허튼소리로 밉살스럽게 지껄이다
일기죽일기죽: 일기죽거리는 꼴 (예) 성을 내어 긴 입을 일기죽일기죽거리면서 말한다. 미닫이를 여닫을 때마다 일기죽일기죽 일그러진다
입맛대로: 마음대로
자락자락: 갈수록 더욱 거리낌 없이 구는 꼴 (예) 가만히 있으라니까 자락자락 더한다
콩팔칠팔: 갈피를 잡을 수 없게 마구 지껄이는 꼴

4.6.43. 환언 부사

가론: 이른바. 이를테면
대개(大蓋): 일의 큰 원칙으로 보아 말하건대
소위; 이른바 (예) 소위 윤회설이 참말이라면…
소칭(所稱): 이른바
아닌 게 아니라: 앞에 말한 사실이 확실함을 알게 될 때. '과연' 또는 '정말로'의 뜻으로 하는 말 (예) 오늘 와 보니 아닌 게 아니라 참 좋은 곳일세
예컨대: 예를 들자면
이른바: 사람들이 흔히 말하는 바
이를데없이: 더할 나위 없이 마땅히
이를터이면: 예를 들어 말하는 바
이를테면: '이를 터이면'의 준말
즉: 바꾸어 말하면

4.7. 종이 천 따위가 말리거나 찢어지는 모습 부사

도르르: 좁은 종이 따위가 탄력 있게 돌돌 말리는 꼴
돌돌: 작은 물건이 가볍게 여러 겹으로 말리는 모양 센똘똘 큰둘둘

두르르: 종이 따위가 탄력 있게 돌돌 말리는 꼴 [센]뚜르르 [작]도르르
둘둘: 물건이 가볍게 여러 겹으로 말리는 꼴 [센]뚤뚤 [작]돌돌
또르르: 좁은 종이 따위가 매우 탄력 있게 말리는 꼴 [여]도르르 [큰]뚜르르
똘똘: 작은 물건이 여러 겹으로 세게 말리거나 뭉쳐지는 꼴
뚜르르: 넓은 종이 따위가 매우 탄력 있게 말리는 꼴 [여]두르르 [작]또르르
발발: 몹시 삭은 종이나 헝겊이 건드리기가 무섭게 째어지는 꼴
벅벅: 넓고 질긴 종이나 천 따위가 자꾸 짖어지는 꼴 [센]뻑뻑 [작]박박

4.8. 망각, 보이지 않는 상태 부사

가맣게: 잊은 정도가 심하게
가뭇같이: 눈에 띠지 않게
가뭇없이: 보이던 것이 전혀 보이지 않아 찾을 길이 없이

4.9. 마땅 부사

당연: 마땅히
당연히: 마땅히 그러하게
마땅히: 당연하게. 그렇게 하는 것이 이치로 보아 옳게
못마땅히: 못마땅하게
불가불: 아니 하여서는 안 되겠으므로 마땅히
응연히: 마땅히 그러하게 =응연

4.10. 망령스럽거나 실신한 부사

망령되이: 늙거나 정신이 흐려 말이나 행동이 비정상적으로
망령스레: 망령된 듯하게
실성실성: 정신 나간 사람처럼 허튼소리로 자꾸 지껄이는 모양
실심히: 근심 걱정으로 맥이 빠지고 마음이 산란하게

4.11. 매거나 동이는 모습 부사

잘근=잘근잘근: 단단히 졸라매거나 동이는 꼴 [센]잘끈. 잘끈잘끈 [큰]질근 질근질근
잘끈: 좀 딴딴하게 잘라매거나 동이는 꼴 (예) 허리를 잘끈 잡아매다

질끈=질끈질끈: 단단하게 바싹 졸라매거나 동이는 꼴 (예) 머리를 질끈 질끈 동인다 [여]질근 질근질근

찬찬: 단단하게 자꾸 감거나 동여매는 꼴 (예) 흥부는 제비의 다리를 헝겊으로 찬찬 동여서 둥지에 넣어주었다 [큰]친친

칭칭: 든든하게 꽁꽁 감거나 동이는 꼴 (예) 구렁이가 내 몸을 칭칭 감는 꿈을 꾸었다

4.12. 매달린 모습 부사

되롱되롱: 좀 가벼운 물건이 매달려서 느리게 흔들리다

드레드레: 물건들이 많이 매달려 있거나 늘어져 있다 [작]다래다래

숭얼숭얼: 꽃 열매 따위가 큼직큼직하게 많이 모여 달린 꼴

조랑조랑: 조랑조랑한 꼴 (예) 조랑조랑 열려 있는 대추들

조롱조롱: 조랑조랑

조잘조잘: 작은 끄나풀 같은 것이 어지럽게 달려 있다 [큰]주절주절

4.13. 맹세 부사

결단코: 마음먹은 대로 반드시

결연: 결연히

결연히: 크게 결심한 태도로

결코: 어떤 일이 있어도 절대로 =결단코

기필코: 어김없이

맹세코: 다짐한 대로. 꼭 진정으로

한사코: 반드시. 꼭

4.14. 머리를 흔드는 모습 부사

잘래잘래: 머리를 좌우로 저으며 자꾸 흔드는 꼴 (예) 고개를 잘래잘래 흔든다 [센]짤래짤래 [큰]절래절래

잘잘: ① 가볍게 잘래잘래 흔드는 꼴 (예) 고개를 잘잘 흔든다 [센]짤짤 [큰]절절 ② 무엇을 손에 들고 가볍게 흔드는 꼴 [큰]절절

절레절레: 머리를 좌우로 자꾸 흔드는 꼴 (예) 고집을 부리며 고개를 절레절레 흔든다 [센]쩔레쩔레 [작]잘래잘래

짤짤: 가볍게 짤래짤래 흔드는 꼴 [여]잘잘 [큰]쩔쩔 (예) 손이나 머리를 짤짤 흔든다

4.15. 머리카락의 모습 부사

부스스: 머리카락이 흐트러져 있는 모양 작바스스 거푸시시 푸스스
푸수수: 머리가 헝클어진 모양
푸시시: 털이 고르지 아니하고 거친 꼴
텁수룩이: 머리털이나 수염이 텁수룩한 꼴
희끗희끗: 군데군데 허연 빛깔이 나타나 있는 꼴 (예) 머리가 희끗희끗 백발이 되었다 작해끗해끗

4.16. 먼지 따위의 모습 부수

털털: 물건에 붙은 먼지나 부스럼이 따위를 터는 꼴 작탈탈
폭삭: 쌓인 먼지 따위가 갑자기 가볍게 일어나는 꼴 (예) 먼지가 폭삭 일다 큰푹석
폭삭폭삭: 먼지 따위가 자꾸 폭삭 일어나는 꼴 (예) 먼지가 폭삭폭삭 자꾸 일아난다 큰푹석푹석
폴싹=폴싹폴싹: 연기나 먼지 따위가 갑자기 조금씩 몽키어 일어나는 꼴 큰풀썩 풀썩풀썩
폴폴: 먼지 따위가 바람에 세게 날리는 꼴 큰풀풀 (예) 화로에서 재가 폴폴 날린다
풀썩=풀썩풀썩: 먼지나 연기 따위가 자꾸 조금씩 뭉키어 일어나다 작폴싹 폴싹폴싹 (예) 빈집에 먼지만 풀썩풀썩 날린다
풀씬=풀씬풀씬: 연기나 먼지 따위가 피어오르는 꼴 작풀씬 폴씬폴씬
풀풀: 먼지 따위가 매우 심하게 날리는 꼴 (예) 눈이 풀풀 날린다 작폴폴

4.17. 멈추는 행위 부사

딱: 완전히 그치거나 갑자기 멎는 모양 큰뚝
떡: 하던 동작을 멈추는 꼴 (예) 자동차가 떡 멈추다
뚝: 계속 되던 것이 갑자기 그치는 꼴
멈짓멈짓: 하던 동작을 중도에 그만두고 머무적거리는 꼴
멈칫: 하던 것이나 일을 갑자기 멈추는 꼴
멈칫멈칫: 멈칫거리는 꼴

4.18. 멋대로 하는 행위 부사

거북히: 행동이 자유롭지 못하여

건들건들: 건들어진 태도로 멋없이 자꾸 행동하다
근사히: 그럴듯하게 멋지다
마음대로: 마음먹은 대로
멋대로: 아무렇게나 하고 싶은 대로
방만히: 제멋대로 하여 산만하게
부자연스레: 말이나 행동 따위에 꾸민 데나 어색한 데가 있게
부자유스레: 행동하는 것이 자유스럽지 못하다
오너라가너라: 제 마음대로 괜히 남을 오라고도 하고 가라고도 하는 꼴 (예) 오너라가너라 성가시게 굴다
자유로이: 자유롭게
자유스레 자유스럽게

4.19. 멍울(망울)의 모습 부사

망울망울: 망울이 잘고 둥글둥글하게 뭉쳐져 있는 모양 큰 멍울멍울
멍울멍울: 크고 작은 멍울들이 한데 뭉치거나 엉겨서 둥글둥글하다
멍털멍털: 크고 작은 멍울이 한데 엉기어 덩이를 이룬 꼴

4.20. 명백함 부사

떨떨히: 말이나 하는 짓이 분명하지 아니하고 모자란 듯하다
명료히: 뚜렷하고 분명하게
명명백백히: 의심할 여지가 없이 매우 분명하게
명명히: 아주 환하고 밝게
명백히: 의심할 바 없이 아주 뚜렷이
명세히: 분명하고 자세히
명철히: 사리가 분명하고 투철하게
명쾌히: 말이나 글 따위의 내용이 명백하여 시원하게
명확히: 아주 뚜렷하고 틀림이 없이
반히: 아주 분명하게 센 빤히
번히: 번하게 센 뻔히 작 반히
분명: 분명히
분명코: 흐릿하지 아니하고 또렷하다
엄연히: 어떠한 현상이 부인할 수 없을 만큼 뚜렷하다
판연: 아주 명백하게 드러나 있는 모양

4.21. 명암 부사

4.21.1. 어두움 부사

암암히: 어두컴컴하게
애연히: 어둠침침하고 희미하게
어두침침: 어둡고 침침히
어두침침히: 어둡고 침침하게
어두캄캄: 조금 어둡고 캄캄한 모양
어두커니: 새벽 어둑어둑한 때에
어두컴컴: '어두캄캄'보다 큰말
어두컴컴히: 어둡고 컴컴하게
어둑어둑: 사물을 확실히 알아볼 수 없을 만큼 어두운 모양
어둑충충: 맑거나 산뜻하지 아니하고 흐리고 어둑한 모양
어둑캄캄: 어둑하고 캄캄한 모양
어둑컴컴: 조금 어둡고 컴컴한 모양
어둑히: 조금 어둡게
어둠침침: 어둠침침히
어렴풋이: 어렴풋하게 [작]아렴풋이
어슴프레: 어둡고 희미하게
오련히: 형태가 조금 나타나 보일 정도로 희미하게 [큰]우련히
우련히: 형태가 약간 나타나 보일 정도로 희미하게 [작]오련히
현연히: 눈앞이 컴컴하게
희붐히: 희붐하게

4.21.2. 밝음 부사

교교히: 썩 맑고 밝게 (예) 달빛은 여전히 교교히 비치고 있었다
반짝=반짝반짝: 작은 빛이 잠깐 나타났다 사라지는 모습 [센]빤짝 빤짝빤짝 [큰]번쩍 번쩍번쩍
밝히: 불빛 따위가 환하게. 밝게
붐히: 희붐히
형형히(炯炯): 반짝반짝 빛나면서 밝다
환히: 빛이 비치어 맑고 밝게 [큰]훤히

효연히(曉然): 훤하고 밝은 모습
훤히: 조금 흐릿하면서 밝게
휘영청: 달빛 따위가 횅하게 몹시 밝은 꼴

4.22. 명예 부사

4.22.1. 명예로운 뜻의 부사

가상스레: 보기에 갸륵한 데가 있어
가상히: 칭찬하여 아름답게
경하스레: 경사로이 치하할 만한 데가 있게
광휘로이: 눈이 부실 정도로 밝거나 훌륭하게
명예로이: 명예라 할 만하게
명예스레: 명예가 될 만하게
불명예스레: 불명예스럽게
영걸스레: 보기에 큰일을 이룰 수 있을 만큼 뛰어나게
영걸히: 영특하고 용기와 기상이 뛰어나게
영광스레: 보기에 영광스러운 듯이
영영히(營營): 세력이나 이끗 또는 명예를 얻기 위하여 분주하게
영예로이: 영예로 여길 만하게
영예스레: 영예로 여길 만한 데가 있게
영화로이: 몸이 귀하게 되어 이름이 세상에 빛날 만하게
영화스레: 보기에 영화로운 것 같이

4.22.2. 불명예스런 뜻의 부사

남세스레: '남우세스레'의 준말
남우세스레: 남에게서 놀림과 비웃음을 받을 만하다
보잘것없이: 하찮게
부끄러이: 볼 낯이 없거나 매우 떳떳하지 못하게
불명예스레: 명예스럽지 않게
불미스레: 아름답지 못하고 추잡한 데가 있듯이
창피스레 창피스럽게
천격스레: 품격이 낮고 천한 느낌이 들게
천덕스레: 품격이 낮고 야비하게

천열히(賤劣): 인품이 낮고 용렬하게
천히: 천하게
하찮이: 그다지 훌륭하지 아니하게

4.23. 모두 부사

간데족족: 가는 곳마다 모조리
남김없이: 하나도 빠지지 아니하고 모두 다
모개로: 있는 대로 모두
모두: 모두 다 모아서
모로매: 모름지기. 반드시
모모이: 여러 모로 모두
모조리: 빠짐없이 모두
모짝=모짝모짝: 한쪽에서부터 차례로 모조리
몽땅: 있는 대로 다
전부: 전체 다

4.24. 목, 목소리, 고개의 모습 부사

갸우뚱갸우뚱: 갸우뚱거리는 모습 [센]꺄우뚱꺄우뚱 [큰]기우뚱기우뚱
갸웃=갸웃갸웃: 갸웃갸웃 고개를 움직이는 꼴 [센]꺄웃 꺄웃꺄웃 [큰]기웃 기웃기웃
걸걸히: 목소리가 좀 쉰 듯 하면서 우렁차고 힘 있게
글겅글겅: 목구멍에서 거칠게 글겅거리는 꼴
끼룩=끼룩끼룩: 무엇을 보거나 목구멍에 걸린 것을 삼키려고 목을 길게 빼어 앞으로 내미는 꼴 [작]꺄륵 꺄륵꺄륵
카랑카랑: 목소리가 쇳소리처럼 높고 맑은 꼴

4.25. 몸이 마르거나 찐 상태 부사

4.25.1. 여윈 꼴 부사

건삽히: 마르고 윤택이 없이 껄껄하니
골골: 몸이 약해서 늘 시름시름 앓는 꼴
깨깨: 몹시 여위어 마른 꼴

꼬치꼬치: 몸이 바싹 여윈 꼴
늘씬히: 몸이 가늘고 키가 커서 맵시가 있게 작날씬히
딱: 어깨나 가슴이 다부지게 벌어진 모양 큰떡
딱딱: '딱'을 되풀이한 말 큰떡떡
바싹: 몸이 매우 마른 모양 큰비썩 여바삭
바짝: 몸이 매어 마른 모양 큰버쩍 센빠짝
배리배리: 몸이 마른 꼴 큰비리비리
배배: 몸이 아주 약한 모양 센빼빼
배짝: 몸이 몹시 야윈 꼴 큰비쩍
버썩=버썩버썩: 큰 몸이 몹시 마른 꼴 작바싹 바싹바싹
버쩍: 살가죽이 몹시 쭈그러질 정도로 여윈 꼴 작바짝
비쩍: 살가죽이 몹시 쭈그러질 정도로 여윈 꼴 작배짝
빡작지근히: 몸의 한 부분이 뻐근하게 아픈 느낌이 있어 큰뻑적지근히
빼빼: 살갗이 쪼그라져 붙을 만큼 야윈 꼴 큰삐삐
앙상히: 뼈만 남게 말라 거칠다 (예) 광대뼈만 앙상하게 드러난 얼굴
올근볼근: 몸이 야위어 작은 갈빗대

4.25.2. 살이 찐 모습 부사

도독도독: 도독하게 살이 오르고 얼굴빛이 좋은 상태
되록되록: 군살이 찌도록 통통하다 센뙤록뙤록 큰뒤룩뒤룩
똥똥: 키가 작고 몸이 쪄서 몸이 옆으로 퍼진 모양 큰뚱뚱 거통통
뚱뚱: 살이 찐 모습 거퉁퉁 작똥똥
뚱뚱히: 뚱뚱하게 거퉁퉁히 작똥똥히
뛰룩뛰룩: 뛰룩뛰룩 살이 찐 모양
띄룩띄룩: 살이 매우 찐 모양 작뙤록뙤록
띵띵: 띵띵 부은 꼴
몽실몽실: 동글동글 살이 쪄서 보드랍고 만만하다 큰뭉실뭉실
몽실몽실히: 몽실몽실하게 큰뭉실뭉실히
복슬복슬: 살이 찌고 털이 많아 탐스럽다 큰북슬북슬
부둥부둥: 통통하게 살이 지고 부드럽다 거푸둥푸둥 작보동보동
오동보동: 오동통하고 보동통한 꼴 거오동포동 큰우둥부둥
오동통: 몸집이 작고 통통한 모양 큰우둥퉁
오동통히: 오동통하게 큰우둥퉁히
우둘우둘: 우둘우둘한 꼴 (예) 우둘우둘 살찐 팔뚝

우둥부둥: 우둥부둥한 꼴 (예) 우둥부둥 살찐 넓적다리
우둥푸둥: 우둥퉁하고 포동포동한 꼴
쭉=쭉쭉: 살이 홀쭉하게 빠진 꼴 여 죽 죽죽 작 쪽 쪽쪽
토실토실: 살이 쪄서 보기 좋을 정도로 퉁퉁히 찐 모양 큰 투실투실
통통: 살이 찐 모양 큰 퉁퉁
통통히: ① 살이 쪄서 옆으로 퍼진 모양 ② 눈이 퉁퉁 부은 모양
투덕투덕: 살이 쪄서 두툼하고 복스럽다
투실투실: 투실투실한 꼴 (예) 투실투실 살이 오른 암소
퉁퉁: ① 살이 몹시 찐 모양 ② 눈이 부은 모양
퉁퉁히: 퉁퉁하게 센 뚱뚱히 작 통통히
패둥패둥: 패둥패둥한 꼴. 즉 보기 사납게 살쪄서 통통하다 큰 피둥피둥
포동포동: 통통하게 살이 많이 찌고 매우 보드라운 꼴 (예) 젖살이 포동포동 쪘다
푸둥푸둥: 푸둥푸둥한 꼴 (예) 돼지처럼 살이 푸둥푸둥 쪘다 여 부둥부둥 작 포동포동
피둥피둥: 피둥피둥한 꼴 (예) 피둥피둥 살이 찌다

4.26. 몸매 부사

가냘피: 몸매가 호리호리하고 연약하게
가량가량: 얼굴이나 몸이 야윈 듯 하면서도 탄탄하고 부드러워 보이는 모양
가량스레: 조촐하지 못하여 격에 조금 어울리지 않게
곱살스레: 얼굴 모습이 보기에 곱고 얌전하게
곱살히: 곱고 예쁘장하게
곱상스레: 보기에 고운 데가 있어
끌끔히: 생김새 따위가 끌밋하고 미끈하다
날씬날씬: 몸이 매우 가늘고 맵시가 있는 모양
날씬날씬히: 날씬날씬하게
날씬히: 몸이 가늘고 키가 좀 커서 맵시가 있게
늘씬늘씬: 늘씬늘씬한 꼴 작 날씬날씬
늘씬늘씬히: 늘씬늘씬하게 작 날씬날씬히 날씬히
미끈미끈: 미끈미끈한 꼴 작 매끈매끈
미끈히: 미끈하게 작 매끈히
미추름히: 한창 때에 건강하고 고운 태가 있다
밉살머리스레: '밉살스레'의 속된 말
밉살스레: 몹시 미움을 받을 만하게
밉상스레: 보기에 밉살스러운 데가 있게

선연히(鮮姸): 산뜻하고 아름답게
쏙쏙: 여럿이 다 흠잡을 데 없이 날씬날씬한 꼴 [큰]쑥쑥
쑥쑥: 여럿이 다 흠잡을 데 없이 미끈한 꼴 [작]쏙쏙
연연히(娟娟): 아름답고 어여쁘게
연연히(軟軟): 가냘프고 약하게
예뻐: 예쁘게
예쁘장스레: 예쁘장하게
예쁘장히: 제법 예쁘게
오동통: 몸집이 작고 통통한 모양 [큰]우둥퉁
오동통히: 오동통
요요히: 맵시가 있고 날씬하게
통통: 작은 몸피가 볼록하게 붓거나 살진 모양 [큰]퉁퉁
통통히: 통통하게 [큰]퉁퉁히
험상스레: 생김새가 분위기 따위가 험하게 보이다
홀쪽이: 홀쭉하게 [큰]훌쭉이
홀쪽홀쪽: 몸통이 가늘고 긴 모양 [큰]훌쭉훌쭉
홀쪽히: 홀쭉하게 [큰]훌쭉히
훤출히: 길고 미끈하게

4.27. 몸부림치는 모습 부사

바르작바르작: 고통이나 어려운 고비를 벗어나려고 팔다리를 내저으며 작은 몸이 움직거리다 [센]빠르작빠르작 [큰]버르적버르적
바르짝바르짝: '바르작바르작'보다 센말
발라당: 굼뜨게 뒤로 발딱 자빠지거나 눕는 꼴 [큰]벌러덩 [비]발랑
발랑=발랑발랑: 재빠른 짓으로 가분가분하게 행동하다 [센]빨랑 빨랑빨랑 [큰]벌렁 벌렁벌렁
버르적버르적: 고통이나 어려운 고비를 벗어나려고 팔다리를 함부로 내저으며 큰 몸이 움직거리다 [센]뻐르적뻐르적 [작]바르작바르작

4.28. 무계획 부사

가급적: 가능한 한
공중대고: 무턱대고
그나저나: '그러나저러나'의 준말
그냥저냥: 되는 대로

그래저래: 그러하고 저러한 모양으로
그랬다저랬다: 그리하였다가 저리하였다가 하는 모양
그러나저러나: 어떻든 간에
그럭저럭: 뚜렷이 이렇다 할 만한 일이 없이 되어 가는 대로
대나깨나: 아무렇게나 마구잡이로
대놓고: 함부로
대중없이: 헤아려 짐작할 수 없이. 기준이나 표준이 없이
대짜고짜: 무턱대고. 아무렇게나 =대짜고짜로
대충: 어림짐작으로. 대강 헤아려서
대충대충: 되는 대로
덮어놓고: 무턱대고. 무작정
되고말고: 되는 대로. 함부로 막
되나깨나: '마구잡이로'의 경남방언
되나마나: 되는 대로 함부로
되는대로: 아무렇게나
되도록: 될 수 있는 대로
되도록이면: 되도록
두서없이: 일의 차례나 갈피가 없이
막무가내: 무턱대고
맹탕: 무턱대고 그냥
무가내: 어찌할 수 없도록 도무지 =무가내하(無可奈何)
무리로: 억지로 무리하게
무모히: 앞뒤를 생각하여 신중성이나 꾀가 없이
무작정: 무계획적으로
무턱대고: 아무 계획 없이 덮어놓고 =무턱
얼렁뚱땅: 엄벙덤벙 =엄벙뚱땅
엄벙덤벙: 함부로 덤벙거리는 꼴
함부로: 이것저것 닥치는 대로. 엄벙덤벙
함부로덤부로: '함부로'를 강조하는 말
허청대고: 어떤 목적이나 계획도 없이 마구 =허청
허투루: 생각 없이 아무렇게나 되는 대로
허허실실로: 일이 되어 가는 대로

4.29. 몸에 관한 여러 가지 모습 부사

고상고상: 잠이 오지 않아 뒤척거리는 모양

굼틀=굼틀굼틀: 몸의 일부가 구부러지거나 자꾸 움직이는 꼴

궁싯궁싯: 잠이 오지 않아 이리저리 뒤척거리다

까닥=까닥까닥: 고개를 앞뒤로 움직이는 꼴 [센]까딱 까딱까딱

꼼작꼼작: 몸이 매우 둔하고 좀스럽게 움직거리다 [여]곰작곰작 [큰]꿈적꿈적

꼼지락꼼지락: 매우 느리고 굼뜬 몸짓으로 작게 움직거리다 [여]곰지락곰지락 [큰]꿈지럭꿈지럭

꼼질=꼼질꼼질: 매우 굼뜬 몸짓으로 작게 한번 움직이는 꼴 [여]곰질 곰질곰질 [큰]꿈질꿈질꿈질

꼼짝=꼼짝꼼짝: ① 매우 둔하고 작게 몸을 움직이는 꼴 ② 조금이라도 움직이거나 변동되는 꼴 [여]곰작 곰작곰작 [큰]꿈쩍 꿈쩍꿈쩍

꼼짝달싹: 몸이 매우 둔해 작게 움직거리다

꼼짝없이: 조금도 움직이는 기색이 없다

꼼틀=꼼틀꼼틀: 몸의 일부를 매우 좀스럽게 뒤틀거나 꼬부리며 움직이는 꼴 [여]곰틀곰틀곰틀 [큰]꿈틀 꿈틀꿈틀

꼽슬꼽슬: 매우 꼽슬하다 [여]곱슬곱슬 [큰]꿉슬꿉슬

꼽실=꼽실꼽실: 남의 비위를 맞추려고 매우 비굴하게 행동하다 [여]곱실 곱실곱실 [큰]꿉실 꿉실꿉실

꼽작=꼽작꼽작: 작은 몸을 한번 세게 곱히는 꼴 [여]곱작 곱작곱작 [큰]꿉적 꿉적꿉적

꼿꼿이: 고개를 꼿꼿이 들다

꿈적=꿈적꿈적: 매우 둔하게 몸을 움직이는 꼴 [작]꼼작 꼼작꼼작

꿈적없이: 조금도 움직이는 기색이 없다

꿈지럭=꿈지럭꿈지럭: 매우 느리고 굼뜬 몸짓으로 한번 움직이는 꼴 [여]굼지럭 굼지럭굼지럭 [작]꼼지락 꼼지락꼼지락

꿈쩍=꿈쩍꿈쩍: ① 매우 둔하게 몸을 크게 움직이는 꼴 [여]굼적 굼적굼적 [작]꼼작 꼼작꼼작 ② 아주 조금이라도 움직이거나 변동되는 꼴 [작]꼼작 꼼작꼼작

꿈틀=꿈틀꿈틀: 몸의 일부를 뒤틀거나 꾸부리며 움직이는 꼴 [여]굼틀 굼틀굼틀 [작]꼼틀꼼틀꼼틀

날짝지근히: 매우 나른하게 [큰]늘쩍지근히

날짱날짱: 나른한 태도로 쉬엄쉬움

납신: 몸을 가볍고 빠르게 수그리는 꼴 [큰]넙신

납작=납작납작: 몸을 바닥에 대며 냉큼 엎드리는 꼴 [큰]넙적 넙적넙적

넙신=넙신넙신: 몸을 거볍고 재빠르게 수그리는 꼴 [작]납신 납신납신

느릿느릿: 동작이 느리고 굼뜬 모양
느물느물: 말이나 행동을 능글맞게 하는 모양
달달: 몸의 일부를 몹시 떠는 꼴 [센]딸딸 [큰]덜덜
덩싯덩싯: 누워서 몸을 뒤척거리며 팔다리를 자꾸 부드럽게 놀리다
바동바동: 매달리거나 자빠지거나 주저앉아서 작은 팔다리를 내어저으며 몸을 자꾸 움직이다 [큰]버둥버둥
바들바들: 몸이 잇달아 크게 바르르 떨리다
바르작바르작: 고통이나 어려운 고비를 벗어나려고 팔다리를 내저으며 작은 몸이 움직거리다
발짝발짝: 눕거나 자빠진 몸을 일으키려고 힘껏 움직거리다 [큰]벌찍벌찍
반죽반죽: 반반하게 생긴 사람이 야죽야죽하면서 느물거리다 [센] 죽 죽 [큰]번죽번죽
버둥버둥: 매달리거나 자빠지거나 주저앉아서 팔다리를 내저으며 자꾸 움직이다 [작]바둥바둥
버둥버둥: 매우 힘에 겨운 처지에서 벗어나려고 부득부득 애를 쓰다 [작]바동바동 [비]버둥버둥
버르적버르적: 고통이나 어려운 고비를 벗어나려고 팔다리를 함부로 내저으며 큰 몸이 움직거리다 [센]뻐르적뻐르적 [작]바르작바르작
번죽번죽: 번주그레하게 생긴 사람이 이죽이죽하면서 느물거리다
벌끈: 큰사람이 앉거나 누워 있다가 갑작스레 우뚝 일어나는 꼴 [센]뻘끈 [작]발끈
벌떡: 앉았거나 누워 있다가 급자기 일어나는 꼴 [센]뻘떡 [작]발딱
벌떡벌떡: 급자기 자꾸 일어나는 꼴 [센]뻘떡뻘떡 [작]발딱발딱
벌러덩: 굼뜨게 뒤로 벌렁 자빠지거나 눕거나 하는 꼴 [작]발라당
벌렁=벌렁벌렁: 거볍게 뒤로 벌렁 자빠지거나 눕는 꼴 [작]발랑 발랑발랑
부스스: 누었거나 앉았다가 슬그머니 일어나는 꼴 [작]바스스
비칠비칠: 몸이 이리저리 어지럽게 한번 비틀리다
빠르작빠르작: 고통이나 어려운 고비를 벗어나려고 팔다리를 내저으며 작은 몸이 세게 움직거리다 [여]바르작바르작 [큰]뻐르적뻐르적
빨딱=빨딱빨딱: 앉았거나 누웠다가 매우 갑자기 일어나는 꼴 [여]발딱 발딱발딱 [큰]뻘떡 벌떡뻘떡
뻘끈=뻘끈뻘끈: 큰 사람이 앉았거나 누워 있다가 몹시 갑작스레 우뚝 일어나는 꼴 [여]벌근 벌근벌근 [작]빨끈 빨끈빨끈
뻘떡=뻘떡뻘떡: 앉았거나 누웠다가 매우 급자기 일어나는 꼴 [여]벌떡 벌떡벌떡 [작]빨딱 빨딱빨딱
살래살래: 몸의 한 부분을 가볍게 잇달아 가로 흔드는 꼴 [센]쌀래쌀래 [큰]설레설레
쌜룩=쌜룩쌜룩: 근육의 한 부분이 쌜그러지게 움직이는 꼴 [여]샐룩 샐룩샐룩 [큰]씰룩

씰룩씰룩
아릿아릿: 어렴풋하게 생기 없이 자꾸 움직이다 (예) 아릿아릿 힘없는 발걸음으로… 큰어릿어릿
아물아물: 말이나 행동을 시원스럽게 하지 못하고 꼬물거리는 꼴 큰어물어물
아쓱: 춥거나 무섭거나 할 때에 갑자기 몸이 움츠러드는 듯하다 (예) 오한이 들어 몸이 아쓱 옴츠러지는 듯하다
얄기죽얄기죽: 얄기죽거리는 꼴 (예) ① 아주머니도 장단소리에 맞추어 몸을 얄기죽얄기죽 놀리며 춤을 춘다. ② 이가 얄기죽얄기죽 흔들린다
얄쭉얄쭉: 얄쭉거리는 꼴 (예) 허리를 얄쭉얄쭉 흔들며 춤을 춘다
어뚝비뚝: 몸가짐이 단정하거나 점잖지 못한 모습
옴쏙=옴쏙옴쏙: '못하다'와 함께 쓰이어 옴짝거리며 달싹거리다 큰움쑥 움쑥움쑥
옴씰=옴씰옴씰: 갑자기 놀라서 몸을 움츠리는 모양 큰움씰 움씰움씰
옴죽옴죽: 작은 몸의 한 부분이 움츠러지거나 퍼지거나 하며 한번 움직이다 센옴쭉옴쭉 큰움죽움죽
옴지락옴지락 몸의 일부가 조금씩 자꾸 움직이다 큰움지럭움지럭
옴직옴직: 옴직거리는 꼴 큰움직움직
옴질옴질[1]: 오물오물 씹는 꼴 큰움질움질
옴질옴질[2]: 작은 몸을 굼뜨고 움직거리는 꼴 큰움질움질
옴짝옴짝: 둔한 몸의 일부가 좀 세게 움츠러지거나 퍼지거나 하며 한번 움직이다 =움쩍 큰움쩍움쩍
옴쭉: 작은 몸의 일부를 조금 세게 옴츠리거나 퍼지거나 하며 움직이다 =옴쭉옴쭉 여옴죽 옴죽옴죽 큰움쭉 움쭉움쭉
옴찍옴찍: 몸이나 몸의 일부가 조금씩 세게 움직이다 여옴직옴직 큰움찍움찍
옴찔: 갑자기 몸을 옴츠려 움직이는 꼴 =옴찔옴찔 거옴칠 큰움찔
옴찔옴찔: 몸을 갑자기 옴츠리는 꼴 거옴칠옴칠 큰움찔움찔
옴칠: 몸을 매우 갑자기 옴츠려 들며 움직이다 =옴칠옴칠 센옴찔 옴찔옴찔 큰움칠 움칠움칠
옴칫: 놀라서 몸을 가볍게 갑자기 움직이는 꼴 =옴칫옴칫 큰움칫 움칫움칫
와들와들: 무섭거나 춥거나 하여 몸이 몹시 심하게 자꾸 떨리다
왈왈: 몸이 심하게 떨리는 꼴 (예) 뼈만 남아 왈왈 떨리는 다리를 끌고 집으로 돌아갔다
우쭉우쭉: ① 걸음을 걸을 때 몸을 위아래로 흔드는 꼴 ② 키가 크거나 자라는 꼴
우쭐=우쭐우쭐: 율동적으로 한번 움직이는 꼴 여우줄우줄 작오쭐오쭐
움씰=움씰움씰: 놀라서 몸을 뒤로 움츠리는 꼴 작옴씰 옴씰옴씰
움죽: 몸의 한 부분을 움츠리거나 펴거나 하며 움직이는 꼴 =움죽움죽 작옴죽 옴죽옴죽 센움쭉 움쭉움쭉

움찍들썩: 주로 '못하다'와 함께 쓰이어 움찍거리며 들썩거리는 꼴 작옴짝달싹
움쭉달싹: '못하다'와 함께 쓰이어 조금 몸을 움쑥거리며 달싹거리는 꼴
움찍움찍: 움찍거리는 꼴 여움직움직 작옴찍옴찍
점잖이: ① 몸가짐이 묵중하고 높다 ② 품격이 야하지 아니하고 높다 (예) 점잖이 대하다
찔끔: 갑자기 놀라서 몸을 뒤로 움츠리는 꼴
퍅퍅: ① 가냘픈 몸이 자꾸 힘없이 쓰러지는 꼴 ② 강퍅하게 자꾸 대드는 꼴
퍼들퍼들: 몸이 파르르 자꾸 떨리다 여버들버들 작파들파들
허우적허우적: 어려운 지경에서 벗어나려고 자꾸 손발을 부자유스럽게 내두르다
호졸근히: 몸이 지쳐서 기운이 없다 큰후줄근히
후닥닥=후닥닥후닥닥: 급작스럽게 마구 뛰거나 몸을 일으키는 꼴 (예) 후닥닥 일어서다. 후닥닥 뛰어나가다 작화닥닥 화닥닥화닥닥
후줄근히: 몸이 몹시 지쳐서 기운이 없고 나른하다 작호줄근히

4.30. 무늬 모양 부사

감실감실: 감실감실 얼룩지다 큰검실검실
감작감작: 감작감작 얼룩진 모습 센깜작깜작 큰검적검적
아로록다로록: 아르록다르록한 꼴 (예) 무늬가 아르록다르록 새겨진 천 센알로록달로록 큰어루룩더루룩
아로록아로록: 아로록아로록한 꼴 (예) 여러 가지 빛깔들이 전등불 밑에 아로록아로록 빛난다 센알로록알로록 큰어루룩어루룩
아로롱다로롱: 아로롱다로롱한 꼴 (예) 아로롱다로롱 수놓은 것 같은 여러 가지 꽃 센알로롱달로롱 큰어루룽더루룽
아로롱아로롱: 아로롱아로롱한 꼴 (예) 아로롱아로롱 무늬가 놓인 옷감 센알로롱알로롱 큰어루룽어루룽
아록다록: 아록다록한 꼴 (예) 여러 빛깔로 아록다록 새겨진 장난감 센알록달록 큰어룩더룩
아록아록: 아록아록한 꼴 (예) 무지개가 서쪽 하늘에 아록아록 섰다 센알록알록 큰어룩어룩
아롱다롱: 작은 점이나 무늬가 고르지 않게 총총한 모양 큰어룽더룽 센알롱달롱
아롱아롱: ① 작은 점이나 무늬가 고르게 총총한 모양 큰어룽어룽 센알롱알롱 ② 무늬가 아름다운 모양
알금송송: 잘고 얕게 알근 자국이 드문드문 있다 큰얼금얼금
알금알금: 얕고 작게 알근 자국이 담상담상하다
알라꿍달라꿍: 어수선하게 매우 알락달락한 모양 큰얼러쿵덜러쿵

알라쿵알라쿵: 보기 흉하게 몹시 알락달락하다
알락달락: 알락달락한 꼴 큰얼럭덜럭
알락달락: 여러 가지 밝은 빛깔의 점이나 줄이 고르게 촘촘한 모양 =알락알락 큰얼럭덜럭
알락알락: 여러 가지 빛깔로 된 점이나 줄 따위 무늬가 고르고 배다 큰얼럭얼럭
알랑알랑: 알랑거리는 꼴 큰얼렁얼렁
알로록달로록: 여러 가지 밝은 빛깔의 점이나 무늬 따위가 좀 성기고 고르지 않게 배다 여아로록다로록 큰얼루룩덜루룩
알로록알로록: 여러 가지 밝은 빛깔의 점이나 무늬 따위가 좀 성기고 고르게 배다 여아로록아로록 큰얼루룩얼루룩
알로롱달로롱: 작고 또렷한 무늬나 점 따위가 좀 성기고 고르지 않게 촘촘하다여아로롱다로롱 큰얼루룽덜루룽
알록달록: 여러 가지 밝은 빛깔의 점이나 무늬 따위가 고르지 않게 배다 여아록다록 큰얼룩덜룩
알록알록: 여러 가지 밝은 빛깔의 점이나 무늬 따위가 고르게 배다 여아록아록 큰얼룩얼룩
알롱달롱: 작고 또렷한 무늬나 점 따위가 고르지 않게 촘촘하다 여아롱아롱 큰얼룽덜룽
알롱알롱: 작고 또렷한 무늬나 점 따위가 고르게 촘촘하다 여아롱아롱 큰얼룽얼룽
알쏭달쏭: 여러 빛깔의 점이나 줄들의 무늬가 마구 뒤섞이어 알롱달롱하다 큰얼쑹덜쑹
알쏭알쏭: 여러 빛깔이나 무늬들이 뒤섞이어 알롱알롱하다 큰얼쑹얼쑹
어롱어롱: 어롱어롱한 꼴 센얼롱얼롱 작아롱아롱
어루룩더루룩: 좀 연하게 어두운 여러 가지 빛깔의 무늬가 좀 성기고 고르지 않게 배다 센얼루룩덜루룩 작아로록다로록
어루룩어루룩: 좀 연하게 어두운 여러 가지 빛깔의 무늬가 좀 성기고 고르지 않게 배다 센얼루룩얼루룩 작아로록아로록
어룩더룩: 좀 연하게 어두운 여러 가지 빛깔의 얼룩이나 무늬가 고르지 않게 배다 센얼룩덜룩 작아록다록
어룩어룩: 좀 연하게 어두운 빛깔의 무늬가 고르게 배다 센얼룩얼룩 작아록아록
어룽더룽: 크고 뚜렷한 무늬가 고르지 않게 촘촘하다 센얼롱덜롱 작아롱다롱
어우롱더루롱: 크고 뚜렷한 무늬가 좀 성기고 고르지 않게 촘촘하다 센얼루롱덜루롱 작아오롱다로롱
얼럭덜럭: 여러 가지 빛깔로 된 점이나 줄 등의 무늬가 고르지 않게 배다
얼럭얼럭: 여러 가지 빛깔로 된 무늬가 고르게 배다 작알락알락
얼렁얼렁: 얼렁거리는 꼴 작알랑알랑
얼루룩덜루룩: 여러 가지 어두운 빛깔의 얼룩이나 무늬가 좀 성기고 고루지 않게 배다 여얼루룩덜루룩 작알로록달로록

얼루룩얼루룩: 여러 가지 어두운 빛깔의 얼룩이나 무늬가 좀 성기고 고르게 배다 [여]어루룩어루룩 [작]알로록알로록
얼루룽덜루룽: 크고 뚜렷한 무늬나 점이 고르게 좀 성기고 촘촘하다 [여]어루룽더루룽 [작]알로롱달로롱
얼루룽얼루룽: 크고 뚜렷한 무늬나 점이 좀 성기고 고르게 촘촘하다 [여]어루룽어루룽 [작]알로롱알로롱
얼룩덜룩: 여러 가지 좀 어두운 빛깔의 점이나 무늬가 고르지 않게 배다 [여]어룩더룩 [작]알록달록
얼룩얼룩: 여러 어두운 빛깔의 점이나 무늬가 고르게 배다 [여]어룩어룩 [작]알록알록
얼룽덜룽: 크고 뚜렷한 무늬나 점이 고르지 않게 촘촘하다 [여]어룽더룽 [작]알롱달롱
얼룽얼룽: 크고 뚜렷한 무늬나 점이 고르게 촘촘하다 [여]어룽어룽 [작]알롱알롱
얼쑹얼쑹: 여러 빛깔이나 무늬들이 뒤섞이어 얼룽얼룽하다 [작]알쏭알쏭
얼쑴덜쑴: 여러 빛깔의 점이나 줄의 무늬가 마구 뒤섞어 얼룽덜룽하는 모양 [작]알쏭알쏭
얼쑹덜쑹: 여러 빛깔의 점이나 줄의 무늬가 마구 뒤섞이어 얼룽덜룽하다 [작]알쏭달쏭
얼쑹얼쑹: 여러 빛깔이나 무늬가 뒤섞이어 매우 어지러운 모양 [작]알쏭알쏭
열십자로: 열을 나타내는 한자 '+'의 모양으로
오냥조냥: 요 모양 조 모양으로 [큰]이냥저냥
요냥: 내내 요 모양대로 (예) 요양 놓아두어라 [큰]이냥
저냥: 저러한 모양으로 (예) 그냥 저냥 살고 있어요

4.31. 무딘 모양 부사

몽똑: 물건의 끝이 끊어 놓은 것처럼 무디다 [거]몽톡 [큰]뭉뚝
몽똑몽똑: 몽똑몽똑한 꼴 [거]몽톡몽톡
몽똑이: 끝이 뾰족하지 않고 무디게
뭉똑: 가는 사물의 끝이 아주 짧고 무딘 모양
뭉뚝=뭉뚝뭉뚝: 굵은 물건의 끝이 끊어 놓은 것처럼 무디다
뭉툭=뭉툭뭉툭: 굵은 물건의 끝이 끊긴 듯이 매우 무리다 [센]뭉뚝 뭉뚝뭉뚝 [작]몽톡 몽톡몽톡
뭉틀뭉틀: 물건의 끝이 닳아서 여럿이 다 무딘 모양

4.32. 원망·불평하는 말 부사

게두덜게두덜: 크고 거친 소리로 두덜거리다
게정게정: 불평을 품은 말이나 짓을 자꾸 하다

고시랑고시랑: 못마땅하거나 하여 군소리를 듣기 싫도록 자꾸 하다 큰구시렁구시렁
구두절구두절: 못마땅하여 혼자서 자꾸 심하게 군소리를 하다 (예) 구두절구두절 군소리가 심하다
구시렁구시렁: 못마땅하거나 하여 군소리를 자꾸 하다 작고시랑고시랑
깨죽: 불평스럽게 종알거리다 큰께죽
께죽께죽: 불평스러운 말로 자꾸 되씹어 중얼거리다 작깨죽깨죽
뚜덜뚜덜: 불평스러운 말로 중얼거리다 거투덜투덜 여두덜두덜
씨우적씨우적: 못마땅하여 불평스럽게 씨부렁거리다
앙알앙알: 윗사람에 대하여 원망스럽게 종알종알 지껄이다 큰엉얼엉얼
앙잘앙잘: 잔소리로 원망스럽게 종알종알 군소리를 내다 큰엉정엉정
엉얼엉얼: 윗사람에 대하여 원망스럽게 자꾸 입속말로 군소리를 하는 모양
엉절엉절: 작은 소리로 원망스럽게 중얼중얼 군소리를 자꾸 하는 모양
웅잘웅잘: 불평이나 원망 따위를 입속말로 지껄이는 모양 큰웅절웅절
웅성웅성: 웅성거리는 꼴 (예) 장내는 웅성웅성 불평 어린 잡음이 물결쳤다 작옹성옹성
웅절웅절: 불평이나 원망 또는 탄식하는 바가 있어 웅얼거리다
웅얼웅얼: 원망스럽게 입속말로 잇달아 지껄이다
이기죽이기죽: 밉살스럽게 지껄거리며 짓궂게 빈정거리다 작야기죽야기죽
쟁쟁: 좀 언짢거나 못마땅하여 자꾸 보채거나 짜증을 내는 꼴 센쨍쨍 큰징징
종달종달: 불평스러운 말로 종알거리다 센쫑달쫑달 큰중덜중덜
중덜중덜: 불평스러운 말로 중얼거리다 센쭝덜쭝덜 작종달종달
지그럭지그럭: 불평을 나타내는 꼴 센찌그럭찌그럭 작자그락자그락
징얼징얼: 짜증내어 징얼거리는 꼴 거칭얼칭얼 센찡얼찡얼
징징: 못마땅하여 울며 하소연하는 꼴 센찡찡 작쟁쟁
짱알짱알: 짜증내며 짱알거리는 꼴 거칭알칭알 여장알장알
쨍쨍: 좀 언짢거나 못마땅하여 자꾸 보채거나 짜증을 내는 꼴 여쟁쟁
쫑달쫑달: 불편한 말로 쫑달거리는 꼴 여종달종달 큰쭝덜쭝덜
쭝덜쭝덜: 매우 불평스러운 말로 쭝얼거리다 여중덜중덜 작쫑달쫑달
찡얼찡얼: 몹시 언짢거나 못마땅하여 찡얼거리는 꼴 거칭얼칭얼 여징얼징얼
찡찡: 몹시 언짢거나 못마땅하여 찡찡거리는 꼴 (예) 찡찡 우는 소리를 한다 여징징 작쨍쨍
칭얼칭얼: 몸이 불편하거나 마음에 못마땅하여 짜증을 내며 몹시 쭝얼거리며 보채다 센찡얼찡얼 여징얼징얼
토달토달: 매우 불평스러운 말로 종알거리다 큰투덜투덜
투덜투덜: 매우 불평스러운 말로 쭝얼거리다 센뚜덜뚜덜 여두덜두덜 작토달토달
툴툴: 마음에 차지 않아 몹시 투덜거리는 꼴

4.33. 무르거나 굳은 상태 부사

4.33.1. 무른 상태 부사

날캉날캉: 매우 물러서 조금씩 자꾸 늘어져 처지게 되다 큰늘컹늘컹
날큰날큰: 물러서 자꾸 조금씩 늘어져 처지게 되다 큰늘큰늘큰
날큰히: 날큰하게
는적는적: 어떤 물체가 자꾸 힘없이 처지거나 물러지다 작난작난작
는정는정: 어떤 물체가 자꾸 힘없이 처지거나 물러지는 꼴
는질는질: 물크러질 정도로 자꾸 힘없이 처지거나 물러지다 작난질난질
늘컹늘컹: 매우 물러서 자꾸 늘어져 처지게 되다 작날캉날캉
늘큰늘큰: 퍽 물러서 늘어져 처지게 되다 작날큰날큰
늘큰히: 늘큰하게 작날큰히
말랑말랑: 매우 말랑하다
말씬말씬: 잘 익거나 물러서 말랑하다
말씬히: 말씬하게
말짱말짱: 물건이 겉으로는 된 듯 하면서도 꽤 누른 모양 큰물쩡물쩡
말짱말짱히: 말짱말짱하게 큰물쩡물쩡히
멍울멍울: 크고 둥근 멍울들이 한데 뭉치거나 엉켜서 둥글둥글한 꼴 작망울망울
멍털멍털: 매우 칙칙하게 멍울멍울한 꼴
몰랑몰랑: 물건이 무르고 야드르르하다
몰씬=몰씬몰씬: 잘 익거나 물러서 연하고 몰랑몰랑하게 큰물씬 물씬물씬
몰씬히: 잘 익거나 물러서 몰랑하다 큰물씬히
몰카닥 =몰카닥몰카닥: 물크러질 정도로 무르고 연하거나 보드라운 모양 큰물커덕 물커덕물커덕
몰카닥몰카닥: '몰카닥'을 반복한 말
몰카당몰카당: 물크러질 정도로 매우 무르고 연한 느낌
몰칵 =몰칵몰칵: 몰칵몰칵 무른 모양 큰물컥 물컥물컥
몰캉몰캉: 물크러질 듯이 물렁물렁하게 큰물컹물컹
몰캉히: 물크러질 듯이 물렁하게
몰큰=몰큰몰큰: 연하고 보드라운 느낌이 날 정도로 말랑한 모양
몰큰몰큰: 연하고 보드라운 느낌이 날 정도로 말랑한 모양
몽글몽글: 작게 덩어리진 물건들이 말랑말랑하고 미끄럽다
몽클 =몽클몽클: 자꾸 몽클몽클한 느낌이 있다 여몽글 몽글몽글 큰뭉클 뭉클뭉클
물렁물렁: 아주 부드럽고 무른 모양

물렁히: 물렁하게
물씬=물씬물씬: 나물이나 채소 따위를 많이 익혀서 아주 무른 모양
물씬히: 잘 익거나 물러서 매우 연하고 물렁하게 작몰씬히
물쩡물쩡: 반죽이나 떡 따위가 물기가 매우 많아 질척한 모양
물쩡히: 물쩡하게
물커덕=물커덕물커덕: 물커덕하게 진 꼴
물컹=물컹물컹: 물컹물컹한 꼴
물컹물컹: 물컬물컹한 느낌. '몰카당몰카당'보다 큰말 작몰캉몰캉
물컹히: 몰캉히. '몰캉히'보다 큰말
물큰물큰: 사물이 매우 무른 모습
하분하분: 물기가 좀 있고 해무르다
협신협신: 허분허분하고 물씬물씬하다
흐물흐물: 푹 이어서 온통 무르다 작하물하물
흠신흠신: 삶은 물건 등이 흡사 익어서 뭉크러질 정도로 무르게

4.33.2. 굳은 상태 부사

구둑구둑: 물기가 있는 물건이 거의 말라서 아주 단단하다 센꾸둑꾸둑 작고독고독
댕돌같이: 모든 것이 돌과 같이 여무지고 단단하다
되직이: 조금 되다
딴딴히: 무르지 않고 매우 굳다
땅땅: 딴딴하게 얼어붙거나 말라붙거나 굳어진 꼴 큰떵떵
떵떵: 딴딴하게 몹시 얼어붙거나 말라붙거나 굳어진 꼴 작땅땅
빡빡이: 물기가 적어서 보드라운 맛이 없다
빽빽이: 뻑뻑한 꼴
타박타박이: 가루음식 따위가 물기가 없어 좀 빡빡하다
톱톱히: 국물이 묽지 않고 바특하다

4.34. 무더기 부사

모다기모다기: 여러 무더기가 있는 모양 큰무더기무더기
모닥모닥: 자잘한 무더기가 여기저기 많이 있는 모양 큰무덕무덕
모도록: 모도록이
모도록이: 모도록하게

무더기무더기: 무더기가 여기저기 여럿 있는 모양 작모다기모다기
무덕무덕: 작은 무덕이가 여기저기 많이 있는 꼴 작모닥모닥
무드기: 수북하게 쌓일 정도로 상당히 많이
무쩍: 모두 무더기로 몰아서 작모짝
무쩍무쩍: 한쪽에서부터 모두 차례로 모두 남김없이 (예)배추를 무쩍무쩍 뽑다 작모짝모짝

4.35. 무던함 부사

어련무던히: 별로 흠이 없고 무던하다
어련히: 늘 의문형으로 쓰이어 '잘못할 리가 없다'는 뜻을 나타내는 말 (예) 그 애 하는 일이 어련하겠소? 네가 어련히 알아서 하랴마는 조심하게
어지간히: 꽤 무던하다 (예) 상투에 대한 집념도 어지간하였다

4.36. 무리한 태도 부사

대고: 무리하게 자꾸
뜬금없이: 무리하게 자꾸
마구: 잘 생각해 보지도 않고 무리하게
마구대고: 마구 무리하게 자꾸
무리로: 억지로 무리하게
억지로: 무리한 정도로
억지스레: 억지스럽게

4.37. 무서운 모습 부사

가공스레: 가공스럽게
가공히: 두려워할 만하게
늠름히: 위태로워 무섭다
두려히: 두렵게
어마자두에: 무섭고 놀라워서 정신이 얼떨떨하여
우둔우둔: 무서워서 가슴이 몹시 뛰는 꼴
으스스: 차고 싫은 기운이 몸에 스르르 들면서 소름이 끼치는 듯하다
으쓱=으쓱으쓱: 으쓱으쓱한 느낌 즉 무섭거나 춥거나 하여 몸이 옴츠려드는 듯하다

4.38. 무성의 부사

건둥건둥: ① 일을 중도에서 그만 두는 꼴 센 껀둥껀둥 작 간동간동 ② 일을 꼼꼼하게 하지 않고

건둥반둥: 일을 중도에서 그만 두는 꼴

건듯=건듯건듯: 일을 정성들여 하지 아니하고 대강 빠르게

건성=건성건성: 별 성의 없이 겉으로만 대강 건성으로

건으로: 건성으로

그러그러: 우연히 그러하게 되어

그럭저럭: 마음을 두고 뚜렷이 하는 일이 없이 되어 가는 대로

그렁저렁: 어찌 되어 가는 셈인지 모르게 그럭저럭 지내는 꼴

등한히: 관심이 없거나 소홀하게

마구: 아무렇게나 되는 대로

반둥건둥: 일을 다 끝내지 아니하고 중도에서 성의 없이 그만두는 꼴

시시부지: '흐지부지'의 변한 말

흐지부지: 끝을 확실히 맺지 못하고 흐리멍덩하게 넘기는 모양

흑죽학죽: 일을 정성이 없이 되는 대로 흐리멍덩하게 하는 모양 (예) 흑죽학죽 일해서는 결국 인정을 받을 수 없다

4.39. 문제 부사

까닭없이: 조그마한 탈이나 문제도 없다

말말끝에: 이런 말 저런 말 하던 끝에

말말이: 하는 말의 한 마디 한 마디마다

말썽스레: 보기에 딱하고 귀찮게

4.40. 물의 여러 모습 부사

가랑가랑: 물 따위가 많이 담기거나 괴어서 가장자리까지 찰 듯 말 듯한 꼴 거 카랑카랑 큰 그렁그렁

곤곤히(滾滾): 출렁출렁 흐르는 큰물이 넘칠 듯하게

그렁그렁: ① 물 따위가 많이 담기거나 괴어서 가장자리까지 거의 찰 듯 말 듯한 꼴 거 크렁크렁 작 가랑가랑 ② 물을 많이 마셔서 뱃속이 근근하다 거 크렁크렁 작 가랑가랑

담담히: 물의 흐름이 그득하고 평온하게
소르르: 물가루 바람 등이 조용히 새어나가는 꼴 큰수르르
왈딱=왈딱왈딱: 물이 갑자기 그릇 밖으로 넘쳐흐르는 꼴 큰월떡 월떡월떡
왈왈: 물이 급히 많이 흐르는 꼴
왕연히: ① 물이 깊고 너르게 ② 현연히
왕왕: 많은 물이 빠르게 흐르는 꼴
용용히(溶溶): 흐르는 물이 질펀하다
우그르르: 깊은 그릇의 물 따위가 갑자기 끓어오르는 꼴 (예) 된장국이 우그르르 끓어오른다
우르르: 물 따위가 급자기 끓어오르거나 넘치는 꼴 (예) 밥솥의 물이 우르르 끓어오른다
우르릉 '우르르'의 힘줌말
월떡=월떡월떡: 급자기 자꾸 넘쳐흐르는 꼴 작왈딱 왈딱왈딱
자란자란: 자란자란한 꼴 (예) 맑은 물이 우물에서 자란자란 넘쳐 흐른다
자질자질: 물이 마르거나 잦아들어 적다 (예) 밥이 자잘자잘 끓는다
잘름잘름: 물 따위가 여러 차례에 걸쳐 나누어 잘름거리는 꼴 (예) 물동이에서 물이 잘름잘름 넘쳐흐른다 센짤름짤름 큰질름질름
잴잴: ① 물이나 침 땀 콧물 따위가 조금씩 자꾸 흐르는 모양 ② 눈물이나 콧물을 조금씩 흘리면서 자꾸 우는 모습
절절: 많은 물이 끊임없이 흐르는 모습 센찔찔 작잘잘
조록=조록조록: 가는 물줄기가 좁은 대로 잠깐 흐르다가 그치는 꼴 센쪼록쪼록 큰주룩 주룩주룩
조르르: ① 적은 물 따위가 가볍게 흘러내리는 꼴 (예) 물을 조르르 내리붓다 ② 작은 물건의 비탈진 곳에서 가볍게 미끄러져 내리는 꼴 (예) 잡지 못한 공은 내리막길로 조르르 굴러간다 센쪼르르 큰주르르
조르륵=조르륵조르륵: ① 가는 물기 따위가 빠르게 잠깐 흐르다가 그치는 꼴 센쪼르륵 쪼르륵쪼르륵 큰주르륵 주르륵주르륵 ② 작은 물건이 비탈진 곳에서 빠르게 잠깐 미끄러져 내리다가 멎는 꼴 센쪼르륵 쪼르륵쪼르륵 큰주르륵 주르륵주르륵
졸금졸금: 물 따위가 조금씩 나오다 맺다 하다
졸랑졸랑: 졸랑거리는 꼴 거촐랑촐랑 센쫄랑쫄랑 큰줄렁줄렁
졸졸: ① 가는 물줄기가 연달아 순하게 흐르는 모양 ② 작은 물건을 여기저기 흘리는 꼴 ③ 작은 구멍이나 틈으로 기름 물 따위가 흘러내리는 모양 센쫄쫄 큰줄줄
좔좔: 물이 마구 많이 흐르는 꼴 센쫠쫠
줄줄: ① 물 따위가 많이 새는 모양 (예) 그는 물을 줄줄 흘리며 간다 ② 개울에서 물이 줄줄 흐르는 모양 센쭐쭐 작졸졸
줄줄줄: '줄줄'의 힘줌말

지런지런: 물이 가득 찬 꼴 [거]치런치런 [작]자란자란
질금=질금질금: 물 따위가 자꾸 새어 나오거나 쏟아졌다 그쳤다 하는 꼴
질름질름: 질름거리는 꼴 (예) 가득 찬 바가지의 물이 움직일 때마다 질름질름 넘쳐흐른다 [센]찔름찔름 [작]잘름잘름
질질: 물, 침, 기름 따위가 자꾸 흐르는 꼴 [작]잴잴 [센]찔찔
짤짤: ① 물이나 기름 따위가 짜르르 흐르는 꼴 ② 적은 물이 끊임없이 세차게 흐르는 꼴 [여]잘잘 [큰]쩔쩔
쨀쨀: 물이나 기름 따위가 매우 짜르르 흐르는 꼴 [여]잴잴 [큰]찔찔
쪼록=쪼록쪼록: 가는 물줄기가 좁은 대로 잠깐 세게 내리거나 흐르다 그치는 꼴 (예) 물이 쪼록쪼록 새어 흘러나왔다 [여]조록 조록조록 [큰]쭈룩 쭈룩쭈룩
쪼르르: 적은 물 따위가 빠르게 흘러내리는 꼴 (예) 눈물이 잔주름 사이로 쪼르르 흘러내린다 [큰]쭈르르
쪼르륵=쪼르륵쪼르륵: 가는 물기 따위가 매우 빠르게 흐르다가 그치는 꼴 [큰]쭈르륵쭈르륵
쫄쫄: 가는 물줄기 따위가 빠르게 흐르는 모양 [여]졸졸 [큰]쭐쭐
쭐쭐: 굵은 물줄기 따위가 빠르게 흐르는 모양 (예) 비가 쭐쭐 새어 흐른다 [여]줄줄 [작]쫄쫄
찔끔=찔끔찔끔: ① 물 따위가 조금 쏟아지는 꼴 ② 비가 아주 조금 내리다 멎는 꼴 [여]질금 질금질금 [작]짤끔 짤끔짤끔
찔찔[1]: 많은 물이 끊임없이 세차게 흐르는 꼴 [여]질질 [작]짤짤
찔찔[2]: 물이나 기름 따위가 매우 찌르르 흐르는 꼴 (예) 콧물을 찔찔 흘리다
차란차란: 차란차란한 꼴 (예) 샘물이 차란차란 넘쳐흐른다. 치맛자락이 차란차란 발끝을 스친다 [여]자란자란 [큰]치런치런
찰람찰람: 찰람거리는 꼴 (예) 물이 찰람찰람 넘쳐흐르는 물동이를 이고 있다 [큰]철럼철럼
찰랑=찰랑찰랑: 좁고 얕은 곳에 괸 물이 잔물결을 치는 꼴 (예) 호수의 물이 가볍게 찰랑찰랑 물결친다 [큰]철렁=철렁철렁
찰싹=찰싹찰싹: 물 따위가 단단한 물체에 부딪치는 모습 [여]잘싹 잘싹잘싹 [큰]철썩 철썩철썩
철럭철럭: 물결이 철럭거리는 소리 (예) 물결이 뱃전을 철럭철럭 친다
철럼철럼: 철럼거리는 꼴 (예) 독에 물이 철럼철럼 흘러넘친다
철렁: 그득한 물이 큰 물결을 이루며 넘칠 듯 넘칠 듯 흔들리다 [작]찰랑
철렁철렁: 그득 찬 물이 철렁거리는 꼴 [작]찰랑찰랑
철렁히: 철렁하게
철벅=철벅철벅: 옅은 물이나 진창을 세게 밟거나 칠 때의 모습 [여]절벅 절벅절벅 [작]찰박 찰박찰박
철철: 많은 액체가 넘쳐흐르는 꼴 (예) 저수지 물이 철철 넘친다 [작]찰찰

출랑출랑: 물이 출랑거리는 꼴 (예) 차에 실은 술통이 차가 흔들릴 때마다 출랑출랑 소리를 낸다.
치런치런: 그득한 액체가 가장자리에 넘칠 듯 말 듯하다 여지런지런 작차란차란
칠렁칠렁: 칠렁거리는 꼴 (예) 물이 칠렁칠렁 흘러내리다
카랑카랑: 물 따위가 너무 많이 담기거나 괴어 가장자리까지 넘칠 듯한 꼴 여가랑가랑 큰크렁크렁
콜콜: 물 따위가 작은 구멍으로 흐르는 꼴 센꼴꼴 큰쿨쿨
크렁크렁: ① 물 따위가 몹시 많이 담기거나 괴어서 가장자리까지 넘칠 듯 넘칠 듯한 꼴 여그렁그렁 작카랑카랑 ② 물을 너무 많이 마셔서 뱃속이 몹시 근근한 느낌 여그렁그렁 작카랑카랑

4.41. 물과 물기에 관한 여러 상태 부사

가닥가닥: 물기가 있는 물체의 거죽이 조금 마른 모양 큰거덕거덕 센까닥까닥 큰·센꺼덕꺼덕
갈쭉이: 액체가 묽지 않고 약간 걸다 큰걸쭉이
깔쭉히: 액체가 묽지 않고 좀 걸게 큰걸쭉이
꽁꽁: 물체가 단단히 언 모양 큰꿍꿍
꽛꽛이: 꽤 굳어져서 거칠게 단단하게
꽝꽝: 물이나 땅이 아주 단단히 얼거나 굳은 모양
나긋나긋: 몹시 부드럽고 연한 모양 =나긋이=나긋나긋이
날로: 날것인 채로
날큰히: 물러서 조금씩 늘어질 정도로 말랑하게
녹녹히: 물기가 있어 딱딱하지 않고 좀 무르며 보드랍게 큰눅눅히
녹신히: 보드랍고 말랑말랑하게 =녹신녹신 큰눅신히 큰눅신눅신
늘글히: 꽤 눌러서 늘어지게 작날큰히
늘쩍지근히: 매우 느른하게 작날짝지근히
되직이: 묽지 않고 좀 된 듯하게
든든히: 무르지 않고 굳게
딱딱히: 굳어서 단단하게
딴딴히: '단단히'보다 센말 큰뜬뜬히
멀그스름히: 조금 묽은 듯하게
문문히: 무르고 부드럽게
문적: 썩거나 무르고 연한 물건이 조금만 건드려도 뚝뚝 끊어져 처지거나 잘라지는 모양 =문적문적 거문척 문척문척

바작바작: 물기가 적은 물건을 잇달아 씹거나 빻는 모양 센빠작빠작 큰버적버적
바짝: 물기가 매우 마르거나 졸아붙거나 하는 모양
바툭이: 국물이 적어 툭툭하게
살살: 물이 가볍게 끓는 모습 큰설설 센썰썰
소그름히: 약간 노글노글하여 묽게 느릿느릿 노끈을 드리운 듯이 빗발이 죽죽 퍼붓는 모양
솔솔: 물이 그릇 구멍으로 흐르는 모양 큰술술
얼멍덜멍: 죽이나 풀 따위가 잘 풀어지지 아니하여 덩어리가 있는 모양 =얼멍얼멍
영영히: ① 물이 가득 차서 찰랑찰랑하게 ② 세력이나 이익을 얻기 위해 몹시 분주하고 바삐
왕왕히: 물이 넓고 깊게
왜퉁스레: 대단히 엉뚱할 만큼 새삼스럽게
우둘우둘: 관절이나 날밤 따위를 씹는 것처럼 깨물기에 단단하다
울렁출렁: 물이 울렁거리고 출렁거리는 꼴 작올랑촐랑
자르르: 물줄기가 많이 쏟아지는 꼴 센짜르르 큰지르르
자심히: 더욱 심하게
자작자작: 물이 조금씩 잦아들어 좀 지적하다
잔득잔득: 물건이 깐직깐직하게 진기가 있는 모양 큰진득진득 센짠득찐득 큰찐득찐득
잔물잔물: 눈가나 살가죽이 짓무른 모양 큰진물진물
잔잔히: 바람이나 물결 따위가 가라앉아 잠잠히.
잘금: 적은 물 따위가 조금 새어나오거나 쏟아졌다 그쳤다 하는 꼴 =잘금잘금 센짤끔 짤끔짤끔 큰질금 질금질금
잘잘: 물이 끊임없이 흐르는 꼴 센짤짤 큰절절
잘착잘착: 진흙이나 반죽이 물기가 많아 꽤 차지고 진 느낌 큰질척질척
잘파닥잘파닥: 반죽이나 진흙 따위가 물기가 많아 자꾸 잘파닥하여지다 큰질퍼덕질퍼덕
잘팍잘팍: 진흙이나 반죽 따위가 물기가 많아 매우 질어지다
잘판히: 조금 질거나 젖어 있어 큰질펀히
좍좍: 빗방울이 자꾸 쏟아지는 꼴 센쫙쫙
주룩주룩: 굵은 물줄기가 자꾸 흐르는 꼴 센쭈룩쭈룩 작조록조록
지적지적: 물기가 있어 지적하다 거지척지척 작자작자작
지질지질: 물기가 많아 조금 질다
지짐지짐: 조금씩 오는 비가 자꾸 그쳤다 내렸다 하다
질벅질벅: 흙이 이겨지는 꼴 거질퍽질퍽 작잘박잘박
질척질척: 진흙이 차지고 진 느낌을 주는 꼴 작잘착잘착
질커덕질커덕: 진흙이 질컥한 꼴 작잘칵잘칵

질퍼덕질퍼덕: 흙이 물기가 많아 몹시 질어진 꼴 작잘파닥잘파닥

질퍽질퍽: 흙 따위가 부드럽고 질다 여질벅질벅 작잘팍잘팍

짤끔짤끔: 물이 세거나 흐르는 꼴 여잘금잘금 큰찔끔찔끔

짤름짤름: 액체가 여러 차례에 나누어 짤름거리는 꼴 여잘름잘름 큰찔름찔름

쩔쩔: 물이 흐르는 꼴 여절절 작짤짤

쫘르르: 물이 쏟아지는 꼴 여좌르르

쫙쫙: 빗방울이 쏟아지는 꼴 여좍좍

쫠쫠: 물이 세게 흐르는 꼴 여쫠쫠

쭈룩쭈룩: 물이 세차게 흐르는 꼴 =쭈룩 여주룩주룩 주룩 작쪼록쪼록 쪼록

쭈르르: 물이 세차게 흐르는 꼴 여조르르 작쪼르르

쭈르륵=쭈르륵쭈르륵: 물이 흐르다 그치는 꼴 여조르륵 조르륵조르륵 작쪼르륵 쪼르륵쪼르륵

쭉: '족'보다 센말 작쪽: 물이 빠지는 모양 =쭉쭉 작쪽쪽

쭐렁쭐렁: 쭐렁거리는 꼴 거출렁출렁 여줄렁줄렁 작쫄랑쫄랑

찔꺽찔꺽: 진흙이 매우 질다 거질컥질컥

찔끔: 물 따위가 조금 쏟아지는 꼴

찔끔찔끔: 물 따위가 조금씩 세게 세어 흐르거나 쏟아지는 꼴 여질금질금 작짤끔짤끔

찔름찔름: 가득 찬 액체가 흔들려서 찔끔찔끔 자꾸 넘치다 여잘름잘름 작짤름짤름

차랑차랑: 드리운 물건이나 가득 찬 약체가 차랑거리는 꼴 큰치렁치렁

찰찰: 적은 물 따위가 조금씩 넘쳐흐르는 꼴 큰철철

촉촉이: 물기가 젖은 듯이

축축이: 조금 젖은 듯이

치렁치렁: 물이 흔들리는 대로 조금씩 자주 넘쳐흐르다

칠렁칠렁: 많이 괸 물 따위가 흔들리는 대로 자꾸 흐르다

칠렁히: 칠렁하게

톱톱히: 국물이 맑지 않고 매우 바특하게 작톱톱히

팔팔: 물이 심하게 끓는 모습 큰펄펄

패연히: 폭포의 쏟아지는 모양이 매우 세차게

하르르: 종이나 피륙 등이 여리고 성기며 풀기가 없는 모양 =하르르하르르 큰흐르르

협신협신: 물기가 있고 해 무르는 꼴

후줄근히: 종이나 피륙이 조금 젖어 누눅하다

휘주근히: 옷이 풀기가 빠져서 죽 늘어지게

흐슬부슬 차진 기가 없이 부스러져 헤질 듯한 모양

4.42. 물결의 모습 부사

꿈실꿈실: 꾸불꾸불 물결을 이루며 넘실거리다 [여]굼실굼실 [작]꼼실꼼실
남실남실: 잔물결을 이루며 너울거리다 [큰]넘실넘실
넘실넘실: 물결을 이루며 너울거리다 [작]남실남실
도도히: 물이 그들먹하게 퍼져 흐르는 모양이 힘차게
올랑올랑: 잔물결이 설레며 흔들리다 [큰]울렁울렁
울렁출렁: 물이 울렁거리고 출렁거리는 꼴 (예) 바닷물이 울렁출렁 몹시 설랜다 [작]올랑촐랑
일렁얄렁: 일렁거리는 모양
일렁일렁: 일렁거리는 모습 [작]얄랑얄랑
줄렁줄렁: 줄렁거리는 꼴 (예) 물통에 담은 물이 줄렁줄렁 흔들린다 [센]쭐렁쭐렁 [작]졸랑졸랑
찰랑찰랑: ① 물이 넘치는 꼴 [큰]철렁철렁 ② 물결이 치는 모습
찰싹찰싹: 파도가 치는 소리 또는 모습 [큰]철썩철썩 [여]잘싹잘싹
촐랑: 물 따위가 잔물결을 일으키며 자꾸 흔들리는 모양 [큰]출렁
촐랑촐랑: 매우 촐랑거리는 모양
출렁: 물결이 출렁 일다
출렁출렁: 매우 출렁거리다
흉흉히: 물결이 세차고 시끄럽다

4.43. 물에 뜨는 모습 부사

동동: 어떤 물체가 물에 떠서 가볍게 움직이는 꼴 [큰]둥둥
두둥실: 가볍게 둥실둥실 떠 있는 모양
두리둥실: 물위나 공중에 떠서 둥실둥실 움직이는 꼴
둥덩실: 물건의 공중이나 물 위에 가볍게 떠 있는 모양
둥둥: 큰 물건이 떠서 움직이는 꼴 [작]동동
둥실: 둥둥 떠 있는 꼴 [작]동실
둥실둥실: 물에 물체가 떠 있는 모양 [작]동실동실
얄랑얄랑: 작은 물건이 물위에 떠서 물결을 따라 요리조리 자꾸 움직이다
일렁얄랑: 물건이 물위에 떠서 물결을 따라 이리저리 자꾸 움직이다
일렁일렁: 일렁거리는 꼴 [작]얄랑얄랑
표표히(漂漂): ① 물에 둥둥 뜨는 꼴 ② 공중에 높이 솟은 꼴

4.44. 물, 액체 따위가 쏟아지는 모습 부사

짤끔=짤끔짤끔: 적은 물 따위가 조금씩 세어 흐르거나 쏟아지는 꼴
찔끔: 물 따위가 조금 쏟아지는 꼴 (예) 물이 찔끔 바닥에 쏟아졌다
콰르르: 많은 물이 좁은 목으로 좀 급하고 세차게 쏟아지는 꼴 센꽈르르 큰쿼르르
콸콸: 많은 물이 급하고 세차게 쏟아져 흐르는 물
쿨렁=쿨렁쿨렁: 큰 병이나 그릇에 굴먹한 액체가 세게 흔들 때의 모습 센꿀렁 꿀렁꿀렁 작콜랑 콜랑콜랑
쿼르르: 많은 물이 좁은 목으로 급하고 세차게 쏟아지는 꼴 센꿔르르 작콰르르
크렁크렁: ① 물 따위가 몹시 많이 당기거나 괴여서 가장자리까지 넘칠 듯 넘칠 듯한 꼴 여그렁그렁 작카랑카랑 ② 물을 너무 많이 마셔서 뱃속이 몹시 근근한 느낌 여그렁그렁 작카랑카랑
팡팡: 액체가 좁은 구멍으로 힘이 있게 쏟아져 나오는 꼴 큰펑펑
펑펑: 액체가 좁은 구멍으로 세차게 쏟아져 나오는 꼴 작팡팡
풍풍: 좁은 구멍으로 물이 급자기 쏟아져 나오는 꼴 (예) 수돗물이 풍풍 쏟아져 나오다 작퐁퐁

4.45. 한데 모는 모습 부사

모람모람: 가끔가끔 한데 몰아서
모짝: 있는 대로 다 몰아서
모짝모짝: 한쪽에서부터 차례로

4.46. 물건의 여러 모습 부사

4.46.1. 물건이 무너지는 모습 부사

와그르르: 많이 쌓아진 단단한 물건들이 갑자기 무너지는 꼴 큰워그르르
와글와글: 쌓아 둔 물건들이 무너지는 꼴
와르르: 쌓인 물건이 한꺼번에 야단스럽게 무너져 내리는 꼴 (예) 세상이 와르르 무너지는 듯한 비참한 기분 큰워르르
와르릉=와르릉와르릉: 무엇이 무너지거나 흔들리면서 요란스럽게 나는 꼴
우르릉=우르릉우르릉: 무엇이 무너지거나 흔들리거나 하면서 몹시 요란스러운 모습
우쩍우쩍: 단단하고 묵직한 물건이 잇달아 무너지거나 빠그라지는 꼴 여우적우적

와르르: 높이 쌓인 물건들이 한꺼번에 아주 야단스럽게 무너지는 꼴 [작]와르르
털썩=털썩털썩: ① 크고 두툼한 물건이 급자기 바닥에 떨어지는 꼴 [작]탈싹 탈싹탈싹 ② 크고 두툼한 물건이 세게 움직이거나 흔들리는 꼴 또는 그 소리

4.46.2. 물건을 흘리는 모습 부사

졸졸: 작은 물건들을 요기조기 잇달아 흘리는 꼴 [센]쫄쫄 [큰]줄줄 (예) 과자 부스러기를 줄줄 흘리고 다니면서 먹는다
줄줄: 물건들을 여기저기 잇달아 흘리는 꼴 (예) 종이조각들을 줄줄 흘리고 다니는 사람
질질: 몸에 지닌 물건을 주책없이 여기저기 자꾸 흘리거나 빠뜨리는 꼴 [센]찔찔 [작]잴잴
쨀쨀: 몸에 지닌 물건을 몹시 주책없이 여기저기 잇달아 조금씩 흘리거나 빠뜨리는 꼴 [여]잴잴 [큰]찔찔
쪼르르: 작은 물건이 비탈진 곳에서 좀 빠르게 미끄러져 내리는 꼴 (예) 썰매를 타고 쪼르르 미끄러져 내린다 [여]조르르 [큰]쭈르르
쪼르륵: 작은 물건이 비탈진 곳에서 매우 빠르게 미끄러져 내리다가 멎는 꼴 [여]조르륵 [큰]쭈르륵
쫄쫄: 작은 물건들을 요기조기 자꾸 흘리는 꼴 [여]졸졸 [큰]쭐쭐
쭈르르: 물건이 비탈진 곳에서 빠르게 미끄러져 내리는 꼴 [여]주르르 [작]쪼르르
쭈르륵=쭈르륵쭈르륵: ① 굵은 물줄기가 매우 빠르게 흐르다가 그치는 꼴 ② 물건이 비탈진 곳에서 매우 빠르게 잠깐 미끄러져 내리다 멎는 꼴 [여]주르륵 주르륵주르륵 [작]쪼르륵 쪼르륵쪼르륵
찔찔: 몸에 지닌 물건들을 몹시 주책없이 여기저기 자꾸 흘리거나 빠뜨리다 [작]쨀쨀

4.47. 물건이나 초목이 많은 상태 부사

길길이: 물건이 높이 쌓인 상태
더부룩더부룩: 덩굴이나 수염 따위가 많은 모양 [작]다보록다보록
더부룩이: 더부룩하게 [작]다부록이
더부정듬쑥: 수풀이나 덤불이 우거져서 그윽하다
더북더북: 풀 나무 따위가 곳곳에 매우 더부룩하다
더북이: 더북하게 [작]다북이
둥덩산같이: 수북하게 쌓이어 많다
메지메지: 물건을 여러 몫으로 나누는 모양
모다기모다기: 여러 무더기가 있는 모양 [준]모닥모닥
모도록=모도록모도록: 한데 뭉쳐난 싹이 빽빽하다 [큰]무두룩 무두룩무두룩

모도록이: 모도록하게
모독모독: 무더기를 모아 쌓은 더미가 여럿이 다 몰록한 모습
모독이: 모독모독
무럭이: 제법 많이 수북한 모양
무성히: 풀이나 나무 따위가 자라서 우거진 모습
애애히: 초목이 무성하게
울연히(蔚然): 나무 따위가 무성하게 우거지다
텁수룩이: 배게 난 털 따위가 어수선하게 덮여 있다 (예) 수염 텁수룩이 덮인 얼굴
폭삭: 부피만 있고 매우 엉성한 물건이 맥없이 주저앉는 꼴 (예) 곡식을 폭삭 엎지르다
희치희치: 문건의 번드러운 연이 스치어서 드문드문 벗겨진 모습

4.48. 물체가 물에 떨어지는 모습 부사

잠방=잠방잠방: 작은 물체가 물에 떨어지며 잠기는 모습 [거]참방 참방참방 [큰]점벙 점벙점벙
탐방: 작은 물건이 물에 잠겼다가 뜨는 모양 =탐방탐방 [여]담방 [큰]텀벙
탐방탐방: 탕방거리는 소리 (예) 탐방 물속으로 들어간다 [여]담방담방 [큰]텀벙텀벙
톰방톰방: 갭직한 물건에 깊은 물에 떨어져 소리를 내면서 들어갔다 나왔다 하다 [큰]툼벙툼벙
팡당=팡당팡당: 작고 무거운 물건이 물에 떨어지는 꼴 [큰]펑덩 펑덩펑덩
펑덩=펑덩펑덩: 무거운 물건이 물에 떨어질 때 나는 소리 또 그 꼴 [작]팡당 팡당팡당

4.49. 물체에 관한 여러 모습 부사

꼼작달싹: 물체가 조금 움직이거나 들리는 꼴 (예) 꼼작달싹도 안 한다
꼼짝없이: 조금 더 움직이는 기색이 없이
나부시: 작은 물체가 찬찬히 땅으로 내리거나 내려앉는 꼴 [큰]너부시
달롱: 가벼운 물체를 쉽게 들어올리는 꼴 [큰]덜롱
달롱히: 달롱하게 [큰]덜롱히
달싹쿵: 작은 물건이 쳐들렸다가 맥없이 떨어지는 모양 [큰]들썩쿵
도들도들: 물체의 겉에 작은 것들이 도도록하게 나오거나 붙어 있어 고르지 못하다 [거]도틀도틀 [큰]두둘두둘
둥덩산같이: 쌓인 물건이 푸짐하게 많이 둔덕지게
뒤뚝=뒤뚝뒤뚝: 큰 물체가 중심을 잃고 이리저리 자꾸 기울어지다 [작]뒤똑뒤똑
바드름히: 작은 물체가 등이 밖으로 약간 버들 듯이 [큰]버드름히 [준]버틈히

배뚤=배뚤배뚤: 물체가 곧지 못하고 요리조리 자꾸 고부라지다 센빼뚤 빼뚤빼뚤 큰비뚤 비뚤비뚤

배죽=배죽배죽: ① 물체의 끝이 좀 쑥 내밀리는 꼴 센빼죽 빼쭉빼쭉 큰비죽 비죽비죽 ② 얼굴이나 물건의 모습만 가볍게 살짝 내밀거나 또는 나타나는 꼴 센빼쭉 빼쭉빼쭉 큰비죽 비죽비죽

배쭉=배쭉배쭉: 물체의 끝이 쏙 나오게 내밀리는 꼴 큰비쭉 비쭉비쭉

반미주룩: 물체가 밋밋하고 끝이 비어져 나오려고 조금 내밀어 있다 큰빈미주룩

반미주룩이: 반미주룩하게 큰빈미주룩이

비쭉이: 배쭉하게 큰비쭉이

언들언들: 바닥이 고르지 못하여 울퉁불퉁한 꼴

오돌오돌: 거죽이나 바닥이 고르지 못하고 군데군데 도드라져 있다 큰우둘우둘

오동보동: 오동보동 살이 오른 꼴 큰우둥부둥

오들오들: 추워서 떠는 모양 큰우들우들

오쫄오쫄: 작은 물체가 율동적으로 자꾸 움직이는 꼴 큰우쭐우쭐

오톨도톨: 바닥이 오톨도톨하여 고르지 못한 꼴 큰우툴두툴

올똑볼똑: 물체의 면이 고르지 않게 여기저기 나오고 들어간 모양 큰울뚝불뚝

올록볼록: 올록볼록한 꼴 큰울룩불룩

올쏙볼쏙: 올쏙볼쏙한 꼴 큰울쑥불쑥

올톡볼톡: 올톡볼톡한 꼴 큰울툭불툭

올통볼통: 올통볼통한 꼴 큰울퉁불퉁

옴쏙옴쏙: 바닥이 오목하게 들어간 모양=옴쏙옴쏙 큰움쑥움쑥 =옴쏙

옹긋옹긋: 여러 군데가 고르게 쏙쏙 볼가지거나 톡톡 비어져 있다 큰웅긋웅긋

옹긋쫑긋: 여러 군데가 쏙쏙 볼가지거나 톡톡 비어져 있다 큰웅긋쭝긋

우둘우둘: 날밤 따위를 깨무는데 단단하다 작오돌오돌

우둘투둘: 거죽이나 바닥이 고르지 않게 군데군데 두드러져 있다 작오돌토돌

우적우적: 단단하고 묵직한 물체가 무너지거나 빠그러지는 꼴 (예) 우적우적 빠그러지는 꼴 큰우쩍우쩍

우쩍우쩍: 단단하고 묵직한 물체가 잇달아 마구 무너지거나 빠그러지는 꼴 (예) 낡은 집들을 우쩍우쩍 부수다

우툴우툴: 바닥이 두툴두툴하여 고르지 못함 작오톨오톨

우틀두틀: 우툴우툴한 꼴 작오틀오틀

울룩불룩: 고르지 않게 울룩불룩하다 작올록볼록

울먹줄먹: 크고 두드러진 덩어리 따위가 고르지 않게 많다 작올막졸막

울멍줄멍: 크고 뚜렷한 것들이 고르지 않게 많다 작올망졸망

울뭉줄뭉: 크고 뚜렷한 것들이 고르지 않고 배다

울툭불툭: 바닥이나 거죽이 사납게 여기저기 불거져 고르지 않다 작올톡볼톡
위그르르: 많이 쌓였던 단단한 물건들이 급자기 한데 무너지는 꼴 작와그르르
위글위글: 쌓인 물건들이 위그르르 무너지다 작와글와글
짝[1]: 얇고 질긴 물건이 갑자기 세게 째지는 꼴 작작 큰쩍
짝[2]: 작은 물체가 되게 문질리면서 미끄러지는 꼴
짝짝: ① 작은 물체가 되게 문질리면서 자꾸 매끄러지는 꼴 큰찍찍 ② 단단한 물건의 바닥에 자꾸 끈기 있게 달라붙는 꼴 ③ 자꾸 세게 짜개지거나 틈이 벌어지는 꼴 (예) 나뭇조각이 짝짝 짜개지다 큰찍찍
찌글찌글: 물체의 거죽이 찌그러져 주름이 많다 작짜글짜글
찍[3]: ① 작은 것이 단단한 물건의 바닥에 끈기 있게 달라붙는 꼴 작찍 ② 대번에 세게 짜개지거나 틈이 벌어지는 꼴 (예) 사과가 두 쪽으로 짝 갈라졌다 작짝
테석테석: 바닥이나 면이 거칠게 포삭포삭 일어나 반지랍지 못한 꼴
톡=톡톡: 한 부분이 쏙 불거져 나온 꼴 큰툭 툭툭
툭=툭툭: 여러 군데가 쑥쑥 불거진 꼴 작톡 톡톡
티석티석: 바닥이나 면이 거칠게 푸석푸석 일어나 번지럽지 못하다
판판히: 물건의 표면이 평평하고 넓게 큰펀펀히
판히: 판판하게 큰편히
희치희치: 피륙이나 종이 따위가 군데군데 치이거나 미어진 모양

4.50. 무모한 모습 부사

무론: 물론
무모히(無謀): 앞뒤를 깊이 헤아려 생각함이 없음
무턱: 어찌할 까닭이나 재료나 능력 따위를 헤아림이 없음
무턱대고: 아무 요령도 없이 그냥 비공중대고
물론: 말할 것도 없이

4.51. 무사 부사

괜찮아: 별 탈이 없이 무사하다 (예) 그런 대로 다 괜찮아
무고히: 사고 없이 편안하게
무사히: 아무 탈이 없이

4.52. 미끄럽고 반드러운 모습 부사

매끄당매끄당: 몹시 매끄러운 모습 큰미끄덩미끄덩
매끄덩매끄덩: 매우 미끄러운 모습
매끄러이: 미끄럽게 큰미끄러이
매끈둥매끈둥: 매우 부드럽고 매끄러운 모양 큰미끈둥미끈둥
매끌매끌: 거죽이 매우 매끄러운 모양 큰미끌미끌
미껄미껄: 미껄미껄한 꼴(경상방언)
미끄덩미끄덩: 매우 미끄러운 모습
미끄러이: 미끄럽게
미끈미끈: 미끄러워서 자꾸 말리어 나가는 꼴 작매끈매끈
미끌미끌: 미끌미끌한 모습
미끼덩미끼덩: '미끄덩미끄덩'의 평안방언
밀꺼덩밀꺼덩: 매우 미끄러운 모습(경상방언)
반드레: 깔깔하지 않고 윤기가 나도록 매끄럽다 센빤드레 큰번드레
반드르르: 반드르르한 꼴 센빤드르르
반들: 거죽이 매끄럽게 윤이 나다 센빤뜰 큰번들
반들반들: 거죽이 아주 매끄럽고 윤이 나는 모양 센빤뜰빤들 큰번들번들
반질반질: 매끄럽게 윤기가 흐르다 센빤질빤질 큰번질번질
번드레: 조금 번드르르한 꼴 작반드레
번드르르: 윤기가 있고 매끄럽다 센빤드르르 큰번드르르
번들번들: 번들번들 윤이 나는 모습 센뻔들뻔들 작반들반들
번지레: 윤이 나고 번드럽다 센뻔지레 작반지레
번지르르: 얼굴에 기름기가 흐르는 꼴 센뻔지르르 작반지르르
번질번질: 미끄럽게 윤기가 흐르는 꼴 센뻔질뻔질 작반질반질
빤드레: 빤드레한 모양 여반드레 큰뻔드레
빤드르르: 빤드르르한 꼴 여반드르르 큰뻔드르르
빤지레: 빤지레한 꼴 여반지레 큰빤지레
빤지르르: 빤지르르한 꼴 여번지르르 큰뻔지르르
빤질빤질: 매끄럽고 윤기가 흐르다 여반질반질 큰뻔질뻔질
뻔드레: 조금 뻔드르르하다 여번드레 작빤드레
뻔드르르: 매우 윤기가 있고 미끄럽다 여번드르르 작빤드르르
뻔들뻔들: 몹시 미끄럽게 윤이 나다 작빤들빤들
뻔지레: 좀 뻔지르르 하다 여번지레 작빤지레
뻔지르르: 뻔지르르한 꼴 여번지르르 작빤지르르

뻔질뻔질: 뻔질뻔질한 꼴 [여]번질번질 [작]빤질빤질
스르르: 미끄러지듯이 슬며시 움직이는 꼴 [작]사르르
야드르르: 반들반들 윤이 나고 보드라운 모양 [큰]여드르르
윤활히: 뻑뻑하지 않고 미끄러운 모습
이들이들: 윤기가 들고 부드러운 모양 [작]야들야들
잘잘: 물이나 기름이 좀 자르르 흐르는 꼴 [센]짤짤 [큰]질질
짜르르: 윤기가 흐르는 꼴 [여]자르르 [큰]찌르르
짤짤: 물이나 기름 따위가 짜르르 흐르는 꼴 [여]잘잘
찌르르: 윤기 따위가 찌르르한 꼴 [여]지르르

4.53. 미닫이, 장지문 따위를 여닫는 모습 부사

팔짝=팔짝팔짝: 미닫이, 장지문 따위를 갑작스레 열어젖뜨리는 꼴 (예) 장지문이 팔짝 열린다. 문들을 팔짝팔짝 열어 놓았다. [큰]펄쩍 펄쩍펄쩍
펄쩍=펄쩍펄쩍: 미닫이나 장지문 따위를 급작스레 열어젖뜨리는 꼴
화닥닥: 장지문 따위를 갑자기 좀 세게 열어젖뜨리는 꼴 (예) 장지문이 화닥닥 열리자마자 고함이 터져 나왔다
화닥닥화닥닥: 화닥닥거리는 꼴 [큰]후닥닥후닥닥
후닥닥=후닥닥후닥닥: 장지문 따위를 급자기 세게 열어젖뜨리는 꼴 [작]화닥닥 화닥닥 화닥닥

4.54. 미덥지 못한 언동 부사

괴덕스레: 언동이 실없이 미덥지 못한 모양
괴망스레: 말이나 행동이 괴상하고 망측한 데가 있게
괴상스레: 보기에 보통과는 달리 아주 괴이하고 이상한 데가 있게
괴상야릇이: 괴이하고 야릇하게
괴상히: 보통과 달리 괴상하고 기이하게
괴이히: 이상야릇하여 알 수 없이.
괴히: 이상야릇이
미심스레: 보기에 의심가는 데가 있어
미심쩍어: 분명하지 못하여 마음이 놓이지 않게
미심히: 일이 확실하지 아니하여 늘 마음을 놓을 수 없이

4.55. 미려 부사: 아름다움과 추함의 뜻을 나타내는 부사

고이: 겉모양이 산뜻하고 아름답게
고이고이: '고이'를 거듭한 말
곱게: 예쁘고 보기 좋게
곱게곱게: 아주 곱게
곱다라니: 꽤 곱다
곱살스레: 얼굴 모습이 보기에 곱고 얌전하게
곱살히: 곱고 예쁘장하게
곱상스레: 보기에 고운 데가 있어
덴덕스레: 더러운 느낌이 있어 개운하지 않게
매끈히: 생김새가 날렵하고 말쑥하게 큰미끈히
매초롬히: 한창 때에 건강하고 고운 태가 있다
미끈히: 차림새나 꾸밈새가 훤하고 깨끗하게. 생김새가 말쑥하고 훤칠하게 작매끈히
미려히: 아름답고 곱게
미묘히: 아름답고 묘하게
미추름히: 한창 때에 아주 건강하고 아름다운 태가 있다
불미스레: 아름답지 못하고 추잡한 데가 있듯이
선연히(嬋姸): 몸맵시가 아름답고 날씬하게
선연히(鮮姸): 산뜻하고 아름답게
선연히(鮮然): 얼굴이 곱고 아름답게
섬세히: 곱고 가는 모양
아기자기: 아기자기한 꼴 (예) 김승지 부인은 얼굴이 아기자기 어여쁜 편은 아니나 돋아 오르는 보름달처럼 환하다
아담스레: 보기에 아담스럽게 (예) 집은 조그마하지만 아담스럽고 쓸모가 있다
아담히: 아담하게
어여삐: 어여쁘게
연연히(娟娟): 아름답고 어여쁘게
연연히(涓涓): 가늘게
예쁘장스레: 보기에 예쁘장스레
예쁘장히: 제법 예쁘게
예삐: 예쁘게
요요히(夭夭): 나이가 젊고 아름답게
요요히(姚姚): 아주 예쁘고 아름답게
유려히: 곡선 따위가 거침없이 미끈하고 아름답게

유창히: 거침없이 미끈하다
절연히(截緣): 견줄 사람이 없을 만큼 매우 예쁘다
조촐히: 아주 아담하고 깨끗하다
함함히: 털이 부드럽고 반지르르하게
혁혁히(赫赫): 두드러지게 빛나다
혁혁히(奕奕): 썩 크고 아름다워 성하게
혼란스레(焜爛): 보기에 어른어른 번쩍거리는 빛이 눈부시고 아름답게
혼란스레(混亂)): 보기에 갈피를 잡을 수 없이 어지럽게

4.56. 미루는 모습 부사

미적미적: 일을 자꾸 조금씩 뒤로 미루다
알밋알밋: 일이나 기한을 미루는 모양 큰얼밋얼밋. 을밋을밋
얼밋얼밋: 기한 따위를 어름어름 자꾸 미뤄가는 모양
을밋을밋: 일이나 기한을 우물우물하여 자꾸 미루어 나가는 꼴

4.57. 미운 모습 부사

괘씸히: 괘씸하게
데퉁이: 언행이 거칠고 엉뚱하여 밉살스럽게
맵살스레: 보기에 몹시 얄밉다 큰밉살스레
밉살머리스레: '밉살스레'의 속된 말
밉살스레: 몹시 미움을 받을 만하게 작맵살스레
밉상스레: 몹 미움을 받을 만하게
얄밉상스럽게: 얄밉상스레
얄밉상스레: 매우 얄밉거나 보기에 얄미운 데가 있게
피근피근: 피근피근한 꼴 (예) 피근피근 말을 듣지 않는다

4.58. 민첩하고 침착한 모습 부사

견실히: 일이나 생각이 믿음직스럽고 착실히
결백히: 행동이나 마음씨가 깨끗하여 아무런 허물이 없이
기특히: 생각이나 행동이 뛰어나고 특별하여 귀엽다
민속히: 행동이나 일의 처리가 날쌔고 빠르게

어엿이: 행동이 당당하고 떳떳하게
엄연히: 언행이 씩씩하고 점잖다
잔드그니: 태도와 행동이 침착하고 참을성이 있게 큰진드그니
잔득이: 언행이 좀 검질기게 큰진득이
침착히: 행동이 차분하게
쾌연히: 성격이나 행동이 씩씩하고 시원스럽게
활발히: 생기 있고 힘차게
힘껏: 힘이 닿는 데까지

4.59. 여러 가지 모양 부사

난렵히: 날래고 재치가 있다
넋없이: 넋을 잃은 것처럼 멍하니
노량으로: 어정어정 놀아가며
느런히: 죽 벌여 있는 꼴
매지매지: 좀 작은 물건을 여러 몫으로 나누는 모습
사부랑삽작: 가볍게 살짝 건너뛰거나 올라서는 꼴 큰서부렁섭적
회똑회똑: 자꾸 넘어질 듯 넘어질 듯 한들거리다

4.60. 망설이는 모습 부사

망설망설: 자꾸 이리저리 생각만 하고 좀처럼 태도를 결정하지 못하는 모양
머무적머무적: 선뜻 행동하거나 실행하지 못하고 굼뜨게 자꾸 망설이다
머뭇머뭇: 선뜻 행동하거나 실행하지 못하고 자꾸 망설이다
어물어물: 말이나 짓을 시원스럽게 하지 못하고 꾸물거리다 작아물아물
어물쩍=어물쩍어물쩍: 말이나 행동을 일부러 살짝 어물거려 넘기는 꼴
우물=우물우물: 말이나 뜻을 똑똑히 나타내지 못하고 꾸물거리다
우물쭈물: 말이나 행동을 흐리멍덩하게 하거나 우물우물 망설이는 꼴

5. ㅂ부의 부사

여기서는 ㅂ자모에 관한 일반적인 부사와 '방법'에 관한 부사를 별도로 다루기로 하겠다. 따라서 일반적인 부사의 차례번호는 5.1로 하고 방법에 관한 차례번호는 5.2로 하겠다. 그리고 보행부사는 5.3에서 다루기로 한다.

5.1. 일반적인 부사

5.1.1. 바닥이 고르지 못한 모양 부사

불쑥불쑥: 여럿이 쑥쑥 나오거나 내밀거나 한 꼴 [작]볼쏙볼쏙
불쑥이: 불쑥하게
언틀언틀: 바닥이 고르지 못하게 울퉁불퉁한 상태
옹긋옹긋: 여러 군데가 고르게 쑥쑥 불거지거나 톡톡 비어져 있다
옹긋쫑긋: 옹긋쫑긋한 꼴
우둘투둘: 거죽이나 바닥이 고르지 않게 군데군데 두드려져 있다
울쑥불쑥: 산봉우리 따위가 고르지 않게 불쑥불쑥한 꼴 [작]올쏙볼쏙
웅긋중긋: 여러 군데가 쑥쑥 불거지거나 툭툭 비어져 있는 모양
웅긋중긋: 여러 군데가 쑥쑥 불거지거나 툭툭 비어져 있는 모양
웅긋쭝긋: 웅긋쭝긋한 꼴. 즉 여러 군데가 쑥쑥 불거지거나 툭툭 비어져 있다 [작]옹긋쫑긋

5.1.2. 바느질 행위 부사

송당송당: 바늘땀을 다문다문 아무렇게나 자꾸 호다 (예) 욧잇을 송당송당 호다
숭덩숭덩: 바늘땀을 드문드문 거칠게 자꾸 호다 [센]쑹덩쑹덩 [작]송당송당
쑹덩쑹덩: 바늘땀을 띄엄띄엄 자꾸 빨리 호다 [여]숭덩숭덩 [작]쏭당쏭당

5.1.3. 바라보는 모습 부사

넘성=넘성넘성: 목을 길게 빼고 넘겨다보는 꼴
말끄러미: 눈을 똑바로 뜨고 오도카니 한 곳을 바라보는 모양
맞바로: 마주 바라보다
물끄러미: 물끄러미 쳐다보는 꼴

물끄럼물끄럼: 자꾸 물끄러미 쳐다보는 꼴

5.1.4. 벌어진 모습 부사

버들쩍버들쩍: 몸을 자꾸 움직이며 팔다리를 세게 함부로 벌려 젓는 꼴
버룩히: ① 물건의 틈이 꼭 맞지 않고 조금 벌어져 있어 ② 서로 마음이 맞지 않아 사이가 뜨게
버름버름: 물건의 여기저기가 다 틈이 벌어져 있는 모양
앙바틈히: 작달막하고 딱 바라지게 큰엉버틈히
엉버틈히: 엉버틈하게 벌어진 모양

5.1.5. 바람의 여러 모습 부사

간들간들: 바람이 부드럽게 설렁설렁 불다
건듯=건듯건듯: 한줄기 바람이 스쳐 부는 모양
살랑살랑=살랑: 바람이 가볍게 부는 모양 큰설렁설렁 설렁
살살: 바람이 가볍게 부는 모습 큰설설
솔솔: 바람이 가볍게 부는 모습 큰술술
슬슬: 바람이 부드럽게 설렁설렁 부는 꼴 (예) 강바람이 슬슬 불어온다 작살살
쌀랑쌀랑: 쌀랑한 바람이 가볍게 잇달아 불다 여살랑살랑 큰썰렁썰렁
쌩쌩: 바람이 세차게 부는 모습 큰씽씽
썰렁썰렁: ① 썰렁한 바람이 거볍게 잇달아 부는 꼴 ② 썰렁썰렁한 꼴 여설렁설렁 작쌀랑쌀랑
씽씽: 바람이 세차게 스쳐 지나가거나 물체가 세차게 바람을 일으키며 움직이는 꼴 작쌩쌩
엽렵스레: 잎사귀가 하늘거릴 정도로 부는 바람이 가볍고 부드럽다
엽렵히: 엽렵하게
퍼르르: 거벼운 물체 따위가 거볍게 떨리거나 바람에 날리는 꼴 (예) 가랑잎이 바람이 퍼르르 날려간다 작파르르
펄펄: 바람이 세차게 날리는 꼴 (예) 눈이 펄펄 내려 쌓인다
표연히: 바람에 나부끼는 모양이 가볍게
핵=핵핵: 입김이나 바람 따위가 갑자기 세차게 부는 꼴
훅=훅훅: 바람, 냄새, 열기 따위가 잇달아 아주 세게 끼치는 꼴 작확확
휘휘: 좀 센 바람이 거칠게 자꾸 스쳐지나갈 때 나는 소리 또는 그 꼴

휙=휙휘: 바람이 급자기 세게 부는 꼴 또는 그 소리 (예) 찬바람이 휙 불다 작휙 휙휙

5.1.6. 바로 뜻의 부사

곧바로: 틀리거나 어긋나지 아니하고 바르게
곧이: 바로 그대로
곧이곧대로: 아무 꾸밈이나 거짓이 없이 있는 그대로
똑바로: 어느 쪽으로 기울거나 숙지 않고 바르게
바로: 정확히. 틀림없이
바른대로: 바른 사실과 틀림없이
방정히: 말이나 행동이 바르고 점잖게
정정당당히: 태도나 수단이 부끄러움이 없이 바르고 떳떳하게
정정방정히: 조리가 발라서 조금도 어지럽지 아니하게
정정백백히: 언동이 바르고 당당하여 맑게
정정히(井井): 질서나 조리가 정연히

5.1.7. 바쁜 부사

바삐: 일이 많거나 또는 서둘러서 하여야 할 일로 겨를이 없이
총망히: 매우 바쁘게
총총: 몹시 급하고 바쁜 모양
총총히: 몹시 급하고 바쁘게

5.1.8. 바스러지거나 부서지는 모습 부사

바슬바슬: 물기가 적어 잘게 바스러지기 쉽다
보슬보슬: 흙덩이 같은 것이 바스러지는 꼴 거포슬포슬 큰부슬부슬
부석부석=부석: 부숭부숭한 물건 따위가 거볍게 부스러지는 소리 또는 그 꼴 센뿌석뿌석 뿌석 작보삭보삭 보삭
부스럭=부스럭부스럭: 부스러지기 쉬운 물건이 거볍게 건드릴 때 나는 소리와 그 꼴 센뿌스럭 뿌스럭뿌스럭 작보스럭 보스럭보스럭
부스스: ① 털 따위가 어지럽게 일어나거나 흐트러지는 꼴 ② 물건의 부스러기 따위가 아주 어지럽게 흐르러지는 꼴 작바스스
부슬부슬: 잘게 부스러지기 쉽거나 또는 물기가 적어서 잘 엉기지 않고 잘 흐트러지기

쉽다
파삭=파삭파삭: 연하고 메마른 물건이 가볍게 바스러지는 꼴 큰퍼석 퍼석퍼석
파슬파슬: 파슬파슬한 꼴 (예) 입담배가 너무 말라 손으로 비벼서 파슬파슬 부스러진다 여바슬바슬 큰퍼슬퍼슬
퍽석=퍽석퍽석: 메마르고 엉성한 물건이 맥없이 부서져 가라앉는 꼴 작팍삭 팍삭팍삭
포삭=포삭포삭: 거칠고 부피만 있는 물건 따위가 좀 세게 바스러지는 소리가 자꾸 나다 큰푸석 푸석푸석
포슬포슬: 매우 잘게 바스라지기 쉽거나 물기가 매우 적어 엉기지 않고 흐트러지는 꼴 여보슬보슬 큰푸슬푸슬
폭삭: 부피만 있고 매우 엉성한 물건이 보드랍게 가라앉거나 쉽게 부서지는 꼴 큰푹석
폭삭폭삭: 자꾸 폭삭 가라앉거나 부서지는 꼴 큰푹석푹석
푸석=푸석푸석: 바탕이 거칠고 부피만 커서 부스러지는 꼴 여부석 부석부석 작포삭 포삭포삭
푸슬푸슬: 매우 잘게 부스러지기 쉽거나 물기가 매우 적어서 잘 엉기지 않고 흐트러지는 꼴 여부슬부슬 작포슬포슬
흐슬부슬: 차진 기가 없이 부스러져 헤질 듯하다

5.1.9. 반기거나 기뻐하는 모습 부사

기꺼이: 마음속으로 은근히 기쁘게 비흔쾌히. 쾌히. 유쾌히
반가이: 좋고 그립던 것을 대하든가 그것이 생겨서 즐겁고 기쁘게
유쾌히: 즐겁고 상쾌하게
즐거이: 마음에 거슬림이 없이 흐뭇하고 기쁘게
쾌히: 유쾌히
턱: 반갑게 서로 손을 마주잡거나 붙어서는 꼴

5.1.10. 반대됨의 부사

가꾸로: 차례나 방향 또는 형편 따위가 반대로 되게 큰거꾸로 센까꾸로
거꾸로: 차례나 방향 또는 형편 따위가 반대로 되게 작가꾸로 센꺼꾸로
거수로: '거꾸로'의 제주 방언
까꾸로: '가꾸로'의 센말
꺼꾸로: '까꾸로'보다 큰말 여거꾸로
오히려: ① 생각하는 바와는 달리 도리어 좀 (예) 그것보다 오히려 이것이 낫다 ② 말하자면 아직도 좀 (예) 이것은 바쁘지 않은 기도에도 불구하고 오히려 하나의 미숙한 소묘에

그칠 따름이다 [준]외려

5.1.11. 곧고 반듯한 모습 부사

곧추: 어디에도 들리지 않고 곧바로 고추 굽히거나 구부리지 않고 곧게 (예) 이 길만 따라서 곧추 가셔요

꼬장꼬장: 가늘고 긴 물건이 쭉 곧은 모양 [큰]꾸정꾸정

바로: 모양이 바르게 또는 곧게

반듯반듯: 작은 물체가 어긋나지 않고 바르다 [센]반뜻반뜻 [큰]번듯번듯

반듯이: 흐트러지거나 비뚤어짐이 없이 똑바로 [센]반뜻이 [큰]번듯이

반뜻=반뜻반뜻: 작은 물체의 어디가 귀가 나거나 굽거나 울퉁불퉁하거나 하지 않고 썩 바르다 [여]반듯 반듯반듯 [큰]번뜻 번뜻번뜻

반뜻이: 생김새 같은 것이 반뜻하게 [여]반듯이 [큰]번뜻이

반반히: 바닥이 고르고 반듯하다 [큰]번번히

번듯번듯: 번듯번듯한 꼴 [센]번뜻번뜻 [작]번듯번듯

번뜻번뜻: 여럿이 다 번뜻하다 [여]번듯번듯 [작]반뜻반뜻

번뜻이: 생김새가 번뜻하게 [여]번듯이 [작]반뜻이

번번히: 바닥이 펀펀하고 번듯하다 [작]반반히

뻐젓이: 남의 축에 빠질 것이 없이 번듯하다 [여]버젓이

솔직히: 바르고 곧게 (예) 솔직히 말하면 그는 착하다

올바로: 곧고 바르게 (예) 사태를 올바로 파악하다

판판히: 높낮이가 없이 반듯하게 너르다 [큰]펀펀히

5.1.12. 반드시 부사

꼭=꼭꼭: 어떤 일이 있어서 반드시

반드시: 틀림없이. 어김없이

어김없이: 어기는 일이 없이

영락없이: 조금도 틀리지 않고 꼭 들어맞게

적확히: 꼭 들어맞게

정확히: 바르고 확실하게

틀림없이: 다름이 없이

필시: 짐작하기에 틀림없이

필야: 필연

필연: 틀림없이 꼭

필연코: '필연'의 힘줌말
필연히: '필연'의 힘줌말 즉 그렇게 될 수밖에 없는 일
필히: 반드시

5.1.13. 받아먹거나 가지는 모습 부사

날름=날름날름: ① 무엇을 날쌔게 받아 가지는 태도 ② 혀나 입술을 내밀어 무엇을 날쌔게 받아먹는 꼴 큰늘름 늘름늘름
납죽=납죽납죽: 납죽납죽 받아먹는 꼴 큰넙죽넙죽
넙적=넙적넙적: 받아먹거나 말대답할 때 입을 냉큼 벌렸다가 닫는 꼴
넙죽=넙죽넙죽: 주는 대로 넙죽 받아먹는 꼴 작납죽 납죽납죽
늘름=늘름늘름: ① 혀나 입술을 내밀어 무엇을 빨리 받아먹는 꼴 ② 손을 내밀어 무엇을 빨리 받아 가지는 꼴 작날름 날름날름

5.1.14. 방면 부사

한편: '다른 반면으로'의 뜻으로 내용을 이어 나갈 때 쓰이는 말 '한편으로'로도 쓰인다 (예) 나는 훌륭한 선생님을 만난 한편 선생은 열등한 학생을 만났다

5.1.15. 방비 부사

공고히: 견고하다
굳건히: 굳세고 튼실하다
완벽히(完璧): 조금도 모자라거나 흠잡을 데가 없이
철벽같이: 방비가 매우 튼튼하다
철석같이: 쇠나 돌처럼 매우 굳고 단단하게
철통같이: 튼튼히 에워싸서 조금도 허점이 없다

5.1.16. 밤을 새우는 모습 부사

꼬박꼬박: 자꾸 온전히 밤을 새우는 꼴 (예) 뜬눈으로 꼬박꼬박 밤을 새운다
꼬빡꼬빡: 자꾸 밤을 꼬박 새우는 꼴

5.1.17. 밥의 상태 부사

고들고들: 고들고들한 꼴 (예) 밥이 고들고들 풀기가 없다 센꼬들꼬들 큰구들구들
구들구들: 밥알 따위가 속은 잘 익었으나 물기가 걷혀서 우둘우둘하다 센꾸둘꾸둘 작고들고들
구슬구슬: 밥이 질지도 되지도 않고 알맞게 부드럽다 작고슬고슬
꼬독꼬독: 꼬독꼬독한 꼴 여고독고독 큰꾸둑꾸둑
꼬들꼬들: 꼬들꼬들한 꼴 여고들고들 큰꾸들꾸들
왜그르르: 된 밥이나 굳은 물건 따위가 흐슬부슬 헤어지다
왜글왜글: 된 밥이나 굳은 물건이 자꾸 흐슬부슬 헤어지다
훨쩍: 밥 따위가 무르도록 퍼진 꼴 작활짝

5.1.18. 방해 부사

가치작가치작: 거추장스럽게 자꾸 걸리다
거리낌없이: 방해가 되는 것이 없이
거치적=거치적거치적: 거추장스럽게 자꾸 걸리다 센꺼치작 꺼치작꺼치작 작가치작 가치작가치작
거짓거칫: 자꾸 가볍게 걸리다 센꺼칫꺼칫 작가칫가칫
거침없이: 거침없게
까치작까치작: 아주 거추장스럽게 자꾸 걸리다 여가치작가치작 큰꺼치적꺼치적
까칫까칫: 매우 가볍게 자꾸 걸리다 여가칫가칫 큰꺼칫꺼칫
깔끔깔끔: 깔끄럽게 따끔거리다 큰껄끔껄끔
마장스래(魔障): 마가 드는 듯하다
방해로이: 남의 일에 해살을 놓아 해롭게

5.1.19. 방향 부사

5.1.19.1. 바른 방향 부사

고리: 고 쪽으로
고리로: '고리'를 강조한 말
고리조리: 일정한 방향이 없이 고쪽고쪽으로 큰그리저리
곬으로: 오직 한 곬으로

내리: 위에서 아래로 향하여
내리내리: 옛날부터 죽
내리다지로: 아래로 향하여 죽 잇대어
오르로: 오른편으로 향하여
외로: 이쪽 방향으로
요리: 요곳으로. 요쪽으로
요리로: '요리'를 강조한 말
요리저리로: '요리조리'를 강조한 말
요리조리: 일정한 방향이 없이 이쪽저쪽으로
이리: 이곳으로. 이쪽으로
이리로: '이리'를 강조한 말
이리이리: 이쪽으로 이쪽으로
이리저리: 일정한 방향이 없이 이쪽저쪽으로
저리: 저곳으로. 저쪽으로
저리로: 저곳으로
저만침: '저만큼'의 경기방언
저만큼: 저 곳으로. 저쪽으로
절로: '저리로'의 준말
조기: 조곳에
조리: 조방향이나 조곳으로
조리로: 조곳으로. 조쪽으로
한편: (한 상황을 말한 다음 다른 상황을 말할 때 씀) 다른 면에서는, 다른 쪽으로는

5.1.19.2. 일정하지 않은 방향 부사

어동어서(於東於西): 이쪽이나 저쪽에

5.1.20. 배가 고프거나 기타 상태 부사

꼬르륵=꼬르륵꼬르륵: 사람의 뱃속이나 대통의 진 따위가 조금씩 끓는 소리 큰꾸르륵 꾸르륵꾸르륵
꼴랑-꼴랑꼴랑: 뱃속이나 그릇 따위에 골막한 액체가 흔들릴 때 나는 소리 큰꿀렁 꿀렁꿀렁
꾸르륵=꾸르륵꾸르륵: 사람의 뱃속이나 대통의 진 따위가 몹시 끓는 소리 작꼬르륵 꼬르륵꼬르륵

꿀렁=꿀렁꿀렁: 뱃속이나 그릇 따위에 굴먹한 액체가 흔들리는 소리가 자꾸 나다 [거]쿨렁 쿨렁쿨렁 [작]꼴랑 꼴랑꼴랑
촐촐히: 시장기가 약간 있다 [큰]출출히
출출히: 출출하게 배가 약간 고프다 [작]촐촐히
쿨렁=쿨렁쿨렁: 뱃속이나 큰 그릇에 골막한 액체가 세게 흔들릴 때 나는 소리 [센]꿀렁 꿀렁꿀렁 [작]콜랑 콜랑코랑
함함히: 굶주려서 살 길이 없다
홀쭉히: 홀쭉하게 [큰]훌쭉히
훌쭉훌쭉: 훌쭉훌쭉한 꼴 (예) 배를 훌쭉훌쭉 곪다 [큰]홀쭉홀쭉

5.1.21. 배도는 모습 부사

배슥배슥: 무슨 일을 탐탁스럽게 여기지 않고 자꾸 배돌다 [큰]베슥베슥
배슬배슬: 배슬거리며 배도는 꼴 [큰]베슬베슬
베슥베슥: 무슨 일을 탐탁하게 여기지 않고 자꾸 베돌다 [작]배슥배슥
베슬베슬: 무슨 일에 슬그머니 슬슬 베돌다 [작]배슬배슬

5.1.22. 배돌거나 배스듬한 모습 부사

배뚜로: 배뚤어지게 (예) 줄을 배뚜로 서 있다 [센]빼뚜로 [큰]비뚜로
배뚜름히: 배뚜름하게 [센]빼뚜름히 [큰]비뚜름히
배뚝배뚝: 물체가 배스듬히 한쪽으로 기울어지며 자꾸 흔들리다 [센]빼뚝빼뚝 [큰]비뚝비뚝
배뚤: 한쪽으로 기우러졌거나 좀 쏠려 있는 꼴 [센]빼뚤 [큰]비뚤
배뚤배뚤: 배뚤거리는 꼴 [센]빼뚤빼뚤 [큰]비뚤비뚤
배스듬히: 한쪽으로 좀 기운 듯하다 [큰]비스듬히
배슥배슥: 무슨 일을 탐탁스럽게 여기지 않고 자꾸 배돌다 [큰]베슥베슥
배슥이: 배슥하게 [큰]비슥이
배숫이: 배숫하게 [큰]비숫이

5.1.23. 벌여놓은 모습 부사

느런히: 죽 벌여 있는 꼴
엉기정기: 질서 없이 여기저기 벌여놓은 모습 (예) 헐어빠진 구두 가장자리에 반죽이 된 진흙이 엉기정기 따라다닌다

5.1.24. 번드럽고 윤이 나는 모습 부사

5.1.24.1. 번드러운 모습 부사

반드레: 윤기가 있고 매끄럽다 [센]빤드레 [큰]번드레
반드르르: 윤기가 있고 매끄럽게
반들: 반들 윤이 나는 꼴
반들반들: 가죽이 아주 매끄럽고 윤이 나는 꼴 [큰]번들번들 [센]빤들빤들 [거]판들판들
반지레: 반지레한 꼴 [센]빤지레 [큰]번지레
반지르르: 물기나 기름기 같은 것이 묻어서 매끄럽고 윤기가 있다 [큰]번지르르
반질반질: 반질반질 윤이 나다
번들번들: 거죽이 미끄럽게 윤기 나다 [센]뻔들뻔들 [작]반들반들
번지레: 조금 반지르르한 꼴 [큰]번지레 [센]빤지레
번지르르: 번지르르한 꼴
번질번질: 미끄럽게 윤기가 흐르다
빤드레: 빤드레한 꼴 [여]반드레 [큰]뻔드레
빤드르르: 빤드르르한 꼴 [여]반드르르 [큰]뻔드르르
빤지레: 뻔지레한 꼴 [여]반지레 [큰]뻔지레
빤지르르: 빤지르르한 꼴 [여]번지르르 [큰]뻔지르르
빤질빤질: 빤질빤질한 꼴 [여]반질반질 [큰]뻔질뻔질
지르르: 윤기 따위가 지르르한 꼴 [센]찌르르 [작]자르르
짜르르: 윤기 따위가 짜르르한 꼴 (예) 기름기가 짜르르 도는 햅살밥 [큰]찌르르
찌르르: 윤기 따위가 찌르르한 꼴 (예) 얼굴에는 기름기가 찌르르 흐르고 있다 [여]지르르 [작]짜르르

5.1.24.2. 번지럽지 못한 모습 부사

테석테석: 바닥이나 면이 거칠게 포삭포삭 일어나 반드럽지 못하다 [작]태석태석
티석티석: 바람이나 면이 거칠게 푸석푸석 일어나 번지럽지 못하다 [작]테석테석

5.1.25. 버드름한 모양 부사

바듬히: '바드름히'의 준말
반드레: 반드레한 꼴 [센]빤드레 [큰]번드레

반드르르: 반드르르한 꼴 센빤드르르 큰번드르르
버드름히: 버듬한 듯하다 센뻐드름히 작바드름히
버듬히: 버듬하게 센뻐듬히 작바듬히
빠드름히: 빠드름하게 여바드름히 큰뻐드름히
빠듬히: 좀 큰 물건이 날카롭거나 곧게 밖으로 좀 벌어지거나 뻗어 있다
뻐드름히: 뻐드름하게 여버드름히 작빠드름히

5.1.26. 번잡, 잡다한 상태 부사

난삽히: 어렵고 까다롭게 =난잡스레
버잡스레: 번거롭고 뒤엉키어 어수선하다
번거로이: 일의 갈피가 복잡하고 어수선하게
번거히: 조용하지 못하고 자리가 어수선하게
번다스레: 번거롭고 다양한 것 같이
번다히: 번거롭고 많게
번폐스레: 번거롭고 폐가 되듯이
부수수: 차분한 맛이 없이 엉성하고
분잡스레: 여러 가지 얽히어 어수선하게
분잡히: 분잡하게
분주살스레: 분주살스럽게
분주스레: 분주스럽게
분주히: 분주하게
사번스레: 사번스럽게
사번히: 사번하게
얼기설기: 이리저리 뒤섞여 있다 거얼키설키 작알기살기
얼키설키: 이리저리 어지럽게 얽혀 있다 여얼기설기
엉기정기: 질서 없이 여기저기 벌여 놓은 꼴
에부수수: 정돈되지 않아 어수선하고 엉성하다 거에푸수수 비부수수
잡다히: 잡스러운 것이 뒤섞여 너저분하게
잡상스레: 난잡하고 음탕스럽게
잡스레: 잡되고 상스럽게
잡연히: 뒤섞여 어지럽게
잡탕스레: 난잡하고 음탕스레
장황히: 번거롭고도 길다

5.1.27. 벌레의 여러 움직임 모습 부사

꼼실꼼실: 작은 벌레 등이 한데 어우러져 좀스럽게 꼼틀거리다 [여]곰실곰실 [큰]꿈실꿈실
꿈실꿈실: 작은 벌레들이 한데 어우러져 굼틀거리다 [여]굼실굼실 [작]꼼실꼼실
득실득실: 사람 짐승 벌레 따위가 떼로 모여 자꾸 움직이다
오그르르: 작은 벌레 짐승 사람 따위가 한곳에 배좁게 많이 모여 있는 꼴 [큰]우그르르
우그르르: 큰 벌레 짐승 사람 따위가 한곳에 비좁게 많이 모여 있다 [작]오그르르
움실움실: 움실거리는 꼴. (예) 벌레가 움실움실 우글거린다 [작]옴실옴실
움지럭움지럭: 움지럭거리는 꼴 (예) 송충이가 나무를 움지럭움지럭 기어오른다 [작]옴지락옴지락

5.1.28. 벗거나 벗겨진 모습 부사

쪽=쪽쪽: 작은 것이 단번에 갈라지거나 벗겨지는 모습 [큰]쭉 쭉쭉
쭉=쭉쭉: 한꺼번에 벗겨지거나 갈라지거나 하는 꼴 [여]죽 죽죽 [작]쪽 쪽쪽
홀딱=홀딱홀딱[1]: 남김없이 시원스럽게 벗거나 벗어진 꼴 (예) 아이 둘은 옷을 홀딱 벗고 물에 뛰어들었다 [큰]훨떡 훨떡훨떡
홀딱=홀딱홀딱[2]: 작은 것이 다 드러나게 벗어지거나 뒤집히는 꼴 (예) 아이의 옷을 홀딱 벗기다 [큰]훌떡
홀라당=홀라당홀라당: 속의 것이 한꺼번에 드러나도록 할갑게 벗어지거나 벗거나 뒤집히는 꼴 [큰]훌러덩 훌러덩훌러덩
홀랑홀랑: 속의 것이 다 드러나도록 할갑게 쏙 자꾸 벗어지거나 뒤집히는 꼴 (예) 홀랑홀랑 벗겨지다 [큰]훌렁훌렁 ②홀랑거리는 꼴 [큰]훌렁훌렁
활활: 거침없이 시원스럽게 벗어버리거나 벗기는 꼴
훌떡=훌떡훌떡: 속의 것이 다 드러나거나 벗어지거나 뒤집히는 꼴 [작]홀딱 홀딱홀딱
훌러덩=훌러덩훌러덩: 속의 것이 시원스럽게 드러나도록 헐겁게 벗어지거나 뒤집히는 꼴 [작]홀라당 홀라당홀라당
훌렁=훌렁훌렁: 속의 것이 다 드러나도록 헐겁게 쑥 벗어지거나 벗거나 뒤집히는 꼴
훌훌: 시원스럽게 벗어버리거나 벗기는 꼴
훨떡=훨떡훨떡: 남김없이 벗거나 벗어진 꼴 [작]활딱 활딱활딱
훨훨: 아주 거침없이 매우 시원스레 벗어 버리거나 벗기는 꼴

5.1.29. 벼르는 모양 부사

땅땅: 몹시 잇달아 벼르는 꼴 [큰]떵떵

떵떵: 잇달아 세게 벼르는 꼴 (예) 떵떵 벼르는 젊은이 [작]땅땅

5.1.30. 변변찮은 상태 부사

쥐뿔같이: 아주 변변치 못한 꼴
쥐좆같이: 변변치 못한 꼴
지질히: 보잘것없이 변변치 않게

5.1.31. 변통성 부사

드리없이: 경우에 따라 이리하기도 하고 저리하기도 하여 일정하지 아니하다
변모없이: 무뚝뚝하고 변통성 없이

5.1.32. 변화 부사

5.1.32.1. 변화의 부사

차차: 어떤 상태나 정도 따위가 계속하여 한 방향으로 조금씩 달라지는 꼴 (예) 병이 차차 나아간다. [비]차츰

5.1.32.2. 변화 없음 부사

한결같이: 한결같게 (예) 그는 오래고 긴 생애를 한결같이 겨레만을 위하여 살았다 [비]일향

5.1.33. 병세(病勢) 부사

골골: 아파서 시름시름 앓는 꼴
극중히: 병세가 몹시 대단하다
빤히: 병세가 고진누룩하게 [여]반히 [큰]뻔히
수슬수슬: 두창이나 헌데 따위가 나으면서 말라서 진물이 거의 없다
시난고난: 병이 심하지는 않으면서 점점 조금씩 더하여서 (예) 그는 시난고난 앓더니 결국 입원하게 되었다
시름시름: 병세가 더 심해지거나 나아지지 않고 오래 끄는 꼴

쌀쌀: 뱃속이 조금 쓰리고 아픈 꼴 여살살 큰쓸쓸
쌀쌀히: 뱃속이 좀 쓰리고 아픈 꼴
쏙쏙: ① 자꾸 쑤시듯이 아픈 꼴 (예) 온몸이 쏙쏙 찌르는 듯이 아프다 큰쑥쑥 ② 자꾸 쏙 밀어 넣거나 뽑아내는 꼴 큰쑥쑥 (예) 쏙쏙 밀어 넣어 본다 ③ 말을 자꾸 거리낌 없이 내놓는 꼴 (예) 남의 일이라고 말을 쏙쏙 꺼내놓는데 문제가 있다 ④ 여럿이 다 험 잡을 데 없이 날씬하다 큰쑥쑥
쑥쑥: 바늘로 자꾸 쑤시듯이 아픈 꼴 작쏙쏙

5.1.34. 보기만 하거나 보다 못하는 부사

보다 못해: 보고 있으면서 찾다가 더 참지 못하여 (예) 보다 못해 그 일을 내가 처리하였다
볼만장만: 보기만 하고 간섭을 아니 하는 꼴 (예) 아이들의 다툼을 볼만장만 보고만 있던 아버지가 마침내 엄히 꾸짖으신다
얼른얼른: 무엇이 어리숭하게 자꾸 보이다

5.1.35. 돌아보는 부사

희뜩=희뜩희뜩: 급자기 얼굴을 돌리며 뒤를 슬쩍 돌아보는 꼴 (예) 이름을 불렀더니 희뜩 돌아다보는데 전혀 모르는 사람이었다 작해뜩 해뜩해뜩
힐금=힐금힐금: 가볍게 곁눈으로 슬쩍 쳐다보는 꼴 센힐끔 힐끔힐끔 작핼금 핼금핼금
힐긋=힐긋힐긋: 가볍게 슬쩍 한번 흘겨보는 꼴 센힐끗 힐끗힐끗

5.1.36. 보람 부사

보란듯이: 남이 보고 부러워하도록 자랑스럽거나 떳떳하게
보람없이: 노력의 결과가 드러나지 않고 헛되이
보배로이: 보배로 삼을 만한 가치가 있게
보배스레: 보기에 귀하고 소중한 데가 있어
헛되이: 아무 보람이나 실속이 없다 (예) 활금 같은 시간을 헛되이 보내지 말라 비한갓되이

5.1.37. 보통과 다른 모습 부사

별달리: 다른 것과 분명하게 구별될 만큼 다르게
별반(別般): 그다지 특별하게(주로 부정적으로 쓰인다)

별스레: 보기에 별다르게
유난스레: 언행 상태가 보통과 다르게
유난히: 유난하게
유달리: 보통 이상으로 특별하게
유별스레: 보기에 보통의 것과 아주 다른 데가 있게
유별히: 여는 것과 두드러지게 다르게
특별히: 예사롭지 않고 보통과 다르게
특히: 보통과 다르게

5.1.38. 보풀이 일어나는 모습 부사

타슬타슬: 바탕이나 가장자리가 매끈하지 않고 조금 거칠거나 작은 보풀이 일어나 있는 모양 큰타실타실
타실타실: 타실타실 보풀이 일어 있는 꼴
터실터실: 종이나 천 따위의 바탕이나 가장자리가 매끈하지 아니하고 거칠게 보풀이 일어나 있는 꼴
트실트실: 바탕이나 가장자리가 매끈하지 아니하고 거칠게 트거나 보풀이 일어난 모양 작타실타실

5.1.39. 복스러운 모습 부사

복상스레(福相): 생김새가 모난 데가 없이 도톰하여 복이 있게
복성스레: 복상스레
복스레: 모난 데가 없이 복이 있어 보인다
행복스레: 행복스럽게
행여: 운 좋게 다행히
행여나: '행여'를 강조한 말

5.1.40. 복작거리는 모습 부사

복작: 많은 사람이 좁은 곳에 모여 수선스럽게 들끓는 모양 큰북적
복작복작: 많은 사람이 좁은 곳에 모여 수선스럽게 자꾸 들끓는 모양 큰북적북적
북적=북적북적: 수선스럽게 떠들썩한 모습
와그작와그작: 시끄럽게 복작거리다 (예) 회의장 안에는 사람들로 와그작와그작 복작거리

다 큰위그적위그적

5.1.41. 복잡하거나 간단한 상태 부사

간단간단히: 매우 간단히
간단명료히: 간단명료하게
간단히: 간단하게
번거로이: 일의 갈피가 복잡하고 어수선하게
번거히: 조용하지 못하고 자리가 어수선하게
번다스레: 번거롭고 다양한 것 같이
번다히: 많이 번거롭게
번잡스레: 번거롭게 뒤섞이어 어수선한 듯하다
복잡스레: ① 여럿이 겹치고 뒤섞여 있다 ② 복작거리어 번거롭고 혼잡스럽다
잡다히: 잡스러운 여러 가지가 뒤섞여 너저분하게
잡상스레: 난잡하고 상스럽게
잡스레: 잡되고 상스럽게

5.1.42. 볶는 모습 부사

달달: 먹거리를 이리저리 저어 볶는 꼴 큰들들
들들: 곡식 따위를 볶는 꼴

5.1.43. 볼록한 모습 부사

보로통히: 부풀거나 부어올라서 볼록한 모습 센뽀로통히 큰부루퉁히
불룩=불룩불룩: ① 불룩불룩한 꼴 ② 불룩거리는 꼴 센뿔룩 뿔룩뿔룩 작볼록 볼록볼록
불통히: 불통하게 작볼통히
불퉁불퉁: 불퉁불퉁한 꼴 작볼통볼통
뽈록뽈록: 뽈록한 꼴 여볼록 볼록볼록 큰뿔룩 뿔룩뿔룩
뿔룩=뿔룩뿔룩: 뿔룩한 꼴 여불룩 불룩불룩 작뽈록 뽈록뽈록

5.1.44. 부은 모습 부사

댕댕: 댕댕한 꼴 거챙챙 센땡땡 큰딩딩

딩딩: 딩딩한 꼴 [거]팅팅 [센]띵띵 [작]댕댕
땡땡: 땡땡 부은 꼴 [거]탱탱 [여]댕댕 [큰]띵띵
똥똥: 물체의 한 부분이 붓거나 부풀어 도드라져 있는 모양 [큰]뚱뚱 [거]통통
뚱뚱: 아주 많이 부은 꼴 [거]퉁퉁
뚱뚱히: 뚱뚱하게 [거]퉁퉁히 [작]똥똥히
띵띵: 띵띵 부은 모습 [거]팅팅 [여]딩딩 [작]땡땡
탱탱: 탱탱하게 부은 꼴 [센]땡땡 [여]띵띵 [큰]팅팅
통통: 작은 몸피가 붓거나 살진 모양 [큰]퉁퉁
통통히: 신체의 한 부분이 붓거나 부풀어 도드라진 꼴 [큰]퉁퉁히
퉁퉁: 퉁퉁 부은 꼴 [작]통통 [센]뚱뚱
팅팅: 부은 모습 (예) 팅팅 부은 얼굴 [작]탱탱

5.1.45. 부끄러운 모습 부사

면괴스레: 면구스레
면구스레: 남을 대하기가 부끄러운 때가 있어
면목없이: 부끄러워 남을 대할 낯이 없이
바끄러이: '부끄럽다'를 흔하게 일컫는 말
부끄러이: 부끄럽게 [작]바끄러이
창피스레: 창피스럽게

5.1.46. 부담 부사

부담스레: 부담이 되는 듯한 느낌이 있다
부담없이: 부담이 될 만한 일이 없이

5.1.47. 부정(否定) 부사

5.1.47.1. 직접부정 부사

못: 하지 못함을 뜻하는 부사
아니: 단순부정을 나타내거나 의도부정을 나타내는 말
안: '아니'의 준말

5.1.47.2. 간접적 부정 부사

그릇: 옳지 않게. 틀리게 (예) 그릇 생각하다
도저히: 아무리 하여도 (예) 도저히 못참겠다
못마땅스레: 마음에 들지 않아 좋지 않은 데가 있어 (예) 못마땅스레 말하다
못마땅히: 마음에 맞지 않게 (예) 못마땅히 여기다
무가비=무가내하: 막무가내 즉 도무지 어찌할 수 없음
미처: 아직까지 미치도록 '못하다, 않다, 없다' 등의 부정을 뜻하는 말과 어울려 쓰인다
비단: (부정하는 말 앞에서) 오직. 단지 (예) 네 잘못은 비단 그것뿐이 아니다
언감히: 어찌 감히 (예) 언감히 그런 말을 할 수 있으랴
작작: 너무 지나치지 아니하게 적당히 (예) 거짓말을 좀 작작 하여라
전혀: 아주. 온전히 (예) 전혀 나와는 관계가 없다
절대로: 이러니저러니 할 것 없이 아주
좀처럼: =좀체. 좀체로. 도무지 (예) 그는 좀체로 남의 말을 듣지 않는다
통: '온통'의 준말. =전혀. 도무지 (예) 소식을 통 알 수 없다

5.1.47.3. 긍정 부사

못지않이: 못하지 않게 (예) 선배 못지않게 잘한다
무고히: 아무런 까닭 없이 (예) 그동안 무고히 지냈다
진짜: 거짓 없이. 정말로 (예) 그것은 진짜 멋있다
진짜로: 꾸밈이나 거짓이 없이 (예) 진짜로 그는 수재이다
하기는: '사실상'의 뜻으로 이미 된 일을 긍정할 대 쓰는 말
하기야: '하기는'의 힘줌말
하긴: '하기는'의 준말

5.1.48. 넉넉함에 관한 부사

빈틈없이: 허술하거나 부족한 점이 없이
샅샅이: 빈틈이 없이 철저하게
세섬히: 작은 일에도 꼼꼼하게 주의를 기울여 빈틈이 없이
세세히: 매우 자세하게
팽팽히: 모자라거나 남음이 없이 빠듯이 큰 핑핑히
풍부히: 넉넉하게 아주 많이

풍요히: 흠뻑 많아서 넉넉하게
풍족히: 매우 넉넉하여 부족함이 없이
요로이: 풍족히
핑핑히: 남거나 모자람이 없이 매우 빠듯하다 작 팽팽히

5.1.49. 부지 부사(모름 부사)

가만가만: 남이 몰래 가만히 =가만히. 가만히가만히
감각히: 전혀 모르거나 기억이 없다
감감: 감감한 꼴 (예) 감감무소식이다
감쪽같이: 꾸미거나 고친 것이 전혀 알아차릴 수 없을 만큼 아무 표시나 흔적이 없이. 완벽하게 (예) 그는 찢어진 사진을 감쪽같이 붙여놓았다
갑작스레: 미처 생각할 겨를이 없이
깜쪽같이: '감쪽같이'보다 센말
남몰래: 어떤 행위를 남이 모르게 하는 모양
마침몰라: 그때를 당하면 어떻게 될지 몰라서 (예) 마침몰라 이것을 준비했다
막부득이: '만부득이'를 강조한 말
막상: 마침내 실제에 이르러 (예) 그는 사표를 내었으나 막상 할 일이 없다
만부득이: 어쩔 수 없이
몰래: 아무도 모르게 (예) 는 몰래 이것을 빠져 나갔다
몰래몰래: 그때마다 모르게. 아주 모르게
살그머니: 남이 모르게 살짝
살근살짝: 남이 알아차리지 못한 정도로 살며시
살금살금: 남이 알아차리지 못하도록 살며시 행동하는 모양
살며시: 남몰래 살짝
살몃살몃: 남의 눈에 띠지 않게 살며시
살짝살짝: 남이 몰래 살며시
슬그니: '슬그머니'의 준말
슬그머니: 남이 모르게 넌지시
슬근슬짝: 슬그머니 남몰래
슬금슬금: 가만가만
슬며시: '살며사'보다 큰말
슬몃슬몃: '살몃살몃'보다 큰말
슬슨히: 행동이 은근하고 가볍게
슬쩍: 몰래

슬쩍슬쩍: 더욱 몰래
어떻든: '어떠하든'의 준말
어떻든지: '어떠하든지'의 준말

5.1.50. 부채질 모습 부사

활활: 부채 따위로 시원스럽게 부치는 꼴 (예) 모시적삼 차림에 합죽선을 활활 부치며 여름을 지내는 숙부는…
훌훌: 가볍게 부채질을 하는 꼴 (예) 부채를 훌훌 부친다
훨훨: 큰 부채 따위로 아주 시원스럽게 부치는 꼴 작활활

5.1.51. 부패 상태 부사

난작난작: 썩거나 삭아서 자꾸 좀 힘없이 처지거나 물러지다
난지락난지락: 심하게 물크러질 정도로 자꾸 좀 힘없이 처지거나 물러지다 큰는지럭는지럭
난질난질: 물크러질 정도로 조금 힘없이 처지거나 물러지다
날캉날캉: 매우 물러서 조금씩 자꾸 늘어져 처지게 되다 큰늘컹늘컹
날큰날큰: 물러서 자꾸 조금씩 늘어져 처지게 되다
날큰히: 날큰하게 큰늘큰이
폭: 좀 심하게 썩거나 삭는 꼴 (예) 폭 삭히다 큰푹
폭삭: 온통 곯아서 썩은 꼴 (예) 감이 폭 썩었다 큰푹석
푹: 아주 심하게 썩거나 삭는 꼴 작폭
푹석=폭석풋석: 온통 지나치게 삭아서 썩는 꼴 작폭삭 폭삭폭삭

5.1.52. 부풀어 있는 모습 부사

꼴랑=꼴랑꼴랑: 착 달라붙지 않고 들떠서 좀 부푼 꼴 (예) 땅이 꼴랑 부풀어 있다 거콜랑 콜랑콜랑 큰꿀렁 꿀렁꿀렁
콜랑콜랑: 착 달라붙지 않고 매우 들떠서 부푼 모양 센꼴랑꼴랑 큰쿨렁쿨렁

5.1.53. 부피 부사

부쩍=부쩍부쩍: 어떤 사물이나 현상이 갑자기 늘거나 주는 꼴

부풀부풀: 물체가 매우 늘어나 부피가 큰 모양
부풋부풋: 부피가 좀 크다
부풋이: 부풋하게

5.1.54. 분간 부사

얼쑹덜쑹: 여러 모양이나 빛깔로 된 줄이나 점이 뒤섞이어 분간하기 어렵게 얼룽어룽한 모양 작알송달송 얼숭덜숭
적확히: 꼭 들어맞게
정확히: 바르고 확실하게
정히(正): 바르게
철없이: 사리를 분별할 능력이 없이
확실히: 정확하게
확연히: 아주 확실하게
확적히: 확실하고 틀림없이

5.1.55. 분명(分明) 부사

5.1.55.1. 분명함을 나타내는 부사

각별히: 유달리 다르게
공공연히: 떳떳하고 버젓이 드러나게
공명히: 아주 분명하게
공연히: 세상에서 다 알 만큼 뚜렷하게
극명히: 아주 분명하게
도릿도릿: 엉클어지거나 흐리지 않고 분명하게 센또렷또렷 큰두렷두렷
두렷두렷: 두렷두렷한 꼴 센뚜렷뚜렷 작도렷도렷
두렷이: 아주 분명하게 작도렷이 센뚜렷이
뒷손없이: 일이 뒤끝을 마무리하거나 잔손을 본 필요가 없이
또깡또깡: 말이나 행동이 똑똑 자른 듯이 썩 분명하다
또랑또랑: 아주 또렷하고 똑똑하다
또렷또렷: 또렷또렷한 꼴 여도렷도렷 큰뚜렷뚜렷
또렷이: 또렷하게 여도렷이 큰뚜렷이
똑똑히: 똑똑하게

명실공히: 겉으로 난 명성과 제작 내용이 꼭 같게
모름지기: 사리를 따져보건대 마땅히
미주알고주알=고주알미주알=밑투리고투리=옴니암니: 아주 하찮은 일까지 속속들이 알아내려고 하는 모양
밝히: 일에 대하여 분명하게
백일하에: 세상이 다 알게 뚜렷이
번연히: 어떤 일의 내용이 분명하고 환히 준번히
분명히: 틀림없이 확실하게
뻔히: 빤하게
선명히(鮮明): 분명하고 뚜렷이
선연히(鮮然): 선명하고 뚜렷하게
선히: 눈앞에 생생하게 보이는 듯이
소상히: 분명하고 자세히
소연히: 일의 내용이 밝고 선명하게 (예) 그의 지조를 소연히 아는 사람
어련히: 걱정하지 않아도 잘 될 것이 분명하게
어연번듯이: 세상에 드러내 놓기에 아주 떳떳하고 번듯하다
여부없이: 의심할 여지가 없이 분명히
여실히: 사실과 똑같이
역력히: 분명하고 또렷하게
역연히: 분명히 알 수 있게 뚜렷이
완넌히: 아주 갖추어 모자람이 없이
완연히(宛然): 보이듯이 뚜렷하게
완연히(完然): 완전하게
월수히: 월수하게
택연히: 유달리 눈에 띄게
판연히: 아주 명백하게 드러나 있는 모양 준판히
표표히(表表): 눈에 띄게 두드러지게
혁혁히: 공로나 업적이 뚜렷하게
현연히: 눈앞에 똑똑하게 나타나게. 분명하게 나타나거나 알려지는 정도가 뚜렷하게
현저히: 두드러지게. 뚜렷이 드러나게
효연히: ① 분명하고 똑똑하다 =요연히 ② 분명하고 명백하게
훤칠히: 막힘이 없고 시원하게
훨쩍: 시원스레 문을 열어 놓은 모양. '활짝'보다 큰말 =훨쩍훨쩍 작활짝활짝

5.1.55.2. 불분명 부사

간데없이: 간 곳을 알 수 없게
간데온데없이: 어디로 갔는지 알 수 없이
불분명히: 분명하지 아니하게
애매히: 희미하고 분명하지 아니하게
어렴풋이: 어렴풋하게 (예) 지난 일이 어렴풋이 생각난다
어슴푸레: ① 분명히 보이거나 들리지 아니하고 매우 흐리고 희미하다 ② 달빛이나 불빛 따위가 흐릿하거나 어둑하다
의문스레: 의문스럽게

5.1.56. 분수 부사

5.1.56.1. 다행의 뜻 부사

과분히: 분수에 넘치게
국으로: 제 분수에 맞게
다복스레: 복이 많은 듯하게
다행스럽게도: 다행하게도
다행스레: 운이 좋게
다행하게도: 다행히
다행히: 운이 좋게
배불리: 음식을 많이 먹어 배가 부르게
영화스레: 영화스럽게
왕성히: 왕성하게
외람되이: 하는 짓이 분수에 지나친 데가 있다
외람스레: 외람스럽게
요행스레: 뜻밖에 잘 되어 다행한 느낌이 있어
요행히: 운수 좋게
유족히: 넉넉하게
유쾌히: 즐겁고 상쾌하게
진탕만만: 양에 파고도 남을 만큼 매우 많고 만족스럽게
찬란히: 수많은 빛으로 빛나게
찬연히: 빛이 눈부시게 밝게

5.1.56.2. 불행의 뜻 부사

군간히: 살림살이나 형편이 고생스럽게
궁핍히: 몹시 가난하게
무참스레: 몹시 참혹한 데가 있는 듯하게
무참히: 몹시 참혹하게
불쌍히: 몹시 가엽고 애처롭게
불행히: 행복하지 못하게
애석히: 서운하고 아깝게
애연히: 슬픈 듯이
애절히: 몹시 애처롭고 슬프게. 몹시 애타게
애처로이: 가엾고 불쌍하여 마음이 슬프게
애통스레: 보기에 애달프고 슬픈 느낌이 있어
애통히: 슬프고 가슴 아프게
애틋이: 애가 타는 듯이
영정히: 영락하여 외롭고 의지할 곳이 없다
오너라가너라: 제 마음대로 괜히 남을 오라고도 하고 가라고도 하는 꼴
외따로: 홀로 따로
외로이: 외롭게
외우: 외지게
이나마: 이것이나마
참담히: 끔찍하고 철망스레
참렬히: 차마 볼 수 없을 만큼 비참하고 끔찍하게
참혹히: 비참하고 끔찍하게

5.1.56.3. 분수에 지나친 언행 부사

엉뚱스레: ① 제 분수에 지나치는 말이나 짓이 많다 ② 짐작이나 생각보다는 훨씬 다르다
외람되이: 하는 짓이 분수에 넘치는 데가 있다
외람스레: 외람스럽게
참람히: 분수에 맞지 않게 너무 과하게

5.1.56.4. 평화로움 뜻 부사

평화로이: 평화롭게
평화스레: 평화스럽게

5.1.57. 분위기 부사

5.1.57.1. 고요한 상태 부사

고요하게: 조용조용히
고요히: 평화롭고 조용하게
고용히: '고요히'의 경북방언
고적히: 외롭고 쓸쓸하게
고즈넉이: 고요하게 아늑하게
공공적적히: ≪불교≫ 우주만상의 실체가 모두 비어 지극히 고요한 모습
괴괴히: 쓸쓸할 느낌이 들 정도로 아주 고요하게
궁벽스레: 매우 외딸고 으슥하게 =궁벽히
그윽히: 깊숙하고 아늑하게
막막히(莫莫): 고요하고 쓸쓸하다
소연히(蕭然): 호젓하고 쓸쓸하게
숙연히: 고요하고 엄숙하다
아늑히: 주위가 조용한 느낌이 있다
외따로: 홀로 따로
외따로이: 홀로 떨어져 있는 듯하게
요요히: 고요하고 쓸쓸하다
유수히: 깊숙하고 그윽하게 =그윽이
유연히: 한가롭게 느긋하게
유유히: 깊고 그윽하게. 한가하고 여유가 있다
으늑히: 깊숙하고 안온하다
음산히: 음산하게 즉 날이 흐리고 쓸쓸하게
자오록이: 바람 없이 자옥하다 =자옥이 큰자우룩이
자욱이: 연기나 안개가 끼어 몹시 흐리다
잠자코: 아무 말 없이
잠잠히: 분위기가 소리 없이 조용하다
잠적히: ① 쓸쓸하고 적막하다 ② 고요하고 호젓이
잠짓이: 시끄럽다가 갑자기 조용하게
잠포록이: 날이 흐리고 바람기가 없다
적막히: 고요하고 쓸쓸히
적연히: 조용하고 쓸쓸히

정일히: 고요하고 심신이 편안하게
조용조용: 아주 조용하다
조용히: 아무 소리도 들리지 않고
팽팽히: 분위기가 한껏 부풀어 있어
한료히: 한가롭고 조용하게
한산히: 한산하게. 일이 없어 한가히
한아스레: 한가롭고 조용한 데가 있다
한아히: 한가롭고 아담하게
한적히: ① 한가하고 고요하게 ② 한가하고 매인 데가 없이 마음에 맞게
한정히: 한가하고 조용하게
호젓이: 호젓하게

5.1.57.2. 소란 상태 부사

북적=북적북적: 수선스럽게 자꾸 떠드는 꼴 작복작 복작복작
분분히: ① 떠들썩하고 뒤숭숭하다 ② 의견들이 갈피를 잡을 수 없이 많고 어수선하다
소란스레: 소란스럽게
소연히(騷然): 떠들썩하게
소요스레: 여럿이 떠들썩하게 들고 일어나는 데가 있다
야단스레: 야단스럽게
야단야단: 자꾸 떠들썩하고 부산하게 법석거리는 모양
요란스레: 시끄럽게 떠들썩하게
요란히: 시끄럽고 떠들썩한 데가 있게
요요히(擾擾): 시끄럽고 어수선하다
웅성웅성: 소란스레 웅성웅성 자꾸 떠들다 작옹성옹성
위그적위그적: 시끄럽게 북적거리다
위글위글: 한곳에 위그르르 모여서 자꾸 움직이거나 떠들다 작와글와글
이런저런: 여러 사람이 시끄럽게 왔다갔다하는 모양
조연히: 시끄럽고 떠들썩하다
황료히: 거칠어서 쓸쓸하다

5.1.58. 불거지거나 불룩거리거나 불거져 나오는 모습 부사

볼똑=볼똑볼똑: 갑자기 뾰록 불거진 꼴 여볼뚝 볼뚝볼뚝 큰뿔뚝 뿔뚝뿔뚝
볼룩: 볼룩한 꼴

볼쏙=볼쏙볼쏙: 여럿이 또는 자꾸 쏙쏙 나오거나 내밀거나 나타나다 큰불쑥 불쑥불쑥
불뚝=불뚝불뚝: 급자기 불룩 불거진 꼴 (예) 근육이 불룩 일어난다 센뿔뚝 뿔뚝뿔뚝 작볼뚝 볼똑볼똑

불룩불룩: 불룩거리는 꼴

불쑥=불쑥불쑥 불룩하게 쑥 나오거나 내미는 꼴 작볼쏙 볼쏙볼쏙

불쑥이: 불쑥하게 작볼쑥이

뿔뚝=뿔뚝뿔뚝: 갑자기 뿔룩 불거진 꼴 여불뚝 불뚝불뚝 작뽈똑 뽈똑뽈똑

올근볼근: 올근거리고 볼근거리는 꼴 (예) 자루에 넣은 참외가 올근볼근 볼가져 나르기에 힘들다

옹긋옹긋: 여러 군대가 고르게 쏙쏙 불거지거나 톡톡 비어져 있다 큰웅긋웅긋

5.1.59. 분량·수량 부사

5.1.59.1. 추상적 구체적 다량 부사

가득: 그릇에 꽉 차게 큰거득 센까득

가뜩이: 가뜩이 여가득히 큰그뜩이

가뜩히: '가득히'보다 센말

가랑가랑: 액체가 많이 담기거나 괴어서 꽉 찰 듯하게

가히: 넉넉히

간데족족: 가는 데마다 모조리

거반: 절반 이상 거의

거반거반: '거의'를 반복한 꼴

거의: 어느 한도에 가까울 정도로

거의거의: 어느 한도에 매우 가까울 정도로

거의다: 거의 모두

거의없이: 모두. 전부

거지반: 거의 절반 가까이

건진: '거의'의 경기방언

걸음걸음: 걸음을 걸을 때마다

격지격지: 여러 켜로

고스란히: 전부. 몽땅. 모두

골싹골싹: 물이 그릇에 가득하게 큰굴썩굴썩

과다히: 너무 많게

과대히: 지나칠 정도로 크게

과도히: 정도에 지나치게
과중히: 지나칠 정도로 무겁게
과히: 정도가 지나치게
굴먹굴먹: 그릇에 가득하게 작골막골막
그득: 넘칠 듯이 차 있는 모습
그득그득: 더욱 넘칠 듯이 차 있는 모습
그득그득히: 어떤 범위에 몹시 꽉 차게
그득히: 넘칠 만큼 꽉 차게
그뜩: '그득'보다 센말
그뜩그뜩: '그뜩그뜩'을 반복한 말
그뜩그뜩이: 어떤 한도에 몹시 차게
그뜩이: '그득'보다 센말 =그뜩그뜩이
그렁그렁: '가랑가랑'보다 센말 (예) 배가 그렁그렁 차오르다
그지없이: 한량없이
극대량: 극히 많은 분량
극대치: 극도로 많은 가치로
극도로: 최대한으로
글썽: 눈물이 그득하여 넘칠 듯하게
글썽글썽 '글썽'을 반복한 말
깡그리: 하나도 남김없이 모조리
꼭꼭: 꽉 차게 많이(경남방언) 큰꾹꾹
꽉꽉: 더 가득하게
꽤: 보통 이상으로 대단히
나우: 조금 많이
낙낙히: 수량 따위가 조금 남음이 있게
남김없이: 조금도 남기지 아니하고 모두
너끈히: 크기나 수량 따위가 기준에 넘치고 남음이 있게
넉근히: 수량이 기준에 차고도 남음이 있게
느긋이: 마음에 부족함이 없이 여유가 있게
능준히: 표준에 미치고도 남음이 있게
다: 전체. 모두
다량으로: 많이
다분히: 꽤 많이
다불다불: 액체가 그릇에 넘칠 듯이 많게
다뿍: 분량이 기준에 넘치게

다뿍다뿍: '다뿍'을 반복한 말
대량: 많은 수량
대폭: 아주 많이
더러: 얼마쯤
더러더러: '더러'의 힘줌말
더럭: 한꺼번에 많이
더럭더럭: 잇달아 몹시 많이
더아니: 얼마나 더
덜퍽스레: 보기에 참스럽게 푸짐하다
도파니: 통틀어
드뿍: 분량이 꽤 넘치게 많이
드뿍드뿍: '드뿍'을 반복한 말
듬뿍듬뿍: '듬뿍'을 반복한 말 =듬북. 매우 수북하다
듬뿍이: 그릇에 가득하게
똠방: 모두 통틀어서 (경기방언)
마저=마저마저: 남아 있는 것은 모두
막대히: 수량이 많고 크다
만만히: 가득하거나 넉넉하게
많이=많이많이: 다량으로
말끈히: 말끔하게
말끔: 남김없이 모두
맞춤맞춤: 분량이 알맞은 모양
맞춤히: 비슷한 정도로 알맞게
맨: 몽탕. 온통
모개로: 있는 대로 모두
모개모개: 여러 모개로
모도록: 모도록이
모도록이: 한데 뭉쳐 난 싹이 빽빽하다
모두: 온통
모두다: '모두'의 힘줌말
모로매: 모름지기, 반드시
모조리: 하나도 빠짐없이 모두
모짝모짝: 한쪽에서부터 차례로 모조리
몽땅: 있는 대로 다
무드기: 수북하게 쌓일 정도로 많이

무려: 생각하던 것보다 훨씬 많이
무력: 수북하게
무수히: 있는 수대로 모두
무지무지: 여러 무더기로 쌓인 모양
무쩍: 있는 대로 한꺼번에 몰아서
무쩍무쩍: '무쩍'을 반복한 말
무트로: 한목에 많이
무한히: 수, 양, 시간 등이 한계가 없이
물물이: 실물이 때를 따라 모개로 나오는 모양
미주알고주알: 속속들이
반나마: 반이 조금 지나치게
빼곡: 빈틈이 없이 꽉 들어차 있다 큰삐국
빼곡히: 빼곡하게
빼꼭: 빈틈이 없이 아주 꽉 들어차 있다
삐꼭히: 삐국하게
소도록이: 수량이 제법 많아서 소복하게
소보록하니: 소보록하게
소복소복: 물건이 많이 도도록하게
소복이: 쌓인 것이 제법 높고 도도록하게 소복소복
수두룩이: '소도룩이'보다 큰말
수많이: 수효가 매우 많이
수북수북: '소복소복'보다 큰말
수북이: 쌓인 것이 제법 높게
수수(數數): 아주 여럿
수없이: 헤아릴 수 없을 만큼 많이
실컷: 마음에 원하는 대로 한껏 (예) 실컷 먹었다
실히: 허실 없이 옹골차게
안다미로: 넘치게. 수북이
야짓: 한편에서 시작하여 사이를 띄지 않고 통틀어 모조리 (예) 이 밭의 김을 윗머리에서부터 야짓 매어라
영영히: 물이 가득 차 벙벙하게
온전히: 본래 그대로
온통: 통째로 모두
와싹와싹: 거침없이 좀 많이씩 자꾸 나아가거나 또는 늘거나 줄어드는 꼴
월두히: 수량이 생각보다 훨씬 많이

자그마치: 예상보다 지나치게 많을 때에 '겨우'의 뜻으로 비꼬아 쓰는 말 =자그만치
자란자란: 적은 그릇 따위에 가득한 액체가 가장자리에 넘실넘실 넘칠 듯 말듯하다
좍: 넓게 퍼지거나 펼쳐지는 모양
죄다: 남김없이 모조리
지런지런: 물이 넘칠 정도로 가득한 꼴 [거]치런치런 [작]자란자란
천만: 아주. 매우
충만히: 한껏 차 가득하게
충족히: 넉넉하여 모자람이 없이
큼직이: 꽤 크게
텀턱스레: 보기에 푸지고 크게
통으로: 어떤 대상을 통째로
통째: 통째로
통째로: 통째
통채로: 통채
통틀어: 있는 대로 모두 합하여
팽히: 부족함이 없이 꼭 알맞게
하: 아주 많이
하도: '하'의 힘줌말
한가득: 꽉 차도록 가득
한껏: 정도에 미치는 데까지
한없이: 그지없이
함빡: 분량이 차고도 남도록 넉넉하게
함빡함빡: 매우 함빡
함뿍: 함빡
함씬함씬: 매우 함씬
허다반(許多般): 어떤 일이 흔히 볼 수 있을 만큼 많다
허다히: 허다하게
훨씬: 정도 이상으로 많거나 적게
흠뻑: 한도에 차고도 남도록 아주 넉넉하게 [작]함빡
흠씬: 한도에 한껏 파고도 남도록 아주 넉넉히
힘씬: 한도에 차고도 남도록 넉넉하게

5.1.59.2. 소량 부사

굴썩굴싹: 그릇마다 덜 찬 모습 [작]골싹골싹

소북히: 적게 잡아도
조금: 정도나 분량이 적게
조금조금: 여럿이 다 조금인 모양
조끔: '조금'의 힘줌말
조끔조끔: '조금조금'의 힘줌말
졸딱졸딱: 분량이나 규모가 작아서 변변치 못한 모양 (예) 졸딱졸딱 줄어든다 센쫄딱쫄딱

5.1.60. 불결 부사

5.1.60.1. 불결 부사

게저분히: 너절하고 지저분하게 센께저분히
게적지근히: 조금 너절하고 지저분하게 센께적지근히
구저분히: 거칠고 더럽다
구접스레: 지저분하고 더럽게
구질구질: 구저분하고 너절하다
귀접스레: 비위에 거슬리게 지저분하다
귀중중히: 매우 더러운 느낌이 있다
깨끔찮이: 깨끔하지 아니하게
깨끗찮이: 깨끗하지 아니하게
께저분히: 매우 게접스럽고 지저분하다 여게저분히
께적지근히: 좀 께저분하다 여게적지근히
나다분히: 자질구레한 물건들이 갈피를 잡을 수 없이 어지럽게 널려 있다 큰너더분히
나닥나닥: 군데군데 자그마하고 지저분하게 접거나 덧붙인 데가 많다
남루히: 옷 따위가 헤지고 지저분하다
너저분히: 질서 없이 마구 널려 있어 어지럽고 깨끗하지 않게
너절너절: 천이나 옷이 늘어지거나 헤어져서 몹시 지저분하게
너절히: 허름하고 지저분하게
다작스레: 보기에 더러운 태도가 있다
덕적덕적: 때나 먼지 같은 것이 군데군데 두껍게 붙어 있다 작닥작닥작
덕지덕지: 때나 먼지 같은 것이 더럽게 아주 많이 끼거나 올라 있다 작닥지닥지
던적스레: '던작스레'의 큰말
덴덱스레: 더러운 느낌이 있어 개운하지 아니하다
불결히: 불결하게
자질자질: 때가 끼어 더러운 모양

지저분히: 지저분하게

5.1.60.2. 깨끗함 부사

고결히: 고결하게
깔깔히: 마음이 맑고 바르고 깨끗하다
깔끔스레: 깔끔스럽게
깔끔히: ① 생김새 따위가 깔맛하고 매끈하다 ② 솜씨가 야물고 깔깔하다
깔멋이: 조촐하고 말쑥하게
깜찍스레: 깜찍스럽게
깨끔히: 깨끗하고 아담하게
깨끗이: 깨끗하게
정갈스레: 정갈스럽게
정갈히: 정결히
정결스레: 순수하고 깨끗하게
정결히(貞潔): 굳고 깨끗하게
정결히(淨潔): 깨끗하고 말끔하게
정결히(精潔)): 순수하고 깨끗하게
청결히: 청렴하고 검소하다

5.1.61. 불쑥 내미는 모습 부사

5.1.61.1. 물건의 끝이 내미는 꼴 부사

불쑥=불쑥불쑥: ① 불룩하게 쑥 나오거나 내미는 꼴 작볼쏙 ② 갑작스럽게 쑥 나타나거나 생기는 꼴 작볼쏙
불쑥이: 불숙하게 작볼쏙이
비주룩비주룩: 솟아나온 물건의 끝이 조금 길게 내밀어 있다 센삐쭈룩삐쭈룩 작배주룩배주룩
비주룩이: 비주룩하게 센삐쭈룩이 작배주룩이
비죽: 물체의 끝이 좀 길게 쑥 내밀리는 꼴 센삐쭉 작배죽
비쭉=비쭉비쭉: ① 물체의 끝이 쑥 나오게 내밀리는 꼴 ② 얼굴이나 물건의 모습이 슬쩍 내밀거나 또는 나타나는 꼴 작배쭉
비쭉이: 비쭉하게 작배쭉이
삐드름히: 큰 물건이 날카롭거나 곧게 밖으로 아주 조금 벌어지거나 뻗어 있다

5.1.61.2. 불거지는 모습 부사

불뚝: 급자기 불룩 불거진 꼴

불룩불룩: 물체의 거죽이 부풋하게 쑥쑥 내밀다 =블륵 센뿔룩뿔룩 뿔룩 작볼록볼록 볼록

불퉁불퉁: 물체의 거죽이 크고 둥그스름하게 불거져 있다 작볼통볼통

불퉁히: 불퉁하게 작불퉁히

톡: 한 부분이 쏙 불거져 나온 꼴 =톡톡 (예) 벌레에 물린 자리가 톡 불거져 올랐다

툭=툭툭: 한 부분이 쑥 불거져 나온 꼴 작톡 톡톡

5.1.61.3. 물체의 끝이나 얼굴을 내미는 꼴 부사

반미주룩: 물체가 밋밋하고 비스듬한 끝이 비어져 나오려고 조금 내밀어 있는 꼴 큰번미주룩

반미주룩이: 반미주룩하게 큰번미주룩이

배쭉: ① 물체의 꼴이 쏙 나오게 내밀리는 꼴 ② 얼굴이나 물건의 모습만 살짝 내밀거나 또는 나타나는 꼴 큰비쭉

배쭉배쭉: ① 배쭉배쭉한 꼴 ② 배쭉거리는 꼴 큰비쭉비쭉

배쭉이: 배쭉하게 큰비쭉이

빼쪽이: 빼쪽하게 여발족이 작빨쪽이

뻘쭉=뻘쭉뻘쭉: 끝이 뾰족이 보이게 자꾸 내밀었다 들어갔다 하다 여벌죽 벌죽벌죽 작빨쪽 빨쪽빨쪽

삐죽: ① 물체의 끝이 좀 쑥 내밀리는 꼴 ② 얼굴이나 물건의 모습만 가볍게 살짝 내밀거나 떠는 나타나는 꼴 센삐쭉 큰비죽

5.1.62. 불의 여러 모습 부사

가물가물: ① 작고 약한 불빛이 자꾸 희미해지며 사라질 듯 말 듯 비치다 ② 멀리 있는 물건이 작고 희미하게 자꾸 보일 듯 말 듯 움직이다

까물까물: 작고 약한 불빛이 몹시 희미해지면서 자꾸 사라질 듯 말 듯하다

꼬다게=꾀꾀: 불이 세지도 않고 꺼지지도 않고 고스란히 붙어 있는 꼴

끄먹끄먹: 희미한 불빛이 거볍게 자꾸 사라지려다가 살아났다가 하다 작까막까막

끄물끄물: 불빛이 끄물끄물 희미해지다

끔벅=끔벅끔벅: 등불 별빛이 갑작스레 순간적으로 비쳤다가 어두워지는 꼴 작깜박 깜박깜박

뭉근히: 싸지 아니한 불기운이 꾸준히 끊이지 아니하다
바르르: 나뭇잎이나 종이 따위에 불이 붙어 가볍게 타는 꼴 [거]파르르 [큰]비르르
보르르: 얇은 종이나 털 따위에 불이 가볍게 타오르는 꼴 [거]포르르 [큰]부르르
살살: 불기가 천천히 살아나는 모양
야울야울: 불이 순하게 조용히 타는 모양 [큰]여울여울
여울여울: 불이 순하게 설설 타는 꼴 [작]야울야울
우럭우럭: 불기운이 힘차게 일어나는 꼴
이글이글: 이글거리는 꼴 (예) 이글이글 불타는 모양
파르르: 얇게 펴놓은 나무 같은 것에 불이 댕기는 모습 [여]바르르 [큰]퍼르르
팔팔: 불길이 좀 작게 일어나는 모양
펄펄: 불길이 성하게 일어나는 꼴 (예) 아궁이에서 장작불이 펄펄 일고 있었다
화르르: 가볍고 마른 검불이나 나뭇잎 따위가 단숨에 타오르는 꼴 (예) 낙엽에 불이 붙자마자 단숨에 화르르 타오른다
활활: 불이 세게 타오르는 모양 [큰]훨훨
홧홧: 불에 달 듯이 뜨거운 기운이 일어나는 모양
훅=훅훅 불길이 잇달아 아주 세게 타오르는 꼴 [작]확확
훌훌: 불길이 시원스럽게 타오르는 꼴
훨훨: 불길이 세차게 타오르는 꼴 [작]활활

5.1.63. 불평불만 행위 부사

게두덜게두덜: 크고 거친 소리로 투덜거리다
게정게정: 불평을 품고 말과 행동을 자꾸 하는 모양 =게정스레
구두덜구두덜: 못마땅하여 혼자서 자꾸 심하게 군소리를 하다
불편스레: 불편스럽게
시답잖이: ① 마음에 차지 않게 ② 진실되거나 미덥지 않게
앙알앙알: 손윗사람에 대하여 원망하는 태도로 종알종알 군소리를 하는 모양 [큰]엉얼엉얼
엉두덜엉두덜: 엉엉거리며 두덜거리다
엉얼엉얼: 윗사람에 대하여 원망스럽게 중얼중얼 지껄이다
엉절엉절: 잔소리로 원망스럽게 중얼중얼 군소리를 하다 [작]앙잘앙잘
옹잘옹잘: 원망하거나 탄식하는 바가 있어 입속으로 옹알거리다
을근을근: 미워하거나 해치려는 마음으로 은근히 자꾸 으르대는 모양
터덜터덜: 터덜거리는 꼴 [작]타달타달
투덜투덜: 불평스러운 말로 중얼거리다
틀스레: 보기에 틀거리가 있다 (예) 틀스러운 몸짓

5.1.64. 붙거나 매달린 모습 부사

납작=납작납작: 판판하고 좀 넓은 것이 단단히 들어붙은 꼴 (예) 납작 들어붙었다
다다귀다다귀: 다닥다닥 큰더더귀더더귀
다닥다닥: 자그마한 것들이 한 곳에 많이 붙어 있다 큰더덕더덕
다라구: 자그마한 것들이 한곳에 매우 심하게 붙어 있는 모양
다락다락: 자그마한 것들이 한곳에 많이 붙어 있다
다래다래: 작은 물건들이 많이 매달려 있거나 늘어져 있다 큰드레드레
더더귀더더귀: '더덕더덕'의 본말
더덕더덕: 조그마한 것들이 곳곳에 많이 붙어 있는 모습 작다닥다닥
바짝-바짝바짝: 아주 바짝 달라붙는 꼴 큰버쩍 버쩍버쩍
버썩=버썩버썩: 아주 가까이 들어붙은 꼴 (예) 어머니는 아이들을 버썩 껴안았다 작바싹 바싹바싹
버쩍=버쩍버쩍: 몹시 가까이 들러붙는 꼴 작바짝 바짝바짝
짝=짝짝: 작은 것이 단단한 물건의 바닥에 끈기 있게 달라붙는 꼴 큰찍찍

5.1.65. 깊이 빠지는 모습 부사

폭=폭폭: 작은 물체가 좀 깊아 빠지거나 들어가는 꼴 (예) 진흙탕에 발이 푹 빠지다 큰푹 푹푹
푹: 깊이 빠지거나 들어간 꼴 작폭
푹푹: 자꾸 푹 빠지거나 들어가는 꼴 작폭폭

5.1.66. 보드라운 상태 부사

문문히: 물러서 부드럽다 (예) 문문히 여기다
보들보들: 살갗에 닿는 느낌이 매우 보드라운 느낌 큰부들부들
보들보들히: 보들보들하게 (예) 빵이 보들보들히 부드럽다 큰부들부들히
부드러이: 부드럽게
부들부들: 몹시 부드럽다
부숭부숭: 물기가 없고 부드럽다
야드르르: 윤이 나며 연하고 보드랍다 (예) 목도리가 야드르르 보드랍다 큰여드르르
오돌오돌: 오동통하고 보드랍다
유연히(柔軟): 부드럽게

포슬포슬: 매우 잘게 바스러지기 쉽거나 물기가 매우 적어 엉기지 않고 흐트러지기 쉽다 (예) 소금도 바싹 마르면 포슬포슬 보드랍다 [여]보슬보슬 [큰]푸슬푸슬

하르르: 종이나 피륙 따위가 얇고 풀기가 없어 매우 보드랍다 [큰]흐르르

하르르하르르: 종이나 피륙 따위가 아주 여리고 성기며 풀기가 없는 꼴

흐르르: 종이나 피륙 따위가 엷고 풀기가 없어 매우 부드럽다

5.1.67. 비교 부사: 같고 다름의 뜻을 나타내는 부사

5.1.67.1. 같음 부사(유사함의 뜻)

개떡같이: 보잘것없이 개통같이

개똥같이: 개떡같이

개미떼같이: 수많은 사람이 모여 있어

개코같이: 하찮고 보잘것없이

귀신같이: 재주가 뛰어나게

그같이: 그 모양으로

그렇듯: '그렇듯이'의 준말

그렇듯이: 그러하듯이

그토록: 그렇게까지

근사히: 거의 같게

기실: 실제로, 사실상

기왕이면: 이왕이면

기왕지사: 이미

꽃같이: 꽃과 같이 아름답게

꽃다이: 꽃처럼 아름답게

다락같이: 다락과 같이

똥같이: 똥처럼 더럽게

뜻대로: 뜻하는 바와 같이

맨날같이: 매일매일 하는 일과 같이

물밀듯이: 물이 밀려오듯이

물쓰듯이: 물을 마음껏 퍼 쓰듯이

물퍼붓듯: 물을 퍼붓듯이

물퍼쓰듯: 물을 마음껏 퍼 쓰듯이

뱉듯이: (상대를 업신여겨서) 아무렇게나 말을 하듯이

번개같이: 번갯불과 같이 빨리

벌떼같이: 벌떼같이 많이 모이는 모양
보일듯이: 보일 듯 말 듯
불티같이: 불티같이 막 일어나는 모양
비교적: 견주어 보듯이
비슷비슷: 아주 비슷하게
비슷이: 비슷하게
살대같이: 날아가는 화살처럼 매우 빠르게
새실스레: 보기에 실없이 지껄이며 웃는 듯
색달리: 같은 종류에 속하는 것과 달리 특색 있게
색스레: 보기에 색다른 느낌을 주듯이
색청스레: 보기에 시치미를 떼고 비각이 나게 말할 태도를 보이는 것처럼
생파같이: 뜻하지 않게 갑자기
소담스레: 생김새가 참스럽게. 먹음직하고 풍성하게
손색없이: 다른 것과 견주어 뜻한 것이 없이
손톱만큼: 손톱같이 적게
손톱만큼도: '손톱만큼'을 강조한 말
심술스레: 심술이 있는 것같이
알토란같이: 내용이 옹골차게
억수로: 비가 퍼붓듯이
엄파같이: 여자의 손가락이 움파같이 포동포동하고 희고 보드랍게
여사여사히: 이러이러히
여사히: 이와 같이
여상히: 평소와 같이
여시히: 이렇게
여실히: 사실과 같이
여의대로: 뜻대로
여의히: 일이 마음먹은 대로 되게
여일히: 처음부터 끝까지
여좌히: 왼쪽과 같이
여차하면: 얼핏 하면
여차히: 이와 같이
역여시: 이것도 역시
요같이: 요와 같이
유례없이: 그와 비슷한 예가 없다
유별스레: 유별스럽게

이같이: 이와 같이
이만치: 이것만큼
이만큼: 이러한 정도로
이에서: 이것에 비하여
저같이: 저와 같이
차라리: 바람직하지 못한 두 가지 사물을 견주어 낫고 못한 것을 가릴 때 어떤 것보다 다른 것이 더…
철석같이: 철석과 같이 굳게
하나같이: 예외 없이 여럿이 모두 같이
하늘같이: 하늘같이 높고 귀하게
하루같이: 오랜 세월을 변함없이
한결같이: 처음부터 끝까지 똑같이

5.1.67.2. 다름의 뜻 부사

각별히: 특별히 다르게
나지리: 자기보다 능력이나 품격이 못하다
남달리: 남과 다르게
달리: 별다르게
독특히: 특별히 다르게
무쌍히: 서로 견줄 만한 짝이 없다
별달리: 다른 것과 분명히 다르게
별도로: 다른 방도로
별로: 그다지 별다르게
별로이: 별로
별반: 그다지 특별하게
별별: 특별히 다르게
별수없이: 별다른 방법이 없이
별스레: 보기에 별다르게
별양: 별다르게
별쭝스레: 아주 별스럽게
세상없어도: 무슨 일이 있더라도
세상없이: 세상에서 비할 바 없이
유달리: 유다르게
특별히: 특별히 다르게

5.1.68. 비끗거리는 상태 부사

비끗비끗: ① 사개 따위가 꼭 들어맞지 않고 자꾸 어긋나다 ② 관절이 접질리거나 하여 시큰하도록 자꾸 어긋물리다 ③ 일이 될 듯 될 듯하면서 자꾸 어긋나다 [센]삐끗삐끗 [작]배끗배끗

5.1.69. 비나 눈이 오는 모습 부사

노드리듯: 빗발이 노끈을 드리운 듯이 같이 죽죽 쏟아지는 꼴
눈실는실: 비 따위가 느릿느릿 내리는 모양
보슬보슬: 눈이나 비가 가늘고 성기게 소리 없이 잇달아 내리다 [큰]부슬부슬
부슬부슬: 눈이나 비가 성기게 조용히 잇달아 내리다 [작]보슬보슬
소록소록: 비나 눈 따위가 보슬보슬 내리는 꼴 (예) 가랑비가 소록소록 내리고 있다
시름시름: 비나 눈 따위가 그냥 그냥 자꾸 내리는 꼴 (예) 이 며칠 시름시름 자꾸 내리는 비
오락가락: 비가 내리다 그치다 하는 꼴
조록조록: 비가 제법 내리는 꼴 [큰]주룩주룩
좍: 물 따위가 거침없이 쏟아지는 꼴 (예) 갑자기 소나기가 좍 내린다
좍=좍좍: 굵은 빗방울이 자꾸 쏟아지는 꼴 (예) 빗발이 쏟아지기는 하여도 그리 좍좍 쏟아지는 것이 아니므로 그대로 우리는 나아가 선교 끝에 앉았다 [센]쫙 쫙쫙
줄줄: 소나기가 내리는 꼴 (예) 소나기가 줄줄 내린다 [센]쭐쭐 [작]졸졸
지직지직: 조금씩 오는 비가 자꾸 그쳤다 내렸다 하다
질금=질금질금: 비가 조금 내렸다 마는 꼴 [센]찔끔 찔끔찔끔 [작]잘금 잘금잘금
짤끔=짤끔짤끔: 비가 내리는 꼴 (예) 비가 짤끔짤끔 내린다 [여]잘금잘금 [큰]찔끔찔끔
찔끔: 비가 자주 조금 내리다 맞는 꼴 [여]질금 [작]짤끔
찔끔찔끔: 비가 아주 조금 내리다 그치는 꼴 [여]잘금 [작]짤끔짤끔
추적추적: 비나 진눈개비가 축축하게 자꾸 내리는 꼴
퍼붓드시: 비나 눈이 억세게 쏟아지는 모습
펑펑: 굵은 빗줄기가 몹시 퍼붓는 꼴 (예) 장대 같은 비가 펑펑 쏟아진다
펄펄: 바람이 세차게 날리는 꼴 (예) 눈이 펄펄 날려 쌓인다
흐뭇이: 비가 흐뭇하게 내린 모습 [작]하뭇이
흐뭇흐뭇: 다 흐뭇하게
흐뭇흐뭇이: 흐뭇흐뭇하게
흠뻑: 비가 만족할 정도로 많이 내린 모양 =흠뿍
흠씬: 한도에 차고 남을 정도로 소나기가 내리는 모습

5.1.70. 비는 행위 부사

간곡히: 태도나 자세 따위가 간절하고 정성스럽게 (예) 간곡히 부탁하다
간절히: 정성이나 마음 씀씀이다 더없이 정성스럽고 지극하게 (예) 간절히 바란다
부디: 바라건대 꼭 =부디부디
제발: ① 간절히 바라건대 (예) 제발 제 말씀을 좀 들어 주십시오 ② '이리'와 합하여 ㄱ. 요청하는 것이 간절함을 나타낸다 ㄴ. 절하거나 하고 싶지 않음을 나타냄 (예) 이젠 술이라면 제발일세
제발덕분: '제발덕분에'의 준말
제발덕분에: 간절히 덕분은 바라건대
조닐로: 남에게 사정할 때에 '제발' 빈다는 뜻으로 쓰는 말 준조닐

5.1.71. 비뚤어진 모습 부사

왜뚤배뚤: 이리저리 비뚤어진 모습
왜뚤빼뚤: 이리저리 비뚤어져 있다
왜뚤왜뚤: 이리저리 몹시 비뚤어진 모습

5.1.72. 버릇 부사

그빨로: 못된 버릇을 버리지 아니하고 그대로
무람없이: 스스럼없고 버릇없다
무엄스레: 보기에 버릇없이 함부로 구는 티가 있다
무엄히: 무엄하게
발라당: 뒤로 자빠지거나 눕는 골 큰벌러덩 준발랑
발랑발랑: 가볍고 재빠르게 행동하는 모양 큰벌렁벌렁 센빨랑빨랑 거팔랑팔랑
변모없이: 고지식하고 무뚝뚝하여 융통성이 없거나 남의 사정은 아랑곳하지 않고 주변없이 퉁명스럽게
변변히: 됨됨이가 흠이 없고 어지간하게
우물우물: 말을 하다가 입술을 우물우물하는 버릇이 있다
일쑤: 가끔 잘 하는 버릇
함부로: 어른 앞에서 버릇없이
힘부로덤부로: '함부로'의 힘줌말

5.1.73. 비밀 부사

가만가만: 남이 알지 못하게 살그머니
가만가만히: 가만가만하게
가만히: 남모르게
가맣게: 모르는 상태
남몰래: 남이 모르게
내밀히: 어떤 일이 겉으로 드러나지 않게
넌지시: 드러나지 않게 가만히
몰래: ① 남이 모르게 ② 남이 모르도록 가만히
비밀스레: 남 몰래
비밀히: 남이 모르게 살며시
사륵머니: 남이 모르게 살짝 준살그니
살금살금: 남이 모르도록 살그머니 자꾸 행동하는 꼴 큰슬금슬금
살며시: 드러나지 않도록 가만히 또는 가볍게 큰슬며시
살몃살몃: 잇달아 살며시 큰슬밋슬밋
살살: 심하지 아니하게 가만가만 움직이는 꼴 큰슬슬
살작: 남이 모르는 사이에 재빠르게 큰슬쩍
살짝살짝: 남이 모르는 사이에 자꾸 재빠르게 큰슬쩍슬쩍
스며시: 남이 낌새를 채지 못하도록 넌지시 또는 조용히
슬그니: '슬그머니'의 준말
슬그머니: 남 몰래 슬며시 준슬그니, 슬그미
슬그미: '슬그머니'의 준말
슬근슬근: 살그머니 행동하는 꼴 작살근살근
슬금슬금: 남이 모르도록 슬그머니 자꾸 행동하다 작살금살금 (예) 슬금슬금 꽁무니를 빼다
슬몃: '슬며시'의 준말 (예) 가슴에 넘치는 환희를 슬몃 눌렀다
슬몃슬몃: 잇달아 슬며시 (예) 방문 앞으로 슬몃슬몃 나갔다
슬슬: 서두르지 않고 가만가만 움직이는 꼴 작살살
슬쩍=슬쩍슬쩍: 남이 모르는 사이에 자꾸 가만히 작살짝 살짝살짝
왝왝: 비밀로 지켜야 하거나 꺼리는 사실을 마구 털어놓는 꼴
은밀스레: 은밀스럽게
은밀히: 은밀하게
은연중: 남모르게 =은연중에
음으로양으로: 남이 알게 모르게

음흉스레: 음흉한 데가 있다
천연덕스럽게: 시치를 뚝 떼어 겉으로는 아무렇지 않은 체하는 태도 =천연스레
천연히: 시치미를 떼고 겉으로는 아무렇지도 않은 듯이

5.1.74. 비비는 행위 부사

몽그작몽그작: 나아가지 못하고 제 자리에서 좀 굼뜨게 비비대다
몽긋몽긋: 나아가는 시늉으로 제 자리에서 가볍게 비비다
뭉긋이: 뭉긋하게
뱌비작뱌비작: 비비적거리는 꼴 큰비비적비비적
비비적비비적: 비비적거리는 꼴 작뱌비적뱌비적
살근살근: 두 물체가 서로 맞닿아 매우 가볍게 자꾸 비비다 큰슬근슬근
슬근슬근: 두 물체가 서로 맞닿아 매우 거볍게 자주 비벼지다
썩썩: 거침없이 크게 비비거나 문지르는 꼴 여석석 작싹싹
쓰적쓰적: 물건이 서로 맞닿아 자꾸 비비어지다
쓱쓱: ① 자꾸 쓱 문지르거나 닦거나 비비는 꼴 (예) 바지에다 손을 쓱쓱 비비댔다 ② 아무렇게나 쉽게 일을 해치는 꼴 (예) 적당히 쓱쓱 갈긴 원고

5.1.75. 비슬거리는 모습 부사

배숙이: 배숙하게 작비슥이
배슥배슥: 무슨 일을 탐탁스럽게 여기지 않고 자꾸 배돌다 (예) 배슥배슥 낯을 가리다 큰베슥베슥
베슥베슥: 베슥거리는 꼴 (예) 베슥베슥 딴 곳만 바라본다
비슥비슥: 이리저리 쓰러질 듯하면서 비스듬히 나아가다 (예) 배는 이리저리 흔들리며 비슥비슥 움직였다 작배슥배슥

5.1.76. 비어 있는 모습 부사

코랑코랑: 자루나 봉지 따위에 물건이 가득 차지 아니하여 좀 빈 데가 있다 큰쿠렁쿠렁
쿠렁쿠렁: 자루나 봉지 따위에 물건이 그득 차지 아니하여 여기저기 빈 데가 있다 작코랑코랑
텅=텅텅: 큰 것이 속이 아주 빈 꼴 (예) 안방도 텅 비고 건넌방도 비었다 작탕 탕탕

5.1.77. 비참한 모습 부사

비참히: 더할 수 없이 슬프고 끔찍하게
참담히: 끔찍하고 절망스럽게
참독히: 참혹하고 지독히
참렬히: 찾아볼 수 없을 정도로 비참하고 끔찍하다
참연히: 슬프고 참혹하게
참혹히: 비참하고 끔찍하게
창망히: 근심과 걱정으로 경황이 없이

5.1.78. 속이 빈(배고픈) 모습 부사

코랑코랑: 자루나 봉지 따위에 물건이 가득 차지 아니하여 좀 빈 데가 있다 큰쿠렁쿠렁
탈탈: 먹은 것이 속이 텅 비어 있는 꼴
탕탕: 여럿이 다 속이 빈 꼴 큰텅텅
텅: 큰 것이 속이 아주 빈 꼴 작탕
텅텅: 여럿이 속이 아주 빈 꼴 작탕탕

5.1.79. 빈곤 부사

5.1.79.1. 어려움 부사

가난히: 가난하게
가뜩에: 어렵거나 곤란한 위에 또
가뜩이: 가뜩이나
가뜩이나: 이미 있는 사정만으로도 견디기 어려운데 그렇잖아도
가뜩한데 이미 있는 사정만으로도 매우 어려운데
가련히: 가련하게
가엾이: 가엾게
간고히: 가난하고 고생스럽게 =간고스레
간곤히: 몹시 가난하고 구차하게
간구히: 가난하고 구차하게
간신히: 겨우
간핍히: 매우 가난하여 없는 것이 많다
거년스레: 보기에 궁한 티가 흘러서 더럽다

겨우: 간신히. 겨우겨우
고난스레: 어지간히 고난이 많다
고독히: 고독하게
고생스레: 생활이 어렵고 고된 데가 있게
고작: 기껏 하여
고작해야: 고작 한다고 해야
고통스레: 몸이 괴롭고 아픈 데가 있게
곤군히: 곤군하게. 곤란하고 군색하다
곤궁히: 곤궁하게. 곤란하고 궁하다
곤란히: 곤란하게
곤박히: 곤박하게 즉 어찌할 수 없이 일의 형세가 급하다
곤색히: 운수가 막히어 지내기가 어렵다
곤혹스레: 곤혹스럽게
곤히: 곤하게
공고히: 고생스레
공급히: 곤란하고 급박하게
구간히: 구차하고 가난하다
구슬피: 구슬프게
구차스레: 보기에 구차한 느낌이 있다
구차히: 구차하게
군간히: 구차하고 가난하다
군박히: 가난하게
군색스레: 군색스럽게
군색히: 군색하게
궁곤히: 궁하고 곤란하다
궁극스레: 생활이 더할 나위 없이 빈궁하게 =궁극히
궁박히: 몹시 곤궁하다
궁벽히: 궁벽하게
궁상스레: 보기에 궁상이 드러나 있다
궁색스레: 궁상스럽게
궁색히: 궁색하게
귀끔스레: 궁벽하여 흔하지 아니하다
그나마: 좋지 않거나 모자라는데 게다가 또
궁극히: 더할 나위 없이 빈궁하다
끽해야: '고작해야'의 낮은 말

민민히: 매우 딱하게
바이없이: 전혀 다른 도리가 없이
박부득이: 일이 몹시 급하게 닥쳐와서 어쩔 수 없이
박어부득: 박부득이
부득이: 마지못하여 할 수 없이
빈곤히: 가난하여 살기가 어렵게
빈궁히: 빈궁하게
빈한히: 살림이 가난하여 집안이 쓸쓸하게
신고스레: 몹시 고생스레
애살스레: 군색하고 애바른 데가 있다
애상스레: 보기에 군색하고 애바른 데가 있듯이
자연스레: 몹시 궁상스럽게
함함히: 굶주려서 살 길이 없다
홀쭉이: 홀쭉하게 큰훌쭉이
홀쭉홀쭉: 배를 곯는 꼴 큰훌쭉훌쭉

5.1.79.2. 부유함 부사

다복히: 복이 많은 듯이 =다복스레
다행히: 다행하게
만만히(滿滿): 가득하거나 넉넉하게
부유히: 부유하게
실히: 재산이 넉넉하게
오롯이: 모자람이 없이 온전하게
요행히: 요행하게
유여히: 여유가 있게
푸짐히: 푸짐하게
푼푼히: 모자람이 없이 넉넉하다
풍부히: 풍부하게
풍성스레: 풍성스럽게
풍성풍성: 매우 풍성한 모양
풍성히: 풍성하게
풍요로이: 풍요롭게
풍요히: 풍요하게
풍족히: 풍족하게

하나가득: 빈 데 없이 가득
하나가뜩: '하나 가득'의 힘줌말
하나가뜩이: 하나 가뜩하게
하나잔뜩: 하나 잔뜩잔뜩
하나잔뜩이: 하나 잔뜩하게

5.1.80. 비틀거리는 모습

배슬배슬: 힘없이 배틀거리는 꼴 큰비슬비슬
배착배착: 서로 서지 못하고 비틀리는 모습 큰비척비척
배틀=배틀배틀: 몸을 바로 가누지 못하고 이리저리 쓰러질 듯이 배틀며 걸음을 옮겨 다니는 꼴 큰비틀 비틀비틀
비슬비슬: 힘없이 비틀거리는 꼴 센비쓸비쓸 작배슬배슬
비쓸비쓸: 힘없이 매우 비틀리다 여비슬비슬
비칠비칠: 몸이 이리저리 어지럽게 비틀거리다 작배칠배칠
빼트작빼트작: 몸이 잘 가누어지지 못하여 약간 빼틀거리다 큰삐트적삐트적 여배트작배트작
삐뚝삐뚝: 삐뚝거리는 꼴 여비뚝비뚝 작빼뚝빼뚝
삐트적삐트적: 몸이 잘 가누어지지 못하여 약간 비틀거리다 여비트적비트적 작빼트작빼트작
삐틀삐틀: 삐틀거리는 꼴 여비틀비틀 작빼틀빼틀
허영허영: 쓰러질 듯이 비슬거리는 꼴

5.1.81. 빛 부사

5.1.81.1. 빛 부사

그물그물: 비칭 밝아졌다 침침해졌다 하다 센끄물끄물
반득: 물체에 반사된 작은 빛이 잠깐 나타나는 꼴 센빤뜩 큰번득
반득반득: 반득거리는 꼴 센빤뜩빤뜩 큰번득번득
반뜩반뜩: 작은 빛이 잠깐씩 세게 자꾸 나타나는 꼴 큰번뜩번뜩
반뜻=반뜻반뜻: 작은 빛이 잠깐씩 세게 자꾸 나타나다 여반듯 반듯반듯 큰번뜻 번뜻번뜻
반작: 작은 빛이 잠깐 약하게 빛나는 꼴 센빤짝 큰번적
반작반작: 반작거리는 꼴 센빤짝빤짝 큰번적번적
반짝: 작은 빛이 잠깐 비치는 꼴 큰번쩍

반짝반짝: 반짝거리는 꼴 큰번쩍번쩍
번뜩=번뜩번뜩 반사되는 큰 빛이 세게 나타나는 꼴 작반뜩 반뜩반뜩
번뜻=번뜻번뜻: 빛이 갑자기 세게 잠깐 나타나는 꼴 작반뜻 반뜻반뜻
번쩍번쩍: 번쩍거리는 꼴 센뻔쩍뻔쩍 작반작반작
빤작=빤작빤작: 작은 빛이 갑자기 잠깐 빛나는 꼴 큰뻔적 뻔적뻔적
빤짝빤짝=빤짝: 작은 빛이 갑자기 잠깐 세게 빛나는 꼴 여반작반작 반작 큰뻔쩍뻔쩍 뻔쩍
빤히: 어두운 가운데 빛이 뚜렷이 환하다 여반히 큰뻔히
뻔득=뻔득뻔득: 큰 빛이 아주 잠깐 나타나는 꼴 작빤득 빤득빤득
뻔뜩=뻔뜩뻔뜩: 큰 빛이 아주 잠깐 세게 나타나는 꼴 여번득 번득번득 작빤뜩 빤뜩빤뜩
뻔적=뻔적뻔적: 갑자기 빛이 잠깐 빛나는 꼴 작빤작 빤작빤작
뻔쩍=뻔쩍뻔쩍: 큰 빛이 급자기 잠깐 세게 빛나는 꼴 여번적 번적번적 작빤짝 빤짝빤짝
뿔그레: 뿔그레한 꼴 여불그레 작뽈그레
뿔그름히: 뿔그스름히 여불그름히 작뽈그름히
뿔그스름히: 뿔그스름하게 여불그스름히 작뽈그스름히
뿔그죽죽히: 뿔그죽죽하게 여불그죽죽이 작뽈그죽죽히
왕연히: 빛이 매우 아름다운 모습
우련히: 모양이나 빛깔이 보일 둥 말 둥 희미하다
혼란스레: 보기에 어른어른 뻔적거리는 빛이 눈부시고 아름답게

5.1.81.2. 불빛달빛 상태 부사

거물거물: 크고 약한 불빛이 자꾸 희미해지면서 사라질 듯 말 듯 비치다 센꺼물꺼물 작가물가물
깜박=깜박깜박: 작은 등불 별빛 따위가 갑작스레 순간적으로 비쳤다가 어두워지는 꼴 센깜박 깜빡깜빡 큰끔벅 끔벅끔벅
꺼물꺼물: 크고 약한 불빛 등이 몹시 희미해지면서 사라질 듯 말 듯하다 여거물거물 작까물까물
꺼뭇꺼뭇: 꺼뭇꺼뭇한 꼴 여거뭇거뭇 작까뭇까뭇
담담히: 달빛이나 불빛이 옅고 밝다

5.1.82. 빠는 모습 부사

족족: 작은 것들을 조금씩 잇달아 빠는 꼴
죽=죽죽: 조금씩 잇달아 빠는 꼴 센쭉 쭉쭉 작족 족족

쪽=쪽쪽: 작은 것을 조금씩 잇달아 세게 빨거나 핥거나 하는 꼴 [여]족 족족 [큰]쭉 쭉쭉
쭉=쭉쭉: 조금씩 잇달아 세게 빨거나 핥거나 하는 꼴 [여]죽 죽죽 [작]쪽 쪽쪽

5.1.83. 빠닥빠닥한 상태(빳빳한 상태) 부사

빠닥빠닥: ① 물건이 물기가 없어 보드랍지 못하고 아주 빡빡하다 ② 새 지폐 따위처럼 얇은 종이가 구김살이 조금도 없이 빳빳하다
빠득빠득: 빠득빠득한 꼴 [큰]뻐득뻐득
빳빳이: 빳빳하게 [큰]뻣뻣이
뻣뻣이: 뻣뻣하게(물체가 굳고 꿋꿋하다)

5.1.84. 빠른 모습과 천천한 모습 부사

5.1.84.1. 빠른 모습 부사

빨리=빨리빨리: 걸리는 시간이 짧게
살짝=살짝살짝. 남이 모르는 사이에 재빠르게
속속히: 매우 빨리
신속히: 매우 빠르게
얼른=얼른얼른: 오래 끌지 않고 후닥닥
재빨리: 판단이나 동작 따위가 아주 빠르게
조속히: 이르고도 빠르게
졸연히: 갑작스럽게
종속히: 되도록 빨리
퍼떡=퍼떡퍼떡: 어떤 모습이나 생각이 급자기 나타나거나 떠오르는 꼴
퍼뜩: 어떤 모습이나 생각이 갑자기 나타나거나 떠오르다
퍼뜩퍼뜩: 어떤 모습이나 생각이 급자기 자꾸 나타나거나 떠오르는 꼴 [작]파뜩파뜩
펀뜻: (예) 펀뜻 생각이 난다
펀뜻=펀뜻펀뜻: 펀뜻 생각이 떠오르다
펄렁펄렁: 좀 펄펄하고 재빠른 모습
표홀히: 얼씬하는 꼴이 매우 빠르게
하루바삐: 하루라도 빨리
하루빨리: 하루라도 빠르게
하루속히: 매우 빠른 시일 내에
휭하게: 중도에서 지체하지 않고 곧장 빨리 가는 모양

5.1.84.2. 천천한 모습 부사

살랑살랑: 천천히 표 나지 않게
슬렁슬렁: 서두르지 않고 느릿느릿 굼뜨게 행동하는 모습
차차: 서두르지 않고 앞으로 천천히
차차로: '차차'의 힘줌말 (예) 병이 차차로 나아갔다
차츰: 차차 (예) 해는 차츰 서쪽으로 기울어간다
차츰차츰: 점차 조금씩조금씩 진행하는 꼴 (예) 그의 소개로 차츰차츰 많은 사람이 알게 되었다

5.1.85. 빨래 빠는 행위 모습 부사

발짝발짝: 빨래 따위를 물에 담가 조금씩 비벼 빨다 큰벌쩍벌쩍
벌쩍벌쩍: 빨래 따위를 물에 담가 대강대강 비벼 빨다 작발짝발짝
불쩍불쩍: 빨래를 물에 담가 자꾸 시원시원하게 마주 비벼 빨다
뺄렁뺄렁: 재빠른 짓으로 거뿐거뿐하게 행동하다 여벌렁벌렁 작빨랑빨랑

5.1.86. 빳빳한 상태 부사

빳빳이: 빳빳하게 ① 물체가 굳고 꼿꼿하다 ② 풀기가 세다 큰뻣뻣이

5.1.87. 빠지는 모습 부사

퍽퍽: 진흙 따위를 디딜 때 몹시 빠지는 꼴 (예) 진흙에 발이 퍽퍽 빠지다

5.1.88. 빨리 뛰어나오는 모습 부사

와다닥=와다닥와다닥: 놀라거나 하여 급히 뛰어나오는 소리 또는 모습
와닥닥=와닥닥와닥닥: 매우 빨리 뛰어나오거나 나오는 꼴 (예) 문 밖으로 와닥닥 뛰어나갔다
화다닥: 갑자기 빨리 뛰거나 움직이는 모습
화닥닥: 갑자기 뛰거나 몸을 일으키는 모습 =화닥닥화닥닥

5.1.89. 빽빽한 모습 부사

밀밀히: 아주 빽빽하게 들어서 있어
빽: 여럿이 좁은 곳에 촘촘히 둘러 있는 꼴 큰삑
빽빽이: 빽빽하게 큰삑삑이

5.1.90. 빼어난 모습 부사

헌걸스레: 풍채가 좋고 의기가 당당한 듯하게
헌연히: 의기가 높고 당당하게
헌칠히: 키나 몸집 따위가 보기 좋게 어울리도록 크게
헌헌히(軒軒): 풍채가 당당하고 빼어나다
훤칠히: 길고 미끈하게

5.1.91. 뽐내는 행위 부사

오쫄오쫄: 오쫄거리는 꼴 여오졸오졸 큰우쭐우쭐
우줄우줄: 큰 몸이 가볍게 율동적으로 자꾸 움직이다
우쭐=우쭐우쭐: 의기양양하여 뽐내는 꼴 여우줄우줄 작오쫄오쫄
으쓱=으쓱으쓱: 매우 자랑스러워하는 모양

5.1.92. 부러지거나 만들어내는 모습 부사

우지근뚝딱: 요란스럽게 소리를 내며 재빨리 무엇을 만들어 내는 꼴 (예) 토끼우리를 우지끈뚝딱 만들었다 작오지끈똑딱
우지끈: 든든하고 큰 물건이 부러지거나 부서지는 꼴 (예) 기둥마저 우지끈 뿌러졌다 작오지끈
우지끈우지끈: 우지끈거리는 꼴 (예) 태풍으로 나뭇가지들이 우지끈우지끈 부러진다 작오지끈오지끈
우지직우지직: 우지직거리는 꼴 (예) 태풍에 나뭇가지가 우지직우지직 꺾어져 나간다. 생나무가 우지직우지직 소리를 내며 탄다 작오지직오지직
자끈: 작고 단단한 물건이 갑자기 세게 부러지거나 깨지는 꼴 (예) 막대기가 자끈 부러졌다 큰지끈
자끈동: 작고 단단한 물건이 갑자기 부러져 도막이 나는 꼴 큰지끈둥

자끈자끈: 자끈거리는 꼴 (예) 땔나무 가지를 자끈자끈 부러뜨린다
톡=톡톡: 작은 것이 자꾸 가볍게 부러지거나 끊어지는 꼴 (예) 장대로 감을 톡톡 쳐서 떨어뜨렸다 큰툭 툭툭
툭=툭툭: 조금 큰 것이 가볍게 부러지거나 끊어지는 꼴 (예) 막대가 툭 부러진다 작톡 톡톡

5.2. 방법 부사

5.2.1. 대강 방법 부사

간략(히): 간단하게
간요히: 간단하고 요령 있게
간편히: 간단하고 편리하게
거개: 대체로 모두
건둥건둥: 일을 꼼꼼하게 하지 않고 대충대충 하는 모양
건성: 별 성의 없이 겉으로만
건성건성: 더 성의 없이 대강
대강: (이것저것을 세밀하게 다루지 않고 대체로 중요한 부분만) 간단하게
대강대강: 매우 간단하게
대개: 그저 웬만한 정도로
대략: 대체로. 대강
대부분: 대개. 거개
대저: 대컨
대체: 요컨대
대체로: 대강 대체로 보아서 대략
도대체: 도무지
도무지: 전적으로
범범히: 꼼꼼하지 않고 데면데면하게
부득불: 마지못하여
부득히: 어쩔 수 없이
불가부득: 부득이
불가불: 안 하고는 안 되겠으므로
알랑똥땅: 살짝 엉너리쳐 어벌쩡하게 넘기는 꼴 큰얼렁뚱땅
흐리멍덩히: 일의 결과가 분명하지 아니하게
흐지부지: 끝을 확실히 맺지 못하고 흐리멍덩하게 넘기는 모양

흑죽흑죽: 일에 정성을 들이지 않고 어름어름하여 넘기는 꼴
흘미죽죽: 일을 야무지게 끝맺지 못하고 흐리멍덩하다
흘쩍흘쩍: 일을 잽싸게 하지 아니하고 일부러 검질기게 자꾸 끌어가다
흘쭉흘쭉: 일을 잽싸게 하지 아니하고 일부러 검질기게 자꾸 끌어가다

5.2.2. 서툰 방법 부사

가부간: 어쨌든 (예) 가부간 빨리 결정하자
간데없이: 오직 그렇게 밖에는 다른 도리가 없이
서틀리: 서투르게
섣불리: 서툴게
속절없이: 아무 생각 없이
엄벙덤벙: 함부로 덤벙거리는 모양 (예) 일을 엄벙덤벙 처리하였다
이랬다저랬다: 이리하였다 저리하였다 한결같지 않게
함부로: 분별없이 허투로
함부로덤부로: '함부로'의 힘줌말
호락호락: 쉽사리 (예) 호락호락 지지 않을 것이다
흐리멍덩히: 일의 결과가 분명하지 아니하게
흐리터분히: 하는 짓이 분명하지 아니하고 매우 답답하게 =흐리터분
흐지부지: 끝을 확실하게 맺지 못하고 흐리멍덩하게 넘기는 모양

5.2.3. 방법의 지시 부사

그래야: 그렇게 하여야
그리하여: 그렇게 하여서
꼭: 어떤 일이 있어도 반드시 =꼭꼭 큰꾹 꾹꾹
번갈아: 교대로
어째: '어찌하여'의 준말
어째서: '어찌하여서'의 준말
어쩌면: 도대체 어떻게 하면
어찌: 어떠한 이유로
어찌나: '어찌'를 강조한 말
어찌어찌: '어찌'를 강조한 말
어찌하여: 어떠한 까닭으로
어차간에: 말을 하는 김에

요래: 요러하니 조러하여 (예) 요래 가지고 보여드려라
요래도: '요리하여도'의 준말 (예) 요래도 안 되고 조래도 안 된다
요래서: ① 요렇게 하여서 큰이래서 ② '요러하여서'가 준말
요래조래: 요래하고 조래하여 큰이래저래
요랬다조랬다: 요리하였다 조리하였다 한결같지 않게 (예) 요랬다조랬다 하지 말고 마음을 종리하여라 큰이랬다저랬다
요러나: 요리하더라도
요러나조러나: 요리하거나 조리하거나 어쨌든 (예) 요러나조러나 돈이 있어야 책을 사지
요러니조러니: 요러하라느니 조러하라니 (예) 요러니 조러니 말도 많았다
요러다: '요렇게 하다'의 준말 (예) 요러다가는 안 되겠다 큰이러다
요러쿵조러쿵: 요러하다는 둥 조러하다는 둥 큰이러쿵저러쿵
요러한: 요러한 방법으로
요런즉: 요렇게 하면
요렇게: 이와 같이. 요렇게 하면
요렇다조렇다: 요리한다거나 조리한다거나 큰이렇다저렇다
요렇든조렇든: 요리하든지 조리하든지 하여
요렇듯: '이렇듯'보다 큰말
요렇듯이: '이렇듯이'보다 작은 말
요레: 요러하게
요령껏: 적당히 해 넘기는 정도로
요리: 요러한 모양으로
요리도: 요다지도
요리뒤적조리뒤적: 요리조리 뒤적이는 모양
요리매낀조리매낀: 요리 피하고 조리 피하게
요리요리: 요러요러하게
요리조리: 요리도 하고 조리도 하여
요리쿵조리쿵: 요렇게 하자는 둥 조렇게 하자는 둥
요마큼: 요만큼 큰이만큼
요만: 요만 하고서.
요만조만: 요만하고 조만한 정도로 큰이만저만
요만치: 요만한 정도로
요모조모: 큰이모저모 (예) 요모조모 따져 보고 물건을 사야지
이래: 이리하여 작요래 (예) 이래 보아도 저래 하여도 잘 안 된다
이래도: '이리하여도'가 준말 작요래도
이래라저래라: '이리하여라 저리하여라'의 준말 작요래라조래라

이래서: '이리하여서'의 준말 [작]요래서
이래야: '이리하여야'의 준말 [작]요래야
이래요: '이리하여도'의 준말
이래저래: 이리하고 저리하여 [작]요래조래
이러고: 이리하고
이러고저러고: 이리하고 저리하고
이러구러: 이러구러 하여
이러나: 이리하나
이러나저러나: 이렇게 하거나 저렇게 하여
이러니: 이렇게 하므로
이러니까: '이러하니까'의 준말
이러니저러니: 이러하다느니 저러하다느니
이러다: 이렇게 하다가는
이러다가: 이렇게 하다가는
이러면: 이런 식으로 하면
이러므로: 이러하므로
이러잖아도: 이러하지 않더라도
이러컨저러컨: '이러쿵저러쿵'의 경기방언
이러쿵저러쿵: 이러하다는 둥 저러하다는 둥
이러하니: 이러하므로 =이러하므로
이러한즉: 이와 같은즉 =이런즉
이러히: 이와 같이
이럭저럭: 정한 방법 없이 이러하게 또는 저러하게
이런고로: 이렇게 함으로써
이런대로: 만족하지는 않아도 이런 정도로 하면
이런양으로: 이런 모양으로
이런즉: 이러한즉
이럼: '이러면'의 준말
이렁성저렁성: 대중없이 이렇게 저렇게
이렁저렁: 이런 모양 저런 모양으로
이렇게: 이런 모양으로
이렇다저렇다: '요렇다저렇다'보다 강한 말
이렇든저렇든: 이러하든지 저러하든지 간에
이렇듯: 이와 같은 정도로
이렇듯이: 이렇듯이 하면

이로써: 이와 같은 방법으로
이루: ① 암만 하여도 (예) 이루 다 말할 수 없다 ② 있는 대로 다 (예) 중생의 죄악이 수미산과 같이 쌓였으니 부처님의 무량한 도력이 있은들 어찌 이루 구제하겠습니까
이모저모: 이런 면 저런 면으로 (예) 이모저모 따져 보자
이왕이면: 이왕 할 바에는 (예) 이왕이면 비행기를 탑시다 비 기왕이면. 기왕

5.2.4. 부득이 방법 부사

막상: 마침내 실지에 이르러
막연히: 가늠할 수 없이 아득히
막해야: 아무리 하여도
만부득이: '부득이'의 힘줌말
무가내하(無可奈何): 도무지 어찌할 수 없음
부득불: 아니할 수 없이 꼭
부득이: 마지못하여 할 수 없이
불가부득(不可不得): 부득이

5.2.5. 불구(不拘) 부사

고래도: ① '고리하여도'가 준말 큰 그래도 ② '고러하여도'의 준말 큰 그래도
도나캐나: ① 하찮은 아무나 또는 무엇이나 ② 되는 대로 마구
하다못해: 아무리 바쁘거나 어려운 경우가 있더라도

5.2.6. 애쓰는 방법 부사

곱다라니: 하룻밤을 곱다시 밤을 새다
무리로: 억지로. 무리하게
발바투: 기회를 놓지 않고 재빠르게 (예) 무슨 일을 하든지 발바투 덤벼들어야지 성사를 한다
생전: 아무리 하여도 전혀

5.2.7. 일정·부정(不定)한 방법 부사

가다: 이따금. 간혹

가다가: 어떤 일을 계속하는 동안에 어쩌다가 이따금
가다가다: 이따금 가다가
간대로: 그다지 쉽사리
곱다시: 꼼짝하지 못하고 그대로 고스란히 (예) 하룻밤을 곱다시 뜬눈으로 보냈다
그나저나: 그러하나 저러하나
그냥: 그 모양 그대로
그냥그냥: 그러저러한 방법으로
그냥저냥: 그러한 방법으로 저러한 방법으로
그래저래: 그러하고 저러한 모양으로
그랬다저랬다: 그리하였다 저리하였다가
그러구러: 우연히 그리하게 되어
그러나저러나: 어떻든 간에
그러니저러니: 그러하다느니 저러하다느니
그러니조러니: 그러하느냐 조러하느냐 하여
그럭저럭: 뚜렷하게 이러하나 할 만한 일이 없이 되어 가는 대로. 일정한 방법이 없이 이리하거나 저리하여
그런듯만듯: 그러할 듯도 하고 그렇지 아니한 듯도 하여
그렁성저렁성: 그럭저럭
그렁저렁: 그렇게 저렇게 하여
그렇게: 그런 꼴로
그렇고말고: 그러하고 말고의 준말
그렇다고: 그러하다고 인정을 하여도
그렇다마다: 물론 그렇고말고
그렇듯: '그러하듯이'의 준말 =그렇듯이
내나: 모처럼 애써서
덮어놓고: 무턱대고
되는대로: 아무렇게나
두수없이: 다른 방도나 대책이 없이
드리없이: 기준이나 대중이 없이
만부득이: 어쩔 수 없이
만연히: 일정한 목적이 없이 되는 대로
무난히: 아무런 까닭이 없이
무턱: 어찌할 까닭이나 재료나 능력 따위가 없이
무턱대고: 아무 요량도 없이 그냥 비공중대고
부질없이: 헛되고 쓸데없이

비단(非但): 부정의 뜻을 나타내는 문맥 속에서 '다만' '오직'의 뜻을 나타냄
속절없이: 어떻게 할 도리가 없다 (예) 속절없이 늙어만 간다
아무든⇒아무튼
아무래도: '아무리하여도'가 준말 (예) 아무리하여도 오늘은 떠나야겠다
아무런: '아무리한'의 준말 (예) 아무런 말도 없다
아무렇게: '아무리하게'의 준말 (예) 아무렇게 살아가라니?
아무려면: '아무리하면'의 준말 (예) 아무려면 어떠냐?
아무턴: 아무리하든 (예) 아무턴 그를 만나 봅시다
어쩌다: '어찌하다가' (예) 어쩌다 한번 만나기는 하였으나 자세한 말은 나누지 못하였다
어쩌다가: ① 뜻밖에 우연히 (예) 말이 어쩌다가 헛나왔네 ② 이따금 (예) 어쩌다가 놀러온다
어쩌면: '어쩌하면'의 준말 (예) 이를 어쩌면 좋으니?
어찌: 어떠한 방법으로
어찌어찌: '어찌'의 힘줌말
어찌하든: 어떻게 하든지 간에
어찌하여: 어찌하여서
어찌하여튼: 어떻게 하든지 간에
어차피: 어떻게 하든 간에. 이렇게 하든 저렇게 하든
여하간: 어떠하든지
여하든: 어떠하든
여하튼지: 아무튼지
여하히: 어떠하던 간에
오다가다: 어쩌다가 가끔
요래조래: 요러하고 조러한 방법으로
요랬다조랬다: 요리하였다가 조리하였다가 (큰)이랬다저랬다
요러나조러나: 요러하거나 조러하거나
요러니: 요리하니
요러쿵조러쿵: 요리하자는 둥 조리하자는 둥 요란하게
요럭조럭: 정한 방법이 따로 없이
요런조런: 조러하고 조리하여
요렁조렁: 일정한 방법이 없이 이런 방법 조런 방법으로
요렇다조렇다: 요리한다거나 조리한다거나
요렇든조렇든: 요리하든지 조리하든지 하여
요리뒤적조리뒤적: 요리조리 뒤적거리는 모양
요리매낀조리매낀: 요리 피하고 조리 피하여
요리조리: 요리도 하고 조리도 하여

요리쿵조리쿵: 요렇게 하자는 둥 조렇게 하자는 둥
요만조만: 요만하고 조만한 정도로
이래저래: 이러하고 저리하여
이랬다저랬다: 이리하였다 저리하였다
이러고저러고: 이리하고 저리하고 하여
이러구러: 이러구러 하여
이러나저러나: 이렇게 하거나 저렇게 하거나 하여
이러니저러니: 이러하느니 저러하느니 하여
이러다: 이렇게 하다가
이러면: 이런 식으로 하게 되면
이러잖아도: 이러하지 않더라도
이러쿵저러쿵: 이렇게 하자는 둥 저렇게 하자는 둥
이럭저럭: 이렇게 하는 둥 저렇게 하는 둥 하여
이렁성저렁성: 대중없이 이렇게 저렇게 하여
이렁저렁: 이런 모양 저런 모양으로
이렁쿵조러쿵: 이렇게 하자는 둥 조렇게 하자는 둥 하여
이렇게: 이런 식으로
이렇다저렇다: 이러하다 저러하다 하여 부산하게
이렇든저렇든: 이러하든지 저러하든지 하여
이렇든지: 이와 같이 하든지
이렇든지저렇든지: 이렇게 하든지 저렇게 하든지 간에
이만저만: 이만하고 저만한 정도로 하여
이제나저제나: 일정한 때가 없이 아무 때나
이제저제: 이때나 저때나 하여
이차이피에: 이차어피에
이차피: '이차이피'의 준말
이탓저탓: 이 핑계 저 핑계 하여
이핑계저핑계: 이탓저탓하여
졸금=졸금졸금: 물건을 자꾸 쓰거나 여러 번에 나누어 내주는 모양 [센]짤금 짤금짤금
좌우간: 이렇든지 저렇든지 간에
좌우지간에: 좌우지간
하리타분(히): 흐릿하여 어려운 데가 있는 모양
하릴없이: 어찌할 도리가 없이
하여간: 이러하든지 저러하든지 간에
하여간에: 하여간

하여튼: 어찌되었든 간에
하여튼지: 하여튼
함부로: 마음 내키는 대로
함부로덤부로: '함부로'를 강조한 말
허청대고: 무턱대고
허허실실로: 되면 좋고 안 되면 그만인 식으로
혹시: 확실한 것은 아니지만
혹시나: '혹시'를 강조한 말
혹야: 혹시
혹여: 어쩌다가
혹여나: '혹여'를 강조한 말

5.2.8. 즉결 방법 부사

곧바로: 사실대로
곧장: 바로이어서
단결에: 좋은 기회를 놓치지 말고 바로 그 자리에서. 단김에
단김에: 단결에
단꺼번에: 단번에 몽땅
단바람에: 단박. 단숨에
단바로: 단번에 바로
단박: 그 자리에서 이내
단박에: '단번'의 힘줌말
단방: 단박
단배에: 단번에
단번에: 단 한 번에
단손에: 매우 빠르게
단숨에: 쉬지 않고 내쳐서 곧장
단칼로: 단칼에
단칼에: 단 한 번에
단통: 곧장
단통에: 단통
단통으로: 단통에
단판: 곧 이어 바로
대뜸: 이것저것 헤아릴 것 없이 닥치자마자 그 자리에서 얼른

바로: 곧장
바로바로: 그때그때 곧
한숨에: 단결에 단숨에

5.2.9. 상호 협조 방법 부사

상호: 서로
서로: 양쪽이 둘러가면서 함께
서로서로: 여럿이 저마다 돌려가며 함께
호상: 서로
호상간에: 서로간에. 상호간

5.3. 보행 부사

5.3.1. 가볍게 걷는 보행 부사

탈래탈래: 단출한 몸으로 몹시 간들간들 걷는 꼴 [여]달래달래 [큰]털레털레

5.3.2. 급히 걷는 보행 부사

단걸음에: 단숨에 빨리 걷는 모습
빨빨: 바쁜 듯이 요리조리 쏘다니는 꼴 [큰]뻘뻘
뻘뻘: 매우 바쁜 듯이 이리저리 자꾸 쏘다니다 [작]빨빨
뽀르르: 작은 사람이 부리나케 달려가거나 좇아가는 꼴 [큰]뿌르르
왜죽왜죽: 경망하게 급히 걷는 모양 [큰]웨죽웨죽
왜쭉왜쭉: 왜쭉거리는 꼴
우죽우죽: 바쁘게 몸짓을 하며 곧다
웨죽웨죽: 팔을 휘휘 저으며 급히 걷다
종종: 발을 가까이 자주 빨리 떼며 걷는 모급 [센]쫑쫑 [거]총총
쫑쫑: 발걸음을 아주 가까이 자주 떼며 급히 걷는 꼴 [거]총총 [여]종종
총총: 발걸음을 매우 재게 떼며 서둘러 급히 걷는 모양
한걸음에: 한숨에 내쳐 걷는 걸음으로

5.3.3. 돌아다니는 보행 부사

촐싹촐싹: 주책없이 달랑거리며 자꾸 돌아다니다 (예) 촐싹촐싹 돌아다니다
출썩출썩: 출썩거리는 꼴 (예) 하릴없이 출썩출썩 돌아다니다 작촐싹촐싹

5.3.4. 따라다니는 보행 부사

졸졸: 어린 아이나 강아지 따위가 자꾸 뒤를 따라다니는 꼴 센쫄쫄 큰줄줄 (예) 강아지가 뒤를 졸졸 따라다닌다
줄레줄레: 여럿이 무질서하게 졸졸 뒤따르는 모습
줄줄: 사람이나 짐승 따위가 자꾸 뒤를 따라다니는 꼴 (예) 그의 뒤를 줄줄 따라다닌다
쪼르르: 작은 발걸음을 재게 움직여 따라가는 꼴 (예) 어머니의 뒤를 쪼르르 따라다닌다
쫄쫄: 어린아이나 강아지가 자꾸 남의 뒤를 급하게 따라다니는 꼴
쭐쭐: 사람이나 짐승 따위가 남의 뒤를 자꾸 빠르게 따라다니는 꼴 (예) 어머니의 뒤를 쭐쭐 따라다니지 말고 이리 오너라 여줄줄 작쫄쫄

5.3.5. 말(馬)의 걸음걸이 부사

가탈스레: 말의 걸음걸이가 고르거나 순하지 아니하여 탈 사람을 불안하게 하는 모양

5.3.6. 반복하는 보행 부사

오락가락: 왔다 갔다 하기를 자꾸 되풀이하는 꼴
오르락내리락: 오르고 내리기를 되풀이하는 꼴 (예) 마을을 오르락내리락 분주히 다닌다

5.3.7. 배트작거리며 걷는 보행 부사

배치작배치작: 몸이 한쪽으로 배트작거리며 걷다 큰비치적비치적
배트작배트작: 몸이 잘 가두어지지 못하여 약간 배틀거리며 걷다 센빼트작빼트작 큰비트적비트적

5.3.8. 차차 빠르게 기는 모양 부사

앙금쌀쌀: 처음에는 굼뜨게 가다가 재빠르게 가는 꼴 큰엉금썰썰

5.3.9. 신을 끌며 걷는 부사

작작: 작은 신 따위를 가볍게 끌며 걷는 모습 (예) 아이는 신을 작작 끌며 뜰안을 걸어다닌다 센짝짝 큰직직

짝짝: 신 따위를 마구 몹시 끌며 걸을 때 나는 소리 또는 그 꼴

찍찍: 신 따위를 마구 몹시 끌며 걷는 꼴 (예) 신을 찍찍 끌며 걷다 여직직 작짝짝

5.3.10. 싸다니는 보행 부사

배착배착: 몸이 가볍게 한 쪽으로 배틀거리며 잇달아 걷다 큰비척비척

벌렁=벌렁벌렁: 싸다니는 꼴 (예) 하루 종일 벌렁벌렁 싸다녔다 거펄렁펄렁 센뻘렁뻘렁 작발랑발랑

비척비척: 몸이 한쪽으로 비트적거리며 걷다 작배치작배치작

빨랑=빨랑빨랑: 빨랑빨랑 뛰어다니는 꼴 큰벌렁벌렁

쌀쌀: 마음이 들떠서 요리조리 자꾸 싸다니는 꼴 큰썰썰

잘잘: 요리조리 체신없이 바쁘게 자꾸 싸다니는 꼴 센짤짤 큰절절

절절: 이리저리 체신없이 바쁘게 자꾸 쏘다니는 꼴 센쩔쩔 작잘잘

짤짤: 요리조리 체신없이 매우 바쁘게 싸다니는 꼴 여잘잘 큰쩔쩔

쩔쩔: 큰 사람이 이리저리 체신없이 매우 바쁘게 쏘다니는 꼴 여절절 작짤짤

찔찔: 주책없이 매우 거볍게 쏘다니는 꼴 (예) 찔찔 쏘다니다 여질질 작쨀쨀

5.3.11. 서툰 보행 부사

지뻑지뻑: 길이 험하거나 어두워서 잘 보이지 않거나 또는 다리에 힘이 없어 아주 서투르게 걷다

지칫지칫: 서투른 걸음으로 지칫거리는 꼴 (예) 지칫지칫 굼뜨게 걷다 작자칫자칫

5.3.12. 수레의 보행 부사

터덜터덜: 빈 수레가 험한 길을 요란스럽게 가다

5.3.13. 조용히 가볍게 걷는 부사

사분사분: 발소리가 나지 않도록 내디디는 모양 센사뿐사뿐 거서푼서푼

사분사분히: 사분사분
사붓: 발을 가볍고 부드럽게 얼른 내디디는 모양 [큰]서붓 [센]사뿟 [거]사풋
사붓사붓: 서리가 거의 나지 않을 정도로 발걸음을 가볍게 옮기는 모습 [센]사뿟사뿟 [거]사풋사풋 [큰]서붓서붓
사붓이: =사붓 [큰]서붓이 [센]사뿟이 [거]사풋이
사뿐: 소리가 나지 않을 정도로 가볍게 발을 내디디는 모습 [큰]서뿐 [거]서푼
사뿐사뿐: 소리가 나지 않을 정도로 잇달아 가볍게 내디디며 걷는 모습 [큰]서뿐서뿐 [거]사푼사푼 [여]사분사분
사뿐히: 사뿐
사뿟: '사붓'보다 센말 (예) 사뿟 걷다
사뿟사뿟: '사뿟'보다 강한 말
사뿟이: 사뿟 [큰]서뿟이 [거]사풋이 [여]사붓이
사푼: 소리가 거의 나지 않을 정도로 매우 가볍게 내디디거나 몸을 움직이는 꼴 [센]사뿐 [큰]서푼
사푼사푼: 소리가 나지 않을 정도로 가볍게 걷다 [여]사분사분 [센]사뿐사뿐 [큰]서푼서푼
사풋: 발을 매우 가볍고 빠르게 내디디는 꼴 [센]사뿟 [여]사붓 [큰]서풋
사풋사풋: 소리가 나지 않을 정도로 매우 가볍고 빠르게 걷다 [여]사붓사붓 [큰]서풋서풋 [센]싸뿟싸뿟
사풋이: 사풋하게 [여]사붓이 [큰]서풋이 [센]사뿟이
살망살망: 살망한 다리를 가볍게 들어 옮기면서 걷는 꼴
살멍살멍: 가는 다리를 가볍게 들어 올리면서 걷는 모양 [큰]설멍설멍
상큼=상큼상큼: 다리를 가볍게 높이 들어 걷는 꼴 [큰]성큼 성큼성큼
서붓: '사붓'보다 큰말 [센]서뿟 [거]서풋
서붓서붓: '서붓'보다 강한 말. 서붓거리는 꼴
서붓이: 서붓 [작]사붓이 [센]서뿟이 [거]서풋이
서뿐: '사뿐'보다 큰말 (예) 서뿐 걷다
서뿐서뿐: (예) 발소리를 죽이고 서뿐서뿐 걷다 [작]사뿐사뿐
서뿐히: 서뿐하게 [작]사뿐히
서뿟: '사붓'보다 센말 [작]사뿟 [거]서풋
서뿟서뿟: '서뿟'을 거듭한 말 (예) 서뿟서뿟 걸어가다
서뿟이: 서뿟하게 [작]사뿟이 [여]서붓이
서성서성: 망설여지거나 마음이 가라앉지 못하여 서서 자꾸 왔다갔다하다
서푼: 소리가 거의 나지 않을 정도로 매우 가볍게 발을 내디디거나 몸을 움직이는 꼴 [센]서뿐 [작]사푼
서푼서푼: '서푼'을 거듭한 말 =서푼 [센]서뿐서뿐 서뿐 [작]사푼사푼 사푼

서픗: 소리가 거의 나지 않을 정도로 발을 급히 매우 가볍게 내디디는 꼴 센 서뿟 여서붓 작사풋

서픗서픗: 서픗거리는 꼴 센서뿟서뿟 여서붓서붓 작사풋사풋

서픗이: 서픗하게 센서뿟이 여서붓이 작사풋이

슬렁슬렁: 소리가 나지 않게 가볍게 걷는 걸음 작살랑살랑

쌀랑쌀랑: 아주 가볍게 팔을 저어 바람을 내면서 걷다 여살랑살랑

아장바장: 한가하게 요리조리 아장거리는 꼴 (예) 어렸을 때 아우는 나를 아장바장 따라다녔다

앙금앙금: '엉금엉금'보다 작은 말

우쭉우쭉: 걸음을 걸을 때 몸을 위아래로 흔드는 꼴

자박자박: 가볍게 발자국 소리를 내면서 가만가만 걷다 큰저벅저벅 센쩌벅쩌벅

자츰자츰: 다리에 힘이 빠져 좀 가볍게 자츰거리며 걷다

잘쑥이: 걸을 때 다리가 조금 잘쑥거리다 센짤쑥이 큰질쑥이

짜박짜박: 발에 힘을 주어 살짝 내디디며 걷는 모양 큰쩌벅쩌벅

5.3.14. 아이의 보행 부사

배트작배트작: 아이가 배트작배트작 걷는 모습 센빼트작빼트작 큰비트적비트적

아기똥아기똥: 작은 몸을 좌우로 둔하게 움직이면서 나릿나릿 걷다 큰어기뚱어기뚱 (예) 어린애가 아기똥아기똥 걸으며 방안을 돌아다닌다

아기뚱아기뚱: '어기뚱어기뚱'보다 작은 말

아기작아기작: 작은 몸집으로 팔다리를 억지로 움직이며 나릿나릿 걷는 꼴 준아깃아깃 큰어기적어기적

아기족아기족: 다리를 억지로 움직이며 나릿나릿 걷다 (예) 어린애가 아기족아기족 걷다 큰어기죽어기죽

아장아장: 어린이가 찬찬히 걷는 모양 거아창아창 큰어정어정

아창아창: '아장아장'보다 거센말 (예) 아기가 아창아창 걷는다

앙금앙금: 어린이가 앙금앙금 기어가다 거앙큼앙큼

어기죽어기죽: 어죽거리는 꼴 작아기족아기족

엉금엉금: 어린이의 기는 모습 (예) 어린아이가 엉금엉금 기어가다

오쫄오쫄: 오쫄거리는 꼴 (예) 이 어린 딸년이 제 오빠의 가방을 들고 방안을 오쫄오쫄 걸어다니기도 하지요

조르르: ① 작은 발걸음을 재게 움직여 걸어다니는 꼴 (예) 병아리들이 어미닭을 조르르 따라다니다 센쪼르르 큰주르르 ② 작은 것들이 한 줄로 고르게 잇달린 꼴 (예) 아이들이 조르르 늘어섰다 센쪼르르 큰주르르

조작조작: 느리게 아장아장 걷다 (예) 아이가 조작조작 걷고 있다 큰주적주적

5.3.15. 여럿의 보행 부사

앞서거니뒤서거니: 혹은 앞서서가기도 하고 혹은 뒤따라가기도 하며 (예) 세 사람은 앞서더니뒤서거니 얼어붙은 길바닥을 다시 건너 왔다

5.3.16. 왕래 보행 부사

왔다갔다: 자주 오기도 하고 가기도 하는 꼴

5.3.17. 외곬으로 나아가는 보행 부사

일로: ① 외곬으로 나아가는 일 (예) 항상의 일로를 걷다 ② '이리로'의 준말

5.3.18. 위태롭게 비틀거리며 걷는 보행 부사

가탈스레: 가탈스럽게
가탈가탈: 말의 걸음걸이가 순하거나 고르지 못하여 탄 사람을 불안케 하다
배뚝배뚝: 다리가 가볍게 배틀거리며 자꾸 걷다 센빼뚝빼뚝 큰비뚝비뚝
배착배착: 몸이 가볍게 한족으로 배틀거리며 잇달아 걷다 큰비척비척
배치작배치작: 몸이 한쪽으로 배트작거리며 걷다 큰비치적비치적
배칠배칠: 몸이 요리조리 어지럽게 배틀거리다 큰비칠비칠
배트작배트작: 몸을 잘 가누지 못하며 약간 비틀거리며 걷다 센빼트작빼트작 큰비트적비트적
배틀배틀=배틀: 배틀거리며 걷다 센빼틀빼틀 큰비틀비틀
비척비척: 몸이 가볍게 한족으로 비틀거리며 걷다
비치적비치적: 몸이 가볍게 한쪽으로 비트적거리며 걷다 작배치작배치작
비트적비트적: 앓고 난 사람처럼 비트적거리며 걷다 센삐트적삐트적 작배트작배트작
비틀=비틀비틀: 몸을 바로 가누지 못하고 이리저리 쓰러질 듯이 비틀며 걸음을 옮겨 다니는 꼴 작배틀 배틀배틀
빼틀빼틀: 매우 빼틀거리며 걷다 여배틀배틀 큰삐틀삐틀
왜틀비틀: 걸어갈 때 몸을 보기 싫게 흔들며 비틀거리다
왜틀비틀: 몸을 흔들고 비틀거리며 걷는 모양

자작자작: 걸음마 타듯이 발을 짧게 내디디면서 위태롭게 자꾸 걷다 (예) 어린아이는 자작자작 걷는다 큰저적저적
잘똑이: 잘똑하게 센짤똑이 큰질똑이
잘록잘록: 잘록거리며 걷다 센짤록짤록 큰질룩질룩
저벅저벅: 다리에 힘이 없어 휘청거리며 서투르게 걷는 모양
저적저적: 발을 천천히 내디디며 위태롭게 걷는 모양 작자작자작
질뚝질뚝: 걸을 때 거북스럽게 뒤뚝뒤뚝 절다
짤독짤독: 짤독거리는 꼴 여잘똑잘똑 큰찔뚝찔뚝
짤뚝이: 짤뚝 =짤뚝짤뚝 큰찔뚝이 (예) 다리를 짤뚝짤뚝 절다
짤쏙이: 짤쏙 큰쩔쑥이 여잘쏙이
짤쑥짤쑥: 걸을 때 다리가 좀 잘쑥거리다 여잘쏙잘쏙 큰쩔쑥쩔쑥
허든허든: 다리에 힘이 없어 자꾸 이리저리 헛디디다

5.3.19. 일반 걸음걸이 보행 부사

걸음걸음: 걸음을 걸을 때마다
걸음걸음이: 걸음걸음
보일보: 한 걸음 한 걸음

5.3.20. 절룩거리는 보행 부사

자축자축: 다리에 힘이 빠져 좀 절룩거리며 걷다 (예) 지친 다리를 자축자축 걸어왔다 큰저축저축
자춤자춤: 다리에 힘이 빠져 좀 가볍게 자축거리며 걷는 꼴 (예) 다리를 자츰자츰 잘름거리다 큰저춤저춤
잘똑이: 잘똑하게 센짤똑이 큰질뚝이
잘뚝잘뚝: 잘뚝거리는 꼴 (예) 잘뚝잘뚝 절름발이 걸음으로 도망갔다 센짤뚝짤둑 큰질뚝질뚝
잘록=잘록잘록: 잘록거리는 꼴 (예) 다리가 아파 잘록잘록 걷다 센짤록 짤록짤록 큰절룩절룩절룩
잘름잘름: 다리를 잘름거리는 꼴 센짤름짤름 큰질름질름
잘쏙=잘쑥잘쑥: 걸을 때 다리가 조금 잘똑거리다 센짤쏙 짤쏙짤쏙 큰절쑥 절쑥절쑥
잘쑥이: 잘쑥하게 센짝쑥이 큰질쑥이
저축저축: 다리에 힘이 빠져 좀 절룩거리다 작자축자축
저춤저춤: 저춤거리는 꼴 (예) 다리를 저춤저춤 걸었다 작자춤자춤

절뚝절뚝: 절뚝거리는 꼴 센쩔뚝쩔뚝 작잘똑잘똑
절룩절룩: 절룩거리는 꼴 센쩔룩쩔룩 작잘록잘록
절름절름: 절름거리는 꼴 센쩔름쩔름 작잘름잘름
절쑥절쑥: 절쑥거리는 꼴 작잘쏙잘쏙 센쩔쑥쩔쑥
질뚝=질뚝질뚝: 걸을 때 거북스럽게 뒤뚝뒤뚝 잇달아 절다 센찔뚝찔뚝
질뚝이: 거북스럽게 뒤뚝뒤뚝 걷다 센찔뚝이 작잘뚝이
질뚝질뚝: 질뚝질뚝한 꼴 센찔뚝찔뚝 작잘똑잘똑
징검징검: 멀찍멀찍 떼며 걷는 걸음
짤뚝이: 짤뚝하게 여잘뚝이 큰찔뚝이
짤뚝짤뚝: ① 짤뚝거리는 꼴 ② 짤뚝짤뚝한 꼴 여잘똑잘똑
짤록=짤록짤록: 쩔룩거리는 꼴 여잘록잘록 큰쩔룩쩔룩
짤름짤름: 한쪽 다리가 짧거나 다치거나 하여 다리를 짤름거리는 꼴 여잘름잘름 큰쩔름쩔름
짤쏙짤쏙[1]: 짤쏙이는 꼴 =짤쏙 여잘속잘속 잘속 큰쩔쑥쩔쑥 쩔쑥
짤숙이: 짤숙하게 여잘숙이 큰쩔숙이
쩔뚝쩔뚝: 쩔뚝거리는 꼴 여절뚝절뚝 작짤똑짤똑
쩔룩쩔룩: 쩔룩거리는 꼴 여절룩절룩 작짤룩짤룩
쩔름쩔름: 쩔름거리는 꼴 여절름절름 작짤름짤름
쩔쑥: 걸을 때 다리가 좀 짤똑거리다
쩔쑥쩔쑥: 쩔쑥거리는 꼴 여절쑥절쑥 작짤쏙짤쏙
찔뚝찔뚝: 찔뚝거리는 꼴 여질뚝질뚝 작짤똑짤똑

5.3.21. 천천히 한가하게 걷는 보행 부사

달래달래: 단출한 몸으로 간들간들 걷거나 행동하는 꼴 거탈래탈래 큰덜래덜래
발밤발밤: 발길이 가는 대로 한 걸음씩 천천히 걸어가는 모습
발볌발볌: 발밤발밤
아슬랑아슬랑: '어슬렁어슬렁'보다 작은 말 (예) 늙은이가 아슬랑아슬랑 걷다
아장바장: 한가하게 요리조리 아장거리는 꼴
앙금앙금: 작은 걸음으로 느리게 걷거나 기는 꼴 거앙큼앙큼 큰엉금엉금
어기뚱어기뚱: 큰 몸집을 좌우로 둔하게 움직이며 느릿느릿 걷는 모양 (예) 황소와 같은 큰 사람이 어기뚱어기뚱 걸어간다 작아기똥아기똥
아기작아기작: 큰 몸으로 팔다리를 억지로 움직이며 느릿느릿 걷다 (예) 레스링 선수들이 아기작아기작 걸어나온다 준어깆어깆 큰어기적어기적
어슬렁어슬렁: 큰 사람이나 짐승이 서두르지 않고 천천히 자꾸 걸어다니다 (예) 호랑이

는 우리 안을 어슬렁어슬렁 걸어다닌다
어정버정: 한가하게 이리저리 어정거리는 꼴 [작]아장바장
어정어정: 어줍게 천천히 거닐다 [작]아장아장
어청어청: '어정어정'보다 거센말
엉큼엉큼: 큰 동작으로 느리게 걷는 모양
자칫자칫: 걸음발타듯이 서투른 걸음으로 나릿나릿 걷다

5.3.22. 팔을 저으며 걷는 보행 부사

웨죽웨죽: 팔을 휘휘 저으며 걷는 꼴 [작]왜죽왜죽 (예) 팔을 훼훼 저으며 걷다
탈래탈래: 단출한 몸으로 몹시 건들건들 걷거나 행동하는 꼴 [여]달래달래 [큰]털레털레
헤적헤적: 활갯짓을 하며 거볍게 걷다 (예) 헤적헤적 걸어 왔다
헤죽헤죽: 가볍게 활갯짓을 하며 걷다 (예) 마침 창수가 이쪽으로 헤죽헤죽 걸어오고 있었다 [작]해죽해죽

5.3.23. 활갯짓을 하며 걷는 보행 부사

해작해작: 활개를 벌려 가볍게 걷는 모양
해적해적: 활갯짓을 하며 가볍게 걷는 모양

5.3.24. 활기차게 걷는 보행 부사

어청어청: 큰 사람이 활기차게 걷다 (예) 후둘후둘 하는 울분을 못 이겨 남산을 어청어청 내려갔다
저벅저벅: 저벅거리는 꼴 (예) 뜰 안으로 저벅저벅 걸어 들어온다 [센]쩌벅쩌벅 [작]자박자박
해작해작: 활갯짓을 하며 가볍게 걷다 (예) 바지를 입은 여자들이 해작해작 걸어와서… [큰]헤적헤적
해죽해죽: 해죽거리며 걷는 꼴 (예) 창수는 같이 온 사람과 함께 앞서서 해죽해죽 간다 [큰]헤죽헤죽

5.3.25. 힘없이 걷는 보행 부사

다박다박: 힘없이 느리게 걷는 모습 =다북다북 [큰]더벅더벅 [거]타박타박
달레달레: 단출한 몸으로 건들건들 걷거나 행동하는 꼴 [거]털레털레 [큰]덜레덜레

아기작아기작: 천천히 걷는 모양
아기장아기장: 손을 흔들며 더디게 걷는 모양 큰어기장어기장
아기죽아기죽: 몸을 흔들며 천천히 걷는 모습
아슬랑아슬랑: 사람이나 짐승이 서두르지 않고 찬찬히 걸어다니다
아치랑아치랑: 힘없이 아슬랑아슬랑 걷다 큰어치렁어치렁
아치장아치장: 작은 사람이 힘없이 아장거리다 큰어치정어치정
아칠아칠: 기운 없이 쓰러질 듯 아슬랑아슬랑 걷다 큰어칠어칠
어기뚱아기뚱: 씨름꾼이 어기뚱어기뚱 걸어가다 작아기뚱아기뚱
어기적어기적: 천천히 걷는 모습
어깃어깃: 팔다리를 자연스럽지 못하게 움직이며 느릿느릿 걷는 모양 작아깃아깃
어슴어슴: 고개를 숙이고 힘없이 걷다
어슷어슷: 힘없이 천천히 걷는 모습
어치렁어치렁: '아치랑아치랑'보다 큰말
어칠어칠: 어칠거리는 꼴 (예) 어칠어칠 배회하다
엉금썰썰: 굼뜨게 기다가 빠르게 기는 꼴 작앙금쌀쌀
엉금엉금: 큰 걸음으로 느리게 걷거나 기는 꼴 거엉큼엉큼 작앙금앙금
웨죽웨죽: 팔을 내저으며 느릿느릿 걷는 모양
일약: 별안간 높이 뛰어오르는 꼴
일쭉일쭉: 허리가 좌우로 가볍게 자꾸 내어 흔들리다
자그시: 살그머니 좀 가볍고 찬찬히 누르거나 당기거나 닫는 꼴
자작자작: 힘없이 천천히 걷는 모습
자츰자츰: 다리에 힘이 없어 절며 걷는 모양
작작: 작은 신 따위를 가볍게 끌며 걷는 꼴
저적저적: 힘없이 천천히 걷는 모양 작자작자작
지척지척: 지쳐서 기운이 없이 걷다
찌뻑찌뻑: 같이 험하거나 어두워서 잘 보이지 않거나 또는 다리에 힘이 없어서 매우 서투르게 걷다 여지벅지벅
타닥타닥: 좀 지친 걸음으로 맥없이 나릿나릿 걷다 (예) 타닥타닥 힘없는 발길을 옮겨 놓았다. 타닥타닥 콩깍지가 터진다 큰터덕터덕
타달타달: 좀 지친 걸음으로 날짱거리며 걷다 (예) 차는 시골길을 타달타달 굴러간다 큰터덜터덜
타박타박: 터벅거리는 꼴 큰터벅터벅
탈래탈래: 걷거나 행동하는 꼴 큰털레털레 여달래달래
탈탈: 지쳐서 나른한 걸음으로 걷는 꼴 큰털털
터덕터덕: 터덕거리는 꼴 즉 터덕터덕 걷는 꼴 작타닥타닥

터덜터덜: 지친 걸음으로 능청거리며 걷는 꼴 (예) 저녁때에 집으로 터덜터덜 돌아오는 중이었다
터벅터벅: 터벅거리는 꼴 (예) 지친 걸음으로 터덕터덕 걸어왔다 작타박타발
털레털레: 단출한 몸으로 몹시 건들건들 걷는 꼴 여덜레덜레 작탈래탈래
파근히: 다리 힘이 지치어 맥이 없고 내딛기가 무겁다
해작해작: 해적거리며 걷는 꼴 큰헤적헤적
허영허영: 앓고 난 뒤처럼 걸음걸이가 기운이 없이 비슬거리다 (예) 몸살이 나니 선열이 대단했지만 직장을 향해 허영허영 걸어갔다
허위허위: 힘에 겨운 걸음걸이로 애써 걷는 꼴
허정허정: 기력이 없어서 걸음이 잘 걸리지 않고 몸이 좀 비틀거리다 거허청허청
허청허청: 기력이 너무 없어서 걸음이 잘 걸리지 않고 몸이 매우 비틀거리다
헤적헤적: 헤적거리며 걷다
헤죽헤죽: 헤죽헤죽 걷는 꼴 작해죽해죽
회창회창: 길을 걸을 때 다리가 힘없이 휘우듬하게 한들거리다 큰휘청휘청
흘근흘근: 굼뜨게 느릿느릿 걷거나 꾸물거리다

5.3.26. 힘있는 걸음걸이 보행 부사

더벅더벅: 앞을 헤아리지 않고 마구 걸어가다
또박또박: 발자국 소리를 또렷이 크게 내면서 잇달아 걸아가다 큰뚜벅뚜벅
뚜벅뚜벅: 발자국 소리를 뚜렷이 큼직하게 내며 잇달아 걷다
성큼성큼: 다리를 크게 떼어놓으며 걸음을 잇달아 내디디는 꼴 작상큼상큼 상큼
아창아창: 작은 사람이 활기차게 걷다 여아장아장 큰어청어청
앙금쌀쌀: 처음에는 굼뜨게 걷다가 재빠르게 앙금앙금 걷는 꼴
앙큼상큼: 발을 가볍게 떼면서 힘차게 걷는 모습 큰엉큼성큼
앙큼앙큼: '엉큼엉큼'보다 작은 말
엄큼엄큼: 큰 동작으로 느리게 걷는 모양
엉큼성큼: 큰 걸음으로 힘차게 걷는 모양 작앙큼상큼

5.3.27. 몸을 흔들며 걷는 보행 부사

우쭉우쭉: 걸음을 걸을 때 몸을 위아래로 흔드는 꼴

6. ㅅ부의 부사

여기서는 일반 ㅅ부 부사와 색깔부사, 성격부사, 소리부사의 부분으로 나누어 다루겠는데 그 차례번호는 6.1, 6.2, 6.3, 6.4 6.5, 6.6으로 다룰 것임을 밝혀 준다.

6.1. 일반적인 부사

6.1.1. 사고(思考) 부사

갑자기: 홀연히
갑작스레: 갑작스럽게
곰곰: 곰곰이 생각하는 꼴 센꼼꼼
곰곰이: 곰곰하게 센꼼꼼이
궁금히: 궁금하게 여기다
극명히: 똑똑하게 밝히다
느닷없이: 불현듯이
때때: 때때로
때때로: 때에 따라 가끔
문득=문득문득: 머리 속에 갑자기 생각이나 느낌이 급히 떠오르다 센문뜩 문뜩문뜩
문뜩=문뜩문뜩: 문득=문득문득보다 센말
불현듯: '불현듯이'의 준말
불현듯이: 갑자기 생각이 치밀어 걷잡을 수 없이
푸뜩푸뜩: 어떤 모습이나 생각이 갑자기 떠오르는 꼴
하염없이: 이렇다 할 생각이 없이 (예) 예쁜이는…먼 하늘만 이렇게 하염없이 바라보고 섰다

6.1.2. 사나운 행위 부사

가혹히: 몹시 모질고 혹독하게
독살스레: 성품이나 행동이 살기가 있고 악독한 데가 있게
맹렬히: 기세가 몹시 사납고 세차게
표표히: 태도나 행동이 눈에 띄게 몹시 사납게
혹독히: 몹시 심하게

6.1.3. 사람·짐승이 모이거나 움직이는 모습 부사

도래도래: 여러 사람이 주위에 동그랗게 둘러앉는 모양
둘레둘레: 여러 사람이 죽 둘러앉는 꼴
득시글득시글: 득시글거리는 꼴
박신박신: 사람이나 짐승이 좁은 곳에 많이 모여 활발히 오글거리다 큰벅신벅신
박작=박작박작: 좀 많은 사람이 좁은 곳에 모여 움직이며 매우 어수선하게 떠드는 꼴 큰벅적벅적 벅적
버글버글: 운동장에 많은 사람들이 버글버글 끓었다 센뻐글뻐글 작바글바글
벅신벅신: 사람이나 동물이 넓은 곳에 많이 모여 활발히 우글거리다 작박신박신
벅적=벅적벅적: ① 많은 사람이 넓은 곳에 모여 매우 어수선하게 들끓다 작박작 박작박작 ② 매우 어수선하게 큰소리로 떠들거나 사람이 많이 몰려드는 꼴 작박작 박작박작
복닥복닥: 복작복작하다
복작복작=복작: 사람들이 좁은 곳에 많이 모여 움직이며 수선스럽게 자꾸 들끓다 큰북적북적 북적
북쩍=북쩍북쩍: 수선스럽게 떠드는 골 작복작 복작복작
시글시글: 사람이나 짐승 따위가 많이 들끓을 만큼 수두룩한 꼴 (예) 장에는 아침부터 사람들이 시글시글 들끓었다
오그르르: 작은 벌레, 짐승 사람 따위가 한곳에 배좁게 많이 모여 있는 꼴 큰우그르르
오쫄오쫄: 몸이 작은 사람이나 짐승이 가볍게 율동적으로 움직이는 꼴 (예) 학교길 아이들이 오쫄오쫄 걷는다
옥시글덕시글: 옥시글득시글
옥시글옥시글: 여럿이 한데 모이어 몹시 옥실거리다 (예) 좁은 곳에 아이들이 많이 모여와 옥시글옥시글 들끓는다 큰욱시글욱시글
옥실옥실: 많은 사람이 모여 오글오글 들끓다 큰욱실욱실
옥작옥작: 옥작거리는 꼴 (예) 눈 귀 괸 물에 붕어 새끼들이 옥작옥작 오물거리던 것도 며칠 전 일이다
와: 여럿이 냅다 몰리는 꼴 (예) 수많은 군중이 와 밀려 왔다
와르르: 여러 사람이 한꺼번에 야단스럽게 몰려 움직이는 꼴 (예) 학교에서 학생들이 밖으로 와르르 몰려나오다 큰워르르
와시글와시글: 사람이나 동물이 많이 모여 와글와글 몹시 들끓다
와실와실: 사람이나 동물이 많이 모여 와글와글 어지럽게 자꾸 움직이다
와작와작: 사람이 많이 모여 들끓다
왈칵: 갑자기 힘껏 잡아당기거나 밀치는 꼴 =왈칵왈칵 큰월컥 월컥월컥
우: 여럿이 한목 몰리어 내닫는 꼴

우그르르: 큰벌레, 짐승, 사람 따위가 한곳에 비좁게 많이 모여 있다 작오그르르
우둥우둥: 여러 사람이 웅기웅기 서성이는 꼴 (예) 구연들이 우둥우둥 나왔다
우르르: 사람이나 동물이 급자기 몰리어 내닫는 꼴 (예) '불이야'하는 소리에 사방에서 사람들이 우르르 몰려들었다
우비적우비적: 우비적거리는 꼴 거후비적후비적 작오비작오비작
우수수: 물건이 수북이 쏟아지는 꼴 작오소소
우썩우썩: 거침없이 매우 많이씩 자주 나아가거나 또는 늘거나 줄어가는 꼴
우쩍: 갑자기 많이 나아가거나 또는 늘거나 줄어드는 꼴
욱시글덕시글: 여럿이 한데 모여 몹시 옥시글득시글거리다
욱시글득시글: 옥시글거리며 득시글거리는 꼴
욱시글욱시글: 욱시글거리는 꼴 즉 여럿이 한데 모여 몹시 옥실거리다 작옥시글옥시글
욱신욱신: 욱신거리는 느낌 또는 그 꼴 (예) 난장이 서니 사람들로 욱신욱신 북적거린다 작옥신옥신
욱실욱실: 욱실거리는 꼴 (예) 운동장에는 선수와 응원하러 온 사람들로 욱실욱실 들끓었다 작옥실옥실
욱적욱적: 여러 사람이 한곳에 모여 북적거리다 작옥작옥작
웅기웅기: 사람들이 많이 모이는 꼴 (예) 길가에 사람들이 웅기웅기 나와 무엇을 구경하고 있다 작옹기옹기
워르르: 많은 사람이나 짐승들이 한꺼번에 아주 야단스레 내닫는 꼴 작와르르
유유히: 움직임이 한가하고 여유가 있고 태연하게
종종: 사람이나 물건이 배게 서 있거나 놓여 있는 모양
표표히: 떠돌아다니는 것이 정처 없이 (예) 이 말을 남기고 표표히 떠났다

6.1.4. 사랑스런 모습 부사

사랑겨이: 몹시 사랑스럽게
사랑스레: 사랑스럽게
애중히: 사랑스럽고 소중히
졸망졸망: 여러 개의 물건이 뒤섞이어 있어 사랑스러운 모습
쫄망쫄망: 여러 개의 고르지 못한 작은 물건들이 뒤섞여 있어 매우 사랑스럽다 여졸망졸망 큰쭐멍쭐멍

6.1.5. 사례 부사

감사히: 감사하는 마음으로 고맙게

감지덕지: 분에 넘치는 듯싶어 매우 고맙게 여겨서
고마이: 남이 베푼 일에 대하여 고맙게 여김
마음껏: 마음에 흡족하도록
미안스레: 미안스럽게
미안히: 미안하게
민망스레: 민망스럽게
사람다이: 사람답게
안녕히: 아무 탈 없이 편안하게
안온히: 조용하고 편안히
안한히: 즐겁고 화평하게
은혜로이: 고맙게 베풀어 주는 신세나 혜택이 있게
폐로이: 폐롭게
폐스레: 폐스럽게

6.1.6. 사물이 모여 있는 모습 부사

꾸역꾸역: 한 군데로 많은 것이 잇달아 들어오거나 몰려나오는 꼴 작꼬약꼬약
다닥다닥: 조그마한 것들이 곳곳에 많이 붙어 있는 모양 큰더덕더덕
다라귀다라귀: 다닥다닥 큰더러귀더러귀
다보록다보록: 풀 나무 따위가 탐스럽게 소복하다 큰더부룩더부룩
다복다복: 풀 나무 따위가 곳곳에 매우 다보록하다 큰더북더북
다복이: 다복하게 큰더북이
더덕더덕: 조그마한 것들이 곳곳에 많이 붙어 있는 모양 작다닥다닥 센떠덕떠덕
모도록: 모도록이 =모도록이
모람모람: 가끔가끔 한데 몰아서
무지무지: 여러 무더기로 쌓인 모양. 놀랄 만큼 대단히
물몰아: 모두 한데 몰아
물밀어: 모두 한데 밀어
오모록이: 자그마한 것들이 한데 많이 모여 있는 꼴 큰우무룩이
오물오물: 한군데 많이 모여 꼬물거리는 꼴 큰우물우물
오밀조밀: 물건의 자욱이 빈틈없이 모여 있는 꼴
오복이: 오복하게 큰우북이
오부룩이: 키가 큰 풀이 한데 많이 모여 더부룩하게 작오보록이 준우북이
오붓이: 홀가분하면서 아늑하고 정답게
올막졸막: 작고 도드라진 덩어리가 고르지 않게 많다 큰울먹줄먹

올망졸망: 작고 또렷한 것들이 고르지 않게 많다 큰울멍줄멍
올몽졸몽: 작고 또렷한 것들이 고르지 않고 배다 큰울뭉줄뭉
올목졸목: 올목졸목 모이는 꼴 큰울묵줄묵
옴실옴실: 자잘한 벌레 따위가 한데 모여 오글거리다 큰움실움실
옹기종기: 크기가 고르지 않은 것들이 담상담상 모여 있다 큰웅기중기
우부룩이: 풀이나 나무가 한데 많이 모여 더부룩하다 작오부록이
우북이: 풀이나 나무 따위가 한데 많이 모여 수북하다 작오복이
웅기중기: 웅기중기한 꼴 (예) 웅기중기 모이다 작옹기종기
일제히: 여럿이 한꺼번에
자질자질: 물이 마르거나 잦아드는 모양
졸망졸망: 고르지 못한 물건이 뒤섞여 고르지 못한 모양 큰줄멍줄멍 센쫄망쫄망
주렁주렁: 열매가 많이 매달려 있는 모양 작조랑조랑
촘촘히: 틈이나 간격이 매우 좁거나 작게
총총히: ① 나무가 배게 들어서서 무성하게 ② 많은 물건이 들어선 모양이 빽빽하게 ③ 별이 총총
총히: 모두 한데 모아서
탑소록이: 머리털이 배게 나 다보록하게 큰텁수룩이
포갬포갬: 여러 번 포개져 있는 모양
헙수룩이: 머리털이 텁수룩하게

6.1.7. 사물의 움직이는 모습 부사

가밀가밀: 좀 검은 듯한 것이 이리저리 움직이는 모습 큰거밀거밀
가불가불: 좀 검은 듯한 것이 이리저리 움직이는 모습 큰거불거불 센까불까불
검실검실: 먼 곳에서 어렴풋이 자꾸 움직이다 작감실감실
느근느근: 가늘고 긴 물건이 부드럽고 탄력 있게 자꾸 움직이다 작나근나근
전시전시: 전하고 전하여
파드득파드득: 탄탄하고 질기거나 반드러운 물건에 되게 문질리거나 마주 갈리는 꼴 센빠드득빠드득 여바드득바드득

6.1.8. 사물의 상태나 정신이 맑은 모습 부사

말가니: 말갛게
말그스름히: 조금 맑게 큰멀그스름히
말긋말긋 생기 있게 맑고 환하게

말끔히: 티 없이 맑고 깨끗하게
말똥히: 눈빛이나 정신 등이 생기 있고 말갛게 =말똥말똥 큰멀뚱히
말쑥이: 말끔하고 깨끗하게 큰멀쑥이
왕성히: 왕성하게
왕연히: 사물이 매우 왕성하게
정정히(貞正): 맑고 깨끗한
정히(淨): 맑고 깨끗하게
휘정휘정: 물 같은 것을 자꾸 저어서 흐리게 하다

6.1.9. 사물이 부러지는 모습 부사

몬닥: 작은 덩어리로 똑 끊어지거나 잘라지는 꼴 거몬탁 큰문덕
몬닥몬닥: 작은 덩어리로 자꾸 똑똑 끊어지거나 잘라지는 꼴 거몬탁몬탁 큰문덕문덕
몬탁몬탁: 작은 덩어리로 자꾸 톡톡 끊어지거나 잘라지는 꼴 여몬닥몬닥 큰문턱문턱
작근동: 작고 단단한 물건이 부러져 도막이 나는 꼴 큰지끈둥

6.1.10. 사이가 좁거나 서로 졸라매는 모습 부사

바짝=바짝바짝: 매우 가까이 달라붙거나 세게 죄는 모양
바투=바투바투: 두 물체의 사이가 썩 가깝게
바특바특: 바투바투
바특이: 조금 바투
바틈히: 두 대상이나 물체 사이가 매우 가까운 듯이
잘근=잘근잘근: 좀 단단히 자꾸 졸라매거나 동이는 꼴 센잘끈 잘끈잘끈 큰질근 질근질근
질근=질근질근: 단단히 졸라매거나 동이는 꼴 센질끈 질끈질끈 작잘근 잘근잘근
질끈=질끈질끈: 좀 단단하게 졸라매거나 동이는 꼴 여질근 질근질근

6.1.11. 사태, 상황, 형편 부사

걸핏하면: 조금이라도 어떤 일이 생기기라도 하면

6.1.11.1. 사태 부사

그렁성저렁성: 그런 모양 저런 모양으로 대중이 없이

무사히(無事): 아무 일이 없음. 아무 탈이 없음
무안히 아무 어려움이 없이
불가부득=부득이: 부득이 하다
야다하면: 어찌할 수 없이 긴급하게 되면
어처구니없이: '어이없다'의 속된 말
엄흘히: 매우 다급스레
원만히: 원만하게 (예) 원만히 해결하다
원망스레: 원망스럽게
월활히: ① 모난 데가 없고 원만하다 ② 일이 거침없이 잘 되어 가다
흉흉히: 술렁술렁하여 험악하다 (예) 민심이 흉흉하다

6.1.11.2. 상황(형편) 부사

가뜩[2]=가뜩이나: 가뜩 어려운 판에 병까지 겹치다니
가뜩에: 어렵거나 곤란한 위에 또
가뜩이=가뜩이나: (예) 가뜩이 고생을 하고 있는데 그런 일까지 맡길 수 없지
가뜩이나: 이미 있는 사정만으로도 견디기 어려운 때 그렇지 않아도
가뜩한데: 이미 있는 사정만으로도 매우 어려운데
간측히: 몹시 딱하고 가엾게
감감히: 소식이 전혀 없이
개코쥐코: 쓸데없는 이야기로 이러쿵저러쿵 하는 모양
걱정스레: 걱정스럽게
경황없이: 마음이 상하거나 겨를이 없거나 하여 딴 일을 생각하거나 흥미를 가질 여유가 없다
고난스레: 어지간히 고난이 많은데
고독히: 고독하게
고생스레: 고생스럽게
고적히: 외롭고 쓸쓸하게
곤박히(困迫): 어찌할 수 없이 일의 형세가 아주 급하다
골몰히: 어떤 일에 오로지 파묻혀서 쉴 겨를이 없이
공교로이: 공교롭게
공칙스레: 일이 공교롭게 잘못된 데가 있듯이 =공칙히
공평무사히: 공평하고 사사로움이 없이
공평히: 공평하고 편리하게
공히: 다 같이

군금히: 무엇이 알고 싶어 마음이 답답하고 안타깝게
그지없이: 이루 다 말할 수 없이
근심스레: 근심이 되어 불안하게
길바로: 길을 제대로 맞게 잡아들어서
꿈적없이: '꼼짝없이'보다 큰말: 현재의 상태에서 어쩔 도리가 없이
끔찍스레: 매우 놀라거나 참혹할 만한 데가 있게
끔찍이: 매우 심하게
난감히: 난감하게
난데없이: 별안간 불쑥 나와서 어디서 나왔는지 알 수 없게
남우세스레: 남에게서 놀림과 비웃음
느닷없이: 퍽 뜻밖이고 갑작스럽게
다시없이: 그보다 더 나을 것이 없을 만큼 매우
단둘이: 다만 두 사람만으로
달랑: 하나만이 쓸쓸하게 남아 있는 꼴 큰덜랑[3]
달랑달랑[2]: 물건들을 거의 다 써 버려서 곧 없어질 듯하다
대대로: 형편을 보아서 되는 대로
더구나: 그 위에 또
더군다나: 이미 잇는 사실에 더하여
도도히: 매우 화평하고 즐겁게
딱: 완전히 그치거나 갑자기 멎는 모양 =딱딱 큰떡 떡떡
딱히: 딱하게
막상: 마침내 실제에 이르러
막중히: 더할 수 없이 귀중하게
만만디(漫漫): 끝없이 지루하게
만부득이: '부득이'의 힘줌말
만유루없이: 빠짐이 없게
맹랑스래=맹랑히: 맹랑스럽게
머뭇머뭇: 머뭇거리는 태도 또는 모습
무료히: 심심하고 지루하게
무망=무망중
무사히: 아무 일 없이
무한히: 무한하게
물색없이: 말이나 행동이 형편에 맞거나 조리에 닿지 아니하다
백판: 전혀 터무니없이
부가부득: 부득이

부득불: 아니 할 수 없이 꼭
부득이: 어쩔 수 없이
불가불: 아니 하여서는 안 되겠으므로 마땅히
사번스레: 사번스럽게 (예) 일이 사번하다
사정없이: 사정없게
세부득이: 일의 형세가 그렇게 하지 않을 수 없이 =사세부득이
소란스레: 소란스럽게
숙연히: 조용하고 엄숙하게
순전히: 다른 것은 말고 순수하고 온전하게
순조로히: 일이 예정대로 잘 되어 가는 상태
순탄히: 아무 탈 없이 순조롭게
실지로: 실상 =실제로는. 실상에 있어서
심각히: 사태나 정도가 매우 깊고 중대하게
알기살기: 요리조리 뒤섞여 얽혀 있다 큰얼기설기
여지없이: 더할 나위 없이
여짓여짓: 말을 할 듯 말 듯 머뭇거리는 태도
영정히: 세력이나 살림이 보잘것없어 의지할 곳이 없이
예사로: 보통 일처럼 아무렇지도 아니하게
예사로이: 보통으로, 특별하지 않게
오나가나: 오는 경우나 가는 경우나 모두 다름이 없이
오너라가너라: 제 마음대로 괜히 남을 오라고도 하고 가라고도 하는 꼴
오다가다: 오고가고 하는 겨를에 우연히
옴나이 없이: 꼼짝할 만큼의 적은 여유도 없이 (예) 결혼하게 되면 옴나이 없이 가정의 굴레에 얽매인다
외로: 왼쪽으로 향하여 =비뚜로
위불위간: 되든 안 되든
유연히: 왕성한 형세
으레: 경험으로 보아 당연히
응당: 마땅히
의당: 사리에 맞고 마땅히 =의당히
적연히(適然): 마침 우연히
쨍쨍: 불볕이 내리 쪼이는 상황
평화스레: 평화스럽게
허랑히: 언행이나 상황이 허황하고 착실하지 못하게
헛되이: 아무 보람이나 실속이 없이

형편없이: 형편없게
혼곤히: 정신이 흐릿하고 기운이 까무러지게

6.1.12. 산에 나무가 없는 모습 부사

맨동맨동: 산에 나무가 없어 반반하다 큰민둥민둥
맨동맨동히: 맨동맨동하게 큰민둥민둥히
맹송맹송: ① 산에 나무나 풀이 없어서 반반하다 ② 몸에 털이 있어야 할 곳에 나지 아니하여 반반하다
민둥민둥: 산에 나무가 없어 번번하다
민둥민둥히: 민둥민둥하게
민숭민숭: 산에 나무나 풀이 없어 번번하다
살핏살핏: 쫀쫀하지 않고 꽤 섬기다 큰설핏설핏

6.1.13. 살결의 상태 부사

가슬가슬: 살결이나 물체의 거죽이 윤기가 없고 가칠하거나 빳빳하다
가칠가칠: 여위거나 매말라 살갗이나 털이 윤기가 없고 거칠다 센까칠까칠 큰거칠거칠
거슬거슬: 살결이나 물체의 거죽이 윤기가 없고 거칠거나 뻣뻣하다 센꺼슬꺼슬 작가슬가슬
거칠거칠: 여위거나 매말라 살갗이나 털이 윤기가 없이 거칠다 센꺼칠꺼칠 작가칠가칠
까칠까칠: 야위거나 매말라 살갗이나 털이 거칠다 여가칠가칠 큰꺼칠꺼칠
꺼슬꺼슬: 살갗이 윤기가 없고 매우 거칠거나 뻣뻣하다 작까슬까슬 여거슬거슬
꺼칠꺼칠: 매우 꺼칠하다 여거칠거칠 작까칠까칠

6.1.14. 살림살이 모습 부사

거덜거덜: 살림살이나 무슨 일이 결단나려고 흔들리어 위태롭다
오붓이: ① 허실이 없이 차분하고 홀가분하다 (예) 근심 걱정 없이 오붓하게 살았던 그 옛날의 추억 ② 살림 따위가 옹골지고 포실하다 (예) 오붓한 살림 오붓한 맛
포실히: 살림이 넉넉하고 오붓하다

6.1.15. 살짝 또는 살며시 하는 행위 부사

꾀꾀로: 가끔가끔 틈을 타서 살그머니

남몰래: 남이 모르게
몰래: 남이 모르게
사부자기: 힘들이지 않고 살짝 큰시부지기
사부작사부작: 힘을 들이지 아니하고 잇달아 살짝 행동하다 큰시부적시부적
사분사분: 사분거리는 꼴 큰서분서분
살그머니: 남이 모르게 살짝
살그미: '살그머니'의 준말
살며시: 드러나지 않게 넌지시
살몃살몃: 남의 눈에 띄지 않게 잇달아 살며시 행동하는 꼴
살살: 남이 모르게 살그머니 행동하는 모양
살짜기: '살짝'의 예스런 말
살짝=살짝살짝: 남의 눈을 피하여 재빠르게
살짝이: '살짝'의 경남 제주 방언
살큼: 살며시 잠이 든 모양
슬그니: '슬그머니'의 준말
슬그머니: 남이 모르게 넌지시
슬그미: '슬그머니'의 준말
슬근살짝: 슬근슬쩍
슬근슬쩍: '슬근살짝'보다 큰말
슬쩍: '살짝'의 큰말 =슬쩍슬쩍
은근살짝: 표시나지 않게 슬그머니
은근슬쩍: '은근살짝'의 큰말
은근히: 얕게 모르게

6.1.16. 살피는 모습 부사

가관스레: 꽤 볼만하게
늠실늠실: 비위 좋게 자꾸 슬몃슬몃 살피다
한만히(汗漫): 탐탐하지 않고 등한하게
휘: 대충 한번 살피거나 둘러보는 꼴
휘휘: 자꾸 이리저리 둘러보거나 살펴보는 꼴 (예) 전시장을 여기저기 휘휘 둘러보고 왔다

6.1.17. 삶거나 고는 모습 부사

몰씬=몰씬몰씬: 잘 익거나 물러서 연하고 몰랑몰랑하게

몰씬히: 몰씬하게
물씬=물씬물씬: 잘 익거나 물러서 몰랑하다
물씬히: 잘 익거나 물러서 물렁하게
폭: 함씬 익을 만큼 끓이거나 삶거나 고는 꼴 (예) 곰국을 폭 끓인다 큰푹
푹: 흠씬 익을 정도로 끓이거나 삼거나 고는 꼴 작폭
함실함실: 뭉크러질 정도로 삶거나 익히다
흠실흠실: 삶은 물건 따위가 흠씬 익어서 물크러질 정도로 무르다
흠씬: 흐무러질 만큼 아주 푹 익거나 삶아진 꼴

6.1.18. 상태(모양) 부사

검사검사: 한꺼번에 여러 가지 일을 아울러 하는 모양 =검두검두
그냥: ① 아무런 변화 없이 있는 그대로 ② 그대로 줄곧 ③ 아무 조건이나 까닭 없이 작고냥
그냥저냥: 그러저러한 모양으로
그다지 ① '않다/못하다' 따위의 말과 함께 쓰이어 '그렇게까지는'의 뜻 (예) 그다지 크지는 않다
그대로: ① 본디 모양대로 ② 본대대로 고스란히
그저: ① 그대로 그냥 (예) 비가 그저 내리고 있구나 ② 그대로 사뭇 (예) 그저 구경만 하고 있었다 ③ 별로 특별함이 없이 (예) 요즘도 그저 그렇지요
꼬박: 어떤 상태를 고스란히 그대로 (예) 꼬박 이틀 밤을 새었다 큰꾸벅
꼬박꼬박: 고스란히 그대로 조금도 어기지 아니하고 자꾸 계속하거나 진행하는 꼴
꼬박이: '꼬박'의 힘줌말
꼬빡=꼬빡꼬빡: ① 졸거나 절할 때 몸을 앞으로 매우 가볍게 숙였다가 드는 꼴 ② 순간적으로 잠이 푹 드는 꼴
단조로이: 색다른 점이 없이 한결같이
오도마니: 오도카니
오도카니: 사람이 맥없이 서 있거나 앉아 있는 꼴

6.1.19. 상호 부사

상호: 상대가 되는 이쪽과 저쪽이 함께
상호간: 서로서로
서로: ① 다 같이 함께 ② 양쪽이 돌려 가면서 함께
서로서로: 여럿이 저마다 돌려가며 함께

호상: 서로

6.1.20. 생기(生氣) 부사

생생히: 상하지 않고 성하다 [센]쌩쌩히 [큰]싱싱히
싱싱히: 생기가 매우 왕성하다 [센]씽씽히 [작]생생히
쌩쌩히: 매우 생기가 팔팔하다
씽씽히: 생기가 썩 왕성하다

6.1.21. 서둘거나 급한 행위 부사

걸걸: 게걸스럽게 걸근거리는 꼴 [작]갈갈 (예) 남의 것을 빼앗으려고 걸걸 서둘렀다
급급히: 매우 서둘러서
급박히: 사태가 조금도 여유가 없이 매우 급하게
급속히: 몹시 빠르게
급스레(急): 급한 데가 있게
급자기: 생각할 사이도 없이 매우 급히
급조히: 성미가 매우 급하게
급촉히: 조금의 여유도 없이 촉박하게
급히: 사정이나 형편이 조금도 지체할 겨를이 없이
냅다: 몹시 세차고 빠른 모양
벼락같이: 동작이나 행동이 빠른 모양
부랴부랴: 서둘러서 매우 바삐
부랴사랴: 서둘러서 몹시 황급하고 부산하게

6.1.22. 서 있는 모습 부사

오두마니: 오도카니
우두머니: 우두커니
우두커니: 정신없이 멀거니 서 있거나 앉아 있는 꼴 [작]오도카니

6.1.23. 선명한 상태 부사

명료히: 뚜렷하고 분명하게
명명백백히: 의심할 여지가 없이 매우 분명하게

명명히: 아주 황하고 밝게
명백히: 의심할 바 없이 아주 뚜렷이
선명히: 분명하고 뚜렷하게
선연히(鮮然): 실제로 보는 것같이 선명하고 뚜렷하게
선히: 눈앞에 생생하게 보이는 듯하게
소연히: 일이나 이치 등이 밝고 선명하게

6.1.24. 선택 부사

또는: 그렇지 않으면
차라리: 바람직하지 못한 두 가지의 사물을 견주어 낫고 못한 정도를 가릴 때 어떤 것보다 다른 것이 더 (예) 욕되게 사느니 차라리 죽는 것이 낫겠다

6.1.25. 성공 여부 부사

성패간: 성공하거나 실패하거나 상관없이
성패간에: 성공하든 말든 간에

6.1.26. 새 순이 돋는 모습 부사

배주룩배주룩: 새 순이 배주룩배주룩 돋는 모양 센빼쭈룩빼쭈룩 큰비주룩비주룩
배주룩이: 배주룩하게 센빼쭈룩이 큰비주룩히
배죽배죽: 새 싹들이 돋아나는 모습 센빼쭉빼쭉 큰비죽비죽
배죽이: 배죽하게 센빼쭉이 큰비죽이
비쭉비쭉: 새싹들이 돋아나는 모습
빼주룩빼주룩: 새싹들이 빼주룩이 돋아나는 모습 큰삐주룩삐주룩
빼주룩이: 빼주룩하게 큰삐주룩이
뾰족뾰족: 새싹이 뾰족뾰족 돋아나는 꼴 센뾰쪽뾰쪽 큰뿌죽뿌죽
뿌죽뿌죽 새 순이 돋는 모양 작뾰족뾰족 센뿌쭉뿌쭉
삐죽이: 삐죽하게 여비죽이 작빼쭉이
삐쭉=삐쭉삐쭉: 새 순이 삐쭉삐쭉 돋는 꼴 여비죽비죽 작빼쪽빼쪽
오긋오긋: 새싹이 돋는 모양 (예) 새싹이 오긋오긋 돋았다 큰우긋우긋
오긋이: 오긋하게 큰우긋이
조뼛이: 조뼛하게 센쪼뼛이 큰주뼛이
조뼛조뼛: 조뼛거리는 꼴 (예) 죽순의 눈이 조뼛조뼛 돋아났다. 무서워서 머리털이 조뼛조뼛

일어서는 듯했다

6.1.27. 새들의 여러 모습 부사

조잘조잘: 참새 따위 작은 새가 자꾸 지저귀는 꼴 (예) 종달새가 조잘조잘 지저귄다
지저지저: 자꾸 너불너불 지저귀다 (예) 벼갯머리 가까이에서 지저거리는 새 소리에 놀라… 작재자재자
짹=짹짹: 참새 따위의 우는 소리 (예) 참새가 짹짹 지저귄다
터덕터덕: 터덕거리는 꼴 작타닥타닥
파닥파닥: 날개가 꼬리를 가볍게 움직이다 센파딱파딱 큰퍼덕퍼덕
파드닥파드닥: 날개나 꼬리를 힘 있게 움직이는 꼴 큰퍼드덕퍼드덕
파딱파딱: 날개나 꼬리를 좀 세게 움직이다
퍼떡=퍼떡퍼떡: 날개나 꼬리가 세게 움직이는 꼴 여퍼덕 퍼덕퍼덕 작파딱 파딱파딱
호로록=호로록호로록: 작은 새 따위가 갑자기 날개를 치며 나는 꼴 큰후루룩 후루룩후루룩

6.1.28. 새로운 모습 부사

새로: 전과 달리 새롭게
새로이: 새롭게
새록새록: 새로운 물건이나 일이 잇달아 생기는 꼴
새삼스레: 느껴지는 감정이 새롭게
새실새실: 새삼스럽게 보기에 거듭 새롭다

6.1.29. 호탕·호화스런 상태 부사

찬란히: 빛깔이나 모양이 매우 화려하고 아름답게
호쾌히: 호탕하고 쾌활하게
호화찬란히: 호화롭고 찬란하게

6.1.30. 생각이 떠오르는 모습 부사

문득=문득문득: 갑자기 생각이 나서 센문뜩 문뜩문뜩
반짝=반짝반짝: 어떤 생각이 순간적으로 멀리에 떠오르는 꼴 큰번쩍 번쩍번쩍

번쩍=번쩍번쩍: 어떤 생각이 갑자기 머리에 떠오르는 꼴 작반짝 반짝반짝
파뜩=파뜩파뜩: 어떤 생각이 순간적으로 떠오르는 모양 큰퍼뜩 퍼뜩퍼뜩 피뜩피뜩

6.1.31. 생김새나 사물의 모양 부사

감연히: ① 과감하고 용감한 태도로 ② 마음에 차지 아니하여 서운하고 언짢게
고냥: ① 다른 변화 없이 고 모양으로 큰그냥 ② 고대로 줄곧
고대로: 고런 모양대로
그냥=그냥그냥: 그러저러한 모양으로
그대로: 그 모양대로
그렁성저렁성: 그런저런 모양으로 준그렁저렁
깔끔히: 모양이나 생김새가 매끈하고 미끈하게 큰끌끔히
끌끄미: 생김새가 매우매우 깨끗하고 헌철하게 작깔끔히
끌끔히: 생김새 따위가 끌밋하고 미끈하게
뒤웅스레: 생긴 꼴이 뒤웅박처럼 보기에 미련하다
매끈매끈히: 생김새가 곱살하고 말쑥한 모양 큰미끈미끈
맷맷이: 생김새가 매끈하게 곧고 길다
멀쑥이: 멋없이 키가 크고 묽게 생겼다
물밀듯이: 물결이 밀려오듯한 모양
미끈히: 생김새가 말쑥하고 훤칠하게
밋밋이: 생김새가 거침새 없이 미끈하게
반듯반듯: 생김새가 반듯반듯한 꼴
반듯이: 생김새 따위가 반뜻하게
번듯번듯: 번듯번듯한 꼴 센번뜻번뜻 작반듯반듯
번듯이: 반듯하게 센번뜻이 작반듯이
번뜻번뜻: 번뜻번뜻한 꼴 여번듯번듯 작반뜻반뜻
번번히: 생김생김이 번듯하고 미끈함
빤빤히: 생김생김이 매우 반반하다 큰뻔뻔히
얼멍얼멍: 실이나 털로 짠 물건의 밑바닥이 존존하지 못하고 거칠고 험한 모양
요냥조냥: 요 모양 조 모양으로
요냥: 내내 요 모양대로
요렁조렁: 이런 모양 조런 모양으로
위웅스레: 생긴 꼴이 뒤웅박처럼 보기에 미련하다
유창히: 거침없이 미끈한 모양
이냥: 이런 모양으로

이냥저냥: 이 모양 저 모양으로
이렁저렁: 이런 모양 저런 모양으로
저냥: 저 모양으로
조냥: 조런 모양으로
조냥고냥: 조런 모양 고런 모양으로
천착스레: 생김새가 상스럽고 하는 짓이 더럽다
탐스레: 탐스럽게
탐탐히: 된 품이나 생김새가 굳고 실하다 (예) 다져진 근육 탄탄한 체격
틀스레: 듬직하고 위엄이 있는 겉모양 비틀
포포히: 생김새나 옷차림이 눈에 띄게
푼더분히: 생김새가 둥그스름하고 두툼하여 탐스럽다
험상스레: 생김새 분위기 따위가 험악하게 보이다
호졸근히: 옷 따위가 몸에 착착 감기게 약간 젖거나 풀기가 빠져서 초라한 꼴
훌훌: 먼지나 부스러기 따위를 떨어버리는 꼴 (예) 치맛자락을 훌훌 털며 일어선다
훤칠히: 길고 미끈하게
훤히: 앞이 넓고 멀리 탁 트이어 시원하다
흉물스레: 모양이 흉하고 괴상하게 보이다
흉측스레: 보기에 흉측스럽다
흉측히: 흉측하게

6.1.32. 좋은 성격 부사

6.1.32.1. 여러 가지 좋은 성격 부사

거벽스레: 남에게 지지 않으려고 하는 성미가 굳세고 억척스럽다
걸쌍스레: 남에게 지려고 하지 아니하고 억척스럽다
결단코: 맺고 끊는 성질
과감스레: 과감성이 있고 용감하게
과감히: 과감하게
과묵히: 말이 없고 침착하게
근근자자히: 매우 부지런하고 정성스레
근실히: 부지런하고 진실하게
급급히: 한 가지 일에만 정성을 쏟아 여유 없이
늡늡히: 속이 너그럽고 활달하다
담대히: 담대하게

당돌히: 꺼리거나 어려워하는 마음이 없이 올차고 다부지게
대담스레: 대담스럽게
대담히: 담력이 있고 용감하게
정예로이: 썩 날래고 용맹스러운 데가 있게
정히(精): 정성을 들여서 거칠지 아니하고 매우 곱게
천착스레: 심정이 뒤틀려서 어그러지고 난잡하다
호걸스레: 지혜와 용기가 뛰어나고 기꺼워 풍모가 있다

6.1.32.2. 마음이나 행동이 기쁘거나 깨끗한 성격 부사

간간히: 기쁘고 즐겁게
갈갈히: 마음이 바르고 깨끗하다 큰끌끌히
걸걸히: 외양이 준수하고 성질이 쾌활하게
결결히: 얼굴 생김새나 마음 쓰는 것이 깨끗하고 여무져서 허술한 데
결곡히: 얼굴 생김새나 마음 쓰는 것이 깨끗하고 여무져서 허술한 데가 없다
고결히: 성품이 고상하고 순결하게
깔깔히: 마음이 바르고 깨끗하다 큰끌끌히
단절히: 몸가짐이 흐트러짐이 없이 얌전하고 깔끔하게
담연히: 욕심이 없고 깨끗하게
명쾌히: 명쾌하게. 밝고 말끔하다
염결히: 청렴하고 깨끗하게
염담히: 욕심이 없고 마음이 깨끗하게
염백히: 청렴하고 결백하고
옹옹히: 마음이나 태도가 화락하고 조용히
정렬히: 순수하고 깨끗하게
쾌활히: 성격이 명랑하고 활발하게
쾌히: '쾌활히'의 준말

6.1.32.3. 꼼꼼한 성격 부사

면밀히: 꼼꼼하게
범연히: 차근차근한 맛이 없이 데면데면하다
사근사근히: 사글사글하고 시원스러운 태도가 있게
세밀히: 세밀하고 빈틈없이 꼼꼼하게
세세히: 매우 자세하게. 꼼꼼하게

세심히: 작은 일에도 꼼꼼하게 주의를 기울여 빈틈이 없이
우질부질: 성질이 곰살궂지 못하고 데설데설하다
찬찬히: 성질이나 행동이 꼼꼼하고 자세하고
찰찰히: 지나치게 꼼꼼하고 자상하게
치밀히: 자세하고 꼼꼼하게

6.1.32.4. 다정하거나 너그러운 성격 부사

관대히: 너그럽게
관후히: 마음이 너그럽고 후덕하게
구순히: 서로 사귀거나 지내는 사이가 좋게
그윽히: 깊은 정을 품고 고요히
너그러이: 마음이 넓고 덕스럽게
늡늡히: 속이 너그럽고 활달하다
다사로이: 다스한 느낌이 있게
다심다정히: 다심하고 다정하게
다정다감히: 정이 많고 감정이 풍부하게
다정스레: 다정스럽게
다정히: 정이 많게
덕성스레: 성질이 어질고 너그럽게 순덕스레
따뜻이: 태도가 부드럽고 다정하게
따사로이: 따사롭게
따스히: 따스하게 큰뜨스히
무던히: 성질이 너그럽고 수더분하게
부드러이: 성질이나 태도가 매우 따뜻하게
어련무던히: 별로 험 잡을 데가 없이 무던하게
온순히: 온화하고 숫되게
완곡히: 빙 두르는 부드러운 말투로
원만스레: 성격이나 하는 짓이 모자라지 아니하고 너그럽게
원만히: 원만하게
인자스레: 마음이 어질고 자애로운 데가 있게
인정스레: 인정이 있게

6.1.32.5. 독실하고 굳센 성격 부사

간강히: 성품이 깨끗하고 굳세게
간독히: 의지나 기상이 굳세고 건전하게
강강히: 마음이나 의지가 굳세고 건전하게
강건히: 의지나 기상이 굳세고 건전하게
강결히: 성질이나 기질이 꿋꿋하고 굳세게
꼬장꼬장: 성격이 곧고 꼿꼿하다
꾸정꾸정: 성격이 굳고 꼿꼿하다
단단히: 뜻이나 생각이 매우 굳다
독실히: 열성스럽고 착실하게
딴딴히: 매우 야무지고 굳세게
의연(히): 의지가 굳세어서 끄떡없이

6.1.32.6. 똑똑하고 무던한 성격 부사

기민히: 눈치가 빠르고 동작이 날쌔게
말짱말짱: 사람의 성질이 매우 말짱하다 큰멀쩡멀쩡
무던히: 무던하게
민감히: 사물에 대한 느낌이 빠르고 날카롭게
요요히: 눈치가 밝고 똑똑하게
정히(淨): 맑고 깨끗하게
쾌활히: 성격이 명랑하고 쾌활하게

6.1.32.7. 부드러운 모습 부사

곰상곰상: 성질이나 몸가짐이 상냥하고 부드럽다
문근히: 흠이나 거친 데가 없이 부드럽고 번드레하게
사근사근: 성품이 상냥하고 시원스레 큰서근서근 센싸근싸근
사근사근히: 사근사근하게
순히: 성질이나 태도가 부드럽게
유순히: 성질이나 태도 표정이 부드럽고 순하게
저분저분: 성질이나 태도가 아주 부드럽고 조용하며 찬찬한 모양

6.1.32.8. 성실 솔직 알뜰한 성격 부사

강실히: 건전하고 성실하게
걱실걱실: 성격이 너그럽고 언행이 시원시원하다
건실히: 건전하고 성실하게
근실히: 부지런하고 성실히
망망연히: ① 수줍어서 힐금힐금 바라보는 기색이 있다 ② 아득히 먼 곳을 쳐다보는 기색이 있다
살뜰히: 일이나 살림살이를 매우 정성스럽고 규모 있게 하여 빈틈이 없이
서근서근히: 서글서글하고 시원스럽게 [작]사근사근히
선선히: 성질이 쾌활하고 태도가 시원하다
솔직히: 솔직하게
알뜰살뜰: 생활비를 아끼며 규모 있고 정성스럽게 살림을 하는 모양
알뜰살뜰히: 알뜰하고 살뜰하게
알뜰히: 살림을 아끼며 규모 있고 빈틈이 없이
충실히: 정직하고 성실히
쾌쾌히: 성격이나 행동이 굳세고 씩씩하여 아주 시원스럽게

6.1.32.9. 엄한 성격 부사

엄각히: 엄혹히
엄격히: 엄격하게
엄랭히: 성질이 엄하고 차게
엄렬히: 엄격하고 격렬하게
엄명히: 엄하고 명백하게
지엄히: 매우 엄하다
통통히: 호기 있고 엄하게

6.1.32.10. 염연 원만 인내 성격 부사

듣다못해: 무슨 말을 듣고 찾을 수 있는 데까지 참다가 더 참을 수가 없어서
염연히: 이해를 떠나서 마음이 흔들리지 않고 안전하다
원활히: ① 모난 데가 없고 원만하다 ② 일이 거침없이 잘 되어 가다
지긋지긋: 싫거나 괴롭거나 한 것을 지그시 자꾸 참고 견디는 꼴 (예) 갖은 구박을 이를 악물고 지긋지긋이 참아내었다 [작]자긋자긋

6.1.32.11. 여자로서의 정숙한 성격 부사

적성스레: 한번 먹은 마음을 굳게 지켜 나가는 성질이 있게
정숙히(整肅): 몸가짐이나 차림새가 바르고 엄숙하게
정숙히(貞淑): 여자로서 성질이 곧고 마음씨가 맑고 곱게
정숙히(靜淑): 여자의 성품과 몸가짐이 조용하고 얌전하게
정실히(貞實): 정조가 곧고 독실하게
직심스레: 한번 먹은 마음을 크게 지켜 나가는 성질이 있게

6.1.32.12. 자세한 성격 부사

소상히: 분명하고 자세하게
안실히: 성질이 찬찬하고 자세하게
자상스레: 찬찬하고 자세한 데가 있게
자상히: 자상하게
정일히: 마음이 자상하고 한결같이
찬찬히: 성질이나 솜씨 행동이 꼼꼼하고 지상하다

6.1.32.13. 재빠르고 적극적, 절약, 정성스런 성격 부사

곡진히: 온갖 정성을 다하여
골똘히: 한 가지 일에 온 정성을 쏟아 딴 생각이 없다
극성스레: 성질이나 행동이 몹시 드세거나 지나치게 적극적이다
부루: 한꺼번에 없애 버리지 않고 오래 가도록 늘여서
팔랑팔랑: 성질이나 동작이 좀 팔팔하고 재빠르다 (예) 그는 총명해서 일을 팔랑팔랑 처리 해 나간다 [센]빨랑빨랑 [여]발랑발랑 [큰]펄렁펄렁

6.1.32.14. 정직하고 꼿꼿한 성격 부사

강명히: 성질이 꼿꼿하고 머리가 명석하게
거짓없이: 성실하고 틀림없이
곧이곧대로: 바른 대로
꼬장꼬장: 성격이 곧고 꼿꼿하다
직성스레: 굳게 지켜나가는 성질
충순히: 충직하고 양순하게. 충직하고 참되게

충직히: 충성스럽고 정직하게
침정히: 침착하고 정직하게

6.1.32.15. 조심성, 착실, 착한 성격 부사

성칠히: 조심스럽게
소심히: 조심성이 지나치게
유심히: 유심하게
착실히: 침착하고 살갑다
착하게: 마음씨가 곱고 바르며 어질게

6.1.32.16. 참되고 바른 성격 부사

정의로이: 정의에 벗어남이 없이 올바르게
정정히(貞正): 정조가 있고 마음이 바르게
정직히(正直): 마음에 거짓이나 꾸밈이 없이 바르고 곧게
정직히(貞直): 마음이 곧고 바르게
정히: 바르게

6.1.32.17. 청렴한 성격 부사

염검히(廉儉): 청렴하고 검소하게
염평히: 청렴하고 공평하다
청렴히: 성품과 행실이 높고 맑으며 탐하는 마음이 없음

6.1.32.18. 충실, 친절한 성격 부사

정친히(情親): 정답고 친절하게
충실히: 내용이 알차고 단단하게

6.1.32.19. 침착한 성질 부사

까근까근: 매우 깐깐하고 찬찬한 모습
냉정히: 생각이나 행동이 감정에 치우치지 아니하고 맑은 정신으로 침착하다 비차분히

냉철히: 생각이나 판단 따위가 감정에 치우치지 않고 침착하여 사리에 밝게
유연히: 침착하고 여유 있게
잔잔히: 태도가 차분하고 평온하게

6.1.32.20. 데설데설하거나 정확한 성질(털털한 성질) 부사

여부없이: 의심할 여지가 없을 만큼 조금도 틀림없이
우질부질: 성질이 곰살궂지 않고 데설데설하다
털털히: 사람의 성격이나 하는 짓에 모나거나 까다롭지 않고 소탈하다

6.1.33. 나쁜 성격 부사

6.1.33.1. 여러 가지 나쁜 성격 부사

① 가혹하거나 까다로운 성격 부사
가각히: 가혹하고 각박하다
가슬가슬: 성질이 부드럽지 못하고 좀 까다롭다 큰거슬거슬
괴벽스레: 성격이 이상야릇하고 까다롭다
까다로이: 성미가 너그럽지 않아 다루기 어렵다

② 간사한 성격 부사
간곡히: 간사하고 꾀바르게
간교히: 간사하고 교활하게
간독히: 간사하고 독살스레
간사스레(奸詐): 간교하고 바르지 못하게
간사스레(奸邪): 교사하고 능청맞게
간사히(奸詐): 간교하고 능청맞게
간사히(奸邪): 간사하게
간실간실: 남의 비위를 맞추어 가면서 간사를 부리는 꼴
간악스레: 간사하고 악독하게
간악히: 간사하고 요망하게
간요히(奸妖): 간사하고 요망하게
간질간질: 분명하지 않은 말이나 행동으로 남의 마음을 자리자리하게 하는 꼴
간특스레: 간특스럽게

간특히: 간사하고 악하다
교악히: 교활하고 간사하게
교활히: 간사하고 능글맞다
낯간지러히: 다랍도록 간지럽거나 간교하여 면구스럽다
사사히: 간사하게

③거칠거나 게으른 성격 부사
거슬거슬: 성질이 부드럽지 못하고 좀 거칠다 [작]가슬가슬 [센]꺼슬꺼슬
완만히: 느릿느릿하고 게으르게

④ 검질긴 성격 부사
깐질깐질: 깐깐하고 검질기다 (예) 아이는 할아버지에게 조르며 깐질깐질 매달렸다 [큰]끈질끈질
끈끈히: 성질이 검질겨서 싹싹한 맛이 없다 [작]깐깐히
끈질끈질: 하는 짓이 너무 찬찬하고 꼼꼼하여 갑갑하다

⑤ 좋지 못한 성격 부사
가량스레: 조촐하지 못하여 격에 조금 어울리지 못하게 [큰]거령스레
경망스레: 언행이 가볍고 방정맞은 데가 있다
경망히: 말이나 몸가짐이 가볍고 방정맞다
고약스레: 고약스럽게
고약히: 고약하게
허겁스레: 실하지 못하여 겁이 많다

⑥ 고집스런 성격 부사
고루히: 고집이 세고 변통성이 없다
고집스레: 고집이 세다
심술스레: 고집을 부리는 마음이 있는 듯하게
완강히: 완강하게 (예) 완강히 부인하다
잔생이: 지긋지긋하게 말을 듣지 않는 모양
피근피근: 좀 뻔뻔스러운 정도로 밉살스럽고 고집이 세다
한사코: 고집하여 몹시 심하게

⑦ 과격, 괴상, 괴덕한 성격 부사
과격히: 정도가 지나칠 정도로 격렬하게

괴덕스레: 실없고 수선스럽다
괴상스레: 괴상스럽게
괴상히: 실리에 어그러지게
괴이히: 이상야릇하다
괴히: 이상야릇하다

⑧ 괴벽한 성격 부사
괴까다로이: 괴까닭스레
괴까닭스레: 괴상하고 별스러우며 까다롭게
괴팍스레: 까다롭고 별난 데가 있다
꾀까닭스레: 꾀까닭스럽게
약스레: 성질이 괴벽하고 못나다

⑨ 교만, 교활한 성격 부사
간활히: 간특하고 교활하다
교만스레: 교만스럽게. 보기에 교사하다
교만히: 교만하게
교사스레: 보기에 교묘하게 남을 속이듯이
교오히: 교만하고 거오함
능활히: 능력이 있으면서 교활하게

⑩ 극성스럽거나 급한 성격 부사
괄괄히: 성질이 급하고 거세다
극성스레: 보기에 극성하다
성급히: 성질이 매우 급하게
성화같이: 독촉 따위가 몹시 급하고 심하게
조조히: 성질이 몹시 조급하게
편급히: 소견이 좁고 성질이 급하게

⑪ 깐깐, 끈질긴 성격 부사
깐깐히: 질지고 차지게
진득진득: 성미가 깐깐하다
팽패로이: 성질이 까다롭고 별난 모습

⑫ 나약하거나 날카로운 성격 부사
경만히: 교만한 마음으로 남을 하찮게 여기다
나약히: 의지가 굳세지 못하게
날카로이: 날카롭게
잔잔히: 기질이 몹시 나약하게

⑬ 냉정한 성격 부사
냉엄히: 태도나 행동이 냉정하고 엄하게
냉연히: 태도가 쌀쌀하다
냉정스레: 태도가 정다운 맛이 없고 차갑게
냉정히: ① 냉정하게 ② 엉큼한 속마음을 감추고 시치미를 떼는 티가 있어
냉혹히: 차갑고 혹독하다
뭉총히: 푸접없이 새침하고 쌀쌀하다
푸접없이: 남에게 대하여 포용성 부침성이 없고 쌀쌀하다

⑭ 놀람, 능청, 답답, 독한 성격 부사
깜짝깜짝: 깜짝깜짝 놀라다
넉살스레: 부끄러움을 타지 않고 비위 좋게 능청스레
울렁울렁: 크게 놀라거나 두려워서 가슴이 자꾸 설레며 두근거리다 작올랑올랑
음울히: 음침하고 답답한 성격
지독히: 아주 독하게
표독스레: 살차고 독살스럽다
허겁스레: 실하지 못하여 겁이 많다

⑮ 마음이 검고 망측, 매정, 마무리하는 성격 부사
검측스레: 음침하고 욕심이 많다
검측이: 검측하게
검침히: 마음이 검고 음침하다
검특히: 마음이 간특하게
괴망스레: 기괴하고 망측하다
뒤손없이: 일의 뒤를 마무리하는 성질이 없다
매정스레: 얄미울 정도로 인정이 없이
매정히: 매정하게
무정스레: 무정스럽게
무정히: 무정하게

⑯ 모진 성격 부사

각박스레: 마음이 모질거나 야박하게
말쌀스레: 모질고 쌀쌀하게
모지락스레: 억세고 모진 듯하게
악착같이: 아주 끈질기고 모질게 큰억척같이
악착스레: 모질고 끈질기게 큰억척스레
완고스레: 완고스럽게
완고히: 모질고 고집이 세다
완만스레: 성질이 모질고 거만한 데가 있다
퉁명스레: 언행이 못마땅하거나 시답지 않아 불쑥 나타내는 무뚝뚝한 기색이 있다
혹독히: 마음씨나 하는 짓이 매우 모질고 악하다
흉악히: 성질 따위가 음흉하고 모질다
흉학히: 몹시 모질고 사납다

⑰ 무른 성격 부사

말짱말짱: 성질이 무르고 만만한 모양 큰물쩡물쩡
말짱말짱히: 말짱말짱히 큰물쩡물쩡히
물렁물렁: 성질이 무른 모양
물렁히: 기질이 맺힌 데가 없이 썩 무르게 작몰랑히
물쩡물쩡: 사람의 성질이 매우 물쩡하다 작말짱말짱
속없이: 생각에 줏대가 없다 (예) 속없는 말
열없이: 성질이 묽고 짜이지 못하다

⑱ 무양, 무자비, 무참, 미련한 성격 부사

매련스레: 어리석고 둔한 듯하다
무양무양히: 성질이 외곬으로 너무 골아 주변이 없다
무양히: 무양하게
무참스레: 몸서리를 칠 만큼 끔찍하게
무참히: 몹시 끔찍하고 참혹하게
미련히: 아름답고 곱게
미욱스레: 됨됨이가 매우 어리석고 미련하게
미욱이: 미련하고 어리석게
사정없이: 남의 사정을 헤아리지 않고 무자비하게
참담히 참담하게
참독히: 참혹하고 지독히

⑲ 변덕, 불량, 비위 사나운 성격 부사

감포히: 몹시 사납고 악하다

강한히: 성질이 꿋꿋하고 사납다

고약스레: 얼굴, 성미, 언행 따위가 사납다 ②인심 등이 도리에 벗어나 나쁘다

내치락들이치락: 마음이 내켰다 들이켰다 하는 변덕스러운 모양

뒤번덕스레: 몹시 변덕스럽게

반덕스레: 변덕을 부리는 성질 큰변덕스레

언죽번죽: 조금도 부끄러워하는 기색이 없고 비위가 좋아 뻔뻔한 모양

음충스레: 마음이 검고 내숭스럽고 불량스럽다

조포히: 거칠고 사납게

⑳ 샘내는 성질 부사

개염스레: 부러워하며 샘내는 마음이 있게

게음스레: 부러운 마음으로 시새워 탐내는 욕심이 있다

계염스레: 부러워하며 시샘하여 탐내는 마음이 있다

암상스레: 남을 미워하고 샘내는 마음이 있다

㉑ 성 내는 성격 부사

강퍅히: ① 너그럽지 못하여 걸핏하면 성을 내는 기질이 있다 ② 강퍅하게 자꾸 대드는 성격이 있다

개연히: 분대하거나 강개한 마음으로 (예) 천자 그 마을 듣고 개연히 하교하기를…

길길이: 성이 나서 펄펄 뛰는 모습

노발대발: 몹시 성을 내는 모양

바락바락=바락: 성이 나서 기를 쓰거나 소리를 지르는 꼴 큰버럭 버럭버럭

바르르: 가볍게 발끈 성을 내는 꼴 거파르르 큰버르르

발칵: ① 매우 갑작스레 기운을 내는 꼴 ② 크게 발끈 성을 내는 꼴 센발깍 큰벌컥 ③ 물을 발칵 들이키는 꼴 센빨깍 큰벌컥

발깍=발깍발깍: 발끈 성을 내는 꼴

발끈=발끈발끈: 걸핏하면 성을 왈칵 내는 꼴 센빨끈 큰벌끈

발칵발칵: 매우 갑작스럽게 기운이나 성을 내는 꼴 ① 물을 벌컥 들이키는 꼴 ② 발칵 뒤집히는 꼴 센발깍발깍 큰벌컥벌컥

버럭=버럭버럭: 갑자기 기를 몹시 쓰거나 소리를 냅다 지르는 꼴 작바락 바락바락

버르르: 가볍게 뻘끈 성을 내는 꼴 거퍼르르 작바르르

벌꺽=벌꺽벌꺽: 벌끈 성을 내는 꼴 거벌컥 벌컥벌컥 작발깍 발깍발깍

벌끈=벌끈벌끈: 걸핏하면 성을 월컥 내는 꼴 센뻘끈 뻘끈뻘끈 작발끈 발끈발끈

벌컥=벌컥벌컥: 매우 급작스럽게 성을 내는 꼴 센벌꺽 벌꺽벌꺽 작발칵 발칵발칵
보로통히: 불만스럽거나 못마땅하여 성난 빛이 얼굴에 있어
보르르: 가볍게 불끈 성을 내다 거포르르 큰부르르
볼똑=볼똑볼똑: 갑자기 경망스럽게 성을 내는 꼴 센뽈똑 뽈똑뽈똑 큰불뚝 불뚝불뚝
볼똥볼똥: 걸핏하면 핏대를 올리며 볼끈볼끈 성을 내다 거볼통볼통 큰불뚱불뚱
불뚝=불뚝불뚝: 걸핏하면 핏대를 올리며 성을 내다. 불뚝성을 내는 꼴 센뿔뚝 뿔뚝뿔뚝 작볼똑 볼똑볼똑
불뚱불뚱: 걸핏하면 핏대를 울리며 불끈불끈 화를 내다
불연(怫然): 성을 불끈 내는 모양
빨끈빨끈: 매우 왈칵 성이 자꾸 나다 큰뻘끈뻘끈
뻘꺽: 급작스럽게 기운을 좀 세게 내는 꼴 작빨깍
뻘끈=뻘끈뻘끈: 걸핏하면 성을 매우 월컥 내는 꼴
뾰로통이: 얼굴에 불만을 잔뜩 품은 기색이 있다. '보로통이'의 힘줌말
뽈끈=뽈끈뽈끈: 갑자기 성을 왈칵 내는 꼴 여볼끈 볼끈볼끈 큰뿔끈 뿔끈뿔끈
뽈똑=뽈똑뽈똑: 갑자기 경망스럽게 몹시 성을 내는 꼴 여볼똑 볼똑볼똑 큰뿔뚝 뿔뚝뿔뚝
뾰롱뾰롱: 아주 못마땅하여 얼굴에 성난 빛이 양망 궂게 나타나 있다
뿔뚝=뿔뚝뿔뚝: 급자기 무뚝뚝하게 몹시 성을 자꾸 내다 여불뚝불뚝 작뽈똑 뽈똑뽈똑
샐쭉=샐쭉샐쭉: 불만스러워 눈이나 입을 한쪽으로 일그러뜨리는 모양 큰실쭉 실쭉실쭉 센쌜쭉 쌜쭉쌜쭉
성칼스레: 보기에 매우 성깔이 있어
실쭉=실쭉실쭉: '샐쭉'과 '샐쭉샐쭉'의 힘줌말
쌜쭉=쌜쭉쌜쭉: '실쭉'과 '실쭉실쭉'의 센말
열없이: 성질이 묽고 짜이지 못하여
영령히: 물소리, 바람소리, 거문고 소리, 목소리 따위가 듣기에도 맑고 시원하다
영맹히: 모질고 사납다
영악스레: 이해에 밝고 열성이 대단하다
올똑볼똑: 올똑볼똑 성을 내는 꼴 큰울뚝불뚝
올똑올똑: 올똑올똑한 꼴 (예) 이따금 올똑올똑 성을 낼 때도 있다 큰울뚝울뚝
왈칵=왈칵왈칵: 격한 감정이 갑자기 한꺼번에 치미는 꼴 큰월컥 월컥월컥
왜죽왜죽: 걸핏하면 성을 내는 꼴
울똑볼똑: 울똑볼똑한 꼴 (예) 변덕스럽게 올똑볼똑 성을 낸다 큰울뚝불뚝
울뚝불뚝: 울뚝불뚝 성을 내는 꼴 작올똑볼똑
울뚝울뚝: 울뚝울뚝 성을 내는 꼴 (예) 와락 성을 내다
울툭불툭: 울툭불툭한 꼴 (예) 울툭불툭 성을 내다
월컥=월컥월컥: 격한 감정이 급자기 한꺼번에 몹시 치미는 꼴 작왈칵 왈칵왈칵

쟁쟁: 좀 언짢거나 못마땅하여 짜증을 내다 센쨍쨍 큰징징
지루퉁히: 성이 나서 불퉁한 꼴 센찌루퉁히
파르르: 경박스럽게 발끈 성을 내는 꼴 (예) 영숙이는 파르르 성을 내며 나가버렸다 큰퍼르르
퍼르르: 경박스럽게 빨끈 성을 내는 꼴 여버르르 작파르르
팽팽히: 성질이 너그럽지 못하고 걸핏하면 성을 내는 기질이 있다 큰핑핑히

㉒ 수다스런 성격 부사
새살스레: 몹시 수다스럽게
새실새실: 샐샐 웃으면서 재미있게 자꾸 지껄이는 모양
시설스레: 성질이 차분하지 못하고 수다스러워서 참됨이 없이 작새살스레 새실스레
시설시설: '새살새살, 새실새실'보다 큰말

㉓ 순하지 못한 성질 부사
그악히: 지나치게 심하다
극렬히: ① 지독히 심하게 ② 정도가 지나치게 맹렬히
극심히: 몹시 심하게
몽짜스레: 음흉하고 심술궂게 욕심을 부리는 성격
뾰롱뾰롱: 성질이 순하지 못하여 남을 대하는 것이 걸핏하면 톡톡 쏘기를 잘하는 모습
앙칼스레: ① 힘에 겨운 일에 악을 쓰고 덤비는 데가 있다 ② 매우 앙큼하고 날카롭다
자심히: 아주 심하게

㉔ 악독한 성격 부사
독살스레: 성품이나 행동이 살기가 있고 악독한 데가 있다
사막스레: 성질이 몹시 악한 데가 있다
삼악스레: 성질이나 태도가 몹시 악한 데가 있다 큰심악스레
심악스레: 몹시 악독한 듯하게
악독스레: 악독한 데가 있다
악랄하게: 악독하고 잔인하다
악랄히: 악랄하게
요악스레: 요망하고 간사스러우며 악독하게
지악스레: 더없이 악하게
포악스레: 사납고 악하다
혹독히: 마음씨나 하는 짓이 매우 모질고 악하다

㉕ 앙큼하고 음흉한 성격 부사

앙큼스레: 보기에 앙큼한 데가 있다 [큰]엉큼스레
앙큼히: 엉뚱한 욕심을 품고 분수 밖의 짓을 하는 태도가 있다
약빨리: 약고 눈치가 빠르게 =약삭빨리
약삭빨리: 꾀가 있고 민첩하여 매우 약빠른 성격
엄큼히: 엉큼하게
엉큼스레: 보기에 엉뚱한 욕심을 품고 분수에 넘치는 데가 잇다
음흉스레: 겉으로는 부드러워 보이나 속으로 엉큼하고 흉악한 데가 있게
의뭉스레: 겉으로는 어리석은 것 같으나 속은 엉큼한 듯하게
의뭉히: 의뭉하게
흉물스레: 성질이나 하는 짓이 음흉하게 보이다

㉖ 억세거나 억지스런 성격 부사
강인히: 억세고 질기다
굴침스레: 억지로 하려고 애쓰는 듯하다
악지스레: 악지스럽게 [큰]억지스레
억지로: 무리한 정도로. 억지스레
우격으로: 억지로 무리하게

㉗ 엄격(숙) 부사
근엄히: 점잖고 엄숙하게
엄각히: 엄혹하다
엄명히: 엄격하고 명백하게
엄별히: 특별히 엄하게
엄숙히: 장엄하고 정숙하게
엄엄히: 매우 엄하게
엄절히: 성질이 매우 엄격하게
엄정히: 엄격하고 바르게
엄준히: 매우 엄하고 세차게
엄중히: 매우 엄하게
엄혹히: 매우 엄하고 모질게
엄히: 매우 엄하게
지엄히: 매우 엄하다

㉘ 억세고 우악스런 성격 부사
빳빳이: 태도나 성격이 꽤 억세다 [큰]뻣뻣이

씨억씨억: 기질이 굳세고 활발하다
우악스레: 미련하고 험상궂은 데가 있다

㉙ 엉큼, 염치, 욕심 부사
게음스레: 부러운 마음으로 시새워 탐내는 욕심이 있다
낯두꺼이: 뻔뻔스럽고 염치가 없다
내숭스레: 겉으로는 순해 보이나 속으로는 엉큼하게
앙큼스레: 앙큼스럽게 큰엉큼스레
의뭉스레: 엉큼한 듯하다
타끈히: 치사하고 인색하여 욕심이 많게
탐욕스레: 지나치게 탐하는 욕심이 있게

㉚ 우악스런 성격 부사
강박히: 우악스럽고 야박하다
올똑볼똑: 성미가 변덕스럽고 급하여 언동이 좀 무뚝뚝하고 우악스럽다
올똑올똑: 성미가 급하여 말이나 짓이 우악스럽다 큰울뚝울뚝
왁달박달: 행동이나 성질이 곰살갑지 못하고 수선스럽고 우악스럽다
왁달왁달: 행동이나 성질이 곰살갑지 못하고 수선스럽고 우악스럽다
왁살스레: 왁살스럽게
우락부락: 난폭한 짓을 하는 모양
우악살스레: 우악스럽게, 즉 보기에 모질고 우락부락하다
우악스레: 우악스럽게
이물스레: 성질이 음험하여 속을 헤아리기 어려움이 있다
준혹히: 아주 혹독하여 인정이 없게

㉛ 비정, 잔인한 성격 부사
가련히: 가련하게
가린스레: 보기에 다랍고 인색하게
가증스레: 보기에 얄밉다
가차없이: 조금도 사정을 보아 주거나 주저함이 없이
각박히: 모가 나고 인정이 없다
간특스레: 간사하고 악하다
갑갑히: 갑갑하게
고독히: 고독하게
궁박히: 몹시 곤궁하다

궁벽스레: 보기에 궁박하다
난폭히: 막되고 혹독하게
냉담히: 냉담하게
냉랭히: 마음씨나 태도가 붙임성이 없고 매우 차다
냉엄히: 냉담하고 엄격하다
냉연히: 성질이나 태도가 쌀쌀하다
냉정스레: 냉정스럽게
냉정히: 내정하게
냉혹히: 냉정하고 혹독하게
다심스레: 근심, 걱정이 많음
매정스레: 인정이 몹시 없이
모지락스레: 아주 매질스럽다
몰강스레: 인정이 없이 몹시 악착같이
무정스레: 무정스럽게
무정히: 무정하게
박절히: 인정이 없고 쌀쌀하다
박정스레: 보기에 따뜻한 정이 매우 적은 듯하다
박정히: 인정이 적다
사박스레: 표독하고 당돌하며 인정이 없다
슬피: 슬프게
시시콜콜히: 마음씨나 하는 짓이 좀스럽고 인색한 모양
애절히: ① 애가 타도록 견디기 어렵게 ② 매우 애처롭고 슬프게
애처로이: 딱한 사정이 가엾고 불쌍하다
애틋이: 애가 타는 듯하다
야박스레: 야멸치고 인정 없이
야박히: 야박하게
야속스레: 인정이 없고 쌀쌀함
야속히: 야속하게
얄망스레: 얄미운 티가 있다
외로이: 외롭게
인색히: 재물을 아끼는 태도가 몹시 지나치다
자긋자긋: 몸에 소름이 끼치도록 잔인하다 큰지긋지긋
잔독히: 잔인하고 독하게
잔악히: 잔인하고 독하게
잔인스레: 인정이 없고 모질게

㉜ 조르거나 짜증을 내는 성격 부사

꼭=꼭꼭: 야무지게 힘을 주어 누르거나 당기거나 조르는 꼴 (예) 입을 꼭(꼭꼭) 다물다 큰꾹 꾹꾹

속없이: 마음의 줏대가 없이

짱알짱알: 짱알거리는 꼴. 즉 매우 짜증을 내며 좀 짱알거리다 거칭알칭알 여장알장알

㉝ 참혹, 포악, 험상궂은, 흉악한 성격 부사

광포히: 미쳐 날뛰듯이 포악하다

괴악스레: 괴이하고 흉악한 데가 있다

왁살스레: 매우 어리석고 포악하게

음흉스레: 엉큼하고 흉악한 데가 있다

참독히: 참혹하고 지독하게

탄명히: 똑똑하지 못하고 흐리멍덩하게

흉증스레: 성질이 음흉하고 험상궂은 데가 있다

흉참히: 흉악하고 참혹하게

흉측스레: 흉측스럽게

흉측히: 몹시 흉악하게

6.1.34. 성심, 성의 부사

간절히: 정성이나 마음 씀씀이가 더없이 정성스럽고 지독하게

강건히: 윗사람의 근력이 탈이 없고 튼튼하게

곡절히: 매우 정성스럽게

곡진히: 온갖 정성을 다하여

골몰히: 어떤 일에 파묻혀서 쉴 겨를이 없다

권권(拳拳): 참마음으로 정성스레 지키는 꼴

극진: 극진히

극진히: 마음과 힘을 다하여 애를 쓰는 것이 매우 지극하게

극히: 지극히

내켜: 하고 싶은 마음이 솟아난 바람에

살뜰히: 사랑하고 위하는 마음이 자상하고 지독하게

성심껏: 정성스러운 마음을 다하여

성심성의껏: 참되고 성실한 마음을 다하여

성의껏: 있는 성의를 다하여

열성: 열렬한 정성
열성껏: 열성을 다하여
열성스레: 열성스럽게
영악스레: 이해에 밝고 열성이 대단하다
예의(銳意): 정신을 한 군데로 모아 (예) 예의 주시하다
자애로이: 도타운 사랑과 정이 깊게
정성껏: 있는 정성을 다하여
정성스레: 온갖 힘을 다하려는 참되고 성실한 마음이 있게
지극히: 더할 수 없이 극진히
지성껏: 온갖 정성을 다 기울여
지성스레: 지극히 정성스러운 데가 있게
충성스레: 임금이나 국가에 대하여 정성에서 우러나오는 정신이 있게

6.1.35. 세로, 세밀, 세사, 세찬, 설렘 등 부사

가열히: 몹시 세차다
드디어: 기다리던 것이 이루어져 마침내
매매(昧昧): 세상일에 어둡게
세밀히: 자세하고 빈틈없이
세세히: 매우 자세하게
세심히: 작은 일에도 꼼꼼하게 주의를 기울여 빈틈이 없이
속속들이: 샅샅이
손살피같이: 속속들이, 손금 보듯이 훤하게
술렁술렁: 자꾸 뒤숭숭하게 설레다 (예) 그 소문이 한간에 술렁술렁 떠돌았다
종으로: 세로로
치밀히: 자세하고 꼼꼼하게

6.1.36. 소문이 퍼짐을 뜻하는 부사

무성히: 생각이나 말, 소문 따위가 마구 뒤섞이거나 퍼져서 많게
왁자그르르: 소문이 갑자기 왁자하게 퍼져 떠들썩한 꼴 (예) 소문이 마을 안에 왁자그르르 퍼져 시끄러웠다 큰 웍저그르르
짝짜그르: 소문이 널리 퍼져 떠들썩하다 (예) 소문이 짝짜그르 났다
쫙: 소문이 퍼지다 (예) 이 소문이 쫙 퍼지자 사람들이 야단이었다

파다히: 소문이 짜하게 (예) 소문이 파다히 퍼졌다

6.1.37. 소복한 모양 부사

다보록: 풀이나 작은 나무 또는 머리털이나 수염이 짧고 배게 돌아 소담한 모양 큰더부룩
다보록다보록: 더욱 다보록한 꼴 큰더부룩더부룩
다보록이: 탐스럽게 소복이
다복다복: 풀이나 나무 따위가 여기저기 아주 탐스럽게 소복한 모양
더북더북: 초목이 아주 탐스럽게 소복한 꼴
더북이: 초목이 아주 소복하게 작다복이
봉곳=봉곳봉곳: 군데군데 여러 곳이 약간 소복하게 높다
봉곳이: 봉곳하게
봉긋=봉긋봉긋: 여러 군데 여러 곳이 좀 소복하게 높다 큰봉긋 봉긋봉긋
봉긋이: 봉긋하게 큰봉긋이
붕긋=붕긋붕긋: 좀 수북하게 높다 작봉긋 봉긋봉긋
붕긋이: 붕긋하게 작봉긋이
소보록이: 소보록이 (예) 굵은 바윗돌 틈에 노란 동백꽃이 소보록하니 깔려 있다
소복소복: 쌓이거나 담긴 물건이 여럿이 다 볼록하게 많은 모양 큰수북수북
소복이: 쌓인 것이 제법 높고 도도록하게
소북소북: 소복소복
소북이: 소북소북
소붓이: 물건이 쌓여 있거나 담긴 모양이 불룩하게 많이
수북수북: '소복소복'보다 큰말
수북이: 쌓인 것이 제법 높게
수뿍: 매우 수북하게
오소소: 물건이 소복하게 쏟아지는 꼴 큰우수수
올쏙볼쏙: 조그마한 모 따위가 고르지 않게 볼쏙볼쏙하다 큰울쑥불쑥
탑소록이: 배게 난 털이 어수선하게 다보록하다
터부룩이: 터부룩하게

6.1.38. 소비, 소용, 손색, 소식, 새퉅스러움, 성김 등 부사

감감: 감감한 꼴 (예) 이제 감감 소식도 없다
감감히: 대답이나 소식이 전혀 없다 (예) 집나간 어린 딸이 몇 달 동안 소식이 감감하기만

하다
과소히(過疎): 매우 성기게
달랑달랑: 물건들을 거의 다 써 버려서 곧 없어질 듯하다
소용없이: 쓸데없이
손색없이: 손색없게
쓸데없이: 아무 필요도 없이
쓸모없이: 쓸 만한 가치가 없이
야금야금: 조금씩 탐내어 가지거나 써 없애거나 하다 (예) 하숙비로 받은 돈을 야금야금 써 버렸다
왜투스레: 왕청되게 새퉁스럽다
중요히: 귀중하고 요긴하게

6.1.39. 필요함을 뜻하는 부사

갖추: 고로 다 갖추어
갖추갖추: '갖추'를 강조한 말
긴불긴간에: 긴요하든 긴요하지 않든 관계없이
긴실히: 긴요하고 절실하게
긴요히: 꼭 필요하고 중요하게
긴절히: 긴요하고 절실하게
긴한듯이: 매우 필요하고 중요한 듯이
긴히: 꼭 필요하고 중요하게
꼭: 빈틈없이
꼭꼬: 빈틈없이. 틀림없이
소중히: 매우 귀중하게
알맞추: 일정한 기준에 알맞게
요긴히: 매우 중요하게

6.1.40. 필요하지 않음을 뜻하는 부사

무용히: 쓸데없이
부질없이: 헛되고 쓸데없이
소용없이: 쓸모없이
쓸데없이: 쓸 곳이 없이. 아무 필요도 없이
쓸모없이: 쓸 만한 가치가 없이

한갓되이: 부질없이

6.1.41. 소화 상태 부사

메슥메슥: 속이 심하게 울렁거리는 모양 작매슥매슥
몽글=몽글몽글: 먹은 것이 잘 삭지 아니하여 가슴 속에 약간 뭉쳐 있는 듯한 모양 큰뭉글 뭉글뭉글 거뭉클 뭉클뭉클

6.1.42. 속도 부사

6.1.42.1. 느린 속도 부사

느럭느럭: 언행이 매우 느리다
느릿느릿: 동작이 느리고 굼뜨다
늑쩡늑쩡: 느른한 태도로 쉬엄쉬엄 느리다
더디=더디더디: 느리게
서서히: 느리게
천천히: 동작이 급하지 않고 느린 모양

6.1.42.2. 빠른 속도 부사

급속: 매우 빠르게
날렵히: 빠르고 날쌔게
냅다: 몹시 세차게 빨리 하는 모양
빨리=빨리빨리: 빠른 속도로
신속히: 신속하게. 몹시 빠르게
쏜살같이: 쏜살같이 몹시 빠르게
쏜살로: 쏜살같이
어서=어서어서: 지체없이 빨리
침침히(駸駸): 속력이 매우 빠르게

6.1.43. 소홀함, 속빈, 속임, 손 등의 부사

잘록잘록: 잘록잘록한 꼴 (예) 고사리 같은 손가락이 잘록잘록 귀엽고 예쁘다 센짤록짤록

[큰]잘룩잘룩
텅=텅텅: 여럿이 속이 아주 빈 꼴 [작]탕 탕탕
테석테석: 테석테석한 꼴 (예) 테석테석 거친 손 [큰]티석티석
헐후히: 대수롭지 아니하게 (예) 그 일을 한 후에 보아서는 아니된다
홀딱: 여지없이 반하거나 속아 넘어가는 꼴 (예) 홀딱 반하다. 홀딱 속았다
홀락히: 소홀하고 간략하다
홀홀히: 매우 홀하게 (예) 홀홀히 다루다

6.1.44. 솜씨 부사: 솜씨가 좋고 나쁨을 뜻하는 부사

가량스레: 조촐하지 못하여 격에 조금 어울리지 않게 [큰]거령스레
거령스레: 조촐하여 격에 어울리지 못하게
공교히: 솜씨나 꾀 따위가 재치 있고 교묘하게
교묘히: 솜씨가 묘하게
기묘히: 기이하고 묘하게
기특히; 솜씨가 기특하고 묘하게
끌끔히: 솜씨가 여물고 끌끌하다 [작]깔끔히
능란히: 익숙하고 솜씨가 있게
능숙히: 능하고 익숙하게
따르르: 어떤 일에 능통하여 막힘이 없이 잘하는 모양 [큰]드르르 [센]따르르
선불리: 솜씨가 설고 어설프게
섬세히: 곱고 가늘게
쏠쏠히: 물건의 품질이 쓸모 있게
쑬쑬히: '쏠쏠히'보다 큰말
익숙히: 익숙하게
익히: '익숙히'의 준말
정교히: 솜씨나 기술 따위가 정밀하고 교묘하게
정밀히(精密): 아주 정교하고 치밀하여 빈틈이 없고 자세하게
정상히(精詳): 정밀하고 자상히
정세히: 정밀하고 자세히

6.1.45. 높이 솟은 모습 부사

덩그러니: 덩그렇게

덩두렷이: 아주 높이 솟아 당당하고 뚜렷하다
되똑=뒤똑뒤똑: 오똑 솟은 꼴 큰되뚝 되뚝되뚝
두연히(斗然): 우뚝 솟아 있다
볼똑=볼똑볼똑: 갑자기 볼록 불가진 꼴 센뽈똑 뽈똑뽈똑 큰불뚝 불뚝불
볼록=볼록볼록: 볼록하게 솟은 꼴 센뽈록 뽈록뽈록 큰불룩 불룩불룩
뽈끈=뽈끈뽈끈: 작은 것이 세차게 오똑 치밀거나 치솟거나 떠오르는 꼴 여볼끈 볼끈볼끈 큰뿔끈 뿔끈뿔끈
뿔끈=뿔끈뿔끈: 큰 것이 세차게 오똑 치밀거나 치솟거나 떠오르는 꼴 여불끈 불끈불끈 작뽈끈 뽈끈뽈끈
암암히(巖巖): 산이나 바위가 높고 험하게
오뚝=오뚜오뚝: 오뚝한 꼴 (예) 오뚝(오뚝오뚝) 솟은 산
오뚝이: 오뚝하게
외연히: 외외히: (예) 반공에 외연히 솟는 층암절벽이…
외외히: 산 따위가 꼭 높고 우뚝하다
우뚝=우뚝우뚝: 우뚝(우뚝우뚝)한 꼴 (예) 우뚝(우뚝우뚝) 솟은 산
우뚝이: 우뚝하게
울먹줄먹: 울먹줄먹한 꼴 (예) 산봉우리들이 울먹줄먹 솟아 있다
울멍줄멍: 울멍줄멍한 꼴 (예) 봉우리가 울멍줄멍 솟아 있다
울쑥불쑥: 산봉우리가 고르지 않게 불쑥불쑥하다
울툭불툭: 울툭불툭 솟은 꼴 작올톡볼톡
정연히(亭然): 솟은 모양이 우뚝하게
정정히(亭亭): 우뚝하게
흘연: 흘연히
흘연히: 우뚝 솟은 꼴이 위엄 있다

6.1.46. 수단 부사: 일을 처리하여 내는 솜씨 부사

간곡히(奸曲): 간사하고 꾀바르게
간곡히(懇曲): 간절하고 곡진하게
간교히(奸巧): 간사하고 교활하게
거연히(居然): 슬그머니
거저: 별로 힘들이거나 조건이 없이
건공대매로: 아무런 근거도 조건이 없이 무턱대고
교묘히: 솜씨나 슬기가 썩 교묘하다
구메구메: 남몰래 틈틈이

그래저래: 그러하고 저러하여
그러나저러나: 그리하거나 저러하거나
기묘히: 기이하고 묘하다
기민히: 날쌔거나 재빠르게
막해야: 아무리 하여도
만부득이: 어쩔 수 없이
박부득이(迫不得已): 일이 몹시 급하게 닥쳐와서 어쩔 수 없이
삼가: 겸손하거나 정중한 태도로
시종: 처음과 나중
시종일관: 처음부터 끝까지 한결같이
아우렁더우렁: 여러 사람들과 어울려서 정신없이 지내는 꼴
아울러: 한데 합하여 또는 그것과 함께
엄밀히: 매우 세밀하게
엎치락뒤치락: ① 자꾸 엎치었다 뒤치었다 하다 ② 이렇게 했다 저렇게 했다 수단을 부리다 ③ 두 힘이 어긋어긋하여 이쪽이 우세했다 저쪽이 우세했다 하다
엉이야벙이야: 일을 얼렁수로 꾸며대는 꼴
엉큼스레: 엉큼한 듯하다
여러모로: 여러 방면이나 부문이 여러 가지로
여지없이: 더할 나위가 없다
연구력스레: 교묘한 말로 떠벌리며 남을 농락하는 것
자칫: 어쩌다가 조금
조심스레: 조심스럽게
조심조심: 몹시 조심스럽게 행동하는 꼴
조심히: 마음을 삼가서

6.1.47. 수량, 수효 부사

6.1.47.1. 수량의 적음을 나타내는 부사

겨우: 넉넉하지 못하게 기껏해야
겨우겨우: '겨우'를 반복한 말
격해야: 아무리 하여도 겨우
고까지로: 겨우 고만한 정도로
고나마: 모자라기는 하나 고것이나마

고작: 훨씬 미흡한 정도로
고작해야: 고작 한다고 해야. 기껏해야
골막골막: 여러 그릇에 담긴 것이 다 차지 않고 좀 모자라는 듯하게
골싹골싹: 여러 그릇에 담긴 것이 다 차지 않고 조금 모자라는 듯하게
과소히: 지나칠 정도로 적게
과즉: '기껏해야'를 예스럽게 하는 말
굴먹굴먹: '굴막굴막'의 큰말
그까지로: 마음에 차지 않는 경우 그만한 정도로
그나마: 모자라기는 하나 그것이나마
근근: 겨우 가까스로
근근이: 겨우겨우
기껏: 겨우. 고작
기껏해야: 보잘것없이
남짓이: 남짓하게
더러: 어느 정도
덜: 어떤 분량에 모자라게
반나마: 반이 좀 지나게
불과: 기껏해야. 적다고 보는 그 수량을 넘지 않음을 나타냄
빠듯이: 어떤 수량이나 한도에 겨우 미칠만하다 여바듯이
삽삽이: 빈틈없이 모조리
소불하=하불하: 아무리 적어도
애오라지: 마음에 부족하나마 겨우
약간: 얼마 안 되게
요나마: '이나마' 얕잡아 축소시켜 이르는 말
자그만치: ① 자그마하게 ② 예상보다 지나치게 많을 때에 '겨우'의 뜻으로 비꼬아 쓰는 말 (예) 아, 자그마치 백만원이야?
조금: 정도나 분량이 적게
조금도: 전혀
조금씩: 많지 않게 여러 번 계속해서
조금조금: 여럿이 다 조금인 모양
졸금졸금: 물 따위가 조금씩 나오다 멎다 하다
졸딱졸딱: 분량이나 규모가 작아서 변변치 못한 모양 센쫄딱쫄딱
쿠렁쿠렁: 자루나 봉지 따위에 물건이 그득 차지 아니하여 여기저기 빈 데가 있다 작코랑코랑
텅: 큰 것이 속이 아주 빈 꼴 작탕

텅텅: 여럿이 다 속이 아주 빈 꼴 [작]탕탕
한갓: 단지 그것만으로
할랑할랑: 할랑거리는 꼴 [큰]헐렁헐렁
헐렁헐렁: 헐겁다 [작]할랑할랑
헤근헤근: 꼭 끼이지 아니한 사게 따위가 헐겁게 흔들리다
헹글헹글: 입거나 끼우는 물건 따위가 커서 몹시 헐겁다
홑으로: 세기 쉬운 적은 수효론

6.1.47.2. 수효 부사

통동(通同): 사물 전체의 수효나 양을 모두 한몫 쳐서
통틀어: 있는 대로 모두 한데 합하여

6.1.48. 수염이나 머리카락의 모습 부사

더부룩더부룩: 수염이나 털이 수북하게 자란 꼴 (예) 수염이 더부룩더부룩 자라서 새까맣다 [작]다부록다부록
더부룩이: 더부룩하게 (예) 더부룩이 자란 머리 [작]다부룩이
탑소록이: 배게 난 털이 어수선하게 다보록하다
텁수룩이: 배게 난 털 따위가 어수선하게 덮여 있다 [작]탑소록이 (예) 수염이 텁구룩이 덮인 얼굴

6.1.49. 착실, 숙고, 순수, 순조로움 부사

거침없이: 나아가는 중간에 걸리거나 막히는 것이 없이 순조롭다 (예) 거침없는 동작
거칫거칫: 자꾸 순조롭지 못하게 장애가 되다
골똘히: 한 가지 일에만 정신을 쏟아 딴 생각이 없이
곰곰: 곰곰한 꼴 (예) 곰곰 생각하여 낸 묘안
곰곰이: 곰곰하게 (예) 곰곰이 따지어 묻다
불순히(不順): ① 몸가짐이나 마음가짐이 고분고분하지 않고 거칠게 ② 순조롭지 아니하게
술명히: 순수하고 걸맞게
착실히: 일정한 정도나 수준에 넉넉히 미치고 있다 (예) 올 농사의 수학은 쌀로 이백 섬은 착실히 될 것이다

6.1.50. 술에 취한 상태 부사

가슴츠레: 졸리거나 술에 취하거나 하여 작은 눈이 정기가 풀리고 감긴 듯한 꼴
간잔간잔히: 졸리거나 술에 취하여 눈이 거슴츠레 하여 눈시울이 맞붙을 듯하다
간진지런히: 졸리거나 술에 취하여 두 눈시울이 맞닿을 듯이 가느다랗다
거나히: 술에 취한 정도가 어지간하다 (예) 그는 거나히 취해서 집으로 돌아갔다
곤드레만드레: 술이나 잠에 몹시 취하여 정신이 흐릿흐릿해지고 몸을 잘 가누지 못하는 꼴 (예) 곤드레만드레 취하다
도연히(陶然): 거나히. 취한 모습
얼근덜근: 얼근덜근하게 (예) 얼근덜근 취했으니 한 잔 더 할까?
얼근히: 얼근하게 (예) 그는 얼근히 취하여 술자리를 떴다
얼큰히: 얼큰하게 [여]얼근히 [작]알큰히

6.1.51. 순종 부사

고분고분: 말이나 하는 짓이 공손하고 부드럽다 (예) 고분고분 말을 잘 듣는다
고분고분히: 고분고분하게 (예) 그 애는 고분고분히 말을 잘 듣는다
꼬박=꼬박꼬박: ① 시키는 대로 곧장 순종하는 꼴 ② 어떤 상태를 고스란히 그대로 [센]꼬박 꼬박꼬박 [큰]꾸벅 꾸뻑꾸뻑
꾸벅꾸벅: 시키는 대로 순종하는 꼴

6.1.52. 숨는 행위 부사

꼭: 드러나지 않게 단단히 숨거나 들어 있는 꼴 [큰]꾹
꼭꼭: 드러나지 않게 아주 단단히 숨거나 들어 있는 꼴 [큰]꾹꾹
꾹=꾹꾹 드러나지 않게 깊숙이 숨거나 들어 있는 꼴 [작]꼭 꼭꼭
복은(伏隱): 엎드려 숨음

6.1.53. 숨쉬는 모습 부사

콜콜: 곤하게 잠들어 숨쉴 때 나는 소리 또는 그 꼴
쿨쿨: 곤하게 깊이 잠들었을 때 숨쉬는 소리 또는 그 꼴 [작]콜콜

6.1.54. 쉬운 모습 부사

간대로: 그다지 쉽사리
거충거충: 일을 정명하지는 못하여도 쉽고 빨리 (예) 그는 일 보던 책상을 거충거충 치우고는 어디론지 급히 나갔다
쉬이: 쉽게
쉽사리: 매우 쉽게
호락호락: 쉽사리 수월하게

6.1.55. 스스로 이루어지는 모습 부사

스르르: ① 스스로 슬슬 풀리는 꼴 (예) 사리었던 몸을 스르르 풀다 ② 저절로 (예) 스스로 웃음이 나온다 ③ 제 힘으로 (예) 스스로 할 수 있는 일
저절로: 다른 힘을 빌지 않고 저 혼자서 인공을 더하지 않고 자연적인 힘으로 준절로 비스스로 자연히
절로: '저절로'의 준말
제물로: 그 자체가 스스로 (예) 산비탈에 포근히 깔린 잔디는 제물로 침대가 된다
제물에: 제 혼자 스스로의 바람에 (예) 그들 중에는 이미 제물에 물로 뛰어드는 사람도 있었다
제-사날로: 남의 시킴을 받지 아니하고 제 생각으로
제창: 저절로 알맞게
제출물로: 제가 생각한 대로나 제힘으로
제출물에: 제 생각대로나 제 바람에 (예) 권태를 이기지 못해 제출물에 가 버렸겠지
제풀로: 제 혼자 스스로
제풀에: 제 바람에 (예) 한번 울음을 터트리면 제풀에 가라앉기 전에는 달랠 도리가 없다

6.1.56. 시골티 부사

에부수수히: 말이나 행동이 어울리지 아니하고 시골티가 나게
촌스레: 어울린 맛이 없이 촌사람의 태도가 있다

6.1.57. 시끄러운 상태 부사

굉굉히: 꽝꽝 소리가 나다

굉연히: 쾅쾅 소리가 요란하다
벌끈: 급자기 어떤 상태가 뒤집힐 듯이 시끄러운 모습 센뻘끈 작발끈
벌끈벌끈: 자꾸 어떤 사태가 뒤집힐 듯이 시끄럽다
빨끈빨끈: 자꾸 어떤 상태가 뒤집힐 듯이 아주 시끄러운 모양
소란스레: 시끄럽고 어수선한 데가 있게
소란히: 시끄럽고 어수선하게
시끄러이: 듣기 싫고도 소리가 크고 떠들썩하게
시끌벅적: 많은 사람들이 어수선하게 시끄럽게 떠드는 꼴
시끌시끌히: 주위가 매우 시끄럽게
야단스레: 몹시 떠들썩하고 소란스럽다
야단야단: 야단야단하는 꼴
어런더런: 여러 사람이 오락가락하여 시끄럽다 (예) 이말 저말 언약이나 하고 이런더런 지낼 때에는 근심도 잠깐 잊어버렸다
요요히(擾擾): 시끄럽고 어수선하다

6.1.58. 시원한 모습 부사

시원스레: 시원한 태도나 느낌이 있다
시원시원: 더욱 시원한 느낌
시원시원히: 시원시원하게
시원히: 시원하게
후련히: 안 좋던 속이 풀리거나 내리거나 하여 시원하다

6.1.59. 식물이 시든 모습 부사

소득소득: 풀이나 뿌리 따위가 약간 시들고 말라서 좀 거칠다 큰수득수득
소들소들: 풀이나 뿌리 따위가 시들어서 좀 생기가 없다 큰수들수들
소들히: 소들하게 큰수들히
시드럭부드럭: 꽃이나 풀이 몹시 시들고 말라서 윤기가 없고 거칠다
시드럭시드럭: 시드럭시드럭한 꼴
시득부득: 퍽 시들고 말라서 윤기가 없다
시득시득: 시득시득한 꼴 작새득새득
시들부들: ① 몹시 시들어서 생기가 없고 부드럽다 ② 새로운 맛이나 생기가 없이 시들하다
시들시들: 시들시들한 꼴 작새들새들

시들히: 시들하게 작새들히

6.1.60. 식음 부사

가랑가랑: 물을 많이 마셔 뱃속이 좀 근근한 느낌 거카랑카랑 큰그렁그렁
걸걸: 게걸스럽게 걸근거리는 꼴 (예) 남의 것을 빼앗으려고 걸걸 시둘렀다
걸근걸근: 음식이나 남의 것을 얻어먹으려고 던적스럽게 구차스러운 짓을 자꾸 하다
게걸스레: 욕심껏 음식을 먹어대는 꼴이 던적스럽다. 음식을 욕심껏 먹어대는 꼴이 매우 천격스럽게 마구
깨작깨작: ① '깨지락깨지락'의 준말로 달갑지 않은 음식을 억지로 굼뜨게 먹는 모양 큰끼적끼적 ② 글씨나 그림을 깨작거리는 꼴 큰끼적끼적
깨죽깨죽: 음식을 먹기 싫은 듯이 자꾸 되씹다 큰께죽께죽
깨지락깨지락: 먹는 짓이나 하는 짓이 마음에 좀 탐탁하지 않은 듯이 자꾸 게으르고 굼뜨게 하여지다 큰께지럭께지럭
꺄룩꺄룩: 무엇을 나타내보거나 목구멍에 걸린 것을 삼키려고 목을 빼어 앞으로 내미는 꼴 =꺄륵 큰끼룩끼룩 끼룩
꺅: 먹은 음식이 목까지 꽉 찬 모양
께적께적: 께적거리는 꼴 (예) 밥맛이 없는지 께적께적 숟가락질만 하고 있다 작깨작깨작
께죽께죽: 음식을 먹기 싫은 듯이 자꾸 되씹다 작깨죽깨죽
께지락께지락: 먹는 짓이나 하는 짓이 마음에 탐탁하지 않은 듯이 자꾸 게으르고 굼뜨게 하여지다 작깨지럭깨지럭
께지럭께지럭: 먹는 짓이나 하는 짓이 마음에 탐탁하지 않은 듯이 자꾸 게으르고 굼뜨게 하여지다 작깨지락깨지락
께질께질: 먹는 짓이나 하는 짓이 마음에 탐탁하지 않은 듯이 자꾸 게으르고 굼뜨게 하여지다
꼴딱=꼴딱꼴딱: 적은 음식물 따위가 목구멍으로 단번에 삼키는 꼴 큰꿀떡 꿀떡꿀떡
꾸역꾸역: 밥을 꾸역꾸역 먹는다
꿀꺼덕=꿀꺼덕꿀꺼덕: 액체 따위가 목구멍이나 좁은 구멍으로 한꺼번에 넘어가는 꼴 작꼴까닥 꼴까닥꼴까닥
꿀꺽=꿀꺽꿀꺽: 물 따위가 목구멍이나 좁은 구멍으로 단번에 몰리어 넘어가는 꼴 작꼴깍 꼴깍꼴깍
꿀떡=꿀떡꿀떡: 음식물 따위를 목구멍으로 단번에 삼키는 꼴 작꼴딱 꼴딱꼴딱
꿀컥=꿀컥꿀컥: 물 따위가 목구멍이나 좁은 구멍으로 단번에 세게 넘어가는 꼴 작꼴칵 꼴칵꼴칵 센꿀꺽 꿀꺽꿀꺽
끼룩=끼룩끼룩: 무엇을 보거나 목구멍에 걸린 것을 삼키려고 목을 길게 빼어 앞으로

내미는 꼴 작까룩 까룩까룩

냉큼: 머뭇거리지 않고 가볍게 빨리 큰닁큼

냉큼냉큼: 머뭇거리지 않고 자꾸 가볍게 빨리 큰닁큼닁큼

냠냠: 음식을 감칠맛 나게 조금씩 먹는 꼴

느근느근: 먹은 것이 내리지지 않아 속이 자꾸 느근하여지다

느글느글: 먹은 것이 내리지 않아 속이 자꾸 느끼하여지다

느긋느긋: 먹은 것이 내리지 않아 속이 자꾸 느끼하여지다

다부룩이: 소화가 잘 안 되어서 속이 거북하게

단출히: 식구가 적어 홀가분하게

무뚝무뚝: 덩어리로 된 것을 큼직큼직하게 베물어 먹는 꼴

바작바작: 물기가 적은 물건들이 가볍게 씹히거나 짓이기어 먹히는 소리가 자꾸 나다 센빠작빠작 큰버적버적

발딱발딱: ① 물을 발딱발딱 마시는 꼴 ② 힘줄이 발딱발딱 뛰는 꼴

발칵=발칵발칵: 물 따위를 조금씩 매우 시원스럽게 들이키는 꼴 센발깍 발깍발깍 큰벌컥 벌컥벌컥

벌꺽벌꺽: 술이나 물을 벌꺽벌꺽 마시는 꼴 센뻘꺽뻘꺽 거벌컥벌컥

벌컥벌컥=벌컥: 물 따위를 매우 시원스럽게 돌이켜는 꼴 센벌꺽벌꺽 벌꺽 작발칵발칵 발칵

볼각볼각: 좀 질긴 물건을 입안에 가득 넣고 있을 놀리며 자꾸 씹다 큰불걱불걱

볼강볼강: 단단하고 오돌오돌한 물건이 잘 씹히지 않고 입안에서 자꾸 요리조리 볼가지다

볼근볼근: 좀 질기고 단단한 물건이 입안에서 자그시 씹히다

불걱불걱: 질긴 물건을 입안에 그득 넣고 입을 크게 놀리며 자꾸 씹다 작볼각볼각

불경불경: 우들우들한 물건이 잘 씹히지 아니하고 입안에서 자꾸 이리저리 불거지다

불근불근: 질기고 단단한 물건이 입안에서 자꾸 씹히다 작볼근볼근

살강살강: 덜 삶아진 열매나 곡식 따위가 가볍게 씹히는 느낌

썰겅썰겅: 덜 삶아진 곡식이나 열매 따위가 세게 씹히는 느낌 여설겅설겅 작쌀강쌀강

어귀어귀: 욕심 사납게 음식을 입에 잔뜩 넣고 억척스레 씹는 모양 작아귀아귀

어기적어기적: 음식 같은 것을 느리게 어귀어귀 씹는 꼴 (예) 고깃점을 어귀어귀 씹어 먹는다 작아기작아기작 준어깃어깃

오독오독: 작고 단단한 것을 입에 넣고 씹는 모양 큰우둑우둑

오돌오돌: 날밤 따위를 깨물기에 좀 단단한 꼴

올강볼강: 올강거리고 볼강거리는 느낌 (예) 날콩이 입안에서 올강볼강 잘 씹히지 않는다 큰울겅불겅

올강올강: 올강거리는 느낌 (예) 보리밥이 잘 씹히지 않고 올강올강 입속에서 미끌린다 큰울겅울겅

올공볼공: 올공거리고 약간 볼공거리는 꼴
올공올공: 올공거리는 느낌 (예) 미끄러운 해삼이 올공올공 잘 씹히지 않는다
올근볼근: 올근거리고 볼근거리는 느낌 (예) 미역 줄기를 올근볼근 씹는다
올근올근: 올근거리는 느낌 (예) 무엇인가 올근올근 씹고 있다
올딱올딱: 먹은 것을 토해내다
올칵올칵=올칵: 올칵(올칵올칵) 토하다 큰울컥울컥 울컥
옴쏙=옴쏙옴쏙: 작은 것을 입에 넣고 좀 맛있게 씹는 꼴 큰움쑥 움쑥움쑥
우둘우둘: 우둘우둘한 꼴 (예) 우둘우둘 덜 삶긴 발
우적우적: 단단한 깍두기나 질긴 나물 줄거리 따위를 씹는 꼴
우쩍우쩍: 단단한 깍두기나 질긴 나물 줄거리를 좀 세게 자꾸 베물어 씹는 꼴
울걱울걱: 물을 한 모금씩 마시는 꼴 거울컥울컥 센울꺽울꺽 작올각올각
울겅불겅: 단단하고 우들우들한 물건이 잘 씹히지 않고 입안에서 이리저리 자꾸 미끄러지다 작올강볼강
울겅울겅: 울겅거리는 작올강올강
울근울근: 울근거리는 느낌 (예) 소고기 한 점을 입에 넣고 울근울근 씹는다 작올근올근
움쑥=움쑥움쑥: 큰 것을 입에 넣고 아주 맛있게 씹는 꼴 작옴쏙 옴쏙옴쏙
움질움질: 우물우물 씹는 꼴 (예) 마른 오징어 한 조각 입에 물고 움직움직 씹는다 작옴질옴질
자끔자끔: 음식에 섞인 잔모래 따위가 자꾸 세게 씹히다 여자금자금 큰지끔지끔
자밤자밤: 나물 양념 따위를 손가락으로 한 자밤씩 집는 모양 큰지범지범
자방자방: 한 자방씩 씹는 꼴
자분자분: 가루붙이 따위가 자꾸 보드랍게 씹히다 큰지분지분 (예) 밥에 섞인 깨가 자분자분 씹힌다
잘강잘강: 질긴 물건 따위를 잇달아 잘게 씹다 큰질겅질겅
잘근잘근: 좀 질깃한 물건을 자꾸 가볍게 씹다
조잘조잘: 때 없이 군음식을 점잖지 않게 자꾸 먹다 큰주절주절
졸깃졸깃: 졸깃졸깃한 느낌 (예) 씹으면 씹을수록 졸깃졸깃 맛이 있다 센쫄깃쫄깃 큰줄깃줄깃
주전주전: 때 없이 군음식을 점잖지 않게 마구 먹어 대는 꼴 작조잔조잔
죽: 물 따위를 한숨에 세게 들이키다 센쭉 작족
지끔지끔: 모래가 씹히는 꼴 여지금지금 작자끔자끔
지범지범: 체면 없이 차례로 자꾸 집어거두다 (예) 지범지범 집어먹다
지분지분: 모래가 씹히는 꼴 작자분자분
질겅질겅: 질겅거리는 꼴 (예) 껌을 질겅질겅 씹다 작잘강잘강
질근=질근질근: 물건을 자꾸 씹는 꼴 (예) 무말랭이를 씹다 센질끈 질끈질끈 작잘근잘근잘근

짜금짜금: 씹어 먹는 꼴 [큰]쩌금쩌금
쩌금쩌금: 맛있게 먹는 꼴 [작]짜금짜금
쩝쩝: 입맛 다시는 꼴 [작]짭짭
쫀득쫀득: 매우 끈기 있고 쫄깃쫄깃한 느낌이 잇달아 나다 [여]존득존득 [큰]쭌득쭌득
쫄쫄: 끼니를 굶어 아무것도 먹지 못한 꼴
쭉: 물 따위를 한숨에 세게 들이마시는 꼴 (예) 막걸리 한잔을 쭉 들이켰다 [여]죽 [작]쪽
팽만히: 많이 먹어 배가 몹시 불룩하다
호물호물: 이가 없이 씹는 꼴 [큰]후물후물
홀딱=홀딱홀딱: 적은 양을 남김없이 빠르게 삼키거나 먹어 치우는 꼴 [큰]훌떡 훌떡훌떡
홀짝=홀짝홀짝: 적은 액체를 단숨에 남김없이 들이마시는 꼴 [큰]훌쩍 훌쩍훌쩍
홀홀: 묽은 죽이나 더운 물 따위를 자꾸 들이마시는 꼴 [큰]훌훌
후물후물: ① 이가 빠진 입으로 음식물을 가볍게 자꾸 씹다 ② 음식물 따위를 깨물지 아니하고 가볍게 건정건정 씹다 [작]호물호물
훌떡=훌떡훌떡: 남김없이 빠르게 삼키거나 먹어 치우는 꼴 [작]홀딱 홀딱홀딱
훌쩍=훌쩍훌쩍: ① 물 따위를 단숨에 남김없이 들이마시는 꼴 또는 그 소리 ② 콧물을 들이마시는 꼴 [작]홀짝 홀짝홀짝
흐믈흐믈: 이가 빠진 입으로 음식물을 가볍게 자꾸 씹다
흥덩흥덩: 국물만 흥덩한 꼴

6.1.61. 회상 부사

새삼: '새삼스레'의 준말
새삼스레: 새살스레
새통스레: 어처구니없이 새삼스럽다
왜통스레: 엄청나게 새삼스럽다

6.1.62. 신분(身分), 신선, 신통, 신체 부사

가량가량히: 얼굴이나 몸이 야윈 듯하면서도 탄력성이 있게 부드럽다
새뜻이: 새롭고 산뜻하게 =새뜩
신통히: ① 신기롭게 깊이 통달하다 (예) 불법에 신통한 자 ② 효험이 빠르고 훌륭하다 (예) 이 약은 감기에 신통하다 ③ 신기할 정도로 묘하다 (예) 참 신통하게 명중시켰다 ④ 마음에 둔 만큼 마땅하다 (예) 무슨 신통한 의견이 있으면 말하시오
턱없이: 신분에 맞지 아니하다 (예) 턱없이 욕심을 부리다

6.1.63. 실, 새끼 따위의 모습 부사

사리사리: 실 따위를 사리어 놓은 것과 같은 꼴
타래타래: 실, 새끼, 노끈 따위가 여러 타래로 뱅뱅 틀어져 있다 큰트레트레
트레트레: 실, 노끈, 새끼 따위가 둥글게 빙빙 틀어져 있는 모습 작타래타래
팩팩: 실이나 새끼 따위가 힘없이 가볍게 자꾸 끊어지는 꼴 큰픽픽

6.1.64. 실없음, 싫증, 심심함, 애타는 모습 부사

도연히: 하는 일이 없이 심심하게
시뜻이: ① 물리거나 지루하거나 좀 싫증이 난 기색이 있다 ② 마음에 들지 않거나 시들하다 거시틋이
시설스레: 싱글싱글 웃으면서 재미있게 자꾸 지껄이기를 좋아하여 보기에 실없다
실없이: 진실하고 미덥지 못하게 (예) 실없이 지껄이는 말
아니꼽살스레: 지나치게 아니꼬운 데가 있다 (예) 흥, 되잖은 놈들, 아니꼽살스런 놈들 같으니라고
애절히: 견디기 어렵도록 애가 타게

6.1.65. 깊고 얕으며 탐스러운 뜻의 부사

깊다라니: 꽤 깊게
깊숙이: 깊고 으슥하게
깊이: 깊이가 깊게
깊이깊이: 겉에서 속까지의 거리가 아주 깊게
깊직이: 조금 깊숙하게
도담스레: 보기에 매우 야무지고 탐스럽게 =도담히
심심히(深深): 깊고 깊게
야트막이: 야트막하게
얕이: 얕게
얕추: 얕게 (예) 모는 얕게 심어야 한다
왕연히: 물이 깊고 너르게
폭: 작은 물체가 좀 깊이 빠지거나 들어가는 꼴

6.1.66. 심한 모습 부사

하물며: '이것도 이러한데 더군다나'의 뜻으로 쓰이는 말 (예) 사삿일도 이러하거든 하물며 일대 국사야 더 말하리오 [비]우황 하황 항차
한사코: 고집하여 몹시 심하게
혹독히: 몹시 심하게

6.1.67. 십자 모양, 싱거운 모습, 싸는 모습, 싹 모습 부사

거추없이: 하는 짓이 어울리지 않게 싱겁다 (예) 거추없이 굴지 마라
모도록=모도록이
모도록이: 한데 뭉쳐난 싹이 빽빽하다
열십자로: 열십자 모양으로
폭: 밖으로 드러나지 않게 빈틈없이 덮어 싸거나 가리는 꼴 [큰]푹

6.1.68. 쌓아 두는 모습, 썩는 모습 부사

차곡차곡: 물건을 가지런하게 쌓거나 포개어 놓은 모양
차곡차곡히: 차곡차곡
차곡히: 차곡하게
폭: 좀 심하게 썩거나 삭는 꼴

6.1.69. 써는 모양 부사

깍둑깍둑: 단단한 물건을 대중없이 좀 작게 자꾸 썰다 [여]각둑각둑
꺽둑꺽둑: 단단한 물건을 대중없이 좀 크게 자꾸 썰다
송송: 물건을 송당송당 빨리 써는 꼴 (예) 무를 송송 썰다 [큰]숭숭
송송히: 송송하게 [큰]숭숭히
잘뚝잘뚝: 잘뚝잘뚝한 꼴 (예) 무를 잘뚝잘뚝 썰다 [센]짤뚝짤뚝

6.1.70. 쏟아지는 모습 부사

왈카닥: 갑작스레 마구 많이 자꾸 쏟아지는 꼴 [큰]월커덕 (예) 짐을 왈카닥 부리고 있다 =왈카닥왈카닥 [큰]월커덕월커덕

왈칵=왈칵왈칵: ① 갑자기 힘껏 잡아당기거나 밀치는 꼴 ② 갑작스레 많이 쏟아지는 꼴 (예) 물이 왈칵 쏟아지다 큰월컥 월컥월컥
월커덕=월커덕월커덕: 급작스레 마구 많이 쏟아지는 꼴 작왈카닥 왈카닥왈카닥
월컥=월컥월컥: 급작스레 아주 많이 쏟아지는 꼴 작왈칵 왈칵왈칵
쫘르르: ① 물줄기 따위가 한꺼번에 세게 쏟아지는 꼴 여좌르르 ② 흩어지기 쉬운 물건들이 한꺼번에 세게 쏟아져 퍼지는 꼴 여좌르르
쫙: 물 따위가 한꺼번에 몹시 쏟아지는 꼴 (예) 별안간 눈물이 쫙 쏟아졌다 여좍
휘우뚱=휘우뚱휘우뚱: 물체가 중심을 잃고 한쪽으로 크게 기울거나 쓰러지려는 꼴

6.1.71. 쑤시거나 들추거나 쏠리는 모습 부사

쏘삭쏘삭: 좀스럽게 함부로 자꾸 들추거나 뒤지거나 쑤시다 큰쑤석쑤석 (예) 담뱃대를 지푸라기로 쏘삭쏘삭 쑤신다. 그의 마음을 쏘삭쏘삭 달싹이게 들쑤시어 놓았다
쑤석쑤석: 함부로 자꾸 들추거나 뒤지거나 쑤시다 (예) 화롯불에 묻어 놓은 밤이 익기도 전에 쑤석쑤석 뒤집어 놓았다. 쑤석쑤석 남의 마음을 들썩이다
팍팍: 자꾸 세게 내지르거나 쑤시는 꼴 (예) 하수도 구멍을 팍팍 쑤시다 큰퍽퍽
퍽퍽: 힘이 있게 자꾸 내지르거나 쑤시는 꼴 작팍팍
폭: 작거나 가는 물체로 세게 찌르거나 쑤시는 꼴 (예) 주사기로 엉덩이를 폭 찌르다 큰푹
휘뚝=휘뚝휘뚝: 급자기 넘어질 듯이 한쪽으로 쏠리는 꼴 작회똑 회똑회똑

6.1.72. 쓰러지는 모습 부사

탁: 갑자기 세게 쓰러뜨리는 꼴 큰턱
탁탁: 잇달아 세게 쓰러지거나 엎어지는 꼴 (예) 볏단을 탁탁 쓰러뜨렸다 큰턱턱
턱: 갑자기 힘이 없이 쓰러지는 꼴 (예) 버실버실하더니 잔디 위에 턱 쓰러지는 것이었다
팍: 힘없이 꺼꾸러지는 꼴=팍팍 (예) 팍 쓰러진다 큰퍽 퍽퍽
팩=팩팩: 지쳐서 힘없이 가볍게 자꾸 쓰러지는 꼴 (예) 열 시간 만에 정상에 다다르자 모두들 풀밭에 팩팩 쓰러졌다 큰픽픽
퍅=퍅퍅: 쓰러지는 꼴
퍽퍽: 힘없이 자꾸 꺼꾸러지거나 쓰러지는 꼴 (예) 세워 둔 볏단이 퍽퍽 쓰러지다
폭: 작은 것이 힘없이 꺼꾸러지거나 쓰러지는 꼴 큰푹

6.1.73. 씁쓸한 모습, 씨앗의 모습, 씩씩한 모습 부사

씁쓰레: 조금 씁쓸하게 (예) 천천히 수화기를 내려놓은 윤호는 씁쓰레 웃었다

쾌연히: 씩씩하고 시원하다
훙훙: 씨앗 따위를 내뿌리거나 내던지는 꼴 (예) 채소밭에 씨앗을 훌훌 뿌린다

6.1.74. 새들의 생리 부사

직: 새가 오줌 누는 꼴 센찍 작작
직직: 새가 물똥을 누는 꼴
찍=찍찍: 새 따위가 물똥을 세게 내갈기는 꼴 여직 직직

6.2. 색깔 부사

6.2.1. 검은 색 부사

가마말숙히: 가마말쑥하게 센까마말쑥이 큰거머멀쑥이
가무스름히: 빛깔이 검은 듯하다 큰거무스름히 센까무스름히
가무트름히: ① '가마무트림히'의 준말 ② 얼굴이 가무스름하고 토실토실하게
가뭇가뭇: 군데군데 가무스름한 모양 센까뭇까뭇 큰거뭇거뭇
감노라니: 검은 빛을 약간 띠면서 노랗다 큰검누러니
감숭감숭: 드물게 난 털이 가무스름하다 큰검숭검숭
거머무트름히: 가무스럼하고 투실투실하다 센꺼머무트름히 작가마무트름히
거무스름히: 거무스름하게 센까무스름히 작가무스름히
거뭇거뭇: 거뭇거뭇한 꼴
검누러니: 검은 빛을 띠면서 누렇다
검숭검숭: 드물게 난 털 따위가 거무스름하다
검적검적: 검은 얼룩이나 점이 여기저기 크게 박혀 있다 센껌적껌적 작감작감작
검측측이: 빛깔이 깨끗하지 못하고 누렇다=검측이
까마말쑥이: 조금 희미하게 검으면서도 말끔하고 깨끗하게 여가마말숙이 큰꺼머멀쑥이
까마무트름히: 얼굴이 가무스름하고 토실토실하게 여가마무트름히 큰꺼머무트름히
까무스름히: 까무스럼하게 여가무스름히 큰꺼무스름히
까뭇까뭇: 군데군데 가무스름한 모양 여거뭇거뭇 큰꺼뭇꺼뭇
깜작깜작: 검은 얼굴이나 점들이 여기저기 자잘하게 박혀 있다 여감작감작 큰껌적껌적
꺼머멀숙이: 조금 희미하게 검으면서도 말씀하고 깨끗하게 여거머멀숙이 작까마말쑥이
꺼머무트름히: 얼굴이 거무스름하고 투실투실하게 여거머무트름히 작까마무트름히
꺼뭇꺼뭇: 거뭇거뭇 불탄 자국 여거뭇거뭇 작까뭇까뭇

6.2.2. 누른색 부사

노릇노릇: 노릇노릇한 꼴 큰누릇누릇
놀놀히: 털이나 싹 같은 것의 빛깔이 흐리게 노르스름하다 큰눌눌히
놀면히: 노르스름하게
누러니: 누렇게
누르락붉으락: 몹시 성을 내었을 때 얼굴빛이 누렇게 되었다가 다시 붉게 되었다가 하는 모양
누르락푸르락: 몹시 성을 내었을 때 얼굴빛이 누렇게 되었다가 푸르게 되었다가 하는 모양
누릇누릇: 군데군데가 다 누릇하다 작노릇노릇
누리척지근히: 누리척지근하게 작노리척지근히
누리치근히: 누리치근하게 작노리치근히
눌눌히: 풀이나 털 따위의 빛깔이 흐리고 흐르스름하게
눌면히: '놀면히'보다 큰말: 좀 노르스름하게

6.2.3. 빛깔 부사

고결히: 빛깔이 밝고 밝게
다채로이: 갖가지 빛깔이나 모양이나 종류 따위가 한데 어울려 다양하고 호화롭다
색색이: 여러 가지 빛깔로
싱싱히: 빛깔이 밝고 산뜻하다 (예) 싱싱한 신록의 빛 작생생히
왕연히: 빛이 매우 아름답게
요요히: 빛이 비쳐 밝게

6.2.4. 붉은색 부사

발그레: 약간 곱게 발그스름하다 센빨그레 큰벌그레
발그르미: 발그스름하다 센빨그름히 큰발그름히
발그스름히: 색깔이 좀 빨갛게 센빨그스름히 큰벌그스름히 비발그름히
벌그레: 약간 곱게 벌그스름하다 센뻘그레 작발그레
벌그름히: 벌그스름히 센뻘그름히 작발그름히
벌그무레: 아주 엷게 벌그스름히 작발그무레 센빨그무레
벌그죽죽히: 칙칙하고 고르지 않고 발그스름히
벌긋벌긋: 점점이 탁하게 모두 벌겋게 =벌긋벌긋이 센뻘긋뻘긋 작발긋발긋

보유스름히: 빛이 좀 보일 듯하다
볼그레: 좀 연하게 볼그스름하다 =벌그름히
볼그스름히: 산뜻하게 좀 붉다 센뽈그스름히 큰불그스름히
볼그족족히: 칙칙하여 보이도록 고르지 않게 불그스름하다
볼긋볼긋: 군데군데 곱게 조금 붉은 모양 센뽈긋뽈긋 큰불긋불긋
부유스름히: 선명하지 않고 야간 부옇게 센뿌유스름히 작보유스름히
불그스름히: 조금 붉게 센뿔그스름히 작볼그스름히
불그죽죽히: 칙칙하고 고르지 아니하게 불그스름히 센뿔그죽죽히 작볼그족족히
불긋불긋: '볼긋볼긋'보다 큰말 센뿔긋뿔긋 작볼긋볼긋
붉으락푸르락: 몹시 흥분하여 얼굴빛 붉어졌다가 파래졌다가 하는 모양
붕긋=붕긋붕긋: 다 붕긋 작봉긋봉긋 붕긋
빨그래: 약간 곱게 빨그스름한 모양 여발그래 큰뻘그레
빨그름히: 빨그스름히 큰뻘그름히 여벌그럼히
빨그스름히: '발그스름히'보다 센말. 조금 발갛게 큰뻘그스름히 여벌그스름히 준발그름히
뻘그레: 엷게 빨그스름한 모양 여벌그레 작빨그레
뻘그름히: '빨그스름히'의 준말 여벌그름히 작빨그름히
뻘그스름히: 뻘그스름히 물든 치마 '벌그스름히'보다 센말 작빨그스름히
뻘긋뻘긋: 뻘긋뻘긋한 꼴 여벌긋벌긋 작빨긋빨긋
뽈그름히: 뽈그스름하다 여볼그름히 큰뿔그름히
뽈그스름히: 뽈그스름하게 여볼그스름히 큰뿔그스름히
뽈긋뽈긋: 뽈긋뽈긋한 꼴 여볼긋볼긋 큰뿔긋뿔긋
뿔그레: 좀 연하게 뿔그스름하다 여불그레 작뽈그레
뿔그스름히: 뿔그스름하게 여불그스름히 작뽈그스름히
뿔그죽죽히: 칙칙하게 뿔그스름하다 여불그죽죽이 작뽈그족족히
색색이: 여러 가지 빛깔로
올긋볼긋: 좀 짙은 여러 가지 붉은 빛깔들이 다른 빛깔들과 뒤섞이어 야단스럽다 큰울긋불긋

6.2.5. 푸른 빛 부사

창연히: 빛깔이 몹시 푸르게
파르라니: 파르랗게
파릇이: 파릇하게
파릇파릇: 빛깔이 조금 퍼런듯하게 큰퍼릇퍼릇

퍼릇퍼릇: 파릇파릇한 꼴 [작]파릇파릇
푸르락붉으락: 붉으락푸르락
푸릇푸릇: 점점이 박힌 빛깔이 푸르다

6.2.6. 흰 빛깔 부사

부유스름히: 빛이 좀 부연듯하다 [센]뿌유스름히 [작]보유스름히
뿌유스름히: 빛이 좀 뿌연듯하다 [여]보유스름히 [작]뽀유스름히 [비]뿌유스레
아슴프레: 빛이 약하거나 멀어서 어둑하고 희미한 모양 [큰]어슴프레
애애히: 몹시 희게
해끔해끔: 해끔해끔한 꼴 즉 빛깔이 좀 하얀 듯하다 [큰]희끔희끔
해끗해끗: 군데군데 하얀 빛깔이 나타나 있는 꼴 [큰]희끗희끗
해뜩발긋: 빛이 해끔하고 발그스름하다
해뜩해뜩: 하얀 빛깔에 다른 빛깔이 군데군데 뒤섞여 있다 [큰]희뜩희뜩
호연히: 아주 희게
희끔희끔: 빛깔이 좀 허연 듯하다
희끗희끗: 군데군데 허연 빛깔이 나타나 있는 꼴
희뜩희뜩: 허연 빛깔에 다른 빛깔이 군데군데 뒤섞여 있다
희붐히: 날이 새려고 동녘에 희미한 빛이 돌아 약간 밝은 듯하다
희읍스름히: 빛깔이 맑지 못하고 조금 흰듯하다 [작]해읍스름히

6.3. 소리에 관한 부사

6.3.1. 여러 가지 소리 부사

여기에서는 사람, 짐승, 곤충, 자연, 기계 등등의 소리에 관한 모든 소리를 한꺼번에 다루기로 한다. 다만 그 차례는 ㄱ, ㄴ, ㄷ… 등의 자모순으로 할 것이다.

6.3.1.1. 가랑잎이나 검불 따위의 소리 부사

바사삭=바사삭바사삭: 가랑잎, 마른 바스라기를 밟을 때 소리 [센]빠사삭, 빠사삭빠사삭 [큰]버서석 버서석버서석
바삭=바삭바삭: 가랑잎 마른 바스라기를 밟을 때 소리 [센]바싹 빠싹빠싹 [큰]버석 버석버석

바스락=바스락바스락: 가랑잎이나 마른 바스라기를 가볍게 요리조리 건드릴 때 소리 센빠스락 빠스락빠스락 큰버스럭 버스럭버스럭

바싹=바싹바싹: 마른 바스라기나 가랑잎을 밟을 때 소리 여바삭 바삭바삭 큰버썩 버썩버썩

버서석=버서석버서석: 마른 검불이나 부스러기를 밟을 때 소리 센뻐서석 뻐서석뻐서석 작바사삭 바사삭바사삭

버석=버석버석: 마른 검불이나 부스러기를 밟을 때 소리 센버썩 버썩버썩 작바삭 바삭바삭

버썩=버썩버썩: 마른 검불이나 부스러기를 밟을 때 소리 여버석 버석버석 작바싹 바싹바싹

빠삭=빠삭빠삭: 잘 마른 바스라기나 가랑잎 등이 밟힐 때 소리 큰뻐석 뻐석뻐석

빠스락=빠스락빠스락: 가랑잎이나 마른 바스라기를 요리조리 세게 건드릴 때 소리 여바스락 바스락바스락 큰뻐스럭 뻐스럭뻐스럭

6.3.1.2. 공기나 가스의 소리와 거품의 소리 부사

봉봉: 막혀 있던 공기나 가스 등이 좁은 구멍으로 맥없이 터져 빠져나갈 때 소리 큰붕붕

부걱=부걱부걱: 큰 거품이 생길 때 나는 소리 작보각 보각보각

붕=붕붕: 막혀 있던 공기나 가스가 좁은 구멍으로 빠져나올 때 소리 거풍 풍풍 센뿡뿡뿡 작봉 봉봉

펄럭=펄럭펄럭: 가스 같은 것에 가볍게 불이 옮겨 붙을 때 소리

퐁=퐁퐁: 막혔던 공기나 가스가 좁은 구멍으로 갑자기 거세게 터져 나올 때 소리 센뽕뽕뽕 여봉 봉봉 큰풍 풍풍

풍풍: 막혔던 공기나 가스가 좁은 구멍으로 급자기 거세게 터져 나오는 소리 (예) 방귀를 풍풍 끼고 앉아 있다 작퐁퐁

6.3.1.3. 걸을 때 소리 부사

사풋=사풋사풋: 발을 매우 가볍고 빠르게 내디딜 때 소리 센사뿟 사뿟사뿟 여사붓 사붓사붓 큰서풋 서풋서풋

서붓=서붓서붓: 부드럽고 가볍게 발을 내디디거나 몸을 움직일 때 소리 거서풋 서풋서풋 센서뿟 서뿟서뿟 작사붓 사붓사붓

서뿟=서뿟서뿟: 가볍게 발을 내디디거나 몸을 움직일 때 소리 거서풋 서풋서풋 여서붓 서붓서붓 작사뿟 사뿟사뿟

서픗=서픗서픗: 발을 급히 가볍게 내디딜 때 소리 [센]서뿟 서뿟서뿟 [여]서붓 서붓서붓 [작]사풋 사풋사풋
터덜터덜: 걸음을 걸을 때 소리 [작]타달타달

6.3.1.4. 게울 때 소리 부사

왝왝: 게울 때 나는 소리 [큰]웩웩
웩웩: 게울 때 소리 [작]왝왝
으악: 게울 때 소리

6.3.1.5. 고기가 꼬리를 치는 소리 부사

파드덕=파드덕파드덕: 물고기가 꼬리를 힘이 있게 칠 때 소리 [작]파드닥 파드닥파드닥
파딱=파딱파딱: 작은 물고기가 꼬리를 좀 세게 칠 때 소리 [여]파닥 파닥파닥 [큰]퍼떡 퍼떡퍼떡
퍼덕=퍼덕퍼덕: 물고기가 꼬리를 가볍게 칠 때 소리 [센]퍼떡 퍼떡퍼떡 [작]파닥 파닥파닥
퍼떡=퍼떡퍼떡: 물고기가 꼬리를 세게 칠 때 소리 [여]퍼덕 퍼덕퍼덕 [작]파딱 파딱파딱
포닥=포닥포닥: 작은 물고기가 꼬리로 물바닥을 칠 때 소리 [큰]푸덕 푸덕푸덕
포드닥=포드닥포드닥: 작은 물고기가 가볍게 꼬리를 칠 때 소리 [큰]푸드덕 푸드덕푸드덕
푸덕=푸덕푸덕: 큰물고기가 꼬리를 가볍게 칠 때 소리 [센]푸떡 푸떡푸떡 [작]포닥 포닥포닥
푸드덕=푸드덕푸드덕: 큰 물고기가 힘차게 꼬리를 칠 때 소리 [작]포드닥 포드닥포드닥
푸떡=푸떡푸떡: 큰 물고기가 꼬리를 힘차게 칠 때 소리 [여]푸덕 푸덕푸덕

6.3.1.6. 무, 곡식, 열매 따위의 씹히는 소리 부사

사각사각: 사과나 배를 씹을 때 소리 [센]싸각싸각 [큰]서걱서걱
사박사박: 바람이 든 무 따위가 가볍게 씹히는 소리 [큰]서벅서벅
살강살강: 덜 삶아진 곡식이나 열매가 가볍게 씹히는 소리 [센]쌀강쌀강 [큰]설겅설겅
살캉살캉: 설익은 밤이나 감자 따위가 작게 씹히는 소리 [센]쌀캉쌀캉 [큰]설컹설컹
서걱서걱: 무나 배 따위가 가볍게 씹힐 때 소리 [센]써걱써걱 [작]사각사각
서벅서벅: 바람이 든 무가 씹히는 소리 [작]사박사박
설겅설겅: 덜 삶아진 곡식이 가볍게 씹히는 소리 [센]썰겅썰겅 [작]살강살강
설컹설컹: 덜 삶아진 곡식이 가볍게 씹히는 소리 [센]썰컹썰컹 [작]살캉살캉
쌀강쌀강: 삶아진 곡식이 좀 새게 씹히는 소리 [여]살강살강 [큰]썰겅썰겅

쌀캉쌀캉: 설익은 밤이나 감자 등이 좀 세게 씹히는 소리 여살캉살캉 큰썰컹썰컹
써걱써걱: 배나 사과 등이 세게 씹힐 때 소리 여서걱서걱 작싸각싸각
썰겅썰겅: 삶은 곡식이 세게 씹히는 소리 여설겅설겅 작쌀강쌀강
썰컹썰컹: 삶은 곡식이 세게 씹힐 때 소리 여설컹설컹 작쌀캉쌀캉
아삭=아삭아삭: 과일이나 채소가 씹힐 때 소리 센아싹 아삭아싹 큰어석 어석어석
아싹=아싹아싹: 과일이나 채소를 씹을 때 소리 여아삭 아삭아삭 큰어썩 어썩어썩
아작=아작아작: 단단하고 질긴 과실이나 채소를 씹을 때 소리 센아짝 아짝아짝 큰어적 어적어적 본아지작
어석어석: 과일이나 채소가 씹히는 소리 작아삭아삭
어썩=어썩어썩: 싱싱한 과일을 깨물 때 소리 여어석 어석어석 작아싹 아싹아싹
어적=어적어적: 단단하고 질긴 과일이 으스러질 때 소리 센어쩍 어쩍어쩍 작아작 아작아작
어쩍=어쩍어쩍: 단단하고 질긴 과일이 으스러질 때 소리 여어적 어적어적 작아짝 아짝아짝
와짝=와짝와짝: 단단한 김치나 나물을 세게 베물어 씹을 때 소리 여와작 와작와작
으썩으썩: 과일을 베먹을 때 소리

6.3.1.7. 곤충의 소리 부사

① 귀뚜라미 소리 부사

귀뚤귀뚤: 귀뚜라미의 우는 소리

② 매미소리 부사

매암매암: 매미의 울음소리 준맴맴
맴: 매미가 울음을 그칠 때 소리
쓰르람쓰르람: 쓰르라미가 우는 소리
쓰름쓰름: 쓰르라미가 우는 소리

③ 모기소리 부사

앵=앵앵: ① 모기 소리 ② 벌레가 날 때 소리

④ 벌이나 벌레 따위의 소리 부사

드레드레: 벌떼가 분봉하려 할 때 나가서 모여 붙은 것을 몰아넣을 때 부르는 소리
붕붕: 엷은 날개나 문풍지 따위가 힘없이 떨리는 소리가 자꾸 나다 작봉봉

씨르륵씨르륵: 여치 따위의 풀벌레가 우는 소리
왱=왱왱: 벌이나 벌레가 날아갈 때 소리 큰웽 웽웽
웽=웽웽: 벌레, 벌 따위가 날아갈 때 소리 작왱 왱왱
웽그렁웽그렁: 벌레, 벌 따위가 날아가는 소리 작왜그랑왜그랑
윙=윙윙: 벌레나 돌팔매가 빠르고 세차게 날아갈 때 나는 소리 작욍 욍욍

6.3.1.8. 꽹과리 소리 부사

꽹=꽹꽹: 꽹과리를 칠 때 나는 소리
꽹그랑=꽹그랑꽹그랑: 꽹과리를 장단에 맞추어 칠 때 소리

6.3.1.9. 구멍이 뚫리는 소리

팡팡: 구멍들이 자꾸 환히 뚫리는 소리 큰펑펑 센빵빵
펑=펑펑: 구멍이 훤히 뚫리는 소리 센뻥 뻥뻥 작팡 팡팡
퐁=퐁퐁: 작은 구멍이 뚫릴 때 소리 센뽕 뽕뽕 큰풍 풍풍
풍풍: 깊은 구멍이 훤히 뚫릴 때 나는 소리 센뿡뿡 작퐁퐁

6.3.1.10. 여러 그릇의 깨지는 소리 부사

와드등와드등: 질그릇이 깨지는 소리
와르릉=와르릉와르릉: 물건이 무너질 때 소리
와지끈=와지끈와지끈: 단단한 물건이 부러지거나 부서지는 소리 큰우지끈 우지끈우지끈
와지끈뚝딱: 단단한 물건이 요란하게 부러지거나 부서지며 여기저기 부딪치는 소리 큰우지끈뚝딱
왱강댕강: '왱그랑댕그랑'의 준말: 놋그릇 따위가 자꾸 부딪치며 요란스레 울리는 소리 큰웽그렁뎅그렁 큰웽겅뎅겅
탈탈: 깨어진 그릇소리 큰털털
털털: 깨어지거나 금이 간 두툼한 질그릇 따위를 두드릴 때 소리 작탈탈

6.3.1.11. 금속, 돌 따위의 소리 부사

가랑가랑: 잘 울리는 쇠붙이 따위가 끌리거나 구를 때 나는 소리 거카랑카랑
갱연히: 쇠붙이나 돌 따위가 부딪치는 소리가 맑고 곱다

달그랑=달그랑달그랑: 얇고 작은 금속이 가볍게 부딪칠 때 소리 센딸그랑 딸그랑딸그랑 큰덜그렁 덜그렁덜그렁

댕강=댕강댕강: 작은 금속 따위가 부러지거나 부닥칠 때 밝게 나는 소리 센땡강 땡강땡강 큰뎅강 뎅강뎅강

덜그렁=덜그렁덜그렁: 엷고 큰 쇠붙이가 가볍게 부딪칠 때 울리어 나는 소리 센떨그렁 떨그렁떨그렁 작달그랑 달그랑달그랑

뎅: 쇠붙이를 칠 때 소리 센뗑 작댕

뎅겅=뎅겅뎅겅: 쇠붙이 따위가 부러지거나 부딪칠 때 소리 센뗑겅 뗑겅뗑겅 작댕강 댕강댕강

땡강=땡강땡강: 작은 쇠붙이가 세게 부러지거나 부딪칠 때 소리 여댕강 댕강댕강 큰뗑강 뗑강뗑강

땡그랑=땡그랑땡그랑: 작은 방울, 종, 풍경 따위가 흔들리면서 세게 울리어 나는 소리 여댕그랑=댕그랑댕그랑 큰뗑그렁=뗑그렁뗑그렁

떨그렁=떨그렁떨그렁: 얇고 큰 쇠붙이가 부딪칠 때 소리 여덜그렁 덜그렁덜그렁 작딸그랑 딸그랑딸그랑

떨꺼덕=떨꺼덕떨꺼덕: 얇고 큰 쇠붙이가 부딪칠 때 소리 여덜거덕 덜거덕덜거덕 작딸까닥 딸까닥딸까닥

떨꺼덩=떨꺼덩떨꺼덩: 얇고 큰 쇠붙이가 부딪칠 때 소리 여덜거덩 덜거덩덜거덩 작딸까당 딸까당딸까당

뗑겅=뗑겅뗑겅: 쇠붙이가 부러지거나 부딪칠 때 소리 여뎅겅 뎅겅뎅겅 작땡강 땡강땡강

왱댕그랑: 금속 따위가 되는 대로 요란하게 부딪칠 때 소리

자랑=자랑자랑: 금속이 부딪쳐 나는 소리 센짜랑 짜랑짜랑 거차랑 차랑차랑 큰저렁 저렁저렁

자르랑=자르랑자르랑: 금속이 부딪칠 때 소리 거차르랑 차르랑차르랑 큰저르렁 저르렁저르렁 센짜르랑 짜르랑짜르랑

잘가당=잘가당잘가당: 쇠가 부딪칠 때 소리 거찰카당 찰카당찰카당 센짤까당 짤까당짤까당 큰절거덩 절거덩절거덩

잘가당=잘가당잘가당: 작고 단단한 쇠붙이 따위가 조금 가볍게 부딪쳐 울리는 소리 거찰카당 찰카당찰카당 큰절커덩 절커덩절커덩

잘강=잘강잘강: 금속이 달라붙으면서 나는 소리 거찰캉 찰캉찰캉 센짤깡 짤깡짤깡 큰절겅 절겅절겅

잘그락=잘그락잘그락 금속이 서로 닿을 때 소리 센짤그락 짤그락짤그락 큰절그럭 절그럭절그럭

잘그랑=잘그랑잘그랑: 작고 얇은 쇠붙이 따위가 가볍게 떨어지거나 맞부딪칠 때 소리 큰절그렁 절그렁절그렁 센짤그랑 짤그랑짤그랑 거찰그랑 찰그랑찰그랑

잘까당=잘까당잘까당: 금속이 부딪칠 때 소리 [큰]절꺼덩 절꺼덩절꺼덩 [거]찰카당 찰카당찰카당

잘랑=잘랑잘랑: 금속 따위가 흔들릴 때 소리 [거]찰랑 찰랑찰랑 [센]짤랑 짤랑짤랑 [큰]절렁 절렁절렁

쟁강=쟁강쟁강: 금속이 부러질 때 소리 [센]쨍강 쨍강쨍강 [큰]젱겅 젱겅젱겅

쟁그랑=쟁그랑쟁그랑: 금속이 떨어질 때 소리 [센]쨍그랑 쨍그랑쨍그랑 [큰]젱그렁 젱그렁젱그렁

쟁쟁: 쇠붙이나 옥이 부딪칠 때 소리 [센]쨍쨍 [큰]징징

쟁쟁히: 쇠붙이나 옥 따위가 부딪칠 때 소리가 맑고 또렷하다

저렁=저렁저렁: 금속이 부딪칠 때 소리 [거]처렁 처렁처렁 [센]쩌렁쩌렁 [작]자랑 자랑자랑

저르렁=저르렁저르렁: 금속이 부딪칠 때 울리는 소리 [거]처르렁 처르렁처르렁 [센]찌르렁 찌르렁찌르렁 [작]자르랑 자르랑자르랑

절강=절강절강: 작고 단단한 쇠붙이 따위가 가볍게 부딪쳐 울리는 소리 [거]철겅 철겅철겅 [센]쩔껑 쩔껑쩔껑 [작]잘강 잘강잘강

절거덕=절거덕절거덕: 금속이 가볍게 부딪칠 때 소리 [센]쩔꺼덕 쩔꺼덕쩔꺼덕 [작]잘가닥 잘가닥잘가닥 [거]철커덕 철커덕철커덕

절거덩=절거덩절거덩: 작고 단단한 쇠붙이 따위가 세게 부딪쳐 울리는 소리 [거]철커덩 철커덩철커덩 [센]쩔꺼덩 쩔꺼덩쩔꺼덩 [작]잘가당 잘가당잘가당

절그렁=절그렁절그렁: 쇠붙이 따위가 부딪칠 때 소리 [센]쩔그렁 쩔그렁쩔그렁 [거]철그렁 철그렁철그렁 [작]잘그랑 잘그랑잘그랑

젱겅젱겅: 얇은 금속이 부딪거나 부러질 때 소리 [센]쩽겅 쩽겅쩽겅 [작]쟁강 쟁강쟁강

젱그렁=젱그렁젱그렁: 금속이 떨어져 울릴 때 소리 [센]쩽그렁 쩽그렁쩽그렁 [작]쟁그랑 쟁그랑쟁그랑씨르릉씨르릉

짜랑=짜랑짜랑: 금속이 부딪칠 때 소리 [여]자랑 자랑자랑 [큰]쩌렁 쩌렁쩌렁

짜르릉=짜르릉짜르릉: 금속이 세게 부딪칠 때 소리 [여]자르랑 자르랑자르랑 [큰]쩌르릉 쩌르릉쩌르릉

짤그락=짤그락짤그락: 금속이 세게 맞닿는 소리 [큰]쩔그럭 쩔그럭쩔그럭

짤그랑=짤그랑짤그랑: 금속이 떨어지거나 붙을 때 소리 [거]찰그랑 찰그랑찰그랑 [여]잘그랑 잘그랑잘그랑 [큰]쩔그렁 쩔그렁쩔그렁

짤까닥=짤까닥짤까닥: 금속이 부딪칠 때 소리 [거]찰카닥 찰카닥찰카닥 [여]잘가닥 잘가닥잘가닥 [큰]쩔거덕 쩔거덕쩔거덕

짤까당=짤까당짤까당: 금속이 부딪칠 때 소리 [거]찰카당 찰카당찰카당 [여]잘가당 잘가당잘가당 [큰]쩔꺼덩 쩔꺼덩쩔꺼덩

짤깡=짤깡짤깡: 금속이 끈기 있게 달라붙으면서 나는 소리 [거]찰캉 찰캉찰캉 [여]잘강 잘강잘강 [큰]쩔껑 쩔껑쩔껑

쨍=쨍쨍: 금속이 부딪치거나 깨어질 때 소리

쨍강=쨍강쨍강: 금속이 부딪치거나 깨어질 때 소리 여쟁강 쟁강쟁강 큰쩽겅 쩽겅쩽겅

쨍그랑=쨍그랑쨍그랑: 금속 따위가 세게 떨어지며 울릴 때 소리 여쟁그랑 쟁그랑쟁그랑 큰쩡그렁 쩡그렁쩡그렁

쨍쨍: 금속이 부딪치거나 갈라질 때 소리

쩌렁=쩌렁쩌렁: 금속 따위가 부딪칠 때 소리 거처렁 처렁처렁 여저렁 저렁저렁 작짜랑 짜랑짜랑

쩌르렁=쩌르렁쩌르렁: 금속이 부딪칠 때 소리 거처르렁 처르렁처르렁 여저르렁 저르렁저르렁 작짜르랑 짜르랑짜르랑

쩔그럭=쩔그럭쩔그럭: 금속이 서로 세게 닿을 때 소리 여절그럭 절그럭절그럭

쩔그렁=쩔그렁쩔그렁: 금속이 세게 떨어지거나 부딪칠 때 소리 거철그렁 철그렁철그렁 여절그렁 절그렁절그렁 작짤그랑 짤그랑짤그랑

쩔겅=쩔겅쩔겅: 금석 따위가 끈기 있게 달라붙을 때 소리 여절겅 절겅절겅 거철컹 철컹철컹 작짤깡 짤깡짤깡

쩡쩡: 금속을 세게 칠 때 소리

쩽겅=쩽겅쩽겅: 금속 따위가 부러지거나 부딪치는 소리 여젱겅 젱겅젱겅 작쨍강 쨍강쨍강

쩽그렁=쩽그렁쩽그렁: 금속을 칠 때 소리 여젱그렁 젱그렁젱글어 작쨍그랑 쨍그랑쨍그랑

차랑차랑: 금속이 차랑거리는 소리 큰치렁치렁

차르랑=차르랑차르랑: 금속이 부딪치며 나는 소리

찰가당=찰가당찰가당: 작고 탄탄한 금속 따위가 가볍게 부딪치면서 울리는 소리 큰철거덩 철거덩철거덩

찰강=찰강찰강: 작고 단단한 금속 따위가 가볍게 맞부딪치면서 울릴 때 소리 큰철겅 철겅철겅

찰그랑=찰그랑찰그랑: 단단한 금속 따위가 부딪치면서 울리는 소리 여잘그랑 잘그랑잘그랑 큰철그렁 철그렁철그렁

찰랑=찰랑찰랑: 금속 따위가 흔들릴 때 소리 큰철렁 철렁철렁

찰카당=찰카당찰카당: 작고 단단한 금속이 좀 세게 부딪쳐 울리는 소리 센짤까당 짤까당짤까당 여잘가당 잘가당잘가당 큰철커덩 철커덩철커덩

찰캉=찰캉찰캉 작고 단단한 금속 따위가 차지게 달라붙으면서 울리는 소리 센짤깡 짤깡짤깡 여잘강 잘강잘강 큰철컹 철컹철컹

처렁=처렁처렁: 금속이 부딪쳐 울릴 때 나는 소리 여저렁 저렁저렁 작차랑 차랑차랑 센쩌렁 쩌렁쩌렁

처르렁=처르렁처르렁: 단단한 금속 따위가 부딪쳐 울리는 소리 센쩌르렁 쩌르렁쩌르

렁 여저르렁 저르렁저르렁 작차르랑 차르랑차르랑
철거덩=철거덩철거덩: 단단한 금속 따위가 가볍게 부딪치면서 울리는 소리 작찰가당 찰가당찰가당
철겅=철겅철겅: 단단한 금속 따위가 달라붙으면서 울릴 때 소리 작찰강 찰강찰강 센쩔껑 쩔껑쩔껑
철그렁=철그렁철그렁: 금속 따위가 거세게 떨어지거나 부딪쳐 울릴 때 소리 센쩔그렁 쩔그렁쩔그렁 여절그렁 절그렁절그렁 작찰그랑 찰그랑찰그랑
철꺼덩=철꺼덩철꺼덩: 단단한 금속 따위가 부딪쳐 울릴 때 소리 작찰까당 찰까당찰까당
철껑=철껑철껑: 단단한 금속 따위가 세게 들러붙으면서 울릴 때 나는 소리 작찰깡 찰깡찰깡
철럭철럭: 작은 금속 조각들이 가볍게 부딪치는 소리가 잇달아나다
철커덩=철커덩철커덩: 탄탄한 금속 따위가 거세게 부딪쳐 울리는 소리 센쩔꺼덩 쩔꺼덩쩔꺼덩 여절거덩 절거덩절거덩 작찰카당 찰카당찰카당
철컹=철컹철컹: 탄탄한 금속 따위가 매우 차지게 들러붙으면서 울리는 소리 센쩔껑 쩔껑쩔껑 여절겅 절겅절겅 작찰캉 찰캉찰캉
터드렁=터드렁터드렁: 금속이 떨어질 때 소리 작타드랑 타드랑타드랑

6.3.1.12. 긁거나 문지를 때 소리 부사

박=박박: 야무지게 긁거나 문지를 때 소리 센빡 빡빡 큰벅 벅벅
벅벅: 여무지게 자꾸 긁거나 문대는 소리 센뻑뻑 작박박
빡=빡빡: 매우 야무지게 긁거나 문댈 때 소리 여벅 벅벅 작빡 빡빡

6.3.1.13. 그릇 따위의 부딪치는 소리 부사

왜각대각: 그릇 따위가 부딪치거나 깨어질 때 소리 센왜깍대깍
왜깍대깍: 그릇 따위가 부딪치거나 깨어질 때 소리 여왜각대각
터렁=터렁터렁 그릇이 부딪칠 때 소리 작타랑 타랑타랑

6.3.1.14. 발동기나 기계 소리 부사

윙=윙윙: 큰 기계 따위가 매우 세차게 잇달아 돌아갈 때 나는 소리 작욍 욍욍
통통: 작은 발동기 따위가 울리는 소리 큰퉁퉁
퉁퉁: 큰 발동기 따위가 무디게 내는 소리 작통통

6.3.1.15. 기적 소리 부사

뚜뚜: 기적, 나팔 소리
삑=삑삑: 기적, 새 등이 날카롭게 지르는 소리 작빽 빽빽

6.3.1.16. 기침 소리 부사

칼락=칼락칼락: 기침할 때 소리 큰컬럭 컬럭컬럭
캑=캑캑: 몹시 숨이 막히는 듯이 목청에서 가까스로 자꾸 자내는 소리
컬럭=컬럭컬럭: 기침소리
콜록=콜록콜록: 기침할 때 소리
쿨룩=쿨룩쿨룩: 기침할 때 소리 작콜록 콜록콜록

6.3.1.17. 김이 새는 소리 부사

색=색색: 좁은 틈으로 김이 세차게 나오는 소리 큰식 식식

6.3.1.18. 깃발 따위가 나부끼는 소리 부사

펄럭=펄럭펄럭: 바람에 날리어 가볍고 빨리 나부기는 꼴 작팔락 팔락팔락
펄렁=펄렁펄렁: 바람에 날리어 거볍고 세게 나부끼는 소리 작팔랑 팔랑팔랑
폴락=폴락폴락: 바람에 날리어 좀 가볍고 빠르게 나부끼는 소리 큰풀럭 풀럭풀럭
폴랑=폴랑폴랑: 바람에 날리어 가볍게 한번 날리는 소리 큰풀렁 풀렁풀렁
풀럭=풀럭풀럭: 바람에 날리어 좀 거볍고 빠르게 나부낄 때 소리 작폴락 폴락폴락
풀렁=풀렁풀렁: 바람에 날리어 세차고 둔하게 나부낄 때 소리 작폴랑 폴랑폴랑

6.3.1.19. 깨, 콩 따위 곡물의 볶을 때 소리 부사

호드득=호드득호드득: 깨, 콩 따위를 볶을 때 작게 튀는 소리 큰후드둑 후드둑후드둑
후드득=후드득후드득: 깨, 콩 따위를 볶을 때 크게 튀는 소리

6.3.1.20. 꼬꾸라지는 소리 부사

팍: 힘없이 꼬꾸라지는 소리 큰퍽 (예) 팍 쓰러진다

6.3.1.21. 나무의 여러 소리 부사

사르륵사르륵: 바람에 나뭇잎이 흔들리며 가볍게 잇달아 나는 소치는 소리
우수수: 바람에 나뭇잎이 떨어지는 소리
우적우적: 나무를 썰 때 소리 센우쩍우쩍

6.3.1.22. 낮은 목소리로 이야기하는 소리 부사

재깔재깔: 낮은 목소리로 떠들썩하게 이야기하는 소리
재잘재잘: 낮은 목소리로 재잘거리는 소리 큰지절지절
조랑조랑: 낮은 목소리로 말하는 소리
지껄지껄: 지껄거리는 꼴 또는 그 소리 작재깔재깔
도란도란: 나직한 목소리로 정답게 조용히 서로 잇달아 이야기하는 소리 큰두런두런

6.3.1.23. 놀라는 소리 모양 부사

으악: 남을 놀라게 할 때의 소리
철렁: 갑자기 큰 충격으로 몹시 놀라서 가슴이 크게 설레다 (예) 가슴이 철렁 내려앉는 것 같다

6.3.1.24. 눈을 밟을 때 소리 부사

빠사삭=빠사삭빠사삭: 마른 잎이나 눈을 밟을 때 소리 여바사삭 바사삭바사삭 큰빠서석 빠서석빠서석

6.3.1.25. 돌멩이가 날아갈 때 소리 부사

왱왱: 돌멩이가 날아갈 때 소리 큰윙윙

6.3.1.26. 동물의 소리 부사

① 개, 강아지의 소리 부사
깽=깽깽: 강아지 따위가 아파서 애달프게 짖는 소리 거켕 켕켕

끼깅=끼깅끼깅: 개가 괴롭거나 무서워서 내는 소리
멍멍: 개가 짖는 소리
캉캉: 개가 짖는 소리 큰컹컹
캥캥: 개가 짖는 소리 센깽깽
컹컹: 개 짖는 소리
콩콩: 강아지의 짖는 소리 센꽁꽁

② 고양이 소리 부사

아옹아옹: 고양이의 울음소리

③ 돼지 소리 부사

꿀꿀: 돼지가 우는 소리
두두(감탄사): 돼지를 쫓는 소리

④ 닭의 소리 부사

갸갸: 암탉이 순하게 알겯는 소리 센꺄꺄
골골: 암탉이 알겯는 소리
꺅=꺅꺅: 닭, 오리 따위가 몹시 놀라거나 다 죽게 될 때 내는 외마디 소리
꺄꺄: ① 암탉이 새되게 알겯는 소리 여갸갸 ② 갈매기 따위가 새되게 우짖는 소리 여갸갸
꼬꼬: '꼬끼오'의 준말
꼬꼬댁=꼬꼬댁꼬꼬댁: 암탉이 놀랐거나 알을 낳은 뒤에 우는 소리
꼬끼댁=꼬끼댁꼬끼댁: 암탉이 놀랐거나 알을 낳은 뒤에 우는 소리
꼬끼오: 수탉의 우는 소리 준꼬꼬
꼬르륵: 닭이 놀랐을 때 급하게 내는 소리
꼭꼭: 암탉이 세게 우는 소리

⑤ 말, 소의 걸을 때 소리 부사

우걱우걱: 짐을 진 마소가 걸음을 걷는 대로 나는 소리

⑥ 병아리의 울음소리 부사

뱍=뱍뱍: 병아리의 울음소리 센뺙 뺙뺙
뺙뺙: 병아리가 삐악거리는 소리 여뱍뱍
삐악=삐악삐악: 병아리의 새되게 우는 소리 여비악 비악비악

⑦ 양, 염소의 울음소리 부사
매=매매: 양이나 염소의 울음소리

⑧ 여우 우는 소리 부사
캬=캬캬: 여우가 우는 소리

⑨ 사나운 짐승의 소리 부사
아르랑=아르렁아르렁: 사나운 짐승이 성이 나서 부르짖는 소리 큰으르릉 으르릉으르릉
으르렁=으르렁으르렁: 짐승이 성을 내어 울부짖는 소리 작아르렁 아르렁아르렁

⑩ 개구리 류의 울음소리 부사
개골개골: 개구리가 좀 소란스럽게 우는 소리 큰개굴개굴
맹꽁맹꽁: 맹꽁이의 울음소리

⑪ 때리거나 지르는 소리 부사
탁: 때리거나 부딪칠 때 소리 큰턱
팍: 세게 냅다 지르는 소리 큰퍽

6.3.1.27. 딸꾹질 소리 부사

딸꾹=딸꾹딸꾹: 딸꾹질하는 소리

6.3.1.28. 똥을 눌 때 소리 부사

바지직=바지직바지직: 무른 똥을 좀 급히 눌 때 좀 되바라지게 나는 소리 센빠지직 빠지직빠지직 큰부지직 부지직부지직
보도록보도록: 무른 똥을 눌 때 보독거리는 소리 센뽀도독뽀도독 큰부두둑부두둑
부두둑=부두둑부두둑: 무른 똥을 힘들어 눌 때 보드랍게 나는 소리 거푸두둑 푸두둑푸두둑 센뿌두둑 뿌두둑뿌두둑 작보도독 보도독보도독
뽕=뽕뽕: 방귀나 가스가 좁은 구멍으로 갑자기 세게 터져 나올 때 소리 거퐁 퐁퐁 여봉 봉봉 큰뿡 뿡뿡
파드득=파드득파드득: 무른 똥을 몹시 힘들이어 눌 때 되바라지게 나는 소리 센빠드득 빠드득빠드득 여바드득 바드득바드득
포도독=포도독포도독: 무른 똥을 아주 힘들여 눌 때 소리 센뽀도독 뽀도독뽀도독 여보

도독 보도독보도독 [큰]푸두둑 푸두둑푸두둑

포드득=포드득포드득: 무른 똥을 좀 힘들여 눌 때 소리 [센]뽀드득 뽀드득뽀드득 [여]보드득 보드득보드득 [큰]푸드득 푸드득푸드득

푸두둑=푸두둑푸두둑: 묽은 똥을 아주 급하게 눌 때 소리 [센]뿌두둑 뿌두둑뿌두둑 [여]부두둑 부두둑부두둑 [작]포도독 포도독포도독

푸드둑=푸드둑푸드둑: 무른 똥을 힘들여 눌 때 소리 [센]뿌드둑 뿌드둑뿌드둑 [여]부드둑 부드둑부드둑 [작]포드둑 포드둑포드둑

화드둑=화두둑화드둑: 묽은 똥 따위가 갑작스럽게 세게 누는 소리가 자꾸 나다

화드득=화드득화드득: 묽은 똥 따위가 갑자기 세게 나오는 소리

6.3.1.29. 많은 사람이 떠드는 소리 부사

와그작와그작: 많은 사람이 좁은 곳에서 시끄럽게 복작거리는 소리 [큰]워그적워그적

와글와글: 사람이 많이 모여 떠드는 소리 [큰]워글워글

왁자그르르: 여럿이 모여 웃거나 재깔이며 떠들어대는 소리

왁자지껄: 정신이 어지럽도록 지껄이는 소리

웅성웅성: 여러 사람이 모여 소란스럽게 수군거리거나 말하는 소리 [작]옹성옹성

워그적워그적: 여러 사람이 모여 시끄럽게 복작거리는 소리 [작]와그작와그작

워글워글: 사람이나 벌레 따위가 좁은 곳에 많이 모여 복작거리며 시끄럽게 나는 소리 [작]와글와글

웍저그르르: 시끄럽게 떠드는 소리 [작]왁자그르르

6.3.1.30. 여러 가지 말소리 부사

떠듬적떠듬적: 말 소리를 느릿느릿 세게 떠듬적거리는 소리 [여]더듬적더듬적 [작]따듬작따듬작

속닥속닥: ① 좀 큰 소리로 소곤소곤 말하는 소리 [센]쏙닥쏙닥 [큰]숙덕숙덕 ② 속달거리는 소리 좀 수선스럽게 속달거리는 소리 [센]쏙달쏙달 [큰]숙덜숙덜

속살속살: 좀 자지러지게 속달거리는 소리 [센]쏙살쏙살 [큰]숙설숙설

수군덕수군덕: 낮은 목소리로 이야기할 때 소리 [센]쑤군덕쑤군덕

수군수군: 수군거리는 소리

수런수런: 여러 사람이 모여 수선스럽게 지껄이는 소리

숙설숙설: 좀 자지레하게 쑥덕거리는 소리 [센]쑥설쑥설 [작]속살속살

쏘곤쏘곤: 수군거리는 소리 [여]소곤소곤 [큰]쑤군쑤군

쏙닥쏙닥: ① 쏙닥거리는 소리 [여]속닥속닥 [큰]쑥덕쑥덕 ② 좀 수선스럽게 쏙닥거리는

소리 [여]속닥속닥 [큰]쑥덕쑥덕
쏙살쏙살: 쏙살거리는 소리 [여]속살속살 [큰]쑥설쑥설
쑤군덕쑤군덕: 매우 어수선하게 쑤군덕거리는 소리 [여]수군덕수군덕
쑤군쑤군: 쑤군거리는 소리 [여]수군수군 [작]쏘곤쏘곤
쑥덕쑥덕: 좀 큰소리로 쑤군거리는 소리 [여]숙덕숙덕 [작]쏙닥쏙닥
쑥덜쑥덜: 좀 큰소리로 쑤군거리는 소리 [여]숙덜숙덜 [작]쏙달쏙달
쑥설쑥설: 자질구레하게 쑥덕거리는 소리 [여]숙설숙설 [작]쏙살쏙살
옹알옹알: 입속말로 똑똑하지 않게 중얼거리는 소리 [큰]웅얼웅얼
옹잘옹잘: 원망하거나 탄식하는 바가 있어 입속으로 옹잘거리는 소리 [큰]웅절웅절
왱댕: 요란스럽게 떠들 때 소리
종달종달: 불평스런 말로 종알거리다 [센]쫑달쫑달 [큰]중덜중덜
종알종알: 종알거리는 소리 [큰]중얼중얼 [센]쫑알쫑알
종잘종잘: 수다스럽게 종알거리는 소리
중덜중덜: 불평을 늘어놓는 소리 [센]쭝덜쭝덜
중얼중얼: 중얼중얼 말하는 소리 [센]쭝얼쭝얼
중절중절: 이리저리 여러 말로 중얼거리다 [센]쭝절쭝절
지껄지껄: 지껄거리는 소리 [작]재깔재깔
지끔지끔: 몰래 지끔거리는 소리 [여]자금자금 [작]자끔자끔
지절지절: 지껄이는 소리 [작]재잘재잘
징얼징얼: 짜증을 내며 중얼거리는 소리 [거]칭얼칭얼 [센]찡얼찡얼
쫑잘=쫑잘쫑잘: 수다스럽게 쫑알거리는 소리 [여]종잘 종잘종잘 [큰]쭝절 쭝절쭝절

6.3.1.31. 목소리 부사

카랑카랑: 목소리가 쇳소리처럼 높고 맑은 소리
칵=칵칵: 목에 걸린 것을 뱉을 때 소리
캭=캭캭: 목에 걸린 것을 뱉을 때 소리

6.3.1.32. 물체의 소리 부사

깔작깔작: 얇고 빳빳한 물체의 바닥이 깔작거리는 소리
꿍=꿍꿍: 무거운 물체가 땅에 떨어질 때 소리
왁다글왁다글: 작고 단단한 물건들이 함부로 부딪치며 구르는 소리가 잇달아 나다
잘가닥=잘가닥잘가닥: 잘가닥거리는 소리 [거]찰가닥 찰가닥찰가닥 [센]짤까닥 짤까닥짤까닥 [큰]절거덕 절거덕절거덕

잘방=잘방잘방: 물체가 물에 떨어질 때 소리 [거]찰방 찰방찰방 [큰]절벙 절벙절벙
잘칵=잘칵잘칵: 단단한 물체가 달라붙을 때 소리 [거]찰칵 찰칵찰칵 [큰]절컥 절컥절컥
잠방=잠방잠방: 작은 물체가 부딪칠 때 소리 [거]참방 참방참방 [큰]점벙 점벙점벙
절걱=절걱절걱: 단단한 물체가 부딪칠 때 소리 [거]철컥 철컥철컥 [센]쩔꺽 쩔꺽쩔꺽 [작]잘각 잘각잘각
절걱=절걱절걱: 물체가 가볍게 부딪칠 때 소리 [거]철걱 철걱철걱 [센]쩔꺽 쩔꺽쩔꺽 [작]잘각 잘각잘각
절꺽=절꺽절꺽: 물체가 서로 부딪칠 때 소리 [작]잘깍 잘깍잘깍
절버덩=절버덩절버덩: 묵직한 물체가 물에 거칠게 떨어지며 부딪칠 때 소리 [거]철버덩 철버덩철버덩 [작]잘바당 잘바당잘바당
점벙=점벙점벙: 물체가 물에 부딪칠 때 소리 [센]쩜벙 쩜벙쩜벙 [거]첨벙 첨벙첨벙 [작]잠방 잠방잠방
제꺼덕=제꺼덕제꺼덕: 물체가 부딪칠 때 소리 [센]쩨꺼덕 쩨꺼덕쩨꺼덕 [작]재까닥 재까닥재까닥
짝: 물체가 문질리면서 미끄러지는 소리 [여]작 [큰]찍
짝짝: 작은 물체가 큰 물체 바닥에 달라붙는 소리 [여]작작 [큰]찍찍
짤깍=짤깍짤깍: 물체가 부딪칠 때 소리 [거]찰칵 찰칵찰칵 [여]잘각 잘각잘각 [큰]쩔꺽 쩔꺽쩔꺽
쩔거덩=쩔거덩쩔거덩: 단단한 물체가 부딪칠 때 소리 [여]절거덩 절거덩절거덩 [작]짤까당 짤까당짤까당
찰가닥=찰가닥찰가닥: 물체가 부딪칠 때 찰가닥거리는 소리 [큰]철거덕 철거덕철거덕
찰각=찰각찰각: 물체가 달라붙을 때 소리 [큰]철걱 철걱철걱
찰딱=찰딱찰딱: 몹시 차지게 달라붙는 소리 (예) 땀에 젖은 속옷이 몸에 찰딱 붙었다 [큰]철떡 철떡철떡
찰바당=찰바당찰바당: 무거운 물체가 물에 떨어질 때 소리 [여]잘바당 잘바당잘바당 [큰]철버덩 철버덩철버덩
찰방=찰방찰방: 작은 물체가 물에 떨어질 때 소리 [여]잘방 잘방잘방 [큰]철벙 철벙철벙
찰싸닥=찰싸닥찰싸닥: 좀 세고 끈지게 부딪칠 때 나는 소리 [여]잘사닥 잘사닥잘사닥 [큰]철써덕 철써덕철써덕 (예) 놈의 볼기를 한대 팔싸닥 때렸다
찰카닥=찰카닥찰카닥: 작고 탄탄한 물체가 차지게 부딪칠 때 소리 [센]짤까닥 짤까닥짤까닥 [여]잘가닥 잘가닥잘가닥 [큰]철커덕 철커덕철커덕
찰칵=찰칵찰칵: 작고 단단한 물체가 매우 끈기 있게 달라붙을 때 소리 (예) 유리창을 찰칵 닫는다 [센]짤깍 짤깍짤깍 [여]잘각 잘각잘각 [큰]철컥 철컥철컥
참방=참방참방: 작은 물체가 물속에 좀 세게 떨어져 잠길 때 소리 [여]잠방 잠방잠방 [큰]첨벙 첨벙첨벙

철거덕=철거덕철거덕: 탄탄한 물체가 가볍게 부딪칠 때 소리 작찰가닥 찰가닥찰가닥
철걱=철걱철걱: 탄탄한 물체가 거볍게 들어붙을 때 소리 작찰각 찰각찰각
철꺼덕=철꺼덕철꺼덕: 탄탄한 물체가 세게 부딪칠 때 소리 작찰까닥 찰까닥찰까닥
철꺽=철꺽철꺽: 탄탄한 물체가 세게 부딪칠 때 소리 작찰깍 찰깍찰깍
철떡=철떡철떡: 몹시 차지게 둘러붙는 소리 작찰딱 찰딱찰딱 (예) 떡매로 떡을 철떡철떡 치다
철벙=철벙철벙: 큰 물체가 물 위에 세게 떨어질 때 소리 여절벙 절벙절벙 작찰방 찰방찰방
철써덕=철써덕철써덕: 세고 끈지게 마구 부딪칠 때 소리 여절써덕 절써덕절써덕 작찰싸닥 찰싸닥찰싸닥
철커덕=철커덕철커덕: 단단한 물체가 매우 차지게 맞부딪칠 때 소리 (예) 기차가 철커덕 움직이기 시작하다 센쩔꺼덕 쩔까덕쩔꺼덕 여절거덕 절거덕절거덕 작찰카닥 찰카닥찰카닥
철컥=철컥철컥: 탄탄한 물체가 매우 끈기 있게 달라붙을 때 소리 센쩔꺽 쩔꺽쩔걱 여절걱 절걱절걱 작찰칵 찰칵찰칵
첨벙=첨벙첨벙: 물체가 물속에 세게 떨어져 잠길 때 소리 여점벙 점벙점벙 작참방 참방참방
탐방=탐방탐방: 물체가 물에 떨어질 때 소리
텀벙=텀벙텀벙: 무거운 물체가 물에 떨어질 때 소리 작탐방 탐방탐방
투덕투덕: 소리가 둔하게 울릴 정도로 물체를 거볍게 자꾸 두드리다 작토닥토닥

6.3.1.33. 물에 관한 여러 소리 부사

① 물, 액체 따위의 여러 소리 부사

꼬르륵=꼬르륵꼬르륵: 물이 배좁은 구멍으로 가까스로 빠져나갈 때 작게 나는 소리
꼴까닥=꼴까닥꼴까닥: 적은 액체 따위가 목구멍이나 좁은 구멍으로 한꺼번에 넘어가는 솔 큰꿀꺼덕 꿀거덕꿀꺼덕
꼴깍=꼴깍꼴깍: 적은 액체 따위가 목구멍이나 좁은 구멍으로 한꺼번에 넘어가는 소리 큰꿀꺽 꿀꺽꿀꺽
꼴꼴: 물 따위가 가는 줄기로 몰리어 흐를 때 나는 소리 거콜콜 큰꿀꿀
꼴랑=꼴랑꼴랑: 병이나 그릇에 다 차지 아니한 액체가 흔들릴 때 나는 소리 큰꿀렁 꿀렁꿀렁
꼴찌락=꼴찌락꼴찌락: 작은 병이나 통속의 액체가 세게 흔들릴 때 나는 소리 큰꿀찌럭 꿀찌럭꿀찌럭
꼴칵=꼴칵꼴칵: 적은 물 따위가 목구멍이나 좁은 구멍으로 단번에 세게 몰리어 넘어가

는 소리 [큰]꿀컥 꿀컥꿀컥 [센]꼴깍 꼴깍꼴깍

꽁=꽁꽁: 작은 물체가 바닥에 떨어지거나 부닥칠 때 나는 소리 [거]콩 콩콩 [큰]꿍 꿍꿍

꽈르르=꽈르르꽈르르: 맑은 물이 좁은 구멍으로 좀 급히 쏟아지는 소리 [큰]꿔르르 꿔르르꿔르르

꽐꽐: 많은 물이 급히 쏟아져 흐를 때 나는 소리 [거]콸콸 [큰]꿜꿜

꿀꿀: 물 따위가 가는 줄기로 몰리어 흐르는 소리 [거]쿨쿨 [작]꼴꼴

꿀꺼덕=꿀꺼덕꿀꺼덕: 액체나 물이 목구멍이나 좁은 구멍으로 한꺼번에 넘어가는 소리 [작]꼴까닥 꼴까닥꼴까닥

꿀꺽=꿀꺽꿀꺽: 물 따위가 좁은 목구멍으로 단번에 몰리어 넘어가는 소리 [작]꼴깍=꼴깍꼴깍

꿀떡=꿀떡꿀떡: 물 따위를 목구멍으로 단번에 삼길 때 소리 [작]꼴딱 꼴딱꼴딱

꿀렁=꿀렁꿀렁: 병에 담긴 물을 흔들 때 나는 소리 [거]쿨렁 쿨렁쿨렁 [작]꼴랑 꼴랑꼴랑

꿀컥=꿀컥꿀컥: 물 따위가 목구멍으로 세게 몰리어 넘어갈 때 소리 [작]꼴칵 꼴칵꼴칵

꿜꿜: 많은 물이 크게 쏟아져 흐르는 소리 [거]퀄퀄 [작]꽐꽐

똬르르: 물이 좁은 목으로 급하게 쏟아지는 소리

바르르: 액체가 바그르르 끓는 소리

버그르르: 많은 액체가 넓은 범위에서 야단스럽게 끓어오르는 소리 [센]뻐그르르 [작]바그르르

버르르: 액체가 가볍게 끓는 소리 [거]퍼르르 [작]바르르

벌컥벌컥: 물 따위가 벌컥거리는 소리 [센]벌꺽벌꺽 [작]발칵발칵

보그르르: 적은 액체가 야단스레 끓어오를 때 소리 [센]뽀그르르 [큰]부그르르

부그르르: 많은 액체가 좁은 범위에서 단단하게 끓어오르는 소리 [센]뿌그르르 [작]보그르르

빠그르르: 적은 액체가 좀 넓은 범위에서 매우 야단스럽게 끓는 소리 [여]바그르르 [큰]뻐그르르

빠글빠글: 적은 액체가 좀 넓은 범위에서 매우 야단스럽게 끓어오를 때 소리 [여]바글바글 [큰]뻐글뻐글

뻐그르르: 많은 액체가 야단스럽게 끓어오르는 소리 [여]버그르르 [작]빠그르르

뻐글뻐글: 많은 약체가 끓는 소리 [여]버글버글 [작]빠글빠글

뽀그르르: 적은 액체가 몹시 야단스럽게 끓어오르는 소리 [여]보그르르 [큰]뿌그르르

뽀글뽀글: 적은 액체가 몹시 끓어오르는 소리 [큰]뿌글뿌글 [여]보글보글

뿌그르르: 많은 액체가 야단스럽게 끓어오르는 소리 [여]부그르르 [작]뽀그르르

뿌글뿌글: 많은 약체가 야단스럽게 끓어오르는 서리 [여]부글부글 [작]뽀글뽀글

쇨쇨: 물이 거침없이 번져 흐르는 소리 [센]쐴쐴

쐴쐴: 물이 거침없이 흐르는 소리 [여]쇨쇨

오그르르: 적은 물이 끓어오르는 소리 [큰]우그르르

오글보글: 물이 끓으면서 오글거리고 보글거리는 소리 [큰]우글부글
오글오글: 물이 끓는 소리 [큰]우글우글
오르르: 물이 갑자기 끓어오를 때 소리
오르릏: '오르르'의 힘줌말
올각올각: 적은 물을 입안에 머금고 움직이는 소리 [센]올깍올깍 [큰]울걱울걱
올깍=올깍올깍: 많은 물을 입안에 머금고 움직이는 소리 [거]올칵 올칵올칵 [큰]울꺽 울꺽울꺽
와그르르: 액체가 끓어오르는 소리 [큰]워그르르
와르르: 액체가 끓는 소리
우그르르: 물 끓는 소리
우글부글: 적은 양의 물이 끓는 소리 [큰]우글부글
우글우글: 물이나 찌개가 끓어오르는 소리 [작]오글오글
울걱울걱: 물을 입에 머금고 움직일 때 소리 [작]올각올각
워그르르: 액체가 끓어오르는 소리 [작]와그르르
자그르르: 물이 끓을 때 소리 [센]짜그르르 [큰]지그르르
자글자글: 액체가 끓을 때 소리 [센]짜글짜글 [큰]지글지글
잘싸닥=잘싸닥잘싸닥: 액체가 단단한 물체에 부딪칠 때 소리 [거]찰사닥 찰사닥찰사닥 [큰]절써덕 절써덕절써덕
잘싹=잘싹잘싹: 물이 물체에 부딪칠 때 소리 [거]찰싹 찰싹찰싹 [큰]절썩 절썩절썩
졸랑졸랑: 그릇에 채 차지 않은 액체가 자꾸 흔들리면서 내는 소리
졸졸=졸졸졸졸: 무이 흘러나오는 소리 [센]쫄쫄 쫄쫄쫄쫄 [큰]줄줄 줄줄줄줄
줄렁=줄렁줄렁: 그릇에 차지 아니한 액체가 한번 흔들리는 소리 [센]쭐렁 쭐렁쭐렁 [거]출렁 출렁출렁 [여]졸랑 졸랑졸랑
지그르르: 물이 끓을 때 소리 [센]찌그르르 [작]자그르르
지글지글: 액체가 끓는 소리 [센]찌글찌글 [작]자글자글
짜그르르: 액체가 끓을 때 소리 [큰]짜그르르 [여]자그르르
짜글짜글: 애체가 끓는 소리 [여]자글자글 [큰]찌글찌글
짜르륵=짜르륵짜르륵: 액체가 좀스럽게 빨리며 나는 소리 [큰]찌르륵 찌르륵찌르륵
짝짝: 액체가 줄기로 뻗치는 소리 [여]작작 [큰]찍찍
쫄랑=쫄랑쫄랑 그릇에 골막하게 찬 액체가 자꾸 세게 흔들리다 [거]촐랑 촐랑촐랑 [여]졸랑 졸랑졸랑 [큰]쭐렁 쭐렁쭐렁
쭐렁=쭐렁쭐렁: 물통 안의 물이 흔들리는 소리 [여]줄렁 줄렁줄렁 [작]쫄랑 쫄랑쫄랑
찌그르르: 많은 액체가 끓어오를 때 소리
찌글찌글: 액체가 많이 끓는 소리 [여]지글지글 [작]짜글짜글
찌르륵=찌르륵찌르륵: 액체가 가까스로 빨리며 나는 소리 [작]짜르륵짜르륵

찍=찍찍: 액체가 가는 줄기로 세게 뻗치는 소리
찰락찰락: 물이 찰락거리는 소리 (예) 잔잔한 물결이 뱃전을 찰락찰락 두드린다 큰철럭철럭
찰싹=찰싹찰싹: 물 따위가 단단한 물체에 좀 세고 끈끈지게 부딪칠 때 나는 소리 여잘싹=잘싹잘싹 큰철썩=철썩철썩
파르르: 액체가 가볍게 빠그르르 끓는 소리 여바르르 큰퍼르르
팡팡: 액체가 좁은 구멍으로 힘이 있게 쏟아져 나오는 소리 큰펑펑
푸르르: 액체가 가볍게 끓는 소리 여부르르 작포르르
홀짝=홀짝홀짝: 적은 액체를 단숨에 남김없이 들이마시는 소리 큰훌쩍 훌쩍훌쩍

② 물, 진창을 밟을 때 소리 부사

불컥=불컥불컥: 지직한 반죽이나 진흙 등을 크게 주무르거나 할 때 소리 작볼칵 볼칵볼칵
잘바닥=잘바닥잘바닥: 얕은 물이나 진창을 거칠게 밟거나 치는 소리 큰절버덕 절버덕 거찰바닥 찰바닥찰바닥 찰파닥 찰파닥찰파닥 큰절버덕 절버덕절버덕
절벅=절벅절벅: 물이나 진창을 밟을 때 소리 거철벅 철벅철벅 작잘박 잘박잘박
찰바닥=찰바닥찰바닥: 얕은 물이나 진창을 밟을 때 소리 여잘바닥 잘바닥잘바닥 큰철버덕 철버덕철버덕
찰박=찰박찰박: 얕은 물이나 진창을 밟을 때 소리 여잘박 잘박잘박 작철벅 철벅철벅
찰파닥=찰파닥찰파닥: 얕은 물이나 진창을 밟을 때 소리 큰철퍼덕 철퍼덕철퍼덕
철버덕=철버덕철버덕: 옅은 물이 진창을 거칠고 세게 밟거나 찰 때 소리 여절버덕 절버덕절버덕 작찰바닥 찰바닥찰바닥
철벅=철벅철벅: 옅은 물이나 진창을 밟거나 찰 때 소리 여절벅 절벅절벅 작찰박 찰박찰박
철퍼덕=철퍼덕철퍼덕: 옅은 물이나 진창을 밟거나 찰 때 소리 작찰파닥 찰파닥찰파닥

③ 물이 부딪칠 때 소리 부사

절써덕=절써덕절써덕: 액체가 단단한 물체에 마구 부딪칠 때 소리 작잘싸닥 잘싸닥잘싸닥 거철써덕 철써덕철써덕
절썩=절썩절썩: 액체가 단단한 물체에 마구 부딪칠 때 소리 거철썩 철썩철썩 작잘싹 잘싹잘싹
찰싹=찰싹찰싹: 물 따위가 단단한 물체에 좀 세고 끈지게 부딪칠 때 소리 여잘싹 잘싹잘싹 큰철썩 철썩철썩
철럭철럭: 물 따위가 흘러넘치거나 가볍게 부딪치는 소리가 자꾸 나다 (예) 물결이 뱃전을 철럭철럭 차다
철럼철럼: 물이 흔들리는 대로 조금씩 자꾸 넘쳐흐르다 (예) 독에 물이 철럼철럼 흘러넘치다 작찰람찰람
철렁=철렁철렁: 넓고 깊은 못에 괸 물이 물결을 이루며 흔들릴 때 나는 소리 (예) 목욕탕

의 물이 철렁 넘친다 [작]찰랑 찰랑찰랑
철썩=철썩철썩: 물 따위가 단단한 물체에 세고 끈지게 부딪칠 때 소리 [여]절썩 절썩절썩 [작]찰싹 찰싹찰싹

④ 물이 흔들릴 때 소리 부사

출렁=출렁출렁: 물이 큰 물결을 이루며 거세게 흔들릴 때 소리

쿨렁=쿨렁쿨렁: 물통이 흔들릴 대 물의 쿨렁거리는 소리

⑤ 물에 걷거나 밟을 때 소리 부사

잘바닥=잘바닥잘바닥: 물에 걷거나 물을 찰 때 나는 소리 [거]찰바닥 찰바닥찰바닥 [큰]절버덕 절버덕절버덕

잘박=잘박잘박: 물을 칠 때 소리 [거]찰팍 찰팍찰팍 [큰]절벅 절벅절벅

털버덕=털버덕털버덕: 발바닥으로 옅은 물을 마구 거칠게 밟는 소리 [작]탈바닥 탈바닥탈바닥

⑥ 물을 칠 때 소리 부사

탈바닥=탈바닥탈바닥: 물을 칠 때 소리 [큰]털버덕 털버덕털버덕

탈박=탈박탈박: 얇은 물건으로 물을 칠 때 소리 [큰]털벅 털벅털벅

털버덕=털버덕털버덕: 넓은 판자로 물을 칠 때 소리 [작]탈바닥 탈바닥탈바닥

털벅=털벅털벅: 넓적한 물건으로 옅은 물을 거볍게 칠 때 소리 [작]탈박 탈박탈박

털벙=털벙털벙: 물건이 옅은 물에 떨어져 거볍게 울릴 때 소리 [작]탈방 탈방탈방

텀벙=텀벙텀벙: 큰 물건이 깊은 물에 거볍게 떨어져 잠길 때 소리 [여]덤벙 덤벙덤벙 [작]탐방 탐방탐방

⑦ 물이 흐르는 소리 부사

잔잔히: 시냇물 흐르는 소리가 가늘게

잘잘: 물 흐르는 소리 [센]짤짤 [큰]절절

절절: 물 흐르는 소리 [센]쩔쩔 [작]잘잘

조록=조록조록: 물줄기가 흐르거나 그치는 소리 [센]쪼록 쪼록쪼록 [큰]주룩 주룩주룩

조르르: 물이 흐르며 내는 소리

조르륵=조르륵조르륵: 물이 흐르거나 노치는 소리 [센]쪼르륵 쪼르륵쪼르륵 [큰]주루룩 주루룩주루룩

좔좔: 물이 많이 흐르는 소리 [센]쫠쫠

주룩주룩: 굵은 물줄기가 자꾸 흐르는 소리 [센]쭈룩쭈룩 [작]조록조록

줄줄: 물이 흐르는 소리 센쭐쭐 작졸졸
짜르르: 물줄기가 쏟아지는 소리 여좌르르
쩔쩔: 물 흐르는 소리 여절절 작짤짤
쪼록=쪼록쪼록: 물 흐르는 소리 여조록 조록조록 큰쭈룩 쭈룩쭈룩
쪼르르: 물 흐르는 소리 여조르르 큰쭈르르
쪼르륵: 물이 흐르다가 그치는 소리 여조르륵 큰쭈르륵
쫄쫄: 물이 빠르게 흐르는 소리 여졸졸 큰쭐쭐
좔좔: 물이 세게 흐르는 소리 여좔좔
쭈룩=쭈룩쭈룩: 물이 세차게 흐르는 소리 여주룩 주룩주룩 작쪼록 쪼록쪼록
쭈르르: 물이 세차게 흐르는 소리 여주르르 작쪼르르
쭈르륵=쭈르륵쭈르륵: 물이 세차게 흐르는 소리 여주르륵 주르륵주르륵 작쪼르륵 쪼르륵쪼르륵
쭐쭐: 물이 빠르게 흐르는 소리 여줄줄 작쫄쫄
철철: 많은 액체가 넘쳐흐르는 소리 작찰찰
콜랑=콜랑꼴랑: 통속의 물이 흐를 때 소리
콜콜: 물이 셀 때 소리
콰르르: 좁은 목으로 물이 세게 흐르는 소리 센꽈르르 큰쿼르르
콸콸: 물이 세게 흐르는 소리 센꽐꽐 큰퀄퀄
풍풍: 좁은 구멍으로 물이 급자기 쏟아져 나올 때 자꾸 나는 소리 작퐁퐁

⑧ 물결, 물에 빠졌을 때, 물방울, 물을 마실 때 소리 부사
똑똑: 물방울이 떨어지는 소리 큰뚝뚝
어푸어푸: 물에 빠져서 괴롭게 물을 품어내는 소리
울렁출렁: 물결이 출렁거리는 소리 작올랑촐랑
훅=훅훅: 물 따위를 자꾸 가볍게 들이마실 때 소리 작혹 혹혹
훌쩍=훌쩍훌쩍: 물 따위를 단숨에 남김없이 들이마시는 소리 작홀짝 홀짝홀짝

6.3.1.34. 바람 소리 부사

솨=솨솨: 바람이 스쳐 불 때 소리 센쏴 쏴쏴
쇄: 나뭇가지나 물건의 틈 사이로 몰아쳐 부는 바람소리 센쐐
쌩=쌩쌩: 바람이 매몰차게 스쳐가는 소리 큰씽 씽씽
쏴=쏴쏴: 바람이 세게 스쳐 불 때 소리 여솨 솨솨
쐐: 틈 사이를 세차게 몰아쳐 부는 사람 소리 여쇄
씽=씽씽: 바람이 세차게 스쳐 지나가거나 또는 물체가 세차게 바람을 일으키며 움직일

때 소리 [작]쌩 쌩쌩
우: 비, 바람이 세차게 한쪽으로 몰아치는 소리
윙=윙윙: 거센 바람이 굵은 전깃줄 따위에 잇달아 세게 부딪칠 때 나는 소리 [작]왕 왕왕
잔잔히: 바람이나 물결 따위가 가라앉아 잠잠히
휘: 센바람이 거칠게 스쳐 지나갈 때 나는 소리
휘휘: 좀 센 바람이 거칠게 자꾸 스쳐 지나갈 때 소리

6.3.1.35. 발자국 소리 부사

두루루: 바퀴 따위가 굴러가며 넓게 울리는 소리 [센]뚜루루 [작]도르르
드르르: 큰 바위 따위의 물건이 단단한 바닥 위를 구를 때 소리 [센]뜨르르 [작]다르르
떨떨: 수레바퀴가 딴딴한 바닥에서 구르는 소리 [여]덜덜 [작]딸딸
또박또박: 발자국 소리를 좀 크게 내며 걷는 소리 [큰]뚜벅뚜벅
뚜르르: 바퀴가 굴러가며 크게 울리는 소리
뚜벅뚜벅: 발자국 소리를 좀 크게 내며 걷는 소리 [작]또박또박
뜨르르: 바퀴가 굳은 바닥 위를 구르는 소리 [여]드르르 [작]따르르
뜨르륵=뜨르륵뜨르륵: 바퀴가 굴러가다가 멈추는 소리 [여]드드륵 드르륵드르륵
자박=자박자박: 발자국 소리 [센]짜박 짜박짜박 [큰]저벅=저벅저벅
저벅=저벅저벅: 벌을 가볍게 내딛는 소리 [센]쩌벅 쩌벅쩌벅 [작]자박 자박자박
짜박=짜박짜박: 걸을 때의 발자국 소리 [여]자박 자박자박 [큰]쩌벅 쩌벅쩌벅
쩌벅=쩌벅쩌벅: 걸을 때 발자국 소리 [여]저벅 저벅저벅 [작]짜박 짜박짜박

6.3.1.36. 방아 소리 부사

콩닥=콩닥콩닥: 절구나 방아를 찧을 때 나는 소리 [큰]쿵덕=쿵덕쿵덕
쿵덕: 방아 찧는 소리 [작]콩닥
쿵덕=쿵덕쿵덕: 방아 찧는 소리 [작]콩닥=콩닥콩닥
쿵덕덕=쿵덕덕쿵덕덕: 북 따위를 장단 맞추어 칠 때 소리 [작]콩닥닥=콩닥닥콩닥닥

6.3.1.37. 방울 소리 부사

달랑=달랑달랑: 작은 방울이 흔들리면서 나는 소리 [센]딸랑 딸랑딸랑 [큰]덜렁 덜렁덜렁
덜렁=덜렁덜렁: 큰 방울이 흔들리면서 나는 소리 [센]떨렁 떨렁떨렁 [작]달랑 달랑달랑
뎅그렁=댕그렁뎅그렁: 방울, 풍경, 워낭 등이 흔들리면서 울리어 나는 소리 [센]뗑그렁

뗑그렁뗑그렁 작댕그랑 댕그랑댕그랑

딸랑=딸랑딸랑: 작은 방울이 흔들리면서 나는 소리 거탈랑 탈랑탈랑 여달랑 달랑달랑 큰떨렁 떨렁떨렁

땡그랑=땡그랑땡그랑: 작은 방울 풍경 워낭 따위가 흔들리면서 울리는 소리 센땡그랑 땡그랑땡그랑 큰뎅그렁 뎅그렁뎅그렁

떨렁=떨렁떨렁 큰 방울이 흔들리면서 나는 소리 여덜렁 덜렁덜렁 작딸랑 딸랑딸랑

뗑그렁=뗑그렁뗑그렁: 방울종, 풍경 따위가 흔들리면서 나는 소리 여뎅그렁 뎅그렁뎅그렁 작땡그랑 땡그랑땡그랑

왱강댕강: '왱그랑댕그랑'의 준말 즉 작은 방울이나 놋그릇 따위가 마구 부딪치며 울리는 소리 큰웽겅뎅겅 웽그랑뎅그랑 준왱강댕강

절렁=절렁절렁: 방울이 엷은 금속이 함께 흔들릴 때 소리 거철렁 철렁철렁 센쩔렁 쩔렁쩔렁 작잘랑 잘랑잘랑

짤랑: 방울, 금속의 울리는 소리 거찰랑 찰랑찰랑 큰쩔렁 쩔렁쩔렁

쩔렁=쩔렁쩔렁: 방울이나 금속 따위가 흔들릴 때 소리 거철렁 철렁철렁 여절렁 절렁절렁 작짤랑 짤랑짤랑

쩽그렁=쩽그렁쩽그렁: 방울이 울리는 소리 여젱그렁 젱그렁젱그렁 작쨍그렁 쨍그렁쨍그렁

철렁=철렁철렁: 큰 방울이나 엷은 금속 따위가 거세게 부딪쳐 흔들릴 때 소리 센쩔렁 쩔렁쩔렁 여절렁 절렁절렁 작찰랑 찰랑찰랑

탈랑=탈랑탈랑: 방울이 흔들리며 내는 소리 큰털렁 털렁털렁 센딸랑 딸랑딸랑 여달랑 달랑달랑

털렁=털렁털렁: 방울이 흔들릴 때 소리 여덜렁 덜렁덜렁 작탈랑 탈랑탈랑

6.3.1.38. 뱃속이 끓는 소리 부사

꽐꽐: 먹은 것이 소화가 잘 안 되어 뱃속이 끓는 소리 여괄괄

6.3.1.39. 분위기가 소란스런 소리 부사

웅성웅성: 분위기가 소란스러운 소리 작옹성옹성

6.3.1.40. 불평 따위의 말소리 부사

옹잘옹잘: 불평이나 원망 탄식 따위를 입속말로 혼자 지껄이는 말소리 큰웅절웅절

쫑달=쫑달쫑달: 불편한 말로 쫑알거리다 여종달 종달종달 큰쭝덜 쭝덜쭝덜

쫑알=쫑알쫑알: 혼자서 심하게 말하는 소리 [여]종알 종알종알 [큰]쭝얼쭝얼
쭝덜쭝덜: 불편한 말로 중얼거리는 소리 [여]중덜중덜 [작]쫑달쫑달
쭝얼쭝얼: 불편한 말로 쭝얼거리는 소리 [여]중얼중얼 [작]쫑알쫑알
쭝절쭝절: 불편한 말로 쭝절거리는 소리 [여]중절 [작]쫑잘쫑잘
창알창알: 매우 짜증을 내며 쫑알거리며 보채다 [센]짱알짱알 [여]장알장알

6.3.1.41. 북소리 부사

꿍꽝=꿍꽝꿍꽝: 북소리가 작고 크게 잇달아 나는 소리 [거]쿵쾅 쿵쾅쿵쾅
덩덕꿍=덩덕꿍덩덕꿍: 북을 흥겹게 두드리는 소리
동=동동: 북을 치거나 거문고를 뜯을 때 소리 [큰]둥 둥둥
동당=동당동당: 북을 치거나 거문고를 뜯을 때 소리 [거]통탕 통탕통탕 [센]똥땅 똥땅똥땅 [큰]둥당 둥당둥당
두둥둥: 북이나 장귀 따위를 약하게 두드리는 소리
둥=둥둥: 큰 북, 거문고를 뜯을 때 소리 [작]동 동동
둥당=둥당둥당: 북, 장구, 가야금 따위를 칠 때 나는 소리 [거]퉁탕 퉁탕퉁탕 [센]뚱땅 뚱땅뚱땅 [작]동당 동당동당
둥덩=둥덩둥덩: 북, 장구, 가야금을 칠 때 나는 소리 [센]뚱떵 뚱떵뚱떵 [작]동당 동당동당
쿵덕덕=쿵덕덕쿵덕덕: 북 치는 소리 [작]콩다닥콩다닥
쿵쾅=쿵쾅쿵쾅: 북 소리 따위가 크고 작게 엇바뀌어 거세게 울리어 나는 소리 [센]꿍꽝 꿍꽝꿍꽝

6.3.1.42. 불 따위의 소리 부사

푸시시: 불기가 있는 숯이나 재 따위에 물을 부을 때 소리
화드득=화드득화드득: 불똥이 튀며 수풀이나 나무 가지가 타들어 가는 소리
후드득=후드득후드득: 불똥이 튀며 나뭇가지나 마른 잎 따위가 타들어가는 소리

6.3.1.43. 숨쉬는 소리 부사

새근새근: 숨소리가 새근거리는 소리 [센]쌔근쌔근 [큰]시근시근
시근시근: 숨소리가 시근거리는 소리 [센]씨끈씨끈 [작]새근새근
쌔근쌔근: 아이들이 곤하게 잘 때 숨쉬는 소리 [여]새근새근 [큰]씨근씨근
쌕쌕: 숨을 좀 가볍게 쌔근쌔근 쉬는 소리 [여]색색 [큰]씩씩
씨근씨근: 씨근씨근 숨을 쉬는 소리 [여]시근시근 [작]쌔근쌔근

씩씩: 숨을 좀 가볍게 씨근씨근 쉬는 소리 여식식 작쌕쌕
엄엄히: 숨이 장차 끊어지려고 하거나 매우 약한 상태
올랑올랑: 가슴이 올랑거리며 촐랑거리면서 뛰는 소리
피: 입술을 비죽이 벌리며 숨을 내쉬는 소리
하: 입에서 숨을 부는 소리
헉=헉헉: 지쳐서 숨을 제대로 쉬지 못하여 내는 소리 작학 학학

6.3.1.44. 빗방울 소리 부사

뚜두둑=뚜두둑뚜두둑: 빗방울이나 우박이 떨어지는 소리
잔잔히: 내리는 비가 가늘고 조용하게
후드득=후드득후드득: 굵은 빗방울 따위가 성기게 떨어지는 소리

6.3.1.45. 사람의 신체, 식음, 관계 소리 부사

가르랑=가르랑가르랑: 목구멍이 가래가 걸리는 숨쉴 때 가치작거리는 소리 큰그르렁그르렁
갈그랑갈그랑: 갈그랑거리는 소리 또는 그 꼴
걸걸히: 목소리가 좀 쉰 듯하면서 우렁우렁 힘차게
걸그렁걸그렁=글거렁글거렁: 목구멍에서 거칠게 그르렁거리다
걸근걸근: 목구멍에 가래 따위가 걸려 근지럽게 거치적거리는 꼴
고래고래: 목소리를 힘껏 높이어 시끄럽게 지르는 꼴
그르렁=그르렁그르렁: 목구멍에 가래가 걸리어 숨을 쉴 때 거치적거리는 소리 작가르랑=가르랑가르랑
글겅글겅: 목구멍에서 거칠게 글겅거리다 작잘강잘강
깔딱깔딱: 숨이 끊어질 듯 말 듯한 소리 큰껄떡껄떡
깩=깩깩: 한껏 새되게 외마디를 자꾸 지르는 소리 큰끽 끽끽
깰깩깰깩: 숨이 차서 목구멍이 좀 벅찼다가 터져 나오는 소리를 자꾸 내다 큰낄끽낄긱
깽=깽깽: 몹시 아프거나 침에 겨워 부대낄 때 좀 괴롭게 내는 소리 거캥 캥캥 큰낑낑낑
꺽=꺽꺽: 한껏 새되게 외마디를 자꾸 찌르는 소리
껄떡: 기운 없이 목구멍으로 물 따위를 넘기는 소리
껄떡껄떡: 숨이 곧 끊어질 듯 말 듯하는 소리가 자꾸 나다 작깔딱깔딱
꼬르륵=꼬르륵꼬르륵: 가래가 목구멍에 걸리어 숨쉴 때 거칠게 나는 소리 큰꾸르륵=꾸르륵꾸르륵

꼴까닥=꼴까닥꼴까닥: 적은 액체 따위가 목구멍이나 좁은 구멍으로 한꺼번에 넘어가는 소리 또는 그 꼴 큰꿀꺼덕 꿀꺼덕꿀꺼덕

꼴깍=꼴깍꼴깍: 적은 물 따위가 목구멍이나 좁은 구멍으로 단번에 몰리어 넘어가는 소리 또는 그 꼴

꼴딱=꼴딱꼴딱: 적은 음식물 따위를 목구멍으로 단번에 삼키는 꼴 또는 그 소리 큰꿀떡 꿀떡꿀떡

꼴칵=꼴칵꼴칵: 적은 물 따위가 목구멍이나 좁은 구멍으로 단번에 세게 넘어가는 소리 또는 그 꼴 센꼴깍 꼴깍꼴깍 큰꿀컥 꿀컥꿀컥

꽥=꽥꽥: 성을 내거나 남을 놀라게 할 때 되게 지르는 소리 큰꿱 꿱꿱

꾸르륵=꾸르륵꾸르륵: 사람의 뱃속이 끓는 소리 작꼬르륵 꼬르륵꼬르륵

꿀꿀: 자꾸 트림하는 소리

꿀떡=꿀떡꿀떡: 음식물을 목구멍으로 삼킬 때 나는 소리 작꼴딱 꼴딱꼴딱

꿍꿍: 아프거나 괴로워서 은근히 아픈 소리 작꽁꽁

꿱=꿱꿱: 성이 나거나 남을 놀라게 할 때 목청을 높여 지르는 소리 작꽥 꽥꽥

끄르륵=끄르륵끄르륵: 트림을 길게 하는 소리

끅=끅끅: 트림을 짧게 할 때 소리

끌꺽=끌꺽끌꺽: 먹은 것이 넘어가지 아니할 때 나오는 트림소리

끙=끙끙: 몹시 앓거나 힘겨운 일에 부대끼어 내는 소리

끽=끽끽: 한껏 길게 지르는 외마디 소리

낄끽=낄끽낄끽: 숨이 차서 목구멍이 벅찼다가 터져 나오는 소리

낑낑=낑낑낑낑: 몹시 아프거나 힘에 겨워 부대낄 때 괴롭게 내는 소리 거킹킹 킹킹킹킹 작깽깽 깽깽깽깽

다달다달: 더듬는 말소리 큰더덜더덜

돠르르: 물이 좁은 목으로 급히 쏟아지는 소리 센똬르르

돨돨: 먹은 것이 잘 삭지 않아 뱃속이 끓는 소리 센똴똴

버럭=버럭버럭: 갑자기 기를 몹시 쓰거나 소리를 냅다 지르는 소리 작바락 바락바락

보도독보보독: 이를 갈 때 나는 소리 센뽀도독뽀도독 큰부두둑부두둑

뽀도독뽀도독: 이를 세게 갈 때 나는 소리 큰뿌두둑 뿌두둑뿌두둑

은은히: 멀리서 들려오는 소리가 크고 우렁차게

쟁쟁: 지나간 소리가 귀에 울리는 느낌

카랑카랑: 목소리가 쇳소리처럼 높고 맑은 모습

퉤퉤: 가래침을 뱉는 소리

호호: 입을 오므려 내밀며 입김을 자꾸 내뿜는 소리 또는 그 꼴

후후: 입술을 둥글게 오므려 내밀려 자꾸 내뿜는 소리 또는 그 꼴 작호호

훅=훅훅: ① 물 따위를 자꾸 가볍게 들어 마실 때 나는 소리 또는 그 꼴 ② 입을 오므려

입김을 자꾸 세게 내불 때 나는 소리 또는 그 꼴 [작]혹 혹혹

휘: ① 한꺼번에 숨을 세게 몰아쉴 때 나는 소리 ② 휘파람을 불 때 나는 소리

흥: 코를 골 때 나는 소리

흥얼흥얼: 흥얼거릴 때 나는 소리 또는 그 꼴

힝=힝힝: 코를 세게 푸는 소리 또는 그 꼴

6.3.1.46. 수레바퀴 소리 부사

딸딸: 작은 수레바퀴 따위가 단단한 바닥에서 구르는 소리 [여]달달 [큰]떨떨

뜰뜰: 비탈진 곳으로 수레바퀴가 굴러가는 소리

6.3.1.47. 술이 괴는 소리 부사

버그르르: 많은 액체가 넓은 범위에서 야단스레 끓어오르는 소리 [센]뻐그르르 [작]바그르르

벌꺽벌꺽: 빚어 담근 술이 괴어서 심하게 버글거리는 소리 [거]벌컥벌컥 [작]발깍발깍

보그르르: 액체가 좁은 범위에서 끓어오르는 소리 [센]뽀그르르 [큰]부그르르

보글보글: 거품이 보글보글 끓어오르다 [센]뽀글뽀글 [큰]부글부글

6.3.1.48. 신발을 끌 때 소리 부사

작작: 신발을 끌 때 소리 [센]짝짝 [큰]직직

직직: 신을 신고 나갈 때 소리 [센]찍찍 [작]작작

짝짝: 신 따위를 끌며 걸을 때 소리 [여]작작 [큰]찍찍

6.3.1.49. 쏠리는 소리 부사

찌걱=찌걱찌걱: 사개나 짐짝 따위의 나무붙이가 쏠리거나 문질리는 소리가 자꾸 나다 [센]찌꺽찌꺽

찌꺽=찌꺽찌꺽: 나무붙이가 몹시 쏠리거나 문질리는 소리 [여]지꺽 지꺽지꺽 (예) 마차는 찌꺽찌꺽 소리를 내며 고갯길을 잘도 간다

6.3.1.50. 마음이 아플 때 소리 부사

에구구: 마음이 아프거나 놀랐을 때 모르는 사이에 나오는 소리 [거]에쿠쿠

6.3.1.51. 쓰러지는 소리 부사

팩팩: 지쳐서 힘없이 가볍게 자꾸 쓰러지는 소리 큰퍽퍽
폭: 힘없이 쓰러지거나 넘어질 때 소리 작폭

6.3.1.52. 쓸거나 비빌 때 소리 부사

삭삭: 가볍게 쓸거나 비빌 때 소리 센싹싹 큰석석
석석: 거침없이 가볍게 쓸거나 비빌 때 나는 소리 센썩썩 작삭삭
싹싹: 거침없이 쓸 때 소리 여삭삭 큰썩썩

6.3.1.53. 악기소리 부사

덩더꿍=덩더꿍덩더꿍: 북을 흥겹게 두드리는 소리
덩더럭: 장구를 울리는 소리
덩덩: 북 장구 소고 따위를 칠 때 소리
둥당=둥당둥당: 북 장구 가야금 따위를 칠 때 나는 소리 거퉁탕 퉁탕퉁탕 센뚱땅 뚱땅뚱땅 큰둥당 둥당둥당
둥덩둥덩: 북 장구 따위를 잇달아 칠 때 소리
둥둥: 큰 북 따위를 칠 때 소리. 큰 북을 치거나 거문고를 뜯을 때 소리 작동동
똥땅=똥땅똥땅: 악기나 단단한 물건을 요란하게 쳐서 울리는 소리 거통탕 통탕통탕 여동당 동당동당 큰뚱땅 뚱땅뚱땅
뚜: 나팔, 기적소리
뚱땅=뚱땅뚱땅: 악기나 물건을 요란하게 쳐서 울리는 소리 거퉁탕 퉁탕퉁탕 여둥당 둥당둥당 작똥땅 똥땅똥땅

6.3.1.54. 어린이에 관한 소리 부사

까르륵: 젖먹이가 몹시 자지러지게 우는 소리
깨깨: 어린 아이가 듣기 싫게 우는 소리
낑낑=낑낑낑낑: 어린 아이가 어리광 부리며 자꾸 조르거나 보채거나 하는 소리 거킹킹 킹킹킹킹
달강달강: 어린 아이를 데리고 시장질 할 때의 노래 첫머리나 끝에 부르는 노래
도닥도닥: 짧은 사이를 두고 가볍게 두드릴 때 소리 (예) 아이를 도닥도닥 두드려 재운다
둥둥: 어린 아이를 안고 어를 때 소리

맴맴: 어린이가 맴을 돌 때 부르는 소리
빼=빼빼: 어린이가 우는 소리 큰삐 삐삐
빽=빽빽: 어린이 여자, 기적이 갑자기 새되게 지르는 소리 큰삑 삑삑
삐=삐삐: 어린이의 우는 소리 작빼 빼빼
삐빼: 어린 아이가 날카로운 목소리를 바꿔가며 우는 소리
삐걱=삐걱삐걱: 어린이의 우는 소리
왱왱: 어린이가 글을 읽는 소리 큰웽웽
으앙=으앙으앙: 젖먹이가 우는 소리
조랑조랑: 어린 사람이 똑똑하게 잇달아 글을 외거나 말하는 소리
조잘조잘: 아이들의 이야기 소리 센쪼잘쪼잘 큰주절주절
컹컹: 어린아이가 울음 섞인 태도로 괴롭게 자꾸 내는 소리

6.3.1.55. 우는 소리 부사

엉엉: 크게 우는 소리 작앙앙
울고불고: 우는 꼴 또는 그 소리 =울며불며

6.3.1.56. 유리의 깨지는 소리 부사

짱: 유리 깨지는 소리 큰찡

6.3.1.57. 입맛 다시거나 입을 벌릴 때 소리 부사

짜금짜금: 짜금짜금 입맛을 다시면서 음식을 먹다 큰쩌금쩌금
짭짭: 입맛 다시는 소리
쩝쩝: 입맛 다시는 소리 작짭짭
해: 입을 벌릴 때 소리 (예)해 웃다 큰헤

6.3.1.58. 이를 갈 때 소리 부사

부득부득: 분하여 이를 갈 때의 소리 센뿌득뿌득 작보득보득
뿌득뿌득: 이를 갈 때 소리 여보득보득 작뽀득뽀득

6.3.1.59. 입김을 불 때 소리 부사

푸푸: 다문 입술을 조금씩 벌려 내밀며 잇달아 입김을 내뿜을 때 소리
허: 입김을 불 때 소리 [작]하
호호: 입술을 오므려 내밀며 입김을 자꾸 내뿜는 소리 [큰]후후
후후: 입술을 둥글게 오므려 내밀며 입김을 자꾸 내뿜는 소리 [작]호호
훅=훅훅: 입술을 오므려 입김을 급자기 내불 때 소리 [작]혹 혹혹

6.3.1.60. 이야기할 때 소리 부사

도란도란: 나직한 목소리로 정답게 조용히 이야기하는 소리 [큰]두런두런
두런두런: 묵직하고 나직한 목소리로 정답게 조용히 이야기 소리 [작]도란도란

6.3.1.61. 음식물 따위의 소리 부사

꼴짝=꼴짝꼴짝: 작고 짙고 차진 음식을 누르거나 주무를 때 나는 소리 [큰]꿀쩍 꿀쩍꿀쩍
꼴찌락=꼴찌락꼴찌락: 작고 짙고 차진 음식물을 누르거나 주무를 때 나는 소리 [큰]꿀찌럭 꿀찌럭꿀찌럭
오독오독: 음식물을 씹을 때 소리 [큰]우두둑우두둑
자끔자끔: 모래가 씹히는 소리 [여]자금자금 [큰]지끔지끔
지금지금: 모래가 씹히는 소리 [센]찌금찌금 [작]자금자금
쩌금쩌금: 먹을 때 소리 [작]짜금짜금
후룩=후룩후룩: 국수, 물 따위를 급자기 가볍게 들이마시는 소리 [작]호록 호록호록

6.3.1.62. 자동차 소리 부사

끼익: 달리던 차가 제동이 걸릴 때 나는 소리
뛰뛰빵빵: 자동차의 경적 소리
빵빵: 자동차의 경적소리

6.3.1.63. 잘 때 소리 부사

콜콜: 잠을 잘 때 소리 [큰]쿨쿨

6.3.1.64. 장지문 따위를 열 때 소리 부사

화닥닥=화닥닥화닥닥: 장지문 갑자기 세게 열어젖뜨리는 소리 [큰]후닥닥 후닥닥후닥닥

후닥닥=후닥닥후닥닥: 장지문 따위를 세게 열어젖뜨리는 소리 작화닥닥 화닥닥화닥닥

6.3.1.65. 전화 소리 부사

따르릉: 전화, 자명종이 울리는 소리

6.3.1.66. 절구 소리 부사

콩닥=콩닥콩닥: 절구를 찧 때 소리 큰쿵덕 쿵덕쿵덕

6.3.1.67. 조류의 소리 부사

① 꾀꼬리 소리 부사
꾀꼴=꾀꼴꾀꼴: 꾀꼬리가 외마디로 우는 소리

② 꿩 따위의 소리 부사
푸두둥=푸두둥푸두둥: 꿩 따위의 새가 급자기 날 때 나는 소리가 자꾸 나다 작포도동 포도동포도동

③ 기러기 울음소리 부사
기럭기럭: 기러기의 우는 소리
끼루룩=끼루룩끼루룩: 기러기가 우는 소리

④ 까마귀 우는 소리 부사
까옥까옥: 까마귀가 굼뜨게 우는 소리

⑤ 까치 소리 부사
깍깍: 까치나 까마귀 따위가 자꾸 우는 소리

⑥ 비둘기 소리 부사
꾸꾸=꾸꾸꾸: 비둘기가 우는 소리 여구구 구구구
꾹꾹: 비둘기가 자꾸 우는 소리

⑦ 새의 날개, 꼬리를 치는 소리 부사

파닥파닥: 날개나 꼬리가 가볍게 움직일 때 소리가 자꾸 나다 또는 자꾸 내다 센빠닥빠닥 큰퍼덕퍼덕
파드닥파드닥: 새가 날개를 칠 때 소리 큰퍼드덕퍼드덕
파딱=파딱파딱: 작은 새가 날개를 좀 세게 칠 때 소리 여파닥 파닥파닥 큰퍼떡 퍼떡퍼떡
포닥=포닥포닥: 작은 새가 가볍게 날개를 칠 때 소리 큰푸덕 푸덕푸덕
포도동=포도동포도동: 작은 새가 갑자기 날 때 소리 큰푸두둥 푸두둥푸두둥
포드닥=포드닥포드닥: 작은 새가 가볍게 날개를 칠 때 소리 큰푸드덕 푸드덕푸드덕
푸도동=푸도동푸도동: 꿩 따위의 새가 급자기 날 때 소리 작포도동 포도동포도동
푸떡=푸떡푸떡: 큰 새가 날개를 힘차게 칠 때 소리 여푸덕 푸덕푸덕

⑧ 새의 여러 소리 부사
재자재자: 가볍게 지저귀는 소리
재재=재재재재: 수다스럽게 지저귀거나 지껄이는 소리 (예) 제비가 재재 울어댄다 큰지지 지지지지
찍=찍찍: 새가 똥을 누는 소리
찍찍: 새가 우는 소리
파딱=파딱파딱: 작은 새가 날개를 좀 세게 치는 소리 여바닥 바닥바닥 큰퍼떡 퍼떡퍼떡
퍼덕=퍼덕퍼덕: 새가 날개를 가볍게 칠 때 소리 센퍼떡 퍼떡퍼떡 작파닥 파닥파닥
퍼드덕=퍼드덕퍼드덕: 새가 날개를 힘이 있게 치는 소리 작파드닥 파드닥파드닥
퍼떡=퍼떡퍼떡: 새가 날개를 세게 칠 때 소리 여퍼덕 퍼덕퍼덕 작파딱 파딱파딱
푸덕=푸덕푸덕: 큰 새가 가볍게 날개를 칠 때 소리 센푸떡 푸떡푸떡 작포닥 포닥포닥
푸드덕=푸드덕푸드덕: 큰 새가 힘차게 날개를 칠 때 소리 작포드닥 포드닥포드닥
푸르르; 새가 급자기 날아갈 때 소리 작포르르
호로록=호로록호로록: 작은 새 따위가 날개를 치며 나는 소리 큰후루룩 후루룩후루룩
호록=호록호록: 작은 새 따위가 갑자기 날개를 가볍게 치는 소리 큰후룩 후룩후룩
후루룩=후루룩후루룩: 새 따위가 급자기 날개를 치며 나는 소리 작호로록 호로록호로록
후룩=후룩후룩: 새 따위가 급자기 날개를 거볍게 쳐 나는 소리 작호록 호록호록
후르르: 새 따위가 날개를 치며 나는 소리

⑨ 장끼(꿩)의 울음소리 부사
꺽꺽: 장기의 우는 소리
꺽꺽푸드득: 장끼가 꺽꺽 울며 푸드득거리는 소리

⑩ 종달새 소리 부사
지지배배: 종달새 우는 소리

비비배배: 종달새 울음소리

⑪ 새 따위의 날개를 칠 때 소리 부사

호로록=호로록호로록: 작은 새 따위가 날개를 치며 날 때 소리 작후루룩 후루룩후루룩
후루룩=후루룩후루룩: 새 따위가 급자기 날개를 치며 나는 소리 작호로록 호로록호로록
후룩=후룩후룩: 새 따위가 급자기 날개를 가볍게 치며 나는 소리 작호록 호록호록

⑫ 참새 소리 부사

짹=짹짹: 참새 소리 큰찍 찍찍

6.3.1.68. 종소리 부사

댕댕: 작은 종을 칠 때 나는 소리 센땡땡 큰뎅뎅
뎅뎅: 종을 칠 때 소리 센뗑뗑 작댕댕
땡: 작은 종을 세게 칠 때 소리 여댕 큰뗑
땡그랑=땡그랑땡그랑: 작은 종 풍경이 흔들리면서 울릴 때 소리 여댕그랑 댕그랑댕그랑 큰뗑그렁 뗑그렁뗑그렁
땡땡: 종을 칠 때 소리 여댕댕 큰뗑뗑
뗑뗑: 종을 칠 때 소리 여뎅뎅 작땡땡

6.3.1.69. 종이 따위를 베는 소리 부사

삭=삭삭: 종이를 가볍게 단번에 베는 것 같은 소리 센싹 싹싹 큰석 석석
싹: 종이 따위를 베는 소리 여삭 큰썩
직=직직: 종이 따위를 작게 찢는 소리 센찍 찍찍 큰작 작작
후르르: 얇은 종잇장이나 잎사귀 따위가 타는 소리 작호르르

6.3.1.70. 주저앉을 때 소리 부사

탈싹=탈싹탈싹: 주저앉을 때 소리 큰털썩 털썩털썩
털버덕=털버덕털버덕: 거볍게 아무렇게나 주저앉을 때 소리 작탈바닥 탈바닥탈바닥
털썩=털썩털썩: 큰 몸집이 급자기 주저앉을 때 소리 작탈싹 탈싹탈싹
팔싹=팔싹팔싹 맥없이 가볍게 내려앉거나 주저앉는 꼴 큰펄썩 펄썩펄썩
펄썩=펄썩펄썩: 맥없이 거볍게 내려앉거나 주저앉는 소리 작팔싹 팔싹팔싹
풀썩풀썩: 주저앉을 때 소리 (예) 점심 때 일꾼들이 풀썩풀썩 주저앉는다

6.3.1.71. 죽을 먹을 때 소리 부사

후루룩=후루룩후루룩: 묽은 죽 따위를 급자기 빨리 들이마시는 때 나는 소리 [작]호로록 호로록호로록

6.3.1.72. 줄, 금을 긋는 소리 부사

닥=닥닥: 짧은 줄이나 금을 좀 세게 자꾸 긋는 소리 [큰]득 득득
득=득득: 금이나 줄을 세게 긋는 소리 [작]닥 닥닥
작: 줄을 긋는 소리 [큰]직 [센]짝
직: 줄을 긋는 소리 [센]찍 [작]작
짝: 획을 세게 긋는 소리 [여]작 [큰]찍
찍=찍찍: 줄을 긋는 소리

6.3.1.73. 짐 따위의 소리 부사

우걱우걱: 마소나 달구지에 실을 짐 따위가 움직이는 대로 이리저리 쏠리면서 나는 소리

6.3.1.74. 짜증을 내며 하는 소리 부사

장알장알: 짜증을 내며 종알거리다 [거]칭알칭알 [센]짱알짱알
짱알짱알: 짜증을 내며 짱알거리는 소리 [거]창알창알 [여]장알장알
찡얼찡얼: 못마땅하여 짜증을 내며 찡얼거리는 소리 [거]칭얼칭얼 [여]징얼징얼
칭얼칭얼: 불편하거나 마음에 못마땅하여 짜증을 내며 몹시 쭝얼거리며 보채다 [센]찡얼찡얼 [여]징얼징얼

6.3.1.75. 찌를 때 소리 부사

푹: 세게 깊이 찌르거나 쑤실 때 소리 [작]폭

6.3.1.76. 천둥소리 부사

꽝=꽝꽝: 천둥 따위의 소리

덕더그르르: 우레가 가까운 데서 갑자기 부딪치는 듯이 울리는 소리 센떡더그르르 작닥다그르르
덕더글덕더글: 우레가 가까운 데서 급자기 부딪치는 듯이 울리는 소리가 자꾸 나다 센떡떠쿵떡떠쿵
딱따그르르: 천둥이 좀 가까운 데서 칠 때 소리 여닥다그르르 큰떡떠그르르
떡더그르르: 우레가 가까운 데서 갑자기 세게 부딪치는 듯이 울리는 소리 여덕더그르르 작딱다그르르
떡떠글떡떠글: 우레가 가까운 데서 갑자기 세게 부딪치는 듯이 울리는 소리 여덕더글덕더글 작딱따글 딱따글딱따글
와그르르: 천둥이 가까운 곳에서 야단스럽게 칠 때 소리 큰워그르르

6.3.1.77. 초인종 소리 부사

찌르릉=찌르릉찌르릉: 초인종 소리 작짜르릉짜르릉

6.3.1.78. 총포 따위의 소리 부사

굉연히: 꽝꽝 소리가 요란하다
꽝=꽝꽝: 총포, 천둥 따위의 소리
드르륵드르륵: 총을 연발로 드르륵거리는 소리 센뜨르륵뜨르륵 작다르륵다르륵
땅=땅땅: 총을 쏠 때 나는 소리 거탕 탕탕 큰떵 떵떵
떵=떵떵: 총을 쏠 때 나는 소리 거텅 텅텅 작땅 땅땅
뜨르륵=뜨르륵뜨르륵: 총을 쏠 때 소리 여드르륵 드르륵드르륵
쏴: 총을 쏘라고 지르는 소리
탕=탕탕: 총포가 터질 때 소리 센땅 땅땅 큰텅 텅텅
텅=텅텅: 총포가 자꾸 터질 때 소리 센떵 떵떵 작탕 탕탕
팽팽: 총알 따위가 공기를 가르며 빠르게 지날 때 소리 큰핑핑
핑핑: 초알 따위가 공기를 가르며 매우 빠르게 지날 때 소리 작팽팽
호르르: 여러 개의 총포나 딱총 따위가 터지는 소리
후드득=후드득후드득: 여러 개의 총포나 딱총 따위가 허지며 나는 소리 작호드득 호드득호드득

6.3.1.79. 코고는 소리 및 기타 부사

다르랑=다르랑다르랑: 크게 코 고는 소리

드렁드렁: 요란하게 코를 고는 소리
드르렁드르렁: 크고 요란하게 울리는 소리 [작]다르랑다르랑
드르릉드르릉: 코를 심하게 고는 소리
벌룩벌룩: 벌룩거리는 꼴 (예) 코를 벌룩벌룩 벌룩거린다 [작]발록발록
벌름벌름: 코가 벌름거리는 꼴
벌름히: 벌름하게
카: 코를 고는 소리 [큰]커
쿨쿨: 코고는 소리 [센]꿀꿀 [작]콜콜
흥: ① 코를 풀 때 소리 ② 코웃음 치는 소리
흥얼흥얼: 흥에 겨워 자꾸 콧노래를 부르는 소리
힝힝: 잇달아 코를 세게 푸는 소리
힝힝: 코고는 소리

6.3.1.80. 토하는 소리 부사

올칵올칵: 토하는 소리 [여]올각올각 [큰]울컥울컥
울꺽=울꺽울꺽: 토할 때 소리 [거]울컥 울컥울컥
울컥=울컥울컥: 토할 때 소리 [센]울꺽 울꺽울꺽 [작]올칵 올칵올칵

6.3.1.81. 톱질 소리 부사

쓱싹=쓱싹쓱싹: 톱질이나 줄질을 할 때 나는 소리

6.3.1.82. 튀거나 터질 때 소리 부사

팡팡: 갑자기 거세게 튀거나 터지는 소리 [큰]펑펑 [센]빵빵
펑=펑펑: 급자기 튀거나 터지는 큰소리 [센]뻥 뻥뻥 [작]팡 팡팡

6.3.1.83. 폭발물의 터지는 소리 부사

꽈르릉=꽈르릉꽈르릉: 폭발물이 터지는 요란한 소리 [거]콰르릉 콰르릉콰르릉
콰르릉=콰르릉콰르릉: 폭발물이 터질 때 소리 [센]꽈르릉꽈르릉
펑: ① 급자기 거세게 튀거나 터질 때 크게 나는 소리 ② 구멍이 훤히 뚫리는 소리 [센]뻥 [작]팡

평평: 급자기 거세게 자꾸 튀거나 터질 때 크게 나는 소리 셴뻥뻥 작팡팡

6.3.1.84. 풍악 소리 부사

닐리리쿵더쿵: 퉁소 나발 따위의 관악기와 장구 꽹과리 북 같은 타악기의 뒤섞인 풍악 소리

6.3.1.85. 호루라기, 호각 따위를 부는 소리 부사

호로로: 호루라기 호각 따위를 가만히 부는 소리 큰후루루
호루룩: '호로로'의 큰말
후루루: 호루라기나 호각 따위를 불 때 소리 작호로로

6.3.1.86. 휘파람 소리 부사

휘휘: 휘파람 등 자꾸 부는 소리

6.3.1.87. 흐느끼는 소리 부사

흑=흑흑: 흐느끼는 소리

6.3.2. 물건의 소리 부사

꼴지락=꼴지락꼴지락: 적은 양의 질고 물기가 많은 물건을 주무르거나 누르거나 할 때 소리 큰꿀지럭 꿀지럭꿀지럭
꽝=꽝꽝: 무거운 물건이 땅에 떨어질 때 나는 소리 거쾅 쾅쾅 큰꿩 꿩꿩
꿀쩍=꿀쩍꿀쩍: 질고 차진 물건을 누르거나 주무를 때 소리 작꼴짝 꼴짝꼴짝
꿀찌럭=꿀찌럭꿀찌럭: 질고 차진 물건을 누르거나 주무를 때 소리 작꼴찌락 꼴찌락꼴찌락
다르르: 작은 물건이 단단한 바닥 위를 구르는 소리 셴따르르 큰드르르
다르륵=다르륵다르륵: 작은 물건이 구르다가 멎는 소리 큰드르륵 드르륵드르륵
달가닥=달가닥달가닥: 단단하고 작은 물건끼리 부딪칠 때 소리 거탈카닥 탈카닥탈카닥 셴딸까닥 딸까닥딸까닥 큰덜거덕 덜거덕덜거덕
달가당=달가당달가당: 단단하고 작은 물건끼리 부딪칠 때 소리 거탈카당 탈카당탈카

당 센딸까당 딸까당딸까당 큰덜거덩 덜거덩덜거덩

달각=달각달각: 작고 단단한 물건이 작게 부딪칠 때 가볍게 나는 소리 거탈칵 탈칵탈칵 센딸깍 딸깍딸깍 큰덜걱 덜걱덜걱

달강=달강달강: 단단하고 작은 물건이 가볍게 부딪칠 때 소리 거탈캉 탈캉탈캉 센딸깡 딸깡딸깡 큰덜겅 덜겅덜겅

달그락=달그락달그락: 단단하고 작은 물건이 가볍게 부딪칠 때 흔들리면서 맞닿아 나는 소리 센딸그락 딸그락딸그락 큰덜그럭 덜그럭덜그럭

달까닥=달까닥달까닥: 단단하고 작은 물건이 세게 부딪칠 때 소리 거달카닥 달카닥달카닥 큰덜꺼덕 덜꺼덕덜꺼덕

달까당=달까당달까당: 단단하고 작은 물건이 세게 부딪칠 때 소리 거달카당 달카당달카당 큰덜꺼덩 덜꺼덩덜꺼덩

달깍=달깍달깍: 단단하고 작은 물건이 세게 부딪칠 때 가볍게 나는 소리 거달칵 달칵달칵 큰덜꺽 덜꺽덜꺽

달깡=달깡달깡: 단단하고 작은 물건이 세게 부딪칠 때 울려나는 소리 거달캉 달캉달캉 큰덜껑 덜껑덜껑

달카닥=달카닥달카닥: 단단하고 작은 물건이 세게 부딪칠 때 소리 센달까닥 달까닥달까닥 큰덜커덕 덜커덕덜커덕

달카당=달카당달카당: 단단하고 작은 물건이 세차게 부딪칠 때 맞닿아 울려나는 소리 센달까당 달까당달까당 큰덜커덩 덜커덩덜커덩

달칵=달칵달칵: 단단하고 작은 물건이 거세게 부딪칠 때 가볍게 나는 소리 센달깍 달깍달깍 큰덜컥 덜컥덜컥

달캉=달캉달캉: 단단하고 작은 물건이 거세게 부딪칠 때 울리어 나는 소리 센달깡 달깡달깡 큰덜컹 덜컹덜컹

담방=담방다방: 작은 물건이 물에 떨어져 잠길 때 소리 거탐방 탐방탐방 큰덤벙 덤벙덤벙

대각=대각대각: 단단하고 작은 물건이 가볍게 서로 닿거나 부딪칠 때 소리 센때깍 때깍때깍 큰데걱 데걱데걱

대구루루: 단단하고 작은 물건이 단단한 바닥에서 구르는 소리 센때구루루 큰데구루루

대그락=대그락대그락: 단단하고 작은 물건이 맞닿을 때 나는 소리 센때그락 때그락때그락 큰데그럭 데그럭데그럭

대깍=대깍대깍: 단단하고 작은 물건이 서로 부딪거나 닿을 때 소리 센때깍 때깍때깍 큰데꺽 데꺽데꺽

댁대구루루: 작고 단단한 물건이 다른 단단한 물건에 부딪치면서 빨리 굴러가는 때 소리 센땍대구루루 큰덱데구루루

댁대굴댁대굴: 댁대굴거리는 소리 센땍대굴땍대굴 큰덱데굴덱데굴

덕더그르르: 크고 단단한 물건이 다른 단단한 물건에 부딪치며 굴러가는 소리 센떡떠그

르르 [작]닥다그르르

덕더글덕더글: 크고 단단한 물건이 굴러가면서 다른 물건에 부딪치는 소리가 자꾸 나다 [센]떡떠굴떡떠굴 [작]닥다글닥다글

덜거덕=덕거덕덜거덕: 든든하고 큰 물건끼리 부딪칠 때 맞닿아 나는 소리 [거]털커덕 털커덕털커덕 [작]달가닥 달가닥달가닥 [센]떡꺼덕 떨꺼덕떨꺼덕

덜거덩=덜거덩덜거덩: 든든하고 큰 물건끼리 부딪칠 때 소리 [거]털커덩 털커덩털커덩 [센]떨꺼덩 떨꺼덩떨꺼덩 [작]달가당 달가당달가당

덜걱=덜꺽덜꺽: 든든하고 큰 물건이 부딪칠 때 가볍게 나는 소리 [거]털컥 털컥털컥 [센]떨꺽 떨꺽떨꺽 [작]달각 달각달각

덜겅=덜겅덜덩: 든든하고 큰 물건이 가볍게 부딪칠 때 소리 [거]털컹 털컹털컹 [센]떨껑 떨껑떨껑 [작]달강 달강달강

덜그럭=덜그럭덜그럭: 든든하고 큰 물건이 가볍게 부딪치며 흔들리며 나는 소리 [센]떨그럭 떨그럭떨그럭 [작]달그락 달그락달그락

덜꺼덕=덜꺼덕덜꺼덕: 든든하고 큰 물건이 세게 부딪칠 때 소리 [거]털커덕 털커덕털커덕 [작]달까닥 달까닥달까닥 [센]떨꺼덕 떨꺼덕떨거덕

덜꺼덩=덜꺼덩덜꺼덩: 든든하고 큰 물건이 부딪칠 때 맞닿아 가볍게 울려나는 소리 [거]털커덩 털커덩털커덩 [작]달까당 달까당달까당

덜꺽=덜꺽덜꺽: 든든하고 큰 물건이 세게 부딪칠 때의 소리 [거]덜컥 덜컥덜컥 [작]달깡 달깡달깡

덜껑=덜껑덜껑: 단단하고 큰 물건이 세게 부딪칠 때 소리 [거]덜컹 덜컹덜컹 [작]달까닥 달까닥달까닥

덜커덕=덜커덕덜커덕: 단단하고 큰 물건이 세게 부딪칠 때 소리 [센]덜꺼덕 덜꺼덕덜꺼덕 [작]달카닥 달카닥달카닥

덜커덩=덜커덩덜커덩: 단단하고 큰 물건이 세게 부딪칠 때 소리 [센]덜꺼덩 덜꺼덩덜꺼덩 [작]달카당 달카당달카당

덜컥=덜컥덜컥: 든든하고 튼 물건이 거세게 부딪칠 때 가볍게 나는 소리 [센]덜꺽 덜꺽덜꺽 [작]달칵 달칵달칵

덜컹=덜컹덜컹: 든든하고 큰 물건이 거세게 부딪칠 때 소리 [센]덜껑 덜껑덜껑 [작]달캉 달캉달캉

덤벙=덤벙덤벙: 큰 물건이 물에 떨어질 때 소리 [거]텀벙 텀벙텀벙 [작]담방 담방담방

데걱=데걱데걱: 든든하고 큰 물건이 가볍게 서로 부딪칠 때 소리 [센]떼꺽 떼꺽떼꺽 [작]대각 대각대각

데구루루: 단단하고 큰 물건이 단단한 바닥에서 구르는 소리 [센]떼구르르 [작]대구르르

데그럭=데그럭데그럭: 든든하고 큰 물건이 서로 부딪칠 때 소리 [센]떼그럭 떼그럭떼그럭 [작]대그락 대그락대그락

데꺽=데꺽데꺽: 든든하고 큰 물건이 세게 부딪칠 때 소리 작대깍 대깍대깍
덱데구루루: 크고 단단한 물건이 다른 단단한 물건에 부딪치면서 굴러가는 소리 센떽떼구루루 작댁대구루루
덱데굴=덱데굴덱데굴: 크고 단단한 물건이 다른 단단한 물건에 부딪치면서 굴러가는 소리 센떽떼굴 떽떼굴떽떼굴 작댁대굴 댁대굴댁대굴
도르르: 작고 둥구스럼한 물건이 가볍게 구르는 소리 센또르르 큰두르르
도르륵=도르륵도르륵: 큰 물건이 구르다가 멈출 때 소리 센뜨르륵 뜨르륵뜨르륵 큰두르륵 두르륵두르륵
돌돌: 작고 둥그스름한 물건이 가볍게 굴러가는 소리 센똘똘 큰둘둘
둘둘: 크고 둥그스름한 물건이 돌거나 굴러가는 소리 센뚤뚤 작돌돌
따르르: 작은 물건이 단단한 바닥 위를 구를 때 소리 여다르르
딱=딱딱: 단단한 물건이 서로 부딪치거나 부러지는 소리
딱다그르르: 작고 단단한 물건이 약간 튀면서 굴러가는 소리 =딱다그르딱따그르 큰떡더그르르 떡더그르르떡더그르르
딱따굴=딱따굴딱따굴: 작고 단단한 물건이 다른 단단한 물건에 부딪치면서 굴러가는 소리 여닥다굴 닥다굴닥다굴
딱따그르르: '딱다그르르'의 센말
딱딱: 딱딱한 물건이 잇달아 마주치거나 부러지는 소리 큰떡떡
딸가닥=딸가닥딸가닥: 딴딴한 작은 물건이 맞닿아 나는 소리 거탈가닥 탈가닥탈가닥 작떨거덕 떨거덕떨거덕
딸가당=딸가당딸가당: 딴딴한 작은 물건이 맞닿아 나는 소리 거탈가당 탈가당탈가당 큰떨거덩 떨거덩떨거덩
딸각=딸각딸각: 딴딴한 작은 물건이 부딪칠 때 소리 거탈각 탈각탈각 큰떨걱 떨걱떨걱
딸강=딸강딸강: '딸가당'의 준말 큰떨겅 떨겅떨겅 거탈강 탈강탈강 여달강 달강달강
딸그락=딸그락딸그락: 딴ㄸ나하고 작은 물건이 부딪칠 때 소리 여달그락 달그락달그락 큰떨그럭 떨그럭떨그럭
딸그랑=딸그랑딸그랑: 딴딴하고 작은 물건이 부딪칠 때 소리 여달그랑 달그랑달그랑 큰떨그렁 떨그렁떨그렁
딸까닥=딸까닥딸까닥: 단단하고 작은 물건이 세게 부딪칠 때 소리 거탈카닥 탈카닥탈카닥 여달가닥 달가닥달가닥 큰떨꺼덕 떨꺼덕떨꺼덕
딸까당=딸까당딸까당: 단단하고 작은 물건이 세게 부딪칠 때 소리 거탈카당 탈카당탈카당 여달가당 달가당달가당 큰떨꺼덩 떨꺼덩떨꺼덩
딸깍=딸깍딸깍: 딴딴하고 작은 물건이 세게 부딪칠 때 소리 거탈칵 탈칵탈칵 여달각 달각달각 큰떨꺽 떨꺽떨꺽
딸깡=딸깡딸깡: 딴딴하고 작은 물건이 세게 부딪칠 때 소리 거탈캉 탈캉탈캉 여달강

달강달강 큰떨껑 떨껑떨껑

때각=때각때각: 딴딴하고 작은 물건이 가볍게 서로 닿거나 부딪칠 때 나는 소리 큰떼걱 떼걱떼걱

때그락=때그락때그락: 딴딴하고 작은 물건이 서로 맞닿아 나는 소리 여대그락 대그락 대그락 큰떼그럭 떼그럭떼그럭

때깍=때깍때깍: 단단하고 작은 물건이 세게 부딪칠 때 소리 여대각 대각대각 큰떼꺽 떼꺽떼꺽

땍때구루루: 작고 딴딴한 물건이 다른 딴딴한 물건에 부딪칠 때 소리 여댁대구루루 큰떽떼구루루

땍때굴땍때굴: 작고 딴딴한 물건이 다른 딴딴한 물건에 부딪칠 때 소리 여댁대굴댁대굴 큰떽떼굴떽떼굴

떡떡: 든든한 물건이 부러질 때 소리 작딱딱

떨거덕=떨거덕떨거덕: 뜬뜬하고 큰 물건이 부딪칠 때 소리 거털거덕 털거덕털거덕 작딸가닥 딸가닥딸가닥

떨거덩=떨거덩떨거덩: 뜬뜬하고 큰 물건이 부딪칠 때 소리 거털거덩 털거덩털거덩 작딸가당 딸가당딸가당

떨걱=떨걱떨걱: 뜬뜬하고 큰 물건이 부딪칠 때 소리 거털걱 털걱털걱 작딸각 딸각딸각

떨겅=떨겅떨겅: 뜬뜬하고 큰 물건이 부딪칠 때 소리 거털겅 털겅털겅 작딸강 딸강딸강

떨그럭=떠그럭떨그럭: 뜬뜬하고 큰 물건이 부딪칠 때 소리 여덜그럭 덜그럭덜그럭 작딸그락 딸그락딸그락

떨꺽=떨꺽떨꺽: 뜬뜬하고 큰 물건이 세게 부딪칠 때 소리 여덜걱 덜걱덜걱 작딸깍 딸깍딸깍

떨껑=떨껑떨껑: 뜬뜬하고 큰 물건이 세게 부딪칠 때 소리 여덜겅 덜겅덜겅 작딸깡 딸깡딸깡

떼구르르: 뜬뜬하고 큰 물건이 단단한 바닥에서 구르는 소리 여데구르르 작때구르르

떼굴떼굴: 큰 물건이 자꾸 세게 구르는 소리 여데굴데굴 작때굴때굴

떼그럭=떼그럭떼그럭: 뜬뜬하고 큰 물건이 서로 부딪칠 때 소리 여데그럭 데그럭데그럭 작때그락 때그락때그락

떼꺽=떼꺽떼꺽: 뜬뜬하고 큰 물건이 서로 맞닿을 때 소리 여데걱 데걱데걱 작때깍 때깍때깍

떽떼구루루: 크고 딴딴한 물건이 다른 딴딴한 물건에 부딪칠 때 소리 여덱데구루루 작땍때구루루

떽떼굴떽떼굴: 크고 딴딴한 물건이 다른 딴딴한 물에 부딪칠 때 소리 여덱데굴덱데굴 작땍때굴땍때굴

또닥또닥: 작고 굳은 물건으로 자꾸 두드리는 소리 거토닥토닥 큰뚜덕뚜덕

또드락또드락: 작고 굳은 물건으로 굳은 물건을 좀 둔하게 울릴 정도로 가락에 맞추어 자꾸 두드리는 소리 [거]토드락토드락 [큰]뚜드럭뚜드럭

또르르: 작고 동그스름한 물건이 힘차게 구르는 소리 [여]도르르 [큰]뚜르르

똑=똑똑: 작고 딴딴한 물건이 떨어지는 소리 [큰]뚝 뚝뚝

똑딱똑딱: 딴딴한 물건이 요리조리 가볍게 두드려지는 소리 [거]톡탁톡탁 [큰]뚝딱뚝딱

똘똘: 작고 동그스름한 물건이 굴러가는 소리 [여]돌돌 [큰]뚤뚤

뚜덕뚜덕: 크고 굳은 물건으로 굳은 물건을 자꾸 두드리는 소리 [거]투덕투덕 [작]또닥또닥

뚜드럭뚜드럭: 크고 굳은 물건으로 굳은 물건을 둔하게 울릴 정도로 가락에 맞추어 두드리다 [작]또드락또드락

뚝: 물건이 떨어지는 소리

뚝딱=뚝딱뚝딱: 딴딴한 물건을 두드리는 소리 [거]툭탁 툭탁툭탁 [작]똑딱 똑딱똑딱

뚝뚝: 뜬뜬한 물건이 이리저리 함부로 두드려지는 소리가 한 번 나다 [작]똑똑

뚤뚤: 크고 동그스름한 물건이 굴러가는 소리 [여]돌돌 [작]똘똘

바각=바각바각: 가볍고 단단한 물건이나 빳빳한 물건이 가볍게 문지를 때 소리 [센]빠각 빠각빠각 [큰]버걱 버걱버걱

바드득=바드득바드득: 단단하고 질기거나 반드러운 물건을 되게 문질리는 소리 [거]파드득 파드득파드득 [센]빠드득 빠드득빠드득

바득바득: 단단하고 질기거나 반드러운 물건을 되게 문질리는 소리 [센]빠득빠득

바작바작: 물기가 적은 물건들이 가볍게 씹히거나 짓이기어 먹히는 소리 [센]빠작빠작 [큰]버적버적

바지지: 물기 있는 물건이 뜨거운 열에 닿아 졸아 들 때 소리 [센]빠지지 [큰]부지지

바지직=바지직바지직: 물기 있는 물건이 뜨거운 열에 닿아 졸아들 때 소리 [센]빠지직 빠지직빠지직 [큰]부지직 부지직부지직

배각=배각배각: 작고 단단한 물건이 서로 거칠게 갈릴 때 소리 [센]빼각 빼각빼각 [큰]비걱 비걱비걱

버걱=버걱버걱[1]: 가볍고 든든한 물건이나 질기고 뻣뻣한 물건이 가볍게 문질릴 때 소리 [센]뻐꺽 뻐꺽뻐꺽 [작]바각 바각바각

버걱버걱[2]: 크고 단단한 물건이 서로 거칠게 갈리는 소리 [센]뻐꺽뻐꺽 [작]배각배각

버적버적: 물기가 작은 물건들이 가볍게 씹히거나 짓이기어 빻을 때 소리 [센]뻐적 뻐적 뻐적 [작]바작바작

보도독=보도독보도독: 단단하고 질기거나 반드러운 작은 물건을 문지를 때 소리 [거]포도독 포도독포도독 [센]뽀도독 뽀도독뽀도독 [큰]푸두둑 푸두둑푸두둑

보드득=보드득보드득: 단단하고 질기거나 바드러운 작은 물건을 문지를 때 소리 [거]포드득 포드득포드득

부드득=부드득부드득: 든든하고 질기거나 번드러운 물건을 문지르거나 마주 갈 때

소리 [거]포드득 포드득포드득 [센]뽀드득 뽀드득뽀드득 [작]보드득 보드득보드득

보삭보삭: 보송보송한 물건이 가볍게 바스러지는 소리 [센]뽀싹뽀싹 [큰]부석부석

보스락=보스락보스락: 바스러지기 쉬운 물건을 가볍게 건드릴 때 소리 [센]뽀스락 뽀스락뽀스락 [큰]부스럭 부스럭부스럭

보싹=보싹보싹: 보송보송한 물건이 세게 바스러질 때 소리 [큰]부썩 부썩부썩

복=복복: 보드랍고 무른 물건의 가죽을 한번 갈거나 긁을 때처럼 나는 소리 [센]뽁 뽁뽁 [큰]북 북북

부두둑=부두둑부두둑: 단단하고 질기거나 번드러운 큰 물건을 되게 문지를 때 거볍게 나는 소리 [거]뿌두둑 뿌두둑뿌두둑 [작]보도독 보도독보도독

부석=부석부석: 부숭부숭한 물건이 가볍게 부스러질 때 소리 [센]뿌석 뿌석뿌석 [작]보삭 보삭보삭

부스럭=부스럭부스럭: 부스러지기 쉬운 물건을 가볍게 이리저리 건드릴 때 소리 [센]뿌스럭 뿌스럭뿌스럭 [작]보스락 보스락보스락

부썩=부썩부썩: 부숭부숭한 물건이 세게 부스러질 때 소리 [작]보싹 보싹보싹

부지직=부지직부지직: 물기 있는 물건이 뜨거운 열에 닿아 급히 타거나 졸아붙을 때 소리 [센]뿌지직 뿌지직뿌지직 [작]바지직 바지직바지직

북=북북: 부드럽고 무른 물건의 가죽을 한번 문대거나 긁을 때 소리 [센]뿍 뿍뿍 [작]복 복복

비걱=비걱비걱: 크고 단단한 물건이 서로 거칠게 갈릴 때 소리 [센]삐꺽 삐꺽삐꺽 [작]배각 배각배각

비걱배각: 단단한 물건이 자꾸 서로 닿거나 갈릴 때 소리 [센]삐걱빼각 삐꺽빼깍

빠드득=빠드득빠드득: 딴딴하고 질기거나 빤드러운 물건을 몹시 되게 문지르거나 매우 갈 때 되바라지게 나는 소리 [거]파드득 파드득파드득 [여]바드득 바드득바드득

빠드득=빠드득빠드득: 빠듯한 틈에 끼인 단단한 물건이 몹시 세게 문질린 때 소리 [큰]뻐드득 뻐드득뻐드득

빠득빠득: 딴딴하고 질기거나 빤드러운 물건을 몹시 되게 무지르거나 매우 갈 때 되바라지게 나는 소리 [여]바득바득

빠작빠작: 물기가 적은 물건이 좀 세게 씹히거나 짓이기어질 때 소리 [여]바작바작 [큰]빼적빼적

빠지지: 물기 있는 물건이 뜨거운 열에 닿아 아주 타거나 졸아들 때 세게 나는 소리 [여]바지지 [큰]뿌지지

빠지직=빠지직빠지직: 물기 있는 물건이 뜨거운 열에 닿아 아주 타거나 졸아들 때 소리 [여]바지직 바지직바지직 [큰]뿌지직 뿌지직뿌지직

빵=빵빵: 갑자기 무엇이 터지는 소리 [거]팡 팡팡 [큰]뻥 뻥뻥

빼가닥=빼가닥빼가닥: 작고 딴딴한 물건이 서로 닿아 갈리다가 그칠 때 소리 [큰]삐거덕

삐거덕삐거덕
빼각=빼각빼각: 작고 딴딴한 물건이 서로 닿아 갈리다가 그칠 때 소리 [큰]삐걱 삐걱삐걱
빼깍=빼깍빼깍: 작고 딴딴한 물건이 서로 닿아 세게 갈리는 소리가 자꾸 나다 [여]배각 배각배각 [큰]삐꺽 삐꺽삐꺽
빼깍빼깍: 삐꺽거리며 빼깍거리는 소리
뻐걱=뻐걱뻐걱: 가볍고 뜬뜬하거나 매우 질기고 뻣뻣한 물건이 문질릴 때 소리 [여]버걱 버걱버걱 [작]빠각 빠각빠각
뻐드득=뻐드득뻐드득: 뿌듯한 틈에 끼인 단단한 물건이 세게 문질릴 때 소리 [작]빠드득 빠드득빠드득
뻐서적=뻐서석뻐서석: 마른 물건이나 부스러기를 세게 밟을 때 소리 [여]버서석 버서석 버서석 [작]빠사삭 빠사삭빠사삭
뻐석뻐석: 마른 물건이나 부스러기를 밟을 때 소리 [작]빠삭빠삭
뻐적뻐적: 물기가 적은 물건들이 세게 짓밟히거나 씹힐 때 소리 [여]버적버적 [작]빠작빠작
뻥=뻥뻥: 무엇이 갑자기 요란스레 터질 때 소리 [거]펑 펑펑 [작]빵 빵빵
뽀도독=뽀도독뽀도독: 딱딱하고 반드러운 작은 물건이 뽀드득거리는 소리 [여]보도독 보도독보도독 [큰]뿌두둑 뿌두둑뿌두둑
뽀드득=뽀드득뽀드득: 딴딴하고 질기거나 빤드러운 작은 물건을 되게 문지르거나 마주 갈 때 소리 [거]포드득 포드득포드득 [여]보드득 보드득보드득 [큰]뿌드득 뿌드득뿌드득
뽀득뽀득: 딴딴하고 질기거나 빤드러운 작은 물건을 되게 문지르거나 마주 갈 때 소리 [여]보득보득 [큰]뿌득 뿌득뿌득
뽀삭=뽀삭뽀삭: 매우 보송보송한 물건이 가볍게 바스러질 때 소리 [여]보삭 보삭보삭 [큰]뿌석 뿌석뿌석
뽀스락=뽀스락뽀스락: 바스러지기 쉬운 물곤을 세게 요리조리 건드릴 때 소리 [여]보스락 보스락보스락 [큰]뿌스럭 뿌스럭뿌스럭
뽁=뽁뽁: 얇고 단단한 물건의 거죽을 함부로 갈거나 긁을 때 소리 [여]복 복복 [큰]뿍 뿍뿍
뿌두둑=뿌두둑뿌두둑: 딴딴하고 부드러운 물건을 되게 문지르거나 마주 갈 때 소리 [여]부두둑 부두둑부두둑 [작]뽀도득 뽀도득뽀도득
뿌석=뿌석뿌석: 물건이 부스러질 때 소리 [여]부석 부석부석 [작]뽀삭 뽀삭뽀삭
뿌스럭=뿌스럭뿌스럭: 부스러지기 쉬운 물건을 세게 이리저리 건드릴 때 소리 [여]부스럭 부스럭부스럭 [작]뽀스락 뽀스락뽀스락
뿌지지: 물기 있는 물건이 뜨거운 열에 닿아 몹시 타거나 졸아들 때 소리 [여]부지지 [작]빠지지
뿌지직=뿌지직뿌지직: 물기 있는 물건이 뜨거운 열에 닿아 몹시 타거나 졸아들 때 소리 [여]부지직 부지직부지직 [작]빠지직 빠지직빠지직

뿍=뿍뿍: 두텁고 단단한 물건의 거죽을 문대거나 긁을 때 소리 여북 북북 작뽁 뽁뽁
삐걱=삐걱삐걱[1]: 크고 딴딴하거나 매우 질기고 빳빳한 물건이 문질릴 때 소리 작빼각 빼각빼각
삐걱삐걱[2]: 삐걱거리며 빼각거리는 소리
삐거덕=삐거덕삐거덕: 딴딴한 물건이 서로 닿아 갈리다가 그치는 소리 작빼가닥 빼가닥빼가닥
삐꺽=삐꺽삐꺽: 딴딴한 물건이 서로 닿을 때 소리 여비걱 비걱비걱 작빼깍 빼깍빼깍
사락사락: 무엇이 가볍게 마주 닿는 소리
석둑=석둑석둑: 크고 연한 물건을 단번에 베거나 자르는 소리 센썩둑 썩둑썩둑 작삭둑 삭둑삭둑
싹둑=싹둑싹둑: 연한 물건을 세게 자르거나 베는 소리 여삭둑 삭둑삭둑 큰썩둑 썩둑썩둑
썩=썩썩: 무엇을 자르는 소리 여석 석석 작싹 싹싹
아드득=아드득아드득: 작고 단단한 물건을 깨물어 깨뜨릴 때 소리 큰으드득 으드득으드득
아득아득: 작고 단단한 물건이 가볍게 깨물리는 소리 큰으득으득
아지작=아지작아지작: ① 단단한 물건이 깨물어 바스라뜨릴 때 소리 큰으지직 으지직으지직 ② 단단한 물건이 바스러지게 깨어지거나 짜그러질 때 소리 큰으지직
아짝=아짝아짝: 단단하고 질긴 것을 좀 세게 깨물어 으스러뜨릴 때 소리 여아작 아작아작 큰어쩍 어쩍어쩍
오도당오도당: 단단한 물건들이 무너져 떨어지며 요란하게 울릴 때 소리 큰우두둥우두둥
오도독오도독: 단단한 물건을 깨물 때 소리 큰우두둑우두둑
오지끈=오지끈오지끈: 단단한 물건이 부러질 때 소리
오지끈똑닥: 단단한 물건이 요란스럽게 부러지거나 부서지며 다른 물체와 부딪치는 소리 큰우지끈뚝딱
오지직=오지직오지직: 단단한 물건이 부러질 때 소리 큰우지직 우지직우지직
와당탕=와당탕와당탕: 잘 울리는 바닥에 물건이 요란하게 떨어지거나 부딪칠 때 소리
와드득=와드득와드득: 단단한 물건에 억세게 깨물리거나 부러뜨릴 때 소리
왁다그르르: 작고 단단한 물건이 함부로 부딪치며 구르는 소리 큰웍더그르르
왁다글왁다글: 작고 단단한 여러 개의 물건이 야단스럽게 자꾸 부딪치며 나는 소리 큰웍더글웍더글
왈가닥=왈가닥달가닥: 작고 단단한 물건이 서로 거칠게 닿거나 부딪치는 소리 큰월거덕 월거덕월거덕 거왈카닥 왈카닥왈카닥
왈각=왈각왈각: 단단한 물건이 서로 부딪칠 때 소리 큰월걱 월걱월걱
왈강=왈강왈강: 단단한 물건이 서로 부딪치며 울리면서 나는 소리 큰월겅 월겅월겅
왈강달강: 여러 개의 단단한 물건이 어수선하게 자꾸 부딪쳐서 나는 소리 큰월겅덜겅

거왈캉달캉

왈캉=왈캉왈캉: 작고 단단한 물건이 서로 부딪치어 울리면서 나는 소리 여왈강 왈강왈강 큰월컹 월컹월컹

왈캉달캉: 여러 개의 단단한 물건이 어수선하게 자꾸 부딪쳐서 나는 소리 큰월컹덜컹

우당탕=우당탕우당탕: 큰 물건이 단단한 바닥에 떨어지거나 부딪칠 때 소리 작와당탕 와당탕와당탕

우두둑=우두둑우두둑: 물건을 깨물거나 부러뜨릴 때 나는 소리 작오도독 오도독오도독

우둑=우둑우둑: 단단한 물건을 깨물 때 소리 작오독 오독오독

우르릉=우르릉우르릉: 무엇이 흔들리거나 무너지면서 요란스럽게 울리는 소리

우적우적: 단단하고 질긴 물건을 깨물어 씹을 때 소리 센우쩍우쩍

우지끈=우지끈우지끈: 물건이 부러지거나 부서질 때 소리 작오지끈 오지끈오지끈

우지끈뚝딱: 크고 단단한 물건이 요란스레 부러지거나 다른 물체와 부딪치는 소리 작오지끈똑딱

우지직=우지직우지직: 물건이 부러질 때 나는 소리 작오지직 오지직오지직

워걱워거: 여러 개의 단단한 물건이 서로 부딪치는 소리 작와각와각

워석=워석워석: 물건 옷 등이 서로 부딪쳐 나는 소리 작와삭 와삭와삭 센워썩 워썩워썩

워썩=워썩워썩: 물건이 서로 닿을 때 소리 작와싹 와싹와싹

웍더그르르: 물건이 부딪치며 굴러가는 소리

월거덕=월거덕월거덕: 물건이 부딪칠 때 소리 작왈가닥 왈가닥왈가닥

월걱=월걱월걱: 물건이 부딪칠 때 소리 작왈각 왈각왈각

월겅=월겅월겅: 물건이 부딪칠 때 소리 거월컹 월컹월컹 작왈강 왈강왈강

월겅덜겅: 물건이 부딪칠 때 소리 거월컹덜컹 작왈강달강

월컹=월컹월컹: 물건이 부딪칠 때 소리 여월겅 월겅월겅 작왈캉 왈캉왈캉

으드득=으드득으드득: 단단한 것을 깨물어 깰 때 소리 작아드득 아드득아드득

으득=으득으득: 깨물고 깨뜨릴 때 소리 작아득 아득아득

으지적=으지적으지적: 깨물어 부스러뜨릴 때 소리 작아지작 아지작아지작

으지직=으지직으지직: 단단한 물건이 깨어지거나 찌그러질 때 나는 소리 작아지작 아지작아지작

자끈=자끈자끈: 물건이 부러지는 소리 큰지끈 지끈지끈

잘가닥=잘가닥잘가닥: ① 작고 단단한 물건이 조금 가볍게 부딪치는 소리 ② 끈기 있는 물건이 세차게 달라붙는 소리 거철거덕 철거덕철거덕 센짤까닥 짤까닥짤까닥 큰절거덕 절거덕절거덕

잘각=잘각잘각: 물체가 달라붙을 때 소리 거찰칵 찰칵찰칵 센짤깍 짤깍짤깍 큰절걱 절걱절걱

잘깍=잘깍잘깍: 물건이 세게 달라붙을 때 소리 큰절꺽 절꺽절꺽 센짤깍 짤깍짤깍 거찰

깍 찰깍찰깍

잘바당=잘바당잘바당: 물건이 물에 떨어질 때 소리 거찰바당 찰바당찰바당 큰절버덩 절버덩절버덩

잘카닥=잘카닥잘카닥: 단단한 물건이 부딪칠 때 소리 큰절커덕 절커덕절커덕

재까닥=재까닥재까닥: 작고 단단한 물건이 가볍게 빨리 맞부딪치거나 부서지는 소리 센쨰까닥 째까닥째까닥 큰제꺼덕 제꺼덕제꺼덕

재깍=재깍재깍: 작고 단단한 물건이 맞부딪치거나 부서지는 소리 (예) 문을 여는 소리가 재까닥 나다 큰제꺽 제꺽제꺽 센째깍 째깍째깍

절거덕=절거덕절거덕: 물건이 부딪칠 때 소리 거철거덕 철거덕철거덕 센쩔꺼덕 쩔꺼덕쩔꺼덕 작잘가닥 잘가닥잘가닥

절꺼덕=절꺼덕절꺼덕: 무거운 물체가 부딪칠 때 소리 작잘까닥 잘까닥잘까닥 거철커덕 철커덕철커덕

절꺼덩=절꺼덩절꺼덩: 무거운 물체가 부딪칠 때 소리 거철꺼덩 철꺼덩철꺼덩 작잘까당 잘까당잘까당

절버덕=절버덕절버덕: 묵직한 물건이 떨어질 때 소리 거철버덕 철버덕철버덕 작잘바닥 잘바닥잘바닥

절벙=절벙절벙: 물건이 물에 떨어질 때 소리 거철벙 철벙철벙 작잘방 잘방잘방

제꺽=제꺽제꺽: 단단한 물건이 부딪치거나 부러질 때 소리 센쩨꺽 쩨꺽쩨꺽 작재깍 재깍재깍

좌르르: 물줄기 따위가 많이 쏟아질 대 소리 센쫘르르

질질: 신발이나 물건이 땅에 닿아 느리게 끌리는 소리 센찔찔 작잘잘

짝: 작은 것이 단단한 물건 바닥에 달라붙는 소리 여작 큰찍

째까닥=째까닥째까닥: 물건이 부딪치는 소리 여재가닥 재가닥재가닥 큰쩨꺼덕 쩨꺼덕쩨꺼덕

째깍=째깍째깍: 물건이 부딪치는 소리 여재깍 재각재각 큰쩨꺽 쩨꺽쩨꺽

쩍=쩍쩍: 단단한 물건이 바닥에 들러붙는 소리 작짝 짝짝

쩔꺼덕=쩔꺼덕쩔꺼덕: 단단한 물건이 부딪칠 때 소리 여절거덕 절거덕절거덕 작짤까닥 짤까닥짤까닥

쩨꺼덕=쩨꺼덕쩨꺼덕: 물건이 쉽게 부딪칠 때 소리 여제꺼덕 제꺼덕제꺼덕 작쩨까닥 째까닥째까닥

쩨꺽=쩨꺽쩨꺽: 단단한 물건이 맞부딪치거나 부러질 때 소리 여제꺽 제꺽제꺽 작째깍 째깍째깔

차닥차닥: 물기가 있는 것을 자꾸 두드리는 소리

찰칵=찰칵찰칵: 작고 단단한 물체가 매우 끈기 있게 달라붙을 때 나는 소리 센짤깍 짤깍짤깍 여잘각 잘각잘각 큰철컥 철컥철컥

철거덕: 단단한 물체가 거볍게 부딪칠 때 나는 소리 작찰가닥
철거덕철거덕: 철거덕거리는 소리 또는 그 꼴 작찰가닥찰가닥
철거덩=철거덩철거덩: 단단한 금속 따위가 거볍게 부딪치면서 울릴 때 소리 작찰가당 찰가당찰가당
철꺽=철꺽철꺽: 단단한 물체가 세게 들러붙을 때 나는 소리 작찰깍 찰깍찰깍
철떡=철떡철떡: 몹시 세차게 들러붙는 소리 또는 그 꼴 작찰딱 찰딱찰딱
철버덩=철버덩철버덩: 묵직한 물건이 물위에 거칠고 세게 떨어져 울릴 때 소리 여절버덩 절버덩절버덩 작찰바당 찰바당찰바당
철써덕=철써덕철써덕: 세고 끈지게 마구 부딪칠 때 나는 소리 작찰싸닥 찰싸닥찰싸닥
콩다콩: 물건이 떨어질 때 소리 큰쿵더쿵
콩콩: 무거운 물건이 떨어질 때 소리 센꽁꽁 큰쿵쿵
쾅=쾅쾅: 물건이 바닥에 떨어질 때 센꽝 꽝꽝 큰쿵 쿵쿵
쿵=쿵쿵: 물건이 바닥에 떨어질 때 센꿍 꿍꿍 작콩 콩콩
쿵=쿵쿵: 물건이 떨어질 때 소리 센꿩 꿩꿩 작쾅 쾅쾅
탁=탁탁: 갑자기 잘리거나 끊어지는 소리 큰턱 턱턱
탈가닥=탈가닥탈가닥: 단단한 물건이 부딪칠 때 소리 센딸까닥 딸까닥딸까닥 큰털거덕 털거덕털거덕
탈가당=탈가당탈가당: 단단한 물건이 부딪치며 울리는 소리 센딸가당 딸가당딸가당 큰털거덩 털거덩털거덩
탈가락=탈가락탈가락: 단단한 물건이 부딪칠 때 소리 센딸까닥 딸까닥딸까닥 큰털거덕 털거덕털거덕
탈각=탈각탈각: 단단한 물건이 부딪칠 때 소리 센딱각 딸각딸각 큰털걱 털걱털걱
탈강=탈강탈강: 가벼운 물건이 부딪치며 울리는 소리 센딸깡 딸깡딸깡 여달강 달강달강 큰털겅 털겅털겅
탈락=탈락탈락: 물건이 매달리거나 늘어져 좀 둔하게 흔들리며 무엇에 닿을 때 소리 큰털럭 털럭털럭
탈방=탈방탈방: 물건이 물에 떨어질 때 소리 큰털벙 털벙털벙
탈카닥=탈카닥탈카닥: 물건이 세게 부딪칠 때 소리 센딸까닥 딸까닥딸까닥 여달가닥 달가닥달가닥 큰털커덕 털커덕털커덕
탈카당=탈카당탈카당: 물건이 세게 부딪쳐 울리는 소리 센딸까당 딸까당딸까당 여달카당 달카당달카당 큰털커덩 털커덩털커덩
탈칵=탈칵탈칵: 단단히 물건이 세게 부딪치는 소리 센딸깍 딸깍딸깍 여달각 달각달각 큰털컥 털컥털컥
턱=턱턱: 물건이 부딪는 소리 작탁 탁탁
털거덕=털거덕털거덕: 크고 튼튼한 물건이 세게 부딪칠 때 소리 센떨거덕 떨거덕떨거

덕 작탈가닥 탈가닥탈가닥 여덜거덕 덜거덕덜거덕

털거덩=털거덩털거덩: 크고 튼튼한 물건이 부딪치면서 나는 소리 센떨거덩 떨거덩떨거덩 작탈가당 탈가당탈가당

털걱=털걱털걱: 튼튼하고 큰 물건이 부딪칠 때 소리 센떡꺽 떨꺽떨꺽 작탈각 탈각탈각

털겅=털겅털겅: 튼튼하고 큰 물건이 가볍게 부딪칠 때 소리 센떨겅떨겅 작탈강 탈강탈강

털럭=털럭털럭: 물건이 매달리거나 둔하게 흔들리며 무엇에 닿을 때 소리 작탈락 탈락탈락

털썩=털썩털썩: 크고 두툼한 물건이 급자기 바닥에 떨어질 때 소리 작탈싹 탈싹탈싹

털커덕=털커덕털커덕: 크고 두툼한 물건이 갑자기 바닥에 떨어질 때 소리 작탈카닥 탈카닥탈카닥

털커덩=털커덩털커덩: 크고 튼튼한 물건이 세게 부딪칠 때 울리며 나는 소리 여덜거덩 덜거덩덜거덩 작탈카당 탈카당탈카당 센떨꺼덩 떨꺼덩떨꺼덩

털컥=털컥털컥: 튼튼하고 큰 물건이 거세게 부딪칠 때 소리 센떨꺽 떨꺽떨꺽 여덜컥덜컥덜컥 작탈칵 탈칵탈칵

털컹=털컹털컹: 튼튼하고 큰 물건이 거세게 부딪칠 때 울리는 소리 센떨껑 떨껑떨껑 여덜겅 덜겅덜겅 작탈캉 탈캉탈캉

텀벙=텀벙텀벙: 물건이 옅은 물에 떨어져 울릴 때 소리 작탐방 탐방탐방

텀벙=텀벙텀벙: 큰 물건이 깊은 물에 거볍게 떨어져 잠기는 소리 여덤벙 덤벙덤벙 작탐방 탐방탐방

텅=텅텅: 튼튼하고 탄력이 있는 물건이 세게 부딪치거나 떨어질 때 소리 센떵 떵떵 작탕 탕탕

토드락토드락: 작은 물체를 예사롭게 자꾸 두드릴 때 둔하게 나는 소리 센또드락또드락 큰투드럭투드럭

톡: ① 가볍게 살짝 치거나 털거나 튀기는 소리 큰툭 ② 무엇이 갑자기 가볍게 튀거나 터지는 소리 큰툭 ③ 갑자기 작은 것이 발부리에 걸리거나 차이는 소리 큰툭

톡탁=톡탁톡탁: 작고 탄탄한 물건을 가볍게 칠 때 소리 큰툭탁 툭탁툭탁

톡톡: ① 잇달아 가볍게 치거나 철거나 튀기는 소리 큰툭툭 ② 작은 것이 잇달아 가볍게 튀거나 터지는 소리 큰툭툭 ③ 여러 번 가볍게 걸리거나 발로 차는 소리 큰툭툭 ④ 작은 것이 자꾸 부러지거나 끊어지는 소리 큰툭툭

톰방톰방: 갭직한 물건이 깊은 물에 떨어져 소리를 내면서 들어갔다 나왔다 하다

통: 속이 빈 나무통이나 작은 북 따위를 칠 때 울리는 소리 큰퉁

통탕=통탕통탕: 탄탄한 물건을 가볍게 두드리거나 발로 구를 때 소리 센똥땅 똥땅똥땅 여동당 동당동당 큰퉁탕 퉁탕퉁탕

통통: 탄탄한 널빤지 따위를 발로 자꾸 구를 때 소리 큰퉁퉁

툭=툭툭: ① 거볍게 슬쩍 차거나 털거나 튀기는 소리 작톡 톡톡 ② 무엇이 급자기 거볍

게 튀거나 터지는 소리 [작]톡 톡톡 ③ 갑자기 큰 것이 발부리에 걸리거나 차이는 소리 [작]톡 톡톡

툭탁=툭탁툭탁: 튼튼한 물건을 가볍게 칠 때 소리 [센]뚝딱 뚝딱뚝딱 [작]톡탁 톡탁톡탁

틈벙=틈벙틈벙: 묵직한 물건이 깊은 물에 떨어져 잠길 때 소리 [작]톰방 톰방톰방

퉁탕=퉁탕퉁탕: 튼튼한 물건을 함부로 요란스럽게 두드리거나 발로 구를 때 소리 [센]뚱땅 뚱땅뚱땅 [여]동당 동당동당 [작]통탕 통탕통탕

퉁퉁: 빈틈이나 널빤지 따위를 구를 때 무디게 나는 소리 [작]통통

파드득=파드득파드득: 탄탄하고 질기거나 빤드러운 물건을 세게 문지르거나 마주 갈 때 몹시 되바라지게 나는 소리 [센]빠드득 빠드득빠드득 [여]바드득 바드득바드득

파삭=파삭파삭: 연하고 메마른 물건이 가볍게 바스러질 때 소리 [큰]퍼석 퍼석퍼석

팍삭=팍삭팍삭: 메마르고 엉성한 물건이 보드랍게 가라앉거나 쉽게 바서지는 소리 [큰]퍽석 퍽석퍽석

팡당=팡당팡당: 작고 무거운 물건이 얕은 물에 떨어질 때 소리 [큰]펑덩 펑덩펑덩

퍼석=퍼석퍼석: 메마르고 엉성한 물건이 맥없이 부서져 가라앉는 소리 [작]파삭 파삭파삭

펑덩=펑덩펑덩: 무거운 물건이 물에 떨어질 때 소리 [작]팡당 팡당팡당

포드득=포드득포드득: 단단하고 질기거나 빤드러운 작은 물건을 세게 문지르거나 마주 갈 때 소리 [센]뽀드득 뽀드득뽀드득 [여]보드득 보드득보드득 [큰]푸드득 푸드득푸드득

포삭=포삭포삭: 거칠고 부피만 있는 물건 등이 좀 세게 바스러질 때 소리 [큰]푸석 푸석푸석

폭삭=폭삭폭삭: 부피만 있고 매우 엉성한 물건이 부드럽게 가라앉거나 쉽게 부서지는 소리 (예) 홍수로 오두막이 폭삭 내려앉았다 [큰]폭석 폭석폭석

폴싹=폴싹폴싹: 작은 것이 맥없이 마구 주저앉거나 내려앉는 소리 [큰]풀썩 풀썩풀썩

퐁=퐁퐁: 작고 무거운 물건이 괸 물에 떨어질 때 소리 [큰]풍 풍풍

퐁당=퐁당퐁당: 작고 단단한 물건이 물속으로 떨어지거나 빠지는 소리가 자꾸 나다 [큰]풍덩 풍덩풍덩

푸드득=푸드득푸드득: 튼튼하고 질기거나 뻔드러운 물건을 세게 문지르거나 마주 갈 때 소리 [센]뿌드득 뿌드득뿌드득 [여]부드득 부드득부드득 [작]포드득 포드득포드득

푸석=푸석푸석: 거칠고 부피만 큰 물건이 세게 부스러질 때 소리 [작]포삭 포삭포삭 (예) 손이 닿는 대로 푸석푸석 부스러진다

폭석=폭석폭석: 부피만 크고 매우 엉성한 물건이 부드럽게 가라앉거나 쉽게 부서질 때 소리 (예) 오랜 장마로 헛간의 지붕이 폭석 가라앉았다 [작]폭삭 폭삭폭삭

풍덩=풍덩풍덩: 크고 무거운 물건이 물속으로 빠지거나 떨어질 때 소리 [작]퐁당 퐁당퐁당

풍풍: 깊은 물에 무거운 물건이 자꾸 떨어질 때 소리 [작]퐁퐁

6.4. 시간 부사

6.4.1. 짧은 시간 부사

갑자기: 별안간 =갑작스럽게
고때: 이제 막
곧: 즉시
곧바로: 바로 그때에 곧
단숨에: 숨 한번 쉴 만큼의 짧은 동안
잠간: '잠깐'의 원말
잠깐: 매우 짧은 동안에
잠시: 짧은 시간 동안
잠시간: 잠깐 동안
잠시간에: 잠시간

6.4.2. 처음부터 끝까지의 동안 부사

끝끝내: 끝까지
끝내: 끝가지 내내
내나: 결국에 가서는
내내: 처음부터 끝까지
자두자미(自頭自尾): '머리로부터 꼬리에 이르기까지'란 뜻으로 '자초지종'을 가리키는 말
자초지종: 처음부터 끝까지의 동안
종내(終乃): =끝내
종두자미(從頭自尾): =자두자미
종시(終是): 끝에
종시(終始): 시종

6.4.3. 처음 시간(앞선 시간) 부사

당초: 처음에. 애초에
당초에: 맨 처음에
당최: '당초에'의 준말
먼저: 시간상으로 앞서서

모처럼: 벼르고 별러서 처음
미리: 어떤 일이 아직 생기기 전에 앞서서 =미리미리
본디: 처음부터
본래: 처음부터 =본디
본시: 본디부터
새로: 지금까지 있은 적이 없이 처음으로 이제 막
아예: 애초부터 (예) 그러한 사람과는 아예 사귀지 말아야 한다
앞서: 이보다 먼저 (예) 앞서 말한 바와 같이 그는 훌륭한 분이시다
앞서서: 정한 시간보다 먼저 (예) 그 일은 그에 앞서서 제가 하였습니다
애당초: 맨 처음부터
원시: 본디
지레: 무슨 일이나 태가 되기 전에 미리 (예) 지레 놀라다
처음: 시간상으로나 차례로 맨 앞

6.4.4. 틈이 나는 시간 부사

빤히: 잠깐 틈이 나서 한가하다
짬짬이: 틈이 나는 대로
틈틈이: 겨를이 있을 때마다

6.4.5. 항시 부사

나날이: 날마다
늘: 끊임없이 계속하여
드나나나: 들어가거나 나오거나
때없이: 시도 때도 없이
마냥: 줄곧
만날: 날마다
매상: 항상. 늘
매양: 한결같이 늘
매일: 날마다
매일같이: 날마다
매일매일: 날마다 날마다
밤낮: 밤과 낮이 없이
밤낮없이: 언제나 늘

사시사철: 일년 내내. 항상
사철: 어느 철이든 언제나
상시: 늘
생전: 늘. 언제나
언제나: 어느 때에나 늘
영구장천: 언제까지나 늘
오만날: 허구한 날
자나깨나: 잘 때나 깨어 있을 때 언제든지
자나새나: 밤낮없이 언제나
지나새나: 밤낮없이. 언제나
항다반: 차를 먹듯 늘 (예) 항다반 하는 말
항상: 늘
항시: 늘

6.4.6. 현재 시간 부사

갓: 이제 방금
그새: 금방
그예: 마침내 그만
금명간: 오늘내일 사이 =금명
금방: 이제 곧
금일: 오늘
금자: 지금에 있어서
당금: 바로 이제
대뜸: 그 자리에서 곧 =대뜸에
막: 바로 지금
바야흐로: 이제 한창
방금: 금방
방장: 이제 곧
방재(方在): 방금
어시호(於是乎): =이제야 비 어시에
오늘: 지금 지내고 있는 이 날에
오늘날: 지금 이 때에
오늘따라: 하필 왜 오늘 같은 날에
이제: 지금

이제사: '이제야'의 경남 전남 방언
이제야: 이제 겨우
이즈음: 이때의 즈음
이즘: '이즈음'의 준말
즉금: 이제 곧
지금(只今): 말하는 바로 이때
지금(至今): 바로 이제

6.4.7. 현재에 이르기까지의 시간 부사

생래: 태어난 이래
생후: 태어난 이후
아직: 지금까지
여적지: 지금까지
여전히: 전과 같이
여지껏: 여태껏
여태: 이때가지
여태까지: '여태'의 힘줌말
여태껏: '여태'의 힘줌말 (예) 여태껏 기다렸다
오늘껏: 오늘까지
오늘따라: 하필 오늘 같은 날에
요사이: 이제까지의 가장 가까운 요 동안 준요새 큰이 사이 비근간, 근시, 근일, 근자, 작금, 금일
요즈막: 이제까지에 이르는 아주 가까이
요즈음: 아주 가까운 과거에서 지금에 이르는 사이에
우금(于今): 이제까지
이금(而今): 이금에
이금에(而今): 이제 와서 =이금에
이때껏: 이때에 이르기까지
이적지: 지금까지
이제금: 이제까지 또는 지금까지
이제까지: 지금에 이르기까지
이제껏: 지금에 이르기까지
이제사: 지금에 이르러서야 겨우
이제서야: 지금에 이르러서야 겨우

이즈막에: 이제까지에 이르는 가까운 때
이즈막: 이제까지에 이르는 가까운 때
이즈막하여: 이즈음에 이르러
인제: 이제에 이르러. 지금
지금껏: 바로 이 시각에 이르기까지
최근: 요사이에 와서

6.4.8. 과거 시간 부사

거금: 지금은 기준으로 지나간 어느 때까지 거슬러 올라가서
거급: 지금으로부터 거슬러 올라가서
고새: '고사이'의 준말
그끄러께: 지난해의 전해 비거거년 재작년 전전년 지지난해
그저께: 어제의 전날 =그제
그제야: 그때에 비로소, 어떤 일이 있고 난 때에
기왕: 벌써. 이미
기왕에: 이왕에. 이미 그렇게 된 바에
기왕이면: 이미 그렇게 된 바에는
기왕지사(旣往之事): 이왕지사(已往之事) 이미 지난 일. 이미
기이: 이미
때마침: 그때에 바로 알맞게
벌써: 오래 전에
아까: 좀 전에 (예) 그는 문득 아까 새로 사다 꽂아둔 책이 다시 보고 싶었다 비과경에
아래: 그저께
앞서: 지난번에 (예) 그 사람의 의도는 제가 이미 앞서 말씀 드린 대로 틀림없습니다
어언=어언간: 어느덧
어저께: 어제
어제: 오늘의 하루 전날
이미: 벌써
저적에: 지난번에
하마: 벌써 〈강원, 경남, 충청 방언〉
하마나: 벌써 (예) 자기 말만 들으면 틀림없다는 그 중의 말이 영험할진대 하마나 아기도 배웠을 것이다

6.4.9. 긴 시간 부사

가으내: 가을 동안 줄곧
가을내: '가으내'의 본딧말
겨우내: 겨울 동안 줄곧 본겨울내
길래: 오래도록 길이
길이=길이길이: 오래도록
까마아득히: 아득히 오래
대대로: 여러 대를 이어서
매년: 해마다
매달: 다달이
매월: 달마다
매일매일: 날마다 계속하여
밤새껏: 밤이 새도록까지
봄내: 봄 내내
아득아득: 까마아득하게 오래다
아득히: 아득하게 (예) 아득히 먼옛날
양구에: 한참 있다가
양구히: 시간이 꽤 오래 되어
여름내: 여름 내내
연월: 여러 달 계속
연일: 여러 날 계속해서
영=영영: 영원히
영구히: 영원히
영영(永永): 다시는 있을 수 없게 영원히
영영히: 영원히
영원히: 영원하게
오늘내일: 오늘이나 내일. 자꾸만 미루는 꼴
오래: 시간상으로 길게
오래=오래오래: 아주 오래 지나도록
오래간: 오래 동안
오래간만에: 오래 지난 뒤
오래도록: 시간이 많이 지나도록
오래도록: 시간이 지난 뒤 오래 동안이 되도록
완구히: 완구하게

유구히: 아득하게. 유구히 (예) 유구히 흐르는 금강
유장히: 길고도 오래
이때껏: 이때에 이르기까지
일껏: 일삼아, 모처럼, 애써서, 이때껏
자금: 지금을 기준으로 하여 이제부터
장구히: 길고 오래
장시간: 오랜 시간 동안
장장: 기나긴 시간 동안
종래: 이전부터 지금까지
종래로: 종래
종신: 일생 동안
종신토록: 평생토록
평생: 평생토록
평생토록: 한 평생이 다하도록
한동안: 해가 질 때까지
한생전(限生前): 한 평생
한생토록: 한생 동안 내내
한종신: 죽을 때까지 [비]한기신
한천명: 날이 샐 때까지
한평생: 한 세상 살아 있는 동안
해껏: 해가 질 때까지

6.4.10. 늦은 시간 부사

느지감히: 꽤 늦게
느지막이: 시간이나 기한이 좀 늦게
느직이: 좀 늦게
느직하니: 느직하게
느직하다: 일정한 때보다 좀 늦게
늦도록: 늦게까지
늦추: 때가 늦게
이슥히: 밤이 꽤 깊다

6.4.11. 동시 부사

곧바로: 바로 그때에 곧
곧장: 어디에도 들르지 않고 곧바로
동시: '동시에'의 준말
동시에: 같은 시간이나 시기에
바로바로: 그때그때 곧 =바로
바야흐로: 이제 한창 또는 지금 바로
한날한시에: 같은 날 같은 시간에(경남방언)
한시에: '같은 시간에'(경남방언)

6.4.12. 말하는 그때 부사

어차간에: 말하는 김에
언하에(言下): 말이 떨어지자마자 바로

6.4.13. 모르는 시간 부사

어느덧: 어느 사이인지 모르는 동안에 (예) 어느덧 또 한해가 저물어간다
어느새: 어느 틈에 (예) 어느 틈에 봄이 왔나 보다
어언: 어느덧
어언간: 어느덧
언제: 어느 때에
언제나: 어느 때에나 (예) 언재나 가보나?
언젠가: 어느 때에 가서는
유시호(有時乎): 어떤 때에는
이제나저제나: 언제일지 모를 때나 일을 몹시 기다리는 모양 (예) 이제나저제나 사이의 모습이 나타나지 않을까 기다리고 기다렸다
이제저제: 이 때로 저 때로

6.4.14. 미래 시간 부사

거무하여: 있은 지 얼마 안 되어서
근근: 오래 되지 않아

금후: 지금으로부터
무궁히: 시간이 끝이 없이
무기한: 한없이. 시일을 정하지 않은 채로
무한정: 끝없이
무한히: 시간이 제한이나 한계가 없이
앞으로: 이제부터
언제인가: 어느 때에 가서는
언젠가는: 어느 때에 가서는
영구장천(永久長川): 언제까지나 늘
영구히: 어떤 상태가 시간상으로 무한히
이금이후(而今而後): 지금으로부터
이따: '이따가'의 준말 (예) 이따 저녁때 가마
이따가: 조금 지난 때에 [준]이따
이슥이: 밤이 꽤 깊어서
이슥토록: 밤이 깊을 때까지
이윽고: 한참 만에
장구히: 길고 오래
장래에(將來): 앞으로
장차: '앞으로'의 뜻으로 미래의 일을 말할 때 쓴다
조만간: 앞으로 얼마 안 지나서
진시: 진작

6.4.15. 빈도 시간 부사

가끔: 때와 때의 사이가 얼마쯤씩 뜨게
가끔가끔: 여러 차례로 가끔
가끔가다: 어쩌다 뜻하게
가끔가다가: 어쩌다가 뜸하게
가끔씩: 가끔마다
가다: 이따금 간혹
가다가: 어떤 일을 계속하는 동안에. 어쩌다가 이따금
가다가다: 이따금 가다가
간간: 간간이
간간이: 시간적인 사이를 두고 가끔씩
그때마침: 어떤 때에 바로 알맞게

더러: 이따금씩
더러는: '더러'의 힘줌말
더러더러: '더러'의 힘줌말
드문드문: 이따금
듬성듬성: 드문드문
때때: 때때로
때때로: 때에 따라서 가끔
때로: 경우에 따라서
때로는: '때로'의 힘줌말
때아닌: 적당한 때가 아닌
때없이: 일정한 때가 없이 아무 때나 내키는 대로. 수시로
띄엄띄엄: 드문드문
마지막: 끝나는 때
마침: 필요하던 차에
마침내: 끝끝내
매번: 어떤 일이 생길 때마다
무리무리: 어떤 일이 일어나는 시기들의 하나하나 모두
무시로: 일정한 때가 아닌 아무 때
문득=문득문득: 갑자기 **센**문뜩 문뜩문뜩
번번히: 일이 생기는 때마다. 매번
삭삭(數數): 자주자주
수시로: 때때로 아무 때나 늘
언뜻언뜻: 자꾸 잠깐잠깐 나타나는 모양
연년이: 해마다
왕왕: 이따금
요사이: 이제까지의 가장 가까운 요 동안
우금: 이제까지
이따금: 가끔
이따금씩: 얼마쯤 있다가 가끔
일쑤: 흔히 가끔
자주: 짧은 동안에 여러 번 되풀이하여 =자주자주
종종: 가끔 또는 때때로
하루건너: 격일로
하루걸러: 하루씩 건너 띄어서
하루들이: 하루 걸러 한번씩

혹간: 간혹

6.4.16. 빠른 시간 부사

거연히: 갑자기
금방: 순식간에
금방금방: 아주 속히
단김에: 단결에
단바람에: 단박
단박: 곧바로 =단박에
단번에: '단박'의 힘줌말
당장: 바로 그 자리에서 곧 지체 없이
덧없이: 알지 못하는 가운데 지나가는 세월이 사정없이 빠르다
두언: 갑자기
막바로: 곧바로
바로: 곧장
번시: 다른 것이 없이 곧
살같이: 화살같이 빠르게
쏜살같이: 날아가는 화살처럼 몹시 빠르게
쏜살로: 쏜살같이
언뜻번뜻: 세월이 잠깐 사이에 빨리 지나는 모양
언하에: 말이 떨어지자마자
하루바삐: 하루라도 빨리
하루빨리: 하루라도 빠르게
하루속히: 매우 빠른 시일 내에
하루아침에: 어느 날 갑자기

6.4.17. 시간에 따라 더함 부사

각각(刻刻): 시간의 일각일각마다
각일각: 시간이 지남에 따라 더욱 더 (예) 각일각 불어나는 한강의 물의 높이
시시각각: 시간이 지남에 따라 사물이나 상황의 변화가 빠르게 진행되어
시시각각으로: 자꾸자꾸 시간 가는 대로
시시때때로: 이따금씩 '때때로'의 힘줌말
시시로: 때때로 자주

6.4.18. 시간의 연속 부사

가끔: 이따금
가끔가끔: '가끔'을 강조한 말
가끔가다가: 어쩌다 뜻하게 준가끔가다
가끔씩: 가끔마다
가다: 이따금. 간혹
가다가: 어떤 일을 계속한 동안에
각각: 시간의 일각일각마다
각일각: 시간이 지남에 따라 더욱더
간간: 이따금씩 =간간이
고래로(古來): 자고이래로
곰배곰배: '곰비일비'의 평북방언
과년: 해마다
구메구메: 남 몰래 틈틈이
그날그날: 날마다 계속하여
그담: '그 다음'의 준말
그시그시: 그때그때마다
금방금방: 잇달아 금방
나날이: 날마다
날로: 날이 갈수록
내내: 처음부터 끝가지
내리내리: 잇달아 계속
노다지: 언제나
누누이: 여러 번 거듭하여
눌러: 내내
다달이: 달마다
다반=항다반: 차를 먹듯 늘
때때=때때로: 때에 따라서 가끔
때없이: 시도 때도 없이
마냥: 줄곧
만날: 날마다
매년: 해마다
매매(每每): 번번이
매번: 무슨 일이 있을 때마다

매삭: 매달
매상: 평상시 언제나
매양: 한결같이 늘
매월: 다달이. 달마다
매일: 날마다. 빠짐없이
매일같이 날마다
매일매일: 날마다 날마다
무시로: 일정한 때가 아닌 아무 때나
문득문득=문득: 갑자기. 언뜻 센문뜩 문뜩문뜩
바로바로: 그때그때마다 곧
밤낮없이: 언제나 늘
번번이: 일이 생길 때마다
뻠들이로: 동안을 별로 띄지 아니하고 잇따라 서로 번갈아들어서
사시사철: 일년 내내. 항상. 계속
사시장철: 사시의 어느 때나 늘
사이사이: 틈이 있을 때마다
사철: 어느 철이든 언제나
삭작: 자주자주
상금(尙今): 이제껏
상기: 아직
세세: 해마다
세세년년: '매년'의 힘줌말
수시: 아무 때나 늘
수시로: 때때로
시도때도없이: 늘. 언제나
시시각각: 자꾸자꾸 시간 가는 대로
시시때때로: '때때로'의 힘줌말
시시로: 때때로
아직까지: 아직껏
아직껏: 지금에 이르기까지
언제까지나: 계속하여
언제나: 늘. 항상. 끊임없이
언제나없이: 어느 때나 늘
언제든지: 어느 때든지
언제인가: 어느 때에 가서는

여름내: 여름 내내 (예) 여름내 비 한방울 내리지 않았다
여전히: 전과 다름없이 언제나
여지껏: '여태껏'의 경기방언
여태: 지금까지
여태까지: '여태'의 힘줌말
연년(年年): 해마다
연무년: 해마다
연세: 연년
연야: 밤마다
연연세세: 세세연연
연연히: 해마다 거르지 않고
연월: 여러 달 계속
연일: 여러 날 계속
염염히: 세월의 흐름이 끊임없이
영구장천: 언제까지나
영구히: 영구하게
영영: 영원히
오래오래: 아주 오래 지나도록
오만날: 만날
왔다갔다: 자주 오기도 하고 가기도 하는 꼴
우금: 이제까지
원래: 본디부터
이따금: 얼마씩 있다가 가끔
이따금씩: 이따금
이때껏: 지금에 이르기까지
이제껏: 지금에 이르기까지
일껏: 일삼아 이때껏
일일: 날마다. 하루하루
자고급금에(自古及今): 예로부터 지금에 이르기까지
자고로: 예로부터 내려오면서
자고이래(로): 예로부터 내려오면서
자나깨나: 잘 때나 깨어 있을 때나 언제나
자나새나: 밤낮없이 언제나
자소로=자소이래로: 어렸을 때부터 이제가지
종고(從古): 예로부터

종고이래로: 예로부터
종내: 끝내
종시: 시종 끝내
종일: 하루 동안
종일토록: 하루 동안 내내
즉시에: 바로 그때에
지금껏: 바로 이 시각에 이르기까지
지나새나: 해가 지나 날이 새나 밤낮없이
철철이: 돌아오는 철마다
춘하추동: 봄, 여름, 가을 겨울 내내. 즉 일년 내내
하루같이: 나마다 한결같이
하루건너: 하루걸러
하루걸러: 하루씩 띄어서 비하루건너
하루돌이: 하루 걸러 한번씩
하루종일: 아침부터 저녁가지 줄곧 준한종일
하루하루: 하루가 지날 때마다
하마하마: 어떤 기회가 자꾸 다가오는 모양
한결같이: 언제나 변함없이
한일명: 날이 샐 때까지
한일모: 하루 종일
한종신: 죽을 때까지
한종일: 해가 질 때까지 비한기신
한천명(限天明): 날이 밝을 때까지
한평생: 살아 있는 동안 끝가지
항상: 언제나 변함없이
해껏: 해가 질 때까지
해마다: 매년
해해년년: 해마다 거듭하여

6.4.19. 순간 부사

어뜩: 획 지나가는 바람에 (예) 어뜩 보기에는 순이 어머니 같던데
어뜩어뜩: 어뜩어뜩한 느낌 (예) 어뜩어뜩 현기증이 일어난다
언뜻: 지나가는 결에 잠깐 나타나는 꼴
잠간: '잠깐'의 원말

잠깐: 매우 짧은 동안
잠시: 잠깐
편시: 잠깐

6.4.20. 어둡거나 밝은 때 부사

어두커니: 새벽이 어둑어둑한 때에
어둑어둑: 어둑어둑한 꼴 (예) 해가 넘어가자 땅거미가 들더니 이내 날은 어둑어둑 저물어 간다
어둑침침히: 어둡고 침침하게

6.4.21. 예로부터 이제까지 부사

고래로(古來): 자고이래로
자고급금에(自古及今): 예로부터 이제까지에 (예) 자고급금에 진선진미한 사람도 없을 때에 어찌 진선진미한 나라가 있으리오
자고로(自古): 자고이래로
자고이래로(自古以來): 예로부터 준고래로 자고로
지우금(至于今): 이제에 이르기까지 준지금

6.4.22. 이른 시간 부사

당초에: 부정하는 말과 함께 쓰이어 맨 처음부터 도무지
당최: '당초에'의 준말
미리미리: 여유가 넉넉하게 미리
벌써: 어떤 일보다 오래 전에. 예상보다 빠르게
새벽같이: 아침에 썩 일찍이
일찌감치: 조금 더 일찍이 또는 꽤 일찍이
일찌거니: 일찌감치
일찍: 늦지 않고 이르게=일찍이
일찍이: 전에 또는 이왕에
진득: 좀 더 일찍

6.4.23. 이슥한 때 부사

때아닌: 적당한 때가 아닌
무야간에: 이슥한 밤중에
이슥히: 밤이 꽤 깊어서

6.4.24. 정하거나 정하지 않은 시간 부사

매기: 정해진 기간마다
유시호: 어떤 때에는
정휴일(定休日): 정기를 휴업하는 날
종내(終乃): 끝내
질질: 정한 날짜 따위가 뒤로 미루어지는 꼴 센찔찔
한세전(限歲前): 섣달그믐까지 한정하고
혹=혹시: 어쩌다가 어떤 때에

6.4.25. 즉시 시간 부사

결결이: 그때그때마다
곧: 바로. 즉시
곧바로: 머뭇거리지 않고 그 즉시
곧장: 곧이어
곰방: 이제 바로 큰금방
그때그때: 뒤로 미루지 말고 일이 생기는 그 즉시로
금방: 이제. 곧
금방금방: 잇달아 빨리
금세: 이제 곧
금시: 바로 지금
금시로: 즉시로
금시에: '금새'의 본딧말
단결에: 단김에
단김에: 단결에
단꺼번에: 단번에 몽땅
단매에: 단번에

단박에: 즉시로
단숨에: 한숨에
단칼로: 단칼에
단캉에: 단 한번에
단통: 곧장
단통으로: 단통에
단판: 곧장
담박: 곧바로
당금: 바로이제
당장에: 당장
대미처: 그 즉시로
데꺽: 서슴지 않고 곧바로
떼꺽떼꺽: 재빠르게 금방금방 [여]데꺽데꺽
모야간에: 이슥한 밤중에
방금: 금방
방장: 이제 곧
어시호: 이제야 또는 이에 있어서
이내: 지체함이. 곧
이제: 지금 곧
즉각: 당장에. 곧 =즉각즉각
즉속: 즉시로
즉시: 곧. 바로 그때
즉시에: 즉시
즉시즉시: 그때그때마다 곧
지금: 말하는 바로 이때에. 바로 아제
하루빨리: 하루라도 빨리 =하루바삐
한숨에: 단숨에
한시바삐: 아주 바삐
한시반시: 잠시도

7. ㅇ부의 부사

7.1. 여러 가지 부사

7.1.1. 아니 꼽고, 아기를 어르고, 아롱거리는 부사

가동가동: 어린 아이의 겨드랑이를 껴들고 올렸다 내렸다 하며 어를 때에 아이의 다리가 오그렸다 폈다 하다

바짝=바짝바짝: 몹시 가까이 자꾸 들러붙는 꼴

아니꼽스레: 지나치게 아니꼬운 데가 있게

아롱아롱: 뚜렷하지 아니하고 흐리게 아롱거리는 모양 큰어롱어롱

7.1.2. 앉거나 서 있는 모습 부사

오도마니: 오도카니

오도카니: 작은 사람이 맥없이 조용히 서 있거나 앉아 있는 꼴 (예) 방안에 오도카니 앉아 있다 큰우두커니

탈싹=탈싹탈싹 작은 몸집이 갑자기 주저앉는 꼴 큰털썩 털썩털썩

털썩=털썩털썩: 큰 몸집이 급자기 주저앉는 꼴

7.1.3. 궁금증, 암담한 상태 부사

궁금히: 궁금하게 (예) 궁금히 기다린다. 궁금히 여기다

참담히: 참담하게 즉 몹시 암담하다 (예) 광복 전의 우리말의 참담했던 상태를 생각하면 지금도 몸서리가 쳐진다

7.1.4. 액체가 끓거나 기타 모습 부사

바그르르: 적은 액체가 좀 넓은 범위에서 야단스럽게 끓어오르는 꼴 센빠그르르 큰버그르르

바글바글: 적은 액체가 좀 넓은 범위에서 야단스럽게 자꾸 끓는 꼴 센빠글빠글 큰버글버글

바르르: 액체가 가볍게 바그르르 끓는 꼴 거파르르 큰버르르

버글버글: ① 죽이 끓는 모습 ② 물거품이 끓어오르다 센뻐글뻐글 작바글바글

버르르: 액체가 거볍게 버그르르 끓는 꼴 [거]퍼르르 [작]바르르
벌꺽벌꺽: ① 빨래가 벌꺽벌꺽 끓는다 ② 술이 부걱부걱 괴어오르는 꼴
보글보글: 적은 액체가 조금 좁은 범위에서 야단스럽게 끓어오르다 [센]뽀글뽀글 [큰]부글부글
부르르: 액체가 가볍게 부르르 끓는 꼴 [거]푸르르 [작]보르르
불뚝불뚝: 죽이 끓는 꼴 [센]뿔뚝뿔뚝 [작]볼똑볼똑
빠그르르: 적은 액체가 좀 넓은 범위에서 매우 야단스럽게 끓어오르는 꼴 [여]바그르르 [큰]뻐그르르
빠글빠글: 적은 액체가 좀 넓은 범위에서 야단스럽게 자꾸 끓는 꼴 [여]바글바글 [큰]뻐글뻐글
빨깍빨깍: 국이나 물 따위가 빨깍빨깍 끓는 모습 [거]발칵발칼 [큰]뻘꺽뻘꺽
뽀그르르: 적은 액체가 조금 좁은 범위에서 몹시 야단스럽게 끓어오르는 꼴 [여]보그르르 [큰]뿌그르르
뿌글뿌글: 많은 액체가 좁은 범위에서 자꾸 몹시 야단스럽게 끓어오르는 꼴 [여]부글부글 [작]뽀글뽀글
살살: ① 그릇의 물 따위가 고루 찬찬히 끓는 꼴 [센]쌀쌀 [큰]설설 ② 방구들이 좀 뭉근하게 끓는 꼴 [큰]설설
송알송알: 술, 고추장 따위가 괴여서 자꾸 끓는 꼴 [큰]숭얼숭얼
쌀쌀: ① 그릇의 물 따위가 따끈따끈하게 끓는 꼴 [큰]썰썰 [여]살살 ② 방구들이 매우 뭉근하게 끓는 꼴 [여]살살 [큰]썰썰
오그르르: 적은 물 따위가 갑자기 끓어오르는 꼴
오글보글: 오글거리고 보글거리는 꼴 (예) 찌개가 오글보글 끓는다
오글오글: 오글오글한 꼴 (예) 주전자의 물이 오글오글 끓어오른다 [큰]우글우글
오르르: 물이 갑자기 끓어오르는 꼴 또는 끓어올라 넘치는 꼴 [큰]우르르
오르륵: '오르르'의 힘줌말
와그르르: 많은 액체가 좀 야단스럽게 끓어오르는 꼴 (예) 국이 와그르르 끓어오른다 [큰]워그르르
와글와글: 물이 와그르르 자꾸 끓어오르다 [큰]워글워글
와르르: 적은 액체가 한꺼번에 야단스럽게 넘쳐 오르거나 끓어오르는 꼴 [큰]워르르
우글부글: 물 따위가 자꾸 우글부글 끓어오르다 [작]오글보글
우글우글: 더운 물 따위가 자꾸 끓어오르다 [작]오글오글
우르륵: '우르르'의 힘줌말 [작]오르륵
워그르르: 많은 액체가 넓은 범위로 야단스럽게 끓어오르다
워글워글: 물이 워그르르 자꾸 끓어오르다 [작]와글와글
워르르: 많은 액체가 한꺼번에 아주 야단스레 넘쳐 오르거나 끓어오른다 [작]와르르

자그르르: 적은 양의 걸쭉한 액체가 갑자기 끓어오를 때 꼴 (예) 뚝배기의 된장국이 자그르르 끓어오른다 센짜그르르 큰지그르르

자글자글: 자글거리는 꼴 (예) 냄비에서 된장국이 자글자글 끓는다

잘잘: 따끈따끈하게 높은 열로 끓는 꼴 센짤짤 큰절절 (예) 잘잘 끓는 꼴

잘파닥잘파닥: 반죽이나 진흙 따위가 물기가 많아 자꾸 잘팍하여 지다 큰질퍼덕질퍼덕

잘팍잘팍: 반죽이나 진흙 따위가 물기가 많아 매우 질어지다 여잘박잘박 큰질퍽질퍽

잘팔: ① 적은 물이 용솟음치며 몹시 끓는 꼴 큰펄펄 ② 방구들이나 물이 높은 열로 뜨끈뜨끈 끓는 꼴

지그르르: 물이 끓는 꼴 센찌그르르 작자그르르

지글지글: 액체가 끓는 꼴 센찌글찌글 작자글자글

짜그르르: 적은 양의 걸쭉한 액체가 갑자기 세게 끓어오르는 꼴 여자그르르 큰찌그르르

짜글짜글: 액체가 끓는 꼴 여자글자글 큰찌글찌글

짝짝: 적은 액체가 가는 줄기로 자꾸 세게 뻗치는 꼴 큰찍찍

짤름짤름: 액체가 여러 차례에 나누어 짤름거리는 꼴 (예) 물을 짤룩짤룩 흘리면서 걷다 여잘름잘름 큰쩔름쩔름

짤짤: 몹시 따끈따끈하게 높은 열로 끓는 꼴 여잘잘 큰쩔쩔

찌그르르: 많은 양의 걸쭉한 액체가 급자기 세게 끓어오르는 꼴 여지그르르 작짜그르르

찌근찌근: 액체가 자그르르 끓는 꼴 여자근자근 큰짜근짜근

찌글찌글: 많은 양의 액체가 걸쭉하게 젖어들며 자꾸 찌그르르 끓다

찍=찍찍: 액체가 가는 줄기로 세게 뻗치는 꼴 작짝 짝짝

차랑차랑: 드리운 물건이나 가득한 액체가 차랑거리는 꼴 (예) 산들바람에 차랑차랑 고인 눈물 큰치렁치렁

천덩천덩: 끈기 있는 액체가 길게 쳐져 내리다가 뚝뚝 떨어지다

치런치런: 그득한 액체가 가장 가리에 넘칠 듯 말 듯하다 여지런지런 작차란차란

파르르: 액체가 가볍게 빠그르르 끓는 꼴 (예) 주전자의 물이 파르르 끓는다 여바르르 큰퍼르르

푸르르: 액체가 가볍게 끓는 꼴 여부르르 작포르르

퍼르르: 액체가 거볍게 뻐그르르 끓는 꼴 (예) 냄비에서 물이 퍼르르 끓어오른다 여버르르 작파르르

한소끔: 한 번 부르르 끓는 꼴 (예) 된장국을 끓일 때는 된장이 풀어지고 한소끔 끓어오르면 불을 꺼야 한다

7.1.5. 야만·얄미운 모습 부사

가증스레: 몹시 괘심하고 얄밉게
맵살스레: 보기에 몹시 얄밉다
밉살스레: 보기에 몹시 밉다
밉상스레: 밉살스럽다
야만스레: 야만의 단계에 있는 듯하다
야살스레: 얄망궂고 잔재미가 있다
얄밉게: 성질이 바르지 못하고 괴상하다
얄밉살스레: 얄밉상스럽게

7.1.6. 두껍거나 얇은 모습 부사

두툼히: 좀 두껍게
얄부스름히: 얄브스름하게 큰열브스름히
얄찍스름히: 매우 얇은 듯하게
얄찍얄찍: 얄찍얄찍한 꼴
얄찍이: 얄찍하게
얄추: 얕게
얄팍스레: 두께가 좀 얄팍한 듯하게
얄팍얄팍: 여러 개가 모두 두께가 조금 얇은 모양
얄팍히: 두께가 좀 얇게
얄포름히: 연하고 얇게
열브스름히: 열브스름하게 작얄브스름히
열푸름히: 좀 엷은 듯하게

7.1.7. 어긋남·어려움 모습 부사

괴사스레: 변덕스럽게 익살을 부리며 엇가는 태도로
무난히: 어려울 것이 없이

7.1.8. 어린이의 모습과 어리석은 모습 부사

멍청스레: 어리석고 정신이 흐릿하게

멍청히: 어리석고 정신이 흐릿하여
와각와각: 와각거리는 꼴 (예) 장난감이 든 상자를 와각와각 흔들며 논다 큰위걱위걱
조랑조랑: 어린아이 등이 많이 딸려 있다 큰주렁주렁 비조롱조롱
컹컹: 어린아이가 울음 섞인 태도로 괴롭게 자꾸 내는 소리 센낑낑 작캉캉

7.1.9. 어벌쩡하게 넘기려는 행위 부사

얼렁뚱땅: 슬쩍 엉너리쳐 어벌쩡하게 넘기는 꼴 (예) 불가피한 모순을 얼렁뚱땅 넘기려는 자는 비겁하다
엄벙덤벙: 무슨 영문인지도 모르고 덤벙거리는 꼴 (예) 해 놓은 일도 없이 엄벙덤벙 방학 동안을 고스란히 넘기고 보니 숙제만 밀렸다
엄벙뗑: 얼렁뚱땅

7.1.10. 어색하거나 어수선하거나 어슷비슷한 모습 부사

거추없이: 하는 짓이 어울리지 않고 싱겁게
검불덤불: 서로 얼크러지고 뒤섞여 갈피를 차릴 수 없이 어수선하다
야릇야릇: 톱날같이 어슷비슷한 꼴
어설피: 어설프게 즉 하는 짓이 경망스럽고 지망지망하다 (예) 어설피 굴다
열없이: 어색하고 겸연쩍다 (예) 한동안 열없이 앉았다가 다시 고한다

7.1.11. 경솔·아첨·괴이함·점잖음 등 언행 부사

객설스레: 객쩍은 말과 다를 바 없이
객스레: 쓸데없고 실없고 싱겁게
객심스레: 언행이 몹시 쓸데없고 실없이
객쩍이: 언행이나 생각이 쓸데없고 싱겁게
걱실걱실: 성질이 너그러워 말과 행동이 시원시원하다
격렬히: 말이나 행동이 몹시 세차고 사납게
격심히: 매우 심하게
경거히: 말이나 행동을 가볍게
경경히: 말이나 행동을 아주 가볍게
경망스레: 행동이나 말이 가볍고 방정맞은 데가 있게
경망히: 언행이 가볍고 방정맞게

경박히: 언행이 신중하지 못하고 가볍게
경부히: 언행이 경솔하고 신중하지 못하게
경선(徑先): 경솔하게 앞질러가는 성향이 있게
경선히: 까불고 아첨 많게
경세히(輕細): 가볍고 자질구레하게
경솔히: 언행이 조심성 없이 함부로
경조히(輕佻): 언행이 신중하지 못하고 가볍게
경현히: 까불고 아첨을 많이
경흘히: 언행이 가볍고 탐탁하지 않게
고시랑고시랑: 못마땅하거나 하여 군소리를 듣기 싫도록 자꾸 하다
괘꽝스레: 언행이 엉뚱하게 괴이하다
빠득빠득: 말이나 행동이 고분고분하지 아니하고 빡빡하다 큰뻐득뻐득
뻐득뻐득: 언행이 고분고분하지 아니하고 뻑뻑하다 작빠득빠득
생뚱스레: 생뚱스레 죽 언행이 앞뒤가 맞지 않고 엉뚱하다
소락소락: 말이나 하는 짓이 요량 없이 가볍다 큰수럭수럭
엄연(儼然): 언행이 씩씩하고 점잖다
엄연히: 언행이 씩씩하고 점잖다

7.1.12. 얼거나 굳거나 마른 모습 부사

땅땅: 땅땅하게 얼어붙거나 말라붙거나 굳어진 꼴 큰떵떵
떵떵: 뜬뜬하게 몹시 얼어붙거나 말라붙거나 굳어진 꼴 작땅땅

7.1.13. 여러 가지 얼굴 모습 부사

가량가량히: 얼굴이나 몸이 야윈듯하면서도 탄력성이 있게 부드럽다 =가량가량
가마말쑥이: 조금 희미하게 검으면서도 말끔하고 깨끗하다
가마무트름히: 얼굴이 거무스름하고 토실토실하다 큰거머무트름히 센까마무트름히
가마트름히: '가마무트름히'의 준말
가뭇가뭇: 군데군데 가무스름한 모양 (예) 기미가 온 얼굴에 가뭇가뭇 퍼져 있다 큰거뭇거뭇 센까뭇까뭇
가뭇가뭇이: 가뭇가뭇하게 큰거뭇거뭇이 센까뭇까뭇이
가뭇이: 가뭇하게 센까뭇이 큰거뭇이
결결히: 얼굴 생김새나 마음 쓰는 것이 깨끗하고 여무져서 허술한 데가 없다
곱살스레: 얼굴 모습이 보기에 곱고 얌전하다

나베벳이: 자그마한 얼굴이 나부족하고 덕성스럽다 [큰]네베벳이
너벳너벳이: 얼굴이 너부죽하고 덕성스럽다 [작]나벳나벳이
너부넷이: 큰 얼굴이 너부죽하고 덕스럽다
너부정넙적이: 큰 얼굴이 얄팍하고 평평한 듯하게 좀 넓다
박박: 얼굴이 몹시 심하게 얽어 있는 꼴 [센]빡빡 [큰]벅벅
복스레: 얼굴의 생김새가 복이 있을 듯이
빡빡: 얼굴이 몹시 얽어 있는 꼴 [여]박박 [큰]뻑뻑
선연히(嬋然): 얼굴이 곱고 아름답게
솜솜: 얼굴에 잘고 옅게 얽은 자국이 담상담상하다 (예) 얼굴이 솜솜 얽었다 [큰]숭숭
수술수술: 천연두나 헌데가 딱지가 앉을 정도로 마른 모양
숭굴숭굴: 얼굴이 귀염성이 있고 덕성스럽다 (예) 얼굴도 숭굴숭굴 덕성스럽다
알금삼삼: 잘고 얕게 앍은 자국이 드문드문 있다
알금솜솜: 잘고 얕게 앍은 자국이 있다 [큰]얼금숨숨
알금알금: 얕고 작게 앍은 자국이 담상담상하다
앍둑앍둑: 잘고 깊이 앍은 자국이 성기다 [큰]얽둑얽둑
앍박앍박: 잘고 깊이 앍은 자국이 배다 [큰]얽벅얽벅
앍작앍작: 잘고 굵은 것이 섞이어 얕게 앍은 자국이 배다 [큰]얽적얽적
앍족앍족: 잘고 굵은 것이 섞이어 앍은 자국이 배다 [큰]얽죽얽죽
어글어글: 어글어글한 꼴 (예) 어글어글 얽은 마마자국
얼근덜근: 얼근덜근한 꼴 [작]알근달근
얼금숨숨: 굵고 얕게 얽은 자국이 배다 [작]알금솜솜
얼금얼금: 굵고 얕은 얽은 얼굴이 듬성듬성하다 [작]알금알금
얽둑얽둑: 굵고 깊이 얽은 자국이 성기다 [작]앍독앍독
얽벅얽벅: 굵고 깊어 얽은 자국이 배다 [작]앍박앍박
얽음얽음: 얽은 자국이 여기저기 있는 모양
조쌀스레: 늙었어도 보기에 얼굴이 깨끗하고 조촐한 듯하다
표표히: 얼굴 표정이 몹시 꼿꼿하고 날카롭게

7.1.14. 얼룩 모습 부사

깜작깜작: 검은 얼룩이나 점들이 여기저기 자잘하게 박혀 있다 [여]감작감작 [큰]껌적껌적
껌적껌적: 검은 얼룩이나 점들이 여기저기 큼직큼직하게 박혀 있다 [여]검적검적 [작]깜작깜작

7.1.15. 얼씬거리거나 어우러지는 모습 부사

알씬=알씬알씬: 작은 것이 눈앞에 잠깐 나타났다가 사라지는 모습
어우렁더우렁: 여러 사람들과 어울려서 정신없이 지내는 꼴
얼씬=얼씬얼씬: 좀 큰 것이 눈앞에 잠깐 나타났다가 사라지는 모양 [작]알씬 알씬알씬
얼씬덜씬: 눈앞에 잠깐씩 섞바뀌어 보이는 모습
얼씬없이: 얼씬하는 일이 없이

7.1.16. 엄숙한 모습 부사

근엄히: 점잖고 엄숙하게 (예) 근엄한 표정을 짓다
엄격히: 언행이 매우 엄하고 철저하게
엄숙히: 위풍이 있고 엄중하게
엄엄히: 매우 엄하게
엄정히: 엄하고 바르게
엄중히: 몹시 엄하게

7.1.17. 없어지거나 엇가고 엉클어진 모습 부사

괴사스레: 변덕스럽게 이죽거리며 엇가는 듯하게
귀살머리스레: '귀살스레'의 낮은 말
귀살스레: 정신이 어지러울 만큼 사물이 엉클어져 뒤숭숭하다
헤실비실: 모르는 사이에 없어지는 꼴

7.1.18. 엎드리는 행위 부사

납작: 몸을 바닥에 대며 냉큼 엎드리는 꼴 [큰]넙적
납작납작: 엎드리는 꼴
납작이: 납작하게 엎드리다 [큰]넓적이
너부죽이: 넓적하게 천천히 엎드리는 꼴 [작]나부죽이

7.1.19. 연하거나 질긴 상태 부사

끈질끈질: 끈기 있게 검질기다 [작]깐질깐질

잘깃잘깃: 꽤 질긴 듯하다 센짤깃짤깃 큰질깃질깃
질깃질깃: 좀 질긴 듯하다 센찔깃찔깃 작잘깃잘깃
짜득짜득: 쪼개지지 않을 정도로 검질긴 꼴 큰찌득찌득
짤깃짤깃: 아주 질긴 꼴 여잘깃잘깃
찌득찌득: 물건이 잘 베어지거나 쪼개지지 아니할 정도로 매우 검질기다 작짜득짜득
찔깃찔깃: 매우 찔깃하다 여잘깃잘깃

7.1.20. 열기(熱氣)와 매달린 모습 부사

단김에: 열기가 아직 식지 아니하였을 때에
조랑조랑: 작은 열매 따위가 많이 매달려 있다 큰주렁주렁 비조롱조롱
핫핫: 달듯이 뜨거운 기운이 이는 꼴
확확: 열기가 세게 오르는 꼴

7.1.21. 열성 부사

급급히(汲汲): 한 가지 일에만 정신을 쏟아 여유 없이
열렬히: 어떤 것에 대한 애정이나 태도가 매우 맹렬하게
열성껏: 열렬한 정성을 다하여
열성스레: 보기에 열렬한 정성이 있는 듯이
열심으로: 열심히
열심히: 어떤 일에 온 정성을 다하여

7.1.22. 엎드리거나 엎지르는 모습 부사

나부죽: 납작하게 찬찬히 엎드리는 모양 큰너부죽
나부죽이: 납작하게 찬찬히 엎드리는 꼴 큰너부죽이
납작=납작납작: 몸을 바닥에 대며 냉큼 엎드리는 꼴 큰넙적 넙적넙적
콱: 함부로 쏟거나 엎지르는 꼴

7.1.23. 여러 가지 행위나 여윈 모습 부사

건삽히: 말라서 윤택기가 없는 껄껄하게
배리배리: 배틀어지게 야위고 연약한 모습

탁: 세게 치거나 때리거나 부딪치거나 차거나 딛거나 넘어지는 꼴 (예) 의자를 탁 치고 일어났다. 손바닥으로 이마를 탁 쳤다. 문을 차고 뛰쳐나갔다 큰턱

7.1.24. 여유·역시 부사

급급히(汲汲): 한 가지 일에만 정신을 쏟아 여유 없이
기역시: 그 역시
또한: 역시
빽빽이: 여유가 없어서 뿌듯하다 작빡빡이
역시: 또한
역시나: 역시
역여시(亦如是): 이것도 역시
유여히(有餘): 여유가 있어
유연히(悠然): 침착하고 여유 있게

7.1.25. 연기나 김 따위의 여러 모습 부사

모락모락: 연기나 냄새, 김 따위가 계속 조금씩 피어오르는 꼴 큰무럭무럭
펵펵: 가루나 연기 따위가 세차게 잇달아 쏟아져 나오는 꼴 (예) 담배를 펵펵 피우다
펄석=펄석펄석: 연기나 먼지 따위가 뭉치어 한 바탕 가볍게 일어나는 꼴 작팔삭 팔삭팔삭
푹: 가루나 연기 따위가 작은 구멍으로 세게 쏟아져 나오는 꼴 (예) 연구를 굴뚝에서 폭 뽑아낸다 큰푹

7.1.26. 연하고 무르거나 탄탄한 상태 부사

노그름히: 약간 노글노글하여 묽게 큰누그름히
노근노근: 메마르지 않고 녹녹해서 좀 부드러운 모양 큰누근누근
노글노글: 좀 무르고 보드라운 모양
노긋노긋: 여럿이 다 녹녹하게 큰누긋누긋(이)
노긋이: 메마르지 않고 좀 녹녹하게 =노긋노긋이 큰누긋이 누긋누긋이
녹녹히: 물기나 기름기가 돌아 딱딱하지 않고 좀 무르며 보드랍다
녹신히: '눅신히'보다 작은말
누그름히: '노그름히'보다 큰말
누근누근: 메마르지 않고 눅눅해서 매우 부드러운 모양

누글누글: '노글노글'보다 큰말
누글누글히: '노글노글히'보다 큰말
누긋누긋: 누긋누긋한 꼴. '노긋노긋'보다 큰말 작노긋노긋 =누긋이: '노긋이'보다 큰말
눅눅히: 눅눅하게 작녹녹히
눅신눅신: 눅신눅신한 꼴 작녹신녹신
눅신히: 눅신하게 작녹신히
눅실눅실: 눅실눅실한 꼴 작녹실녹실
눅진눅진: 눅진눅진한 꼴 작녹진녹진
는실난실: 는실난실한 꼴
는정는정: 는적는적
는지럭는지럭: 는지럭거리는 꼴 작난지락난지락
는직는직: 는직거리는 꼴 작난직난직
는질는질: 는질는질한 꼴
늘컹늘컹: 매우 물러서 처지게 되다
늘큰늘큰: 늘큰거리는 꼴 작날캉날캉
늘큰히: 늘큰하게 작날큰히
만만히: 무르고 부드럽게. 가득 차게
말랑말랑: 야들야들하게 보드랍고 무른 모양
말랑히: 말랑하게
물렁물렁: '말랑말랑'보다 큰말
물렁히: 매우 부드럽고 무르게
물쩡물쩡: '말짱말짱'보다 큰말. 반죽이나 떡 따위에 물기가 매우 많아 질척한 모양
물컹: '몰캉'보다 큰말
물컹물컹: '물컹히. 말캉히'보다 큰말
물큰: '몰큰'보다 큰말 =물큰물큰
야드르르: 반들반들 윤이 나고 보드라운 모양 큰이드르르 준야드를
야드를: '야드르르'의 준말 큰이드를
야들야들: 반들반들 윤기가 있고 보들보들한 모양 큰이들이들
야룩야룩: 매우 연약한 모양
야르르: 매우 보드라운 모양
야른야른: 매우 보들보들한 모양
연연히: 무르게
탱탱: 무르지 아니하고 탄탄하다
허벅허벅: 과일 따위가 물기나 끈기가 없어 푸석푸석하다 작하박하박

7.1.27. 영광스런 모습 부사

영광스레: 영광스럽게
영예로이: 영예로 여길 만하게
영예스레: 영예스럽게
찬연스레(燦然): 매우 영광스럽고 훌륭하다
찬연히(燦然): 찬연하게

7.1.28. 영리함·어리석음 부사

돌돌히: 매우 영리하고 똑똑하게
똘똘히: 매우 똑똑하고 영리하게 [여]돌돌히
멍청하니: 어리석고 정신이 흐릿하여 사물을 똑똑하게 처리하는 힘이 없다
멍청히: 멍청하게
염렵스레: 슬기롭고 민첩한 데가 있게
엽렵히: 엽렵하게
영걸히: 영특하고 기질이 걸출하다
요요히(了了): 눈치가 빠르고 똑똑하게

7.1.29. 오줌 누는 모습 부사

잘금잘금: 잘금거리는 꼴 (예) 오줌을 잘금잘금 눈다. 비가 잘금잘금 내린다 [큰]질금질금 [센]짤끔짤끔
잘잘: 오줌이나 물 따위를 조금씩
절절: 오줌을 절절 누다
졸금졸금: 오줌을 졸금졸금 누다
질금: 오줌을 질금 누다
질금질금: 오줌을 질금질금 싸다
질질: 오줌을 질질 싸다
쨀쨀: 오줌이 쨀쨀 나온다
찔찔: 오줌을 찔찔 흘린다

7.1.30. 온전(완전) 훼손 부사

7.1.30.1. 온전 부사

까딱없이: 아무런 변동이나 탈도 생기지 않고 온전하다
꼭: 어김이나 빈틈없이
꼭꼭: 잇달아 또는 아주 여김이나 빈틈이 없이
끄떡없이: 아무런 변동이나 탈도 생기지 않고 온전하다 작까딱없이
다시없이: 그보다 더 나은 것이 없을 만큼 완전하다
도무지: 전적으로
도시: 이러니저러니 할 것 없이 아주
말짱: 흠이 없고 온전하다
멀쩡히: 흠이 없고 아주 온전하다
무고히(無辜): 아무런 잘못이나 허물이 없이
무고히(無故): 아무 사고 없이
무난스레: 이렇다 할 험이나 단점이 없이
무난히: 이렇다 할 단점이나 흠잡을 만한 데가 없이
무사히: 아무 탈이 없이
얼씬없이: 얼씬없게
오롯이: 모자람이 없이 온전하다
온전히: 엿새우 낮과 밤 뒤에 하루를 온전히 쉬는 날로 정한 인간의 지혜는 얼마나 아름답고 훌륭한가
완고히(完固): 완전하고 튼튼하게
완구하(完久): 어떤 상태가 완전하여 오래 견딜 수 있게
완벽히: 조금도 모자라거나 흠잡을 데 없이
완전히: 완전하게
전혀: 아주 완전히
탈없이: 아무 일 없이 순조롭게
혼연(渾然): 딴것이 섞이지 않은 온전한 꼴
혼연히: 혼연하게

7.1.30.2. 헤침 부사

하작하작: 쌓인 물건을 자꾸 조금씩 들추어 헤치다

7.1.31. 예견(측) 부사

박박이: 그리하리라는 짐작이 틀림없이 센빡빡이 큰벅벅이
지레: 어떤 일이 일어나기도 전에 미리 앞질러
집고: 무엇을 미루어 생각할 때에

7.1.32. 예쁜 모양 부사

예쁘장스레: 보기에 예쁘장하게
예쁘장히: 아주 예쁘게
예삐: 예쁘게

7.1.33. 예의 부사

7.1.33.1. 무례함 부사

갈갈: 음식이나 재물에 욕식을 부려 염치없이 구는 모양
거드럭거드럭: 거만하게 젠체하며 처신없이 행동하다
거드름스레: 거만스런 태도를 피우다
거만하게: 거만스럽게
거만히: 거만하게
건방지게: 젠체하며 주제넘다
건성으로: 속뜻이 없이 겉으로만
교만스레: 교만스럽게
교만히: 교만하게
무람없이: 예의를 지키지 않아 삼가고 조심하는 것이 없이
무렴스레: 무렴스럽게
무렴히 무렴하게
무례히: 무례하게
무엄히: 무엄하게
무정스레: 보기에 버릇없이 함부로 구는 데가 있다
무정히: 인정이 없이
본데없이: 보아서 배운 것이 없이
본체만체: 보고도 아니 본 체

불경스레: 불경한 데가 있다
불공스레: 공손하지 못하게
불손히: 불손하게
상스레: 상스럽게
상없이: 상리에 어그러지거나 상스럽다
압설히(狎褻): 너무 사이가 가까워서 예의가 없다
언죽번죽: 조금도 부끄러워하는 기색이 없이 비위가 좋게
엉얼엉얼: 윗사람에 대하여 원망스레 중얼중얼 지껄이다 작앙알앙알
외람되이: 외람되게
외람스레: 보기에 외람한 듯하다

7.1.33.2. 예의 부사

가까이: 가깝게
간곡히: 간절하고 곡진하게
간절히: 마음 씀씀이가 더없이 정성스럽게
간친스레: 다정하고 친하게
겸손스레: 겸손스럽게
겸손히: 겸손하게
겸허히: 겸허하게
고마이: 감사히
곡진히: 온갖 정성을 다하여
공검히: 공손하고 검소하다
공손스레: 언행이 공손하고 예의바르게
공순히: 공손하고 온순하게
공존히: 공손하고 조심성 있게
과검히: 지나칠 정도로 공손하게 =과공히
과겸히: 지나치게 겸손하다
관대히: 친절하게 정성껏 대접하다
굽신: 굽신굽신하다
굽신굽신=굽실굽실: 굽실거리는 꼴
깍듯이: 예의범절을 갖추는 태도가 분명하게
다정스레: 다정스럽게
다정히: 다정하게
반가이: 반갑게

빛없이: 생색이나 면목 없이
정다이: 정답게
정성껏: 정성을 다하여
정성스레: 정성스럽게
정심히(情深): 정이 깊게
정일히(精一): 정세하고 순일하게
죄망스레: 매우 죄송스런 마음이 들게
죄송스레: 죄스러운 정도로 황송한 데가 있게 =죄송히
지성껏: 정성을 다하여
지성스레: 지성스럽게
폐스레: 폐스럽다
황감히: 황송하고 감격스레
황송히: 황송하게
흥감스레: 흥감스럽게

7.1.34. 오그라지거나 우묵하거나 잘록한 상태 부사

오그랑오그랑: 물건이 한쪽으로 오그라들다 [큰]우그렁우그렁
오그랑쪼그랑: 오그랑쪼그랑한 꼴 [큰]우그렁쭈그렁
오글오글: 주름살이 오그라진 꼴 [큰]우글우글
오글쪼글: 주름살이 오글쪼글한 꼴 [큰]우글쭈글
오긋오긋: 안으로 조금 오그라진 듯한 모양 [큰]우긋우긋
오긋이: 오긋하게 [큰]우긋이
오목: 가운데가 폭 들어간 모양 =오목오목 [큰]우묵 우묵우묵
오목조목: 오목조목한 꼴 [큰]우묵주묵
옴쑥옴쑥: 가운데가 쏙 들어가 오목하다 [큰]움쑥움쑥
옴팍: 가운데가 좀 들어가 오목한 꼴 =옴팍옴팍 [큰]움퍽 움퍽움퍽
옴폭: 옴폭한 꼴 =옴폭옴폭 [큰]움푹 움푹움푹
우그랑우그렁: 우그렁쭈그렁한 꼴 [작]오그랑오그랑
우그렁쭈그렁: 우그렁쭈그렁한 꼴 [작]오그랑쪼그랑
우글우글: 여러 군데가 안쪽으로 우묵하게 들어가고 주름이 많이 잡힌 꼴
우글쭈글: 우글쭈글한 꼴 [작]오글쪼글
우긋우긋: 우긋우긋한 꼴 (예) 보리가 우긋우긋 고랑이 보이지 않는다 [작]오긋오긋
우뚝우뚝 우뚝우뚝한 꼴
우묵우묵: 우묵우묵한 꼴 [작]오목오목 [반]불룩불룩

우묵주묵: 고르지 않게 우묵우묵한 꼴 [작]오목조목
움쑥움쑥: 안으로 움쑥 들어간 모양
움펵움펵: 움펵움펵한 꼴 =움펵 [작]옴팍 옴팍옴팍
움푹: 움푹한 꼴 =움푹움푹 [작]옴폭 옴폭옴폭
잘록잘록: 여러 군데가 다 잘록하다 [센]짤록짤록 [큰]절룩절룩
잘쏙잘쏙: 잘록하고 옴쏙하다 [센]짤쏙짤쏙 [큰]잘쑥잘쑥
잘쑥: 물건의 한 부분이 오목하게 들어간 모양 =잘쑥잘쑥 [큰]질쑥질쑥 [센]짤쏙짤쏙 [작]잘쏙잘쏙
주글주글: '쭈글쭈글'버다 센말 [작]조글조글
질쑥=질쑥질쑥: 긴 물건의 한 부분이 우묵하게 들어간 모양 [작]잘쏙 잘쏙잘쏙
짤쑥짤쑥: 찔룩하고 매우 움쑥하다 [여]질쑥질쑥 [작]짤쏙짤쏙
쭐룩쭐룩: 길게 생긴 물건이 군데군데 매우 우묵하게 들어가 있다 [여]줄룩줄룩
찌글찌글: 물체의 거죽이 찌그러져 주름이 많이 [여]지글지글 [작]짜글짜글
찔룩찔룩: 기다린 것의 한 군데가 매우 홀쭉하게 가는 꼴 [여]질룩질룩 [작]짤록짤록
터실터실: 종이나 털 따위의 바탕이나 가장자리가 매끈하지 않고 거칠게 보풀이 일어나 있다
트레트레: 실, 노끈, 새끼 따위가 둥글게 빙빙 틀어져 있다 [작]타래타래
푹: 깊이 빠지거나 들어간 꼴 [작]폭

7.1.35. 멋 부사와 온당 부사

멋스레: 멋이 있는 듯이
멋없이: 격에 어울리지 않게 자주 아주 싱겁다
열없이: 멋쩍고 심심하다
어뜩버뜩: 행동이 온당하지 못하다

7.1.36. 옷의 여러 모습 부사

노닥노닥: 노닥노닥 옷을 기운 모습 [큰]누덕누덕
누덕누덕: 누덕누덕 옷을 기우다 [작]노닥노닥
달름: 옷이 조금 들리어 보이는 꼴 [큰]덜름
달름히: 달름하게 [큰]덜름히
호졸근히: 옷 따위가 몸에 착착 감기게 약간 젖거나 풀기가 빠져서 초라하다 (예) 비를 호졸근히 맞다 [큰]후줄근히
후줄근히: 옷 따위가 몸에 척척 감기게 젖거나 풀기가 빠져서 추레하다 [작]호졸근히

휘주근히: 옷 따위가 풀기가 빠져서 축 늘어져 있다

7.1.37. 완전·안전 부사

바이: 아주. 전혀(대개 부정할 때 쓰인다)
안전히: 안전하게
온전히: 본래 그대로 고스란히
완전히: 완전하게 (예) 일을 완전히 마쳤다

7.1.38. 외우는 부사와 요긴·요망 부사

간요히: 아주 요긴하게
달달: 무엇을 외우는 모양 큰 들들 센 딸딸
요망스레: 요망스럽게 보인다

7.1.39. 요약 부사

요컨대: 중요한 점을 말하자면 (예) 요컨대 그 내용이 문제라고 생각한다
필경: 끝에 가서는
하필: 다른 방도를 취하지 아니하고 어찌 꼭
해필: 하필

7.1.40. 욕망 부사

탐스레: 마음이 끌리도록 보기 좋다
탐욕스레: 보기에 탐욕이 있다
탐탁스레: 모양이나 태도 또는 어떤 일이 마음이 들어맞다
탐탁히: 탐탁하게
탐탐히: 썩 마음에 들어 즐겁고 좋다

7.1.41. 용이하거나 어려움 부사

가까스로: ① 애를 써서 겨우 ② 겨우 빠듯하게
간대로: 그다지 쉽사리

간신히: 겨우 또는 가까스로
간이히: 간단하고 쉽게
겨우=겨우겨우: 힘들게 가까스로
난삽히: 말이나 글이 어렵고 까다롭다
난안히: 마음 놓기 어렵다
만만히: 걸릴 것이 없이 쉽게
무난스레: 무난스럽게
무난히: 별 어려움이 없이
수월수월: 아주 수월하게
수월스레: 수월스럽게
수월찮이: 수월하지 아니하다
수월히: 수월하게
쉬이: 쉽게 (예) 쉬 생각하다
쉽사리: 매우 쉽게 (예) 그 버릇을 쉽사리 고칠 수 없다
어려이: 어렵게
어렵사리: 매우 어렵게
용이히: 용이하게

7.1.42. 우기는 모습 부사

꽉=꽉꽉: 힘껏 누르고나 당기거나 조르는 꼴
꾹=꾹꾹: 여무지게 힘을 누르거나 당기거나 조르는 꼴 작꼭 꼭꼭
바득바득: 악지스럽게 자꾸 우기거나 조르는 꼴 센빠득빠득 큰부득부득
바싹: 아주 달라붙어 우기는 꼴 큰버썩
바싹바싹: 아주 달라붙어 우기는 꼴 큰버썩버썩
바짝=바짝바짝: 매우 달라붙어 우기는 꼴 큰버쩍 버쩍버쩍
박박: 악지를 부리면서 기를 쓰거나 우기는 꼴 센빡빡 큰벅벅
버썩=버썩버썩: 아주 들러붙어 다그치거나 우기는 꼴 (예) 일을 버썩 다그쳤다 작바싹 바싹바싹
버쩍=버쩍버쩍: 몹시 들러붙어 다그치거나 우기는 꼴 작바짝 바짝바짝
벅벅: 억지를 부리면서 기를 쓰거나 우기는 꼴 센뻑뻑 작박박
부득부득: 억지스럽게 우기거나 조르는 꼴 센뿌득뿌득 작바득바득
부석=부석부석: 가볍게 외곬으로 자꾸 우기는 꼴
부썩=부썩부썩: ① 외곬으로 세게 우기는 꼴 ② 외곬으로 갑자기 늘거나 주는 꼴 ③ 거침새 없이 갑자기 나아가거나 빨리 마무르는 꼴

빠드빠드: ① 매우 억지스럽게 자꾸 우기거나 조르는 꼴 ② 매우 억지스럽게 몹시 애를 쓰는 꼴 [여]바득바득
빡빡: 악지를 부리면서 몹시 기를 쓰거나 자꾸 우기는 꼴 [여]박박 [큰]뻑뻑
뻑뻑: 몹시 억지를 부리면서 기를 쓰거나 자꾸 우기는 꼴 [여]벅벅 [작]빡빡
뿌드뿌드: 메우 억지스럽게 자꾸 우기거나 조르는 꼴 [작]빠드빠드 [여]부득부득

7.1.43. 우는 모습 부사

글썽=글썽글썽: 눈물이 눈가에 넘칠 듯이 그득한 꼴 [작]갈쌍 갈쌍갈쌍
애고대고: 소리를 마구 함부로 내면서 우는 꼴 [큰]에구대구
애달피: 애달프게 (예) 애달피 우는 여자
울고불고: 소리 내어 야단스럽게 우는 꼴
울먹울먹: 요상이 되어 자꾸 울 듯한 짓을 하다
울며불며: 울고불고하는 상태
울컥울컥: 울먹거리는 꼴
졸졸: 눈물을 졸졸 흘리다
줄줄: 눈물을 줄줄 흘리다 (예) 눈물이 줄줄 흘렀다 [작]졸졸
질금=질금질금: 눈물을 흘리며 우는 꼴 [센]찔끔 찔끔찔끔 [작]잘금잘금 (예) 눈물을 짤끔짤끔 내며 운다.
짼짼: 눈물을 짤끔짤끔 흘리며 운다 (예) 아이가 짼짼 운다 [여]잴잴 [큰]찔찔
찔끔찔끔: 눈물을 조금 흘리며 우는 꼴 [여]질금 질금질금 [센]짤끔짤끔 =짤끔
찔찔: 눈물을 찔끔찔끔 흘리며 우는 꼴 (예) 찔찔 울면서 보채다 [여]질질 [작]짼짼
펑펑: 눈물을 흘리며 우는 꼴 (예) 그는 어머님의 돌아가신 소식을 듣고 펑펑 울었다
현연히: 흐르는 눈물이 그침 없이 [비]왕연히

7.1.44. 움켜잡거나 무는 모습 부사

덥석: 무엇을 닁큼 움켜잡거나 무는 꼴 [거]텁석 [작]답삭
덥석덥석: 자꾸 닁큼 움켜잡거나 무는 행위 [거]텁석텁석 [작]답삭답삭
덥적: 덥석

7.1.45. 우뚝한 모습 부사

오뚝=오뚝오뚝: 오뚝한 꼴 [큰]우뚝 우뚝우뚝

오뚝이: 오뚝하게 [큰]우뚝이
올연히: 홀로 우뚝한 꼴
올올히: 우뚝우뚝한 꼴
외외히: 산 따위가 높고 우뚝한 모습
충연히(衝然): 솟은 꼴이 우뚝하게

7.1.46. 누웠다가 일어나는 모습 부사

발끈=발끈발끈: 큰 사람이 앉거나 누워 있다가 우뚝 일어나는 꼴 [센]빨끈 빨끈빨끈 [큰]벌끈 벌끈벌끈
발딱=발딱발딱: 앉았거나 누웠다가 갑자기 일어나는 꼴 [센]빨딱 빨딱빨딱 [큰]벌떡 벌떡벌떡
벌끈=벌끈벌끈: 큰 사람이 앉거나 누워 있다가 우뚝 일어나는 꼴 [센]뻘끈 뻘끈뻘끈 [작]발끈 발끈발끈
벌떡=벌떡벌떡: 앉았거나 누웠다가 갑자기 일어나는 꼴 [센]뻘떡 뻘떡뻘떡 [작]발딱 발딱발딱
빨끈=빨끈빨끈: 큰 사람이 앉았거나 누워 있다 몹시 겁작스레 우뚝 일어나는 꼴 [여]발근 발근발근 [큰]뻘끈 뻘끈뻘끈
빨딱=빨딱빨딱: 매우 갑자기 자꾸 일어나는 꼴 [여]발딱 발딱발딱 [큰]뻘떡 뻘떡뻘떡
뻘끈=뻘끈뻘끈: 큰 사람이 앉아 있거나 누워 있다가 몹시 겁작스레 우뚝 일어나는 꼴 [여]발근 발근발근 [작]빨끈 빨끈빨끈
뻘떡=뻘떡뻘떡: 매우 갑자기 자꾸 일어나는 꼴 [여]벌떡 벌떡벌떡 [작]빨딱 빨딱빨딱

7.1.47. 우쭐거리는 모습 부사

우죽우죽: 우죽거리는 꼴 (예) 뒤도 아니 돌아보고 우죽우죽 가는지라 여러 놈이 일제히 쫓아가며…
우줄우줄: 우줄거리는 꼴 (예) 우줄우줄 춤까지 추었으리라 [센]우쭐우쭈 [작]오졸오졸
우쭐=우쭐우쭐: 크게 율동적으로 움직이는 꼴 (예) 춤판에 뛰어들어 우쭐우쭐 춤까지 춘다 [여]우줄우줄 [작]오쫄 오쫄오쫄

7.1.48. 움직이는 모습 부사

검실검실: 먼 곳에서 어렴풋이 자꾸 움직이다 (예) 어두움 속에서 검실검실 기어오르는

적병들 작감실감실
고물고물: 고물거리는 꼴 센꼬물꼬물 큰구물구물
곰실곰실: 벌레 같은 것들이 한데 어우러져 좀스럽게 꿈틀거리다
곰작곰작=곰작: 둔하고 좀스럽게 몸을 움직이는 꼴 센꼼짝꼼짝 꼼짝 큰굼적굼적 굼적
곰지락=곰지락곰지락: 느리고 굼뜬 몸짓으로 작게 한번 움직이다 센꼼지락 꼼지락꼼지락 큰굼지럭굼지럭
곰질=곰질곰질: 굼뜬 몸짓으로 작게 한번 움직이는 꼴 센꼼질 꼼질꼼질 큰굼질 굼질굼질
곰틀=곰틀곰틀: 몸의 한 부분을 좀스럽게 한번 고부리거나 비틀며 움직이는 꼴 센꼼틀 꼼틀꼼틀 큰굼틀 굼틀굼틀
구무럭구무럭: 구무럭거리는 꼴 (예) 총에 맞은 멧돼지가 아직 구무적구무적 움직이고 있다 센꾸무럭꾸무럭 작고무락고무락
구물구물: 구물거리는 꼴 센꾸물꾸물 작고물고물
굼실굼실: 굼실거리는 꼴 (예) 밀밭이 바람에 굼실굼실 물결쳤다
굼적: 둔하게 몰을 움직이는 꼴
굼적굼적: 굼적거리는 꼴 (예) 나른한 몸을 굼적굼적 움직이다
굼지럭=굼지럭굼지럭: 느리고 굼뜬 몸짓으로 한 번 움직이는 꼴 센꿈지럭 꿈지럭꿈지럭 작곰지락 곰지락곰지락
굼질=굼질굼질: 굼뜬 몸짓으로 한번 움직이는 꼴 센꿈질 꿈질꿈질 작곰질 곰질곰질
굼틀=굼틀굼틀: 몸 한 부분을 한번 구부리거나 비틀며 움직이는 꼴 센꿈틀 꿈틀꿈틀 작곰틀 곰틀곰틀
굽실=굽실굽실: 고개나 허리를 가볍게 한번 구푸리는 꼴 (예) 굽실 인사를 한다 센꿉실 꿉실꿉실 작곱실 곱실곱실
굽적=굽적굽적: 몸을 한번 굽히는 꼴 센꿉적 꿉적꿉적 작곱작 곱작곱작
느근느근: 부드럽고 탄력이 있게 자꾸 움직이는 꼴 작나근나근
발짝=발짝발짝: 눕거나 자빠진 몸을 일으키려고 힘껏 움직거리다 큰벌쩍 벌쩍벌쩍
버둥버둥: 매달리거나 자빠지거나 주저앉아서 팔다리를 내저으면서 자꾸 움직이다 작바둥바둥
버들버들: 매달리거나 자빠지거나 주저앉아서 팔다리를 내저으며 자꾸 움직이다
샐록=샐록샐록: 한 부분의 근육이 샐그러지게 움직이는 꼴 센쌜룩쌜룩 큰실룩실룩
움죽=움죽움죽: 몸의 한 부분을 움츠리거나 펴거나 하며 움직이다 센움쭉 움쭉움쭉 작옴죽 옴죽옴죽
움지럭움지럭: 움지럭거리는 꼴 (예) 송충이가 나무를 움지럭움지럭 기어오른다 작옴지락 옴지락
움직움직: 움직거리는 꼴 센움찍움찍 작옴직옴직
움질움질: ① 굼뜨게 움직이는 꼴 (예) 총에 맞은 꿩이 움질움질 움직이고 있다 ② 망설이며

꾸물거리는 꼴 작옴질옴질

움찍=움찍움찍: 둔한 몸의 일부가 세게 움츠리거나 펴지거나 하며 움직이다 작옴짝 옴짝옴짝

움쭉달싹: 주로 '못하다'와 함께 쓰이어 움찍거리며 달싹거리는 꼴 작옴짝달싹

움쭉=움쭉움쭉: 몸의 일부를 세게 움츠리거나 펴거나 하며 움직이는 꼴 (예) 구름이 움쭉도 아니하다 붙들린 팔을 빼려고 움쭉움쭉 움직이었다 여움죽 움죽움죽 작옴쭉 옴쭉옴쭉

움찍움찍: 움찍거리는 꼴 (예) 자기 몸보다 더 큰 바위 덩이를 움찍움찍 움직이어 보다

움찔=움찔움찔[1]: 갑자기 몸을 움츠려 움직이는 꼴 (예) 움찔 놀라다. 움찔움찔 움츠리면서 도망을 친다 거움칠 움칠움칠 작옴찔 옴찔옴찔

움찔움찔[2]: 굼뜨게 움직거리는 꼴 여움질움질 작옴찔옴찔

움칠=움칠움칠: 몸을 매우 급자기 움츠려 작아지게 하거나 내밀었던 몸을 오그려 들여 보내다 센움찔 움찔움찔 작옴칠 옴칠옴칠

움칫=움칫움칫: 놀라서 몸을 거볍게 급자기 움직이는 꼴 센움찔 움찔움찔 작옴칫 옴칫 옴칫

7.1.49. 웃는 모습 부사

우스꽝스레: 보기에 우스운 모습

우습강스레: 우스꽝스레

캐드득=캐드득캐드득: 참다못하여 입속으로 좀 새되게 새나오는 웃음소리 또는 그 꼴 (예) 발을 동동 구르며 캐드득 웃는다 큰키드득 키드득키드득

캐득캐득: 캐득거리는 소리 또는 그 소리 큰키득키득

캐들캐들: 캐들거리는 소리 또는 그 꼴 (예) 웃음이 캐들캐들 터질 뻔했다 큰키들키들

콜콜: 곤하게 잠들어 숨쉴 때 나는 소리 또는 그 꼴 여쿨쿨

키드득: 참지 못하여 입 속에서 새되게 새나오는 웃음소리 또는 그 꼴 (예) 웃음을 참지 못하고 키드득 웃고 말았다 작캐드득

키드득키드득: 키드득거리는 소리 또는 그 꼴 (예) 아이들의 재롱에 어머니는 키드득키드득 웃는다 작캐드득캐드득

키들키들: 키들거리는 소리 또는 그 꼴 (예) 그는 고개를 떨어뜨리더니 실성한 사람처럼 키들키들 웃었다 작캐들캐들

킥킥: 킥킥거리는 소리 또는 그 꼴 (예) 처음 여는 입을 가리고 킥킥 웃었다

피식=피식피식: 입술을 힘없이 얼핏 터뜨리며 싱겁게 한번 웃는 꼴 (예) 말이 없이 피식 웃는다

7.1.50. 웅긋하게 늘어선 모습 부사

웅긋웅긋: 웅긋웅긋한 꼴 (예) 웅긋웅긋 늘어서다 [작]옹긋옹긋
웅긋쭝긋: 웅긋쭝긋한 꼴 (예) 선창가에는 크고 작은 목선들이 저마다 높고 낮은 돛대를 웅긋쭝긋 떠받고 물이 안 보이게 빽빽이 들어밀렸다 [작]옹긋쫑긋

7.1.51. 원만한 모습 부사

쏠쏠히: 원만하고 무던하다 (예) 그 돈으로 가난한 이웃을 쏠쏠히 돕는다하니…
원만스레: ① 성격이 모난 데가 없이 부드럽고 너그러운 듯하게 ② 일의 진행이 순조로운 듯하게 ③ 서로 사이가 좋은 듯하다 (예) 형제간에는 원만스레 지내야 한다
원만히: ① 성격이 모난 데가 없이 부드럽게 ② 일의 진행이 부드럽게 ③ 서로 사이가 좋게
혼연: 차별이나 결함이 없이 원만하다
혼연히(渾然): 차별이나 결함이 없이 원만하다

7.1.52. 원상태 부사

가만: 그냥 그대로 (예) 그가 하는 대로 가만 두어라
고대로: 고 상태로
곱다랗게: 축나거나 변함이 없이 고대로 온전하게
그냥: 고 모양 고대로 [큰]그냥 [작]고냥
그대로: 전에 있는 것과 같이
그저: 그대로 줄곧
까딱없이: 아무 변동이나 탈도 생기지 않고 온전히 [큰]끄떡없이
깔축없이: 조금도 축남이 없이
꼬박: 어떤 상태를 고스란히 그대로 =꼬박이
꼬박히: 예스런 맛이 있고 꾸밈이 없고 순수하게
꾸벅꾸벅: 고스란히 그대로 자꾸 계속하거나 진행하는 꼴
노냥: 언제나 변함없이
노박이로: 줄곧 한자리에만 붙박이로
온새미로: 가르거나 쪼개지 아니하고 전체의 생긴 그대로

7.1.53. 원칙 부사

대개(大蓋): 일의 큰 원칙으로 보아 말하건대
대저: 원칙을 말하면
원래: 본디부터
원체: 부디부터

7.1.54. 위태로운 상태 부사

거덜거덜: 살림이나 무슨 일이 결단나려고 흔들리어 위태롭다
늠름히: 위태로워 무섭게
아슬아슬: 일이 잘못될까봐 두려워서 소름이 끼치도록 위태롭거나 조마조마 하다 (예) 고비를 아슬아슬하게 넘겼다
위태로이: 위태롭게
위험스레: 위험성이 있는 듯하게
회똑회똑: 일이 위태하여 조금도 마음을 놓을 수 없게 되다 큰휘뚝휘뚝
휘뚤휘뚤: 일이 위태하여 전혀 마음을 놓을 수 없는 꼴 작회뚤회뚤

7.1.55. 위없는 부사와 유무 부사

깡그리: 하나도 남김없이
무관히: 관계나 상관이 없이
무구히: 꾸밈이 없이 자연 그대로 순박하게
무궁무자히: 끝이 없고 더함이 없이
무기한: 한없이
무단히: 사유를 말함이 없이
없이: 없게
여부없이: 여부없게
위없이: 그 위를 넘는 게 없다
유무간: 있든지 없든지 간에
유무간에: 있든지 없든지 간에
유족히(裕足): 여유 있고 풍족하게
유족히: 넉넉히
있이: 있게. 경제적으로 넉넉하게

7.1.56. 유사 부사

근사히: 거의 같다
마치: 다른 데가 없이 꼭
방불히: 비슷하다
비슷비슷: 거의 같게
비슷비슷이: 비슷하게
비슷이: 거의 같게
유례없이: 그와 비슷한 사례가 없다
유별스레: 다름이 있게
핍진히(逼眞): 아주 비슷하다
흡사: 거의 같은 정도로 비슷이
흡사히: 흡사

7.1.57. 유순(柔順) 부사

만만히: 연하고 부드럽게
문문히: 물러서 부드럽다
유순히: 부드럽고 순하다
유연히: 부드럽게
함함히: 보드랍고 반지르르하게

7.1.58. 유인 행위

꾀송꾀송: 여러 말로 남을 자꾸 꾀는 모양
꾀음꾀음: 달콤한 말로 남을 자꾸 꾀는 꼴
꾐꾐: '꾀움꾀움'의 준말
살살: 그럴 듯하게 남을 꾀거나 달래거나 하는 행위 큰슬슬
슬슬: 은근히 남을 꾀거나 달래거나 속이는 꼴 (예) 슬슬 꾄다 작살살
쏘삭쏘삭: 자꾸 은근히 꾀거나 충동을 주어 마음이 달싹이게 하다

7.1.59. 유일(홀로) 부사

다만: 어떤 사물만을 오로지 (예) 다만 너를 만나고 싶었다

단지: 다만 (예) 내가 알고 있는 것을 단지 그것뿐이다
애오라지: 오로지. 오직
오로지: 오직 한 곳으로 (예) 오로지 당신의 덕택이요
오직: 다만 (예) 그 일을 할 수 있는 사람은 오직 자네뿐이네

7.1.60. 으르는 부사

으르릉으르릉: 부드럽지 못한 말로 사납게 외치거나 다투다 (예) 원나라와 명나라는 대립해서 으르릉거리고 있는 판이었다
을근을근: 을근거리는 꼴. 즉 미워서 해치려는 마음으로 은근히 자꾸 으르다 (예) 빚을 갚지 않으면 이제는 그만 두지 않겠다고 을근을근 을러 놓았다

7.1.61. 은밀 부사

구매구매: 남몰래 틈틈이 (예) 구매구매 찾아 먹었다
살그니: '살그머니'의 준말
살그머니: 남 몰래 살며시
살그미: '살그머니'의 준말
은밀히: 비밀스레
은연중: 남이 알지 못하는 사이
은연중에: 은연중
은은히: 겉으로 드러나지 않고 흐릿하게

7.1.62. 의문 부사

어렵칙이: 긴가민가하여 마음이 꺼림칙하게
어째: '어찌하여'의 준말
어째서: '어찌하여'의 준말
어찌: 어찌하여
얼마나: 얼마 가량이나
왜: 무슨 까닭으로
위불없이: 위불없게 (예) 자식에게 공부를 시키는 게 위불없이 좋은 일이다
위불위없이: 틀림이나 의식이 없이
의문스레: 의문스럽게

의심스레: 의심스럽게
의아스레: 의아스럽게
의아히: 의아하게

7.1.63. 의외(意外) 부사

뜻밖에: 의외로
무망: 무망중
무망중: 생각지도 아니하였을 판에
의외로: 뜻밖에 뜻하는 바와는 달리
의외로이: 뜻밖이라고 생각되는 느낌이 들게
의외롭게: 뜻밖이라는 느낌이 있다

7.1.64. 의지 의도와 의젓함 부사

거연히(巨然) 크고 의젓하게
굳건히: 의지가 굳세고 튼튼하게
굳게굳게: 매우 굳게
난만히: 주고받은 의견이 충분히 많게
너볏이: 남에게 드러내 보이기에 번듯하고 의젓하다
느닷없이: 아무 징조도 없이 뜻밖에
뜻대로: 마음먹은 대로
뜻밖: 생각 밖
뜻밖에: 뜻하지 아니한 경우나 때에
마음껏: 마음에 흡족하도록
마음대로: 뜻하는 그대로
무심코: 아무런 뜻이나 생각이 없이
무심히: 무심하게
아근바근: 서로 뜻이 맞지 아니하여 사이가 바라져 있다
왕강히: 거부하려는 의지가 매우 강하게
유심히: ① 속뜻이 있게 ② 주의가 깊다 (예) 노파는 유심히 바라보았다. 유심히 안 보면 알아보지 못하겠다
의외로: 뜻하는 바와 달리
의외로이: 뜻밖이라고 생각되는 느낌이 들게
흡연히(翕然): 대중의 의사가 한데로 쏠리는 정도가 단단하게

7.1.65. 인정 태도 부사

관곡히: 매우 정답고 친절하게
관대히: 마음이 크고 너그럽게
관후히: 마음이 너그럽고 후덕하게
냉담히: 태도나 마음씨가 동정심 없이 차갑게
냉랭히: 태도가 정답지 않고 매우 냉엄히
냉연히: 태도가 쌀쌀맞게
냉정스레: 매정하고 쌀쌀한 듯하게
냉정히: 태도가 정다운 맛이 없고 차갑게 =냉정스레
냉혹히: 차갑고 혹독하게
다심다정히: 다심하고 다정하게
다정다감히: 정이 많고 감정이 풍부하게
다정스레: 다정한 데가 있게. 인정이 많이 있게
다정히: 정이 많거나 정분이 두텁게
무정스레: 따뜻한 정이 없고 쌀쌀맞게
무정히: 다정한 정이 없고 쌀쌀맞게
방가위지: 과연 그렇다고 이를만하게 준방가위
버릇없이: 어른에 대한 태도가 불손하게
불순히: 공순하지 아니하게
서분서분히: 성질이나 마음씨가 친절하고 부드럽게 작사분사분히
쌀쌀히: 정다운 맛이 없이 차게
엄혹히: 엄하고 모질게 =엄각히
온공히: 성격이나 태도가 온화하고 공손하게
온연히: 성격이 온화하고 원만하게
유정히: 인정이나 동정심이 있어
정겨이: 정이 넘칠 정도로 매우 다정하게
정다이: 따뜻한 정이 있게
정심히: 인정이 매우 두텁게

7.1.66. 이(齒)의 여러 모습 부사

바드득=바드득바드득: 이를 바득바득 갈다
바득바득: 이빨을 악물고 세게 매우 갈 때 나는 소리 또는 그 꼴
부득부득: 화가 나서 이를 갈 때 나는 소리 또는 그 꼴

부들부들: 부들부들 치를 떠는 모습
부등부등: 이 따위를 세게 갈 때 나는 소리 또는 그 꼴
뽀독뽀독: '뿌득뿌득'보다 작은말
뿌드득: 이를 뿌드득 갈다
뿌드득뿌드득: 이를 잇달아 자꾸 세게 갈다
뿌득뿌득: 이를 세게 잇달아 갈다
아긋아긋: 이가 맞지 아니하게 조금 바라져 있다

7.1.67. 어린이의 자라는 모습 부사

가동가동: 어린 아이의 겨드랑이를 껴들고 올렸다 내렸다 하며 어를 때 어린이의 다리가 오그렸다 폈다 하는 꼴
가둥가둥: 가둥거리는 꼴
도담도담: 어린 아이가 탈 없이 잘 놀며 자라는 모습
도담스레: 도담스럽게
소록소록: 아이가 곱게 자는 모습

7.1.68. 이동(異同) 부사: 같거나 유사함의 뜻을 나타내는 부사

7.1.68.1. 같음 부사

같은 값에: 이러나저러나 마찬가지일 것 같으면
같은 값이면: 이러나저러나 마찬가지일 것 같으면
같이: 같게 한 모양으로
공히: 다 같이
그렇게: 그와 같이
그렇게도: '그러하게도'의 준말
근사히: 거의 같게
내남없이: 내나 다른 사람이나 모두 마찬가지로
내남직없이: 내남없이
너나없이: 너나 나나 가릴 것 없이 모두
너나할것없이: 너나없이
너도나도: 여럿이 모두 다같이
다름없이: 견주어 보아 같거나 비슷하게
다함께: 모두 같이

똑: 조금도 틀림없이
똑같이: 모양이나 분량이 조금도 다름이 없이
매: 다름이 없이 똑같이
명실공히: 겉과 속이 똑같이
방불히: 거의 비슷하게
비슷비슷: 거의 같게
비슷비슷이: 비슷하게
비슷이: 거의 같게
야긋야긋: 곱지 않고 톱날같이 높고 낮은 차가 작아 비슷한 모양
여구히: 옛날 그대로 변함없이. 의구히
여사히: 이러하게
여실히: 사실과 같이
여의대로: 뜻대로
여일히: 한결같이. 처음부터 끝까지 한결같다
여전히: 전과 같이
여좌히: 왼쪽의 내용과 같이
여차여차히: 여차여차하게 (예) 여차여차히 꿈을 꾸어 강 서방님과 마주 붙들고 울다가 내처 우는 소리를 들으시고…
여차히: 여차하게
역(亦): 또한 (예) 글쎄 나 역시 모르겠다
역시: 또한
예사로: 보통일처럼 아무렇지도 않게
예사로이: 예사롭게
오나가나: 오는 경우나 가는 경우나 모두 다름이 없이
으레: 언제나 다름없이 (예) 그는 만나면 으레 그런 이야기를 하였다
의구히: 의구하게
의연히: 전과 같이 다름없이
진배없이: 그보다 못하거나 다를 것이 없다
차역(此亦): 차역시
차역시(此亦是): 이것도 역시 비차역
찰떡같이: 찰떡같게
철벽같이: 철벽같게
철석같이: 쇠나 돌 같이 매우 굳고 단단하게
하나같이: 여럿이 모두 똑같이
하늘같이: ① '아주 높고 크고 귀하게'를 비유하는 말 (예) 하늘같이 받들다 ② 믿는 데

있어서 ‘아주 든든하게’를 비유하는 말 (예) 폐하의 넓으신 덕을 하늘같이 믿잡고
한결같이: 처음부터 끝까지 꼭 같이
합연히: 깜박 죽어버리는 꼴

7.1.68.2. 다름 부사

달리 이정이나 조건이 서로 같지 않게
도리어: 일반적인 생각과는 반대되거나 다르게
독특히: 특별히 다르게
따로: 각각 다르게
따로따로: 각각 다르게
따로이: 따로
별달리: 다른 것과 분명히 구별되게
별로: 그다지 별다르게
별로이: 별로
별반: 따로 별다르게
별별: 여러 가지 다르게
별스레: 보기에 다르게
별양(別樣): 별다르게
별쭝스레: 언행이 아주 별스럽게
수상스레: 수상하게 (예) 행동이 좀 수상하다
왕청스레: 차이가 엄청나서 엉뚱하다
유난히: 유난하게 (예) 유난히 맑은 날씨
유달리: 보통 이상으로 특별하게. 유별나게
유별스레: 보기에 보통의 것과 아주 다른 데가 있게
유별히: 어느 것과 두드러지게 다르게
이상스레: 이상하게
이상야릇이: 이상야릇하게
이상히: 이상하게
자별히: 저절로 서로 다르다

7.1.69. 이치 예사 부사

범상히: 예사로이
예사로: 보통일처럼 아무렇지도 않게 (예) 예사로 한 마디 하다

예사로이: 예사롭게 (예) 그는 예사로이 하는 말이나 듣는 나는 충격을
통투히(通透): 이치나 상황을 뚫어지게 깨달아 환하다

7.1.70. 이상야릇함 부사

무괴히(無怪): 이상야릇할 것 없이
수상스레: 수상스럽게. 보통과는 달리 이상하여 수상스러운 데가 있는 듯이
수상히: 수상스럽게

7.1.71. 이어지거나 인연 늘어선 꼴

무연히: 아무 인연이 없이
연줄연줄: 여러 가지의 연줄로 여러 가지 인연이 닿는 길
쭉: ① 한 줄기로 매우 고르게 이어지는 꼴 (예) 이 도로는 십리가 넘도록 쭉 일직선으로 벌어 나간다 [여]죽 [작]쪽 ② 여럿이 매우 고르게 늘어서거나 벌여 있는 꼴 (예) 벽에 쭉 걸려 있는 표창장들 [여]죽 [작]쪽

7.1.72. 이해관계 부사

영악하게: 이해에 밝고 애바른 데가 있다
옴니옴니: 요리조리 좀스럽게 헤아려 따지는 꼴
이로이: 이익이 있어
해로이: 해가 되는 힘이 있어
해찰스레: 보기에 해찰궂다

7.1.73. 익거나 익히는 모양 부사

폭=폭폭: 잘 읽도록 삶거나 고거나 하는 꼴
푹=푹푹: 흠씬 익을 정도로 몹시 끓이거나 삶거나 고는 꼴
함실함실: 삶은 물건이 함씬 익어서 물크러질 정도로 무르다
함실함실히: 함실함실하게
함싹=함싹함싹: 지나칠 정도로 폭 익은 모양
흠실흠실: 삶은 무건 따위가 흠씬 익어서 물크러질 정도로 무르다
흠씬: 흐무러질 정도로 아주 푹 익거나 삶아진 꼴

7.1.74. 인격 및 인성 부사

7.1.74.1. 좋은 인격과 인성 부사

거벽스레: 사람됨이 억척스럽고 묵직한 듯하다
고결히: 고상하고 깨끗하게
고고히: 홀로 고결하게
고묘히: 고상하고 묘하게
고상히: 고상하게
고아히: 고상하고 우아하게
굉장스레: 크고 으리으리하다
귀현히: 존귀하고 현달스럽다
당당히: 당당하게
덕성스레: 덕이 있어 보이다 준덕스레
생광스레: 낯이 난 듯하게
소상히: 검소하고 고상하게
숭글숭글: 얼굴이 귀염성이 있고 덕성스럽다
어른스레: 어른다운 데가 있게
억실억실: 얼굴 특히 눈 따위의 생김새가 시원시원하다
엄격히: 엄하게
엄명히: 엄격하고 명백하다
엄숙히: 장엄하고 정숙하다
엄연히: 언행이 씩씩하고 점잖다
엄정히: 엄숙하고 바르게
염정히: 청렴하고 공정하다
정숙히: 정겹고 친숙하다
정정방방히(正正方方): 조리가 발라서 조금도 어지럽지 아니하게
정정히(亭亭): 우뚝하게. 굳세고 강건하게
정정히(井井): 조리가 정연하게
정정히(貞正): 행실이 곧고 조용하게
조심성스레: 조심하는 마음이 있게
조심스레: 조심성스럽게
차분차분히: 한결같이 매우 찬찬하고 차분하다
차분히: 마음이 가라앉아 조용하다
착실히: 침착하고 실답다

청백히: 청렴하고 결백하다
청정히: 썩 맑고 깨끗하다
초연히: 보통수준보다 높고 뛰어나게
초초히: 차림새나 모양이 말쑥하고 깨끗하게
출중히: 뭇사람 가운데서 뛰어나다
침착히: 들뜨지 않고 찬찬한 성질
허물없이: 서로 체면을 차리거나 조심할 것이 없다

7.1.74.2. 나쁜 인격과 인성 부사

괴관쩍이: 창피스러워서 얼굴이 뜨거울 정도로 어색하다
괴덕스레: 실없고 수선스럽다
괴망스레: 기괴하고 망측한
굉장스레: 굉장스럽게. 크고 으리으리하다
교만스레: 잘난 체하며 겸손하지 못하고 건방지다
교만히: 교만하게
구험히: 입이 험하다
나지리: 자기보다는 덕이나 품격이 못하게
난연히: 마음 놓기가 어렵다
남부끄러이: 남부끄럽게
남세스레: '남우세스럽다'의 준말. 남에게서 놀림과 비웃음을 받을 만하다
망신스레 망신스럽게
망측스레: 상리에 어그러져 어처구니가 없게 =망측히
매실매실: 사람이 되바라지고 반드러워 얄미운 모양 =매실매실히
무안스레: 무안스럽게
무참히: 무참하게
민망스레: 민망스럽게
민망히: 민망하게
반편스레: 보기에 사람됨이 반병신에 가깝다
상스레: 상스럽다. 언행이 보기에 낮고 천하다
상없이: 상리에 어그러지거나 상스럽다
소인스레: 소인스럽게
손부끄러이: 무엇을 받으려고 내민 손이 기대에 어긋나 남 보기에 부끄럽다
쑥스레: 하는 짓이나 꼴이 어울리지 않고 우습고 싱겁다
염치없이: 체면도 부끄러움도 없다

우세스레: '남우세스레'의 준말
저열히: 질이 낮고 변변하지 못하다
천격스레: 보기에 품격이 아주 낮고 천하게
천덕스레: 품격이 낮고 야비한 느낌이 있게
천열히: 천열하게
천히: 천하게
철없이: 사리를 분간할 힘이 없다
추악히: 더럽고 흉악하게
추잡스레: 거칠고 막된 태도가 있게
추잡히: 언행이 지저분하고 잡스럽게
추저분히: 더럽고 지저분하게
추접스레: 더럽고 지저분한 태도가 있게
추접지근히: 깨끗하지 못하고 너저분한 듯하게
추접히: 추저분히
흉증스레: 그늘지고 험상궂은 태도가 있다

7.1.75. 인내 부사

꼭=꼭꼭: 힘들여 참거나 견디는 꼴 큰꾹 꾹꾹
꾹=꾹꾹: 힘들여 굳게 참거나 견디는 꼴 작꼭 꼭꼭
듣다못해: 어떤 말을 듣고 있다가 더 이상 참을 수가 없어서
자그시: 어려운 것을 좀 참을성 있게 견디는 꼴
자긋자긋: 좀 싫거나 괴롭거나 한 것을 자그시 참고 견디는 꼴 (예) 아픔을 지긋이 견디어 내었다 큰지긋지긋
참다못해: 참을 수 있는 데까지 참다가 더 참을 수가 없어서 (예) 참다못해 한 마디 했다

7.1.76. 인정(認定) 부사

그렇게: '그러하게'의 준말 (예) 그렇게 큰 건물
그렇듯: '그러하듯'이 준말 (예) 형이 그렇듯 아우도 그러하였다
그렇듯이: '그러하듯이'의 준말
방가위=방가위지(方可謂之): 과연 그렇다고 이를 만하게
그렇고말고: '그러하고 말고'의 준말
그렇다마다: 물론 그렇고말고

7.1.77. 인정(人情) 부사

7.1.77.1. 다정 부사

가까이: 친근하게 사귀다
감지덕지: 분수에 넘치는 듯하여 아주 고맙게 여기는 꼴
관대히: 친절하게 정성껏 대접하다
극친히: 아주 친하게
긴밀히: 서로의 관계가 매우 가깝게
긴불긴간에: 긴요하든 않든 간에
나남없이: 내남없이
너그러이: 마음이 넓고 덕성스럽게
너나없이: 너나 나나 가릴 것 없이 모두
너나할것없이: 너와 없이
다사로이: 다스한 기운이 있게
다심다정히: 다심하고 다정하게
다정다감히: 정이 많고 감정이 풍부하게
다정스레: 다정한 데가 있게
다정히: 다정하게
더불어: 함께. 같이
도타이: 서로의 관계가 인정이 많고 가까이 큰두터이
막연히: 서로 허물없이 썩 친하게
무간히: 서로 사귀는 사이가 허물없이 가깝게
무관히: 관계나 상관이 없이
반가이: 그립던 사이에 서로 만나 즐겁고 기쁘게
부드러이: 부드럽게. 따뜻하게
불만없이: 서로 사이에 불편함이 없이
소중히: 매우 귀중하게
아기자기: 자상하고 인정스런 모습
애연히: 기색이나 분위기가 온화하게
애오라지: 절절한 마음으로 한갓
연연히: 그립게
유정히: 인정이 있게
임의로이: 서로 친하여 체면 차릴 것이 없이. 하고 싶은 대로.
자비로이: 자비스럽게

자비스레: 남은 깊이 사랑하고 가엾게 여기는 마음이 있게
자애로이: 도타운 사랑과 정이 깊다
절친히: 아주 친하게
정다이: 따뜻한 정이 있게
정성껏: 정성을 다하여
정성스레: 정성을 다하는 마음이 있게
정숙히(情熟): 정겹고 친숙하게
좋이: 마음에 들게
진짜: 거짓이 없이
찰떡같이: 정 관계가 긴밀하고 확실하게
친근스레: 사귀어 지내는 사이가 아주 가까운 느낌이 있다
친근히: 사귀어 지내는 사이가 아주 가깝게
친밀히: 사귀어 지내는 사이가 매우 친하고 가깝게
친소간에: 친하든 친하지 않든 상관없이
친숙히: 친밀하고 흉허물 없이
친절스레: 다정하고 정답게
친절히: 매우 정겹게
친히: 정이 매우 두텁게
한결: 전에 비하여 한층 더
한결같이: 처음부터 끝까지 꼭 같이
한껏: 할 수 있는 데까지
현격히: 사이가 많이 떨어져 구분될 만큼
혼후히: 화기가 있고 인정이 두텁다
후덕스레: 언행이 어질고 두터운 데가 있게
후히: 인정이 두텁게
흉허물없이: 서로 흉허물을 가리지 않을 만큼 가깝고 친하다
흐뭇이: 마음에 넉넉하여 푸근하게
흡족히: 넉넉하여 만족하게

7.1.77.2. 비정 부사

격원히: 동떨어지고 멀리
격조히: 서로 통하지 못하거나 소식이 없이
관계없이: 두 사이에 아무 맺음이 없이
냉랭히: 태도가 정답지 않고 차게

냉엄히: 태도가 쌀쌀하게
냉연히: 태도 등이 쌀쌀맞게
냉정스레: 매정하고 쌀쌀한 듯이 =냉정히
냉정히: 냉정하게
냉혹히: 차갑고 혹독하게
매정스레: 인정이 없는 듯이 =매정히
몰인정스레: 전혀 정이 없는 데가 있다
몰정스레: 인정이 전혀 없이 =매정히
몽충히: 융통 없이 새침하고 냉정하게
무정스레: 인정이 없는 듯이
무정히: 무정하게
무참히: 몹시 끔찍하고 참혹하게
박절히: 인정이 없고 쌀쌀하게
박정스레: 인정이 매우 없는 듯이
박정히: 인정이 박하게
사늘히: 성질이나 태도가 차갑게
사박스레: 표독하고 인정이 없게
살천스레: 쌀쌀하고 매섭게
상패스레: 성질이 거칠고 사나우며 막되게 =상패히
서먹서먹: 낯이 설거나 스스러워서 인색하게 느낌
섭섭히: 서운하고 아쉽게
소원히: 지내는 사이가 거리가 있어 서먹서먹하게
소홀히: 대수롭지 아니하고 예사롭게
싸느라니: 좀 싸늘한 느낌이 있다
싸늘하게: 아주 인정이 없고 차게
싸늘히: '사늘히'보다 센말
야박스레: 얄망궂고 되바라지게
야박히: 야멸차고 인정이 없이
야속스레: 무정한 행동이나 그런 행동을 한 사람이 섭섭하게 여겨져 언짢은 데가 있듯이
야속히: 인정이 없이 쌀쌀하게
엄혹히: 매우 엄하고 모질게
업수이: 남을 하찮게 보고 깔보는 데가 있게
역정스레: 몹시 언짢거나 못마땅하여 성이 난 듯
역증스레(逆症): 역정스레
인정없이: 남을 동정이 조금도 없이

잔악히: 잔인하고 악하게
잔인스레: 인정이 없고 아주 모진 데가 있게
준혹히: 몹시 혹독하고 인정이 없이
차갑게: 인정이 없이 냉정히
패독스레: 아주 냉정하고 혹독하게
홀략히: 소홀하고 간략하다
홀홀히: 홀하게

7.1.78. 일의 처리 모습 부사

건건이(件件): 일마다. 사건마다
건동반동: 일을 다 끝내지 못하고 한 둥 만 둥 중도에서 그만 두는 꼴 (예) 하던 일을 건동반동 걸어놓고 달려 나갔다
건들건들: 일에 착실하지 않고 번둥거리다
건성건성: 건성으로 대강대강 일하는 꼴
건정히: 일을 처리한 뒤가 깨끗하다
두수없이: 달리 주선하거나 변통할 여지가 없이
뚝딱: 일을 거침없이 손쉽게 해내는 꼴 [거]툭특
뜨르르: 일을 뜨르르 해치우는 꼴
바짝=바짝바짝: 무슨 일을 아주 거침새 없이 빨리 마무리는 꼴 [큰]버쩍 버쩍버쩍
반둥반둥: 건둥반둥
버쩍=버쩍버쩍: 무슨 일을 거침새 없이 빨리 마무리는 꼴 [작]바짝 바짝바짝
선들선들: 일을 시원스레 처리하는 행위 [작]산들산들
선뜻=선뜻선뜻: 가볍고 시원스럽도록 빨리 [작]산뜻 산뜻산뜻
선뜻이: 선뜻하게 [작]산뜻이
엉이야벙이야: 일을 일정수로 꾸며대는 꼴
재꺼덕=재꺼덕재꺼덕: 무슨 일을 아주 시원스럽게 빨리 해치우는 꼴 (예) 일을 재꺼덕 해치우다 [작]재까닥 재까닥재까닥
제꺼덕: 무슨 일을 아주 시원스럽게 빨리 해치우는 꼴 =제꺼덕제꺼덕 [작]재까닥 재까닥 재까닥
제꺽: 무슨 일을 아주 시원스럽게 해치우는 꼴 =제꺽제꺽 [작]재깍 재깍재깍
지딱지딱: 서둘러서 되는 대로 설거지를 해치우는 꼴
쩨꺽=쩨꺽쩨꺽: 모슨 일을 곧장 빨리 해치우는 꼴 (예) 그 일을 쩨꺽 해 놓겠습니다 [여]제꺽 제꺽제꺽 [작]째깍 째깍째깍
척척: 일이 시원스럽게 잘 되어 가는 꼴

탁탁: 일을 착착 익숙하게 처리하는 꼴 (예) 어둠 속에서도 사물을 탁탁 가려내는 장님 큰턱턱
턱턱: 일을 척척 익숙하게 처리하는 꼴 작탁탁
툭탁: 일을 거침없이 아주 손쉽게 해치우는 꼴 작톡탁
하리망당히: 하는 일이나 행동 따위가 분명하지 않다 큰허리멍덩히
하리타분히: 하는 일이나 태도 따위가 좀 떳떳하지 못하다 큰허리터분히
형편없이: 일의 경과, 결과, 내용 등이 대단히 좋지 못하다 (예) 형편없이 고생하였다
화닥닥: 일을 좀 서둘러서 해치우는 꼴 큰후닥닥
홱=홱홱: 일에 정성을 들이지 않고 날쌔게 해치우는 꼴
후닥닥=후닥닥후닥닥: 일을 빨리 서둘러 해치우는 꼴 (예) 청소를 후닥닥 해치우다 작화닥닥 화닥닥화닥닥
후닥닥후닥닥: 후닥닥거리는 꼴 큰화닥닥화닥닥
후딱=후딱후딱: 썩 빨리 날쌔게 해 나는 꼴
훌쩍훌쩍: 일을 잽싸게 하지 아니하고 일부러 질질 끌다
휘뚜루: 무엇에나 닥치는 대로 쓰일 만하게
휘뚜루미뚜루: 이것저것 가리지 않고 닥치는 대로 마구 해치우는 꼴
휙=휙휙: 일을 빨리 해치우는 꼴 (예) 청소를 휙 해치우다

7.1.79. 일을 억지로 하는 모습 부사

와작와작: 일을 억지로 급하게 하여 나가는 꼴 센와짝와짝
와짝와짝: 일을 억지로 자꾸 하여 나가는 꼴 여와작와작
우적우적: 일을 우격다짐으로 급하게 하여 나가는 꼴 (여)일을 우적우적 너무 서둘지 말라
우쩍우쩍: 일을 우격다짐으로 매우 급하게 하여 나가는 꼴 여우적우적

7.1.80. 일어나는 모습 부사

발끈=발끈발끈: 작은 사람이 앉거나 누워 있다가 갑작스레 오뚝 일어나는 꼴 센빨끈 빨끈빨끈 큰벌끈 벌끈벌끈
발딱=발딱발딱: 앉았거나 누웠다가 갑자기 일어나는 꼴 센빨딱 빨딱빨딱 큰벌떡 벌떡벌떡
벌끈=벌끈벌끈: 큰 사람이 앉거나 누워 있다가 급작스레 우뚝 일어나는 꼴 센뻘끈 뻘끈뻘끈 작발끈 발끈발끈
벌떡=벌떡벌떡: 앉았거나 누웠거나 급자기 일어나는 꼴 센뻘떡 뻘떡뻘떡 작발딱 발딱

발딱
빨딱=빨딱빨딱: 앉았거나 누었다가 매우 갑자기 일어나는 꼴
뻘끈=뻘끈뻘끈: 큰 사람이 앉았거나 누워 있다가 몹시 갑작스럽게 우뚝 일어나는 꼴 [여]벌끈 벌끈벌끈 [작]빨끈 빨끈빨끈
뻘떡=뻘떡뻘떡: 앉았거나 누웠다가 매우 급자기 일어나는 꼴 [여]벌떡 벌떡벌떡 [작]빨딱 빨딱빨딱

7.1.81. 입의 여러 가지 모습 부사

나불나불: 입을 가볍게 함부로 놀리는 모양
납작: 받아먹거나 말대답할 때 입을 냉큼 벌렸다가 닫는 꼴 [큰]넙적
납작납작: 납작거리는 꼴
납죽=납죽납죽: 입을 납죽이며 냉큼 벌렸다가 다무는 꼴
납죽이: 입을 나부죽이 냉큼 벌렸다가 다물다
너불너불: 실없이 입을 너불거리는 꼴 [작]나불나불
넙적=넙적넙적: 받아먹거나 말대답할 때 입을 닁큼 벌렸다 닫는 모양 [작]납작 납작납작
넙죽=넙죽넙죽: 입을 너부죽이 닁큼닁큼 벌렸다 다물었다 하다 [작]납죽납죽
발롱발롱: 입술을 발롱발롱 움직이는 꼴 [큰]벌룽벌룽
배죽배죽: ① 언짢거나 울려고 할 때 소리 없이 입술 끝이 실룩실룩 움직이다 ② 비쭉거리며 배쭉거리는 꼴 [센]빼쭉빼쭉 [큰]비죽비죽
비죽: 입을 비죽 내밀다 [센]빼죽 [작]배죽
비죽배죽: 소리 없이 입을 내밀고 샐룩샐룩하는 모양 [센]삐쭉빼쭉
비죽비죽: 비죽거리며 비죽거리며 [센]삐쭉삐쭉 [작]배죽배죽
비죽이: 비죽하게 [센]삐죽이 [작]배죽이
비쭉이: 비쭉하게 [작]배쭉이
빠끔빠끔: 입을 빠끔하게 벌렸다 오므렸다 하면서 담뱃대 따위를 자꾸 빨다 [큰]뻐끔뻐끔
빠끔히: 빠끔하게 [큰]뻐끔히
빠득빠득: 입안이 매끄럽지 못하고 떫은맛이 있다 [큰]뻐득뻐득
뻐끔뻐끔: ① 입을 뻐끔하게 벌렸다 오므렸다 하면서 담뱃대 따위를 자꾸 빨다 ② 물고기 따위가 자꾸 입을 뻐끔하게 벌렸다 오므렸다 하며 물을 들이마시다 [작]빠끔빠끔
삐주룩삐주룩: 삐주룩삐주룩한 모습. 입을 빼주룩이 내미는 꼴 [작]빼주룩빼주룩
삐주룩이: 삐주룩하게 [작]빼주룩이
삐죽: 입을 배죽거리는 꼴
삐죽빼죽: 입을 삐죽빼죽거리는 꼴
샐룩샐룩: 입 가장자리를 샐룩거리다 =샐룩 [센]쌜룩 쌜룩쌜룩 [큰]실룩 실룩실룩

샐쭉이: 샐쭉하게 여쌜쭉이 큰실쭉이
쌜쭉=샐쭉샐쭉: 어떤 감정을 나타내면서 입이나 눈이 쌜그러지게 움직이는 꼴 여샐쭉 샐쭉샐쭉 큰실쭉 실쭉실쭉
씰긋씰긋: 입술을 씰긋씰긋 움직이다 여실긋실긋
얄기죽얄기죽: 입이나 허리 따위가 요리조리 느리게 자꾸 움직이다
오물오물: 오물거리는 꼴 (예) 앞니 빠진 입을 오물오물 움직이다
우물우물: 우물거리는 꼴 (예) 말을 하다가 입술을 우물우물 움직이는 버릇이 있다
일기죽일기죽: 입이나 허리 따위가 이리저리 느리게 자꾸 움직이다 (예) 입을 일기죽일기죽 움직이더니 울음보를 터트렸다
쫑긋=쫑긋쫑긋: 입술, 귀 따위를 쫑그리는 모양 큰쭝긋 쭝긋쭝긋
쫑긋이: 쫑긋하게 큰쭝긋이
합죽합죽: 이가 빠져 입술과 볼이 오므라져 있는 모양
해발쭉: 입 따위가 해바라져 발쭉한 꼴 큰헤벌쭉
해발쭉이: 해발쭉하게 큰헤벌쭉이
헤벌쭉: 입 따위가 해바라져 벌쭉한 꼴 (예) 미친 사람처럼 헤벌쭉 웃고 있는 모습 작해발쪽
헤벌쭉이: 헤벌쭉하게 작해발쪽이
호물허물: ① 이가 빠진 입으로 음식물을 가볍게 자꾸 씹다 ② 음식물 따위를 깨물지 아니하고 가볍게 건정건정 씹다 큰후물후물
훌훌: 입김을 자꾸 불어내는 꼴 작홀홀
훗훗이: 바람이나 입김이 훈훈하게 안겨오는 모양 작홋홋이

7.1.82. 잇달은 모습 부사

조르르: 작은 것들이 한 줄로 고르게 잇달린 꼴
주르르: 여럿이 한 줄로 죽 잇달린 꼴 작조르르 센쭈르르
쪼르르: 작은 것들이 한 줄로 매우 고르게 잇달린 꼴 여조르르 큰쭈르르
쭈르르: 여럿이 한 줄로 매우 고르게 잇달린 꼴 여주르르 작쪼르르

7.2. 웃음 부사

7.2.1. 소리 내어 웃는 부사

까르르: 자지러지게 웃는 소리
깔깔: 되바라진 목소리로 못 참을 듯이 웃는 소리 큰껄껄
깰깰: 웃음이 억지로 참으면서 목구멍 속으로 새되게 웃는 소리

껄껄: 우렁찬 목소리로 못 참을 듯이 웃는 소리
껄껄웃음: 껄껄 웃는 웃음
낄끽낄끽: 숨이 차서 목구멍이 벅찼다가 터져 나오는 소리를 자꾸 내다 [작]깰깩깰깩
낄낄: 웃음을 억지로 참으면서 입속으로 웃는 소리 [거]킬킬 [작]깰깰

7.2.2. 입을 벌려 웃는 모습 부사

발씬: 숫기가 좋게 입을 벌려 방긋 웃는 꼴 [큰]벌씬
발씬발씬: 발씬거리는 꼴 [큰]벌씬벌씬
방그레: 입을 예쁘게 벌리며 소리 없이 보드랍게 웃는 꼴 [센]빵그레 [큰]빙그레
방글=방글방글: 소리 없이 입을 예쁘게 벌리며 보드랍게 웃는 꼴 [센]빵글 빵글빵글 [큰]벙글 벙글벙글
방긋=방긋방긋: 입을 예쁘게 벌리며 소리 없이 가볍게 웃는 꼴 [센]빵긋 빵긋빵긋 [큰]벙긋 벙긋벙긋
방긋이: 방긋하게 [센]빵긋이 [큰]벙긋이
방시레: 소리 없이 입을 예쁘게 벌리며 밝고 보드랍게 웃는 꼴 [센]빵시레 [큰]벙시레
방실=방실방실: 소리 없이 입을 예쁘게 벌리며 밝고 보드랍게 살그머니 웃는 꼴 [센]빵실 빵실빵실 [큰]벙실 벙실벙실
방싯=방싯방싯: 소리 없이 입을 예쁘게 벌리며 밝고 보드랍게 살짝 웃는 꼴 [센]빵싯 빵싯빵싯 [큰]벙싯 벙싯벙싯 =벙싯이 [센]빵싯이 [큰]벙싯이
배시시: 입이 좀 벌어지며 소리 없이 좀 엷게 웃는 꼴 [큰]비시시
뱅그레: 입을 살며시 벌릴 듯하면서 소리 없이 보드랍게 웃는 꼴 [큰]빙그레
뱅그르르: 배시시 웃는 꼴 [센]뺑그르르 [큰]빙그르르 [거]팽그르르
뱅글=뱅글뱅글: 입을 살며시 벌릴 듯하면서 소리 없이 보드랍게 웃는 꼴 [센]뺑글 뺑글뺑글 [큰]빙글 빙글빙글
뱅긋=뱅긋뱅긋: 입을 살며시 벌릴 듯하면서 소리 없이 좀 가볍게 웃는 꼴 [센]뺑끗 뺑끗뺑끗 [큰]빙긋 빙긋빙긋
뱅긋이: 뱅긋하게 [센]뺑끗이 [큰]빙긋이
뱅시레: 소리 없이 살며시 입을 벌릴 듯하면서 보드랍게 화기 있게 웃는 꼴 [센]뺑시레 [큰]빙시레
뱅실=뱅실뱅실: 소리 없이 입을 살며시 벌릴 듯하면서 보드랍게 화기 있게 웃는 꼴 [센]뺑실 뺑실뺑실 [큰]빙실 빙실빙실
뱅싯=뱅싯뱅싯: 소리 없이 살며시 입을 벌릴 듯하면서 화기 있게 살짝 웃는 꼴 [센]뺑싯 뺑싯뺑싯 [큰]빙싯 빙싯빙싯
벌씬벌씬: 숫기가 좋게 입을 벌려 웃는 꼴 =벌씬 [작]발씬발씬 발씬

벙그레: 입을 좀 크게 벌리며 소리 없이 부드럽게 웃는 꼴 센뻥그레 작방그레

벙글벙글: 소리 없이 입을 크게 벌리며 부드럽게 웃는 꼴 =벙글 센뻥글뻥글 뻥글 작방글방글 방글

벙긋벙긋: 입을 좀 크게 벌리며 소리 없이 거볍게 웃는 꼴 =벙긋 센뻥끗뻥끗 뻥끗 큰방긋방긋 방긋 =벙긋이 센뻥끗이 큰방긋이

벙실벙실: 소리 없이 입을 크게 벌리며 밝고 부드럽게 슬그머니 웃는 꼴 =벙실 센뻥실뻥실 뻥실 큰방실방실 방실

벙싯벙싯: 소리 없이 입을 좀 크게 벌리며 밝고 부드럽게 슬쩍 웃는 꼴 =벙싯 센뻥싯뻥싯 뻥싯 작방싯방싯 방싯 =벙싯이 센뻥싯이

빙그레: 입을 슬며시 벌릴 듯하면서 소리 없이 부드럽게 웃는 꼴 센삥그레 작뱅그레

빙글빙글: 입을 슬며시 벌릴 듯하면서 소리 없이 슬그머니 웃는 꼴 =빙글 센삥글삥글 삥글 작뱅글뱅글

빙긋빙긋: 입을 슬며시 벌릴 듯하면서 소리 없이 가볍게 웃는 꼴 =빙긋 센삥긋삥긋 삥긋 작뱅긋뱅긋 뱅긋

빙긋이: 빙긋하게 센삥끗이 작뱅긋이

빙시레: 소리 없이 슬며시 입을 벌릴 듯하면서 부드럽고 화기 있게 웃는 꼴 센삥시레 작뱅시레

빙실빙실: 소리 없이 슬며시 입을 벌릴 듯하면서 부드럽고 화기 있게 웃는 꼴 =빙실 센삥실삥실 삥실 작뱅실뱅실 뱅실

빙싯빙싯: 소리 없이 슬며시 입을 벌릴 듯하면서 화기 있게 슬쩍 웃는 꼴 =빙싯 센삥씻 삥씻 삥씻 작뱅싯뱅싯 뱅싯 비빙싯이

빙싯이=빙싯 센삥씻이 작뱅싯이

빵그레: 입을 예쁘게 벌리며 소리 없이 매우 보드랍게 웃는 꼴 여방그레 큰뻥그레

빵글=빵글빵글: 소리 없이 입을 예쁘게 벌리며 매우 보드랍게 웃는 꼴 여방글 방글방글 큰뻥글 뻥글뻥글

빵긋이: 빵긋하게 큰뻥긋이

빵끗=빵끗빵끗: 소리 없이 입을 아주 예쁘게 벌리며 매우 가볍게 웃는 꼴 여방긋 방긋 방긋 큰뻥끗 뻥끗뻥끗

빵끗이: 빵끗하게 여방긋이 큰뻥끗이

빵시레: 소리 없이 입을 예쁘게 벌리며 매우 밝고 부드럽게 웃는 꼴 여방시레 큰뻥시레

빵실=빵실빵실: 소리 없이 입을 예쁘게 벌리며 매우 밝고 보드랍게 웃는 꼴 여방실 방실방실 큰뻥실 뻥실뻥실

빵싯=빵싯빵싯: 소리 없이 입을 예쁘게 벌리며 매우 밝고 보드랍게 살짝 웃는 꼴 여방싯 방싯방싯 큰뻥싯 뻥싯뻥싯

빵싯이: 빵싯하게 여방싯이 큰뻥싯이

뺑그레: 입을 살며시 벌릴 듯하면서 소리 없이 매우 보드랍게 웃는 꼴 [여]뱅그레 [큰]삥그레
뺑글=뺑글뺑글: 입을 살며시 벌릴 듯하면서 소리 없이 매우 보드랍게 살그머니 웃는 꼴 [여]뱅글 뱅글뱅글 [큰]삥글 삥글삥글
뺑긋이: 뺑긋하게 [큰]삥긋이
뺑끗=뺑끗뺑끗: 입을 살며시 벌릴 듯하면서 소리 없이 아주 가볍게 살며시 웃는 꼴 [여]뱅긋 뱅긋뱅긋 [큰]삥끗 삥끗삥끗
뺑끗이: 뺑긋하게 [여]뱅긋이 [큰]삥끗이
뺑실=뺑실뺑실: 소리 없이 살며시 입을 벌릴 듯하면서 매우 보드랍고 화기 있게 살그머니 웃는 꼴 [여]뱅실 뱅실뱅실 [큰]삥실 삥실삥실
뺑싯=뺑싯뺑싯: 소리 없이 살며시 입을 벌릴 듯하면서 매우 보드랍게 화기 있게 살짝 웃는 꼴 [여]뱅싯 뱅싯뱅싯 [큰]삥싯 삥싯삥싯
뻘쭉뻘쭉: 입을 약간 벌려 소리 없이 자꾸 웃다 [여]벌쭉벌쭉 [작]빨쭉빨쭉 =뻘쭉 [여]벌죽 벌죽벌죽 [작]빨쭉 빨쭉빨쭉
뻥그레: 입을 좀 크게 벌리며 소리 없이 매우 부드럽게 웃는 꼴 [여]벙그레
뻥글=뻥글뻥글: 소리 없이 입을 크게 벌리며 매우 부드럽게 웃는 꼴 [여]벙글 벙글벙글 [작]빵글 빵글빵글
뻥긋=뻥긋뻥긋: 입을 크게 벌리며 소리 없이 아주 가볍게 웃는 꼴 [작]빵긋 빵긋빵긋
뻥긋이: 빵긋하게 [여]방긋이 [작]빵긋이
뻥끗=뻥끗뻥끗: 소리 없이 입을 크게 벌리며 매우 거볍게 웃는 꼴 [여]벙긋 벙긋벙긋 [작]빵끗 빵끗빵끗
뻥끗이: 뻥끗하게 [여]벙끗이 [작]벙긋이
뻥실=뻥실뻥실: 소리 없이 입을 크게 벌리며 매우 밝고 부드럽게 웃는 꼴 [여]벙실 벙실벙실 [작]빵실 빵실빵실
뻥싯=뻥싯뻥싯: 소리 없이 입을 크게 벌리며 매우 부드럽게 슬쩍 웃는 꼴 [여]벙싯 벙싯벙싯 [작]빵싯 빵싯빵싯
뻥싯이=뻥싯 [여]벙싯이 [작]뻥싯이
뺑끗=뺑끗뺑끗: 입을 살며시 벌릴 듯하면서 소리 없이 가볍게 살짝 웃는 꼴 [여]뱅긋 뱅긋뱅긋 [큰]삥끗 삥끗삥끗
삥그레: 입술을 슬며시 벌릴 듯하면서 소리 없이 매우 부드럽게 웃는 꼴 [여]빙그레 [작]빵그레
삥글=삥글삥글: 입술을 슬며시 벌릴 듯하면서 소리 없이 매우 부드럽게 슬그머니 웃는 꼴 [여]빙글 빙글빙글 [작]빵글 빵글빵글
삥긋=삥긋삥긋: 입을 슬며시 벌릴 듯하면서 소리 없이 아주 거볍게 슬며시 웃는 꼴 [작]빵긋 빵긋빵긋
삥긋이: 삥긋하게 [작]빵긋이

뻥시레: 소리 없이 슬며시 입을 벌릴 듯하면서 매우 부드럽고 화기 있게 웃는 꼴 [여]빙시레 [작]빵시레

뻥실=뻥실뻥실: 소리 없이 슬며시 입을 벌릴 듯하면서 매우 부드럽고 화기 있게 슬그머니 웃는 꼴 [여]빙실 빙실빙실 [작]빵실 빵실빵실

뻥싯=뻥싯뻥싯: 소리 없이 슬며시 입을 벌릴 듯하면서 매우 부드럽고 화기 있게 슬쩍 웃는 꼴 [여]빙싯 빙싯빙싯 [작]빵싯 빵싯빵싯

뻥싯이: 뻥싯하게 [여]빙싯이 [작]빵싯이

와하하: 입을 크게 벌리고 거리낌 없이 떠들썩하게 웃는 꼴

7.2.3. 눈웃음, 소리 없이 웃는 모습 부사

빙글빙글: 싱글거리며 빙글거리는 꼴 [센]삥글삥글 [작]뱅글뱅글

살살: 가볍게 눈웃음치거나 눈치를 보는 꼴 [큰]슬슬

상그레: 소리 없이 보드랍게 눈웃음 짓다 [센]쌍그레 [큰]성그레

상글방글: 상글거리며 방글거리는 꼴 [센]쌍글방글 [큰]성글벙글

상긋방긋: 상긋거리며 방긋거리는 꼴 [센]쌍끗빵끗 [큰]성긋벙긋 =상긋이

상깃상깃: 상깃상깃한 꼴 [큰]성깃성깃

상끗방끗: 상끗거리며 벙끗거리는 꼴 [큰]성끗벙끗

상끗상끗=상끗: 눈과 입을 귀엽게 움직이며 소리 없이 매우 가볍게 한번 웃는 꼴 [큰]성끗성끗 성끗 =상끗이

새물새물: 입술을 샐그러뜨리며 자꾸 소리 없이 웃다

새새: 실없이 경박하게 소리 없이 웃는 꼴

새실새실: 점잖지 않게 자꾸 까불며 웃다 [큰]시실시실

샐샐: 소리 없이 실없게 살며시 웃는 꼴

생그래: 눈과 입을 살며시 움직이며 소리 없이 보드랍게 눈으로 웃다 [센]쌩그레 [큰]싱그레

생글방글: 생글거리며 빙글거리는 꼴 [센]쌍글빵글 [큰]싱글벙글

생글뱅글: 생글거리며 뱅글거리다 [센]쌩글뺑글 [큰]싱글빙글

생글생글: 생글거리는 꼴 [센]쌩글쌩글 [큰]싱글싱글

생긋방긋: 생긋거리며 방긋거리는 꼴 [센]쌩끗빵끗 [큰]싱긋벙긋

생긋뱅긋: 생긋거리며 뱅긋거리는 꼴 [센]쌩끗뺑끗 [큰]싱긋빙긋

생긋생긋: 눈과 입을 살며시 움직이며 소리 없이 가볍게 웃는 꼴 =생긋 [센]쌩끗쌩끗 쌩끗 [큰]싱긋싱긋 싱긋

생긋이=생긋: [센]쌩긋이 [큰]싱긋이

생끗생끗: 생끗거리는 꼴 =생끗 [큰]싱끗싱끗 싱끗

생끗이 =생끗: [큰]싱끗이

성글벙글: 성글거리며 벙글거리는 꼴 센쌩글뻥글 작싱글방글
성글성글: 성글거리는 꼴 센썽글썽글 작상글상글
성긋벙긋: 성긋거리며 벙긋거리다 센썽끗뻥끗 작상긋방긋
성긋성긋: 눈과 입을 천연스럽게 움직이면서 소리 없이 거볍게 웃는 꼴 =성긋 센썽끗썽끗 썽끗 작상긋상긋 상긋 비성긋이
성긋이=성긋: 센썽끗이 작상긋이
시물시물: 입술을 샐그러뜨리며 소리 없이 자꾸 웃다 센씨물씨물 작새물새물
시실시실: 실없이 자꾸 까불며 웃다 작새실새실
실실: 소리 없이 실없게 슬며시 자꾸 웃다 작샐샐
싱그레: 눈과 입을 슬며시 움직이며 소리 없이 부드럽게 눈으로 웃다 센씽그레 작생그레
싱글벙글: 싱글거리며 벙글거리는 꼴 센씽글뻥글 작생글벙글
싱글싱글: 싱글거리는 꼴 센씽글씽글 작생글생글
싱긋벙긋: 싱긋거리며 벙긋거리는 꼴 센씽끗뻥끗 작생긋방긋
싱긋빙긋: 싱긋거리며 빙긋거리는 꼴 센씽끗삥끗 작생긋뱅긋
싱긋싱긋: 눈과 입을 슬며시 움직이며 소리 없이 거볍게 웃는 꼴 =싱긋 센씽끗씽끗 씽끗 작생긋생긋 생긋 비싱긋이
싱긋이=싱긋: 센쌍끗이 작생긋이
싱끗이=싱끗: 작생끗이
쌍그레: 소리 없이 매우 보드랍게 눈으로 웃는 꼴 여상그레 큰썽그레
쌍글빵글: 쌍글거리며 빵글거리는 꼴 여상글방글 큰썽글뻥글
쌍글쌍글: 쌍글거리는 꼴 여상글상글 큰씽글씽글
쌍글썽글: 썽글거리는 꼴 여성글성글 작쌍글쌍글
쌍긋빵긋: 쌍긋거리며 빵긋거리는 꼴 큰썽긋뻥긋
쌍긋쌍긋: 눈과 입을 아주 귀엽게 움직이며 소리 없이 아주 거볍게 한번 웃는 꼴 =쌍긋 큰썽긋썽긋 썽긋 비쌍긋이
쌍긋이=쌍긋: 큰썽긋이 씽긋
쌍끗빵끗: 쌍끗거리며 빵끗거리는 꼴 여상긋방긋: 상긋 큰썽끗뻥끗
쌍끗쌍끗: 눈과 입을 아주 귀엽게 움직이며 소리 없이 매우 거볍게 웃는 꼴 =쌍끗 여상긋상긋 상긋 큰썽끗썽끗 썽끗 비썽끗이
쌍끗이=쌍끗 여상긋 큰썽끗이
쌔물쌔물: 입술을 샐그러뜨리며 자꾸 소리 없이 웃다 여새물새물 큰씨물씨물
쌕: 소리 없이 눈을 얼른 한번 웃고 마는 꼴 큰씩
쌩그레: 눈과 입을 살며시 움직이며 소리 없이 아주 부드럽게 웃는 꼴 여생그레 큰씽그레
쌩글빵글: 쌩글거리며 빵글거리는 꼴 여생글방글 큰씽글뻥글
쌩글뺑글: 쌩글거리며 뺑글거리는 꼴 여생글뱅글 큰씽글삥글

쌩글쌩글: 쌩글거리는 꼴 여생글생글 큰씽글씽글
쌩긋빵긋: 쌩긋거리며 빵긋거리는 꼴 큰씽긋뻥긋
쌩긋빵긋: 쌩긋거리며 빵긋거리는 꼴 큰씽긋삥긋
쌩긋쌩긋: 눈과 입을 아주 살며시 움직이며 소리 없이 가볍게 웃는 꼴 큰씽긋씽긋 비쌩긋이
쌩긋이=쌩긋: 큰씽긋이
쌩끗방끗: 생끗거리며 방끗거리는 꼴 큰싱끗벙끗
쌩끗뱅끗: 생끗거리며 뱅끗거리는 꼴 큰싱끗빙끗
쌩끗빵끗: 쌩긋거리며 빵긋거리는 꼴 여생긋벙긋 큰씽끗뻥끗
쌩끗뺑끗: 쌩끗거리며 뺑끗거리는 꼴 여생긋뱅긋 큰씽끗삥끗
쌩끗쌩끗: 눈과 입을 아주 살며시 움직이며 소리 없이 매우 가볍게 웃는 꼴 =쌩끗 여생긋생긋 생긋 큰씽끗씽끗 씽끗 비쌩끗이
쌩끗이=쌩끗: 여생긋이 큰씽끗이
썽그레: 소리 없이 매우 부드럽게 눈으로 웃는 꼴 여성그레 작쌍그레
썽글뻥글: 썽글거리며 뻥글거리는 꼴 여성글벙글 작쌍글빵글
썽긋빵긋: 썽긋거리며 빵긋거리는 꼴 작쌍긋빵긋
썽긋썽긋: 눈과 입을 매우 천연스럽게 움직이면서 소리 없이 거볍게 한번 웃는 꼴 작쌍긋쌍긋 쌍긋 =썽긋 작쌍긋
썽긋이=썽긋: 작쌍긋이
썽끗벙끗: 성끗거리며 벙끗거리는 꼴 작상끗방끗
썽끗뻥끗: 썽끗거리며 뻥끗거리는 꼴 여성긋벙긋 작쌍끗빵끗
썽끗썽끗: 입과 눈을 아주 천연스레 움직이면서 소리 없이 매우 거볍게 웃는 꼴 =썽끗 여성긋 작쌍끗쌍끗 쌍끗 비썽끗이
썽끗이=썽끗 여성긋이 작쌍끗이
씨물씨물: 입술을 샐그러뜨리며 자꾸 소리 없이 웃다 여시물시물 작쌔물쌔물
씽그레: 눈과 입을 슬며시 움직이며 소리 없이 아주 부드럽게 웃는 꼴 여싱그레 작쌩그레
씽글뻥글: 씽글거리며 뻥글거리다 여싱글벙글 작쌩글빵글
씽글삥글: 씽글거리며 삥글거리는 꼴 여싱글빙글 작쌩글뺑글
씽글씽글: 씽글거리는 꼴 여싱글싱글 작쌩글쌩글
씽긋뻥긋: 씽긋거리며 뻥긋거리는 꼴 작쌩긋빵긋
씽긋삥긋: 씽긋거리며 삥긋거리는 꼴 작쌩긋뺑긋
씽긋씽긋: 눈과 입을 슬며시 움직이며 소리 없이 거볍게 웃는 꼴 =씽긋 작쌩긋쌩긋 쌩긋 비씽긋이
씽긋이=씽긋: 작쌩긋이
씽끗뻥끗: 씽끗거리며 벙끗거리는 꼴 작쌩끗빵끗

씽끗빙끗: 씽끗거리며 빙끗거리는 꼴 작쌩끗뱅끗
씽끗삥끗: 씽끗거리며 삥끗거리는 꼴 여싱긋빙긋 작쌩끗뺑끗
씽끗뻥끗: 씽끗거리며 뻥끗거리는 꼴 여싱긋벙긋 작쌩끗빵끗
씽끗씽끗: 눈과 입을 아주 슬며시 움직이며 소리 없이 매우 거볍게 웃는 꼴 =씽끗 여싱긋싱긋 싱긋 작쌩끗쌩끗 쌩끗

7.2.4. 귀엽고 엉글벙글 웃는 여러 모습 부사

앙글방글: ① 어린 아이가 소리 없이 귀엽게 자꾸 웃다 ② 무엇을 속이면서 자꾸 꾸며서 웃다 (예) 앙글방글 웃으면서 노는 어린아이의 모습 큰엉글벙글
앙글앙글: 앙글거리는 꼴 큰엉글엉글
엉글벙글: 엉글거리고 벙글거리는 꼴 (예) 엉글벙글 웃으며 제법 말도 하기 시작한다 작앙글방글
엉글엉글: 엉글거리는 꼴 작앙글앙글
오호호: 자지러지게 웃는 여자의 소리 큰우후후
와그르르: 여러 사람이 모여 한꺼번에 웃는 소리 큰워그르르
와하하: 떠들썩하게 웃는 소리
우스꽝스레: 우스꽝스럽게 (예) 참 우스꽝스레 생겼다
으흐흐: 짐짓 지어서 음흉하게 웃는 소리 =으하하

7.2.5. 키드득거리거나 컥컥 웃는 모습 부사

캐드득=캐드득캐드득: 참다못하여 입속에서 좀 새되게 새나오는 웃음소리 큰키드득 키드득키드득
캐득캐득: 키득거리는 소리 또는 그 꼴 큰키득키득
캐들캐들: 웃음소리
캘캘: 세게 웃는 소리 센깰깰 큰켈켈
키들키들: 걷잡지 못하는 웃음을 입속으로 잇달아 웃다
킥킥: 나오려는 웃음을 참지 못하여 입속으로 자꾸 웃다
킬킬: 억지로 참으려다 참지 못하여 입속으로 웃는 꼴

7.2.6. 피식 웃는 모습 부사

피식: 입술을 힘없이 얼핏 터뜨리며 한번 웃는 꼴

피식피식: 피식거리는 꼴

7.2.7. 해해, 히히거리며 웃는 부사

에헤헤: 가소롭다는 뜻으로 웃는 웃음소리
하하: 입을 한껏 벌리고 거리낌 없이 크게 웃는 꼴 큰허허
해죽해죽: 흐뭇하여 살며시 귀엽게 한번 웃는 꼴 =해죽 센해쭉해쭉 해쭉 큰히죽히죽 히죽 비해죽이
해쭉이=해쭉: 여해죽이 큰히쭉이
해쭉해쭉: 매우 흐뭇하여 살며시 한번 웃는 꼴 =해쭉 여해죽해죽 해죽 큰히쭉히쭉 히쭉 비해쭉이
해해: 해낙낙하여 까불까불 웃는 꼴 큰헤헤
허허: 입을 둥글고 크게 벌리고 거리낌 없이 크게 웃는 꼴
헤헤: 입을 자꾸 해 벌리면서 웃는 꼴
호호: 여자가 입을 동그랗게 작게 벌리며 웃는 소리 또는 그 꼴
흥흥: 잇달아 흥하는 소리
희죽희죽: 희죽거리는 꼴
희쭉=희쭉희쭉: 흐뭇하여 슬며시 한번 웃는 꼴 =희쭉이
희희(嬉嬉): ① 기뻐서 웃는 꼴 ② 어리석게 웃는 소리 ③ 즐겁게 웃는 소리
희희(嘻嘻): 즐겁게 웃는 꼴
히: ① 비웃는 태도로 입을 벌리어 웃는 꼴 ② 마음에 흐뭇하여 싱겁게 웃는 꼴
히죽: 흐뭇하여 슬며시 한번 웃는 꼴 =희죽이
히히: 입을 자꾸 벌려서 웃는 꼴

8. ㅈ부의 부사

8.1. 자국 모습 부사

송송히: 작은 구멍이나 자국이 배고 또렷하다 큰숭숭히
숭숭: 작은 구멍이나 자국이 뚜렷뚜렷 많이 뚫린 꼴 작송송
숭숭히: 숭숭하게 작송송히

8.2. 자랑스러움 부사

대견스레: 마음에 퍽 흐뭇하고 자랑스럽다
자랑스레: 남에게 드러내어 뽐내는 모습으로

8.3. 자르거나 베어지는 모습 부사

깍둑깍둑: 깍둑거리는 꼴 큰꺽둑꺽둑
꺽둑꺽둑: 단단한 물건을 대중없이 좀 크게 자꾸 썰다 작깍둑깍둑
몬탁=몬탁몬탁: 작은 덩이로 자꾸 톡톡 끊어지거나 잘라지는 꼴 여문닥 몬닥몬닥 큰문턱문턱
문덕=문덕문덕: 제법 큰 덩이로 뚝 끊어지거나 잘라지는 꼴 작몬덕 몬덕몬덕 거문턱 문턱문턱
문턱=문턱문턱: 큰 덩이로 자꾸 자꾸 툭툭 끊어지거나 잘라지는 꼴 작몬탁 몬탁몬탁
삼박=삼박삼박: 작고 연한 물건이 가볍게 자꾸 베어지다 큰섬벅 섬벅섬벅 센쌈빡 쌈빡쌈빡
석둑=석둑석둑: 크고 연한 문건을 자꾸 삭둑삭둑 베거나 자르다 센썩둑 썩둑썩둑 작삭둑 삭둑삭둑
섬벅섬벅: 크고 연한 물건이 자꾸 쉽게 베어지는 꼴 =섬벅 센섬뻑섬뻑 섬뻑 작삼박삼박 삼박
섬뻑섬뻑: 크고 연한 물건이 깊이 베어지는 꼴 =섬뻑 작삼빡삼빡 삼빡
송당송당: 연한 물건을 좀 자잘하게 자꾸 빨리 썰다 (예) 오이를 송당송당 썰다 센쏭당쏭당 큰숭덩숭덩
숭덩숭덩: 연한 물건을 좀 굵직굵직하게 자꾸 빨리 썰다 (예) 두부와 호박을 숭덩숭덩 썰어 찌개에 넣었다 센쑹덩쑹덩 작송당송당
숭숭: 물건을 숭덩숭덩 빨리 써는 꼴 작송송

싹둑싹둑: 작고 연한 물건을 자꾸 싹둑 자르거나 베다 [여]삭둑삭둑 [큰]썩둑썩둑

쌈박=쌈박쌈박: 작고 연한 물건이 매우 가볍게 베어지는 꼴 (예) 잘 드는 칼로 무를 쌈박(쌈박쌈박) 잘랐다 [큰]썸벅 썸벅썸벅

쌈빡=삼빡삼빡: 연한 물건이 가볍게 깊이 베어지는 꼴 [큰]섬뻑 섬뻑섬뻑

썩: ① 무엇을 거침없이 아주 거볍게 베거나 자르는 모습 ② 거침없이 아주 거볍게 밀거나 닦거나 하는 꼴 (예) 책상을 썩 밀어 놓다 ③ 지체 없이 빨리 (예) 썩 나서다 ④ 거리낌 없이 나서거나 물러서는 꼴 (예) 썩 나서다 ⑤ 크고 거칠게 한번 문대거나 비비대는 꼴 (예) 땀을 썩 씻다 [여]삭 [작]싹

썩둑=썩둑썩둑: 크고 연한 물건을 단번에 세게 베거나 자르는 꼴 (예) 썩둑 썩둑썩둑 자르다 [여]석둑 석둑석둑 [작]싹둑 싹둑싹둑

썩썩: 거침없이 크게 베어지거나 썰어지는 꼴 (예) 잘 드는 칼로 무를 썩썩 잘랐다 [여]석석 [작]싹싹

썸벅=썸벅썸벅: 크고 연한 물건이 매우 쉽게 베어지는 꼴 [작]쌈박 쌈박쌈박

썸뻑=썸뻑썸뻑: 연한 물건이 쉽게 깊이 베어지는 꼴 [여]섬벅 섬벅섬벅 [작]쌈빡 쌈빡쌈빡

쑹덩쑹덩: 연한 물건을 굵직굵직하게 힘주어 자꾸 썰다 [여]숭덩숭덩 [작]쏭당쏭당

잘뚝잘뚝: 무를 잘뚝 썰다 [센]짤뚝짤뚝 [큰]질뚝질뚝

토막토막: 여러 토막으로 잘린 꼴 (예) 토막토막 잘린 고등어

8.4. 자세, 세밀 상태 부사

깨알같이: 깨알처럼 아주 잘게

상명히: 자세하고 분명하게

상밀히: 자상하고 세밀하게

상세히: 아주 자세하게

샅샅이: 빈틈없이 모조리

세밀히: 자세하고 빈틈없이

세세히: 매우 자세하게

세심히: 작은 일에도 꼼꼼하게 주의를 기울어 빈틈이 없이

소상함: 상태부사

소상히: 분명하고 자세히

속속들이: 겉에서부터 속 깊은 데까지

엄밀히: 매우 세밀하게

위곡히: 자상하게

자늑자늑: 진득하게 부드럽고 조용하다

자상스레: 자상스럽게 =자상히

자상히: 세심하고 깨끗하게
자세: 자세히
자세히: 자세하게
자자분히: 잘고도 차분하게
정묘히: 정묘하게
정밀히: 아주 정교하게 치밀하여 자세하게
정상히: 정밀하고 자상히
정세히: 정밀하고 자세히
정실히(精實): 꼼꼼하고 참되게
정실히: 참되고 올바르게
정연히: 정묘하고 곱게
정일히(精逸): 고요하고 심신이 편안하게
정일히(精一): 자세하고 순일하게
찬찬히: 꼼꼼하고 자세하게
찰찰히: 자세하고 꼼꼼하게
철저히: 속속들이 꿰뚫어 빈틈없이

8.5. 자빠지는 모습 부사

발딱=발딱발딱: 갑자기 반듯하게 뒤로 자빠지고나 잦혀지는 꼴 (예) 발딱 누웠다 센빨딱 빨딱빨딱 큰벌떡 벌떡벌떡
발라당: 좀 굼뜨게 뒤로 발딱 자빠지거나 눕거나 하는 꼴 큰벌러덩
발랑=발랑발랑: ① 가볍게 뒤로 발딱 자빠지거나 눕거나 하는 꼴 큰벌렁 벌렁벌렁 ② 발라당 큰벌러당
벌떡=벌떡벌떡: 급자기 자꾸 자빠지거나 젖혀지는 꼴 센벌떡 벌떡벌떡 작발딱 발딱발딱
벌렁벌렁: 자꾸 벌렁 자빠지고나 눕거나 하는 꼴 작발랑발랑
해뜩해뜩: 몸을 뒤로 젖히며 갑자기 자꾸 나자빠지다
희뜩=희뜩희뜩: 몸을 뒤로 젖히며 급자기 나자빠지는 꼴

8.6. 자연적 우연적 부사

스스로: 제 힘으로
우연스레: 아무런 인과관계가 없이 뜻하지 아니하게 일어난 듯하게
우연히: 어떤 일이 뜻하지 아니하게 이루어져 공교롭게
자연: '자연히'의 준말

자연히: 저절로 [준]자연
저절로: 다른 힘을 빌지 않고 저 혼자서 인공을 더하지 않고 자연적인 힘으로 [준]절로 [비]자연히 스스로
적연히: 마침 우연히
절로: 저절로
절로절로: '절로'를 강조한 말
제물로: 그 자체가 스스로
제물에: 저 혼자 스스로의 바람에
제사날로: 남의 시킴을 받지 아니하고 제 생각으로
제창: 저절로 알맞게
제출물로: 제 생각대로나 제 힘으로
제출물에: 제 생각대로나 제 바람에
제풀로: 저 혼자 저절로
제풀에: 내버려 두어도 저 혼자 저절로, 제 바람에
천연덕스레: 짐짓 천연한 체하는 태도가 있다
천연스레: 천연스럽게
천연히: 천연하게

8.7. 자유 상태 부사

마음껏: 마음에 흡족하도록
마음대로: 자기가 뜻하는 그대로
자유로이: 자유롭게
자유스레: 자유스럽게

8.8. 자잘한 모습 부사

깨알같이: 깨알처럼 아주 잘게
세세히: 매우 자세하게
자잘히: 여럿이 모두 다 잘게
차자분히: 잘고도 차분하게

8.9. 잘잘못 부사

곧이곧대로: 조금도 거짓 없이 바른 대로

곧잘: 꽤, 잘
그릇: 그르게 (예) 그릇 생각하다
글리: 그르게
꽤잘: 생각보다 더 잘
능히: 능력이 있어. 쉽게 잘
되퉁스레: 일을 그르칠 만큼 언동이 찬찬하지 못하게 큰뒤퉁스레
무모히: 무식하고 예의범절을 몰라서 말과 행동이 서투르다
바로: 제대로 바르게
바른대로: 사실과 틀림없이
올바로: 곧고 바르게
자잘못간에: 잘했든 못했든 따질 것 없이
자칫: 어쩌다가 조금이라도 실수하면
자칫하면: 어떤 일이 조금이라도 어긋나면
잘: ① 좋고 훌륭하게 (예) 잘 생긴 얼굴 ② 옳고 착하게 (예) 마음을 잘 써야 복을 받는다 ③ 익숙하고 능란하게 (예) 그는 무슨 일이나 잘 처리할 수 있는 유능한 사람이다 ④ 자세하고 충분하게 (예) 그곳 사정은 잘 모르오 ⑤ 만족스럽게 충분히 (예) 배가 부르게 잘 먹었다 ⑥ 아주 적절하게 (예) 마치 잘 만났네 ⑦ 편하거나 순조롭게 (예) 덕택에 잘 지냅니다 ⑧ 제대로 분명하게 (예) 늙어서 잘 듣고 보도 못한다 ⑨ 쉽게 또는 얼른 (예) 남이 눈에 잘 띈다 ⑩ 늘 툭하면 (예) 노여움을 잘 탄다. 잘 우는 아이는 처음 보았어. ⑪ 어림잡는 데 대하여 '넉넉히'의 뜻 (예) 이 쌓은 말은 잘 될 것이다. 이 일을 마치려면 대엿새는 잘 걸릴 것이다
잘도: '잘'을 반어적으로 하는 말
잘못: ① 바르지 않게 ② 함부로 ③ 능숙하지 못하고 서투르게
정정당당히: 태도나 수단이 바르고 떳떳하게
정정방방히: 조리가 발라서 조금도 어지럽지 아니하게
정정백백히: 의지나 언동이 바르고 당당하며 마음이 순수하고 깨끗하게
정직히: 꾸밈이 없이 바르고 곧게
조심스레: 조심하는 태도가 있게
조심조심: 조심스럽게 행동하는 모습
조심히: 마음을 삼가서
짐짓: 마음으로는 그렇지 않으나 겉으로 꾸며서 비일부러
허물없이: 서로 체면을 차리거나 조심할 것이 없다

8.10. 잘난 체하는 행위 부사

거드럭거드럭: 제 세상이나 만난 듯이 거만을 떨다
거드럭스레: 보기에 잘난 체 거만하게 행동하는 꼴
거만스레: 잘난 체하며 남을 업신여기다
거만히: 거만하게
덩드럭덩드럭: 잘난 체하며 거드럭거리다
도도히: 잘난 체하여 주제넘게
우쓱: 매우 자랑스러워하는 모양

8.11. 잘록잘록한 모습 부사

잘록잘록: 잘록잘록한 꼴 (예) 고사리 같은 손가락이 잘록잘록 귀엽고 예쁘다 센짤록짤록 큰질룩질룩
줄룩줄룩: 줄룩줄룩한 꼴 센쭐룩쭐룩
질뚝질뚝: 매우 잘록하고 움쑥하다 센찔뚝찔뚝 작잘똑잘똑
질룩질룩: 기다란 것의 한 군데가 홀쭉하게 가늘다
짤쑥짤쑥: 짤록하고 아주 움쑥하다 여잘쏙잘쏙 큰쩔쑥쩔쑥
찔둑찔둑: 몹시 찔룩하고 움쑥하다
찔룩찔룩: ① 기다란 것의 한 군데가 매우 홀쭉하게 가늘다 ② 산줄기처럼 길게 벋어 나가다가 팬 꼴이 매우 우묵하다 여질룩질룩 작짤록짤록
찔쑥이: 찔쑥하게 여잘숙이 작짤쑥이
찔쑥찔쑥: 찔룩하고 매우 움쑥하다

8.12. 잘리거나 끊어지는 모습 부사

몽땅: 대번에 작게 잘리거나 끊어지는 꼴 거몽탕 큰뭉떵
몽땅몽땅: 잇달아 작게 잘리거나 끊어지는 꼴 거몽탕몽탕 큰뭉떵뭉떵
몽땅히: 작게 싹둑 잘린 모양처럼
삭둑=삭둑삭둑: 물건을 자르는 꼴 센싹둑 싹둑싹둑
싹둑=싹둑싹둑: 물체를 자르는 모양 큰썩둑 썩둑썩둑 여삭둑 삭둑삭둑

8.13. 잘 맞지 않는 모습 부사

삐끗=삐끗삐끗: 맞추어 끼인 물건이 꼭 들어맞지 않고 몹시 어긋나는 꼴 여비끗 비끗비

끗 작빼끗 빼끗빼끗

8.14. 잘 자라는 모습 부사

모락모락: 곱고 순조롭게 잘 자라는 꼴 큰무럭무럭
무럭무럭: 힘차고 순조롭게 잘 자라는 꼴 작모락모락
문실문실: 나무 따위가 쭉쭉 뻗어 자라는 모양
철철히: 밋밋하게 잘 자라서 길차다

8.15. 잠에 관한 행위 부사

고상고상: 잠이 오지 아니하여 뒤척거리며 애쓰고 있는 꼴
궁싯궁싯: 잠이 오지 않아 누워서 몸을 이리저리 뒤척거리다
다독다독: 아기를 재우거나 귀여워할 때 아이 몸을 가만가만 자꾸 두드려 주다 센따독따독
자장자장: 아기를 재우며 조용히 노래 부르듯이 내는 소리
콜콜: 곤하게 잠들어 숨 쉬는 꼴 큰쿨쿨 센꼴꼴
폭: 잠이 포근하게 깊이 들거나 편히 쉬는 꼴 (예) 단잠이 폭 들었다 큰푹

8.16. 잡아당기는 모습 부사

왈카닥: 갑자기 마구 밀치거나 잡아당기거나 하는 꼴 큰월커덕
워럭워럭: 자꾸 매우 급히 대들거나 잡아당기게 되다
월커덕=월커덕월커덕: 급자기 마구 잡아당기거나 밀치거나 하는 꼴=월커덕월커덕 작왈카닥 왈카닥왈카닥
월컥: 갑자기 힘껏 잡아당기거나 밀치는 꼴 =월컥월컥 작왈칵 왈칵왈칵
일기죽일기죽: 입이나 허리 등이 이리저리 느리게 자꾸 움직이다

8.17. 장기·바둑에 관한 부사

빽빽이: 장기에서 실수 없이 든든하게 두기 때문에 결말이 쉬 나지 않아 버겁다

8.18. 장단(長短) 부사: 길고 짧음을 뜻하는 부사

8.18.1. 길이 부사

갸름갸름: 갸름한 꼴 큰기름기름
갸쭉갸쭉: 좀 알맞게 길다. 여럿이 다 갸쭉하다 큰길쭉길쭉
갸쭉이: 갸쭉하게 큰길쭉이
갸씀갸씀: 알맞게 좀 길다 큰길씀길씀
갸씀이: 꽤 갸름하게 큰길씀이
갸찍갸찍: 갸찍갸찍한 꼴 큰길찍길찍
갸찍이: 알맞을 정도로 길게 큰길찍이
기름기름: 기름기름한 꼴
길길이: 여러 길이나 되게 높이
길쑥길쑥: 시원스레 좀 긴 모양
길쑥이: 좀 길게
길쭘길쭘: 시원스레 조금 기름한 모양 작갸쭘갸쭘
길쭘히: 시원스레 좀 기름하게 작갸쭘히
길죽길죽: 길쭉한 모양
길죽스름히: 조금 길쭉하게
길죽이: 길쭉이
길지막이: 꽤 길지막하게
길직길직: 길찍길찍
길직이: 길이가 좀 긴 듯 싶게
길쭉길쭉: 다 조금 긴 모양 작갸쭉갸쭉
길쭉이: 좀 길게 작갸쭉이
길쯔막이: 좀 넉넉히 길씀하게
길씀길씀: 꽤 기름한 모양 작갸씀갸씀
길씀이: 꽤 기름하게 작갸씀이
길찍길찍: 꽤 긴 듯한 모양 작갸찍갸찍
길찍이: 꽤 길게 작갸찍이

8.18.2. 짧은 길이 부사

깐동히: 지나칠 정도로 짧은 모양 큰껀둥히 여간동히

짜름짜름: 길이가 짧은 모양
짜름히: 약간 짧은 듯하게
짤막짤막: 짤막짤막한 꼴 (예) 짤막짤막 여러 토막으로 나누다
짤막히: 조금 짧게
짤쏙이: 짤쏙하게 큰짤쑥이

8.19. 장소 부사

거: '거기'의 준말
거기: 그곳
거기다가: '거기에다가'의 준말
것다가: '거기에다가'의 준말
게: '거기'의 준말
게고제고: 거기고 저기고
게나예나: 거기나 여기나
게다: '거기다'의 준말
게다가: '거기에다가'의 준말
게다예다: '거기다 여기다'의 준말
게다제다: '거기다 저기다'의 준말
고기: 그 곳에
고리: 고 곳으로나 고 쪽으로
고리로: '고리'의 힘줌말
고샅고샅: 시골 마을의 좁은 골목길마다
고을고을: 고을마다
골골샅샅이: 한 군데도 빼놓지 않고 갈 수 있는 곳마다
곳곳이: 여러 곳마다
그리: 그곳으로. 그쪽으로 작고리
그리로: '그리'의 힘줌말
그중: 그 가운데 또는 그 가운데 가장
글로: '그리로'의 준말
방방곡곡: 한 군대도 빼놓지 아니한 모든 곳
방방이: 방마다
사이사이: 사이마다 준새
샅이샅이: 틈이 있는 곳마다
어드러: 어디로

여기: 이곳
엽엽이: 엽엽마다
예: ‘여기’의 준말
예다제다: ‘여기다 저기다’의 준말
요기: ‘여기’를 범위를 좁혀 이르는 말
이리: 이곳으로 또는 이쪽으로 (예) 이리 와. 그 책 이리 다오
저: ‘저기’의 준말
조기: ‘저기’를 범위를 좁혀 이르는 말
조리: 조 곳으로 또는 조 방향으로 (예) 조리 비켜라 [큰]저리
허리질러: 반쯤 되는 곳에

8.20. 장애 부사와 장중함 부사

거칫거칫: ① 자꾸 순조롭지 못하게 장애가 되다 ② 자꾸 가볍게 걸리다 [센]꺼칫꺼칫 [작]가칫가칫
장중히: 장중하게 즉 웅장하고 장엄하다
장쾌히: 장쾌하게 (예) 장쾌한 승리
장히: ① 장하게 (예) 장히 여기다 ② 매우 썩 (예) 말을 꺼내기가 장히 거북하다

8.21. 잡다한 상태 부사

잡다히: 잡스러운 것이 뒤섞여 너저분한 꼴
잡상스레: 잡되고 상스럽다
잡스레: 잡스럽게

8.22. 재는(측정) 모습 부사

발말발맘: 팔을 벌려 한 발 한 발 재어 나가는 꼴

8.23. 재물에 대한 태도 부사

굼튼튼히: 재물에 대하여 헤프지 않고 튼튼하게
살뜰히: 일이나 살림을 매우 정성스럽고 규모 있게 하여 빈틈이 없이
알뜰살뜰: 생활비를 아끼며 규모 있고 정성스럽게 살림을 하는 모양

알뜰살뜰히: 알뜰하고 살뜰하게
알뜰히: 살림을 아끼며 규모 있고 빈구석이 없게

8.24. 재미 부사

간간히: 마음이 간질간질하도록 재미있게
야살스레: 얄망궂고 잔재미가 있다
재롱스레: 재롱을 부려 귀엽거나 재미있다
재미스레: 재미스럽게

8.25. 재차 부사

누누이: 여러 번 거듭하여
누차: 여러 차례에 걸쳐
다시: 했던 일이나 하던 것을 되풀이하여 또
다시금: 다시 한 번
다시는: 두 번 다시
재살: 두세 번 또는 몇 번씩
재삼재사: 여러 번 되풀이하여
재일차: 다시 또 한 번
재차: 거듭하여

8.26. 재촉하는(일을 빨리하는) 모습 부사

잦추: 동작을 재게 하여 잇달아 재촉하는 꼴
재까닥: 무슨 일을 시원스럽게 빨리 해치우는 꼴 큰째꺼덕
재까닥재까닥: 무슨 일을 시원스럽게 빨리 해치우는 꼴 큰제꺼덕제꺼덕
재깍=재깍재깍: 무슨 일을 시원스럽게 해치우는 꼴 센째깍 째깍째깍 큰제깍 제깍제깍

8.27. 적합 부사와 짜갑스런 부사

빠듯이: ① 헐렁거리지 않게 꼭 맞다 ② 가득 차서 빈틈이 없다 여바듯이
알맞추: 일정한 기준 조건 정도에 적당하게. 알맞게
영락없이: 조금도 틀리지 않고 꼭 들어맞다

적당히: ① 정도나 이치에 알맞게 ② 엇비슷하게 요령이 있어
짜갑스레: 짜깝스럽게 즉 젊은 사람이 늙은 체하여 끔찍하다 (예) 어린것이 깜짝스럽다→ 잡상스럽다
합당히: 어떤 기준 조건 등에 꼭 알맞게
합적히(合適): 꼭 알맞게

8.28. 전부(全部), 전혀 부사

간대족족: 가는 곳마다 모조리
다: 남김없이 모두
돈연히: 도무지 (예) 돈연히 알 수 없다
똥방: 통틀어서
모두: 모아서 다
모두다: '모두'의 힘줌말
모조리: 하나도 빠짐없이 모두
몰아: 모두 몰아서
송두리째: 물건이 있는 전부 그대로 (예) 송두리째 써 버렸다

8.29. 전하는 뜻의 부사와 절대 부사

세상없어도: 무슨 일이 있더라도 꼭
세상없이: 천하 없이
전지전지(傳之傳之): 전하고 전하여
절대: 절대로 (예) 절대 그렇게는 못한다
절대로: 모든 상대를 초월하여. 이러니저러니 할 것 없이 아주 (예) 그 일은 절대로 안 된다. 오늘은 절대로 가야 한다 [비]아예. 절대[2]
천하없어도: 세상없어도

8.30. 절실(切實) 부사

간절히: '절실히'와 비슷한 뜻을 가짐
곡절히: 매우 정성스럽게
곡진히: 온갖 정성을 다하여
절실히: ① 실정에 꼭 맞다 ② 썩 긴요하고 다급하다 (예) 절실히 느끼다. 절실히 필요하다

절절히: 아주 간절히 (예) 절절한 사연

8.31. 절약 허비 행위 부사

간소히: 간략하고 소박하게
느루: 대번에 몰아치지 않고 길게 늘여서
살뜰히: 살뜰하게
아낌없이: 아낌없게 (예) 국보급의 고서를 아낌없이 보여 준다
알뜰살뜰: 살림을 아끼며 정성껏 꾸려나가는 규모가 꼼꼼하다 (예) 알뜰살뜰 잘 살아 보세
알뜰살뜰히: 알뜰살뜰하게 (예) 그렇게 알뜰살뜰 모은 돈을 나에게 주다니!
알뜰히: 알뜰하게 (예) 알뜰히 가꾸다. 살림을 알뜰히 하다
헤피: 헤프게

8.32. 공손히 절하는 모습 부사

나부시: 찬찬히 공손하게 고개를 숙이거나 앉거나 엎드려 절하는 꼴 큰너부시
나부죽이: 나부죽하게
너부시: 천천히 침착하게 고개를 숙이거나 앉거나 엎드려 절하는 모습 작나붓이

8.33. 늙은 상태 부사

늙숙이: 보기에 꽤 늙다
늙직이: 어지간히 늙게
조쌀스레: 늙었어도 얼굴이 깨끗하고 조촐하다

8.34. 점차(점진) 부사

시나브로: 모르는 사이에 조금씩 조금씩 (예) 눈이 시나브로 녹아 없어지다
점점: 조금씩 더하거나 덜하여지는 모습 (예) 그는 몸이 점점 건강해졌다
점차: 어수선하던 분위기가 점차(로) 가라앉았다 =점점 차차
점차로: '점차'를 강조한 말
차차: 어떤 사물의 상태가 시간의 흐름에 따라 알정한 방향으로 조금씩 진행되는 꼴 (예) 날씨가 차차 개인다

차차로: 차차
차츰: 차차. 점차
차츰차츰: '차츰'의 센말

8.35. 접는 모습 부사

착착: 가지런히 여러 번 접거나 개키는 꼴 (예) 종이를 착착 접었다
척척: 가지런히 여러 번 접거나 개키는 꼴 (예) 이부자리를 척척 개켜 넣었다

8.36. 정갈(情渴) 모습 부사

찌들름찌들름: 한꺼번에 다 죽지 않고 여러 차례에 나누어 아주 조금씩 조금씩 주거나 주다 말다 하다 (예) 외상값 갚듯이 찌들름찌들름 내주지 말고 한목에 주시오 센찌뜰름찌뜰름 작짜들름짜들름
찌뜰름찌뜰름: 찌뜰름거리는 꼴 (예) 줄 것이라면 찌뜰름찌뜰름 나누어 줄 것이 아니라 시원하게 한목에 주시오 여찌들름찌들름 작짜뜰름짜뜰름

8.37. 정겨움 부사

다심다정히: 다심하고 다정하게
다정다감히: 정이 많고 감정이 풍부하게
다정스레: 다정한 데가 있게
다정히: 다정스럽게
정겨이: 정이 넘칠 정도로 다정하게
정다이: 따뜻한 정이 있게
정숙히(靜淑): 정겹고 능숙하게
정숙히(情熟): 정겹고 친숙하게

8.38. 정당 부사: 정당 또는 부당의 부사

8.38.1. 정당 부사

가당히: ① 대체로 합당하다 ② 당할 수 있다
가히: 마땅히

고루: 고르게
고루고루: 여럿이 다 고루
곧바로: 일정한 대로 바르게
골고루: '고루고루'의 준말
공공연히: 아주 공평하고 떳떳하게
공명히: 공정하고 명백하게
공연히: 세상이 다 알도록 뚜렷하고 떳떳이
공평히: 공평하게
당당히: 버젓하고 정대하게
당연: 마땅히
당연히: 마땅히
떳떳이: 숨기거나 굽힐 것 없이 어엿하게
마땅: 어떤 조건에 잘 어울리게 알맞다
마땅히: 마땅하게
모름지기: 사리를 따져 보건대 마땅히
응당: 마땅히
응당히: 마땅히
의당: 사리에 맞고 타당하다
의당히: 의당하게
의로이: 의롭게
정당히: 바르고 마땅하게
정의로이: 정의에 벗어나지 않고 올바르게
정정당당: 정정당당하게
정정당당히: 정정당당하게
정정방방히: 정정방방하게
정정히(井井): 조리가 정연하게
정직히(貞直): 굳고 곧게
정직히(正直): 마음이 바르고 곧게
정히(精): 거칠지 않고 매우 곱고 매끈하게
정히(正): 틀림없이 바로
종당(從當): 마땅히
지당히: 사리에 꼭 맞게
평등히: 차별 없이 동등하게
평정히: 공평하고 올바르게

8.38.2. 부당 부사

가당찮이: 합당하지 아니하게
마땅찮이: 마땅하지 아니하게
부당히: 이치에 맞지 않거나 마땅하지 아니함
편벽되이: 한쪽으로 치우쳐 공평하지 못하게

8.39. 정도 부사

8.39.1. 정도가 더함 부사

가량없이: 어림짐작도 할 수 없을 만큼의 정도로
가일층: 한층 더하여
가장: 여럿 가운데서 으뜸으로
가중히: 가중하게 (예) 세금을 가중히 매기다
가히: 어지간히. 넉넉하게
거나히: 술에 취한 정도가 어지간하다
거의=거의거의: 어느 한도에 아주 가까울 정도로
겁나게: 엄청(전남방언)
격심히: 몹시 심하게
고다지도: '고다지'의 힘줌말
과다히: 지나치게 많이 [반]과소히
과도히: 지나치게 그다지: 고려한 정도로까지
과히: 지나치게
굉장히: 보통 이상으로 정도가 아주 심하게
그까지로: 겨우 그만한 정도로
그다지도: '그다지'를 강조한 말
그렇게: 그러한 정도로까지
그렇듯: 그렇게도 몹시 (예) 그렇듯 아끼던 물건 =그렇듯이 '그러하듯이'의 준말
그만: 그 정도까지만
그만저만: 이미 된 그만한 정도로
그지없이: 그지없게 (예) 그지없이 너른 들
그토록: 그러한 정도로까지
극심히: 정도가 아주 심하게
극히: 더할 수 없는 정도로 몹시

꽤: 보통보다 좀 더한 정도로
끔찍스레: 지나치게 크거나 많거나 하여 놀랍다
끔찍이: 끔찍하게
너무: 한계나 정도에 지나게
너무나: '너무'의 힘줌말
너무너무: '너무'의 힘줌말
대단히: 정도가 보통보다 훨씬 더하다
대뚝: 썩 많이
더 아니: '더욱 아니'의 준말
더구나: '더군다나'의 준말
더군다나: 무엇보다도 오히려 한층 심하게
더넘스레: 쓰기에 알맞은 정도 이상으로 크다
더더구나: '더더군다나'의 준말
더더군다나: '더군다나'의 힘줌말
더더욱: '더욱'의 힘줌말
더없이: 더할 나위 없이
더욱: 한층 더
더욱더: '더욱'의 힘줌말
더욱더욱: 점점 더 정도가 더하게
더욱이: 그 위에다가
더욱이나: 그 위에다가 또 더
더한층: 있는 상태보다 정도가 더욱 크게
되게: 되우. 아주 몹시
되우: 아주 몹시
뚝: 언행을 단호히 하는 꼴
매: 심한 정도
매매: 몹시 심한 정도까지 자꾸
매우: 표준 정도에 적잖이 지나게
몹시: 더할 수 없이 심하게
무등: 그 위에 더할 수 없는 정도로
무지: 보통보다 훨씬 정도에 지나치게
무척: 심한 정도로
무한: 무한히
보다: 어떤 수준에 비하여 한층 더
비교적: 보통 정도보다 꽤

비등비등: 여럿이 서로 어슷비슷하게
상당히: 어떤 정도에 가깝게
서기(庶幾): 거의
순: (주로 좋지 않은 성질을 나타냄) 몹시. 아주
실히: 대단히 넉넉하게
심히: 심하게
썩: 보통의 정도보다 훨씬 뛰어나게 (예) 썩 아름답다
아무리: (가정, 양보 등 글월에 쓰이어) 아주 또는 몹시
아주: ① 더할 나위 없이 또는 대단히 (예) 그 돈을 아주 요긴하게 썼다 ② 완전히 또는 다시 없이 (예) 아주 새것이다
암만: 아무리
야심히: 매우 심하게
어연간히: 정도가 표준에 꽤 가깝다
어지간히: 일정한 표준에 거의 비슷할 만큼 가깝다
어찌나: 심한 정도
얼마나: 어떤 정도가 매우 대단함을 나타낸다
엄청: 양이나 정도가 아주 지나치게
엔간히: 어연간하게 (예) 해도 엔간히 해야지 너무하지 않나?
여북: 주로의 본문에 쓰이어 '오죽' '작히나' '얼마나'의 뜻
영판: 아주. 똑
오죽: '얼마나'의 뜻
왕창: 엄청나게
우황: 하물며. 그 위에 더군다나. 더욱이
워낙: 두드러지게 아주
원체: 워낙
웬만큼: 웬만하게
유난스레: 유난스럽게
유난히: 매우 두드러지게 많이
유한히: 한도가 있게
이다지: 이러한 정도로까지
이리도: 이렇게도
이만: 이 정도까지만
이만저만: 이만하고 저만하게
이심스레(已甚): 이심스럽게
이심히: 이심하게

이토록: 이러한 정도로까지
작작: 너무 지나치게 하지 말라는 뜻으로 어지간히 (예) 작작 먹어라
잔뜩: 어떤 한도에 꽉 차게. 몹시 심하게
저다지: 저러하게까지 또는 저러한 정도로까지
저리: 저러하게
적이: 얼마간 또는 적잖이 (예) 적이 기쁘다
적이나: '적이'의 힘줌말 (예) 적이나 보탤 수 있다
적이나하면: 웬만하면 또는 어느 정도나마 될 수 있다면 (예) 적이나하면 같이 가겠는데
전혀: '도무지' '아주' '완전히'의 뜻
점점: 조금씩 더하거나 덜하여지는 꼴
점점: 조금씩 더하거나 덜하여지는 꼴
제대로: 응당한 정도로 (예) 봉급을 제대로 주어야 일을 잘한다
제법: 생각한 것보다 더하게
제일: 가장 (예) 제일 높다 제일 많다
좀: 그 얼마나 (예) 좀 좋을까?
지긋이: 나이가 비교적 많아 듬직하다
쫄딱=쫄딱쫄딱: 더할 나위 없이 아주 여 졸닥 졸닥졸닥
톡톡히: 꾸중, 망신 따위의 정도가 시하다 (예) 톡톡히 혼났다
퍼그나: 퍽, 즉 보통 정도를 훨씬 넘게
퍽: 보통 정도를 훨씬 넘게
하: '아주/많이/크게' 따위의 뜻 (예) 하 많은 사람들
하도: '하'의 힘줌말
한량없이: 그지없이
훨씬: 정도 이상으로 많거나 적게 (예) 훨씬 많다. 훨씬 편리하다

8.39.2. 정도가 덜한 뜻의 부사

겨우: 힘들게 가까스로
겨우겨우: 가까스로 겨우
고까지로: 겨우 고만한 정도로 큰 그까지로
고나마: '그나마'를 얕잡거나 축소시켜 이르는 말
고만: 고 정도까지만
과소히(寡少): 매우 적게
과소히(過少): 지나치게 적게 반 과다히
과즉(過則): 기껏해야 (예) 여기서 과즉 십리가 될까말까하다

그까지로: 겨우 그만한 정도로
그나마: 좋지 않거나 모자라기는 하나 그것이라도
그다지: '않다' '못하다' 등과 쓰이어 '그렇게까지는'의 뜻
그만: 그 정도까지만 작고만
그만저만: ① 이미 된 그만한 정도로 ② 보통으로
기껏: 정도나 힘이 미치는 데까지
기껏해야: 기껏 한다고 해야
끽: '고작'의 낮은말
끽해야: '고작해야'의 낮은말
다소: 조금
대강: 세밀하지 아니한 정도로
대강대강: 여러 가지로 다 자세하지 못하고 적당히 간단하게
대충: 대체로 추리는 정도로
대충대충: 여럿을 다 대충
더러: 얼마쯤
더러더러: '더러'의 힘줌말
뚝뚝: 값, 순위 등이 계속하여 현저히 떨어지는 꼴
못다: 어떤 분량의 전부에 이르지 못한 정도로
얼추: 대강으로
요까지로: 겨우 요만한 정도로
요다지: 요러한 정도로까지
요만: 요 정도로서 또는 요 정도까지만 (예) 요만 끝내겠습니다
요모조모: 요런 면 조런 면 (예) <u>요모조모</u> 살피다
우연만히: 그저 그만하다
웬만큼: 웬만하게 (예) 웬만큼 헤엄을 칠 줄 알면 거뜬히 건너올 수 있겠습니다
이까지로: 겨우 이만한 정도로
이나마: 좋지 않거나 모자라기는 하나 이것이나마
작작: 너무 지나치게 하지 말라는 뜻으로 어지간히
작히: '작히나'의 준말
작히나: '어찌 조그만큼만' '오죽이나' '여북이나'의 뜻으로 추측이나 희망을 나타내는 말. 주로 혼자 느끼는 말이나 묻는 말에 쓰인다
저다지: 저러하게까지 또는 저러한 정도로까지 (예) 저다지 좋을까?
적이: 얼마간
적이나: '적이'의 힘줌말
적이나하면: 웬만하면

조그만큼: 매우 적은 정도로
조금씩: 많지 않게 여러 번 계속해서
조금조금: 여럿이 다 조그마한 꼴
조끔: '조금'의 힘줌말 =조끔조끔
조나마: '저나마'를 얕잡거나 축소시켜 이르는 말
조다지: 조러한 정도로까지
조양: ① 다른 변화 없이 조 모양으로 큰저냥 ② 조대로. 줄곧 큰저냥
좀: '조금'의 준말
채: 어떤 표준 정도에 아직 미치지 못한 꼴
하불하(下不下): 소불하, 즉 적게 잡아도
홑으로: 세기 쉬운 적은 수효로

8.39.3. 중간 정도 부사

알맞추: 알맞게
어중간히: ① 거의 중간쯤 되는데 ② 어떤 기준에 어지간히 비슷하다 ③이것에도 저것에도 알맞지 아니하다
엔간히: 어연간하게 (예) 해도 엔간해야지 너무 하지 않나
오죽: '예사 정도로만'의 뜻

8.39.4. 기준 부사(어느 정도 부사)

어지간히: 일정한 표준에 거의 비슷할 만큼 가깝다 (예) 어지간히 나이를 먹었다

8.39.5. 극히 소량 부사

극히: 더할 수 없는 정도로 몹시 (예) 극히 짧은 시간. 극히 소량의 곡식
쪼그만: '쪼그마한'의 준말 여조그만
쪼끔=쪼끔쪼끔. 아주 적은 분량이나 정도 여조금 조금조금
쬐끔. 아주 조금(동사를 꾸민다)

8.40. 가지런함 부사

가지런히: 여럿이 한 줄로 고르게 되어 있다
어뜩비뜩: 어떤 모양이나 자리가 이리저리 어긋나고 비뚤어지고 하여 가지런하지 못하

다 ②행동이 온당하지 못하다
정연히(整然): 가지런하고 질서가 있어

8.41. 정리 및 정면 부사

간종간종: 어지럽거나 흐트러진 사물을 가지고 골라서 가든그려 가지런하게 하다 큰건중건중
맞바로: 마주 정면으로
바로: 앞을 바르게 보는 모양

8.42. 정성(精誠) 부사

극진: 정성이 더할 나위 없다
극진히: 극진하게
성심껏: 정성스런 마음을 다하여
성심성의껏: 참되고 성실한 마음을 다하여
성의껏: 있는 성의를 다하여
정성껏: 정성을 다하여 즉 힘을 다하려는 참되고 성실한 마음
정성스레: 정성스럽게
지극히: 더할 수 없이 극진히
지성껏: 온갖 정성을 다하여
지성스레: 지극히 정성스러운 데가 있다

8.43. 정세 부사/정밀 부사

꼼꼼히: 면밀히 여곰곰
명세히: 분명하고 자세히
세밀히: 자세하고 빈틈없이 꼼꼼하게
세세히: 아주 자세하게
정밀히: 아주 정교하고 치밀하여 빈틈이 없고 자세하게
정세히(精細): 정밀하고 자세하다
정일히(精一): 정세하고 순일하게
정제히(整齊): 정세하게

8.44. 정신 상태 부사

곤드레만드레: 술에나 잠에 몹시 취하여 정신이 흐릿해져서 몸을 잘 가누지 못하는 꼴

괴덕스레: 실없고 수선스럽다

깜빡=깜빡깜빡: 정신이 순간적으로 잠깐 흐려지는 꼴 여깜박 깜박깜박 큰끔뻑 끔뻑끔뻑

떨떨히: 얼떨떨하다

뜬뜬히: 매우 야무지고 굳세다

망령되이: 정신이 흐려 언행이 비정상적으로

망령스레: 정신이 흐려 언행이 주책없이

망칭히: 갑자기 큰일을 당하여 우두망찰하니 생각이 아득하게

멀거니: 정신이 나간 사람처럼 멍청히

멍멍히: 말없이 멍하다

멍청스레: 멍청한 데가 있게

멍청하니: 바보처럼 얼이 빠져서

멍청히: 멍청하게

멍하니: 멍하게

멍히: 멍하니

반짝=반짝반짝: 정신이 순간적으로 드는 꼴 큰번쩍 번쩍번쩍

배틀=배틀배틀: 힘이 없거나 어지러워 비틀거리는 꼴 큰비틀 비틀비틀 센빼틀 빼틀빼틀

뱅: 갑자기 정신이 좀 아찔해지는 느낌 거팽 큰빙

번쩍=번쩍번쩍: 정신이 갑자기 드는 꼴 작반짝 반짝반짝

벙벙히: 얼빠진 것처럼 어리둥절하다

비틀=비틀비틀: 술에 취하여 정신을 못차려 비틀거리는 꼴 작배틀 배틀배틀 센삐틀 삐틀삐틀

빙: 급자기 정신이 좀 어찔해지는 느낌 거팽 작뱅

뼹: 정신이 아찔해지는 꼴

슬쩍=슬쩍슬쩍: 마음을 쓰거나 정성을 들임이 없이 자꾸 빠르게 (예) 슬쩍슬쩍 해치우다 여살짝 살짝살짝

아득아득: 정신이 흐리멍덩하다

아련히: 아련하게 (예) ① 개짓는 소리가 아련히 들려온다 ② 하늘은 자기 재주에 겨워 잿빛으로 아련히 어두워졌다

아령칙이: 기억이 긴가민가하여 꺼림칙하다 큰어령칙이

아슴프레: 기억에 똑똑히 떠오르지 아니하고 좀 흐리마리하다 (예) 지난날의 행복이 아슴프레 떠오른다

아연히: 뜻밖의 놀라운 일을 당하였거나 기가 막혀서 어리둥절하다

아질아질: 어질증이 나서 자꾸 정신이 좀 어지럽다 큰어질어질
아찔아찔: 정신이 아찔아찔 어지러운 상태
악연히: 몹시 놀라 정신이 아찔하게
암연히: 이별시 서러워 정신이 아득한 상태
어김없이: 어김없게
어련무던히: 별러 흠이 없고 무던하다
어련히: 어련하게
어렴풋이: 어렴풋하게 (예) 어렴풋이 잠이 들었을까 한데 별안간 대문 두드리는 소리에 깜짝 놀라 깨었다
어렵사리: 매우 어렵게
어령칙이: 긴가민가하여 마음에 꺼림칙하다 작아령칙이
어른스레: 어른스럽게
어름어름: 어름어름 망설이는 상태
어리머리: 잠이 드는 둥 마는 둥 하여 정신이 흐릿한 모양
팽: 급자기 정신이 좀 어찔해지는 느낌 큰핑
하리망당: 정신이 아리아리하고 분명하지 아니한 모양 큰흐리멍덩
하리망당히: 정신이 아른아른하고 맑지 못하다 큰흐리멍덩이
하리타분히: 하리고 타분하다 큰흐리터분히
하염없이: 이렇다 할 생각이 없이
허리멍텅히: 기억이 뚜렷하지 않게
허부적허부적: 정신을 못차려 허부적거리는 꼴
허슨히: 무심하거나 소홀하다
허심히: 딴 생각이나 거리낌 없이
혼곤히: 정신이 흐릿하고 고달프다
흐리멍덩히: 정신이 맑지 못하고 흐리다 작하리망당히
희끈희끈: 어질증이 나서 자꾸 어뜩어뜩 하여지다
희끗희끗: 어질증이 몹시 나서 자꾸 어뜩어뜩해지는 꼴

8.45. 정직 부사

곧이: 바로 그대로
곧이곧대로: 아주 꾸밈이나 거짓이 없이 있는 그대로
발리: 바르게
성심껏: 정성스런 마음을 다하여
성심성의껏: 참되고 성실한 마음을 다하여

성의껏: 있는 성의를 다하여
숨김없이: 숨기는 일이 없이. 있는 그대로
양심껏: 양심이 있는 대로 다
올곧이: 옳고 바르게
올바로: 곧고 바르게
옳이: 사리에 밝고 바르게
정말: 거짓이 없이 말 그대로
정명히: 정대하고 공명하게
정성껏: 있는 정성을 하여
정성스레: 온갖 힘을 다하여 참되고
정실히(貞實): 바르고 참되게
정직히(貞直): 곧고 곧게
정직히(正直): 마음이 바르고 곧게
정히: 바르게
진솔히: 진실하고 솔직하게
진실로: 거짓이 없이 참되게
진실히: 거짓이 없고 참되고 바르게
진심스레: 거짓이 없고 참된 마음으로
진정: 정말로
진정코: 거짓 없이 반드시
진정히: 진정
진짜: 거짓이 없이
진짜로: '진짜'의 힘센말
참되이: 진실하고 올바르게
참말: 진짜로
참말로: 진실과 조금도 다름이 없이
참으로: 정말로 아주

8.46. 정확 확실 부사: 여기에는 정확, 적합, 의무 등의 뜻이 포함됨

8.46.1. 정확 부사

가당히: 대체로 사리에 맞게
과시(果是): 말 그대로 틀림없이

과연(果然): 말 그대로 틀림없이
그예: 마침내. 기어이
기어이: 어김없이
기필코: 반드시
꼭=꼭꼭: ① 어김이나 빈틈없이 (예) 그는 정한 날짜에 꼭(꼭꼭) 이자를 가져왔다 ② 기억이 반드시 (예) 이 원수를 꼭꼭 갚고야 말겠다
꼼꼼히: 꼼꼼하게
당연히: 마땅히 그러하게 =틀림없이
드디어: 기다리던 것이 이루어져 마침내
딱딱히: 정확하고 분명하게
마땅히: 어떤 조건에 잘 어울리게 알맞다
마침내: 어떤 경과가 있은 끝에
만유류없이: 빠짐이 없게
박박이: 그리하리라는 짐작이 틀림없이
반드시: 틀림없이 꼭
백일하에: 모두가 다 알 만큼 분명하게
벅벅이: 그러하리라고 미루어 헤아려 보건대 틀림없이 센 빽빽이
세밀히: 자세하고 틀림없이
십상: 거의 틀림없이
어김없이: 어기는 일이 없이. 반드시
얼없이: 조금도 틀림이 없이
영락없이: 조금도 틀리지 않고 꼭 들어맞다
일바로: 곧고 바르게
적실히: 틀림없이 확실하게
적연히: 틀림없이 꼭 그러하게
적절히: 꼭 알맞다
절실히: 적절하여 실제에 꼭 들어맞게
정말로: 그대로 틀림없이
정밀히: 정세하고 치밀하게
정영: 틀림없이 꼭
정영코: '정영'의 힘줌말
정확히(正確): 바르고 확실하다
정확히(精確): 자세하고 확실하게
정히: 틀림없이 바로
투철히: 사리에 밝고 정확히

필시: 짐작하기에 틀림없이
필연: 반드시
필연코: '필연'의 힘줌말
필히: 무슨 일이 있어도 반드시
확실히: 틀림없이 그러하게
확연히: 아주 정확하게
확적히: 틀림없이

8.46.2. 빈틈없음 상태 부사

고스란히: 조금도 축이 나거나 변함이 없고 그대로 온전히
빈틈없이: 비어 있는 사이가 없이
빠짐없이: 하나도 빠뜨리지 아니하고

8.47. 젖는 모습 부사

함초롬히: 담뿍 젖거나 서리어 있는 모양이 차분하다 (예) 함초롬히 이슬을 먹은 뜰에 꽃들은 다투어 핀다

8.48. 제 힘 부사

손수: 남의 손을 빌리지 않고 직접 자기 손으로
스스로: 제 힘으로

8.49. 조건·무조건 부사

건곤대매로: 아무런 근거도 조건도 없이 무턱대고
걸핏하면: 조금이라도 무슨 일이 생기기만 하면 이내
고래도: '고리하여도'의 준말
공칙히: 잘못되는 조건이 공교롭다
그래도: 그렇다고 하여도
그래서: 그렇게 해서
그래야: 그렇게 하여야
그래야만: 그렇게 하여야만

그러거든: '그러하거든'의 준말
그러구러: 우연히 그러하게 되어
그러나: 그렇기는 하여도
그러나저러나: 그러하거나 저러하거나 어쨌든
그러면: 그러하면 준그럼
그러자: 그렇게 하자
그런데: 그리한데 준근데
그런데도: 그러한데도
그렇거든: 그러하거든
그렇잖아도: 그러하지 않아도
그렇지만: '그러하지마는'의 준말
그리고: 그리하고
그리하여도: 그리한 데도 불구하고
단: 다만
단지: 다만
어쨌든: '어찌하였든'의 준말
어차피: 이렇게 하든지 저렇게 하든지 또는 이렇게 되든지 저렇게 되든지
언뜻하면: 무슨 생각이 언뜻 떠오르기만 하면
여하간: 어쨌든
여하튼: 어떻든
여하히: 어떠하게
오히려: 생각하는 바와는 달리 좀. 말하자면 아직도 좀
요래도: 요리하여도
요래야: 요리하여야
요러나조러나: 요리하거나 조리하거나 어쨌든
요러면: 요리하면 큰이러면
이러다(가): 이렇게 하다가
이러면: 이렇게 하면
일단: 우선 한번
차라리: 바람직하지 못한 두 가지의 사물을 견주어 낫고 못한 정도를 가릴 때
툭하면: 걸핏하면 (예) 툭하면 욕을 퍼붓는다
특별히: 특별하게 준특히
하기는: '하기는'의 뜻으로 이미 된 일을 긍정할 때 쓰는 말
하기야: '하기는'의 힘줌말
하긴: '하기는'의 준말

하나: '그러하다'의 준말
하니: '그러하니'가 준말
하다못해: 아무리 나쁘거나 어려운 경우라 하더라도
하마터면: 까딱하면. '조금 잘못하였더라면'의 뜻으로 위태함을 나타내는 말
하물며: '이것도 이러한데 더군다나'의 뜻으로 쓰는 말
하여간: 어쨌든
하여튼: 어떻든
하여튼지: 어떻든지
하지마는: 그러나 또는 그렇지만
하지만: '그렇지마는'의 뜻으로 앞말에 일치하지 아니하거나 반대되는 사실을 이어 주는 말
하황: 하물며
한갓: 단지 그것만으로
한대: '그러한대'가 준말
항차: 하물며
그럼: '그러면'의 준말

8.50. 조는 모습 부사

거슴츠레: 눈에 정기가 풀리거나 졸려 흐리멍덩하게 작가슴츠레
구벅구벅: 몸을 자꾸 숙였다가 드는 꼴 작고박고박 센꾸벅꾸벅=꾸벅
꼬박=꼬박꼬박: 줄거나 절할 때 머리가 몸을 앞으로 가볍게 숙였다 드는 꼴 센꼬빡=꼬빡꼬빡 큰꾸벅 꾸벅꾸벅
꼬박이: '꼬박'의 힘줌말
꾸벅꾸벅: 졸거나 절할 때 머리나 몸을 자꾸 앞으로 가볍게 숙였다 들었다 하다 센꾸뻑꾸뻑 작꼬박꼬박
꾸뻑=꾸뻑꾸뻑: 졸거나 절할 때 머리나 몸을 앞으로 매우 가볍게 숙였다 드는 꼴 여꾸벅 꾸벅꾸벅 작꼬빡 꼬빡꼬빡
소르르: 졸음이 슬그머니 오거나 슬며시 잠드는 꼴
조속조속: 기운 없이 조는 꼴

8.51. 죄송함과 형벌 부사

극중히: 죄나 형벌이 아주 무겁고 크다

죄만스레: 죄만스럽게
죄송스레: 느끼기에 죄송하다
죄송히: 죄송하게: 죄스러울 정도로 황송하다
죄스레: 죄지은 듯하여 마음이 불안하다

8.52. 조금씩 잇달아 하거나 빠져나가는 모습 부사

솔래솔래: 조금씩 조금씩 가만히 빠져나가는 꼴 (예) 일이 솔래솔래 잘 되어갑니다
시나브로: 모르는 사이에 조금씩 어떤 일을 잇달아 하는 모양

8.53. 조르는 모양 부사

초근초근: 남을 깐깐하게 조르는 모양 큰추근추근
초근초근히: 초근초근하게 큰추근추근히
치근치근: 남이 싫어할 정도로 끈질기게 조르거나 괴롭히는 모양 작초근초근
치근치근히: 치근치근하게

8.54. 조심 부사

8.54.1. 조심하는 부사

고이=고이고이: 정성을 다하여 조심하여
조심성스레: 잘못이나 실수가 없도록 언행에 마음을 쓰는 성질이나 태도
조심스레: 잘못이나 실수가 없게 언행에 마음을 쓰는 태도가 있게
조심조심: 잘못이나 실수가 없도록 언행에 매우 마음을 쓰는 모양
조심조심히: 조심조심
조심히: 조심하여

8.54.2. 조심성이 없는 행위 부사

지망지망: 조심성이 없고 소홀하다 (예) 알지도 못하면서 지망지망 덤비지 마라
지망지망히: 지망지망하게 (예) 우리 사위가 일을 어디 지망지망히 하는 사람인가 어련히 생각하고 형제를 맺었을까?

8.55. 조용하거나 소란한 상태 부사

8.55.1. 조용한 상태 부사

가만: 남의 말이나 행동을 조용하게 할 때 쓰는 말 (예) 가만, 조용히 해라
가만가만: 아주 조용하게
가만가만히: 가만가만하게
가만사뿐: 말소리가 나지 않도록 아직 가만히
가만히: 아주 조용하고 은은하게
고지누룩이: 떠들썩하다가 잠잠하다
괴괴히: 이상할 정도로 아주 고요하게
너누룩이: '떠들썩하던 것이 잠시 조용하다
묵묵히: 말없이 잠잠하다
묵연히(默然): 말없이 잠잠하다
조용조용: 아주 조용히
조용조용히: 조용조용하게
조용히: 조용하게

8.55.2. 소란한 상태 부사

들썩들썩: 시끄럽고 부산하게 들썩거리는 꼴 [센]뜰썩뜰썩
소란스레: 소란스럽게
시끄러이: 듣기도 싫고 소리가 크고 떠들썩하게
시끌벅적: 시끄럽게 떠드는 꼴
시끌시끌(히): 주위가 매우 시끄럽게

8.56. 존경·존중 부사

극진: 극진히
극진히: 정성껏
깍듯이: 인사를 차리는 태도가 극진하다
숭엄히: 높고 고상하며 범할 수 없을 정도로 엄숙하게
정성껏: 있는 정성을 다하여
정성스레: 온갖 힘을 다하려는 참되고 성실한 마음이 있게

존경스레: 존경스럽게
존엄히: 인물이나 지위 따위가 감히 범할 수 없을 정도로 높고 엄하게
존중히: 높고 중하게
지극히: 더할 수 없이 극진히
지성껏: 온갖 정성을 다하여
지성스레: 지극히 정성스러운 데가 있게
지중히: 더할 수 없이 귀중하게

8.57. 종류 부사

가지가지로: 온갖 종류로
가지각색: 저마다 여러 가지로
각각: 제 각각. 따로따로
각기: 저마다 각각으로
색색이: 여러 가지로
여러가지로: 여러 종류로
여러모로: 여러 방면이나 부문이 여러 가지로
저마다: 각각의 사람이나 사물마다

8.58. 부드럽고 조용함 부사

고요히: 평화롭고 조용하게
고이=고이고이: 조용하고 편안히
고자누룩이: 한참 떠들썩하다가 조용하게
괴괴히: 쓸쓸한 느낌이 들 정도로 아주 고요하게
자늑자늑: 자늑자늑한 꼴 (예) 조목조목 알기 쉬게 자늑자늑 설명하였다
정일히: 조용하고 몸과 마음이 편안하게
정적히(靜寂): 고요하고 괴리하게
조용조용: 조용조용한 꼴
조용조용히: 조용조용하게

8.59. 좋은 모습 부사와 나누어줌을 뜻하는 부사

괜찮이: 표준보다 별로 나쁘지 아니하다 (예) 괜찮은 솜씨

졸금졸금: 물건을 조금씩 자주 쓰거나 여러 번에 나누어 주는 모양
좋이: 좋게

8.60. 주도면밀함 부사

면밀히: 자세하고 빈틈이 없이
주도면밀히: 주의가 두루 미쳐 자세하고 빈틈이 없이
주도세밀히: 주도면밀히
주도히(周到): 주의가 두루 미쳐서 빈틈없이 찬찬하게
주밀히: 주도면밀히

8.61. 주름의 모습 부사

조글조글: 물체가 쪼그라져 잔주름이 많다 센쪼글쪼글 큰주글주글
쪼글쪼글: 물체가 쪼그라져 잔주름이 매우 많다 여조글조글 큰쭈글쭈글
쪼록=쪼록쪼록: 잔주름이 잡혀 있는 꼴 여조록조록 큰쭈룩쭈룩
쭈굴쭈굴: 쭈굴쭈굴한 꼴 여주굴주굴 작쪼글쪼글
쭈글쭈글: 물체가 쭈그러져 주름이 매우 많다 여주글주글 작쪼글쪼글

8.62. 주먹을 쥐는 모습 부사

볼끈=볼끈볼끈: 주먹을 야무지게 쥐는 꼴 센뽈끈 뽈끈뽈끈 큰불끈 불끈불끈
불끈=불끈불끈: 주먹을 야무자게 꽉 쥐는 꼴 센뿔끈 뿔끈뿔끈 작볼끈 볼끈볼끈

8.63. 주저앉거나 쓰러지는 꼴

탈싹=탈싹탈싹: 작은 몸집이 갑자기 주저앉는 꼴 큰털썩 털썩털썩
털썩=털썩털썩: 큰 몸이 갑자기 주저앉는 꼴 작탈싹 탈싹탈싹
팍삭=팍삭팍삭: 맥없이 가볍게 주저앉는 꼴 큰퍼석 퍼석퍼석
팔싹팔싹: 맥없이 가볍게 한번 내려앉거나 주저앉다 (예) 풀밭에 모두 팔싹팔싹 주저앉았다 큰펄썩펄썩
퍽석=퍽석퍽석: 맥없이 가볍게 주저앉는 꼴 (예) 모래밭에 퍽석 주저앉았다
퍽퍽=힘없이 자꾸 꺼꾸러지거나 쓰러지는 꼴 작팍팍
펄썩=펄썩펄썩: 맥없이 가볍게 내려앉거나 주저앉는 꼴 작팔싹 팔싹팔싹

폭삭: 아주 맥없이 주저앉거나 꺼져 들어가는 꼴 (예) 불이 폭삭 사그라졌다
폭삭폭삭: 자꾸 폭삭 주저앉는 꼴 (예) 학생들은 지쳐서 더 걷지 못하겠다는 듯이 길가에 폭삭폭삭 주저앉았다 큰 푹석푹석
폴싹=폴싹폴싹: 작은 것이 맥없이 마구 주저앉거나 내려앉는 꼴 (예) 풀밭에 두 다리를 펴고 풀싹 주저앉았다 큰 풀썩 풀썩풀썩
풀썩풀썩: 자꾸 맥없이 마구 주저앉거나 내려앉다 (예) 일꾼들은 쉴 참이 되니 일손을 놓고 의자에 풀썩풀썩 주저앉는다
해뜩해뜩: 몸을 뒤로 잦히며 갑자기 자꾸 자빠지다

8.64. 주책없는 행위 부사

가드락가드락: 조금 거만스럽게 잘난 체하며 자꾸 버릇없이 구는 모양
가들랑가들랑: 멋없이 가볍게 행동하는 모양
가들막가들막: 함부로 젠체하며 체신 없이 자꾸 행동하다 센 까들막까들막 큰 거들먹거들먹
가리산지리산: 갈팡질팡
가벼이: 언행이 가볍게
객쩍이: 말이나 행동, 생각이 쓸데없고 싱겁다
갭적이: 좀 가볍다
갭직갭직: 좀 가볍게 행동하는 꼴
거들거들: 젠체하며 경망하게 행동하다 센 꺼들꺼들 작 가들가들
경경히: 언동이 아주 가볍게
경망스레: 말이나 몸가짐이 가볍고 방정맞다 =경망히
경박히: 언행이 신중하지 못하고 가볍게
경선히: ① 경솔하게 앞질러가는 성향이 있게 ② 언행이 가볍고 탐탁하지 않게 =가벼이
경솔히: 행동이 가볍게 =경히
경홀히: 언행이 가볍고 탐탁하지 못하게
귀둥대둥: 말이나 짓을 함부로 아무렇게나 하는 꼴
그리저리: 말이나 행동을 아무렇게나 되는 대로
까닥=까닥까닥: 분수없이 잘난 체하며 경박하게 자주 행동하는 모양 센 까딱 까딱까딱 큰 꺼덕 꺼덕꺼덕
깝신깝신: 체신 없이 매우 가량스레 자꾸 까불다 큰 껍신껍신
깝작깝작: 방정맞고 가량스럽게 자꾸 까불다 큰 껍적껍적
꺼들꺼들: 젠체하며 매우 경솔하게 행동하다 여 거들거들 작 까들까들
꺼들먹꺼들먹: 함부로 젠체하며 매우 치신없이 자꾸 행동하다 여 거들먹거들먹 작 까들

막까들막
꺼뜨럭꺼뜨럭: 거만스레 젠체하며 몹시 치신없이 행동하다
꺼벅꺼벅: 멋쩍게 꺼벅거리다
꺼불꺼불: 매우 걱정스럽게 자꾸 꺼불다 [여]거불거불 [작]까불까불
꺽죽꺽죽: 꺼드럭거리며 자꾸 떠들다
껀둥껀둥: 껀둥그리는 꼴 [여]건둥건둥 [작]깐동깐동
껀둥히: 껀둥하게 [여]건둥히 [작]깐동히
껍죽껍죽: 방정맞게 잇달아 자꾸 까불게 [작]깝죽깝죽
나불나불: 경솔하게 혀를 나불거리는 꼴 너불너불
난잡스레: 행동이 막되고 문란하다
다빡=다빡다빡: 앞뒤를 헤아리지 않고 경솔하게 대뜸 하는 꼴 [큰]더뻑 더뻑더뻑
담빡: 가볍게 행동하는 꼴 [큰]덤뻑
되는대로: 아무렇게나. 함부로
뜸금없이: 엉뚱하게
망솔히(忘率): 앞뒤를 바라보지 못하고 경솔하게
멋대로: 마음에 내키는 대로
모람모람: 분수를 모르고 윗사람에게 함부로 행동함
방정스레: 말하는 것이 몹시 경망스럽게
뿔뚝=뿔둑뿔뚝: 경망스레 성을 자꾸 내다
산망스레: 언행이 경망하고 좀스럽게
서틀구틀: 언행이 침착하거나 단정하지 못하고 어설프고 서툴게 =서털서털
솔이이(率爾): 경솔하다 (예) 잠깐 솔이이 나섰다가 곤피함을 당합니다
시실시실: 실없이 까불며 웃다
야기죽야기죽: 자꾸 밉살스럽게 지껄이며 짓궂게 빈정거리는 꼴
어우렁더우렁: 여러 사람과 어울려서 정신없이 지내는 꼴
오도갑스럽게: 경망스레 덤비는 태도가 있게
올랑촐랑: 올랑거리며 촐랑거리는 꼴 [큰]울렁출렁
자별머리없이: 참을성이 없고 행동이 가볍다 =자별없이
잴잴: 주책없이 가볍게 행동하는 꼴
졸래졸래: 가불거리며 경망스럽게 행동하는 꼴 [센]쫄래쫄래 [큰]줄레줄레
주책없이: 일관된 요령이나 분수가 없이
줄룩줄룩: 거불거리며 경망스레 행동하다 [센]쭐룩쭐룩
지망지망: 조심성 없고 소홀한 꼴
질질: 체신 없이 자꾸 가볍게 행동하는 꼴 [센]찔찔 [작]잴잴
쭐레쭐레: 경망스러운 행동 [여]줄레줄레 [작]쫄래쫄래

쫄룩쫄룩: 가볍게 행동하는 꼴 여줄룩줄룩
천방지방: 못난 사람이 종작없이 덤비는 모양
천방지축: 못난 사람이 종작없이 덤벙이는 꼴
촐랑촐랑: 체신없이 자꾸 까불며 방정맞게 행동하다 큰출렁출렁 센쫄랑쫄랑 여졸랑졸랑
촐싹촐싹: 주책없이 달랑거리며 자꾸 돌아다니다 큰출썩출썩
해망히: 행동이 해리하고 요망스레
호들갑스레: 말이나 하는 짓이 야단스럽고 방정맞다
호락호락: 버틸 힘이 없고 만만하여 다루기 쉽다
홰홰: 가볍고 자꾸 휘두르거나 휘젓는 꼴
홱=홱홱: 갑자기 날쌔게 돌거나 돌리는 행위
흥뚱흥뚱: 어떤 일에 정신을 온전히 쓰지 아니하고 꾀를 부리거나 마음이 들떠 행동하는 모양
희롱해롱: 희롱거리고 해롱거리는 꼴

8.65. 주무르는 행위 부사

조물락조물락: 작은 손으로 자꾸 주무르다 큰주물럭주물럭
주물럭주물럭: 주물럭거리는 꼴 (예) 저고리를 물에 넣어 주물럭주물럭 빨다 작조물락조물락
주섬주섬: 물건을 주어 거두는 꼴

8.66. 쥐거나 안는 행위 부사

담쏙=담쏙담쏙: 자꾸 손으로 탐스럽게 쥐거나 팔로 안는 꼴 큰듬쑥 듬쑥듬쑥
답삭=답삭답삭: 무엇을 냉큼 움켜잡거나 무는 꼴 거탑삭 탑삭탑삭 큰덥석 덥석덥석
듬쑥=듬쑥듬쑥: 손으로 아주 탐스럽게 쥐거나 팔로 아주 탐스럽게 아는 꼴 작담쏙 담쏙담쏙
발록발록: 고사리 같은 손으로 쥐었다 폈다 하는 행위
볼끈=볼끈볼끈: 주먹을 야무지게 쥐는 꼴 센뽈끈 뽈끈뽈끈 큰불끈 불끈불끈
뽈끈=뽈끈뽈끈: 작은 주먹을 몹시 야무지게 쥐는 꼴 여볼근 볼근볼근 큰뿔끈 뿔끈뿔끈
탑삭=탑삭탑삭: 갑자기 냉큼 덮쳐잡거나 쥐거나 하는 꼴 여답삭 답삭답삭 큰텁석 텁석텁석
턱: 갑자기 세게 붙잡거나 짚는 꼴
텁썩=텁썩텁썩: 왈칵 달려들어 닁큼 물거나 움겨잡는 꼴 여덥석 덥석덥석 작탑싹 탑싹탑싹

8.67. 죽어버리는 모습 부사

함연히: 깜빡 죽어 버리는 꼴

8.68. 종이, 비단의 여러 모습 부사

하르르: 종이나 피륙 따위가 얇고 풀기가 없어 매우 보드랍다 (예) 하르르 보드라운 비단 [큰]흐르르

하르르하르르: 종이나 피륙 따위가 아주 여리고 성기며 풀기가 없는 꼴

희치희치: 피륙이나 종이 따위가 군데군데 치이거나 미어진 꼴

8.69. 금이나 줄을 긋는 모습 부사

득=득득: 금이나 줄을 세차게 긋는 꼴 [작]닥 닥닥

죽=죽죽: 줄이나 금을 곧게 내긋는 꼴 [센]쭉 쭉쭉 [작]족 족족

짝=짝짝: 작은 줄이나 획을 긋는 꼴 [여]작 작작 [큰]찍 찍찍

쪽=쪽쪽: 줄이나 금을 세게 긋는 꼴 [큰]쭉 쭉쭉 [여]족 족족

쭉=쭉쭉: 줄이나 금을 세게 긋는 꼴 (예) 붓을 들고 일자를 쭉 긋는다 [여]죽 죽죽 [작]쪽 쪽쪽

찍찍: 줄이나 획을 자꾸 아주 세게 긋거나, 엷고 질긴 물건을 자꾸 아주 세게 찢을 때 나는 소리 또는 그 꼴 [여]직직 [작]짝짝

8.70. 줄거나 늘어나는 모습 부사

와싹=와싹와싹: 거침없이 단번에 좀 많이씩 나아가거나 또는 늘거나 줄어가는 꼴 (예) 독자 와싹(와싹와싹) 늘었다

와짝와짝: 단번에 매우 많이씩 자꾸 늘거나 줄어드는 꼴 =와짝

우썩우썩: 거침없이 매우 많이씩 자주 나아가거나 또는 늘거나 줄어가는 꼴

우쩍=우쩍우쩍: 갑자기 많이 나아가거나 또는 늘거나 줄어드는 꼴 (예) 그 사람들이 사랑마루를 우쩍 올라서며… =우쩍우쩍

8.71. 중도 폐지 부사

건둥반둥: 반둥건둥

반둥건둥: 일을 다 끝내지 못하고 한 둥 만 둥 중도에서 그만 두다 [비]건둥반둥

8.72. 중요 요긴 부사 및 비중요 부사

귀중히: 귀하고 중요하게
긴실히: 긴요하고 절실하게
긴요히: 꼭 필요하고 중요하게
긴찮이: 별로 중요하지 않게
긴한듯이: 매우 필요하고 중요한 듯이
긴히: 꼭 필요화고 중요하게
막중히: 아주 중대하게
소중히: 몹시 귀중하게
요긴히: 긴요히
중요히: 귀중하고 요긴하게
중히: 매우 소중히
진중히: 점잖아서 드레가 있다. 진중하게
헐후히: 대수롭지 아니하다

8.73. 지난 일 부사

기왕에: 이왕에
이왕에: 이미 그렇게 된 바에 (예) 이왕에 싸움을 피할 수 없거든 목숨을 아끼는 일은 사람의 일이 아니오 [비]기왕 기왕에 이왕

8.74. 지능 부사: 영리·무능·둔함의 뜻 부사

8.74.1. 무능 우둔함의 부사

데퉁스레: 둔하고 순박하다
뒤퉁스레: 생각이 투미하여 일 저질이기를 잘하다
매매히: 아는 것이 없어 사리에 어두움
멍청히: 어리석고 정신이 흐릿하여 사물을 똑똑하게
무지스레: 무지스럽다
미욱스레: 됨됨이나 하는 짓이 어리석고 미련하다

분별없이: 올바른 판단을 가질 만한 능력이 없다
분수없이: 무엇을 분별할 만한 슬기가 없다
지각없이: 철없게
철없이: 사리를 분별할 힘이 없다

8.74.2. 영리함의 뜻 부사

간명히: 성질이 곧고 두뇌가 명석하게
걸쌍스레: 일솜씨가 뛰어나거나 먹음새가 좋아서 탐스러운 데가 있게
교교히: 재주와 지혜가 있게
기민히: 날쌔거나 재빠르다
기특히: 생각이나 행동이 뛰어나고 특별하여 귀엽다
돌돌히: 똑똑하고 영리하게 센똘똘히
명민히: 매우 영특하고 민첩하게 총기가 뛰어나고 민첩하게
무쌍히: 서로 견줄 만한 것이 없을 정도로 뛰어나게
소연히: 일이나 이차가 밝고 선명하게
쉽사리: 매우 쉽게
슬기로이: 슬기가 있게
야만스레: 야만스럽게
영걸히(英傑): 영걸하게
영민히(英敏): 영특하고 민첩하게
영악스레: 이해에 밝고 열성이 대단하다
요요히(了了): 눈치가 빠르고 똑똑하게
유별스레: 유별스럽게
잘: 좋고 훌륭하게
재롱스레: 재롱스럽게
재주껏: 있는 재주를 다하여
정숙히(精熟): 정통하고 능숙하게
해박희: 학문이 넓게

8.74.3. 뛰어남의 뜻을 나타내는 지능 부사

월등히: 월등하게

8.75. 지시·지적 부사

고걸로: '고것으로'의 준말
고러하게: 고와 같이
고런대로: '고러한 대로'의 준말
고리: 고곳으로 고쪽으로
고리로: '고리'의 힘줌말
그냥: 아무런 변화 없이 있는 그대로
그냥저냥: 그러저러한 모양으로
그러구러: 우연히 그러하게 되어
그랬다저랬다: 그리하였다가 저리하였다가
그러나: '고렇게 하라'의 준말
그러니저러니: 그러하느니 저러하다느니
그러다: '그렇게 하다'의 준말
그럭저럭: 마음을 두고 뚜렷하게 하는 것 없이
그렇듯(이): '그러하듯(이)'의 준말
그리: 그곳이나 그쪽으로
그리도: '그렇게도'의 준말
그리로: 그곳이나 그쪽으로
그야: '그것이야'의 준말
그역: 그 역시
그역시: 그 또한
그제야: 그때에 비로소
여사여사히: 여사여사하게
여사히: 여사하게
여일히: 여일하게
여차여차히: 여차여차하게
여차히: 여차하게
요냥: 요러한 모양으로 줄곧
요냥조냥: 요러조러한 모양으로 그저 그렇게
요다지: 요러한 정도로까지
요래: '요리하여'가 준말 큰이래
요래고: '요리하고'의 준말 큰이리하고
요래도: '요리하여도'가 준말 큰이래도
요래라조래라: '요리하여라 조리하여라'가 준말 큰이래라저래라

요래서: '요리하여서'가 준말 큰이래서
요래조래: 요리하여 조리하여 큰이래저래
요랬다조랬다: 요리하였다 조리하였다 한결같지 않게 큰이랬다저랬다
요러니까: '요러하니까'의 준말 큰이러니까
요러니조러니: 요러하다느니 조러하다느니 큰이러니저러니
요러다: 요렇게 하다 큰이러다
요러면: '요리하면'의 준말 큰이러면
요러쿵조러쿵: 요러하다는 둥 조러하다는 둥 큰이러쿵저러쿵
요럭조럭: 정한 방법이 없이 요러하게 또는 조러하게
요런: '요러한'의 준말 큰이런
요렁조렁: 요런 모양 조런 모양으로 큰이렁저렁
요렇게: '요러하게'의 준말 큰이렇게
요렇듯이: '요러하듯이'가 준말 큰이렇듯이
요렇지: '요러하지'의 준말 큰이렇지
요리[1]: 요러하게
요리[2]: 다른 곳에서 가까운 요곳으로 또는 조곳으로. 여러하게 큰이리
요리요리: 요리하고 요리하게 큰이리이리
요리조리: 요곳으로 조곳으로
요리쿵조리쿵: 요라하자는 둥 조리하자는 둥 큰이리쿵저리쿵
요만: 요정도로서 또는 요정도까지만
요만큼: 요만한 정도로 =요만치 큰이만큼
요모조모: 요런 면 조런 면 큰이모저모
이래: '이리하여'가 준말 (예) 이래봐도 나는 박사야
이래도: '이리하여도'가 준말
이래라저래라: '이리하여라 저리하여라'가 준말
이래서: '이리하여서'가 준말
이래야: '이리하여야'가 준말
이래저래: '이리하고 저리하여'의 준말
이러고: '이렇게 하고'가 준말
이러고저러고: '이러하고 저러하고'가 준말
이러구러: 우연히 이러하게 되어
이러나: '이러하나'가 준말
이러나저러나: 이러하거나 저러하거나 어쨌든
이러니저러니: 이러하느니 저러하느니
이러다: '이렇게 하다가'의 준말

이러다저러다: '이렇게 하다가 저렇게 하다'의 준말
이러면: '이렇게 하면'의 준말
이러잖아도: '이러지 아니하여도'의 준말
이러쿵저러쿵: 이러하다는 둥 저러하다는 둥
이럭저럭: 정한 바 없이 이러하게 또는 저러하게
이렁성저렁성: 이런 것도 같고 저런 것도 같이 대중없이
이렁저렁: 이런 모양 저런 모양으로
이렇게: '이러하게'의 준말
이렇듯이: '이러하듯이'의 준말 =이렇듯
이리: 이러하게 이곳으로
이리다: '이러다'의 변한말
이리도: ① 이렇게도 (예) 이러도 못하고 저러도 못한다 ② 이다지도 (예) 이리도 어려울 줄이야
이리이리: 이러하고 저러한 모양으로
이리저리: 이쪽으로 저쪽으로
이리쿵저리쿵: 이리하자는 둥 저리하자는 둥 (예) 이리쿵저리쿵 말만 하지 말고
이만: '이만한'의 준말
이만저만: 이만하고 저만한 (예) 일이 이만저만 아니다. 얼른 일을 시작합시다
이모저모: 이러한 면 저러한 면으로
이모조모: 이런 모로 저런 모로
이에: 이리하여 곧
자에: 여기에. 이에
저렇듯: '저러하듯이'의 준말
저렇듯이: 저러하듯이
저리: 저러하게. 저와 같이
제: '저기'의 준말
조기: '저기'의 작은말
조나마: 좋지 않거나 모자라나 그것이나마
조렇듯: '저렇듯이'의 준말
조렇듯이: 조러하듯이
조리: '조리로'의 준말
조리로: 저쪽으로. 저곳으로
졸로: '조리로'의 준말
하기는: '실상은'의 뜻으로. 이미 된 일을 긍정할 때 쓰는 말
하기야: '하기는'의 힘줌말 준하긴

하나: '그러하나'의 준말
하다못해: 애써 바라거나 하려다가 별 도리가 없어
흥이야항이야: 남의 일에 쓸데없이 이래라저래라 하다

8.76. 지속(끝까지) 부사

끝끝내: 끝까지 변화 없이
끝내: 끝까지 내내
종래: 끝까지

8.77. 지식 부사

8.77.1. 지식을 뜻하는 부사

무식스레: 학문이 없어 무식하다
박흡히: 아는 것이 많아 막히는 데가 없이
해박히: 여러 방면으로 학식이 넓게

8.77.2. 무식함의 부사

둔박히: 둔하고 순박하다
무모히: 무식하고 예의범절을 잘 몰라서 말과 행동이 서투르다
무식스레: 무식하거나 미련하고 우악스럽게
무지스레: 아는 것이 없고 무식하게
미련스레: 어리석고 둔한 듯하게
미련히: 터무니없는 고집을 부릴 정도로 어리석고 무식하게
미욱스레: 하는 짓이나 됨됨이가 어리석고 미련하게

8.78. 지위나 위엄에 눌린 모습 부사

위연히: 위엄이 있고 늠름하다
황겁스레: 겁이 나서 얼떨떨한 데가 있어
황겁히: 겁이 나서 얼떨떨하게
황공히: 위엄이나 지위 따위에 눌리어 두렵게

8.79. 지저분함의 뜻 부사

게저분히: 게접스럽고 지저분하다 [센]께저분히
게적지근히: 게적지근하게 [센]께적지근히
게접스레: 게접스럽게
지저분히: 지저분하게 즉 보기 싫게 더럽다

8.80. 직·간접 부사

바로: 제 손으로 직접 (예) 네가 바로 이 일을 처리하여라
손수: 제 손으로 직접 (예) 손수 가꾼 꽃
스스로: 제 힘으로
자진: 스스로
직접: 중간에 아무것도 끼지 아니하고 직접 (예) 내가 그를 직접 만났다

8.81. 진실·정성 부사

8.81.1. 정성 부사

간간히(懇懇): 겨우 간절하게
간간히(侃侃): 마음가짐이나 행실이 꼿꼿하고 굳세게
간곡히: 간절하고 곡진하게
간독히: 간절하고 독실하게
궁극스레: 궁극스럽게
궁극히: 더할 나위 없이 간절하게
극진히: 정성이 더할 나위 없이
성심껏: 정성스러운 마음을 다하여
성심성의껏: 참되고 성실한 마음을 다하여
성의껏: 있는 성의를 다하여
온후히: 온화하고 인정이 두텁게
정성껏: 있는 정성을 다하여
정성스레: 정성스럽게. 정성이 있게
정심히: 인정이 매우 두텁게

8.81.2. 진실 부사

과시: 정말로
과연: 정말로
그야말로: 말한 바와 같이 참으로
숫제: 순박하고 진실하다
아닌게아니라: 앞에 말한 사실이 확실함을 알게 될 때 '과연' 또는 '정말로'의 뜻으로 쓰는 말
절실히: 실정에 꼭 들어맞게
정말: 말한 바에 어긋나지 않고
정말로: 그대로 틀림없이
정실히(貞實): 마음이 곧고 바르게
정실히(正實): 참되고 올바르게
정직히: 정직하게 즉 바르고 곧게
정히: 진정으로 꼭
진소위: 참말로
진시(眞是): 참으로
진실로: 거짓이 없고 참되게
진실히: 진실하게
진적히: 참되고 틀림없다
진정: 거짓이 없이 참으로
진정코: 어김없이 꼭
진정히: 진정. 진정하게
진중히: 무게가 있고 점잖게
진짜: 거짓이 없이. 참으로
진짜로: 꾸밈이나 거짓이 없이
짜장: 과연 참말로
착히: 착하게
참되이: 참되게. 진실하고 올바르게
참땋게: '참다랗게'의 준말
참따랗게: 딴 생각을 아니가지고 아주 참되게 준참땋게
참말로: 말 그대로 참으로
참으로: 정말로 아주 (예) 참으로 반갑다
천진스레: 세파에 젖지 아니한 자연 그대로의 참됨
핍진히(逼眞): 거짓이 없다

8.82. 진행 부사

차즘=차즘차즘: 급하지 아니하게 차차 앞으로 나아가는 모양
차차: 어떤 사물의 상태가 시간의 흐름에 따라 일정한 방향으로 조금씩 진행하는 모양
차차로: 차차
차차차차: '차차'를 반복한 말
차츰차츰=차츰: 점차 조금씩 조금씩 진행하는 꼴 (예) 그의 소개로 차츰차츰 많은 사람을 알게 되었다
착착: 일이 조리 있게 잘 되어 가는 꼴 (예) 일이 계획대로 착착 진행되고 있다

8.83. 진 상태 부사

노그름히: 약간 노글노글하며 묽게
잘착잘착: 잘착거리는 꼴 (예) 땅이 잘착잘착 질다
지적지적: 지적지적한 꼴 거지척지척 작자작자작
지질지질: 물기가 많아 조금 질다
지척지척: 물기가 있어 몹시 지직하다 (예) 지척지척 진 땅 여지적지적
진드근히: 진드근하게 작잔드근히
진득이: 진득하게
진득진득: 진득진득한 꼴 (예) 진흙이 진득진득 붙는다
질꺽질꺽: 질꺽질꺽한 느낌 (예) 비가 온 뒤라 골목길이 질꺽질꺽 진창이 되었다 거질컥질컥
질벅질벅: 질벅질벅한 꼴 (예) 오랫동안 내린 비는 마당을 질벅질벅 곤죽이 되게 만들었다 거질퍽질퍽 작잘박잘박
질짜닥질짜닥: 진흙이나 반죽 따위가 물기가 조금 많아 몹시 차지게 진 느낌 큰질쩌덕질쩌덕 준질짝질짝
질쩍질쩍: '질쩌덕질쩌덕'의 준말
질착이: 묽은 진흙 따위가 차지게 질게
질척질척: 진흙이나 반죽 따위가 물기가 매우 많아 몹시 차지고 진 느낌
질카닥질카닥: 진흙이나 반죽 따위가 물기가 꽤 많아 매우 진 느낌 준질칵질칵 큰질커덕질커덕
질커덕이: '잘카닥이'의 큰말
질컥이: '질커덕이'의 준말
질컥질컥: '질커덕질커덕'의 준말
짠득짠득: ① 짠득짠득한 꼴 (예) 짠득짠득 진기 있는 엿 여잔득잔득 큰찐득찐득 ② 짠득거리는 꼴

짤깃짤깃: 꽤 아주 질긴 듯하다 [여]잘깃잘깃
찌득찌득: 찌득찌득한 꼴 (예) 물건이 잘 배어지거나 쪼개지지 아니할 정도로 매우 검질기다 [작]짜득짜득
찐득찐득: 찐득찐득한 꼴 (예) 풀이 찐득찐득 붙는다 [여]진득진득 [작]짠득짠득
찔쩍찔쩍: 찔쩍찔쩍한 느낌 (예) 진흙탕이 된 눈길이어서 찔쩍찔쩍 발이 빠진다
차닥차닥: 물기가 많거나 차진 물건을 가볍게 자꾸 두드리다 [큰]처덕처덕
찰떡같이: 달라붙어서 떨어지지 않을 만큼 끈지다
처덕처덕: 물기가 많거나 차진 물건을 가볍게 자꾸 두드리는 꼴 [작]차닥차닥
척척히: 축축하고 차갑게 (예) 비에 젖은 옷이 몸에 척척 달라붙었다
축축이: 축축하게 [작]촉촉이

8.84. 진흙의 모습 부사

잘박잘박: 물기가 있는 흙이나 반죽이 좀 끈기 있게 자꾸 잘 이겨지다 [거]잘팍잘팍 [큰]질벅질벅
잘칵잘칵: 묽은 반죽이나 진흙 따위에 물기가 많아 자꾸 잘칵잘칵한 느낌이 들다 [큰]질컥질컥
잘파닥잘파닥: 반죽이나 진흙 따위가 물기가 많아 자꾸 잘팍하여지다 [큰]질퍼덕질퍼덕
잘팍잘팍: 잘팍거리는 꼴 (예) 논바닥이 곤죽처럼 잘팍잘팍 질다 [여]잘박잘박 [큰]질퍽질퍽
잘판히: 진흙이나 반죽 따위가 아주 보드랍고 질다 [큰]질펀히

8.85. 질이 낮음을 뜻하는 부사

저열히: 질이 낮고 변변하지 못하다

8.86. 질서·무질서 부사

8.86.1. 질서 부사

가지런히: 여럿이 들쭉날쭉하지 않고 고르게
간동히: 흐트러짐이 없이 정돈되어 짤막하고 단출하다 [큰]건둥이 [센]깐동히
깐동히: 흐트러짐이 없이 잘 정돈되어 단출하게 [큰]껀둥히 [여]간동히
나란히: 줄지어 가지런히
똑바로: 아주 바르게

바로: 똑바로
반듯반듯: 바른 모양 [센]반뜻반뜻
반듯이: 반듯하게 [센]반뜻이
정연히: 질서 있게. 가지런히
정일히(定一): 일정하게
정일히(精一): 조금도 잡된 것이 섞이지 않고 순수하게
정정제제히(整整齊齊): 잘 정돈되어 아주 가지런히
정정히(井井): 질서나 조리가 정연히
정제히(整齊): 정돈되어 가지런히
정히(精): 거칠지 않고 매우 곱고 매끈하게

8.86.2. 무질서·혼잡 상태 부사

갈가리: 본래의 모습을 알아볼 수 없을 만큼 여러 가닥으로 [본]가리가리
갈피없이: 어림을 분간할 수 없게 조리 없이
거덜거덜: 살림이나 어떤 일이 거덜 나려고 위태한 모양 =거들
건둥히: 흐트러짐이 없이 정돈되어 헌칠하게 =건동히 [작]간동히 [센]껀둥히
건성드뭇이: 드문드문 흩어져 있어
검불듬불: 서로 엉클어지고 뒤섞여 갈피를 잡을 수 없이 어수선하게
경성드뭇이: 많은 수효가 듬성듬성 흩어져 있어
나다분히: 자질구레한 물건들이 갈피를 잡을 수 없이 어지럽게 널려 있는 모양 [큰]너더분히
난잡스레: 보기에 어수선하게 =난잡히
무잡히: 사물이 뒤섞여 어지럽고 어수선하게
문란히: 규범이 어지럽게
분분히: 떠들썩하고 뒤숭숭하게
분잡히: 많은 사람이 북적거려 시끄럽고 어수선하게
어지러이: 마구 널려 있거나 뒤섞여 어수선하게
엉기성기: 여기저기가 성긴 모양
엉기정기: 질서 없이 여기저기 벌여놓은 모양
엉성스레: 꽉 차지 않고 엉성하게 =엉성히 [작]앙상히
에부수수: 정돈되지 아니하여 어수선하고 엉성한 모양 [거]에푸수수 [비]부수수 푸수수
에푸수수: 정돈되지 아니하여 몹시 어수선하고 엉성하다 [여]에부수수 [비]부수수
옥시글옥시글: 여럿이 한데 모여 몹시 들끓는 모양 [준]옥실옥실
옥신옥신: 몹시 수선스럽게 들끓는 모양 [큰]욱신욱신

요요히: 뒤숭숭하고 어수선하게
유착없이: 일이나 글에서 차례와 조리가 없이
일없이: 하는 일이 없이
조잘조잘: 작은 끄나풀 같은 것이 어지럽게 달려 있다 큰주절주절
조잡스레: 조잡스럽게
착잡히: 갈피를 잡을 수 없이 뒤섞여 어수선하게
혼잡스레: 혼잡스럽게

8.87. 짐을 밀고 가는 행위 부사

미적미적: 무거운 것을 자꾸 조금씩 앞으로 밀다

8.88. 짐작 부사

박박이: 그러하리라는 짐작이 틀림없이 센빡빡이 큰벅벅이
벅벅이: 미루어 헤아리기에 틀림없이 센뻑뻑이 작박박이
빽빽이: 앞으로의 어떤 일이 꼭 틀림없이

8.89. 집들이나 사물이 몰려 있는 모습 부사

올막졸막: 잠은 덩어리들이 고르지 않게 많이 벌여 있는 모양 큰울먹줄먹
올망졸망: 작고 또렷한 여러 귀여운 것들이 고르지 않게 많이 벌여 있는 모양 큰울멍줄멍
올목졸목: 자잘하고 도드라진 것들이 고르지 않고 빽빽하게 벌여 있는 모양 큰울묵줄묵
올몽졸몽: 귀엽게 생긴 크고 작은 덩어리들이 고르지 않고 빽빽하여 벌여 있는 모양 큰울뭉줄뭉
울묵줄묵: 울묵줄묵한 꼴 즉 큼직큼직하고 두드러진 것들이 고르지 않고 배다
울뭉줄뭉: 울뭉줄뭉한 꼴 (예) 크고 작은 집들이 울뭉줄뭉 촘촘히 들어섰다 작올몽졸몽

8.90. 짜임새 부사

아근아근: 짜임새가 꼭 맞지 않고 약간 벌어져 흔들리는 모양
앙상히: 꽉 짜이지 않아서 어울리지 않게 큰엉성히
어설피: 짜임새가 없고 허술하게
엉성히: 꽉 짜이지 아니하고 허술하게

에밀무지로: 물건을 단단하게 묶지 아니한 채
존존히: 피륙이 짜임이 곱고 올이 고르다

8.91. 날카롭거나 쪼뼛한 상태 부사

날카로이: 끝이 뾰족하거나 날이 서 있게
발쪽=발쪽발쪽: 끝이 뾰족이 약간 내민 꼴 [센]빨쪽 빨쪽빨쪽 [큰]벌쭉 벌쭉벌쭉
발쪽이: 발쪽하게 [센]빨쪽이 [큰]벌쭉이
빼주름히: 물체의 끝이 빼주룩한 듯하다 [큰]삐주름히
빼쭉=빼쭉빼쭉: 물체의 끝이 뾰족하게 쑥 내밀리는 꼴 [여]배죽 배죽배죽 [큰]삐쭉 삐쭉삐쭉
빼쭉이: 빼쭉하게 [여]비죽이 [큰]삐쭉이
뾰조록이: 뾰족한 끝이 조금 내밀려 있다 [큰]쀼주룩이
뾰족: 끝이 날카로운 모양 =뾰족뾰족 뾰족뾰족이 =뾰족이
뾰족하니: 뾰족한 데가 있게
뾰주름히: 생김새가 조금 뾰족한 듯하게 [큰]쀼주름히
뾰쪽=뾰쪽뾰쪽: 물체의 끝이 몹시 날카롭고 빨다 [여]뾰족 뾰족뾰족 [큰]쀼쭉 쀼쭉쀼쭉
뾰쪽이: 뾰쪽하게 [여]뾰족이 [큰]쀼쭉이
쀼주름이: 쀼죽한 끝이 조금 내밀려 있다 [작]뾰조록이
쀼죽쀼죽=쀼죽: 쀼죽한 꼴 [작]뾰쪽 뾰쪽뾰쪽
쀼죽이: 쀼죽하게 [작]뾰죽이
쀼쭉이: 쀼쭉하게 [여]쀼죽이 [작]뾰쪽이
삐주름히: 솟아나온 물건의 끝이 뿌주룩이 내밀어 있다 [작]빼주름히
삐죽삐죽: 물체의 끝이 쀼죽하게 한번 내밀리다
삐쭉=삐쭉삐쭉: 물체의 끝이 쀼죽하게 쑥 내밀리는 꼴 [여]비죽 비죽비죽 [작]빼쭉 빼쭉빼쭉
야긋야긋: 톱날같이 어슷비슷하다
조뼛이: 조뼛하게 [센]쪼뼛이 [큰]주뼛이
쪼뼛이: ① 물건의 끝이 뾰족하게 빼쭉빼쭉 솟아나다 ② 두렵거나 놀라거나 하여 머리카락이 좀 꼿꼿이 일어서는 듯한 느낌이 자꾸 나다 [여]조뼛이 [큰]쭈뼛이
쪼뼛쪼뼛: 쪼뼛거리는 꼴 [여]조뼛조뼛 [큰]쭈뼛쭈뼛
쭈뼛이: 쭈뼛하게 [여]주뼛이 [작]쪼뼛이
쭈뼛쭈뼛: 쭈뼛쭈뼛 솟는 꼴 [여]주뼛주뼛 [작]쪼뼛쪼뼛

8.92. 쫑긋한 모습 부사

종긋이: 귀나 입술 따위를 가볍게 또는 약간 종긋하다 [센]쫑긋

쫑긋=쫑긋쫑긋: 입술이나 귀 따위를 쫑그리는 꼴 (예) 개들은 귀를 쫑긋쫑긋 세우고 눈을 도룩거린다
쭝긋이: 쭝긋하게 (예) 이따금 두 귀를 쭝긋이 기울인다 작쫑긋이
쭝긋=쭝긋쭝긋: 입술이나 귀 따위를 쭝그리는 꼴 (예) 제법 쭝긋 물소리를 듣고 섰던 노루란 놈 작쫑긋 쫑긋쫑긋

8.93. 찍거나 찌르거나 박는 뜻의 부사

꼭=꼭꼭: 작게 또는 야무지게 찌르거나 박거나 찍는 꼴 큰꾹 꾹꾹
발기발기: 여러 조각으로 마구 찢어발기는 꼴
발발: 몹시 삭은 종이나 헝겊이 건드리기가 무섭게 찢어지는 꼴
짝짝: 자꾸 세게 짜개지거나 틈이 벌어지는 꼴 큰쩍쩍
쪽=쪽쪽: 작은 것이 단번에 갈라지거나 하는 꼴
쭉=쭉쭉: 종이나 천 따위를 한 가닥으로 몹시 훑거나 찢거나 하는 꼴 (예) 쭉 째진 눈 여죽 죽죽 작쪽 쪽쪽
콕콕: 작게 또는 야무지게 찌르거나 박거나 찍는 꼴 또는 새 따위가 모이를 찍는 꼴 (예) 침으로 아픈 곳을 콕콕 찌른다. 병실에 들어서니 약냄새가 코를 콕콕 찌른다 (예) 닭이 모이를 콕콕 쪼다
콱=콱콱: 세게 박거나 찌르거나 부딪치는 꼴
쿡=쿡쿡: 크게 또는 깊이 찌르거나 박거나 찍는 꼴 (예) 길수는 두 주먹을 호주머니에 쿡 찌르고 서 있다 (예) 심술궂게 아이들의 머리를 쿡쿡 쥐어박는다
폭: 작거나 가는 물체로 세게 찌르거나 쑤시는 꼴 큰푹

8.95. 찔끔거리는 모습 부사

질금: 오줌이나 눈물을 질금거리는 꼴
질금질금: 오줌을 질금질금 누는 모습
찔끔=찔끔찔끔: 눈물이 찔끔 솟는 모양 작짤끔 짤끔짤끔 여질금 질금질금

9. ㅊ부의 부사

9.1. 차례 부사

그담: '그 다음'의 준말
누누이: 여러 차례 자꾸
두서없이: 일의 차례나 갈피가 없이
무쩍무쩍: 한쪽에서부터 차례로 모두 남김없이
번갈아: 하나씩 또는 한 번씩 차례로 바꾸어
번번이: 매번 다
새삼: '새삼스럽게'의 준말
새삼스레: 새삼스럽게
선두: 무엇보다 먼저
앞서: 이보다 먼저
앞서서: 정한 시간보다 먼저
연차: 여러 차례를 계속하여
이따: '이따가'의 준말. 조금 지난 뒤에
이따금: 조금 있다가 또 조금 있다가
잼처: 되짚어
점차: 차례를 따라 점점
점차로: '점차'의 힘줌말
종차: 다음에. 이 다음에
차근차근: 말이나 행동이 조리 있고. 찬찬하고 서두르지 않는 꼴
차근차근히: 차근차근하게
차근히: 차근하게
차례차례: 차례를 따라서 순서 있게
차차: 어떤 상태나 정도 따위가 계속하여 한 방향으로 조금씩 달라지는 꼴
차차로: '차차'의 힘줌말
찬찬히: 동작이나 태도가 급하지 않고 느릿하게
첫대: 첫째로
첫대바기: 맨 처음으로
첫째: 차례의 맨 처음
첫째로: '첫째'의 힘줌말
축차: 차례차례로
한두차례: 한두 번

한차례: '한번'의 뜻

9.2. 차림새 부사

가든가든: 물건이나 차림새 따위가 다루거나 움직이기에 매우 가볍고 간편하게 큰거든거든 센가뜬가뜬 =가든히 큰거든히 센가뜬히
가뜬가뜬히: 더 가뜬하게
가뜬히: 가뜬하게
거룩히: 성스럽고 훌륭하게
깔끔스레: 깔밋하고 매끈하게
깔끔히: 모양이나 생김새가 매끈하고 깔밋하게
단정히(端整): 깔끔하고 가지런히
단정히: 옷차림새나 몸가짐이 얌전하고 깔끔하게
단중히: 단정하고 정중하게
멋스레: 멋이 있는 듯이
미끈히: 차림새나 꾸밈새가 환하고 깨끗하게
성스레: 거룩하고 고결한 듯하게
정결스레: 순수하고 깨끗하며 단아한 느낌이 들게
정숙히(整肅): 몸가짐이나 차림새가 바르고 엄숙하게
정숙히(靜淑): 여자의 성품과 몸가짐이 조용하고 얌전하고
표표히: 사람의 생김새나 풍채, 옷차림 따위가 눈에 띄게 두드러지게

9.3. 차분하거나 차이가 뚜렷한 모습 부사

왕창: 차이가 엄청나게 엉뚱하다
왕창스레: 왕창스럽게 (예) 왕창스레 엉뚱한 짓을 곧잘 한다
왕청스레: 차이가 엄청나게
차차분히: 잘고도 차분하게

9.4. 첨가 부사

더 이상: 더 많이
더구나: 그 위에 또
더군다나: 이미 있는 사실에 더하여

더더구나: '더구나'를 한층 강조하여 이르는 말
더더군다나: '더군다나'를 강조한 말
더더욱: 한층 더
더욱: ① 정도나 수준 따위가 한층 심하거나 높게 ② 오히려 더하게
더욱더: 아주 더 많이
더욱더욱: 갈수록 더욱
더욱이: 그러한데다가 더
더욱이나: 가뜩이나 그러한데다가 또
우창: 하물며
하물며: 그 위에 더군다나

9.5. 참견하는 행위 부사

답작답작: 무슨 일에나 자꾸 참견하기를 잘 한다 큰덥적덥적
덥적덥적: 무슨 일에나 걸핏하면 자꾸 참견하기를 잘 하다

9.6. 창피한 부사와 마구 처리하는 뜻의 부사

괴란쩍이: 창피스러워 얼굴이 뜨거울 정도로 어색하다
휘뚜루: 무엇에나 닥치는 대로 쓰일 만하게
휘뚜루마뚜루: 이것저것 가리지 않고 닥치는 대로 마구 해치우는 꼴

9.7. 처진 꼴 모습 부사

촉: 작은 물건이 아래로 늘어지거나 처진 꼴 큰축
축: 길게 아래로 늘어지거나 처진 모양 작촉
축축: 길게 아래로 자꾸 처지거나 늘어지는 꼴 (예) 수양버들 가지가 축축 늘어져 있다

9.8. 천체(天体) 모습

교결히(皎潔): 달빛이 밝고도 맑다 (예) 교결히 빛나는 달빛
교교히(皎皎): 달이 썩 맑고 밝게 (예) 교교히 밝은 달밤
뉘엿뉘엿: 뉘엿거리는 꼴 (예) 해가 뉘엿뉘엿 지다
뉘엿이: 해가 산이나 지평선 너머로 지려고 조금씩 넘어가다 (예) 어느덧 해가 뉘엿이

기울었다
송송히: 밝고 맑은 별들이 배게 떠 있다 큰숭숭히
어슬어슬: 해가 지거나 날이 밝으려 할 무렵 둘레가 어스레하다 (예) 해가 어슬어슬 서산 너머로 기울 무렵→으슬으슬
위그르르: 천둥이 아주 가까운 곳에서 야단스레 치는 꼴 작와그르르
위르르: 천둥이 아주 가까이에서 야단스레 울리는 소리 또는 모습 작와르르

9.9. 철저 부사와 첨가 부사

철저히: 속속들이
첨첨: 잇달아 보태는 꼴
포갬포갬: 거듭 포개거나 포개지어 있는 꼴
한결: 전에 비하여 한층 더
한층: 한 단계 더
한층더: 한 단계 더
한층한층: 한 층씩 한 층씩 점점 더

9.10. 청결 부사

9.10.1. 청결함을 뜻하는 부사

거머멀숙이: 조금 희미하고 지저분함이 없이 맑고 깨끗이
건정히: 정결하게
깔깔히: 마음이 맑고 바르고 깨끗하다
깔끔스레: 보기에 깨끗하고 아담하다
깔끔히: ① 깨끗하고 아담하다 ② 깨끗하게
깨끔스레: 깨끔스럽게
깨끔히: 깨끗하고 아담하다
깨끗이: 깨끗하게
끌끌히: 끌끌하게
끌끔히: 생김새 따위가 끝밋하고 미끈하다
끼끗이: 깨끗하고 걸차다
말그스름히: 말그스름하게 큰멀그스름히
말긋말긋: 맑고 환한 모양

말끔히: 지저분하지 않고 깨끗하게
말쑥이: 지저분함이 없이 깨끗하다
명쾌히: 밝고 말끔하다
무구히: 때 묻지 않고 맑고 깨끗하게
정결스레: 순수하고 깨끗하게
정결히(貞潔): 굳고 깨끗하게
정결히(淨潔): 깨끗하고 말끔하게
정결히(精潔): 순수하고 깨끗하게
청결히: 청결하게
청솔히: 맑고 깨끗한 아름다움을 지니고 있어
칠칠히: 주접이 들지 않고 깨끗하고 단정하게
희끗희끗: 군데군데 좀 희고 깨끗하게

9.10.2. 더러움의 뜻을 나타내는 부사

게저분히: 너절하고 지저분하게
게적지근히: 조금 너절하고 지저분하게
게접스레: 약간 지저분하고 더럽게
고리타분히: 하는 짓이나 생각하는 것이 고리삭고 시원한 맛이 없이 따분하게
고리탑탑히: 매우 고리타분하게
구리구리: 냄새가 몹시 구린 상태
구리터분히: '고리타분히'보다 큰말 준구터분히
구저분히: 더럽고 지저분하게
구접스레: 몹시 지저분하고 더럽게
구접지근히: 좀 더럽고 지저분하게
구접지레히: 꽤 지저분하고 더럽게 =귀접지근히
구질구질: 어떤 상태나 하는 짓들이 더럽고 구저분한 모양
귀접스레: 비위에 거슬리거나 지저분하게
귀중중히: 매우 더럽고 지저분하게
깨끔찮이: 깨끗하지 아니하게
께적지근히: 조금 너절하고 지저분하게 여게적지근히
누추히: 누추하게
더럽게: 불쾌할 만큼 더럽게
지저분스레: 보기에 지저분한 듯하게
지저분히: 보기 싫은 정도로 더럽게

추잡스레: 언행이 지저분하고 잡스러운 데가 있게
추잡히: 언행이 지저분하고 잡스럽게
추저분히: 더럽고 지저분하게
추접스레: 더럽고 지저분한 데가 있게
추접지근히: 깨끗하지 못하고 너저분한 듯하게
추접히: 추저분히

9.11. 청렴·결백 부사

염검히(廉儉): 청렴하고 결백하다
염결히(廉潔): 청렴하고 결백하게
염정히(廉正): 청렴하고 공정하게
염평히(廉平): 청렴하고 공평하게

9.12. 체신 없는 행위 부사와 쳐드는 모습 부사

가드락가드락: 거만하게 젠체하며 체신 없이 행동하다 [센]까드락까드락 [큰]거드럭거드럭
가들가들: 젠체하며 경망스레 행동하다
가들막가들막: 함부로 젠체하며 체신 없이 자꾸 행동하다
으쓱=으쓱으쓱: 갑자기 어깨를 번쩍 쳐들어 자꾸 들먹이는 꼴 (예) 그 말에 내 어깨는 으쓱(으쓱으쓱) 올라갔습니다

9.13. 초목이나 털 따위의 모습 부사

다보록다보록: 풀 나무 따위가 탐스럽게 소복하다 [큰]더부룩더부룩
다보록이: 다보록하게 (예) 모판에 모가 다보록이 자랐다 [큰]더부룩이
더부룩더부룩: 더부룩더부룩한 꼴 (예) 덩굴들이 더부룩더부룩 무성하다 [작]다보룩다보룩
더부룩이: 더부룩하게 [작]다보록이
살살[1] : 꽃이 천천히 조용히 피는 모습 [작]슬슬
살살[2] : 식물이 천천히 살아나는 모습 [작]슬슬
싱싱: 식물 따위가 생기가 있는 모양
싱싱히: 생기가 왕성하게 [작]생생히 [센]씽씽히
청청히: 싱싱하고 푸르게
초롱초롱: 생기가 있고 또렷하게

탑소록이: 수풀이나 털 따위가 매우 더부룩하다
터부룩이: 수풀이나 털 따위가 매우 더부룩하다
텁수룩이: 텁수룩하게 (예) 수염이 텁수룩이 덮인 얼굴
파릇이: 조금 파란 듯하게 =파릇파릇
팔팔: 식물이 싱싱하게 살아나는 모습
팔팔스레: 보기에 팔팔한 듯이
팔팔히: 활발하고 생기 있게

9.14. 초조한 상태와 촘촘한 상태 부사

조릿조릿: 조바심이 나서 마음을 놓지 못하고 초조한 모양
조마조마: 염려가 되어 초조하고 불안한 모양
촘촘히: 틈이나 구멍이 썩 배다

9.15. 추잡스러운 모습 부사

천착스레: 행동이 상스럽고 더러운 데가 있게
추잡스레: 거칠고 막힌 태도가 있게 추저분하고 잡상스러운 태도가 있다
추접스레: 추접스럽게

9.16. 추측 부사

소불하: 적게 잡아도 (예) 모두 합하면 소불하 한 섬은 되리라
아마: 추측컨대 (예) 지금쯤은 아마 거기에 도착하였을 것이다
작히: '작히나'의 준말
작히나: '어제 조그만큼만' '오죽이나' '여북이나' 따위의 뜻으로 추측이나 희망을 나타내는 말. 주로 혼자 느끼는 말이나 묻는 말에 쓰인다 (예) 작히나 화가 나겠소? 준작히
하불하: 적게 잡아도

9.17. 출입 부사와 축남이 없는 부사

깔축없이: 조금도 축남이 없이
들락날락: 자꾸 들어왔다 나갔다 하다
들랑날랑: 잇달아 들어왔다 나갔다 하는 꼴
들쑥날쑥: 들어가기도 하고 나가기도 하여 가지런하지 아니하다

9.18. 춤을 추거나 흥겨워하는 모습 부사

다당실: 팔이나 다리를 가볍게 움직이며 춤을 추는 모습 큰더덩실
더덩실=더덩실더덩실: 더덩실 춤을 추는 모습 작다당실 다당실다당실
덩실=덩실덩실: 춤을 추거나 할 때 신이 나서 팔과 다리를 너울거리다 작당실 당실당실
덩싯덩싯: 아기가 누운 채 귀엽게 팔다리를 놀리는 꼴 작당싯당싯
두둥실: 두둥실 춤을 추는 모습 작도둥실
둥기둥기: 다리나 팔을 흥겹게 놀리면서 춤을 추는 모습
얼싸절싸: 흥이 나서 뛰노는 모양
우줄우줄: 춤을 추는 모습 센우쭐우쭐
일쭉일쭉: 일쭉거리는 꼴 (예) 허리를 일쭉일쭉 움직이며 춤을 춘다 작얄쭉얄쭉
질탕스레: 신이 나서 지나치도록 흥겹게 놀아나는 모습 =진탕히
하늘짝=하늘짝하늘짝: 산버들이 하늘짝하늘짝 흔들리는 모습 큰흐늘쩍흐늘쩍
하늘하늘: 수양버들이 하늘하늘 춤을 추는 모습
하늘하늘히: 하늘하늘
흥감스레: 지나치게 늘려 떠벌리는 태도가 있게
흥겨이: 흥겹게
흥그러이: 흥이 나서 흥글흥글하는 멋이 있어
흥글흥글: 들떠서 건들거리고 빙글거리며 멋없이 행동하는 모양
흥김에: 흥이 난 김에
흥덕흥덕: 흥겹게 이리저리 흔들거리는 모양
흥미로이: 흥미롭게
흥미진진: 넘쳐흐를 정도로 흥미가 매우 좋게
흥성흥성: 사람들이 활기차게 떠들며 흥겨운 분위기를 이루는 모양
흥얼흥얼: 흥에 겨워 입 속으로 노래를 부르는 모양
흥청망청: 흥청거리며 마음껏 즐기는 모양
흥청흥청: 흥에 겨워서 마음껏 거드럭거리는 모양
흥흥: 흥겨워서 계속 콧노래를 부르는 모양

9.19. 춥거나 더울 때 행위 부사

달달: 춥거나 무서울 때 턱이나 몸을 떠는 꼴 큰덜덜
덜덜: 온몸을 몹시 떠는 꼴 작달달
동동: 추워서 발을 구르는 모양
발발: 춥거나 무섭거나 하여 가늘게 자꾸 떠는 꼴 큰벌벌

벌벌: 춥거나 무섭거나 하여 자꾸 떨다 [작]발발
보르르: 몸을 움츠리면서 가볍게 발발 떠는 꼴 [거]포르르 [큰]부르르
뻘뻘: 몸에서 땀을 심하게 흘리는 꼴
뿌르르: 몸을 움츠리면서 갑자기 세게 떠는 꼴 [여]부르르
아르르: 몸이 약간 아스스 떨리는 모양 (예) 밖에 나가니 아르르 떨린다 [큰]으르르
오들오들: 춥거나 무서워서 몸이 심하게 달달 떨리다 [큰]우들우들 (예) 이 애가 추워서 오들오들 떨고 있다
오삭오삭: 몸이 자꾸 움츠려지도록 추워지거나 소름이 끼치다 [센]오싹오싹
팔팔: 물이 몹시 끓는 꼴 [큰]펄펄
호호: 추워서 입김을 손에 부는 꼴 [큰]후후

9.20. 충만 부사

가득가득: 여러 곳이 모두 가득 차게
가득가득히: 여러 군데가 다 가득가득하게
가득히: 가득하게
가뜩: 아주 꽉 차게
가뜩가뜩: 여러 군데가 가뜩하게
가뜩가뜩이: 분량이나 수량이 어떤 범위나 한도에 여럿이 가뜩가뜩하게
꼴딱=꼴딱꼴딱: 어느 한도에 넘칠 정도로 꽉 찬 꼴
꽉=꽉꽉: 가득히 들어차거나 막힌 꼴 (예) 밥이 목에까지 꽉 찼다

9.21. 충분함 부사

빈틈없이: 허술하거나 부족한 점이 없이
실히: 실하게 (예) 실히 백근은 되었다
십분: 아주 충분히
충분히: 모자람이 없이 넉넉하게
충족히: 넉넉하여 모자람이 없이

9.22. 충직 부사와 충실 부사

묵묵히: 주위에 관심이 없이 한 가지 일에만 말없이 충실하게
충순히(忠純): 충직하고 순실하게
충순히(忠順): 충직하고 양순히

충실히: 충직하고 성실하게
충직히: 충성스럽고 정직하다

9.23. 치켜 올리는 뜻의 부사와 치는 뜻의 부사

초싹초싹: 입거나 업거나 지거나 한 것을 가볍게 치켜 올리거나 흔들다 (예) 업은 아이를 초싹초싹 치켜 올린다. 이 일을 맡아보라고 초싹초싹 부추겼다

탕탕: 주먹으로 마루나 땅을 치는 꼴 (예) 주먹으로 마루를 탕탕 치며 울부짖는다 [센]땅땅 [큰]텅텅

9.24. 침이나 눈물 콧물 따위를 흘리는 모습 부사

게게: 침이나 콧물 따위를 보기 싫게 흘리는 꼴
잴잴: 눈물이나 콧물이 자꾸 조금씩 흐르는 꼴 [센]쨀쨀 [큰]질질
질질: 눈물이나 콧물이 자꾸 흐르는 꼴 (예) 눈물을 질질 흘린다 [센]찔찔 [작]잴잴

9.25. 침을 뱉는 모습 부사

탁: 침을 세게 뱉는 꼴 (예) 침을 탁 뱉다 [큰]턱
탁탁: 잇달아 침을 세게 뱉는 꼴 (예) 영감은 침을 탁탁 뱉는다 [큰]턱턱
턱=턱턱: 침을 매우 세게 뱉는 꼴 (예) 침을 턱 뱉는다 [작]탁 탁탁

9.26. 칭찬 부사와 친절 부사

가상히: 칭찬하여 아름답게
존조리: 타이르듯이 조리 있고 친절하게

9.27. 출중 부사

일약: 별안간 뛰어 오르는 꼴 (예) 일개 사비의 천한 태생으로 일약 임금의 스승이 되었다
출중히: 여러 사람 가운데서 특별히 두드러지게 (예) 학업 성적이 출중히 좋다

10. ㅋ부의 부사

ㅋ부의 부사 수는 아주 적어서 앞에서 다루었던 것도 여기서 거듭 다루었으니 오해 없기를 바란다.

10.1. 물이 가득 찬 꼴 부사

카랑카랑: ① 물 따위가 너무 많이 담기거나 괴어 가장자리까지 넘칠 듯한 꼴 ② 건더기는 적고 국물이 너무 많아 걸맞지 아니한 꼴 ③ 물 따위를 많이 마셔 뱃속이 매우 근근한 느낌

크렁크렁: ①물 따위가 몹시 많이 담기거나 괴서 가장자리까지 넘칠 듯 넘칠 듯한 꼴 ②③은 '카랑카랑'과 같음

10.2. 빈 뜻의 부사

쿠렁쿠렁: 자루나 봉지 따위에 물건이 가득 차지 아니하여 여기저기 빈 데가 있다

10.3. 슬퍼하는 모습 부사

콜콜히: 매우 슬퍼하는 꼴

10.4. 찌르거나 부딪치는 모습 부사

콱: ① 세게 박거나 찌르거나 부딪치는 꼴 ② 아주 단단히 박거나 막히는 꼴 ③함부로 쏟거나 엎지르는 꼴

10.5. 켜의 모습 부사

켜켜이: 여러 켜마다

10.6. 쾌활 부사

불쾌히: 불쾌하게

상쾌히: 상쾌하게
유절쾌절히(愉節快節): 더없이 유쾌하게
유쾌히: 즐겁고 상쾌하게
쾌쾌히: 기분이 무척 즐겁게
쾌히: 유쾌히
흔쾌히: 흐뭇하고 기쁜 마음으로
흔흔히(欣欣): 매우 기쁘고 만족스레

10.7. 큼직함의 뜻 부사

큼직이: 큼직하게

10.8. 키의 여러 모습 부사

홀쭉이: 훌쭉하게 [작]홀쭉이
홀쭉홀쭉: 훌쭉훌쭉한 꼴 (예) 키가 훌쭉훌쭉 큰 선수들 [작]홀쭉홀쭉

11. ㅌ부의 부사

11.1. 탁 트이는 모습 부사

탁: 막혔던 것이 한편 트이는 꼴 큰턱 (예) 가슴이 탁 트이는 기분을 느끼다
턱: ① 숨 따위가 몹시 막히는 꼴 ② 든든한 물건이 갑자기 부딪치거나 터지는 꼴

11.2. 탈의 부사

훌떡훌떡: 속의 것이 다 드러나게 벗어지거나 뒤집히는 꼴 =훌떡훌떡 작홀딱 홀딱홀딱
훌러덩=훌러덩훌러덩: 속의 것이 시원스럽게 드러나도록 헐겁게 벗어지거나 벗거나 뒤집히는 꼴 작홀라당 홀라당홀라당
훌렁=훌렁훌렁: 속의 것이 다 드러나도록 헐겁게 쑥 벗어지거나 벗거나 뒤집히는 꼴 작홀랑 홀랑홀랑
훨떡=훨떡훨떡: 남김없이 벗겨나 벗어진 꼴 작활딱 활딱활딱

11.3. 탐스럽거나 탐내는 모습 부사

걸쌍스레: 일솜씨가 뛰어나거나 먹음새가 좋아서 보기에 탐스럽다
게걸게걸: 게걸들린 것처럼 자꾸 먹으려고 탐내다
게걸스레: 게걸스럽게
난만히: 탐스럽거나 한창 성한 모습
탐스레: 탐스럽게
탐욕스레; 보기에 탐욕이 있다
탐탁스레: 모양이나 태도 또는 어떤 일이 마음에 들어맞다
탐탁히: 탐탁하게 (예) 탐탁히 여기다
탐탐히: 썩 마음에 들어 즐겁고 좋다

11.4. 태도 부사

11.4.1. 거만·교만·교활 태도 부사

가살스레: 교활하고 밉살스러운 태도가 있다
간교히: 간사하고 교활하게 =간교스레

거만스레: 거만스럽다 =거만히
거오스레: 거만하고 오만하다
거드름스레: 거드름을 피우는 태도가 있게
경만히: 교만한 마음으로 남을 하찮게 여기는 태도
경망스레: 경망스럽게
경망히: 경망하게
교만스레: 잘난 체하며 뽐내고 건방진 듯하게 =교만히
교오히: 교만하고 건방지게
깜작깜작: 방정맞게 자꾸 까불거나 잘난체하는 모양 =깜직 큰껌적 끔적 센깜짝깜짝
꺽죽꺽죽: 혼자 잘난 듯이 자꾸 떠드는 모양
낯두꺼이: 뻔뻔스럽고 염치가 없게
내풀로: 내 마음대로
넉살스레: 부끄러움을 타지 않고 비위 좋게
능청스레: 속마음을 감추고 태연하게
도도히: 잘난 체하여 주제넘고 거만한 태도
두넘스레: 되지 못하게 건방지다
매실매실: 얄미울 정도로 되바라지고 반드럽다
무엄스레: 삼가거나 어려워함이 없이 =무엄히
방자스레: 어려워하거나 조심하는 태도가 없이 무례하고 건방지게 =방자히
빤빤스레: 부끄러운 짓을 하고도 얌치없이 태연하게 큰뻔뻔스레
빤빤히: 빤빤하게 큰뻔뻔히
뻔뻔스레: 보기에 뻔뻔한 데가 있다 작빤빤스레
아기똥아기똥: 거만한 태도
오똘오똘: 방정맞게 자꾸 까불다
오만스레: 잘난 체하며 방자한 태도가 있게
오망스레: 태도가 괴상하고 요망스러운 데가 있는 듯이
오연히: 태도가 거만하게
유들유들; 부끄러운 줄 모르고 뻔뻔하다
유체스레: 잘난 체하고 점잖은 체하여 온화한 맛이 없다
주정스레: 음식 따위에 욕심을 부리는 태도가 있게
태깔스레: 교만한 태도가 있게

11.4.2. 과감·용맹 태도 부사

강력히: 힘이나 영향이 강하게

강렬히: 강하고 세차게
경건히: 굳세고 튼튼하게
과감스레: 과감하게
과감히: 과단성이 있고 용감하게
늠름히: 생김생김이나 태도가 씩씩하고 의젓한 모습
담대히: 담이 커서 겁이 없이
대담스레: 담이 크고 용감하게
대담히: 대담하게
대범히: 보기에 대범한 태도가 있다
맹렬히: 기세가 몹시 사납고 세차게
맹세코: 다짐한 대로 꼭. 결단코
용감스레: 용기가 있고 씩씩하고 기운차게
용감히: 용기가 있고 씩씩하게
용맹스레: 용감하고 사나운 데가 있게
의연히: 굳세어 끄떡없게 비의연
정예로이: 썩 날래고 용맹스러운 데가 있게
철석같이: 의지가 매우 굳고 단단하게

11.4.3. 과묵하거나 떠드는 뜻의 부사

과묵히: 말수가 적고 침착하다
묵중히: 말이 적고 몸가짐이 무겁다
호들갑스레: 지나치게 풍을 떨며 떠드는 태도가 있다

11.4.4. 공손하거나 얌전한 태도 부사

경건히: 공경하는 마음으로 깊이 삼가는 태도가 있다
곰상스레: 공손하고 온순하게
공검히: 공손하고 검소하다
다소곳이: 고개를 조금 숙이고 많이 없다
삼가: 겸손하거나 정중한 태도로
얌전스레: 얌전스럽게 (예) 얌전스레 생긴 아가씨
얌전히: 얌전하게 (예) 얌전히 앉아 있다
정정히(貞靜): 행실이 곧고 조용하게
착=착착: 몸가짐이나 태도가 얌전하고 태연한 모습 큰척 척척

11.4.5. 까부는 태도 부사

맨망스레: 요망스럽게 까불어 진득하지 아니하게
맨망히: 맨망하게

11.4.6. 꼬치꼬치 묻는 태도 부사

고주알미주알: 아주 꼼꼼히 캐어묻는 태도
꼬치꼬치: 낱낱이 따지고 자세히 캐어묻는 꼴
미주알고주알: 아주 하찮은 일까지 속속들이 알아내려고 하는 태도
미투리곳두리: 아주 세세한 일까지 꼬치꼬치 캐어묻는 태도 =고주알미주알
속속들이: 온통 샅샅이
시시콜콜히: 시시하고 자질구레한 것까지 따지는 일을 낱낱이
식시콜콜: 자질구레한 것까지 낱낱이 따지거나 다루는 태도
옴니암니: 자질구레한 일에 대해서까지 셈하거나 따지는 모양
지지콜콜: 미주알고주알

11.4.7. 놀라는 태도 부사

깜짝=깜짝깜짝: 갑작스레 놀라는 꼴 큰끔쩍 끔쩍끔쩍
끔쩍=끔쩍끔쩍: 갑작스레 놀라는 꼴 작깜짝 깜짝깜짝
악연히: 깜짝 놀라 아찔하다
하롱하롱: 하는 짓이 다부지지 아니하고 몸을 자꾸 달뜨게 놀라다

11.4.8. 능글맞은 태도 부사

느물느물: 능글맞은 태도로 자꾸 끈덕지게 굴다
빤죽빤죽: 반주그레하게 생긴 사람이 매우 야죽야죽 하면서 느물거리다 여반죽반죽 큰뻔죽뻔죽
야지랑스레: 얄밉도록 능청맞으면서도 천연스럽다
이지렁스레: 능청맞고 천연덕스럽게 작야지랑스레

11.4.9. 데면데면한 뜻의 태도 부사

범연히(泛然): 차근차근한 맘이 없이 데면데면하게

어름어름: 말이나 행동, 일 따위를 똑똑하게 하지 않고 건성건성으로 하는 꼴 작아름아름

11.4.10. 몸가짐 태도 부사

곰상곰상: 성질이나 몸가짐이 상냥하고 부드럽다
곰상스레: 곰상스럽게
응연(凝然): 단정하고 진중하다
의연히(毅然): 굳세어 끄떡없게
의젓이: 점잖고 무게가 있다
정숙히(靜淑): 몸가짐이 조용하고 얌전하게
정숙히(整肅): 몸가짐이나 차림새가 바르고 엄숙하게
정숙히(貞淑): 여자로서 몸가짐이 조촐하고 마음씨가 맑고 곱게
정일히(精一): 정세하고 순일하게
정일히: 고요하고 정신이 편안하게
정정히(貞靜): 행실이 곧고 조용하게
정제히(整齊): 정제하게

11.4.11. 무례한 태도 부사

발라당: 팔다리를 발린 채 맥없이 뒤로 가볍게 들어 눕는 모양 큰벌러덩 준발랑
버릇없이: 버릇이 없게
본데없이: 보고 배운 것이 없이
볼강스레: 어른 앞에서 삼가는 태도가 없이
불연: 성을 불끈 내는 태도
불연히: 불연하게
새무룩이: 못마땅하여 말없이 뾰로통하게 큰시무룩이 센쌔무룩이
수다스레: 말이 많고 수선스럽게
스스럼없이: 조심스러워하거나 수줍어하는 기색이 없이
안절부절: 울면서 야단스럽게
야기죽야기죽: 자꾸 밉살스럽게 재깔이며 짓궂게 빈정거리는 모양 큰이기죽이기죽 준야죽야죽 약죽약죽
유체스레: 말하는 짓이 별나서 온화한 맛이 없이
퉁명하게: 말이나 얼굴에 못마땅하거나 시답지 않아 불쑥 나타내는 무뚝뚝한 기색이 있다
포탈스레: 포탈을 부리는 태도가 있다

11.4.12. 무리·강행하는 세찬 태도 부사

구침스레: 무엇을 억지로 하려고 애쓰는 듯하게
구태: '구태어'의 준말
구태어: '일부러' '짐짓' '짓궂이' 따위의 뜻. 보통 부정하는 말과 어울려 쓰이거나 반문하는 문장에 쓰인다 (예) 구태어 값비싼 물건이 아니라도 좋다
꿋꿋이: 세차고 굽힐 수 없이 단단하다
들이: 들입다
들입다: 세차게 또는 자꾸 세차게
바득바득: 끈덕지게 억지를 쓰며 자꾸 우기거나 억지를 쓰는 모양
억지로: 무리한 정도로 (예) 억지로 끌고 오다. 억지로 대담하다
억지스레: 억지스럽게 [작]악지스레
억척같이: 모질고 끈덕지어 어떤 힘든 일이나 어려움에도 굴하지 않고 억세게 일을 해 나가는 짓
억척스레: 억척스럽게 (예) 보람 있는 역사의 과제를 등에 질 사람을 우리는 억척스레 길러야 한다
억패듯: 사정없이 강박하는 꼴. 있는 힘을 다하여 억지로
언감히: 어찌 감히 (예) 언감히 그런 말을 하겠느냐?

11.4.13. 변덕·불평, 비웃는 태도 부사

도섭스레: 능청맞게 변덕을 부리는 태도가 있다
뒤변덕스레: 몹시 야단스럽고 변덕스럽다
비아냥스레: 보기에 얄밉게 비웃으며 놀리는 데가 있다
엉두덜엉두덜: 원망이나 불만이 있어 남이 알아듣기 어려울 정도의 낮은 목소리로 자꾸 불평하는 태도
피: 비웃는 태도로 입술을 삐쭉이 내밀며 입김을 내뿜는 꼴

11.4.14. 비굴한 태도 부사

비굴스레: 용기나 줏대가 없이 남에게 굽히는 태도가 있게
비굴히: 비굴하게
비아양스레: 얄밉게 빈정거리며 놀듯이

11.4.15. 빠른 태도 부사와 사치 부사

닁큰: 머뭇거리지 않고 단번에 빨리
닁큼닁큼: 머뭇거리지 않고 자꾸 빨리
사치스레: 돈을 낭비하거나 분수에 지나친 생활을 하는 태도

11.4.16. 순종하는 태도 부사

고분고분: 말이나 하는 짓이 공손하고 부드럽다
고분고분히: 고분고분하게
꼬박꼬박: 시키는 대로 매우 곧잘 순종하는 꼴 [여]꼬박꼬박 [큰]꾸벅꾸벅
꾸벅꾸복: 시키는 대로 그리 순종하는 꼴 [센]꾸뻑꾸뻑 [작]꼬박꼬박
꾸뻑꾸뻑: 시키는 대로 매우 순종하는 꼴 [여]꾸벅꾸벅 [작]꼬빡꼬빡
나긋나긋: 말을 잘 듣는 태도
나긋나긋이: 나긋나긋하게
나긋이: 나긋하게

11.4.17. 식탐 부사

게걸게걸: 게걸들린 것처럼 자꾸 먹으려고 탐내다
게걸스레: 욕심껏 음식을 먹어대는 꼴이 던적스럽다
조잡스레: 음식에 대하여 다랍게 욕심을 부리는 태도가 있다

11.4.18. 믿음, 불신 태도 부사

미심스레: 미심스럽게
믿음직스레: 믿음직스럽게

11.4.19. 무성의 태도 부사

멋대로: 아무렇게나 하고 싶은 대로
멋없이: 멋이 없게
새퉁스레: 어처구니없을 만큼 새삼스럽게
생청스레: 시치미를 떼고 비각이 나게 말하는 태도를 보이는 것처럼
심드렁히: 단심이 없거나 탐탁하지 않아 서두르고 싶지 않아

심심히: 일이나 재미를 붙일 데가 없어 시간을 보내기가 지루하고 따분하게
아옹다옹: 좁은 소견으로 자기 뜻에 맞지 아니한다고 투덜거리는 모양
야밀스레: 자기 생각만 하고 남의 사정을 아랑곳하지 않는 태도가 있게
야지랑스레: 얄밉도록 능청맞고 천연스럽게 큰이지렁스레
어귀어귀: 욕심 사납게 음식을 물어 씹는 모양 작아귀아귀
어리광스레: 어리광을 피우는 태도가 있게
언구럭스레: 언구럭을 부리듯이 보이다
엄벙덤벙: 영문도 모르고 주견 없이 함부로 덤벙거리는 모습
엄살스레: 일부러 꾸미어 나타내는 것 같이
엉거주춤: 앉은 것도 아니고 선 것도 아닌 어정쩡한 자세로 주춤거리는 모양 =엉거주춤히
엉뚱스레: 말이나 행동이 분수에 맞지 않고 지나치게 =엉뚱히
염치없이: 염치없게
오복조르듯: 몹시 심하게 조르는 모양
울며불며: 울면서 야단스럽게
울며울며: 아주 세게 울면서
원망스럽게: 원망스럽게
위연히: 한숨을 쉬는 모양이 서글프게 위엄이 있고 늠름하게
으쓱: 어깨를 한번 쳐들거나 내리는 모양
이악스레: 자기 이익에만 정신이 있게
지지콜콜이=시시콜콜이: 시시하고 자질구레한 것까지 따지는 꼴
토심스레: 남이 좋지 않을 태도에 대하여 불쾌하고 아니꼬운 느낌이 들게

11.4.20. 쌀쌀한 태도 부사

매매히: 창피를 줄 정도로 거절하는 태도가 쌀쌀맞게
푸접없이: 남에게 대하여 포용성, 붙임성 또는 엉너리가 없고 쌀쌀한 태도
행행연히: 성이 나서 그 자리를 떠나는 태도가 쌀쌀하다

11.4.21. 얄미운 여러 가지 태도 부사

맹랑스레: 생각하던 바와는 달리 허망한 데가 있어
맹랑히: 맹랑하게
면구스레: 남을 대하기가 부끄러운 데가 있어
방만히: 맺고 끊는 데가 없이 풀어져 있어
얄밉살스레: 보기에 얄미운 태도가 있게

연연히: 집착하여 미련을 갖게

11.4.22. 어리광 태도 부사

아양스레: 아양을 부리는 듯하게
어리광스레: 어리광을 부리는 태도가 있다

11.4.23. 엄한 태도

엄엄히(嚴嚴): 매우 엄하게
엄정히(嚴正): 엄정하게 (예) 한번 작정한 규칙을 엄정히 지켜야 한다
엄중히(嚴重): 엄중하게. 몹시 엄하게
엄혹히(嚴酷): 엄하고 혹독하다

11.4.24. 엉뚱한 태도 부사

뜬금없이: 갑작스럽고 엉뚱하게
엉뚱스레: 엉뚱한 듯하게

11.4.25. 온순한 태도 부사

다소곳이: 말없이 고개를 소곳이 하고 온순한 태도가 있다
온순히(溫順): 고분고분하고 양순하게
온순히(溫純): 온순하고 숫되게

11.4.26. 요망(妖忘)스런 태도 부사

요망스레: 요망스럽게
요사스레: 요사하게 보이다

11.4.27. 은근하거나 꾀우는 태도 부사

가연히: 슬그머니

강임히: 마지못하여
고의로: 어떤 목적을 위하여 의도적으로
깝작: 눈을 감았다 또는 모양 =깝작깝작 큰껍적 껍적껍적
꾀움꾀움: 달콤한 말로 꾀우는 모양 준꾐꾐
넌지시: 드러나지 않게 가만히
매나니로: 아무 생각 없이
몽짜스레: 음흉하고 심술궂은 태도가 있게
무심코: 자기도 모르는 사이에 =무심히
사부지기: 힘들이지 않고 살짝 큰시부지기
얼렁뚱땅: 남이 모르는 사이에 슬쩍 넘겨버리는 모양 =얼렁뗑 작알랑뚱땅
엄밀히: 매우 비밀스럽게
으밀아밀: 남이 모르게 소근소근 이야기하는 모양
은근슬쩍: 표 나지 않게 슬그머니
은근히: 알게 모르게 (예) 이 글은 첫머리에서 독자를 은근히 유인하고 있다
은밀히: 드러나지 아니하게 (예) 오른손이 하는 일을 왼손이 모르게 하여 그 구제를 은밀히 하라
은연중: 남이 모르는 가운데 (예) 은연중 그는 떠나고 말았다

11.4.28. 음탕한 태도 부사

무음히: 거짓되고 음탕하게
음탕스레: 음란하고 방탕한 꼴

11.4.29. 일을 미루거나 게으른 태도 부사

문치적문치적: ① 일을 단행하지 못하고 느리게 자꾸 끌어가기만 하다 ② 자꾸 느리게 망설이거나 주저하다
미루적미루적: 일을 자꾸 미루어 시간을 질질 끌어가다
배슥배슥: 어떠한 일에 대하여 탐탁히 여기지 아니하고 잇따라 조금 동떨어져 행동하는 꼴 큰베슥베슥
배슥이: 배슥하게 큰비슥이
배슬배슬: 무슨 일에 살그머니 살살 배돌다 큰베슬베슬
알밋알밋: ① 일이나 기한 따위를 아름아름 뒤로 미루는 꼴 큰얼밋얼밋 ② 자기 허물이나 책임을 아름아름 넘기려 하는 꼴 큰얼밋얼밋

오늘내일: 자꾸만 미루는 꼴 (예) 오늘내일 미루고만 있다
질질: 질질 끄는 꼴 센찔찔
차월피월: 이달 저달 미루는 꼴
차일피일: 이날 저날 하고 기한을 자꾸 미루는 꼴

11.4.30. 잘난 체하는 태도 부사

유체스레: 잘난 체하고 점잖은 체하여 온화한 맛이 없다
으쓱: 갑자기 어깨를 번쩍 쳐들어 들먹이는 꼴
으쓱으쓱: 으쓱거리는 꼴
제왈(曰): 제랍시고 장담으로

11.4.31. 정성, 성실, 태도 부사

간간히: 행실이 깨끗하고 굳세게
간곡히: 태도나 자세가 간절하고 정성스럽게
간독히: 정성스럽고 돈독하게
건숙히: 건하고 엄숙히
건실히: 태도가 건전하고 착실하게
검소히: 꾸밈이 없이 수수하게
겸연히: 쑥스럽거나 미안하여 어색한 느낌이 들게 =겸연스레
경건히: 공경하는 태도가 있다
고분고분: 언동이 공손하고 부드럽게 =고분고분히
공근히: 공손하고 부지런하다. 공손하고 조심성 있게
과겸히: 지나치게 겸손하게
과공히: 지나치게 공손하게
과묵히: 말이 적고 침착하게
깍듯이: 예의범절을 갖추는 태도가 분명하게
깜찍스레: 태도나 행동이 영악한 데가 있어 =깜짝이
꼼꼼히: 빈틈없이 차분하고 조심스럽게
꼿꼿이: 자세가 곧게 큰꿋꿋이
나볏이: 됨됨이나 태도가 반듯하고 어엿하게
냉철히: 생각이나 판단이 감정에 치우치지 않고 참착하며 사리에 밝게
늠름히: 생김새나 태도가 의젓하고 당당하게
단중히: 단단하고 정중하게

담담히: 마음에 욕심이나 거리낌 없이 차분하고 평온하게
담대히: 대담하게
당당히: 떳떳한 모습이나 태도로
대범히: 성격이나 태도가 사소한 것에 얽매이지 않고 너그럽게 =대범스레
똑바로: 아주 바르게
뜸직이: 언행이 보기보다는 꽤 무게가 있게 작땀직이
묵중히: 말이 적도 몸가짐이 신중하게
바로: 어기지 않고 곧게. 자세가 바르게
반드시: 어기지 않고 비틀림없이
반듯이: 자세가 바르게 큰번듯이 센반뜻이
방정히: 언행이 바르고 점잖게
삼가: 겸손하고 조심성 있는 마음으로
성실히: 게으르지 않고 정성스럽고 참되게
성심히: 정성스러운 마음을 다하여
야젓이: 점잖고 무게가 있게 큰의젓이
얌전스레: 온순하고 단정하게 =얌전히
어엿이: 다난하고 떳떳하게
엄격히: 태도가 매우 엄하고 철저하게
엄숙히: 장엄하고 정숙하게
엄연히: 언행이 의젓하고 점잖게
엄정히: 엄격하고 바르게
엄중히: 몹시 엄하게
엄히: 언행이 철저하고 바르게
열렬히: 대단히 맹렬하다
온건히: 생각이나 행동이 사리에 맞고 건실하게
올바로: 곧고 바르게
원만히: 원만하게
위엄스레: 점잖고 엄숙한 데가 있게
유숭히: 대우하는 태도가 정중하고
유심히: 주의 깊게
유연히: 부드럽고 연하게. 침착하고 여유 있게
융융히: 화목하고 평화스럽게
으등부등: 무엇을 이루려고 몹시 애를 쓰며 으드등거리다
응연히: 태도나 행동거지가 단정하고 듬직하게 =응연
의연: 의지가 굳세고 끄떡없다 =의연히

의젓이: 의젓하게
자늑자늑: 진득하고 부드럽고 조용히
점잖이: 언행이 묵중하고 야하지 아니하게. 품위 있고 의젓하게
정숙히(精熟): 사물에 정통하고 능숙하게
정숙히(靜淑): 여자의 몸가짐이 조용하고 얌전하게
정숙히(貞淑): 여자로서 인행이 곱고 맑게
정숙히(情熟): 정겹고 친숙하게
정숙히(靜肅): 조용하고 엄숙히
정연히: 행실이 곧고 바르게
정중히: 말하는 태도가 법도에 맞고 점잖게
존조리: 잘 타이르듯이 조리 있고 찬찬하게
주근주근: 성질이나 태도가 은근하고 끈덕진 모양 거추근추근
차근차근: 언행이 조리 있고 찬찬하게 =차근차근히 차근히
착: 몸가짐이나 태도가 얌전하고 태연한 모양 =착착 큰척 척척
척척: 몸가짐이나 태도가 얌전하고 태연한 모양
태연스레: 태도나 기세가 아무렇지도 않은 듯이
태평스레: 아무 근심 걱정이 없는 듯이 =태연히
팽연히: 태연히
확고히: 태도나 상황 따위가 확실하고 굳게

11.4.33. 정신적, 중단적, 느린 태도 부사

멋없이: 격에 어울리지 않게
멍멍히: 얼빠진 듯이 어리둥절하게
멍칫: 하던 일이나 행동을 감자기 멈추는 모양 =멈칫멈칫
무쩍지근히: 일하는 태도가 지루할 정도로 느리게
미욱스레: 하는 짓이나 됨됨이가 매우 어리석고 미련하게 작매욱스레

11.4.34. 정중한 태도 부사

단중히: 단정하고 정중하게
점잖이: 진중히
정중히: 예의를 갖추어 점잖고 엄숙히
진중히(鎭重): 무게가 있고 점잖게
진중히(珍重): 진귀하고 소중하게

11.4.34. 좋은 모습의 태도 부사

간간히(衎衎): 마음가짐과 행실이 깨끗하다
거리낌없이: 마음에 걸리어 꺼리하거나 구애됨이 없이 비기탄없이
걸쌍스레: 남에게 지지 않으려고 억척스럽게
결연히: 마음가짐이나 행동에 있어 태도가 움직일 수 없을 만큼 확고하여
고분고분: 시키는 대로 순수히 잘 듣는 모양
골돌히: 한 가지 일에만 정신을 써서 딴생각이 없이
나볏이: 매우 떳떳하고 의젓하게
날렵히: 빠르고 날쌔게
냉큼: 머뭇거리지 않고 가볍게 빨리 =냉큼냉큼 큰닁큼 닁큼닁큼
늠름히: 생김새나 태도가 의젓하고 당당하게
다소곳이: 성질이나 태도가 얌전하고 온순하게
맹랑스레: 만만히 볼 수 없을 만큼 똘똘하고 깜찍하게
민첩히: 재빠르고 날쌔게
민활히: 날쌔고 활발하게
선뜻: 가볍고 시원스럽도록 빨리 =선뜻선뜻 작산뜻 산뜻산뜻
솔깃: 마음이 쏠리어 그랬으면 싶게
신중: 꼼꼼하고 조심스럽게
야젓이: 점잖고 무게가 좀 있게
유창히: 거침없이 미끈하게
응연히: 단정하고 듬직하게
재롱스레: 재롱스럽게
점잖이: 점잖게
찬찬히: 꼼꼼하고 자세하게
척척: 몸가짐이나 태도가 모두 아주 태연스러운 모양
효성스레: 마음을 다하여 부모를 섬기는 태도가 있게

11.4.35. 망설이는 태도 부사

망설망설: 생각만 하고 뜻을 정하지 못하여 머뭇거리는 꼴 비주저주저
머무적머무적: 선뜻 행동하거나 실행하지 못하고 굼뜨게 자꾸 망설이다
머뭇머뭇: 머뭇거리는 꼴
머슬머슬: 사귐이 탐탁스럽지 않아 어색하다
뭉그적뭉그적: 나아가지 못하고 제자리에서 굼뜨게 비비대다

서성서성: 어떤 일을 결단하지 못하거나 불안하여 한곳에 있지 못하고 왔다갔다하는 모양

서슴서슴: 말이나 행동이 결정되지 않아 자꾸 망설이다

서슴없이: 서슴없게

쑥스러이: 쑥스럽게

쑥스레: 멋쩍고 어색하게

아름아름: 아리숭아리숭한 말이나 짓으로 우물쭈물하다 (예) 아름아름 눈속임하여 넘기려 했다

아름작아름작: 아리숭아리숭한 말이나 짓으로 몹시 우물쭈물하다 (예) 자기의 소견을 말하지 못하고 아름작아름작 망설이다가…

앙가조촘: ① 선 것도 아니고 앉은 것도 아닌 자세로 조촘거리는 꼴 ② 이러지도 못하고 저러지도 못하고 머뭇거리는 꼴 큰엉거주춤

어름어름: 어리숭한 말이나 짓으로 우물쭈물하는 꼴 (예) 선뜻 대답하지 못하고 어름어름 망설이다

어름적어름적: 말을 못하고 어물적 어물적 어물거리다

어물어물: 어물거리는 꼴 (예) 좀 거북한 것처럼 어물어물 망설이었다 작아물아물

어물쩍=어물쩍어물쩍: 말이나 행동을 살짝 어물거려 넘기는 꼴 (예) 무슨 일에나 어물쩍 어물쩍 넘기는 사람이 아니다

엉거주춤히: 엉거주춤하게 (예) 겁에 질려 엉거주춤 서 있다

오물쪼물: 말이나 행동을 좀 흐리멍덩하게 하거나 오물오물 망설이는 꼴

우물우물: 말이나 행동을 분명히 하지 않고 꾸물거리는 꼴 작오물오물

우물쩍주물쩍: 말이나 짓을 몹시 우물쭈물하는 꼴 (예) 처음에서 실마리가 잡히지 아니하여 우물쩍주물쩍 망설이었다

우물쭈물: 말이나 행동을 흐리멍덩하게 하거나 우물쭈물 망설이는 꼴 (예) 무엇을 가지고 우물쭈물 망설이느냐? 작오물쪼물

우왕좌왕: 일정한 방향을 잡지 못하고 주춤거리는 모양 =좌왕우왕

조촘: 가볍게 놀라거나 망설이는 짓으로 갑작스럽게 멈칫하거나 몸을 움츠리는 꼴 =조촘조촘: (예) 아이는 조촘 뒤로 물러앉았다 큰주춤 주춤주춤

지정지정: 지정거리는 꼴 (예) 지정지정 머뭇거리다가 늦게야 왔다

지칫지칫: 곧장 떠나지 못하고 머뭇거리는 꼴 (예) 지칫지칫 머뭇거리다 작자칫자칫

창창히: 갈길이 아득하여 갈팡질팡하다

11.4.36. 찬찬한(느린) 태도 부사

차근차근: 조리가 있고 찬찬하다 (예) 그는 차근차근 말한다

차근차근히: 차근차근하게 (예) 내용이 어려울수록 차근차근히 말하여야 한다
차근히: 차근하게. 찬찬하거나 차분하다 (예) 형은 때로 찾아와서 아우가 차근히 모아 둔 돈을 빼앗아 갔다
차분차분: 한결같이 매우 찬찬하고 차분하다 [여]자분자분
차분차분히: 차분차분하게
찬찬히: 동작이나 태도가 급하지 않고 느릿하게

11.4.37. 추한 태도 부사

갈갈: 염치없이 갈근거리는 꼴 [큰]걸걸
갈근갈근: 음식이나 남의 것을 얻어먹으려고 단작스레 구차스러운 짓을 자꾸 하는 꼴 [큰]걸근걸근
단작스레: 보기에 치사스럽고 다라운 태도가 있다
추악히: 더럽고 흉악하게
추잡스레: 말이나 행동이 지저분한 데가 있게
추잡히: 지저분하고 잡스럽게
추저분히: 더럽고 지저분하게
추접스레: 더럽고 지저분한 데가 있게
추접히: 추저분히

11.4.38. 친절, 다정한 태도 부사

간절히: 정성이나 마음 씀씀이가 더없이 지극하게
다심다정히: 다심하고 다정하게
다심스레: 조그마한 일에도 생각을 많이
다심히: 다심하게
다정다감히: 정이 많고 감정이 풍부하게
다정스레: 다정스럽게
다정히: 다정하게
절친히: 친절하게
정다이: 정답게

11.4.39. 태만 태도 부사

개신개신: 게으르거나 쇠약한 사람이 동작을 몹시 힘들게 하는 모습

게을리: 게으르게
권태로이: 게으른 데가 있게
느럭느럭: 언행이 매우 느리고 게으른 모양
대판히: 게으르게
문치적문치적: 일을 딱 잘라 하지 못하고 어물어물 자꾸 끌어가는 모양 준문칫문칫
반둥반둥: 하는 일 없이 반둥반둥 노는 꼴 센빤둥빤둥 큰번둥번둥
밴둥밴둥: 밴둥밴둥 놀고 있는 모습 거팬둥팬둥 센빤둥빤둥 큰빈둥빈둥
밴들밴들: 어리거나 작은 사람이 별로 하는 일 없이 좀 얄밉게 부끄러운 줄 모르고 게으름을 부리다 센빤들빤들 큰빈들빈들
번둥번둥: ① 큰 사람이 하는 일 없이 좀 부끄러운 줄 모르고 놀기만 하다 거펀둥펀둥 센뻔둥뻔둥 작반둥반둥 ② 빈둥거리는 꼴 거펀둥펀둥 센삔둥삔둥 작반둥반둥
번들번들: 게으름을 피우며 빈둥거리는 꼴 거펀들펀들 센뻔들뻔들 작반들반들
빈둥빈둥: 어른이나 큰사람이 하는 일 없이 부끄러운 줄 모르고 놀기만 하다 센삔둥삔둥 작밴둥밴둥 거핀둥핀둥
빈들빈들: 어른이 별 하는 일 없이 부끄러운 줄 모르고 게으름을 부리다 거핀들핀들 센삔들삔들 작밴들밴들
빤둥빤둥: 하는 일 없이 빤빤스럽게 놀기만 하다 거판둥판둥 여반둥반둥 큰뻔둥뻔둥
빤둥빤둥: 어리거나 작은 사람이 부끄러운 줄 모르고 빤빤히 놀기만 하다 거팬둥팬둥 여밴둥밴둥 큰삔둥삔둥
뻔둥뻔둥: 하는 일 없이 뻔뻔스럽게 놀기만 하다 거펀둥펀둥 여번둥번둥 작빤둥빤둥
삔들삔들: 삔들거리는 꼴 여빈들빈들 작빤들빤들
출석출석: 하릴 없이 돌아다니므로 아무도 상대해 주지 않는 꼴
태흘리: 게을리
판둥판둥: 하는 일 없이 매우 뻔뻔스럽게 놀기만 하는 꼴 센빤둥빤둥 여반둥반둥 큰펀둥펀둥
판들판들: 별로 하는 일 없이 매우 뻔뻔스럽게 게으름을 피우다
팬들팬들: 하는 일 없이 몹시 게으름을 피우는 꼴 여밴들밴들 큰핀들핀들
퍼니: 하는 일 없이 빈둥거리며 노는 꼴 작파니
펀둥펀둥: 태만하게 펀둥거리는 꼴 여번둥번둥 작판둥판둥
펀들펀들: 펀들펀들 놀며 지내는 꼴 센뻔들뻔들 여번들번들 작판들판들
피둥피둥: 하는 일 없이 부끄러운 줄 모르고 아주 뻔뻔히 놀기만 하다 작패둥패둥
핀들핀들: 하는 일 없이 몹시 게으름을 부리며 얄밉게 뻔뻔히 놀기만 하다 여빈들빈들 작팬들팬들

11.4.40. 태연하거나 놀기만 하는 태도 부사

의젓이: 의젓하게
착: 몸가짐이나 태도가 얌전하고 태연한 꼴 (예) 의자에 착 걸터앉았다
착착: 몸가짐이나 태도가 모두 얌전하고 태연스러운 꼴 큰척척
척척: 몸가짐이나 태도가 모두 아주 태연스러운 꼴 작착착
천연덕스레: 짐짓 천연한 체하는 태도가 있다
천연스레: 보기에 천연하다
천연히: 천연하게
턱: 어엿하거나 태연한 태도를 나타내는 꼴 (예) 첫 번째 연사가 연단에 턱 나섰다
판둥판둥: 판둥거리는 꼴 (예) 집에 들어앉아 있어도 판동 놀기만 하는 것 같지 않았다 여반둥반둥 큰펀둥펀둥
판들판들: 판들거리는 꼴 (예) 판들판들 게으르게 놀고 지낸다 센빤들빤들 여반들반들 큰펀들펀들
팬둥팬둥: 팬둥거리는 꼴 (예) 팬둥팬둥 놀고 먹자는 심보 센뺀둥뺀둥 여밴둥밴둥 큰핀둥핀둥
팬들팬들: 팬들거리는 꼴 (예) 팬들팬들 게으름을 부리다
펀들펀들: 펀들거리는 꼴 (예) 펀들펀들 놀며 지내더니…
펀둥펀둥: 펀둥거리는 꼴 (예) 펀둥펀둥 놀고 먹는 어중이들 여번둥번둥 작판둥판둥
핀둥핀둥: 핀둥거리는 꼴 (예) 그릇된 생각으로 핀둥핀둥 놀기만 한다 센삔둥삔둥 여빈둥빈둥 작팬둥팬둥
핀들핀들: 핀들거리는 꼴 (예) 핀들핀들 놀기만 한다

11.4.41. 전부 태도 부사

물몰아: 모두 몰아서
물밀어: 모두 한데 밀어서

11.4.42. 핑계, 능청맞고 등한한 태도 부사

이지렁스레: 능청맞고 천연스레
이탓저탓: 이리 탓하고 저리 탓하게
이핑계저핑계: 이렇게 핑계하고 저렇게 핑계하다
진동한동: 바쁘거나 급해서 허둥거리는 꼴 큰진둥한둥

추잡스레: 추하고 잡스레
탄면스레: 똑똑하지 못하고 흐리멍덩하게
한만히: 되는 대로 내버려 두고 등한히

11.4.43. 하동거리는 태도 부사

하동지동: 다급하여 몹시 하동거리는 꼴 큰허둥지둥
하동하동: 하동거리는 꼴 큰허둥허둥
해: 방정맞은 태도로 싱겁게 입을 벌리는 꼴
행행연히: 성이 나서 그 자리를 떠나는 태도가 쌀쌀하다
허겁지겁: 급한 마음으로 어쩔 줄을 모르는 꼴
허겁지겁: 급한 마음으로 어쩔 줄을 모르는 꼴 (예) 밥을 보더니 허겁지겁 입에 넣는다
허동허동: 허동거리는 꼴 (예) 허동허동 뛰어온다 작하동하동
허둥지동: 다급하여 몹시 허동거리는 꼴 (예) 허동지동 서두르다 작하동지동
허룽허룽: 하는 짓이 다부지지 아니하고 몸을 자꾸 흔들며 놀리다
흥뚱항뚱: 일에 정신을 쓰지 않고 꾀를 부리거나 들뜨게 행동하는 꼴

11.4.44. 호사, 사치 태도 부사

사치스레: 사치스럽게
호사스러: 호사를 부리는 태도가 있다
호화로이: 보기에 호화한 데가 있다
호화스레: 호화로이. 호사를 부리는 태도가 있다
화려히: 환하게 빛나며 곱고 아름답게

11.4.45. 흥겨운 태도 부사

유쾌히: 즐겁고 상쾌하게
즐거이: 즐겁게
허겁지겁: 좋아서 정신 차리지 못하고 덤비는 꼴
흥겨이: 흥겹게
흥성흥성: 활기차게 자꾸 떠들다
흥청망청: 마음껏 즐기며 흥청거리는 꼴
흥청흥청: 흥청거리는 꼴

11.4.46. 개인주의 태도 부사

① 야멸스레: 제 일만 생각하고 남의 사정을 돌보는 마음이 없다

② 다사스레: 온갖 일에 참여하기를 좋아하다

③ 단작스레: 치사하고 더러운 태도가 있다 큰던적스레

④ 종작없이: 대중이나 요량이 없다 (예) 뉘게 무슨 말을 듣고 그런 종작없이 말하느냐?

⑤ 먼 곳을 바라보는 태도

말끄러미: 오도카니 먼 곳을 바라보는 태도 큰물끄러미 준말끔히

⑥ 민속한 태도

민속히: 민첩하고 빠른 모습

⑦ 별다른 부사

별스레: 별다르게

⑧ 벼루는 태도 부사

벼름벼름: 무슨 일을 하려고 자꾸 벼르는 꼴

⑨ 소홀한 태도

허술히: 무심하거나 소홀하다 (예) 그 소년의 일거일동을 허술히 보지 않았다

⑩ 솔깃한 부사

솔깃이: 마음이 쏠리어 그랬으면 싶다 (예) 솔깃이 귀를 기울이다

⑪ 막연한 태도

메지메지: 물건을 여러 몫으로 나누는 모양

아득아득: 어떻게 하면 좋을지 막연하다

⑫ 언구럭 태도부사

언구럭스레: 언구럭을 부리는 듯이

⑬ 위엄한 태도

위엄스레: 점잖고 엄숙한 태도가 있다

⑭ 조심하는 태도

조심스레: 보기에 조심하는 태도가 있다

⑮ 착살한 태도

착살스레: 착살한 태도가 있다. 즉 하는 짓이 잘고 다랍다

⑯ 서툰 태도

자칫: 어쩌다가 조금 (예) 자칫 잘못하더라도… 자칫 발을 헛디뎠다가는 벼랑 아래로 떨어진다

⑰ 똑똑하지 못한 태도

탄명스레: 똑똑하지 못하고 흐리멍덩한 태도가 있다

⑱ 특별히: 예사롭지 않고 보통과 다르게

특히: 보통과 다르게

⑲ 포달 태도

포달스레: 포당(암상이 나서 악을 쓰고 함부로 주워대는 말)을 부리는 태도가 있다

⑳ 흐리멍덩한 태도

탄명스레: 똑똑하지 못하고 흐리멍덩한 태도가 있다

㉑ 허롱거리는 태도

허롱허롱: 하는 짓이 다부지지 아니하고 몸을 들뜨게 놀리다 (예) 실없이 허롱허롱 까불다. 꾸지람을 들었다

㉒ 험상궂은 태도

흉증스레: 그늘지고 험상궂은 태도가 있다

11.4.47. 망언, 떠남, 겁이 많음, 호들갑스런 태도 부사

해피: 언행을 곧잘 해 버리는 태도가 있게

행행: 성이 나서 자리를 박차고 떠나는 모양 =행행연 행행연히

허겁지겁: 야무지거나 당차지 못하고 겁이 많은 데가 있게

호들갑스레: 호들갑스럽게

11.4.48. 태평한 모습 부사

태안히: 태평하여 안락하게

태평히: 태평하게

11.5. 터지거나 튀기는 모습 부사

탁탁: 잇달아 세게 터지거나 튀기는 꼴 (예) 난로 안에서 탁탁 타는 장작불 소리 큰턱턱

턱: 든든한 물건이 갑자기 부딪치거나 터지는 꼴 작탁

톡: ① 가볍게 살짝 치거나 털거나 튀기는 꼴 (예) 좁쌀 몇 되 판 것 어제 저녁까지 톡 털어먹었다 ② 무엇이 갑자기 가볍게 튀거나 터지는 꼴=톡톡 (예) 공이 마루 위에 톡 튀더니 방안으로 들어갔다

툭=툭툭: ① 가볍게 슬쩍 치거나 털거나 튀기는 꼴 (예) 어깨를 툭툭 치다 작톡 톡톡 ② 무엇이 급자기 거볍게 튀거나 터지는 꼴 (예) 석류가 밤사이에 툭 벌어졌다

11.6. 털거나 튀기는 모습

탁탁: ① 물건에 붙은 먼지 따위를 가볍게 빨리 터는 꼴 큰턱턱 ② 속에 아무것도 남기지

않고 모조리 털어내는 꼴
탈탈: 무엇을 털어내는 모양 큰털털
톡=톡톡: 가볍게 살짝 치거나 털거나 튀기는 소리 또는 그 꼴 큰툭 툭툭

11.7. 토하는 모습

① 토하는 모습 부사
올깍=올깍올깍: 토하는 꼴 (예) 음식물을 올깍올깍 게우다
올딱올딱: 올딱거리는 꼴 (예) 멀미 때문에 차에서 내리자마자 올딱올딱 토한다
올랑올랑: 속이 매슥매슥하고 토할 것 같다
올칵=올칵올칵: 갑자기 좀 세게 토하는 꼴
왈딱=왈딱왈딱: 갑자기 게우는 꼴 큰월떡 월떡월떡
왝왝: 갑자기 괴우는 꼴
울꺽울꺽: 울꺽거리는 꼴 (예) 속이 매슥매슥하여 참지 못하고 울컥울컥 토하고 말았다 거울컥울컥 여올컥올컥 작올깍올깍
울커덕: 매우 갑작스레 쏟거나 게우는 꼴
울커덕울커덕: '울커덕'의 힘줌말
울컥: 먹은 것을 갑작스럽게 세게 토하는 꼴
월떡=월떡월떡: 급자기 게우는 꼴 작왈딱 왈딱왈딱
월컥=월컥월컥: 갑자기 게우는 모습 작왈칵 왈칵왈칵

② 구역질 부사
울컥울컥: 울컥거리는 꼴 (예) 구역질이 울컥울컥 나온다. 물을 머금고 울컥울컥 입안을 가신다

11.8. 통이 가는 모습 부사

훌쭉훌쭉: 길이에 비해 통이 가는 모양 작홀쭉홀쭉
훌쭉히: 훌쭉하게 작홀쭉히

11.9. 투박한 모습 부사

유착스레: 몹시 투박하고 크게
유착히: 유착하게

투깔스레: 투박하고 거칠게
투박스레: 투박스럽게
투상스레: 투박스럽고 거칠게
툽상스레: 투박하고 상스럽다

11.10. 퉁명한 모습 부사

퉁명스레: 언행이 공손하지 않고 불쾌해 하는 빛이 있다

11.11. 특별·특징 부사

각별히: 유달리 특별하게
남달리: 보통의 사람과 다르게
남유달리: 남보다 유달리
유난스레: 보통과 달리 특별한 데가 있게
유난히: 매우 두드러지게
유달리: 보통 이상으로 특별하게
유례없이: 같거나 비슷한 예가 없이
유별스레: 보통의 것과 아주 다른 데가 있게
유별히: 여느 것과 두드러지게 다르게
유표히: 여럿 중에서 두드러진 특징이 있게
특별히: 특별하게 준특히
특히: '특별히'의 준말

11.12. 틀림없음 부사

갈데없이: 오직 그렇게 틀림없이
당연히: 틀림없이
영락없이: 영락이 없게
위불위없이: 틀림이나 의식이 없다 준위불없이
으레: 대개 틀림없이
적확히: 정확하게
틀림없이: 다름이 없이 비영락없이. 정확히. 적확히
틀림없이: 조금도 어긋남이 없이

11.13. 틈이 나거나 버러지거나 맞닿는 모습 부사

딱: ① 활짝 바라지거나 버러진 꼴 ② 꼭 맞닿거나 들어맞는 꼴 큰떡 ③ 군세게 버티는 꼴 ④ 세게 달라붙는 꼴

딱딱: 여럿이 다 잘 들어맞거나 맞닿는 꼴 큰떡떡

떡: 훨썩 벌어진 꼴 작딱

발록발록: 물체가 신축성 있게 자꾸 작게 바라졌다 오므라졌다 하다 (예) 고사리 같은 손을 발록발록 쥐었다 폈다 하다. 꽃잎들이 발록발록 바라졌다 큰벌룩벌룩

발롱발롱: 신축성이 있는 물체가 자꾸 보드랍게 바라진 꼴 큰벌룽벌룽

발름발름: 신축성이 있는 물체가 좀 넓게 자꾸 바라졌다 오므렸다 하다 큰벌름벌름

발름히: 발름하게 큰벌름히

발쭉=발쭉발쭉: 속의 것이 드러나 보일 듯 말 듯하게 약간 바라진 꼴 센빨쭉 빨쭉빨쭉 큰벌쭉 벌쭉벌쭉

발쭉이: 발쭉하게 센빨쭉이 큰벌쭉이

버근히: 힘없이 버긋하다

버긋이: 맞붙인 틈이 벌어져 있다

버름버름: 틈이 꼭 맞지 않고 조금 벌어져 있는 꼴

버름히: 버름하게

버스름히: 사이가 좀 벌어진 모습

뻘쭉뻘쭉: 속의 것이 드러나 보이게 자꾸 벌어지다 여벌쭉벌쭉 작빨쭉빨쭉

뽀끔히: 벌어져 있는 모습

아근바근: 사개나 짜임새 따위가 맞지 않고 고르지 않게 조금씩 바라져 있다 큰어근버근

아긋아긋: 이가 맞지 아니하게 조금 바라져 있다

앙바듬히: 짤막하고 딱 바라지다

어근버근: 사개나 짜임새 따위가 맞지 않고 고르지 않게 조금씩 벌어져 있다 작아근바근

어긋버긋: 여럿이 고르지 못하여 서로 어그러진 듯 버그러진 듯하다

어긋어긋: ① 이가 맞지 아니하게 벌어져 있다 ② 무게, 부피, 길이 따위가 어느 기준에 어그러져 있다 작아긋아긋

훨썩: 정도 이상으로 넓게 벌어지거나 열린 꼴 작활싹

훨쩍: 넓고 멀어 아주 시원스럽게 트인 꼴 작활짝

훨찐: 너른 틈 따위가 아주 시원스럽게 널리 벌어진 꼴

12. ㅍ부의 부사

12.1. 파삭파삭한 모습 부사

하박하박: 과일 따위가 물기나 끈기가 없이 파삭파삭하다

12.2. 판단 평가 부사

보아하니: 짐작하건대 (예) 보아하니 점잖은 이가 어찌 그리하오 준봐하니
보아한들: 살펴보라고 한들. 사리에 어그러진 것을 뜻밖으로 여길 때 쓰는 말
분별없이: 올바른 판단을 할 만한 능력이 없다
주책없이: 이치를 분간할 만한 판단력이나 주견이 없이
헐후히: 대수롭지 아니하게

12.3. 깊이 패인 모습 부사

움푹: 움푹한 꼴 작옴폭
움푹움푹: 움푹움푹한 꼴 작옴폭옴폭
폭: 좀 깊이 패인 꼴 (예) 땅이 폭 패었다 큰푹

12.4. 팽팽한 상태 부사

탱탱: 터질 듯 켕기어서 몹시 팽팽하다 여댕댕 큰팅팅
팽팽: 팽팽한 꼴 큰핑핑
팽팽히: ① 잔뜩 켕기게 큰핑핑히 ② 둘의 힘이 서로 어슷비슷하게 큰핑핑히
핑핑히: 어지간히 켕기어 있다 작팽팽히

12.5. 퍼내는 모습 부사

퍽퍽: 숟가락이나 삽 따위로 물건을 큼직큼직하게 잇달아 펴내는 꼴 (예) 퍽퍽 퍼서 좀 맛있게 먹어라
폭: 숟가락이나 삽 따위로 물건을 많이 퍼내는 꼴 (예) 설탕을 숟가락으로 폭 퍼냈다 큰푹
푹=푹푹: 숟가락 따위로 물건을 많이 퍼내는 꼴 작폭=폭폭

12.6. 퍼떡이거나 해작거리는 행위 부사

퍼떡퍼떡: 퍼떡거리는 행위
해작해작: 무엇을 찾으려고 조금씩 잇따라 들추거나 파서 헤치는 꼴 [큰]헤적헤적

12.7. 허리 따위를 펴는 모습 부사

족=족족: 작은 것을 잇달아 펴거나 벌리는 꼴 [센]쪽 쪽쪽 [큰]죽 죽죽
죽=죽죽: 여럿이 잇달아 펴거나 벌리는 꼴 [작]족 족족
쭉=쭉쭉: 세게 펴거나 벌리는 꼴 (예) 허리를 쭉 펴다 [여]죽 죽죽 [작]쪽 쪽쪽

12.8. 편리 부사

불편스레: ① 순조롭지 않거나 거북하거나 하여 편하지 아니함 ② 마음이 괴로울 만큼 거북하다 ③ 병으로 몸이 괴롭다 ④ 마음에 들거나 차지 않아 못마땅하게 여김 ⑤ 못마땅한 것을 겉으로 나타냄
편근히(便近): 가깝고 편리하게

12.9. 편안한 모습 부사

편안히(便安): 편안하게
편편히(便便): 거리낌이나 탈이 없이 편안하게
편히: 편하게
평안히(平安): 걱정이나 탈이 없이 편하게
평온히: 조용하고 편안하게

12.10. 평범한 상태 부사

보통: 평범하고 예사롭다
예사로: 보통일처럼 아무렇지도 아니하게
예사로이: 보통으로
평범히: 뛰어나거나 색다른 점이 없이

12.11. 평온한 상태 부사

온편히: 온당하고 편리하게
탄연히: 마음이 안정되어 평온하게
평온히: 조용하고 평안하게
평탄히: 마음이 편하고 고요하게
평화로이: 평온하고 화목한 듯하게
평화스레: 보가에 평온하고 화목한 듯하게

12.12. 평평한 모습 부사

민틋이: 울퉁불퉁한 데가 없이 평평하고 미끈하게
판판히: 물건의 표면이 높낮이가 없이 평평하고 넓게
판히: 어떤 공간이 판판하고 너르게
편편히: 땅을 펀펀히 고르다
평탄히: 바닥이 평평하게
평평히: 바닥이 고르고 판판하게

12.13. 폐스러운 모습 부사

거폐스레: 크게 폐스럽게
번폐스레: 번거로운 폐가 된다
폐로이: 폐롭게
폐스레: 남에게 성가시고 귀찮게 괴로움을 주는 데가 있다

12.14. 평화로운 상태 부사

평화로이: 평화롭게
평화스레: 평화스럽게

12.15. 포개지거나 자빠진 모습 부사

어빡지빡: 여럿이 서로 고르지 아니하게 포개지거나 자빠져 있는 꼴
포갬포갬: 물건 따위를 포개거나 또는 포개지어 있는 꼴 (예) 포갬포갬 얹어 있는 접시들

12.16. 풍족함 부사

넉넉히: ① 크기나 수량 따위가 기준에 차고도 낮음이 있게 ② 살림살이가 여유가 있게 ③ 마음이 넓고 크게 ④ 행세 따위가 제법 번듯하며 듬직하게
파다히: 아주 많이
푸짐히: 푸짐하게
푼푼히: 모자람이 없이 넉넉하다
풍부히: 풍부하게
풍성스레: 보기에 풍성하게 (예) 나무에 감히 풍성하게 열렸다
풍성풍성: 매우 넉넉하고 많은 모양 (예) 내마다 맑은 물이 풍성풍성 흐른다
풍성풍성히: 풍성풍성하게
풍성히: 넉넉하고 많이 (예) 풍성히 장만한 음식
풍족히: 풍족하게

12.17. 폭로 부사

왝왝: 비밀로 지켜야 하거나 꺼리는 사실을 마구 털어 놓는 꼴 큰웩웩
웩웩: 비밀로 하거나 꺼리는 사실을 마구 다 털어내어 말하는 꼴 작왝왝

12.18. 표준, 비표준 방법 부사

대중없이: ① 미리 헤아릴 수 없다 ② 어떠한 표준을 잡을 수가 없다

12.19. 표정 부사

상긋=상긋상긋: 눈과 입을 귀엽게 움직이며 소리 없이 가벼운 눈웃음을 치는 꼴 센상끗 상끗상끗 쌍긋 쌍긋쌍긋 큰성긋 성긋성긋
상긋방긋: 눈과 입을 귀엽게 움직이며 소리 없이 가볍고 환하게 웃는 꼴
상긋이: 상긋이 웃는 표정을 짓는 꼴
생긋=생긋생긋: 상냥하게 눈으로 가볍게 한번 웃어 보이는 꼴 =생긋이
생긋방긋: 상냥하게 눈으로 한번 환하게 한번 웃어 보이는 꼴 센생끗방끗 쌩긋빵긋
생끗: '생긋'보다 센말 큰싱뜻 센쌩끗
생끗생끗: '생긋생긋'보다 센말 =생끗이
쨍끗=쨍끗쨍끗: 쨍그리는 꼴 여쟁긋 쟁긋쟁긋 큰찡끗 찡끗찡끗

쨍쨍: 못마땅하여 쨍그리는 꼴
찡긋=찡긋찡긋: 눈이나 코를 한번 찡그리는 모양
참담히: 얼굴에 독한 기운이 있다
표표히: 얼굴 표정이 몹시 꿋꿋하고 날카롭게

12.20. 표현 부사

심심히(甚深): 마음의 표현 정도가 매우 깊고 간절하게

12.21. 풀리는 모습 부사

소르르: 뭉치거나 얽힌 것이 조금씩 풀리는 꼴 큰수르르
수르르: 뭉치거나 얽힌 것이 수월하게 잘 풀어지는 꼴 작소르르
탁: 갑자기 풀리거나 느슨하여지는 꼴 큰턱
홱=홱홱: 갑자기 빠르게 열리거나 풀리는 골 (예) 맥이 홱 풀리다

12.22. 풀 따위의 모습 부사

다보록=다보록다보록: 풀이나 작은 나무 또는 머리털이나 수염 따위가 짧고 배게 돋아 소담한 모습 큰더부룩 더부룩더부룩
다보록이: 탐스럽게 소복이
다복다복: 풀이나 나무 따위가 여기저기 아주 탐스럽게 소복한 모양 큰더북더북
다복이: 풀이나 나무 따위가 아주 탐스럽고 소복하게
소복소복: 식물이나 털 따위가 여기저기 촘촘하고 길게 나 있는 모양 큰수북수북
소복이: 소복소복 큰수북이

12.23. 품질 부사

저열히: 질이 낮고 변변하지 못하다
털털히: 품질이 수수하다

12.24. 풍아로운 모습 부사

풍아로이: 풍아롭게

풍아스레: 풍아스럽게

12.25. 풀·털 따위가 모여 있거나 성긴 모습 부사(소밀 부사)

12.25.1. 성기거나 앙상한 모습 부사

나슬나슬히: 가늘고 짧은 풀이나 털 따위가 보드랍고 성기다
날쌍날쌍: 천의 올이 성기다 큰늘썽늘썽
너슬너슬: 털이 부드럽게 성기게 작나슬나슬
너슬너슬히: 굵고 긴 풀이나 털 따위가 부드럽고 성기다
늘썽늘쌍: 천, 대그릇 따위의 짜임새나 엮음새가 퍽 설피다
다문다문: 배지 않고 사이사이가 조금씩 뜨다 큰드문드문
담상담상: 촘촘하지 않고 좀 성기다 큰듬성듬성
드문드문: 드문드문한 꼴
듬성듬성: 촘촘하지 않고 성기거나 드문드문하다 작담상담상
뜨문뜨문: 뜨문뜨문한 꼴 여드문드문
띄엄띄엄: 사이가 멀거나 드물다
설핏설핏: 설핏설핏한 꼴 즉 촘촘하거나 배지 않고 성긴 꼴 작살핏살핏
성깃성깃: 사이가 좀 상긴 모습
앙상히: ① 나뭇잎이 떨어지고 가지만 남이 스산하다 ② 꼭 짜이지 못하여 어울리지 않고 어설프다
엉성히: ① 꽉 짜이지 아니하여 어울리는 맛이 없다 ② 빽빽하지 못하고 성기다
우부룩이: 풀이나 나무 따위가 한데 많이 모여 더부룩하다
우북이: 우북하게

12.25.2. 오밀조밀한 모습 부사

정묘히(精妙): 오밀조밀하게

12.25.3. 털 따위의 여러 모습 부사

너슬너슬히: 가늘고 짧은 풀이나 털 따위가 거칠고 성기게 작나슬나슬히
다보록다보록: 다보록다보록한 꼴 (예) 수염이 다보록다보록 자랐다
다보록이: 초목이 탐스럽게 소복하다

다복이: 초목이 탐스럽게 소복하게 큰더북이
더부룩이: 수염이나 머리털이 더부룩하게 작다보록이 센더뿌룩이 거터부룩이
더북더북: 풀이 더북더북 우거진 꼴 작다복다복
더북이: 더북하게
텁수룩히: 머리털이나 수염이 텁수룩하게
함함히: ① 털 따위가 보드랍고 반지르르하다 ② 아늑하고 탐스럽다

12.26. 피곤함 부사

고단히: 몹시 지나쳐서 느른하게
곤히: 곤하게 (예) 곤히 든 잠

12.27. 피륙의 모습 부사

존존히: 피륙의 짜임이 곱고도 올이 고르다 센쫀쫀히
쫀쫀히: 피륙의 발 따위가 잘고 곱게 여존존히

12.28. 피부 모습 부사

가슬가슬: 살갗이나 물건의 거죽이 원기가 없고 거친 모양 큰거슬거슬
가칠가칠: 살결이 윤기가 없고 가친 모양 센까칠까칠 큰거칠거칠
까슬까슬: 살결이나 물건의 거죽이 부드럽지 못한 모양 큰꺼슬꺼슬 여거슬거슬
까칠까칠: 까칠까칠한 꼴 여가칠가칠 큰꺼칠꺼칠
잔물잔물: 살갗이 약간 진물진물하다 큰진물진물
조글조글: 조글조글한 꼴 (예) 물체가 쪼그라져 잔주름이 많다 센쪼글쪼글
짜글짜글: 얼굴에 자글자글 주름이 잔뜩이다 큰찌글찌글
쪼록쪼록: 주름이 매우 고르게 많이 잡혀 있는 꼴 여조록조록 큰쭈룩쭈룩
쭈글쭈글: 물체가 쭈그러져 주름들이 매우 많다 여주글주글 작쪼글쪼글

12.29. 필수 부사

결단코: 마음먹은 대로 반드시
결코: 어떤 일이 있어도 절대로

기어이: 반드시
기어코: 기어이
기필코: 어떤 일이 있어도 반드시
꼭: 빈틈이 없이
당연코: 무슨 일이 있어도 반드시
당연히: 마땅히 그러하게
마땅히: 당연하게
반드시: 어기지 않고. 기필코
틀림없이: 다름이 없이. 틀림이 없이
필연: 틀림없이 꼭
필연히: '필연'을 강조한 말

12.30. 필연과 우연 부사

12.30.1. 필연 부사

꼭: 어떤 일이 있어서 반드시 조금도 어김없이 틀림없이
꼭꼭: '꼭'의 힘줌말
반드시: 어떤 일이나 명제가 그렇게 되어야 함을 나타내는 말 비꼭. 틀림없이
필시(必是): 짐작하기에 틀림없이
필야(必也): 필연
필연: 틀림없이 꼭. 반드시
필연코: '필연'의 힘줌말
필위(必爲): 반드시

12.30.2. 우연 부사

오다가다: 오고 가고 하는 겨를에 우연히
우연: 우연히
우연스레: 우연스럽게
우연히: 우연하게
적연히(適然): 마침 우연히

13. ㅎ부의 부사

13.1. 하소연하는 모습 부사

쟁쟁: 조금 언짢거나 못마땅하여 자꾸 보채거나 짜증을 내는 모양 큰징징 센쨍쨍
징징: 언짢거나 못마땅하여 징얼거리는 꼴 (예) 징징 울며 하소연한다 센찡찡 작쟁쟁

13.2. 하찮은 것의 부사

요나마: '이나마'를 얕잡아 이르는 말
이나마: ① 좋지 않거나 모자라기는 하나 이것이라도 또는 이것마저 (예) 이나마 없었다면… 작요나마 ② 좋지 않거나 모자라는데 여기다가 또 (예) 겨우 밤 몇 톨을 얻었는데 이나마 썩은 것이 없다

13.3. 한가함 부사

유연히(悠然): 한가롭고 느긋하게
유유히(悠悠): 한가하고 여유가 있게
한가로이: 한가롭게
한가스레: 한가로이
한가히: 한가하게
한료히: 한적히
한만히: 한가하고 느긋하게
한산히: 한산하게
한아히: 한가롭고 아담하다
한적히(閒寂): 한가하고 고요하게
한적히(閒適): 한가히 마음에 맞갖다
한정히(閒靜): 한가하고 조용하다

13.4. 한도(限度) 부사와 한결같음 부사

가량없이: 어림짐작도 할 수 없을 만한 정도로
간단없이: 그치거나 끊어짐이 없이

간데없이: 지금까지 있었던 것이 어디로 갔는지 알 수 없이
간데온데없이: 어디로 갔는지 알 길이 없이
간데족족: 가는 곳마다 모조리
고작: 기껏 하여
고작해야: 고작 한다고 해야
그지없이: 끝이나 한량이 없이
기껏: 정도나 힘이 미치는 데까지
기껏해야: 기껏 한다고 해야
끝없이: 그지없이
끽: '고작'의 낮은말
끽해야: '고작해야'의 낮은말
내지(乃至): 얼마에서 얼마까지의 뜻
다다: 아무쪼록 힘이 미치는 데까지 (예) 다다 많이 읽어라
단: 다른 것이 아니라 바로 그것
단조로이: 색다른 점이 없이 한결같이
더없이: 더할 나위 없이
무한정: 제한이 없이
무한히: 수 양 공간 시간 따위에 제한이나 한계가 없이
한껏: 한도에 미치는 데까지
한량없이: 끝이나 한이 없이
한없이: 한정이 없이
한정없이: 제한한 게 없이

13.5. 한판 부사

한바탕: 한판 크게 (예) 한바탕 뛰어놀았다
한탕: 한바탕

13.6. 할랑하거나 헐겁음 모습 부사

할랑할랑: ① 끼이는 자리가 넓고 끼일 물건이 작아 할갑다 (예) 가방이 할랑할랑 비어 가볍다 ② 옷 신발 따위가 몸에 비하여 좀 크다 큰 헐렁헐렁
헐렁헐렁: ① 끼이는 자리는 넓고 끼일 물건은 작아 헐겁다 ② 옷 신발 따위가 몸에 비하여 크다 작 할랑할랑

헹글헹글: 입거나 끼운 물건 따위가 너무 커서 헐겁다

13.7. 핥는 모습 부사

할짝할짝 혀끝으로 잇달아 가볍게 핥다
할쭉할쭉: 혀끝으로 잇달아 가볍게 핥다

13.8. 함께 합함의 부사(함께 부사)

더불어: 함께
동시에: 같은 시간이나 시기에
아울러: 한데 합하여 또는 그것과 함께
함께: 한꺼번에 같이

13.9. 합당한 모습 부사

가당히: ① 대체로 합당하다 (예) 가당히 여기다 ② 당할 수 있다 (예) 나는 이 일을 가당히 대처하겠다
당연히: 일의 앞뒤 사정을 놓고 볼 때에 마땅히 그러하게
마땅찮이: 마땅하지 아니하게
마땅히: 그렇게 하는 것이 이치로 보아 옳게
마뜩이: 마음에 마땅하게
마뜩잖이: 마음에 들지 아니하게
합당히: 어떤 기준. 조건, 용도, 도리 따위에 꼭 알맞게

13.10. 해가 지는 모습 부사

꼴딱=꼴딱꼴딱: 해가 서쪽으로 완전히 진 꼴
뉘엿뉘엿: 해가 산이나 지평선 너머로 지려고 조금씩 넘어가다

13.11. 해치우는 부사와 해찰을 부리는 부사

해찰스레: 해찰을 부리는 나쁜 버릇이 있다
휘뚜루마뚜루: 이것저것 가리지 않고 닥치는 대로 마구 해치우는 꼴

13.12. 햇볕의 모습 부사

쨍쨍: 쨍쨍한 꼴 (예) 한여름의 불볕이 쨍쨍 내리 쬔다

13.13. 행·불행 부사

다복스레: 복이 많게
다복히: 복이 많게
다행히: 운이 좋게
복상스레 복이 있어 보이다
복스레: 복이 있을 듯하다
불행하게도: 불행히
불행히: 행복하지 못하게
요행스레: 뜻밖에 잘 되어 다행한 느낌이 있다
요행히: 뜻밖에 다행히
천만다행히: 아주 다행함
편안히: 편안하게
편편히: 거리낌이나 탈이 없이 편안하게
편히: 편하게
행복스레: 생활에서 충분한 만족과 기쁨을 느끼는 데가 있게
행여: 운 좋게 다행히
행여나: '행여'의 강조한 말

13.14. 허둥거리거나 허덕이는 모습 부사

진동한동: 바쁘거나 급해서 허둥거리는 꼴 (예) 아득하고 허전할사 가는 그곳 어디멘지 발부리 내닫는 대로 진동한동 갈거나 큰진둥한둥
진둥한둥: 매우 바쁘거나 급해서 허둥거리다 (예) 일을 진둥한둥 해치우다 작진동한동
허덕지덕: 힘에 겨워 몹시 허덕이는 꼴 (예) 가난과 굶주림으로 허덕지덕 살아온 지난날
허덕허덕: 허덕거리는 꼴 (예) 부귀공명을 붙잡으려고 한 평생 허덕허덕 애쓰는 사람들이야 말로 어리석기 짝이 없소
허둥지둥: 다급하여 몹시 허둥거리다
허둥허둥: 갈팡질팡 다급하게 자꾸 서두르다 작하동하동

13.15. 허물어지거나 얄궂한 모습 부사

버슬버슬: 사물이 허물어지는 꼴 [거]퍼슬퍼슬 [작]바슬바슬
얄긋얄긋: 물건의 사개가 잘 맞지 않고 좀 느슨하여 자꾸 일그러지는 꼴
왜글왜글: 된밥이나 굳은 물건 따위가 자꾸 흐슬부슬 헤어지다
왜그르르: 된밥이나 물건 따위가 흐슬부슬 헤어지는 꼴
흐물흐물: 푹 일어서 온통 무르다
흐슬부슬: 차진 맛이 없이 부스러져 헤질 듯하다

13.16. 허비어 파는 행위 부사

하비작: 손톱이나 날카로운 물건 따위로 조금 긁어 파는 모양 [큰]허비적
하비작하비작: 자꾸 하비어 재치다 (예) 개는 땅바닥을 하비작하비작 긁고 있었다 [큰]허비적허비적
허비적허비적: 자꾸 허비어 헤치다
허적허적: 쌓인 물건을 자꾸 들추어 마구 헤치다 [작]하작하작
헤적헤적: 헤적거리며 자꾸 들추거나 헤치는 모양
호비작호비작: 깊고 좁은 틈 따위를 자꾸 호비다 (예) 사과를 숟가락으로 호비작호비작 긁어 먹다 [여]오비작오비작 [큰]후비적후비적
후비적후비적: 깊고 넓은 틈 따위를 자꾸 후비다 [여]우비적우비적 [작]호비작호비작

13.17. 허우적거리거나 허심한 모습 부사

허심히: 딴 생각이나 거리낌이 없이
허우적허우적: 어려운 지경에서 벗어나려고 자꾸 손발을 부자유스럽게 내두르다 (예) 눈길을 허우적허우적 걸어갔다

13.18. 헤매거나 헬레레한 모습 부사나 헤아리는 부사

갈팡질팡: 방향을 정하지 못하고 이리저리 헤매는 꼴
대컨: 무릇 헤아려 보건대
헬레레: 헬레레한 꼴

13.19. 헛됨과 참됨의 부사

과연: 알고 보니 정말
꾀: 생각한 것보다 상당히 보통 이상으로
대단스레: 보기에 대단한 데가 있어
대단히: 대단하게 매우 심하게
옳이: 사리에 맞고 바르게. 옳게
정말로: 진실로
진실로: 거짓 없이 참되게
진실스레: 거짓이 없고 참된 마음으로
진실히: 거짓이 없고 참되게
진심스레: 보기에 거짓이 없고 참된 마음으로
참: 참된 것
참되이: 진실하고 올바르게
참으로 사실이나 이치에 조금도 어긋남이 없이 정말로
헛되이: 헛되게(아무 보람이나 실속이 없다)

13.20. 혀의 여러 모습이나 현기증 부사

나불나불: 경솔하게 혀를 나불거리는 꼴 (예) 나불나불 이야기하다 큰너불너불
짝짝: 자꾸 혀를 치며 입맛을 야무지게 다시는 꼴 또는 그 소리 큰쩍쩍
톡: 혀끝을 짜릿하게 쏘는 꼴 =톡톡 (예) 소주는 톡 쏘는 짜릿한 맛이 좋다 큰툭
툭=툭툭: 혀끝을 매우 짜릿하게 쏘는 꼴 (예) 혀끝을 툭 쏜다 작톡 톡톡
희끈희끈: 현기증이 나서 어지럽고 까무러질 듯한 모습

13.21. 현명·영리 부사

엽렵스레: 썩 영리하고 날렵하다
엽렵히: 썩 영리하고 날렵하다
영걸히: 영특하고 기상이 걸출하다
영검스레: 영검이 있는 듯하게
영민히: 영특하고 민첩하다
영악스레: 이해에 밝고 열성이 대단하다
영절스레: 신기할 정도로 그럴 듯한 데가 있다

요요히(了了): 눈치가 빠르고 똑똑하게
현능히: 어질고도 재간이 있게
현량히: 어질고 착하게
현명히: 어질고 슬기로워 사리에 밝게
현묘히: 이치나 기예의 경지가 헤아릴 수 없이 미묘하게

13.22. 형편 부사

대대로: 형편을 따라 되어 가는 대로
딱히: ① 일을 처리하기가 안타깝고 어렵다 ② 애처롭고 가엾다
사세부득이: 일이 그렇게 아니할 수 없이 [준]세부득이
세부득이: '사세부득이'의 준말
툭하면: 걸핏하면

13.23. 호걸 부사(씩씩한 의기)와 호령 부사

추상같이: 호령이 위엄이 있고 서슬이 퍼렇게
협협히: 활발하고 융통성이 있어 인색하지 아니하다
호걸스레: 호걸다운 데가 있다
호기스레: 호기스럽게 즉 씩씩한 의기가 있게

13.24. 호비거나 허적거리는 행위 부사

우비적우비적: 깊고 넓은 틈 따위를 자꾸 우비다 (예) 밀가루 반죽을 조금씩 떼어 우비적우비적 만지다 [거]후비적후비적 [작]오비작오비작
호비작호비작: 깊고 좁은 틈 따위를 자꾸 오비다 [여]오비작오비작 [큰]후비적후비적

13.25. 호사스런 모습 부사

다채로이: 갖가지 빛깔이나 모양이나 종류 따위가 한데 어울려 다양하고 호화롭다
호사스레: 호화롭고 사치하는 태도가 있게
호화로이: 사치스럽고 화려한 느낌이 있게
호화스레: 호화스럽게

13.26. 호흡 부사

가랑가랑: 숨이 거의 질 듯 질 즉하면서 내는 소리 모양
가르랑=가르랑가르랑: 목구멍에 가래 따위가 걸려 소리를 내며 숨을 쉬다
가삐: 숨이 몹시 기쁘게
껄떡껄떡: 숨이 곧 끊어질 듯 말 듯하는 모습
낄끽낄끽: 숨이 차서 목구멍이 벅찼다가 터져 나오는 소리를 내는 꼴 작깰깩깰깩
답답히: 숨이 막힐 듯이 답답하게
두근두근: 매우 놀라거나 불안하여 가슴이 자꾸 뛰다 작도근도근
발랑발랑: 발랑거리며 숨을 가쁘게 쉬다 큰벌렁벌렁
발름발름: 숨이 차서 콧구멍이 발름발름 움직이다 큰벌름벌름
발름히: 발름하게 큰벌름히
벌떡벌떡: 심장이 벌떡벌떡 뛰다
벌렁벌렁: 코가 벌렁거리며 숨을 쉬다 작발랑발랑
새근덕새근덕: 숨소리가 조금 고르지 않게 자꾸 나다 센쌔근덕쌔근덕 큰시근덕시근덕
새근발딱: 새근거리며 발딱거리다 센쌔근발딱 큰시근벌떡
새근발딱새근발딱: 새근발딱거리는 꼴 센쌔근발딱새근발딱 큰시근벌떡시근벌떡
새근새근: 숨소리가 새근거리다 큰시근시근 센쌔근쌔근
숨가쁘게: 숨이 가쁘게
숨겨이: 숨쉬기 힘들 정도로
시근덕시근덕: 시근덕거리는 꼴 센씨근덕씨근덕 작새근덕새근덕
시근벌뚝=시근벌떡시근벌떡: 시근덕거리며 벌떡거리는 꼴 센씨근벌떡 씨근벌떡씨근벌떡 작새근발딱 새근발딱새근발딱
쌔근덕쌔근덕: ① 숨소리가 좀 가쁘고 거칠게 잇달아 나다 ② 어린이가 곱게 자면서 고르게 숨을 쉬다 여새근덕새근덕 큰씨근덕씨근덕
쌔근발딱=쌔근발딱쌔근발딱: 숨소리가 좀 가쁘고 거칠게 나서 발딱이다 여새근발닥 새근발닥새근발닥 큰씨근벌떡 씨근벌떡씨근벌떡
쌔근쌔근: 쌔근거리는 모습 여새근새근 큰씨근씨근
쌔근팔딱=쌔근팔딱쌔근팔딱: 쌔근거리며 팔딱거리는 꼴 큰씨근펄떡 씨근펄떡씨근펄떡
쌕쌕: 숨을 좀 가쁘게 쌔근쌔근 쉬는 꼴
씨근덕씨근덕: ① 숨소리가 가쁘고 거칠게 잇달아 나다 ② 어린이가 곤히 자면서 아주 순하게 숨을 쉬다 여시근덕시근덕 작쌔근덕쌔근덕
씨근벌떡=씨근벌떡씨근벌떡: 씨근거리며 벌떡거리는 꼴 여시근벌떡 시근벌떡시근벌떡 작쌔근발딱 쌔근발딱쌔근발딱
씨근씨근: 씨근거리는 꼴 (예) 가쁜 숨을 씨근씨근 몰아쉬다

씨근펄떡=씨근펄떡씨근펄떡: 씨근덕거리며 펄떡거리는 꼴 즉 씨근거리며 숨을 한번 벌떡 들이켜다

탁탁: 숨이 자꾸 막히는 모양 큰턱턱

턱=턱턱: 숨 따위가 몹시 막히는 모양 (예) 숨이 턱 막히었다 작탁 탁탁

할근할근: 숨이 차서 할딱이며 가르랑거리다 큰헐근헐근

할딱할딱: 숨을 자꾸 가쁘고 급하게 쉬다 큰헐떡헐떡

할래발딱: 숨을 가쁘게 몰아쉬며 헐떡이는 꼴 (예) 숨을 할래발딱 쉬며 다급히 쫓아왔다 큰헐레벌떡

할래발딱할래발딱: 숨을 자꾸 할딱이는 꼴 큰헐레벌떡헐레벌떡

할할: 숨이 차서 숨을 고르지 못하게 쉬는 꼴 큰헐헐

헐근헐근: 숨이 차서 가쁘게 쉬는 꼴 작할근할근

헐떡헐떡: 숨을 헐떡이며 쉬는 꼴 작할딱할딱

헐레벌떡: 숨을 거칠게 몰아쉬며 헐떡이는 꼴 작할래발딱

헐레벌떡할레벌떡: 헐레벌떡거리는 꼴 (예) 헐레벌떡헐레벌떡 숨이 가쁘게 달려갔다 작할레발딱할레발딱

헐헐: 숨이 차서 숨을 고르지 못하게 크게 쉬는 꼴 작할할

13.27. 혼란(뒤섞인 모습) 부사

너저분히: 질서가 없이 마구 널려 있어 어지럽고 깨끗하지 않게

너절히: 허름하고 지저분하게

어지러이: 어지럽게 (예) 군마의 소리 어리저이 들렸다. 여기저기 물건들이 어지러이 널려 있다

얼키설키: 이리저리 어지럽게 얽혀 있다 (예) 전깃줄이 얼키설키 얽혀 있다

혼란스레: 보기에 뒤죽박죽이 되어 어지럽고 질서가 없이

혼잡스레: 혼잡스럽게 즉 여럿이 한데 뒤섞이어 어수선함

13.28. 혼합 상태 부사

알기살기: 요리조리 뒤섞여 얽혀 있다

얼기설기: 가는 것이 이리저리 뒤섞여 거얼키설키 작알기살기

잡다히: 잡스런 것이 뒤섞여 너저분하게

잡상스레: 난잡하고 음탕스레

잡스레: 잡되고 상스럽게

잡연히: 뒤섞여 어지럽게

잡탕스레: 난잡하고 음탕스레
졸막졸막: 여러 개의 작은 물건이 뒤섞여 있어 고르지 아니하다 큰줄먹줄먹
졸망졸망: 여러 개의 고르지 않은 물건이 뒤섞여 있어 사랑스럽다 센쫄망쫄망 큰줄멍줄멍 (예) 졸망졸망(줄멍줄멍) 널려 있는 것들에서 알맞은 것만 골랐다
쭐멍쭐멍: 여러 개의 고르지 못한 큰 물건이 뒤섞여 있어 매우 사랑스럽다 여줄멍줄멍 작쫄망쫄망
착잡히: 뒤섞이어 복잡하다

13.29. 홀가분한 상태 부사

동그마니: 홀가분하게
홀가분히: ① 딸린 것이 없이 가뜬하다 ② 다루기가 만만하여 대수롭지 않게
홋홋이: 딸린 사람이 적어 아주 홀가분하다

13.30. 홀로 부사

외따로: 홀로 따로
외따로이: 홀로 떨어져 있는 듯하게
외로이: 홀로 되거나 의지할 데가 없이 쓸쓸하게
혼자: 남과 더불지 아니하고 다만 저 하나만
홀로: 혼자서만. 짝이 없이 외롭게

13.31. 화목 부사

애애히: 분위기가 부드럽고 포근하여 평화롭게
의초로이: 화목하고 우애가 있다
화평히: 화목하고 평온하며 평화롭게

13.32. 회상 부사

무뜩=무뜩무뜩: 생각이 갑자기 =문득문득
무망: 일이 갑자기 생겨서 생각지 아니하였을 판
문득문득: 생각이나 느낌 따위가 자꾸 갑자기 센문뜩문뜩
문뜩문뜩=문뜩: 생각이나 느낌들이 자꾸 갑자기 여문득문득 문득 비무뚝무뚝 무뚝

무뜩무뜩 무뜩

파딱: 파뜩

파뜩=파뜩파뜩: 어떤 모습이나 생각이 갑자기 나타나거나 떠오르는 꼴 (예) 좋은 생각이 파뜩 떠올랐다 큰퍼뜩 퍼뜩퍼뜩

펀뜻: 언뜻 (예) 펀뜻 생각이 나다

푸뚝푸뚝: 어떤 모습이나 생각이 가볍게 잇따라 나타나거나 떠오르는 꼴 (예) 지난날의 일들이 감회가 푸뚝푸뚝 떠오른다

피뜩=피뜩피뜩: 어떠 모습이나 생각이 갑자기 나타나고나 떠오르는 꼴 (예) 야릇한 예감이 피뜩 스쳐갔다

13.33. 확실 부사

반드시: 틀림없이 꼭

번히: 번하게 (예) 번히 아는 일

빽빽이: 앞으로의 어떤 일이 꼭 틀림없이

영락없이: 조금도 틀리지 않고 꼭 들어맞게

위불없이: 위불없게

위불위간에: 되든지 안 되든지 또는 하든지 안 하든지

위불위없이: 틀림이나 의심이 없이 준위불없다

적연히(的然): 틀림없이 꼭 그러하게

적확히: 꼭 들어맞게

정녕: 틀림없이 꼭 (예) 정녕 네가 애하고 같이 가고 싶으냐

정녕코: '정녕'의 힘줌말

정확히: 바르고 확실하게

정확히(精確): 자세하고 확실하게

틀림없이: 다름이 없이

확고히: 태도나 상황 따위가 확실하고 굳게

확신만만히: 확실하고 자신만만하게

확실히: 틀림없이 그러하게

확연히: 아주 확실하게

확적히: 확실하고 틀림이 없이

13.34. 환한 상태와 활발한 상태 부사

확연히(廓然): 넓어서 휑하게

환히: ① 앞이 탁 트이어 넓고 시원하게 ② 표정이나 성격이 구김살 없이 밝게
활발히: 활발하게
훤히: 앞이 탁 트여 매우 넓고 시원스럽게

13.35. 횟수 부사

13.35.1. 계속되는 횟수 부사

곰: 심한 정도나 횟수의 뜻
곰곰: 곰곰한 꼴 (예) 곰곰 생각해 보다
곰곰이: 곰곰하게 (예) 곰곰이 따지어 묻다
매매: 몹시 심한 정도까지 자꾸
매방(每放): 총이나 대포를 쏠 때마다
매번: 어떤 일을 하는 때의 하나하나
면면히: 끊임없이
번번히: 매번 다
연거푸: 잇달아 거듭하여
연방: 잇달아 자꾸
연방연방: 거듭 잇달아 자꾸자꾸
연부연(年復年): 해를 거듭하여
연신: 연방
연신연신: '연신'의 거듭말
연연히(連延): 죽 이어져서
연이어: 이이서
연일: 여러 날을 계속하여
연일연야: 날마다 밤마다
연줄: 잇달아 계속
연줄연줄: 계속적으로
연차: 여러 차례를 계속하여
연해: 연달아서
연해연줄 자꾸 꼬리를 물고 연달아서
자꾸: 잇달아서 여러 번
자꾸만: '자꾸'의 힘줌말
자꾸자꾸: 잇달아서 자꾸
자주: 짧은 동안에 여러 번 되풀이하여 또는 같은 일을 잇달아 잦게

자주자주: 매우 자주
줄줄이: 줄마다 여러 줄로
차례차례: 차례에 따라 순서대로 하나씩
차차: 차츰
차차로: 차차
차츰: 차차
차츰차츰: 차차로
착착: 동안이 아주 빠르거나 짧은 모양
축차(逐次): 차례를 따라

13.35.2. 한 번의 뜻을 나타내는 부사

단박: 단번에 곧
단박에: '단박'의 힘줌말
단번에: 단 한번에
하루걸러: 하루 띄어서 =하루건너
하루돌이: 하루걸러 한번씩
한꺼번에: 몰아서 한 차례에
한껍에: '한꺼번에'의 준말
한번: 주로 구어에서 '아주참'의 뜻으로 쓰인다
한소끔: 한번 부르르 끓는 꼴
한차례: 한 번의 뜻

13.36. 훌륭함 부사와 효과 부사

13.36.1. 훌륭함 부사

가상스레: 보기에 갸륵한 데가 있어
갸륵히: 착하고 장하게
거룩히: 성스럽고 훌륭하게
거벽스레: 사람됨이 억척스럽고 묵직한 듯하게
고결히: 성품이 고상하고 순결하게
고고히(高高): 고상하고 고풍스럽게
고고히(孤高): 세상일에 초연하여 홀로 고상하게

고고히(高古): 세속을 초월하여 고상하고 고풍스럽게
고상히: 품위나 몸가짐이 속되지 아니하고 훌륭하게
고아히: 뜻이나 품격 등이 바르게
고절히(高節): 더할 수 없이 높고 뛰어나게
굉장스레: 훌륭하거나 굉장한 데가 있다
굉장히: 보통 이상으로 아주 크고 훌륭하게
귀인상스레: 신분이나 지위가 높고 귀하게 될 얼굴 생김새가 있게
귀인성스레: 신분이나 지위가 높고 귀하게 될 타고난 성질이 있게
기걸스레: 모습이나 행동이 기이하고 호걸다운 데가 있게
기관스레: 꽤 볼만하게
능연히: 위엄과 기개가 있고 훌륭하다
대견스레: 훌륭하거나 대단하게
성스레; 거룩하고 고결한 듯하게
손색없이: 다른 것과 견주어 못한 것이 없이
순결히: 순수하고 깨끗하게
아름다이: 아름답게
여봐란듯이: 남에게 우쭐대며 자랑하듯이
영검스레: 영검스럽게
월등: 아주 뛰어나게
월등히: 수준이나 실력이 훨씬 뛰어나게
유표히: 여럿 속에서 두드러진 특성이 있게
자랑스레: 자랑스럽게
작연(灼然): 빛나는 모양
잘: 좋고 훌륭하게
장히: 장하게
적말없이: 썩 잘 되어 더 말할 나위 없이
정미히(精美): 정교하고 아름답게
정연히: 여러 사람 가운데에서 두드러지게 뛰어나게
준걸스레: 재주와 슬기가 뛰어난 데가 있게
탁연히(卓然): 뛰어나 의젓하다
헌칠히: 키나 몸집 등이 보기 좋게 어울리도록 크다
현요히(眩耀): 눈부시고 찬란히
현저히: 뚜렷이 드러나게
훌륭히: 썩 좋아서 나무랄 것이 없이. 훌륭하게

13.36.2. 훌륭하지 못함 부사

귀접스레: 사람됨이 천하고 비루하여 품격이 없이
덤범히: 그저 예사롭게
보통: 평범하고 예사로이
지질히: 보잘것없고 변변치 못하여
촌스레: 세련된 멋이 없이 어수선한 데가 있게
평범히: 뛰어난 점이 없이

13.37. 휘두르거나 휘젓는 모습 부사

홰홰: 가볍게 자꾸 휘두르거나 휘젓는 꼴
휘휘: 이리저리 자꾸 휘두르거나 휘젓는 꼴

13.38. 휘어진 모습 부사

착: 느슨하게 휘어지거나 늘어진 꼴 (예) 나무들이 눈을 이고 착 휘어져 있다
착착: 나슨하게 자꾸 휘어지거나 늘어지는 꼴 (예) 착착 늘어진 나뭇가지 [큰]척척
척척: 느슨하게 자꾸 휘어지거나 늘어지는 꼴 (예) 척척 늘어진 버드나무 가지
회창회창: 회창거리는 꼴 (예) 가지가 회창회창 휘도록 사과가 많이 열렸다
휘우듬히: 약간 휘어서 뒤로 잣바듬하다
휘움히: 조금 휘어져 있다

13.39. 휘파람을 부는 모습 부사

휘휘: 휘파람을 자꾸 부는 꼴 또는 그 소리

13.40. 훌쩍 떠나가는 모습 부사

표연히: 훌쩍 나타나거나 떠나는 모양이 거침없이 (예) 표연히 떠나다. 표연히 나타나다
홀짝=홀짝홀짝: 표연히 떠나가는 모습 [큰]훌쩍 훌쩍훌쩍
훌쩍=훌쩍훌쩍: 망설이지 않고 표연히 떠나는 모습 [작]홀짝 홀짝홀짝

13.41. 휴식 모습 부사

쉬엄쉬엄: 쉬어가면서 바쁘지 아니하게 길을 가거나 일을 하는 꼴 (예) 이제 거의 다와가니 쉬엄쉬엄 가자

13.42. 흉한 모습 부사

쟁그럽다: 깜찍하고 흉하다
흉기스레: 음흉한 기운이 느껴지게
흉망스래: 음흉하고 허망한 느낌이 들게
흉맹스레: 흉악하고 사나운 데가 있어
흉물스레: 흉하고 괴상한 데가 있게
흉스레: 흉한 데가 있게
흉악망측스레: 몹시 흉악한 데가 있게
흉악히: 흉악하게
흉측스레: 흉악망측스레
흉측히: 몹시 흉악하게

13.43. 흐지부지한 모습 부사

시시부지: '흐지부지'의 변한 말. 끝을 마무리하지 못하고 흐리멍덩하게 넘기어 버리는 꼴
허실비실: ① 모르는 사이에 흐지부지 없어지는 꼴 (예) 잘 간수하지 아니하면 허실비실 없어진다 ② 일이 시원스럽지 못하고 흐지부지 되는 꼴 (예) 계획은 잘 세워 놓고 허실비실 끝을 못내고 있다
훅죽학죽: 일에 정성을 들이지 않고 어름어름하여 넘기는 꼴
휘정휘정; 물 같은 것을 자꾸 저어서 흐리게 하다
흐지부지: 끝을 마무르지 못하고 흐리멍덩하게 넘기어 버리는 꼴
흘미죽죽: 일을 애무지게 거든거리지 못하고 흐리멍덩하다

13.44. 흩어진 모습 부사

산산히: 여지없이 흩어지는 꼴
점점이: 점을 찍은 듯이 하나하나 흩어져 있는 모양

13.45. 날리거나 흔들림 부사

가물가물: 작은 것이 먼 데서 약하게 흔들리는 모양 큰거물거물 센까물까물
간닥간닥: 작은 물체가 좀 순하게 자꾸 흔들리는 꼴 센깐딱깐딱 큰근덕근덕
간댕간댕: 약하게 달린 작은 물체가 좀 위태롭게 자꾸 흔들리다 큰근뎅근뎅
간드랑간드랑: 작은 것이 매달려 자꾸 좀 가볍게 흔들리는 꼴 큰근드렁근드렁
간드작간드작: 작은 것이 자꾸 찬찬히 가볍게 흔들리는 꼴 큰근드적근드적
간들간들: 작은 것이 좀 가볍게 요리조리 흔들리는 꼴 큰근들근들
거불거불: 거볍게 자꾸 흔들리거나 움직이다 센꺼불꺼불 작가불가불
거푼거푼: 물체의 한 부분이 바람에 불리어 떠들려 가볍게 자꾸 흔들리다
거풀거풀: 바람이 불리어 자꾸 흔들리다
거풋거풋: 바람에 거풀거리는 꼴
건들건들: 건들거리는 꼴 작간들간들
근덕근덕: 큰 물체가 순하게 자꾸 흔들리다 센끈떡끈떡 작간닥간닥
근뎅근뎅: 약하게 달린 큰 물체가 위태롭게 자꾸 흔들리다 작간댕간댕
근드렁근드렁: 큰 것이 매달려 가볍게 흔들리다 작간드랑간드랑
근드적근드적: 큰 것이 가볍게 천천히 흔들리다 작간드작간드작
근들근들: 큰 것이 자꾸 이리저리 가볍게 흔들리다 작간들간들
까닥=까닥까닥: 고개를 앞뒤로 가볍게 움직이는 꼴 큰끄덕 끄덕끄덕 센까딱 까딱까딱
까드락까드락: 까드락거리는 꼴 큰꺼드럭꺼드럭
까들까들: 까들거리는 꼴 여가들거들 큰꺼들꺼들
까들막까들막: 까들막거리는 꼴 큰꺼들먹꺼들먹 센까뜰막까뜰막
까딱=까딱까딱: 고개를 앞뒤로 세게 움직이는 꼴=까딱까딱 여까닥 까닥까닥 큰꺼덕 꺼덕꺼덕
깐닥깐닥: 깐닥거리는 꼴 큰끈덕끈덕
깐동깐동: 깐동하게 거든그리다 여간동간동 큰껀둥껀둥
깐동히: 간동하게 여간동히 큰껀둥히
깐둥깐둥: 깐둥거리는 꼴 여간둥간둥 큰껀둥껀둥
깐딱깐딱: 깐딱거리는 꼴 여간닥간닥 큰끈떡끈떡
끄덕=끄덕끄덕: 큰 물체가 순하게 자꾸 흔들리다 작까닥 까닥까닥 센끄떡 끄떡끄떡
끄떡=끄떡끄떡: 고개를 끄덕 움직이다 작까딱 까딱까딱
끄덱=끄덱끄덱: 고개를 앞뒤로 좀 가볍게 움직이는 꼴 센끄떽 끄떽끄떽
끄떽=끄떽끄떽: 고개를 앞뒤로 좀 세게 움직이다 여끄덱 끄덱끄덱
끈덕끈덕: 끈덕거리는 꼴 작깐닥깐닥
끈떡끈떡: 큰 물체가 둔하게 자꾸 흔들리다 여근덕근덕 작깐딱깐딱

나근나근: 가늘고 긴 물건이 보드랍고 탄력 있게 자꾸 움직이는 모양 큰느근느근
나달나달: 종이나 헝겊 조각이 여러 가닥으로 드리워져 한들거리는 모양 큰너덜너덜 나들나들 거나탈나탈
나분히: 매우 가볍게 자꾸 움직이는 모양 =나분나분(이)
나불나불: 가볍게 나불거리는 꼴 (예) 바람에 커튼이 나불나불 흔들리다 큰너불너불 거너풀너풀
나붓나붓: 나붓거리는 꼴 큰너붓너붓
나붓나붓이 =나붓이: 나붓나붓하게 큰너붓너붓이 너붓이
낭창낭창: 가는 막대기나 줄 따위가 탄력이 있게 좀 흔들리다 큰능청능청
너들너들: 여러 가닥이 어지러이 늘어져 흔들거리다
능청능청: 가는 막대기나 줄 따위가 탄력이 있게 흔들리다
다팔다팔: 다보록한 머리카락 따위가 좀 길게 늘어져 잇달아 날리어 흔들리다 큰더펄더펄
대롱대롱: 작은 물건이 매달려 자꾸 흔들리다 큰디룽디룽
뒤룽뒤룽: 좀 묵직한 물건이 매달려 느리게 흔들거리다
디롱디롱: 물건이 매달려 자꾸 흔들리다 작대롱대롱
배뚝배뚝: 물체가 배스듬히 한쪽으로 기울어져 자꾸 흔들리다 센빼뚝빼뚝 큰비뚝비뚝
배뚤=배뚤배뚤: 물체가 요리조리 배뚜로 기울어지며 자꾸 흔들리다 센빼뚤빼뚤 큰비뚤비뚤
산들산들: 사늘한 바람이 가볍고 보드랍게 자꾸 불다 큰선들선들
살래살래: 머리 따위를 작은 동작으로 좀 세게 잇달아 가로 흔드는 꼴 큰설레설레 센쌀래쌀래
살살: 목을 가볍게 흔드는 꼴 큰설설 센쌀쌀
설레설레: 몸의 한 부분을 거볍게 잇달아 가로 흔드는 꼴 작살래살래 센썰레썰레
슬슬: 목을 가볍게 흔드는 꼴 센쓸쓸 작살살
쌀래쌀래: 머리 따위를 작은 동작으로 좀 세게 잇달아 가로 흔드는 꼴 여살레살레 큰썰레썰레
썰레썰레: 목을 세게 흔드는 꼴 작쌀래쌀래
썰썰: 목을 세게 흔드는 꼴 작쌀쌀
아느작아느작: 작고 가냘프게 하느작거리다
아늘아늘: 작고 가냘프게 아늘거리게
왜틀비틀: 걸어갈 때 몸을 보기 싫게 흔들며 비틀거리다
요요히: 물건 따위가 자꾸 흔들려 어지럽게
욜랑욜랑: 욜랑거리는 꼴
잘래잘래: 머리를 좌우로 좀 저으며 자꾸 흔드는 꼴 큰절레절레 센짤래짤래
잘잘: ① 가볍게 절래절래 흔드는 꼴 센짤짤 큰절절 ② 무엇을 손에 들고 흔드는 꼴

큰절절
절절: ① 가볍게 절래졸래 흔드는 꼴 ② 물건을 손에 들고 거볍게 흔드는 꼴
줄렁줄렁: 그릇에 굴먹하게 찬 액체가 자꾸 흔들리다 센쭐렁쭐렁 작졸랑졸랑
짤짤: 가볍게 짤래짤래 흔드는 꼴
쩔레쩔레: 머리를 좌우로 저으며 자꾸 흔들다 여절레절레 작짤래짤래
쩔쩔: 가볍게 쩔레쩔레 흔드는 꼴
쫄랑쫄랑: 물이 흔들리는 꼴 거촐랑촐랑 여졸랑졸랑 큰쭐렁쭐렁
철렁: 넓고 깊은 곳에 괸 물이 물결을 이루며 흔들리는 꼴 작찰랑
치렁치렁: 길게 드리운 물건이 이리저리 부드럽게 자꾸 흔들다
하느작하느작: 바람에 하느작거리는 꼴 큰흐느적흐느적 =하느작 큰하느적하느적
하늑: '하느작'의 준말
하늑하늑: 연한 것이 보드랍게 하늘하늘 흔들리는 모양 큰흐늑흐늑
하늘짝하늘짝=하늘짝: 매우 가볍게 흔들리는 모습 큰흐늘쩍흐늘쩍 흐늘쩍
하늘하늘: 바람에 하늘거리는 꼴 큰흐늘흐늘 =하늘하늘히
한닥한닥: 둔하게 흔들리는 꼴 큰흔덕흔덕
한댕한댕: 위태롭게 매달린 것이 흔드는 꼴 큰흔뎅흔뎅
한드랑한드랑: 풍경 따위가 바람에 흔들리는 꼴 큰흔드렁흔드렁
한드작한드작: 한드작거리는 꼴 (예)옷고름이 바람에 한드작한드작 흔들린다 큰흔드적흔드적
한들한들: 한들거리는 꼴 (예) 옷고름이 바람에 한들한들 흔들린다 큰흔들흔들
헤근헤근: 꼭 끼이지 아니한 사개 따위가 헐겁게 흔들리다
휘뚤휘뚤: 자꾸 넘어질 듯 넘어질 듯 흔들거리다 작회똘회똘
휘청=휘청휘청: 기다란 물건이 탄력 있게 휘어지며 가볍게 흔들리는 꼴 작회창 회창회창
흐느적흐느적: 흐느적거리는 꼴 작하느작하느작
흐늑흐늑: 가늘고 긴 나뭇가지 따위가 힘없이 늘어져 부드럽게 자꾸 흔들리다 작하늑하늑
흐늘쩍흐늘쩍: 둔하고 느리게 흐늘거리다
흐늘흐늘: 흐늘거리는 꼴 작하늘하늘
흔덕흔덕: 박히거나 끼인 것이 자꾸 둔하게 흔들리다 작한닥한닥
흔뎅흔뎅: 큰 것이 위태롭게 매달려 자꾸 흔들리다 작한댕한댕
흔드렁흔드렁: 매달린 것이 천천히 부드럽게 자꾸 흔들리다 작한드랑한드랑
흔드적흔드적: 천천히 자꾸 흔들리다 작한드작한드작
흔들흔들: 흔들거리는 꼴 작한들한들

13.46. 흔적 부사

감쪽같이: 꾸민 일이나 고친 물건이 전혀 알아차릴 수 없도록 티가 나지 않는다
낌없이: 맞붙은 틈에 흔적이 전혀 없이
자취없이: 아무 흔적도 남기지 않게

13.47. 흘리는 모습 부사

잴잴: 몸에 지닌 물건들을 주책없이 여기저기 조금씩 자꾸 흘리거나 빠뜨리는 꼴 [센]쨀쨀 [큰]질질
졸졸: 작은 물건들을 요기조기 잇달아 흘리는 꼴 (예) 과자부스러기를 줄줄 흘리고 다니면서 막는다 [센]쫄쫄 [큰]줄줄
줄줄: 물건들을 여기저기 잇달아 흘리는 꼴 (예) 종이조각들을 줄줄 흘리며 다닌다 [센]쭐쭐 [작]졸졸
질질: 몸에 지닌 물건들을 주책없이 여기저기 자꾸 흘리거나 빠뜨리는 꼴 [센]찔찔 [작]잴잴
쫄쫄: 작은 물건들을 여기저기 자꾸 흘리는 꼴 [여]졸졸 [큰]쭐줄
쭐쭐: 물건들을 여기저기 잇달아 마구 흘리는 꼴 [여]줄줄 [작]쫄쫄
찔찔: 몸에 지닌 물건을 몹시 주책없이 여기저기 많이씩 자꾸 흘리거나 빠뜨리는 꼴 [여]질질 [작]쨀쨀

13.48. 흘겨보거나 넘어다보거나 그냥 보는 의태 부사

끔벅=끔벅끔벅: 눈을 순간적으로 슬쩍 감았다가 뜨는 꼴 [센]끔뻑 끔뻑끔뻑 [작]깜박 깜박깜박 [비]껌벅 껌벅껌벅
끔뻑=끔뻑끔뻑: 눈을 슬쩍 한번 감았다가 뜨는 꼴 [여]끔벅 끔벅끔벅 [작]깜빡 깜빡깜빡
끔적=끔적끔적: 눈을 슬쩍 한번 감았다가 뜨는 꼴 [센]끔쩍 끔쩍끔쩍 [작]깜작 깜작깜작
끔쩍=끔쩍끔쩍: 눈을 매우 슬쩍 한번 감았다가 뜨는 꼴 [여]끔적 끔적끔적 [작]깜짝 깜짝깜짝
남상남상: 얄미운 태도로 자꾸 넘어다 보다
짜긋이: 상태가 눈치로 알아차릴 수 있도록 눈을 약간 짜그리는 모양
짜긋짜긋: 짜긋거리는 꼴
찌긋찌긋: 남에게 눈치를 채게 하려고 자꾸 눈을 찌그리다 [작]째긋째긋
할금=할금할금: 눈치를 보고 한번 곁눈질을 하는 모양 [큰]흘금 흘금흘금 [센]할끔 할끔할끔
할기시: 은근히 한번 눈동자를 옆으로 돌려 좀 못마땅하게 노려보는 모양
할기족=할기족할기족: 눈을 할기시 족 훑어보는 모양 [큰]흘기죽 흘기죽흘기죽

할기족족: 할겨보는 눈에 못마땅하거나 성난 빛이 드러나는 모양 [작]흘기족족
할기죽=할기죽할기죽: 할기죽 쳐다보다 [큰]흘기죽 흘기죽흘기죽
할깃=할깃할깃: 가볍게 한번 흘겨보는 모양 [큰]흘깃 흘깃흘깃 [센]할낏 할낏할낏
할깃이: 은근히 한번 흘겨보는 모양 =할기시 [큰]흘깃이
할깃흘깃: 가볍게 자꾸 흘겨보는 모양 =흘깃할깃
할끔=할끔할끔: 할끔 쳐다보다 [큰]흘끔 흘끔흘끔
할끗=할끗할끗: 할끗 쳐다보다 [큰]흘끗 흘끗흘끗
할낏=할낏할낏: 할낏 보다 [큰]흘낏 흘낏흘낏
핼금핼금: 가볍게 곁눈으로 살짝 쳐다보다 [센]핼끔핼끔 [큰]힐금힐금
핼끔핼끔: 핼끔거리는 꼴 (예) 핼끌핼끔 뒤를 쳐다보다 [여]핼금핼금 [큰]힐끔힐끔
흘근번쩍: 눈을 흘기며 번쩍이는 모양
흘근번쩍흘근번쩍: '흘근번쩍'을 반복한 말
흘금=흘금흘금: 남의 눈을 피해 흘겨보는 모양 [작]할금 할금할금 [센]흘끔 흘끔흘끔
흘긋=흘긋흘긋: 흘긋 보다
흘기죽=흘기죽흘기죽: 흘기죽 흘겨보다
흘깃=흘깃흘깃: 눈을 옆으로 돌려 가볍게 한번 쳐다보는 모양 [센]흘낏 흘낏흘낏 [작]할깃 할깃할깃
흘깃할깃: 눈으로 흘겨 보고 흘겨 보고 하는 모양
흘끔=흘끔흘끔: 흘끔흘끔 남의 눈치를 보다 [작]할끔 할끔할끔
흘끗=흘끗흘끗: 흘끗 쳐다보다 [작]할끗 할끗할끗
흘낏=흘낏흘낏: 흘낏 쳐다보다 [작]할낏 할낏할낏
희번덕희번덕: 눈을 크게 뜨고 흰자위를 번득이며 움직이다 [작]해반닥해반닥
힐금=힐금힐금: 가볍게 곁눈으로 슬쩍 쳐다보는 꼴 [센]힐끔 힐끔힐끔 [작]헬금 헬금헬금
힐긋힐긋=할긋: 가볍게 슬쩍 한번 흘겨보는 꼴 [센]할끗 할끗할끗
힐끔힐끔=힐끔: 곁눈으로 슬쩍 쳐다보는 꼴 [여]힐금힐금 힐금 [작]핼끔핼끔 핼끔

13.49. 흙 따위의 진 모습 부사

잘착잘착: 좀 차지게 질다
지적지적: 지적지적한 꼴
지척지척: 물기가 있어서 거치적거리게 진 모습
질거덕질거덕: 진흙 따위가 자꾸 질커덕하여지다 [작]잘가닥잘가닥
질척질척: 묽은 진흙 따위가 차지고 진 느낌을 주다 [작]잘착잘착
질컥질컥: 묽은 반죽이나 진흙 따위가 거칠게 질다
질퍽질퍽: 반죽이나 진흙 따위가 물기가 많아 몹시 질어지다

13.50. 흥망성쇠 부사

얼락배락: 성했다 망했다 하는 꼴

13.51. 흡족하거나 평온한 상태 부사

단연히: 마음이 안정되어 아무 걱정 없이 평온하게
유감없이: 섭섭한 마음이 없이 흡족하게
웅숭깊이: 생각이나 뜻이 크고 넓게
탐탁히: 태도, 어떤 일이 마음에 들어 만족스러운 듯 =탐탁스레
탐탐히: 썩 마음에 들어 즐겁고 좋게
통절히: 뼈에 사무칠 정도로 절실하게
허심히: 마음에 딴 생각이나 거리낌이 없이 흡족한 모습
흠뻑: 흡족히. 충분히
흠뻑흠뻑: 더더욱 흡족히
흡연히: 썩 흡족한 빛이 드러나게
흡족히=흡족하게

13.52. 흥겨움 부사

흥겨이: 신이 나고 즐겁게
흥청망청: 마음껏 즐기며 흥청거리는 꼴 (예) 그의 자식들은 흥청망청 호화롭게 지냈다
흥청흥청: 흥에 겨워 마음껏 거드럭거리다

13.53. 흩어져 있거나 퍼져 있는 모습 부사

검성드뭇이: 많은 수효의 것들이 듬성듬성 흩어져 있다
좍: 넓게 흩어지거나 퍼지는 꼴 (예) 이 소문이 좍 퍼지니 만호장안은 발끈 뒤집히다시피 했다
쫙: 매우 넓게 몹시 흩어지거나 퍼지는 꼴 (예) 소문이 그날 저녁 때도 되기 전에 그리 작지도 아니한 안성 바닥에 쫙 퍼졌다

13.54. 희망 부사: 희망이나 소원의 뜻 부사

13.54.1. 소원 부사

가급적: 될 수 있는 대로 또는 되도록
간절히: 간곡하고 절실하다
고대고대: 몹시 고대하는 모양
모쪼록: 아무쪼록
부디: 아무쪼록
부디부디: '부디'를 더 간곡하게 강조하는 말
시원스레: 시원한 느낌이 있게
시원시원: 시원시원한 꼴
아무래도: '아무리 하여도'가 준말
아무러면: '아무러하면'이 준말
아무런들: '아무리한들'의 준말
아무쪼록: 바라는 바가 될 수 있는 대로
어떻든지: 어떻든 간에
여하튼지: 아무튼지
원컨대: 원하건대
절절히: 매우 간절하게
제발: 간절히 바라건대
조닐: '조닐로'의 준말
조닐로: 남에게 사정할 때 '제발 빈다'는 뜻으로 쓰는 말
좌우간: 이렇든지 저렇든지 간에
좌우지간: 좌우간
차라리: 여러 가지 사실을 들어 말할 때 '앞의 사실보다 뒤의 사실이 나음'을 나타내는 말
하여간: 어찌 되었든지
하여간에: 하여간
하여튼: 어찌 되었든 간에
하여튼지: 어쨌든지

13.54.2. 희망 부사

바라건대: 바라노니. 바라는 바로 비 원컨대

소망스레: 어떤 일을 바랄 만한 데가 있게
작히: '작히나'의 준말
작히나: '어찌 조그만큼만' '오죽이나' '여북이나' 따위의 뜻으로, 추측이나 희망을 나타내는 말. 주로 혼자 느끼는 말이나 묻는 말에 쓰인다 (예) 나에게 자유가 있다면 작히나 좋을까! 작히나 화가 나겠소? 준작히
하부실: 아무리 적어도 적은 대로 희망이 있음을 이르는 말
하불하실: 아무리 적어도 적은 대로 희망이 있음을 이르는 말

13.55. 희미한 상태 부사

오련히: 형태나 빛깔이 조금 나타나 보일 정도로 희미하고 엷다 큰우련히
우련히: 우련하게 (예) 만월에 가까운 달이 우련히 비치고 있었다 작오련히

13.56. 힘들이지 않고 하는 행위 부사

슬렁슬렁: 바쁘게 서두르지 아니하고 느릿느릿 굼뜨게 행동하다 (예) 그는 슬렁슬렁 걸어간다
시위적시위적: 일을 힘들이지 아니하고 천천히 하다
시적시적: 힘들이지 아니하고 느릿느릿 행동하게 (예) 그는 뒤도 돌아보지 아니하고 읍내를 향하여 시적시적 걸어가는 것이었다

13.57. 힘을 겨루는 모습 부사

팽팽: 팽팽한 꼴 큰핑핑
팽팽히: 둘의 힘이 서로 엇비슷하다 큰핑핑히
핑핑: 핑핑한 꼴 (예) 힘이 핑핑 맞섰다 작팽팽
핑핑히: 둘의 힘이 아주 엇비슷하다 작팽팽히

13.58. 힘찬 모습 부사

강력히: 힘세거나 힘차다
퍽: ① 힘이 있게 냅다 지르는 꼴 ② 힘없이 꺼꾸러지는 꼴
힘껏: 있는 힘을 다하여
힘없이: 힘없게 (예) 힘없이 쓰러지다

14. 까닭, 때문 접속 부사

14.1. 까닭, 때문을 뜻하는 부사 (2)

고래도: '고리하여도'의 준말
고래서: '고리하여서'의 준말
고로: 그러므로
공연스레: 특별한 까닭이나 필요가 없이
공연히: 아무 까닭이나 실속이 없이 준괜히
그러니만큼: 그러하니만큼
그러하기에: 그러하기 때문에
그러하매: 그러하므로
그런즉: '그러한즉'의 준말
맥없이: 아무 까닭이 없이
무고히: 아무런 까닭 없이
어쨌건: 사태가 어떻게 관계없이 되었는지
어쨌든(지): 사정이 어찌 되었든지
어쩌고저쩌고: '이러쿵저러쿵'을 익살스럽게 하는 말
어쩌다: '어찌하다가'의 준말
어쩌면: '어찌하면'의 준말
어쩐지: 어찌 된 까닭인지
연고로: 그러한 까닭으로
연즉: 그런즉
요러니까: 요리하니까 큰이러니까
이래서: 이리하여서
하기는: 사실을 말하자면
하기야: 이치를 따져서 말하자면
하기에: 그렇기 때문에
하긴: '하기는'의 준말
하니: 그러하니
하니까: 그러하니까

14.2. 까닭·때문을 묻는 부사

어떻게: 어찌

어째서: '어찌하여서'의 준말. 이유를 물을 때 쓴다
어쩌다: '어찌하다가'의 준말
어쩌다가: 어찌하다가. 이유나 원인을 물을 때 사용한다
어찌: 어떤 이유로
어찌하여: 어떠한 까닭으로
왜: 어떤 까닭으로 또는 어째서
이러니까: '이러하니까'의 준말
하니: '그러하니/그리하니'의 준말

14.3. 대중없음(정한 방법 없이) 부사

그러나저러나: 그러하거나 저러하거나 어쨌든 (예) 그러나저러나 일은 하고 보아야지
그러니저러니: 그러하다느니 저러하다느니 (예) 그러니저러니 말도 많다
그럭저럭: ① 마음을 두고 뚜렷하게 하는 일 없이 ② 어찌 된지 모르게 되어 가는 대로
그렁성저렁성: 그런 모양 저런 모양으로 대중없이
그렁저렁: 그런 모양 저런 모양으로

14.4. 접속 부사

14.4.1. 불구속 접속 부사

14.4.1.1. 반대 접속 부사

그래도: 그렇게 하였더라도
그러나: 그러하나
그러더라도: 그러하더라도 개의치 않고
그러하니: 그렇게 하였다 하니
그러하지마는: 그러한 사정이지마는
그러하지만: 그러하였다 하더라도
그런데: 그러한 사정인데도
그런들: 그러한 사정이라도
그럴지라도: 그러한 사정이 있더라도
그렇다고: 그러하다고 하더라도
그렇더라도: 그렇게 하였더라도 불구하고

그렇지만: '그러하지마는'의 준말
근데: '그러한데'의 준말
수연이나: 비록 그러하나
연이나: 그러나
하지만: '그렇지만'의 뜻으로 앞말에 일치하지 아니하거나 반대되는 사실을 이어주는 말

14.4.1.2. 불구 접속사

그나저나: 그러나저러나 불구하고
그래도: 그렇게 하더라도
그래저래: 그러하고 저런 모양으로
그랬다저랬다: 그렇게 하였다가 저렇게 하였다가
그러나저러나: 그러나저러나 개의치 아니하고
그러니저러니: '그러하니 저러하니'의 준말
위불위간(爲不爲間): 되든지 안 되든지 또는 하든지 아니하든지
하다못해: 애써 바라거나 하려다가 별 도리가 없어 (예) 하다못해 휴학을 하고 고향으로 돌아왔다

14.4.1.3. 선택적 접속 부사

또는: 그것이 아니라면
아니면: 선택의 뜻 부사
어떻든: 사정은 어떠하든
오히려: 생각하는 바와는 달리 도리어 좀
혹: '혹시/혹간'의 준말
혹시(或時): ① 어쩌다가 ② 가다가 더러 ③ 행여나
혹시(或是): 만일에
혹시나: '혹시'의 힘줌말
혹은: 또는 그렇지 않으면

14.4.1.4. 순서 접속 부사

그러고: 그리 하고 나서
그러다: 그렇게 하다가

그러다가: 그렇게 하다가
그러면: '그리하면'의 준말
그러면서: 그렇게 하면서
그러자: '그렇게 하자'의 준말
그러하니: 그러한 사정이니
그러한데: 그러한데도 불구하고
그런데: 그러한데
그런데도: 그러한데도 불구하고
그렇듯이: 그렇게 하듯이
그리고: 그리하고 나서
그리고서: 그리하고 나서
그리도: 그와 같아도
그리하고: 그렇게 하고
그리하고서: 그렇게 하고 나서
그리하다가: 그렇게 하다가
그리하여: 그렇게 하여서
그야말로: 그것이야말로
급: 및
무릇: 모든 사리를 종합하여 살펴보건대
및: 그밖에 또 문장에서 같은 종류의 성분을 연결할 때 쓰인다
보아한들: 살펴본다고 한들. 사리에 어그러진 것을 뜻밖으로 여길 때 쓰는 말 (예) 보아한 들 그럴 수가 있나?
이왕에: 이미 정하여진 사실로서 그렇게 된 바에
이왕이면: 어차피 할 바엔
하기는: 사실을 말하자면
하기사: '하기야'의 예스런 말
하기야: 사실 이치를 따져서 적당히 말하자면
하긴: '하기는'의 준말
한데: '그러한데'가 준말 (예) 한데 누구를 뽑을까?

14.4.1.5. 대립 접속 부사

그렇지만: 앞의 말과 뒤의 말이 대립될 때 (예) 네 말이 맞다. 그렇지만 상대방의 입장은 다르다
반면: 앞에서 이야기한 바는 반대로

반면에: '반면'의 힘줌말
하건만: 사실 그러하기는 하지마는
한편: 다른 면에서는

14.4.1.6. 요약 접속 부사

결단코: 마음먹은 대로 반드시
결코: 어떤 일이 있어도 절대로
다시 말하면: 다른 말로 설명하면
대체로: 요점만 말해서
말하자면: 알기 쉽게 다른 말로 설명하자면
요컨대: 중요한 점을 말하자면
절대: 어김없이 무조건
절대로: 어떠한 경우에도 반드시
즉: 바꾸어 말하면

14.5. 지적 부사

그렇듯: '그러하듯이'의 준말
그렇듯이: '그러하듯이'의 준말
그리: ① 그러하게 ② 그다지 (예) 그다지 어렵지 아니하다 작고리
그리도: 그렇게도

14.6. 첨가 접속 부사

거기다가: 거기에다 또
거기에다: 거기에 또 더하여
게다가: 거기에다 또 더하여
그러다가: 지금 하고 있는 것과 같은 행동을 하다가
그런데다가: 지금 하고 있는 것과 같은 행동에 더하여
그뿐 아니라: 그것뿐 아니라 더 위에 더
그 위에: 그것 위에 더하여
더구나: 그 위에 또
또: 어떤 행동이나 사실이 거듭 되풀이하여

아울러: 앞의 것에 더하거나 덧붙여
역시: 또한
역시나: 역시
연중에: 그런 가운데

14.7. 한도 접속 부사

다만: 다른 것이 아니라 오로지
적어도: 아무리 적게 잡아도
특히: 보통과 다르게

15. 추가분

15.1. 급함 부사

급박히: 사태가 조금도 여유가 없이 매우 급하게 비급촉히

15.2. 늙고 늘씬한 모습 부사

늘씬늘씬: 늘씬늘씬한 꼴
늘씬히: 늘씬하게 =늘씬늘씬히
늙숙이: 늙숙하게

15.3. 늘큰거리는 모습 부사

는적는적: 어떤 물체가 힘없이 처지거나 물러지다
늘컹늘컹: 매우 물러서 자꾸 늘어져 처지다
늘큰늘큰: 늘큰거리는 꼴
늘큰히: 늘큰하다

15.4. 시간적 부사와 받아먹는 모습 부사

느지막이: 늦게
느직이: 느직하게
는상는상: 는상는상한 꼴
늘: 시간적으로 끊임없이
늘름 = 늘름늘름: 혀, 입을 벌려서 무엇을 빨리 받아먹는 꼴 =널름널름

15.5. 나른하거나 느른 늘씬하거나 기타 모습 부사

느른히: 몸이 나른한 모양
느슨히: 느슨하게
늘씬늘씬: 늘씬늘씬한 꼴
늘쩍지근히: 매우 느른하게

15.6. 어떤 태도의 훌륭함 흔들림 부사

늠상늠상: 비위가 좋게 자주 슬몃슬몃
느물느물: 능글맞은 태도로 자꾸 끈덕지게 굴다
늠연히: 위엄과 기개가 있고 훌륭하다
능청능청: 가는 막대기나 줄이 탄력 있게 흔들리다

15.7. 끈질긴 상태나, 빨리, 급히 느린 행위 부사

갑자기: 생각할 사이가 없이 급히
갑작스레: 갑자기
건듯건듯: 정신을 차려 하지 아니하고 대강대강 빨리 하는 꼴
급거: 서둘러서, 갑작스럽게
급격히: 급하고 격렬하게
스적스적: 힘들이지 아니하고 느릿느릿 행동하거나 서운한 모습 =시적시적
추근추근: 성질, 태도가 끈끈하고 끈질기다
추근추근히: 추근추근하게

15.8. 슬몃한 태도와 바람이 부는 모습 부사

살랑살랑: 조금 사늘한 바람이 부는 모양
슬몃: '슬며시'의 준말
슬몃슬몃: 슬며시

찾아보기

저자 **김승곤**

- 한글학회 회장 및 재단이사 역임
- 건국대학교 문과대학 국어국문학과, 대학원 졸업
- 건국대학교 인문과학대학장, 문과대학장, 총무처장, 부총장 역임
- 문화체육부 국어심의회 한글분과위원 역임
- 주요저서: 『관형격조사 '의'의 통어적 의미분석』(2007), 『21세기 우리말 때매김 연구』(2008), 『21세기 국어 토씨 연구』(2009), 『국어통어론』(2010), 『문법적으로 쉽게 풀어 쓴 논어』(2010), 『문법적으로 쉽게 풀어 쓴 향가』(2013), 『국어 조사의 어원과 변천 연구』(2014), 『21세기 국어형태론』(2015) 등

국어 부사의 조어법과 분류

1판 1쇄 인쇄_2015년 09월 20일
1판 1쇄 발행_2015년 09월 30일

지은이_김승곤
펴낸이_이종엽
펴낸곳_글모아출판
등록_제324-2005-42호

공급처_(주)글로벌콘텐츠출판그룹
이사_양정섭
대표_홍정표
편집_김현열 송은주 **디자인**_김미미 **기획·마케팅**_노경민 **경영지원**_안선영
주소_서울특별시 강동구 천중로 196 정일빌딩 401호
전화_02) 488-3280 **팩스**_02) 488-3281
홈페이지_http://www.gcbook.co.kr
이메일_edit@gcbook.co.kr

값 42,000원
ISBN 978-89-94626-37-6 93710

※ 이 도서의 국립중앙도서관 출판예정도서목록(CIP)은 서지정보유통지원시스템 홈페이지(http://seoji.nl.go.kr)와 국가자료공동목록시스템(http://www.nl.go.kr/kolisnet)에서 이용하실 수 있습니다. (CIP제어번호: CIP2015024259)